Réflexe

BTS Communication

Toutes les matières

ÉCONOMIE - DROIT
Pascal BESSON (Économie)
Laurence GARNIER (Droit)
Bernard MALO (Économie)

MANAGEMENT DES ENTREPRISES
Marie-José CHACON
Patrice GILLET
Anne-Gaëlle SAÏAH

LES CULTURES DE LA COMMUNICATION
Marianne ARASZKIEWIEZ
Frédéric COUSTON

FONCTION 1
Marie-Ange AITAMMAR
Éliane ANTZAK
Florence PORTEMER
Evelyne PRAXÈDE

DROIT DE LA COMMUNICATION
Marie-Ange AITAMMAR
Evelyne PRAXÈDE

FONCTION 2
Ludovic GAROFALO

FONCTION 3
Éric BIRSAL

CULTURES TECHNOLOGIQUES DE LA COMMUNICATION
Madeleine DOUSSY
Malcom PRINCE

ÉPREUVES D'EXAMEN
Frédéric GAUTHIER

ANGLAIS
Charlotte BERHEIM

Nathan

Règlement d'examen

Matières	Nom de l'épreuve et coefficient	Voie scolaire dans un établissement public ou privé sous contrat, CFA ou section d'apprentissage habilité Formation professionnelle continue dans les établissements publics habilités	Formation professionnelle continue dans les établissements publics habilités	Voie scolaire dans un établissement privé, CFA ou section d'apprentissage non habilité Formation professionnelle continue dans les établissements publics non habilités ou en établissement privé, enseignement à distance, candidats justifiant de 3 ans d'expérience professionnelle
		Forme et durée		
Économie Droit	E3.1 Économie Droit **4**	Écrite **4 heures**	CCF 3 situations d'évaluation	Écrite **4 heures**
Management des entreprises	E3.2 Management des entreprises **2**	Écrite **3 heures**	CCF 3 situations d'évaluation	Écrite **3 heures**
Cultures de la communication	E1 Cultures de la communication **3**	Écrite **4 heures**	CCF 3 situations d'évaluation	Écrite **4 heures**
• Projets de communication • Conseil et relation annonceur • Veille opérationnelle Atelier Production	E5 Activités de communication **4**	Écrite **4 heures**	Écrite **4 heures**	Écrite **4 heures**
	E6 Projet et pratiques de la communication **4**	CCF 2 situations d'évaluation	CCF 2 situations d'évaluation	Orale et pratique **40 minutes**
Conseil et relation annonceur	E4 Relations commerciales **4**	CCF 2 situations d'évaluation	CCF 2 situations d'évaluation	Orale **40 minutes**
Langue vivante 1	E2.1 Compréhension et expression écrite Production orale **2**	Écrite **2 heures** Orale **20 minutes** **+ 20 minutes***	CCF 2 situations d'évaluation	Écrite **2 heures** Orale **20 minutes** **+ 20 minutes***
	E2.2 Compréhension de l'oral **1**	CCF 1 situation d'évaluation	CCF 1 situation d'évaluation	Orale **25 minutes**
Langue vivante 2	Épreuve facultative Langue vivante étrangère 2**	Orale	Orale **20 minutes** **+ 20 minutes***	Orale **20 minutes** **+ 20 minutes***

* Durée de préparation.

** La langue vivante étrangère choisie au titre de l'épreuve facultative est obligatoirement différente de celle choisie au titre de l'épreuve obligatoire. Seuls les points au-dessus de la moyenne sont pris en compte. Liste des langues autorisées : anglais, allemand, arabe, chinois, espagnol, italien, portugais, russe.

Conception de la couverture : E. Audureau/D. Mourain
Mise en pages : JPM

ISBN : 978-2-09-161751-0

SOMMAIRE

Matières technologiques

ÉCONOMIE – DROIT MANAGEMENT DES ENTREPRISES

LES CULTURES DE LA COMMUNICATION

FONCTION 1

DROIT DE LA COMMUNICATION

FONCTION 2

FONCTION 3

CTC

Matière générale

ANGLAIS

ÉCONOMIE

1 LE FONCTIONNEMENT DU MARCHÉ

➔ Le marché est au centre du fonctionnement de notre système économique. Sa fonction est d'organiser le mieux possible les échanges. Des règles sont mises en place pour qu'il fonctionne le plus efficacement possible.

1 La fonction du marché

1. L'organisation des échanges

a) La définition du marché

Tout bien ou service qui ne peut pas être obtenu librement dans la nature fait l'objet d'un échange sur le marché. Le marché des produits est le lieu de la rencontre réelle (cxemple : marché alimentaire traditionnel) ou fictive (exemple : site Internet marchand) de l'offre et de la demande d'un bien ou d'un service. Il y a marché chaque fois qu'il y a échange.

b) Les participants au marché

Les offreurs (vendeurs) et les demandeurs (acheteurs) qui souhaitent échanger se manifestent sur le marché. L'objectif des offreurs est de vendre à un prix qui dégage un bénéfice aussi élevé que possible. Celui des demandeurs est d'acquérir des produits destinés à satisfaire leurs besoins à un prix compatible avec leur revenu.

c) La recherche de l'efficacité

L'organisation de la vie quotidienne rend impossible la production par un individu de tous les biens nécessaires à la satisfaction de ses besoins. Le recours à l'échange lui permet de se procurer les biens et les services fabriqués par d'autres individus spécialisés à un prix accessible pour une qualité acceptée.

2. Les différents types de marchés

L'observation de la nature des échanges permet de distinguer trois types de marchés : des biens et services, du travail, du capital.

a) Le marché des biens et services

Le marché des biens et services est le marché sur lequel s'échangent les biens et services marchands qui regroupent tous les biens matériels et immatériels destinés à la vente.
Les biens marchands sont des marchandises. Les services marchands sont vendus par les entreprises. Les services non marchands sont fournis par les administrations et les associations.

b) Le marché du travail

Le marché du travail est le lieu de confrontation de la demande de travail émanant des employeurs (offres d'emplois) et de l'offre de travail formulée par les individus (demandes d'emplois). La rencontre aboutit à la détermination du salaire qui représente le prix du travail.

c) Le marché des capitaux

Le marché des capitaux est le lieu de rencontre des agents qui disposent d'une épargne disponible (agents à capacité de financement) avec les agents qui souhaitent emprunter (agents à besoin de financement).

2 Les principes de fonctionnement

1. L'économie de marché

L'économie de marché est le système économique d'échange le plus répandu aujourd'hui dans le monde. Il repose sur les lois du marché, principalement celle de l'offre et de la demande, dans un environnement concurrentiel. Il s'accompagne le plus souvent d'une certaine forme de régulation par l'autorité publique.

2. La concurrence

La concurrence traduit la rivalité entre les acteurs qui ont pour objectif d'obtenir le plus grand avantage possiblc. L'existence d'une concurrence constitue le meilleur argument en faveur de l'efficacité de l'économie de marché.
La concurrence libre signifie avant tout la liberté de produire, de vendre ou d'acheter un produit pour chaque participant dans le respect des règles.
Le non-respect des règles de concurrence entraîne des dysfonctionnements qui réduisent l'efficacité du marché. Les principaux sont : l'abus de position dominante, les ententes entre intervenants sur le marché et la concurrence déloyale.

3. Les garanties pour les intervenants

Les règles du marché garantissent le libre accès des participants au marché et contribuent de ce fait à l'efficacité économique de l'économie de marché. Le cas échéant, le cadre juridique du marché est imposé par les tribunaux aux acteurs du marché récalcitrants.

a) L'accès à l'information

Acheteurs et vendeurs doivent disposer en temps utile des bonnes informations pour intervenir de façon bénéfique dans l'échange. Dans le cas contraire, la concurrence est faussée, on dit qu'elle devient imparfaite. L'accès inégal à l'information entre les différents participants constitue un manque de transparence qui porte atteinte à la crédibilité de tous les participants et nuit à l'efficacité du marché.

EXEMPLE

L'étiquetage obligatoire des produits garantit que les consommateurs disposent d'une information complète sur le produit, afin de protéger leur santé et leurs intérêts.

b) La garantie de bonne exécution des contrats

L'échange repose sur l'existence d'un contrat, écrit ou non, posant les droits et les obligations de chacun. La garantie de bonne exécution des contrats est centrale dans l'échange car la multiplication des défauts d'exécution aboutirait très vite à une perte de confiance dans le marché et à une diminution des transactions.

c) La confiance mutuelle entre les participants

L'échange est basé sur la confiance entre celui qui vend et celui qui achète. Les règles du commerce se sont longtemps transmises oralement : elles reposaient sur la réputation de chacun des acteurs. Aujourd'hui, cette confiance est renforcée par l'existence de garanties qui accompagnent la vente du produit.

2 LE PRIX ET LES DÉCISIONS DES AGENTS ÉCONOMIQUES

La fixation d'un prix est le principal résultat de la confrontation d'une offre et d'une demande sur un marché. Une fois établi, le prix va influencer la décision des agents de produire ou d'acheter, d'investir ou d'épargner.

1 La détermination du prix

1. La fixation du prix de marché

a) La loi de l'offre et de la demande

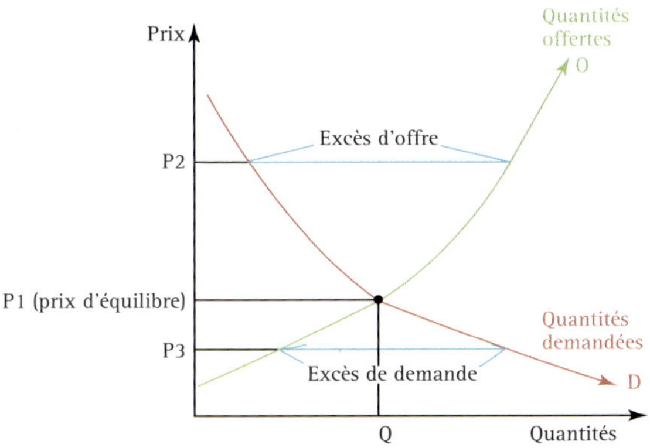

Un prix de marché se fixe au moment de la rencontre entre l'offre et la demande. La loi de l'offre et de la demande désigne le mécanisme selon lequel le prix diminue lorsque l'offre est supérieure à la demande et augmente lorsque la demande est supérieure à l'offre. Cela induit un rééquilibrage jusqu'à un prix, le prix d'équilibre, pour lequel l'offre et la demande s'égalisent.

b) Le prix, indicateur de rareté

Plus un bien est rare et plus l'offre de ce bien est faible. Si la demande est inchangée, le prix va alors augmenter. Si par contre le bien est en quantité excessive compte tenu des besoins à un moment donné, le prix peut baisser de façon importante. Le prix exprime ainsi la rareté des ressources disponibles.

2. La fixation des prix selon la nature du marché

a) Le marché concurrentiel

Sur un marché concurrentiel, le nombre de vendeurs et d'acheteurs est tel qu'aucun des intervenants ne peut influencer le prix pratiqué. Le prix du marché est une donnée préétablie qui ne se négocie pas.

b) Le monopole

L'entreprise en situation de monopole fixe elle-même son prix tout en tenant compte de la demande. Pour un même niveau de profit, elle arbitre entre produire une grande quantité de produits vendus à un prix faible ou une petite quantité vendue à un prix élevé.

c) L'oligopole

L'oligopole correspond à une situation dans laquelle l'offre est constituée de quelques entreprises confrontées à un grand nombre de demandeurs. Deux stratégies sont possibles pour les entreprises :

- l'affrontement avec les concurrents, en particulier sur la variable prix ;
- l'entente sur les prix ou sur le partage du marché.

EXEMPLE

Le marché des opérateurs de téléphonie mobile.

2 Le rôle du prix dans les décisions des agents

1. La décision de consommer

Pour les consommateurs, les prix transmettent des informations qui entraînent ou non leur décision d'achat. Le prix influence les décisions des ménages, qui vont adapter leur niveau de consommation aux prix. Ainsi, la baisse du prix d'un bien est favorable à l'achat d'une plus grande quantité de ce bien.

2. La décision de produire

L'augmentation du prix d'un bien indique aux producteurs une situation de rareté relative. Elle peut alors inciter à produire davantage ou à entrer sur le marché pour les nouveaux producteurs.

D'une façon générale, les offreurs se positionnent sur la production d'un bien ou d'un service en fonction du prix du marché pour obtenir une rentabilité suffisante. Dans le cas où aucune entreprise n'est intéressée, il revient aux pouvoirs publics de juger de l'opportunité de compenser la défaillance du marché.

Les prix influencent également le choix d'une combinaison productive qui utilise les facteurs de production les moins chers.

3. Les décisions à long terme

a) L'arbitrage

Les décisions des ménages et des entreprises, en particulier en matière d'épargne et d'investissement, se basent sur la prise en compte des avantages et des risques pour chacun des choix possibles.

Ils procèdent à des prévisions qui intègrent les éléments de prix ou de coût, de rentabilité et de risques. L'arbitrage consiste à choisir la décision optimale qui concilie prise de risque, coût et rentabilité.

b) L'anticipation

Plus l'échange porte sur une valeur élevée, plus les agents sont sensibles à l'incertitude de l'évolution des prix. En fonction des anticipations qu'ils effectuent sur cette évolution, ils avancent ou retardent l'achat ou la vente.

EXEMPLE

Malgré la chute de 40 % du nombre de transactions immobilières à Paris, la baisse des prix des biens immobiliers est minime. D'une part, les acheteurs réservent leur achat en attendant une baisse significative. D'autre part, les vendeurs préfèrent retirer leur bien du marché pour attendre des jours meilleurs.

3 L'INTRODUCTION DE LA MONNAIE DANS L'ÉCONOMIE

La monnaie est constituée des actifs liquides des agents qui permettent d'acheter ou d'éteindre une dette. Le rôle de la monnaie dans les échanges correspond à trois fonctions : unité de compte, intermédiaire des échanges, réserve de valeur dans le temps. La monnaie est unanimement acceptée par les agents économiques quand elle possède certaines qualités.

1 La définition de la monnaie

1. La monnaie au sens strict

a) La monnaie fiduciaire

La monnaie fiduciaire regroupe les billets de banque et les pièces. Pièces et billets ont cours légal : ils sont acceptés en vertu de la loi.

Les pièces seules sont appelées « monnaie divisionnaire ». Il ne faut pas confondre monnaie divisionnaire (les pièces actuelles) et la monnaie métallique qui correspondait autrefois à des unités ayant un poids et une valeur en métal précieux (or, argent).

b) La monnaie scripturale

La monnaie scripturale est la monnaie déposée sur des comptes à vue dans les banques. Pour être mobilisée, la monnaie scripturale exige des jeux d'écritures.

EXEMPLE
Un virement du compte d'un acheteur à celui d'un vendeur permet d'effectuer le règlement d'une transaction.

Il ne faut pas confondre la monnaie scripturale (les avoirs sur les comptes à vue) et les moyens qui permettent de la mouvementer : chèques, cartes bancaires, effets de commerce, etc. Ces instruments ne sont pas en eux-mêmes de la monnaie et n'ont pas cours légal.

2. La monnaie au sens large

Certains actifs sont rapidement transformables en liquidité bien qu'ils ne permettent pas de régler directement une transaction. On les assimile à de la monnaie. C'est le cas notamment des livrets d'épargne, des dépôts à terme d'une durée inférieure à 2 ans, des titres de placement facilement négociables.

2 Les fonctions de la monnaie

1. L'unité de compte

La monnaie permet de compter, d'exprimer la valeur des biens.

EXEMPLE
Avant d'être une monnaie fiduciaire (pièces, billets), l'euro était, entre 1999 et 2002, une unité de compte.

2. L'intermédiaire des échanges

La monnaie est communément acceptée. Étant acceptée en paiement ou pour éteindre une dette, elle fluidifie l'échange et évite le système du troc.

Dans l'Antiquité, des métaux précieux ou d'autres objets (coquillages, bestiaux) ont joué ce rôle. La monnaie métallique (qui a un poids en métal précieux) a ensuite rempli cette fonction. Aujourd'hui, l'acceptation de la monnaie est basée sur la loi.

3. La réserve de valeur

La monnaie doit permettre de reporter des achats dans le temps et constitue ainsi une réserve de valeur. Cette fonction suppose la stabilité des prix. En effet, la hausse des prix diminue la quantité de biens ou de services qu'une unité monétaire permet d'acquérir.

3 Les qualités de la monnaie

1. La confiance

La confiance est la qualité première d'une monnaie. Ainsi, les pièces et les billets n'ont pas de valeur intrinsèque : leur acceptation repose sur la confiance. Le terme « fiduciaire » vient du latin *fiducia*, la confiance. La monnaie scripturale repose, quant à elle, sur la confiance des déposants envers les banques qui gèrent leurs dépôts.

2. La stabilité de la monnaie

La stabilité des prix détermine la stabilité de la monnaie, tant du point de vue interne qu'externe.

a) La stabilité interne

La hausse des prix, en diminuant le pouvoir d'achat d'une unité monétaire, fait perdre la confiance des résidents en sa valeur. La perte de confiance provoque le retrait des dépôts bancaires.

b) La stabilité externe

Vis-à-vis de l'extérieur, une monnaie à faible pouvoir d'achat est moins demandée sur le marché des changes. Elle se déprécie par rapport aux autres devises.

3. L'absence de coût et de risque dans les transactions

a) L'absence de coût lié à la transformation

La monnaie doit être convertible en espèces sans coût de transformation pour l'usager.

EXEMPLE
Il n'est pas possible d'acheter un bien directement avec un livret d'épargne, mais l'épargnant peut faire un retrait sur son livret sans frais.

b) L'absence de risque lié à la transformation

La transformation d'un placement en liquidité doit aussi être sans risque.

EXEMPLE
Une part dans une SICAV monétaire peut être revendue sans risque à l'institution qui l'a émise, sans passer par le marché.

4 LES EFFETS DE LA VARIATION DE LA MASSE MONÉTAIRE

L'introduction de la monnaie dans l'analyse des marchés fait apparaître deux conceptions : pour les keynésiens, la monnaie a un effet sur les transactions réelles et l'emploi ; pour les monétaristes, la monnaie est neutre.

1 Le concept de masse monétaire

1. Définition

La masse monétaire est la quantité de monnaie en circulation dans l'économie. Elle représente le volume de monnaie possédé par les agents non financiers résidents d'une zone géographique donnée.

2. Les effets économiques

L'augmentation du volume de la masse monétaire incite les agents à consommer ou à investir. Cette propension peut être facteur de tensions inflationnistes dues à l'excès de la demande ; une baisse de la quantité de monnaie en circulation provoque à l'inverse une contraction de l'activité économique. C'est pourquoi la quantité de monnaie émise doit être surveillée par des autorités de contrôle.

2 La régulation de la monnaie

1. Les institutions chargées de la régulation

Dans le cadre de l'Union européenne, l'Eurosystème est chargé du contrôle de la monnaie en circulation dans l'économie. L'Eurosystème comprend la Banque centrale européenne (BCE) et les banques centrales nationales des pays de la zone euro.

La mise en œuvre des décisions de l'Eurosystème est décentralisée au niveau des banques centrales nationales.

2. Les trois agrégats de monnaie

La masse monétaire se mesure à l'aide d'agrégats. Ils sont classés selon leur degré de liquidité, c'est-à-dire la capacité qu'ils ont d'être transformés plus ou moins rapidement en moyens de paiement.

a) L'agrégat M1

Il s'agit de la monnaie au sens strict : pièces, billets et monnaie scripturale.

b) L'agrégat M2

Il comprend M1 et les placements à vue liquides (possibilité de retraits immédiats par l'épargnant) mais non utilisables directement comme moyens de paiement : livrets, comptes d'épargne logement, etc.

c) L'agrégat M3

Il inclut M2 et les actifs facilement mobilisables : par exemple, des titres de créance à court terme, négociables, c'est-à-dire revendables rapidement sur le marché monétaire. M3 est l'agrégat choisi par la BCE pour la régulation de la politique monétaire.

3 Le contrôle de la masse monétaire

1. La théorie quantitative de la monnaie

Une équation essentielle régit la monnaie en circulation dans l'économie : $Mv = PT$.

M représente la masse monétaire ; v est la vitesse avec laquelle la monnaie change de main ; P est le niveau général des prix ; T est le volume des transactions réelles réalisées.

2. La variation en quantité de la masse monétaire

La politique des banques centrales varie en fonction des effets attribués aux variations de la masse monétaire : effet sur les prix ou effet sur les transactions, c'est-à-dire la sphère réelle de l'économie.

a) L'interprétation monétariste

Pour les économistes monétaristes, une augmentation de la masse monétaire M provoque une hausse du niveau général des prix mais ne modifie pas la sphère réelle. En particulier, il est vain d'attendre d'une politique de création monétaire la reprise d'une activité économique en récession.

Le seul effet d'une politique « généreuse » est d'accentuer les tensions inflationnistes car l'excès de demande fait grimper les prix. Quant aux effets sur le marché du travail, ils sont nuls puisque le pouvoir d'achat n'augmente pas : la hausse des salaires est annulée par la hausse des prix.

La monnaie est neutre vis-à-vis de la sphère réelle de l'économie. Elle n'est qu'un « voile » qui ne modifie pas les mécanismes des marchés.

b) L'interprétation keynésienne

Pour les économistes keynésiens, qui ne nient pas une possible (mais limitée) hausse des prix, l'augmentation de la masse monétaire a surtout pour effet de permettre une relance en cas de croissance molle, voire de récession (baisse de la production nationale). L'excédent de monnaie distribué permet :

- une augmentation des revenus qui favorise les achats de biens de consommation (principe du multiplicateur keynésien) ;
- une incitation à investir pour les entreprises, l'activité économique repartant (principe de l'accélérateur keynésien).

Les économistes de cette tendance prônent de plus grandes facilités de crédit (baisse du taux d'intérêt) et des augmentations des revenus.

c) Le choix des politiques monétaires

Tout dépend donc du lien de causalité admis dans l'équation $Mv = PT$.

Si on considère qu'une variation de M cause surtout une hausse des prix en laissant l'activité inchangée, la politique monétaire des banques centrales doit être stricte : contrôle du crédit, taux d'intérêt élevé.

Si on considère, à l'inverse, qu'un peu d'inflation n'est pas grave si elle est contrôlée, la politique monétaire va consister à baisser le taux d'intérêt directeur et à faciliter l'octroi de crédit par les banques.

La décision de faciliter ou de restreindre l'émission de monnaie est, en dernier ressort, de la compétence de la banque centrale ou du système de banques centrales.

5 L'ÉTAT ET LE FONCTIONNEMENT DU MARCHÉ

➔ L'État intervient de deux façons pour garantir les conditions de fonctionnement des marchés. D'une part, il met en place un cadre institutionnel qui régule la concurrence. D'autre part, il intervient pour corriger les inefficacités du marché.

1 L'existence d'un cadre institutionnel

1. La circulation de l'information

Les consommateurs comme les entreprises prennent souvent des décisions sur la base d'informations incomplètes sur le prix et la qualité des biens mis sur le marché.
L'État agit alors par la loi ou par l'intermédiaire d'une autorité de régulation pour améliorer l'information disponible sur les marchés.

EXEMPLE

L'Autorité des marchés financiers (AMF) veille à ce que l'information diffusée par les sociétés cotées à la Bourse de Paris soit exacte pour protéger les épargnants.

2. Le respect de la concurrence

L'État intervient pour améliorer l'exercice de la concurrence sur les marchés et pour protéger les consommateurs. La réglementation, française et européenne, interdit les pratiques anticoncurrentielles (entente et abus de position dominante), qui ont pour objet ou effet d'éliminer la concurrence. Sont également prohibés la revente à perte, les pratiques discriminatoires ou abusives ou encore le refus de vente entre professionnels.
En France, l'Autorité de la concurrence a comme mission de veiller au respect de la concurrence. Dans le cadre de l'UE, cette mission est attribuée à une direction générale de la Commission européenne à Bruxelles.

EXEMPLE

La législation de l'Union européenne interdit les pratiques commerciales trompeuses et réprime toute publicité mensongère.

2 La correction des inefficacités du marché

1. Les externalités

a) Les externalités négatives et positives

L'externalité est une défaillance du marché et désigne une situation économique dans laquelle un acte de consommation ou de production d'un agent a un effet direct positif ou négatif sur la situation d'un autre agent. Par effet direct, on entend un effet qui ne fait pas l'objet de transaction sur un marché.
L'externalité est négative lorsqu'elle s'accompagne d'un préjudice pour les agents qui la subissent.

EXEMPLE

Une activité industrielle ou agricole qui aboutit à la pollution d'une rivière porte atteinte au bien-être des autres utilisateurs de cette rivière, les pêcheurs par exemple.

L'externalité est positive lorsque ses conséquences sont favorables aux agents économiques qui la reçoivent.

EXEMPLE

L'entretien du paysage par les agriculteurs apporte des avantages à l'ensemble de la société. Mais cela ne fait l'objet ni d'une rémunération, ni d'un échange économique.

Les externalités, négatives et positives, sont ignorées lorsque l'étude des phénomènes économiques se limite à l'observation du marché.

b) L'intervention de l'État

L'intervention de l'État est liée au fait que le marché ne sait pas gérer les externalités.
L'État dispose d'outils pour limiter ou réparer les externalités négatives, par exemple la taxation des pollueurs pour financer le préjudice subi par la population ou la fixation d'une norme de pollution. Cette dernière solution oblige les entreprises à investir dans des dispositifs antipollution coûteux pour atteindre la norme.
L'État peut aussi encourager la production des externalités positives. Comme le marché n'investit pas assez dans les externalités positives, l'État subventionne les activités porteuses d'effets bénéfiques.

EXEMPLE

Le développement des zones de montagnes procure des externalités positives grâce à la valorisation des paysages dont profitent les activités touristiques : location de gîtes, vente de produits locaux...

2. Les biens publics

a) Définition

Les biens publics sont des biens, services ou ressources qui bénéficient à tous. La consommation d'un bien public par un individu n'empêche pas sa consommation par un autre et personne ne peut être exclu de la consommation de ce bien.
Il est impossible d'établir l'avantage que retire chaque membre de la communauté, et de l'obliger à payer pour cet avantage. De plus, il est impossible de priver de cet avantage les personnes qui refusent d'en partager le coût.

EXEMPLES

Même si la plupart des gens attribuent une valeur positive au confort et à la sécurité d'une ville éclairée la nuit, les personnes ou les entreprises privées ne sont aucunement incitées à investir en vue de fournir un tel service d'éclairage. La signalisation routière, les infrastructures de transport constituent d'autres exemples de biens publics.

b) L'intervention de l'État

Lorsque la production d'un bien public est laissée au bon vouloir du secteur privé, il en résulte toujours une sous-estimation de la demande de ce bien, donc une production insuffisante des biens et services correspondants.
Ainsi, peu d'entreprises privées trouvent intérêt à produire un bien dont les ménages profitent gratuitement. Cette situation impose à l'État d'intervenir pour financer les biens publics par l'impôt.

6 L'OUVERTURE DES ÉCONOMIES

L'ouverture des économies est croissante dans le temps. Elle résulte de l'accroissement des flux d'échanges de biens, de services et de capitaux qui sont facilités par la stabilité des devises.

1 La mesure de l'ouverture de l'économie

1. La progression des échanges internationaux

Depuis la fin de la Seconde Guerre mondiale, le volume des échanges commerciaux augmente plus vite que la production mondiale. On observe aussi que leur rythme s'accélère. Le taux de croissance des échanges internationaux était de 4 % dans les années 1970, il est maintenant de l'ordre de 7 %.

2. Le taux d'ouverture de l'économie

C'est le ratio de la production échangée sur la production totale. Au niveau mondial, il s'élève à 25 %. Calculés par secteurs, certains taux sont encore plus importants. Par exemple, dans le secteur de l'électronique, le rapport est de 50 % : 1 bien sur 2 est produit pour l'échange.

3. Les différences selon les pays et les secteurs

a) L'inégale ouverture des pays sur l'extérieur

Les pays ne participent pas de manière égale aux échanges : 22 pays assurent à eux seuls 75 % du commerce mondial. De nombreux pays en développement (notamment d'Afrique) restent encore à l'écart du commerce mondial.

b) Les secteurs abrités ou exposés à la concurrence internationale

Tous les secteurs ne sont pas exposés de la même manière à la concurrence internationale.
L'agriculture est un secteur protégé pour assurer la sécurité alimentaire, l'entretien du milieu naturel, et un revenu aux agriculteurs. Elle bénéficie de soutiens publics. Seulement 10 % de la production agricole mondiale fait l'objet d'échanges internationaux.
Certaines branches industrielles (textile, chimie, automobile, acier, bois, etc.) sont aussi protégées par des tarifs douaniers et sont abritées de la concurrence mondiale.
Les services sont souvent de nature publique (éducation, santé) et échappent à l'échange ; d'autres services sont protégés : secteurs des transports, des télécommunications, du cinéma.

2 L'influence du taux de change

1. Le marché des changes

Les échanges internationaux nécessitent des échanges en devises, le plus souvent en dollars. Le taux de change est le prix d'une monnaie exprimé en une autre monnaie. Le marché des changes est le marché sur lequel s'effectuent les opérations d'achat ou de vente de devises ou monnaies étrangères. Les transactions sur ce marché sont cent fois supérieures à celles des biens et des services.

2. Volatilité des changes et comportement des entreprises

Les variations importantes, qu'on appelle la volatilité des taux de change, provoquent, pour les entreprises, une incertitude quant au chiffre réel des exportations escomptées ou sur le coût réel des matières importées.

EXEMPLE

Pour une compagnie pétrolière fortement importatrice de pétrole brut et exportatrice de pétrole raffiné, la volatilité du cours du dollar provoque une grande incertitude sur le résultat anticipé.

Certains observateurs ont cru aussi remarquer que certaines entreprises européennes délocalisent leur production en zone dollar quand l'euro, par son niveau élevé, pénalise les exportations.

3. Le taux de change et la compétitivité des entreprises

a) La compétitivité en prix

Une monnaie forte renchérit les exportations et favorise les importations. La compétitivité dépend toutefois de la sensibilité (ou élasticité) des demandeurs par rapport au prix. L'achat d'essence est, par exemple, relativement peu réactif au prix (inélastique).

b) La compétitivité hors prix

De nombreux acheteurs, particuliers ou entreprises, tiennent compte d'autres facteurs que le prix : la qualité, les goûts, etc. Ces facteurs atténuent l'effet du taux de change sur la compétitivité.

3 Le compte des transactions courantes

1. Les flux de marchandises et de services

Le compte des transactions courantes retrace, dans la balance des paiements d'une nation, les flux de marchandises et de services.
Si les exportations (X) sont supérieures aux importations (M), le solde est excédentaire (X > M).
Le compte est déficitaire si la valeur des exportations ne compense pas les dépenses des importations (X < M).

2. L'interprétation du solde des transactions courantes

On peut considérer qu'un déficit des comptes courants est dû à une consommation excessive par rapport au revenu disponible.
Une autre analyse met l'accent sur l'approche financière : le déficit de la balance courante correspond à un excès des investissements (besoins de financement) par rapport à l'épargne privée et publique (capacités de financement).
La deuxième approche est devenue la principale. Elle met l'accent sur les deux déterminants que sont l'épargne et l'investissement. On en déduit ensuite l'évolution de la balance commerciale.

7 LES FONDEMENTS DE L'ÉCHANGE INTERNATIONAL

La justification classique du commerce international réside dans l'intérêt mutuel qu'ont les nations à se spécialiser.
Cette théorie n'explique pas les échanges de biens semblables ; d'autres explications doivent être apportées pour caractériser la nature des flux mondiaux contemporains.

1 Les fondements classiques du libre-échange

1. La loi des avantages absolus

Dès la fin du XVIIIe siècle, A. Smith explique l'échange entre pays par les différences de coût de production. Un pays importe un produit si la production de celui-ci est plus coûteuse que son importation. Chaque pays a alors intérêt à se spécialiser dans les productions pour lesquelles ses coûts de production sont inférieurs à ceux des autres pays.
Le commerce international doit permettre à chaque pays de s'enrichir en profitant de la division internationale du travail.

2. La loi des avantages relatifs

Au XIXe siècle, D. Ricardo enrichit l'idée d'A. Smith en introduisant dans l'analyse les coûts relatifs. Chaque pays a intérêt à se spécialiser dans les productions pour lesquelles son avantage est relativement le plus grand ou pour lesquelles son désavantage est relativement le moins grand.

3. La loi des proportions de facteurs

Des économistes contemporains, E. Hecksher, B. Ohlin et P. Samuelson, ont enrichi la théorie sous le nom de « théorème HOS » : la justification de l'échange tient dans l'abondance relative du facteur capital ou du facteur travail. Cette abondance est à l'origine de l'avantage comparatif.
Un pays va produire et exporter des biens incorporant de façon intensive les facteurs de production abondants sur son territoire et importer les produits qui nécessitent le recours à des facteurs de production relativement rares dans le pays.

EXEMPLES

Les États-Unis sont riches en facteur travail qualifié : ils produisent et exportent principalement des biens à haute intensité de travail qualifié (des nouvelles technologies).

À l'opposé, des pays qui disposent d'une main-d'œuvre moins qualifiée abondante ont intérêt à se spécialiser dans le textile ou le cuir.

4. Les gains dynamiques de l'échange

La spécialisation est elle-même facteur de productivité car elle induit un effet d'apprentissage et une amélioration des techniques. La spécialisation génère des gains ultérieurs d'efficacité économique, appelés « gains dynamiques de l'échange ».

2 Les nouvelles explications du commerce international

1. Les échanges de similitudes ou commerce intrabranche

La théorie classique de la spécialisation n'explique pas pourquoi il existe des échanges de similitudes. L'échange de similitudes, ou commerce intrabranche, désigne les échanges de biens similaires qui appartiennent à la même branche industrielle.

EXEMPLE

La France produit et exporte des automobiles. Elle importe aussi des modèles de marques étrangères.

P. Krugman fut un des premiers auteurs à préconiser l'introduction dans l'analyse économique internationale d'éléments des stratégies industrielles. Ainsi, les entreprises apportent des différences à leurs produits pour qu'ils ne ressemblent pas à un produit concurrent.

2. Les économies d'échelle

Le phénomène des économies d'échelle est un autre concept d'origine industrielle. En termes de coûts, plus une entreprise produit en grande quantité, plus le coût moyen unitaire diminue.

EXEMPLE

Un bien produit en grande série est moins cher qu'un bien fabriqué de manière artisanale.

Appliquée au commerce international, cette théorie explique pourquoi les entreprises recherchent des débouchés sur les marchés extérieurs. Elle indique qu'un grand pays dispose, en raison de la taille de son marché initial, d'un avantage comparatif plus important, par rapport à un petit pays au marché intérieur limité.

3. Les facteurs technologiques

Quand les coûts de transaction (coûts de transport, de communication) sont prohibitifs, les échanges sont restreints. En permettant de réduire les coûts de transaction, le progrès technique est un facilitateur du commerce mondial. Les nouvelles technologies de l'information et de la communication, en particulier, facilitent grandement le commerce mondial.

EXEMPLE

La vente directe sur Internet (e-commerce) réduit les frais d'intermédiaires.

4. La théorie du cycle de vie

En fonction de leur degré de développement, seuls certains pays ont la capacité technologique de réaliser certaines innovations. Le produit innovant est donc d'abord fabriqué, puis exporté par les pays les plus avancés. Quand le produit est largement diffusé, il est ensuite fabriqué par les pays moins avancés qui n'ont pas à engager de recherche et bénéficient d'une production standardisée.

8 L'AMÉLIORATION DU NIVEAU DE VIE

Le niveau de vie d'une population résulte des revenus distribués aux agents économiques pour satisfaire leurs besoins par la consommation. L'amélioration du niveau de vie nécessite la création de richesses plus importantes.

1 La création de richesses

1. La croissance de l'économie

Le concept de croissance économique désigne l'augmentation de la richesse créée par la production de biens et services entre deux périodes successives. Elle est la source de l'enrichissement matériel de la population.

2. La mesure de la croissance

a) Le produit intérieur brut (PIB)

Le PIB en volume est l'indicateur utilisé pour mesurer la croissance (après élimination de l'effet de l'inflation).

Il correspond à la somme de toutes les valeurs ajoutées réalisées par les entreprises qui résident dans le pays, augmentée de la TVA et des droits de douane : PIB = •VA + TVA + droits de douane.

b) La sous-évaluation de la production

Le calcul du PIB ne prend pas en compte une partie de l'activité économique, ce qui sous-évalue la production nationale. Ainsi, l'économie souterraine, les échanges non monétaires tels que le troc ou les productions domestiques (jardinage, bricolage, etc.) et le bénévolat sont oubliés par la comptabilité nationale.

3. La production marchande et non marchande

Le PIB recense l'ensemble de la production, marchande et non marchande, réalisée par l'ensemble des secteurs institutionnels.

a) La production marchande

La production marchande porte sur des biens et services échangés sur le marché. Elle est évaluée au prix du marché. Elle est réalisée par le secteur privé et le secteur public marchand (entreprises de biens et de services marchands détenues par l'État).

b) La production non marchande

Certains services sont gratuits ou sont échangés contre une valeur inférieure à leurs coûts de production. Leur production est considérée comme non marchande. Elle est mesurée forfaitairement par les coûts de ces services Il s'agit notamment des services collectifs mis à la disposition de la collectivité (exemples : police, enseignement, santé).

4. La contribution des secteurs économiques à la croissance

Le secteur tertiaire qui englobe les services marchands et administratifs contribue aux 3/4 de la richesse créée. On parle de tertiarisation de l'économie.

Valeur ajoutée par branche en volume

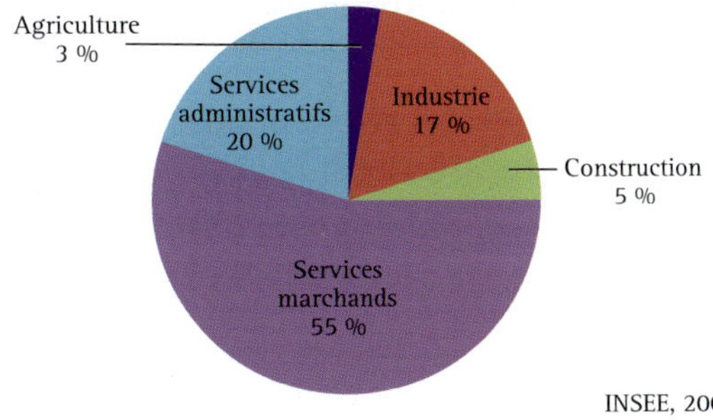

INSEE, 2007.

2 Le niveau de vie d'une population

1. La distribution de revenus

La distribution de revenus a comme origine le partage de la richesse créée par l'activité de production. Le niveau de vie d'une population dépend du revenu disponible pour la consommation, ainsi que de la structure du budget des ménages. Plus les dépenses sont orientées vers la satisfaction de besoins secondaires, plus le niveau de vie est élevé.

2. La consommation

La consommation est l'acte d'utiliser un bien ou un service soit pour satisfaire des besoins, soit pour produire un autre bien. C'est une opération économique de destruction par l'usage de biens et services.

Dans la théorie néoclassique, le consommateur recherche la satisfaction maximale compte tenu de la limite imposée par ses revenus. Son comportement est rationnel et il recherche la combinaison de biens et de services consommés qui lui procure la plus forte utilité.

3. L'épargne

L'épargne constitue la part du revenu des ménages qui n'est pas consacrée immédiatement à la satisfaction d'un besoin mais qui est mise en réserve en vue d'une dépense future. Les motifs de l'épargne sont variés : précaution, placement, spéculation, etc.

3 Les comparaisons internationales

1. Le PIB par habitant

Pour évaluer le niveau de vie matériel dans un pays, on calcule la valeur de tout ce que le pays produit en un an qu'on divise ensuite par le nombre d'habitants.

2. Les parités de pouvoir d'achat (PPA)

Comparer les niveaux de revenus entre pays nécessite de corriger les PIB par habitant des différences de niveau de prix entre les pays et de pouvoir d'achat des monnaies nationales. Pour cela, on évalue dans chaque pays le prix d'un panier de biens et services comparables et représentatifs des habitudes de consommation.

Les PPA sont des taux de conversion des monnaies qui transforment les indicateurs économiques exprimés en monnaie nationale en une monnaie commune fictive, appelée « standard de pouvoir d'achat».

9 LE DÉVELOPPEMENT ÉCONOMIQUE

Le développement se distingue de la croissance par sa nature qualitative. Il suppose une adaptation des structures et des institutions de la société.

1 La distinction entre croissance et développement

1. La croissance, condition du développement

La croissance économique représente l'accroissement durable de la production globale d'une économie. Le développement désigne l'expansion des activités économiques qui entraîne l'amélioration des conditions de vie et de bien-être de la population. Il implique une transformation radicale des structures économiques, sociales, culturelles et institutionnelles d'un pays.

Le développement se distingue de la croissance par sa nature qualitative. On considère que la croissance est une condition nécessaire du développement, mais qu'elle n'est cependant pas suffisante.

2. Les critères du développement

a) La richesse

La richesse est appréciée par le produit intérieur brut (PIB) par habitant qui représente la valeur des biens et services produits durant l'année par un pays, divisée par le nombre de ses habitants.

b) La santé

L'efficacité d'un système de santé se définit par l'espérance de vie à la naissance ou la durée de vie moyenne qu'un groupe d'individus peut s'attendre à vivre à un âge de la vie.

c) L'éducation

L'éducation concerne d'une part la formation initiale des enfants, mesurée par le taux de scolarisation. Ce taux représente le pourcentage d'enfants en âge d'aller à l'école qui la fréquentent effectivement. L'éducation concerne d'autre part l'alphabétisme des adultes mesuré par le taux d'alphabétisme. Ce taux est défini comme le pourcentage de la population de 15 ans et plus qui sait lire et écrire.

La scolarisation et l'alphabétisation contribuent au développement économique, social et culturel de la société.

2 Les indicateurs du développement

1. Les limites du PIB par habitant

Le PIB par habitant est l'indicateur le plus utilisé pour mesurer le développement économique. Il correspond à une moyenne de revenu par habitant et ne fournit aucune indication sur les disparités au sein de la population. Il ne reflète pas non plus le niveau de vie réel puisqu'il ne comptabilise pas l'économie informelle.

2. L'indicateur de développement humain (IDH)

Les économistes de l'ONU ont élaboré un indicateur de développement humain (IDH). Les éléments pris en compte dans le calcul sont : le PIB par habitant, le niveau d'éducation, le niveau sanitaire et l'espérance de vie de la population. L'évolution de l'IDH permet d'apprécier l'amélioration des conditions de vie d'un pays.

3. Les indicateurs de pauvreté humaine (IPH)

a) Dans les pays en développement

L'IPH-1 est construit à partir de trois indicateurs mesurant la longévité (pourcentage de décès avant 40 ans), l'instruction (taux d'analphabétisme des adultes) et les conditions de vie.

b) Dans les pays développés

L'IPH-2 agrège quatre indicateurs mesurant la longévité (pourcentage de décès avant 60 ans), l'instruction (taux d'illettrisme des adultes), les conditions de vie (pourcentage de personnes vivant en dessous de la demi-médiane de revenu disponible des ménages) et l'exclusion (taux de chômeurs depuis plus de 12 mois).

Plus les indicateurs sont élevés, plus le pays est pauvre.

3 Les différents niveaux de développement

1. Les pays développés

Dans les pays développés (États-Unis, UE, Japon, Corée du Sud, etc.), la plus grande partie de la population satisfait ses besoins vitaux et accède à un certain confort, ainsi qu'aux soins et à l'éducation.

2. Les pays émergents ou NPI

Le groupe des nouveaux pays industrialisés (NPI) est hétérogène. Il englobe des économies dont le point commun est une croissance industrielle très rapide. Ce sont des pays très exportateurs et fortement intégrés au commerce mondial (Chine, Inde, Brésil, etc.). Leurs économies sont largement ouvertes aux capitaux étrangers. Leur niveau de vie se rapproche de celui des pays riches.

3. Les pays en transition

L'expression « transition vers le capitalisme » désigne l'introduction des mécanismes de marché dans tous les domaines de l'économie : libéralisation des prix, transfert du pouvoir économique de l'État au secteur privé et ouverture sur l'extérieur. Certains pays d'Europe centrale et orientale ont achevé cette transition pour entrer dans l'Union européenne à partir de 2004. D'autres, les ex-républiques de l'URSS par exemple, se trouvent encore dans une phase transitoire.

4. Les pays en développement

D'après la classification de la Banque mondiale, les pays en développement regroupent des pays en situation intermédiaire avec une croissance relative de leur économie qui les distingue des pays les moins avancés. Ils se situent en majorité en Asie, en Afrique et en Amérique du Sud.

5. Les pays les moins avancés (PMA)

Les PMA regroupent environ 2,9 milliards de personnes vivant avec moins de 2 dollars par jour. L'Afrique est le continent le plus concerné par le sous-développement. Dans l'est et le sud de l'Asie, près de 1,3 milliard de personnes vivent en situation de dénuement absolu. Les PMA constituent le groupe de pays le plus éloignés du développement.

10 LE DÉVELOPPEMENT DURABLE

Le développement durable vise à concilier l'objectif de croissance avec la satisfaction des besoins des générations futures. Il influence la prise de décisions au niveau des États comme au niveau des entreprises et des individus.

1 Les principes du développement durable

1. Les conséquences négatives de la croissance

a) L'épuisement des ressources naturelles

La croissance épuise les ressources non renouvelables de la planète. La surexploitation des ressources renouvelables (exemples : forêts, zones de pêche) menace de les faire disparaître.

b) L'accroissement des inégalités entre les pays

Les inégalités s'accentuent entre pays riches et pauvres et entraînent des risques de conflits internes et externes.

c) Des dégradations et des risques écologiques majeurs

La pollution des sols, de l'eau, la fragilisation des écosystèmes, constituent autant de facteurs de risques écologiques majeurs. Le réchauffement climatique dû aux gaz à effet de serre a des répercussions sur l'agriculture (sécheresse), entraîne des pénuries d'eau pour la population, des inondations des zones côtières, etc.

2. Les principes d'un développement durable

En 1987, la Commission mondiale de l'environnement et du développement présidée par G. H. Brundtland définit le développement durable comme « un développement qui répond aux besoins du présent sans compromettre la capacité des générations futures de répondre aux leurs ». C'est un développement économiquement efficace, socialement équitable et écologiquement soutenable.

a) La solidarité avec les générations futures

La solidarité avec les générations à venir nécessite d'économiser les ressources renouvelables (exemple : la pêche) et de prévoir le remplacement des ressources non renouvelables (exemple : le pétrole).

b) La solidarité avec les populations de la planète

Le développement doit profiter à toutes les populations. Dans les pays pauvres, la croissance doit permettre de répondre aux besoins des populations et d'éviter la surexploitation des ressources.

c) Le principe de précaution

Ce principe s'applique en cas de doute sur l'impact environnemental ou sanitaire d'un produit ou d'un procédé. Il conduit à y renoncer plutôt que de risquer des dommages irréversibles pour l'homme ou l'environnement.

d) La participation de tous les acteurs de la société civile

Les objectifs du développement durable ne peuvent être atteints que si l'ensemble des acteurs agit en commun : État, entreprises, ONG, syndicats et citoyens.

2 Les indicateurs du développement durable

1. L'empreinte écologique

L'empreinte écologique mesure la surface productive nécessaire à une population pour répondre à sa consommation de ressources (nourriture, chauffage, habitat) et pour absorber ses déchets. Elle reflète le degré d'utilisation de la nature par l'homme à des fins de production et de consommation.

2. Les indicateurs de bien-être

a) L'indicateur de bien-être économique durable

Cet indicateur combine les contributions au bien-être durable relevant de l'économique (niveau de vie), du social (égalité), de l'environnemental, ainsi que des activités non monétaires.

b) L'indice de progrès véritable

Cet indice ajoute à la consommation des ménages diverses contributions à la « vraie » richesse et au bien-être (exemples : une activité bénévole, le travail domestique). Puis il soustrait la valeur estimée des richesses perdues, notamment naturelles (exemple : destruction de ressources non renouvelables), mais aussi sociales (exemples : accidents de la route, progression des inégalités).

3 Les politiques du développement durable

1. Le protocole de Kyoto

Le protocole de Kyoto, adopté en 1997 lors de la troisième conférence-cadre des Nations unies sur le changement climatique, impose à 38 pays industrialisés de réduire, d'ici à 2012, leurs rejets de gaz à effet de serre dans l'atmosphère de 5,2 % par rapport aux émissions de 1990.

2. Les actions dans le cadre de l'UE

L'Union européenne établit une stratégie à long terme en faveur du développement durable, qui s'articule autour de quatre thèmes : lutter contre le changement climatique, assurer des transports écologiquement viables, limiter les risques pour la santé publique et gérer les ressources de manière responsable.

Pour atteindre les objectifs de réduction d'émission de gaz à effet de serre, l'UE a mis en place deux instruments : la Bourse d'échange de droits à polluer (permis négociables) et la taxe carbone (écotaxe).

3. Les actions à l'initiative du marché

Le développement durable représente un double enjeu pour les entreprises : d'une part, un enjeu économique, leur survie à long terme, et d'autre part, leur contribution aux enjeux de société.

Il devient un moyen pour se différencier des concurrents au même titre que la qualité et les services. L'évolution de la réglementation, destinée à préserver les ressources naturelles, incite aussi les entreprises à aller dans le sens du développement durable.

11 LES FACTEURS DE CROISSANCE

➔ L'analyse des facteurs de croissance permet d'apprécier les contributions du travail et du capital. Le progrès technique joue un rôle essentiel dans la croissance car il la pérennise. Il résulte principalement de l'investissement dans l'innovation et la formation.

1 Les facteurs de production et la croissance

1. L'utilisation des facteurs comme source de croissance

La croissance économique correspond à l'augmentation de la production. Or la production résulte de l'utilisation et de la combinaison la plus efficace possible des facteurs capital et travail.

La taille de la population active et son taux d'activité déterminent la quantité de travail disponible pour alimenter la croissance. Sur un plan qualitatif, plus la qualification professionnelle des individus est élevée plus la croissance sera favorisée.

Le facteur capital correspond aux biens nécessaires à la production. On distingue la quantité de capital (machines, outillages, bâtiments...) et la qualité de ce capital (savoir-faire, connaissances technologiques).

2. La croissance extensive

La croissance extensive correspond à l'augmentation de la quantité de travail et de capital. Elle favorise l'augmentation de la production d'un pays. Elle permet d'employer la main-d'œuvre disponible, mais elle n'augmente pas fortement le niveau de vie puisque chaque individu est limité par la quantité de production qu'il peut fournir.

EXEMPLE

Lorsqu'un agriculteur veut augmenter sa production, il peut acheter de nouvelles terres et embaucher des ouvriers agricoles. Son mode de croissance est extensif car il choisit d'augmenter les facteurs de production utilisés.

3. La croissance intensive

La croissance intensive correspond à l'augmentation de la productivité du travail et du capital et à l'amélioration de la combinaison entre ces deux facteurs. Elle est plus pérenne que la croissance extensive. Ce mode de croissance est à privilégier car en augmentant la productivité par travailleur, elle contribue à l'augmentation du niveau de vie.

EXEMPLE

Si le même agriculteur choisit d'utiliser plus d'engrais et de machines, il opte pour une croissance intensive.

2 Le progrès technique et la croissance

1. Le rôle du progrès technique

Le progrès technique représente l'ensemble des innovations qui entraînent une transformation des moyens et des méthodes de production, des produits et des marchés. Il contribue aux gains de productivité, avec la mise en place de processus de production innovants.

2. La productivité

a) La mesure de la productivité

La productivité correspond au rapport entre la quantité produite d'un bien ou d'un service et la quantité de facteur nécessaire pour cette production. Elle constitue une mesure de l'efficacité avec laquelle une économie utilise ses ressources disponibles pour produire.

b) Les gains de productivité

Les gains de productivité peuvent avoir pour origine, outre le progrès technique, une organisation plus rationnelle du travail ou une élévation du niveau de qualification des travailleurs.

c) Les déterminants économiques de la productivité

Plusieurs facteurs économiques exercent une influence sur la croissance de la productivité : l'investissement et le développement des savoir-faire, l'innovation et la diffusion de la technologie (les TIC) et le développement des infrastructures publiques.

3 Les investissements

1. La relation entre investissements et croissance

La formation de capital humain, qui englobe les connaissances et les qualifications, contribue à la croissance économique en améliorant le rendement de l'individu au travail.

La recherche et le développement (R&D) constituent une source essentielle du progrès technique.

Les investissements en infrastructures réalisés par l'État ou les collectivités territoriales favorisent l'implantation d'entreprises et facilitent les échanges internationaux.

2. L'effet d'entraînement de l'innovation

Pour l'économiste autrichien J. Schumpeter, le progrès technique est au centre de la croissance de l'économie. Les innovations apparaissent en grappe ou essaims. Après une innovation majeure due à un progrès technique ou scientifique (exemples : le moteur à explosion, les circuits intégrés, Internet, les nanotechnologies), d'autres innovations apparaissent, rendues possibles par ces découvertes.

3. Les incitations à investir

Les défaillances du marché en matière d'investissement conduisent les pouvoirs publics à intervenir :

- le financement direct pour l'acquisition d'équipements. L'intervention publique est le plus souvent réservée aux entreprises qui présentent un intérêt certain pour le développement économique ;
- des incitations fiscales pour favoriser la création d'emploi et la formation des salariés. L'une des priorités porte sur l'amélioration de la qualité et de la mobilité de la main-d'œuvre ;
- une participation directe par la mise en place d'un système portant l'effort de recherche et développement à un niveau nettement plus élevé (aides aux entreprises innovantes, augmentation des budgets des centres publics de recherche).

12 LES FIRMES MULTINATIONALES DANS L'ÉCONOMIE MONDIALE

➔ La plupart des grandes entreprises conçoivent, produisent et commercialisent leurs produits comme si le monde était un seul pays. La stratégie d'implantation de ces firmes multinationales se traduit par des investissements directs à l'étranger.

1 La division internationale du processus productif

1. Les firmes multinationales (FMN)

a) Le fonctionnement des FMN

Les multinationales ont l'objectif de rationaliser leur processus productif en fabriquant les éléments nécessaires à l'élaboration de leurs produits dans différents pays. Elles cherchent à réduire leurs coûts en profitant de la spécialisation et des avantages comparatifs de chaque pays.

Ce processus correspond à la division (ou décomposition) internationale du processus productif (DIPP).

b) L'organisation des FMN

Une multinationale est une entreprise implantée dans plusieurs pays par le biais de filiales. Le centre de décision reste souvent dans le pays dont la firme est originaire (siège social), même si une partie importante du chiffre d'affaires est réalisée dans d'autres pays.

2. Les investissements directs à l'étranger (IDE)

a) Définition des IDE

L'IDE est l'acquisition, la prise de participation ou la création d'une entreprise à l'étranger pour exercer une influence significative.

On parle d'IDE dès lors qu'un investisseur possède, directement ou indirectement, au moins 10 % des droits de vote d'une entreprise non résidente.

b) Les FMN à l'origine des IDE

Les 2/3 du commerce mondial sont assurés par les FMN : 1/3 est constitué d'échanges intrafirmes (entre filiales d'une même multinationale) et 1/3 d'échanges extrafirmes (entre clients et fournisseurs qui ne dépendent pas de la même FMN).

Longtemps originaires d'Europe, des États-Unis et du Japon, les IDE proviennent désormais des FMN des pays émergents qui concurrencent les FMN occidentales.

c) La localisation des investissements

En s'implantant à l'étranger, les multinationales recherchent des avantages en termes :

- de coûts (approvisionnement, main-d'œuvre, transport) qui permettent d'obtenir des gains de productivité par rapport à la localisation dans le pays d'origine ;
- de proximité des marchés de consommation (acheteurs) ou de production (matières premières) ;
- de diminution du risque de change puisqu'en produisant dans un pays au lieu d'y exporter des marchandises, l'achat et le règlement sont effectués dans la même monnaie ;
- d'acquisition de compétences (qualification, savoir-faire) qui permettent d'améliorer le savoir-faire industriel ou commercial.

2 Les stratégies des FMN

1. Les critères d'implantation

Les critères d'implantation varient selon l'activité des filiales créées.

Pour les FMN qui recherchent des débouchés, la taille et la facilité d'accès au marché, son taux de croissance et les infrastructures sont les critères prépondérants.

Pour les firmes qui s'implantent pour produire, la proximité des matières premières ou des fournisseurs, le coût de la main-d'œuvre et/ou sa qualification sont déterminants.

Pour toutes les FMN, les avantages fiscaux et les incitations offerts par le pays d'accueil sont des critères souvent décisifs.

2. Les effets dans les pays d'accueil

a) Les effets positifs attendus

Quel que soit le pays d'accueil, industrialisé ou au contraire en développement, les IDE ont pour effet :

- la création d'emplois ;
- l'augmentation du PIB (en particulier pour les pays émergents) ;
- le transfert de compétences et de technologies ;
- l'amélioration de la productivité ;
- le développement de l'économie locale par effet d'entraînement ;
- l'augmentation des exportations.

b) Le développement de l'attractivité du territoire

La plupart des États cherchent à attirer les investissements étrangers dans le cadre de leur politique d'aménagement du territoire pour bénéficier de leurs effets positifs.

Pour cela, ils promeuvent leurs atouts, mettent en place des réseaux de prospection et offrent des aides aux entreprises étrangères (accueil, avantages fiscaux).

3. Les effets dans les pays d'origine

a) Les conséquences négatives

La stratégie d'implantation d'une FMN entraîne parfois une délocalisation de ses activités au détriment de son pays d'origine. Ce phénomène se traduit par :

- les suppressions d'emploi pour les salariés les moins qualifiés ;
- la baisse ou la stagnation des salaires face aux menaces de délocaliser lorsque les syndicats revendiquent des augmentations ;
- la désindustrialisation des régions touchées.

b) Les conséquences positives

Le pays d'origine est incité à mieux exploiter ses avantages comparatifs et à renforcer sa spécialisation dans les échanges internationaux.

Du fait de la concurrence internationale, le prix des produits importés diminue, induisant une hausse du pouvoir d'achat. Enfin, les recettes fiscales augmentent grâce à l'élévation des profits des multinationales qui ont délocalisé leur production.

13 LA FORMATION DES SALAIRES

Les mécanismes de formation des salaires expliquent en grande partie les inégalités de revenus. Des facteurs sociaux et économiques entrent aussi en compte.

1 Les mécanismes de formation des salaires

1. La notion de salaire

Le salaire constitue la rémunération du travailleur salarié lié à son employeur par un contrat de travail : il perçoit un salaire net, égal au salaire brut diminué des cotisations sociales à sa charge.
Le coût salarial représente ce que coûte au total le salarié à son employeur. Il englobe le salaire brut et les cotisations sociales patronales à la charge de l'employeur.

2. La distinction salaire nominal/salaire réel

Le salaire nominal est celui qui figure sur le contrat de travail. Il est mesuré en prix courants. Le salaire réel renseigne sur le pouvoir d'achat du salarié. Il est mesuré à prix constants.

3. La formation des salaires sur le plan théorique

a) La conception des classiques

Le salaire naturel, selon D. Ricardo, est le revenu minimum qui permet au salarié d'assurer la reproduction de sa force de travail, c'est-à-dire de subvenir à ses besoins physiologiques et à ceux de sa famille.

b) La conception marxiste

Pour K. Marx, le salaire est un minimum qui permet la reproduction de la force de travail, mais aussi la satisfaction des besoins sociaux (santé, éducation, logement).

c) La conception moderne

Selon J. R. Hicks, le salaire est fixé par la négociation entre les représentants syndicaux et les représentants de la direction de l'entreprise. Les conventions collectives, négociées par les partenaires sociaux, fixent les grilles de classification, les grilles de salaires et les salaires minima mensuels.

2 Les facteurs expliquant les inégalités salariales

1. Les facteurs économiques

a) La rareté

Suivant la loi de l'offre et de la demande, lorsque dans un secteur ou une région, l'offre de travail par les salariés est abondante par rapport à la demande de travail des entreprises, les salaires sont bas. Dans le cas contraire, la rareté de l'offre augmente le niveau des salaires.

b) La productivité

La productivité varie d'une branche d'activité à une autre. Dans les branches où la recherche de gains de productivité est importante, les entreprises vont valoriser les efforts de productivité du personnel par des salaires plus élevés. À l'inverse, dans celles où la productivité augmente faiblement, les augmentations de salaires seront limitées.

c) La mondialisation

La mondialisation, à travers la concurrence des pays à bas salaires, a aussi des effets sur l'évolution des inégalités salariales dans les pays développés. La demande de travailleurs peu qualifiés diminue alors que celle de travailleurs qualifiés augmente, ce qui a pour conséquence d'augmenter le chômage des travailleurs peu qualifiés et d'entraîner les salaires à la baisse.

2. Les facteurs sociaux

a) Le dialogue social

Le dialogue social se définit comme l'ensemble des processus de consultation, de négociation ou d'échanges d'informations entre les partenaires sociaux. La qualité du dialogue social rend possible la signature des conventions collectives.

b) Les caractéristiques du salarié

Le niveau de formation explique les disparités de salaires car la productivité étant liée à la qualification, plus le diplôme est élevé, plus le salaire est élevé.
L'âge, synonyme d'expérience, intervient aussi, ainsi que le sexe, malgré l'interdiction des discriminations. À diplôme égal, les femmes ont un salaire environ 20 % plus faible que celui des hommes.

3 L'action de l'État sur la formation des salaires

1. La fixation d'un salaire minimum

Le salaire minimum interprofessionel de croissance (SMIC) est le salaire minimum légal en France depuis 1970. Il constitue l'une des limites légales au principe de la libre fixation des salaires. Il est revalorisé au 1er janvier de chaque année en fonction de l'évolution de l'indice des prix à la consommation. Le gouvernement peut aussi ajouter un coup de pouce à ces augmentations.

2. La fonction publique

Les trois fonctions publiques (d'État, territoriale et hospitalière) emploient environ 5 millions de personnes, soit 1 salarié sur 5. Le niveau de rémunération et les négociations sur les rémunérations des fonctionnaires influencent le niveau des salaires dans le secteur privé.

EXEMPLE

Le salaire des infirmières travaillant dans le privé est supérieur à celui de l'hôpital public pour attirer le personnel qualifié.

3. L'intervention de l'État dans le secteur privé

En plus de la fixation du SMIC, l'État intervient dans le secteur privé en incitant les entreprises à négocier sur les salaires. Le Code du travail oblige toute entreprise où une section syndicale est constituée à négocier annuellement sur les salaires, soit au niveau de sa branche professionnelle, soit au niveau de l'entreprise.

14 LES INÉGALITÉS DE REVENUS ET DE PATRIMOINE

La répartition des richesses se déroule en deux étapes : la répartition primaire rémunère les facteurs de production ; puis la répartition secondaire redistribue les richesses pour réduire les inégalités de revenu disponible, de niveau de vie et de patrimoine.

1 La répartition des revenus

1. Le partage de la valeur ajoutée (VA)

a) Les trois parts

La valeur ajoutée issue de l'activité productive des entreprises se partage en trois parts :

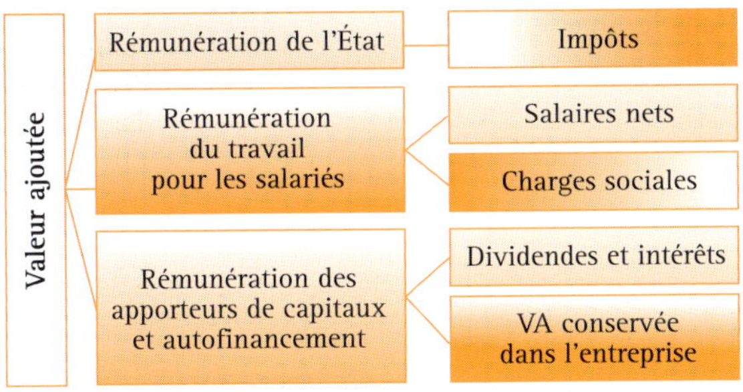

b) Les enjeux de la répartition

Le partage de la valeur ajoutée a des conséquences économiques. Il détermine le niveau de la consommation et de l'investissement. L'importance de la part de la VA accordée au travail influence le niveau de la consommation des ménages. Une part plus importante pour rémunérer le capital encourage les investissements.
Le partage de la valeur ajoutée révèle, sur le plan social, le pouvoir des salariés dans les négociations salariales. La part accordée au travail dans la valeur ajoutée augmente avec la baisse du chômage. Ce partage est souvent source de conflit entre salariés et direction d'entreprise.

2. La formation du revenu disponible

a) Le revenu primaire

Le revenu primaire est le revenu perçu par les ménages. Il est composé :
- des revenus salariaux ou revenus du travail (salaires) ;
- des revenus de la propriété ou revenus du capital (revenus des valeurs mobilières, revenus fonciers ou immobiliers) ;
- des revenus mixtes des entrepreneurs individuels, qui rémunèrent à la fois le travail et le capital.

b) La répartition secondaire

La répartition secondaire est une opération de redistribution des revenus. Son objectif est de diminuer les inégalités entre les ménages. Elle s'effectue grâce au prélèvement d'impôts et de cotisations sociales et au versement de revenus de transferts (allocations familiales, indemnités chômage, allocation logement, RSA, etc.).

c) Le revenu disponible

Le revenu disponible résulte des revenus issus de la répartition primaire et de la répartition secondaire opérée par l'État.

Revenu disponible = revenu primaire – impôts et cotisations sociales + revenus de transferts.

2 Les inégalités de niveau de vie

1. La mesure des inégalités

a) Le revenu médian

Le revenu médian partage la distribution des revenus des ménages en deux parts égales : 50 % des ménages sont en dessous du revenu médian et 50 % au-dessus.

b) Le découpage par quantiles

Les quantiles (déciles, centiles...) regroupent les ménages par tranches (10 %, 1 %...) selon leur revenu ou leur patrimoine.
Le rapport interdécile permet de comparer le revenu des 10 % de ménages les plus riches à celui des 10 % de ménages les plus pauvres.

c) La courbe de Lorenz et l'indice de Gini

La courbe de Lorenz représente la répartition des revenus ou du patrimoine au sein de la population.
L'indice de Gini est un coefficient qui évalue la concentration des revenus à partir de la courbe de Lorenz. Il est toujours compris entre 0 et 1 : 0 correspond à une société égalitaire et 1 à la situation dans laquelle un seul individu concentre toutes les richesses.

2. Les inégalités de patrimoine

Le patrimoine d'une personne (physique ou morale) est l'ensemble des biens qu'elle possède à un moment donné : biens meubles ou immeubles, droits, créances et éléments inaliénables et transmissibles. Les inégalités de répartition du patrimoine sont beaucoup plus fortes que celles des revenus. Elles constituent la principale source des inégalités sociales. Les héritages sont en général plus élevés dans les familles à hauts revenus. D'autre part, des revenus plus élevés génèrent une plus forte capacité d'épargne et d'endettement, et donc, année après année, une plus forte accumulation patrimoniale.

3. L'évolution des inégalités de niveau de vie

S. Kuznets a étudié les relations entre la croissance économique et la répartition des revenus. Il montre que le revenu par habitant augmente au cours de la phase de transition d'une économie de l'agriculture vers l'industrie et que les inégalités de revenus augmentent également. Elles commencent à baisser lorsque le capital humain est de plus en plus valorisé en parallèle au développement des services.
Les faits ont donné raison à S. Kuznets jusque dans les années 1980, mais cette théorie est remise en cause aujourd'hui avec l'augmentation des inégalités dans les pays industrialisés.

4. Les inégalités au niveau mondial

Les inégalités continuent à progresser dans 2/3 des pays du monde, dont les pays développés. Les écarts se creusent car les hauts revenus augmentent beaucoup plus vite que les revenus moyens et bas.

15 LES OBJECTIFS ET LES MOYENS DE LA REDISTRIBUTION

➔ La politique de redistribution a pour objectifs la lutte contre les inégalités économiques et sociales et la couverture de la population contre les risques sociaux.

1 Les différentes conceptions de la redistribution

1. La conception bismarckienne

À la fin du XIXe siècle, le chancelier allemand Bismarck crée les assurances sociales. Sa conception de la protection sociale repose sur le modèle de l'assurance : ne bénéficient d'une protection sociale que ceux qui, par leur travail, peuvent verser des cotisations.
Dans tous les pays qui ont adopté le modèle bismarckien, la protection s'est généralisée aux catégories de la population initialement non protégées.

2. La conception beveridgienne

En Angleterre au milieu du XXe siècle, Lord Beveridge propose une réforme de la protection sociale en créant la Sécurité sociale, fondée sur un principe de solidarité. La protection sociale couvre toute la population et tous les risques sociaux.

3. L'État-providence

L'État-providence intervient pour corriger les inégalités créées par le marché dans la distribution des revenus. Ce mode d'action prend appui sur l'analyse keynésienne relative à l'action de l'État. Il fournit des services en fonction des besoins (santé, éducation, retraite) à un prix faible ou nul.

2 Les objectifs de la redistribution

1. La protection contre les risques sociaux

La protection sociale aide les ménages à faire face aux événements qui ont une incidence directe sur leur situation économique, que celle-ci se caractérise par une baisse des revenus ou par une augmentation des dépenses.
Les principaux risques sociaux sont liés à la santé (maladie, accident, invalidité), à la vieillesse, à la maternité et au chômage.

2. La lutte contre l'exclusion

La lutte contre l'exclusion, considérée comme la manifestation la plus absolue de la grande pauvreté, fait partie des politiques de réduction des inégalités. Cette lutte couvre des risques et des besoins divers.

3. La distinction entre redistribution horizontale et verticale

L'État opère une redistribution horizontale des revenus financée par les cotisations sociales entre les actifs et les chômeurs, les salariés et les retraités, les bien portants et les malades.
Lorsqu'il agit pour réduire les inégalités et lutter contre l'exclusion en finançant sa politique par l'impôt, il opère une redistribution verticale des ménages à hauts revenus vers les ménages à bas revenus.

3 Les instruments de la redistribution

1. Les prélèvements obligatoires

a) Les cotisations sociales

Les cotisations sociales sont des prélèvements calculés sur le salaire brut de tout salarié et versées à l'Urssaf, aux Assedic et aux caisses de retraite complémentaires.
On distingue les cotisations sociales salariales et les cotisations sociales patronales.

b) Les impôts et taxes

On distingue les impôts et taxes proportionnels et progressifs.
Dans le premier cas, le taux de prélèvement est identique quelle que soit la base qui sert au calcul de l'impôt (exemple : la TVA n'est pas redistributive car chacun contribue à proportion de ses dépenses).
Dans le second cas, le taux d'imposition augmente avec la base d'imposition. Plus le revenu est élevé, plus la proportion versée sous forme d'impôt est grande. Ce mode de calcul contribue à la réduction des inégalités (exemple : l'impôt sur le revenu).

c) Le poids des prélèvements obligatoires

Le taux des prélèvements obligatoires par rapport au PIB est en constante augmentation depuis 1970. Il représente environ 45 % du PIB. Les impôts et taxes avoisinent 60 % de l'ensemble et les cotisations sociales 40 %.

2. Les transferts sociaux

a) Les prestations

Les prestations sociales sont des transferts versés à des individus ou à des familles afin de réduire la charge financière que représente la protection contre les divers risques sociaux.
Elles englobent les minima sociaux (revenu minimum d'insertion, revenu de solidarité active), la couverture maladie universelle (CMU), la prise en charge des SDF.

b) Le caractère contributif ou non des prestations

Les prestations contributives sont des sommes versées en contrepartie du versement de cotisations préalables.
Les prestations non contributives sont des prestations accordées à des personnes qui n'ont pas suffisamment ou pas du tout cotisé.

3. Les services publics

Traditionnellement, on considère que la redistribution se réalise essentiellement à partir de prélèvements qui donnent lieu au versement de prestations monétaires. Or, les services publics fournis par les administrations en matière de santé, d'éducation ou de logement social ont un caractère redistributif pour les ménages bénéficiaires. Ces services publics améliorent le bien-être des populations concernées.
Par exemple, les dépenses de santé ont pour objectif principal d'assurer une solidarité entre les bien portants et les malades, soit une redistribution horizontale. Le versement des prestations réduit l'écart entre les revenus.

16 L'EFFICACITÉ DE LA REDISTRIBUTION

➔ La politique de redistribution est un facteur de progrès économique et social. Comme elle n'arrive pas à réduire efficacement les inégalités, ses modalités de financement et de fonctionnement sont de plus en plus contestées.

1 Les avantages de la redistribution

1. Les progrès sociaux

a) L'accès à l'éducation

L'objectif du système éducatif est fondé sur l'égalité des chances. Le caractère obligatoire de la scolarité jusqu'à 16 ans et la gratuité pour les familles doivent contribuer à réduire les inégalités issues de l'origine sociale des enfants. Elle doit aussi favoriser l'accès du plus grand nombre à de meilleures conditions de vie dans le futur.
L'Éducation nationale est financée par l'impôt. Comme chaque individu bénéficie des dépenses d'éducation pour lui-même ou pour ses enfants à un moment donné, le système est redistributif.

b) La santé publique

En France, les progrès en matière de santé publique reposent sur le système de l'assurance-maladie qui permet à chacun un égal accès aux soins quelle que soit sa contribution au financement de la Sécurité sociale. La redistribution est dite horizontale car elle se réalise entre les personnes malades et les bien portants.

c) La lutte contre la pauvreté

Elle occupe une place de plus en plus importante dans la politique de redistribution. Elle englobe le versement d'un ensemble de prestations sociales au bénéfice des ménages dont les conditions d'existence ou le niveau de revenu sont insuffisants.
La pauvreté est réduite de moitié après le versement des prestations sociales.

2. Le soutien à la croissance

a) La consommation des ménages

Pour J. M. Keynes, la consommation des ménages est l'une des deux composantes de la demande (la seconde étant l'investissement). Les transferts de revenus en faveur des ménages aux revenus les plus modestes permettent d'augmenter leur consommation. La hausse de la demande agit alors comme soutien à la croissance.

b) L'intervention de l'État pour soutenir la croissance

L'État utilise le déficit budgétaire pour relancer l'économie. Les rentrées fiscales qui résulteront de la reprise de la croissance doivent permettre de résorber le déficit.

c) La croissance endogène

La croissance endogène, définie par P. Romer, est générée par les innovations liées au progrès technique. Pour atteindre un niveau de croissance élevé, et donc réducteur de pauvreté, un pays doit s'appuyer sur un système d'éducation efficace. Celui-ci améliore l'efficacité des technologies de l'innovation et des investissements, très dépendants d'un capital humain qualifié.
Le rôle de l'État est d'encourager la recherche et de promouvoir la formation à un haut niveau pour stimuler la croissance. Pour que le progrès technique bénéficie au plus grand nombre, il est nécessaire d'assurer le financement de la recherche fondamentale par les pouvoirs publics. Chacun peut alors utiliser librement ses résultats.

2 Les limites de la politique de redistribution

1. Le poids des prélèvements obligatoires

a) La courbe de Laffer

Économiste libéral, A. Laffer considère qu'un taux d'imposition trop élevé incite les entreprises et les ménages à réduire leur activité et leur travail au profit des loisirs. Il démontre que les recettes fiscales de l'État augmentent avec la pression fiscale mais seulement jusqu'à un certain seuil, au-delà duquel elles diminuent.

b) La fuite des capitaux

La fuite des capitaux se traduit par le changement légal de résidence fiscale pour une personne ou une entreprise afin de trouver un pays offrant une fiscalité relativement plus favorable. Certains de ces pays ou zones sont qualifiés de paradis fiscaux.

c) La compétitivité des entreprises

Le niveau de prélèvements obligatoires d'un pays se traduit par des coûts supplémentaires pour les entreprises par rapport à celles des pays moins-disants sur la fiscalité et la protection sociale. Cela explique en partie le manque de compétitivité, notamment par rapport aux entreprises des pays émergents.

2. Les systèmes de protection sociale en question

a) Le déficit de la Sécurité sociale

Le financement du déficit de la Sécurité sociale (maladie, vieillesse, famille et accidents du travail) est assuré par l'État qui est obligé de réduire les remboursements de l'assurance-maladie et de faire appel aux mutuelles et aux assurances privées.

b) La réforme du système de retraite

Le système de retraite français est fondé sur la répartition : les cotisations versées par les actifs sont utilisées pour payer les pensions des retraités actuels. Ce système, qui repose sur la solidarité entre les générations, a du mal à maintenir son équilibre financier. L'évolution du rapport entre le nombre de cotisants et de retraités est de plus en plus défavorable au maintien du système actuel.

3. L'ouverture des services publics à la concurrence

Elle correspond à un mouvement de libéralisation, sous l'impulsion de l'UE, depuis 1990. L'objectif recherché est une diminution du prix des services, et un fonctionnement au niveau européen et non plus national. Néanmoins, les missions de service public doivent être remplies et conserver un caractère redistributif.

17 L'INÉGALITÉ DES RICHESSES AU NIVEAU MONDIAL

➔ La croissance des revenus au niveau mondial s'est accompagnée d'inégalités accrues entre les pays les plus riches et les pays les plus pauvres. Parmi les pays en voie de développement, les pays émergents rattrapent les pays développés alors que les pays les moins avancés ne voient pas leur richesse augmenter.

1 La fracture entre pays riches et pays pauvres

1. La mesure des inégalités au niveau mondial

a) La richesse par habitant

Les inégalités de richesses entre les pays se mesurent par les écarts des revenus moyens de chaque pays. Le PIB par habitant est l'indicateur le plus utilisé pour apprécier les écarts de niveau de vie entre les pays.

b) Le seuil de pauvreté

La Banque mondiale a établi un seuil de pauvreté absolu à 2 dollars par jour. 50 % de la population mondiale vit en dessous de ce seuil.

c) Les conditions de vie

La mondialisation n'a pas abouti à un niveau de vie plus égalitaire pour tous les peuples dans tous les pays du monde.
La malnutrition, l'espérance de vie réduite et l'analphabétisme sont les principales conséquences de la pauvreté.

2. Les principales évolutions

L'observation de l'évolution du PIB par habitant de 1973 à nos jours montre que certains pays en développement (Chine, Inde) rattrapent une partie de leur retard économique par rapport aux pays les plus riches. Ils bénéficient des conséquences de la mondialisation qui se traduit par la création d'emplois et la production de richesses.
Dans le même temps, les pays les plus pauvres, essentiellement africains, ont connu une croissance très faible de leur richesse par habitant. L'ONU a défini une sous-catégorie au sein des pays en développement qui regroupe les pays les plus pauvres : les pays les moins avancés (PMA). Ces pays appartiennent surtout aux continents africain et asiatique et sont au nombre de 50. Leur revenu national brut par habitant est inférieur à 900 dollars. Ils sont très vulnérables économiquement.

2 Les pays émergents

1. Le développement économique

a) L'ouverture économique des pays émergents

De nombreux pays émergents, tels que la Chine, l'Inde, le Brésil, la Russie, ont réformé leur économie dans deux directions : la libéralisation des échanges à l'intérieur du pays et l'ouverture au marché mondial.
En conséquence, les investissements directs étrangers se sont développés, entraînant des transferts de technologies importants. La compétitivité de ces pays leur a permis d'atteindre un niveau de croissance élevé jusqu'en 2008.

b) Les pays émergents dans la mondialisation financière

Les pays émergents participent à la mondialisation financière en investissant à leur tour dans les entreprises des pays développés par des prises de participation ou en acquérant des entreprises.

2. Le rattrapage des pays développés

a) La croissance des pays émergents

Les économies des pays émergents ont assuré plus de la moitié de la production mondiale depuis 2005. Leur croissance économique représente plus de la moitié de l'augmentation du PIB mondial.
La Chine a doublé son revenu réel par habitant en 10 ans alors que les États-Unis et le Royaume-Uni ont eu besoin de 50 ans au cours de leur révolution industrielle entre le XIXe et le début du XXe siècle.

b) La productivité des pays émergents

Les pays émergents combinent à la fois des gains de productivité importants et des salaires plus faibles que ceux des pays développés.
L'amélioration de la productivité du travail favorise les exportations vers les pays développés. Les populations des pays riches bénéficient ainsi d'importations moins coûteuses qui améliorent leur pouvoir d'achat mais mettent en danger les productions nationales.

3. Les conséquences négatives du décollage économique

a) Les atteintes à l'environnement

La croissance économique exceptionnellement rapide des pays émergents a des effets néfastes sur l'environnement naturel dont la dégradation devient alarmante.

EXEMPLES

Déboisement au Brésil, pollution dans les villes chinoises.

b) Le creusement des inégalités internes

Les inégalités internes résultent du partage des richesses au sein du pays. Ces inégalités se traduisent par les écarts de revenus entre les différentes catégories de population.
La croissance soutenue de l'économie s'est accompagnée dans certains pays d'un accroissement des inégalités économiques qui a entraîné des mouvements sociaux dans les villes comme dans les campagnes.

EXEMPLE

En Chine, dans les zones où les anciennes entreprises d'État sont en voie de disparition, des mouvements se sont développés pour préserver la protection sociale héritée de l'économie socialiste. Des protestations ont également éclaté dans les villages contre la pression fiscale et les abus de la bureaucratie.

18 LES MODALITÉS DE FINANCEMENT DES ACTIVITÉS ÉCONOMIQUES

Le financement des activités économiques se réalise soit sur ressources propres (autofinancement), soit par recours à l'endettement. On distingue deux formes d'endettement : l'endettement bancaire classique et l'endettement sur le marché. L'activité sur le marché monétaire et sur les marchés financiers s'est développée ces dernières années.

1 Le financement interne

1. L'autofinancement

Le financement est interne si les agents économiques possèdent les ressources pour financer leurs opérations d'investissement et de gestion courante. Pour une entreprise, l'autofinancement provient de la marge brute d'autofinancement (MBA) dégagée qui est constituée de la part des bénéfices non distribués mise en réserve, des dotations aux amortissements et des provisions pour charges à venir.

2. Les agents à capacité de financement

Les ménages sont, au niveau global, les agents qui disposent le plus de capacité de financement : leur capacité d'épargne excède leur besoin de financement.

3. Les agents à besoin de financement

Les entreprises qui ne disposent pas d'une marge brute d'autofinancement suffisante doivent s'endetter, soit en recourant à l'emprunt auprès d'un établissement de crédit, soit en émettant des titres qui seront directement souscrits par les apporteurs de capitaux. Les titres se négocient en ce cas sur des marchés spécialisés, monétaires ou financiers. Les établissements de crédit ou l'État recourent aussi à ce type de financement externe par les marchés.

2 Le financement externe direct par le marché

1. Le financement à court terme sur le marché monétaire

Le marché monétaire européen est constitué du marché interbancaire (réservé aux agents financiers) et du marché des titres de créances négociables où tous les agents peuvent intervenir en émettant, en souscrivant ou en s'échangeant des titres de créances.

a) Le marché interbancaire

Il s'agit d'un marché réservé à la Banque centrale européenne (BCE), aux banques centrales nationales, aux établissements de crédit ou spécialisés, et aux trésors publics.

b) Le marché des titres de créances négociables

C'est un compartiment ouvert du marché monétaire. Tous les agents y ont accès, résidents ou non résidents. Les titres négociés sont des titres à échéance courte ou moyenne.

2. Le financement à long terme sur le marché financier

Le marché financier est le marché où s'échangent les titres à longue échéance (actions, obligations).

a) Le marché primaire et le marché secondaire

Le marché primaire est celui sur lequel les titres sont émis et achetés pour la première fois. Sur le marché secondaire, les souscripteurs ont la possibilité de revendre les titres avant l'échéance à un cours qui est fonction de l'offre et de la demande.

b) L'émission et la souscription d'actions

Les actions sont des titres qui représentent une part du capital d'une société. Elles sont la propriété des associés. Il existe différentes catégories d'actions : selon leurs formes, elles donnent droit à une part des bénéfices (dividendes) et/ou des droits de vote aux assemblées générales d'actionnaires.

c) L'émission et la souscription d'obligations

Une obligation est un titre de créance à long terme. Le titre constate un prêt fait par un agent créancier à un débiteur. Une obligation donne droit au remboursement du capital prêté et à un intérêt.
Il existe plusieurs catégories d'obligations (à taux fixe, variable, remboursable en actions, etc.). Le Trésor public émet souvent des emprunts obligataires qui ont l'avantage d'offrir la garantie de l'État.

3 Le financement externe indirect (ou intermédié)

1. L'intermédiation bancaire classique

Les banques sont l'intermédiaire classique entre les agents non financiers à capacité de financement et ceux qui ont des besoins de financement. Une banque dispose en permanence de dépôts à vue ou à court terme excédentaires. Elle en utilise une fraction pour octroyer des prêts à moyen ou long terme.

2. L'intermédiation bancaire de marché

Les banques apportent désormais des capitaux aux agents à besoin de financement en utilisant le marché : elles souscrivent les titres qu'ils ont émis sur le marché monétaire ou sur le marché financier.

3. Les crédits des institutions financières non bancaires

a) Les établissements spécialisés non bancaires

Certains établissements sont spécialisés dans l'attribution de crédits spécifiques (exemple : prêts immobiliers). Les sociétés de crédit-bail sont assimilées à des établissements de crédit. Elles ne consentent pas de crédit mais aident les industriels en achetant leur bien d'investissement et en le leur louant.

b) Les OPCVM

Les organismes de placements en valeurs mobilières (OPCVM) sont constitués des sociétés d'investissement à capital variable (SICAV) et des fonds communs de placements (FCP). Acquéreurs de titres sur les marchés monétaires et financiers, les OPCVM concurrencent directement les banques en finançant l'économie.

19 LE MARCHÉ FINANCIER

➔ Les titres de créances à échéance longue sont émis et revendus sur le marché financier. Le marché primaire procure les capitaux aux agents qui en ont besoin ; le marché secondaire garantit aux souscripteurs de pouvoir revendre leur créance avant l'échéance.

1 Le marché financier primaire

1. La justification du marché primaire

Lorsqu'une organisation (entreprise, État, collectivité territoriale) a besoin d'investir, elle peut se procurer des ressources propres à long terme en émettant des actions (ou titres assimilés : certificats d'investissement, titres participatifs) ou des obligations sur le marché primaire. Il s'agit de l'apport de capitaux nouveaux (actions) ou d'emprunts (obligations) représentés par des titres, souscrits par les agents à capacité de financement sur le marché primaire.

2. Le financement des grandes entreprises

Depuis 2005, la Bourse de Paris dispose d'une liste unique de valeurs mobilières cotées : Eurolist. C'est un marché réglementé : les entreprises qui désirent y accéder doivent satisfaire à des conditions d'information et de transparence identiques.
Le règlement des titres se fait généralement au comptant. Les très grandes entreprises ont toutefois la possibilité de régler ou de remettre les titres en fin de mois sur le service à règlement différé (SRD).

3. Un marché pour les PME

Pour les PME qui ne satisfont pas aux conditions d'accès d'Eurolist, un autre marché, moins réglementé, existe : Alternext.

2 Le marché financier secondaire

1. La Bourse des valeurs

a) La définition

Les titres sont échangés sur la Bourse des valeurs par des intermédiaires financiers. Le prix du titre (cours) dépend de l'offre et de la demande : il ne correspond pas nécessairement à la valeur réelle de la firme. Il présente des occasions de plus-values ou de moins-values entre la valeur d'achat et celle de revente du titre.

b) Les fonctions de la Bourse des valeurs

Si la revente des valeurs avant l'échéance de l'emprunt (pour une obligation) ou la fin de la société (pour une action) n'était pas possible, les investisseurs seraient en nombre limité. L'intérêt d'un titre réside dans la possibilité de gains par sa revente à tout moment.
Le marché secondaire des titres « d'occasion » permet au marché primaire des titres « neufs » d'exister. Il n'apporte pas, en revanche, de capitaux nouveaux : seul le nom du possesseur du titre change, sans effet sur le capital ou l'emprunt de l'émetteur.

2. La liquidité des titres

L'activité, c'est-à-dire le nombre d'offres et de demandes d'un titre, indique la facilité avec laquelle il est possible de se procurer de la liquidité en revendant son titre. La liquidité d'un titre rassure les investisseurs et facilite l'émission de titres nouveaux destinés à financer la croissance des sociétés et la réalisation d'investissements.

3. L'évaluation des actifs

a) Les anticipations des cours

L'activité d'un titre dépend des anticipations de profits, de la perspective de dividendes. Une société qui ne réalise pas de bénéfices est peu attractive pour les investisseurs. À l'inverse, les perspectives de croissance d'une société, par exemple dans le domaine des nouvelles technologies de l'information et de la communication, incitent à l'achat du titre et font espérer la réalisation de plus-values.

b) Les variations des cours

Le marché boursier est un marché spéculatif. Les investisseurs courent deux types de risques : le risque global d'une évolution défavorable des cours (le risque du marché) et le risque lié au titre.
Le risque du titre s'élimine en diversifiant son portefeuille de titres, pour se prémunir d'un « accident » affectant une valeur : les autres valeurs compensent.
Concernant le risque du marché, les analyses théoriques montrent que celui-ci est imprévisible et que de grandes variations peuvent survenir. Le comportement mimétique des agents (des ventes en période de baisse, des achats en période de hausse) amplifie souvent les fluctuations initiales du marché.

c) La notion de capitalisation boursière

La capitalisation boursière d'une société se calcule en multipliant le nombre de titres émis par son prix sur le marché financier. C'est le marché qui détermine la valeur boursière des entreprises cotées. Il ne faut pas confondre la capitalisation boursière et la valeur réelle d'une entreprise (déterminée par expertise) qui peut être très différente.

3 Les autres marchés de la Bourse de Paris

1. Le marché à terme international de France

Le MATIF est un compartiment très spécialisé de la Bourse de Paris. C'est un marché à terme, c'est-à-dire qu'il est possible d'acheter des contrats dont le règlement n'interviendra qu'à une date ultérieure fixée (le terme). Ce marché est réservé aux grandes sociétés ou banques qui l'utilisent pour y faire des opérations de « couverture » contre les évolutions des taux d'intérêt ou du cours des matières premières.

2. Le marché des options négociables de Paris

Le MONEP est un autre compartiment « technique » : les titres négociés sont des options, c'est-à-dire des droits d'acquérir (ou de vendre) des valeurs à un cours déterminé.

20 LES INSTITUTIONS FINANCIÈRES BANCAIRES

Les institutions financières deviennent complémentaires des marchés financiers organisés. Marchés et institutions constituent le système financier dans son ensemble.

EXEMPLE

L'abaissement régulier du taux directeur de la Banque centrale européenne (BCE) au début de l'année 2009 répondait à une volonté de relancer l'activité économique après la crise financière.

1 La spécificité de l'activité bancaire

1. La définition de l'établissement de crédit

Les établissements de crédit sont toutes les personnes morales qui effectuent à titre de profession habituelle des opérations de banque. Celles-ci consistent à recevoir des fonds du public, à effectuer des opérations de crédit et à mettre à la disposition de la clientèle des moyens de paiement.

2. La création de monnaie par l'établissement de crédit

L'opération de prêt d'un établissement de crédit correspond à une opération de création monétaire lorsque l'établissement crédite le compte de son client par un simple jeu d'écritures, sans nécessairement de dépôts d'épargnants à sa disposition. L'avoir inscrit sur le compte du client est par nature de la monnaie scripturale. La banque a donc créé, de fait, de la monnaie. Il y aura destruction de monnaie lorsque le prêt sera remboursé. La création de monnaie par les banques commerciales est contrôlée par l'intervention des banques centrales.

3. Le contrôle du crédit par les autorités monétaires

a) Le refinancement des établissements de crédit

La banque centrale dispose du monopole d'émission des billets. Pour faire face aux retraits de leurs clients et aux sorties de monnaie scripturale au profit d'autres banques (par virements, chèques, etc.), les banques doivent se procurer de la liquidité auprès de l'institut d'émission. La banque centrale offre régulièrement de la monnaie sur le marché interbancaire à un prix qui est le taux directeur du marché.

b) Les réserves obligatoires

Pour les opérations de refinancement, les banques commerciales disposent d'un compte ouvert auprès de la banque centrale nationale dont elles dépendent. La banque centrale peut les obliger à garder sur ce compte une fraction des crédits qu'elles accordent. Ces dépôts, non rémunérés, constituent les réserves obligatoires.

c) L'influence du taux directeur sur le coût du crédit

Un taux directeur élevé renchérit de fait le coût du refinancement pour les banques qui en répercutent le coût sur les emprunteurs. Une politique de taux élevé signifie que la banque centrale désire restreindre le volume de crédits octroyés à l'économie (pour éviter l'inflation). Un taux faible signifie que les banques peuvent financer la croissance ou en faciliter la reprise en cas de circonstances exceptionnelles.

2 La complémentarité des institutions financières et du marché

1. La réduction des imperfections et défaillances du marché

a) La diminution des coûts de transaction

Les agents non financiers ont, *a priori*, une connaissance imparfaite des marchés et des opportunités. Acquérir les informations prend du temps et c'est une opération coûteuse. Les institutions financières, au contraire, gèrent des informations économiques. Elles conservent en mémoire toutes les informations acquises et bénéficient du savoir-faire sur les marchés financiers. Elles en font bénéficier les apporteurs de capitaux en leur indiquant, à moindre coût, les opportunités d'investissement.

b) La limitation des conséquences de l'asymétrie d'information

Dans le domaine financier, l'objet d'une transaction porte sur la réalisation d'un projet que l'emprunteur envisage de faire financer. L'information n'est ni parfaite, ni symétrique. L'emprunteur connaît le projet, sa rentabilité, ses risques. Le prêteur potentiel l'ignore et peut craindre que le prix ne reflète pas les risques réels ou que l'emprunteur utilise l'information privilégiée qu'il détient à son détriment (exemples : dissimulation de résultats, d'évolutions futures connues des seuls «initiés»).

La réalisation des transactions par un professionnel limite le risque d'asymétrie d'information.

2. L'évolution des institutions financières bancaires

a) La mobiliérisation

Les banques acquièrent des titres de créances directement sur le marché financier ou sur le compartiment des titres de créances négociables (TCN) du marché monétaire. Les valeurs mobilières acquises gonflent l'actif des banques. Les banques émettent elles-mêmes des titres à courte échéance, négociables : les certificats de dépôt. L'importance des valeurs mobilières dans le bilan des banques caractérise le phénomène de mobiliérisation des bilans.

b) La marchéisation

L'activité des établissements de crédit sur le marché entraîne des conséquences pour le refinancement. Désormais, une part de celui-ci peut s'effectuer en vendant des titres de créances. Le taux du marché des titres négociés tend à se substituer au taux directeur de la banque centrale pour déterminer les conditions des prêts. Cette influence du marché sur le taux des prêts bancaires s'appelle la marchéisation.

21 LA GLOBALISATION FINANCIÈRE

➔ La globalisation financière résulte d'une longue évolution du marché international des capitaux vers la libéralisation, qui est quasi-totale dans les années 1980. Les dernières entraves sont levées avec la déréglementation, le décloisonnement des marchés et la désintermédiation.

1 Les caractéristiques de la globalisation financière

1. La suppression des obstacles à la libre circulation des capitaux

La finance est globale quand le marché des capitaux internationaux est «traité comme un tout» (H. Bourguinat). Les produits financiers sont mobiles d'un marché à un autre, avec des coûts de transaction faibles. Trois conditions sont nécessaires à la globalisation : les 3 D.

a) La déréglementation

La déréglementation est l'ensemble des mesures qui ont, dans les années 1980, atténué ou supprimé les dispositions susceptibles de freiner les flux de capitaux au niveau international. La circulation des capitaux s'affranchit du contrôle des États.

EXEMPLES

La suppression du contrôle des changes qui limitait les transferts de devises d'un pays à un autre ; l'assouplissement de la fiscalité.

b) Le décloisonnement

Les agents financiers et non financiers ont la possibilité de passer facilement d'un marché à un autre. Le décloisonnement des marchés résulte de l'ouverture des marchés nationaux aux capitaux étrangers. L'éclatement des compartiments résulte aussi de réformes nationales.

EXEMPLE

En France, la réforme de 1985-1986 a ouvert le marché monétaire aux agents non financiers. Il était auparavant réservé aux banques.

c) La désintermédiation par la titrisation

La désintermédiation consiste à permettre aux agents non financiers (entreprises, administrations et particuliers) d'intervenir directement sur les marchés financiers sans recourir à des intermédiaires. La désintermédiation s'effectue par la titrisation des créances.

La banque transfère une partie de ses prêts à une entité juridiquement distincte : un fonds commun de créances (FCC). Le FCC émet en contrepartie des parts de capital qui sont souscrites par des investisseurs internationaux. Le risque des créances cédées est supporté par le FCC et ses souscripteurs, et non plus par la banque qui a ouvert le crédit.

2. Le recours aux nouvelles technologies

La globalisation s'accompagne de l'informatisation des opérations bancaires, abolissant les frontières des transactions internationales. L'information est diffusée immédiatement et les mouvements sont réalisés par des réseaux informatiques, sans délai ni coût importants, 24 heures sur 24. Les flux de capitaux en sont facilités.

3. Les flux financiers internationaux

La répartition de l'épargne est devenue mondiale. En France, l'ouverture des marchés boursiers nationaux aux investisseurs étrangers permet de financer 50 % des emprunts publics. 46 % de la valeur des titres en Bourse est apportée par des agents non résidents.

Ce financement provient souvent de fonds souverains, ou fonds de réserves publiques. Ce sont des fonds de placements financiers détenus par un État. Ils gèrent et investissent l'épargne nationale.

EXEMPLE

Le premier fonds souverain, par l'importance des capitaux gérés (875 milliards de dollars), est le fonds des Émirats arabes unis : Abu Dhabi Investment Authority (ADIA).

2 Les effets attendus de la globalisation financière

1. L'accélération de la croissance mondiale

a) L'amélioration de l'allocation des ressources financières

On attend de la globalisation qu'elle améliore la capacité du système financier à allouer les ressources. Les investisseurs disposent d'une information générale sur les marchés. Les placements devraient normalement s'orienter vers les secteurs et les pays les plus dynamiques, en particulier les pays émergents.

b) Le rattrapage des pays en développement

L'apport de capitaux internationaux est favorable à la croissance des économies en développement qui contribue pour 50 % à la croissance économique mondiale.

Ces pays ont recours, pour leur financement, à des titres d'emprunts en monnaie locale. Cela développe leurs marchés financiers et rend les placements attractifs pour les investisseurs. Les capitaux nouveaux devraient permettre de combler le retard de développement.

2. De nouveaux instruments de protection contre les risques

L'intégration financière transfrontière renforce le risque qu'un événement éloigné se propage au niveau mondial.

EXEMPLE

Une hausse des taux d'intérêt dans les pays en développement pour attirer les capitaux pourrait, par un effet de contagion, provoquer une hausse généralisée des taux mondiaux et assécher le crédit.

Pour s'assurer contre ces risques, de nouveaux contrats financiers sont apparus. Ils sont réalisés, pour la plupart, à l'aide de techniques utilisant les marchés à terme et les marchés d'options négociables.

La globalisation a favorisé l'émergence de ces innovations financières destinées à réaliser des opérations qui doivent être *in fine* sans gain ni perte pour les agents dont l'objectif n'est pas la spéculation.

22 LES RISQUES FINANCIERS

➔ Les marchés financiers génèrent des risques spécifiques. La globalisation financière fait émerger un risque de crises mondiales qui peuvent perturber durablement l'activité économique.

1 Les catégories de risques

1. Les risques des transactions financières

a) Le risque de liquidité

Le placement doit être facilement convertible en monnaie, c'est-à-dire être liquide.

S'il a un besoin de trésorerie, l'investisseur doit pouvoir récupérer rapidement sa mise pour ne pas risquer d'être insolvable.

b) Le risque de contrepartie

Le risque de contrepartie est le risque de défaut de paiement du débiteur. Le risque de défaillance de l'emprunteur est limité par la présence d'agences de notation (agences de rating) qui indiquent le niveau de risque de certains titres achetés par les investisseurs.

c) Le risque de revenu

La baisse du revenu résulte des variations des cours boursiers. Deux types de risques existent sur les marchés financiers :

- le risque du titre correspond à l'imprévisibilité du sens et de l'ampleur des variations du prix d'une valeur. Il peut fluctuer, à la hausse ou à la baisse, en fonction de l'offre et de la demande spécifiques au titre ;
- le risque du marché résulte de la tendance de l'ensemble des valeurs. Celle-ci se mesure par un indice (exemple : le CAC 40 du marché de Paris).

La possession d'un portefeuille contenant plusieurs valeurs diversifiées limite le risque du titre. En moyenne, les fluctuations se compensent et le risque lié aux évolutions erratiques d'un titre est annulé. Le seul risque qui subsiste pour l'investisseur est le risque de la tendance générale du marché.

2. Le risque de mimétisme des agents

Au lieu d'avoir un comportement rationnel, les agents semblent simplement suivre la tendance, ce qui peut faire douter de la qualité de leurs décisions.

Ils achètent en période de hausse et, réciproquement, vendent en période de baisse, ce qui amplifie les variations des cours.

3. Le risque moral

La titrisation sépare les établissements qui ouvrent un crédit et ceux qui, à la suite du transfert des créances, supportent le risque de défaillance.

L'établissement qui ouvre le crédit a tendance à accorder les prêts avec moins de rigueur. C'est un risque moral : il accroît le nombre de créances douteuses sur le marché.

2 L'accroissement des risques par la globalisation

1. L'instabilité du système financier

a) La survenance de crises

L'origine d'une crise est généralement exogène au système financier, c'est-à-dire qu'elle trouve sa cause dans un choc extérieur.

EXEMPLE

Aux États-Unis, des prêts immobiliers à risque (*subprimes*) ont été accordés aux ménages à faible revenu. Le crédit était garanti par une hypothèque prise sur le bien acheté. La hausse des prix de l'immobilier permettait ce type de prêts. Quand la conjoncture s'est retournée en 2007 sur le marché de l'immobilier, la valeur des maisons a baissé et les taux ont augmenté, rendant difficiles les remboursements. De nombreux débiteurs ont été défaillants.

b) La propagation des crises

Le transfert des créances à des fonds communs déplace le risque mais ne l'élimine pas. En cas de défaillance des débiteurs, ce sont les investisseurs qui ont acquis les parts du fonds commun de créances (FCC) qui supportent le risque d'impayé.

EXEMPLE

Dans la crise dite « des *subprimes* », les premiers investisseurs exposés ont été les banques américaines et européennes. Les pertes qu'elles ont subies ont diminué la confiance des agents dans l'ensemble des institutions bancaires. Les dépôts se sont raréfiés alors que les banques devaient satisfaire des demandes de retraits.

2. Le ralentissement de l'activité économique

a) L'interdépendance entre sphères financière et réelle

Des phénomènes non financiers (exemple : crise de l'immobilier) affectent les marchés financiers (exemple : marché des parts de FCC). À leur tour, ces derniers peuvent conduire les banques à limiter les crédits et freiner ainsi la croissance. Il y a interdépendance entre la sphère de la finance et la sphère réelle des échanges, de l'investissement et de l'emploi.

b) Les canaux de transmission des risques

En cas de perte de confiance dans le système bancaire, les agents à capacité de financement restreignent leurs dépôts. Pour faire face au manque de liquidité, les banques sont obligées de vendre des actions, ce qui fait baisser leur niveau de richesse et chuter les cours des valeurs sur les marchés financiers. C'est l'effet de richesse.

La diminution des dépôts limite les crédits bancaires. Les investissements des entreprises sont donc différés et la croissance de l'activité économique est ralentie. Dans les cas les plus graves, la crise peut se transformer en récession, caractérisée par la baisse du PIB, la chute des prix et le chômage.

23 LA SITUATION ÉCONOMIQUE

L'observation de la situation économique relève d'institutions nationales et internationales. On distingue l'observation de la conjoncture et l'observation des évolutions structurelles.

1 L'observation de la situation économique

1. Les institutions nationales

a) L'INSEE

L'Institut national de la statistique et des études économiques (INSEE) réalise des études sur l'économie nationale : conjoncture, étude des grands équilibres économiques et financiers, analyse par secteur d'activité économique.

L'INSEE mesure les principaux indicateurs. Il effectue des prévisions sur l'évolution de l'économie française à court terme et propose des projections sur les évolutions à moyen et long terme.

b) L'OFCE

L'Observatoire français des conjonctures économiques (OFCE) est un centre de recherche et de prévisions économiques créé en 1981. Son rôle est d'étudier la conjoncture de l'économie française et d'établir des prévisions économiques à court, moyen et long terme.

c) Le Conseil d'analyse économique

Le Conseil d'analyse économique est rattaché au Premier ministre. Il a pour mission d'éclairer les choix du gouvernement en matière économique en confrontant les points de vue et les analyses.

2. Les institutions internationales

a) La Banque centrale européenne (BCE)

La BCE est la banque centrale des pays de la zone euro. Elle collecte les informations statistiques nécessaires à l'accomplissement de ses missions auprès des autorités nationales compétentes, mais aussi directement auprès des agents économiques.

b) L'OCDE

L'Organisation de coopération et de développement économiques (OCDE) regroupe 30 pays développés. Elle analyse et prévoit les évolutions économiques concernant les échanges, l'environnement, l'agriculture, la technologie, la fiscalité, etc. Elle étudie également les changements qui affectent la société.

c) Le Fonds monétaire international (FMI)

Le FMI publie des données sur la politique économique et financière des 185 États membres. Il fournit également des informations sur l'évolution de la situation économique et financière pour aider les investisseurs et faciliter le fonctionnement des marchés.

2 L'analyse de la situation économique

1. Le champ d'action

L'analyse de la situation économique peut porter sur le court terme (moins de 1 an). Elle constitue alors le champ d'action de la politique conjoncturelle.

Lorsque la portée de l'analyse est supérieure à 1 an, c'est-à-dire le long terme, elle entre dans le champ d'action de la politique structurelle.

2. Les indicateurs

a) Les indicateurs conjoncturels

Les évolutions conjoncturelles correspondent aux variations de l'activité économique à court terme avec des déséquilibres temporaires repérés par différents indicateurs : taux de croissance du PIB, taux d'inflation, taux de chômage et solde de la balance des transactions courantes.

b) Les indicateurs structurels

Les indicateurs structurels reflètent le fonctionnement en profondeur d'une économie. Ils varient suivant les priorités des gouvernants. L'Union européenne les a regroupés en six domaines : le contexte économique général, l'emploi, l'innovation et la recherche, la réforme économique, la cohésion sociale ainsi que l'environnement.

3 L'appréciation par les agents

1. Les déséquilibres économiques

Un déséquilibre reflète le décalage qui existe sur un marché donné entre l'offre et la demande. On distingue les déséquilibres entre :

- l'offre et la demande de biens et services qui entraînent des changements de prix et des répercussions sur le pouvoir d'achat des ménages ;
- l'offre et la demande de travail qui sont créateurs de chômage avec des conséquences sur le revenu des ménages.

Un déséquilibre peut aussi provenir de décisions prises par les pouvoirs publics en matière de finances publiques qui ont des répercussions sur la répartition des revenus et du patrimoine des ménages.

2. Le comportement des agents économiques

Les agents économiques réagissent en temps réel aux évolutions de la situation économique aux niveaux national, européen et mondial. Tous les changements qui risquent d'entraîner des conséquences sur leurs ressources disponibles ont une influence sur leurs comportements et leurs décisions.

a) L'appréciation de la situation par les ménages

Les ménages réagissent aux évolutions des prix en adaptant leur comportement. Les modifications qui touchent leur revenu disponible les obligent à arbitrer entre consommation et épargne.

b) Les conséquences pour les entreprises

Les entreprises doivent en permanence anticiper les décisions des ménages en matière de consommation. Elles utilisent pour cela les informations statistiques fournies par les organismes nationaux et internationaux. Elles mettent aussi en place des études spécifiques (enquête d'opinion, panel de consommation, étude de notoriété) pour suivre les comportements des consommateurs et l'évolution des tendances de consommation.

24 LES POLITIQUES ÉCONOMIQUES

Les politiques économiques regroupent l'ensemble des moyens mis en œuvre par les pouvoirs publics pour atteindre d'une part des objectifs liés à la conjoncture et, d'autre part, des objectifs touchant aux structures de l'économie. De plus en plus, les politiques économiques doivent être coordonnées au niveau international, en particulier pour les États membres de l'Union européenne.

1 La notion de politique économique

1. Définition de la politique économique

Le fonctionnement normal du marché ne permet pas toujours d'aboutir à une situation d'équilibre satisfaisante. Cette limite à la régulation par le marché justifie la mise en œuvre d'une politique économique par l'État.

La politique économique désigne l'ensemble des mesures prises par les pouvoirs publics pour atteindre les grands équilibres économiques, pour modifier l'affectation des ressources et pour redistribuer le revenu national.

2. Le schéma des politiques économiques

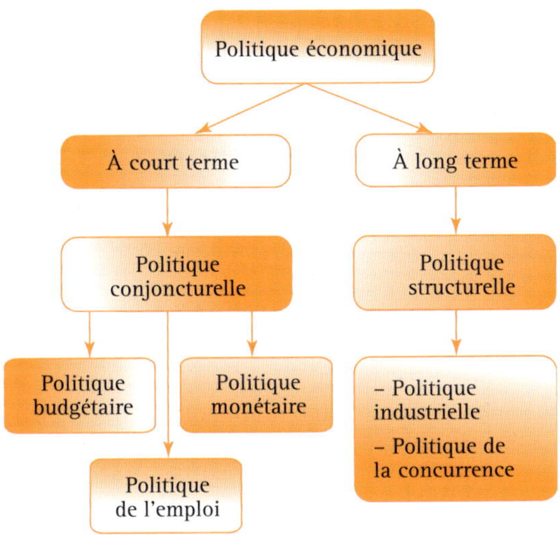

3. Les objectifs de la politique économique

a) La croissance du PIB

La croissance du PIB est l'objectif principal de la politique économique. L'État cherche à promouvoir une croissance économique forte et durable qui contribue au bien-être de la population et au plein-emploi.

b) Le plein-emploi

Le rôle de l'État est de favoriser la création d'emplois directement ou indirectement pour atteindre le plein-emploi.

En situation de plein-emploi, le chômage est à niveau minimal incompressible qui correspond à la durée entre la fin d'un travail et le début d'un nouveau.

c) La stabilité des prix

L'État cherche à garantir le pouvoir d'achat des agents économiques en luttant contre l'inflation.

Il recherche la stabilité des prix car toute augmentation importante des prix constitue une source de déséquilibre qui compromet la croissance.

d) L'équilibre des échanges extérieurs

L'équilibre des échanges extérieurs signifie que les exportations permettent de couvrir les importations. Il est mesuré par le solde de la balance commerciale.

Une balance déficitaire correspond à une croissance économique déséquilibrée qui se traduit par une augmentation des importations au détriment de la production nationale.

e) La finalité sociale de la politique économique

La politique économique a également une finalité sociale avec la lutte contre la pauvreté et l'exclusion sociale, contre l'inégalité hommes-femmes au travail, contre les discriminations à l'embauche.

2 Les instruments des politiques économiques

1. Les composantes de la politique économique

La politique économique se compose d'une dimension conjoncturelle et d'une dimension structurelle.

a) La politique conjoncturelle

La conjoncture correspond au bulletin de santé au jour le jour de l'économie. La politique économique conjoncturelle vise à corriger les déséquilibres macroéconomiques qui apparaissent à court terme.

Elle se compose de deux domaines d'action principaux : la politique budgétaire et la politique monétaire. La politique de l'emploi peut être considérée comme une troisième composante pour toutes les actions sur le marché du travail menées à court terme.

b) La politique structurelle

La politique économique structurelle est une politique sur le long terme visant à modifier durablement la structure de l'économie (la politique industrielle, le fonctionnement de la concurrence, etc.).

Elle peut avoir comme conséquence de modifier les institutions et les comportements des agents économiques.

c) La distinction entre les deux politiques

La distinction entre politique conjoncturelle et politique structurelle est souvent floue car les deux sont liées. Une politique systématiquement conjoncturelle a des conséquences structurelles et une politique structurelle impose souvent des mesures conjoncturelles.

EXEMPLE

La création de contrats précaires pour faire baisser les statistiques du chômage a conduit à une modification structurelle du marché du travail sur le long terme.

24 LES POLITIQUES ÉCONOMIQUES (suite)

2. Les instruments de la politique conjoncturelle

a) La politique budgétaire

La politique budgétaire consiste à utiliser certains instruments budgétaires (dépenses publiques, endettement public, prélèvements fiscaux) pour influer sur la conjoncture économique.

b) La politique monétaire

La politique monétaire a pour objectif d'assurer la stabilité de la valeur de la monnaie.
Le contrôle de la quantité de monnaie en circulation dans l'économie permet de réguler les mouvements de prix.

3. Les instruments de la politique structurelle

La politique structurelle porte sur des domaines traditionnels tels que :
- l'industrie ;
- l'aménagement du territoire ;
- le soutien à l'innovation.

Elle intègre aussi toutes les actions en faveur du développement durable.
Elle s'appuie sur des moyens juridiques (exemple : normes) et financiers (exemples : subventions, allégements fiscaux).

4. Les outils de contrôle des politiques économiques

Des indicateurs permettent de contrôler que la politique économique atteint ses objectifs.

Objectifs	Outils de contrôle
Une croissance économique forte et durable	Le taux de croissance du PIB
La création d'emplois directement ou indirectement	Le taux de chômage en % de la population active
La stabilité des prix pour garantir le pouvoir d'achat	Le taux d'inflation
L'équilibre des comptes extérieurs	Le solde de la balance des paiements en % du PIB

3 L'interaction des politiques économiques

1. Les contraintes internationales

La mondialisation des échanges a conduit à une ouverture des économies et par voie de conséquence à la transmission d'un pays à l'autre des effets des politiques internes.
Chaque État ne peut donc mener une politique économique indépendamment, sans se soucier de son efficacité au regard des actions engagées par ses partenaires économiques.
Les dérèglements de l'économie mondiale avec la crise financière de 2008-2009, les déficits accumulés du budget américain, les aléas des mouvements de prix des matières premières, etc., ont convaincu les gouvernements de la nécessité d'une réelle coordination des politiques économiques.

2. L'appartenance à l'UE

a) L'appartenance à l'UE et à la zone euro

La politique économique de la France se trouve depuis de nombreuses années encadrée par son adhésion à l'UE et à la monnaie unique.
Chaque pays de la zone euro s'est engagé vis-à-vis de ses partenaires à respecter un certain nombre de critères économiques qui restreignent sa liberté d'action en matière de politique économique. Ces critères font l'objet du Pacte de stabilité et de croissance (PSC). Il s'agit de :
- la stabilité des prix ;
- la maîtrise du déficit public qui doit être inférieur à 3 % du PIB annuel ;
- la maîtrise de la dette publique qui doit être inférieure à 60 % du PIB annuel.

Ces critères ont été temporairement assouplis pour permettre aux États membres de mettre en place des plans de relance de leur économie nationale et de faire face à la crise financière de 2008-2009.

b) La solidarité entre les pays membres

La politique régionale de l'Europe est basée sur la solidarité financière. Elle aboutit au transfert de plus de 35 % du budget de l'Union, des États membres les plus riches vers les régions présentant des handicaps sociaux ou économiques.

3. La coordination des politiques économiques mondiales

Pour coordonner leurs politiques économiques, certains organismes internationaux, tels le FMI et l'OMC, mettent en place des processus de décisions conjoints pour définir les grandes orientations de la politique économique au niveau mondial.

a) L'action du FMI

Le Fonds monétaire international (FMI) est chargé d'assurer la stabilité du système monétaire et financier international pour rendre possibles les échanges entre les pays. Le FMI poursuit les objectifs suivants :
- la stabilité économique et la prévention des crises ;
- la résolution des crises ;
- la croissance ;
- la réduction de la pauvreté.

b) L'action de l'OMC

L'Organisation mondiale du commerce (OMC) agit indirectement sur la politique économique des États. Elle permet aux gouvernements membres de résoudre les problèmes commerciaux auxquels ils sont mutuellement confrontés.
L'OMC édicte des règles que doivent prendre en compte les politiques économiques des États adhérents dans le domaine de la libéralisation des échanges commerciaux et de la protection des consommateurs et de l'environnement.

25 LA POLITIQUE CONJONCTURELLE

Les objectifs conjoncturels concernent la recherche de l'équilibre en matière de croissance, d'emploi, de prix et d'échanges commerciaux. Les instruments utilisés sont la politique budgétaire et la politique monétaire.

1 Les objectifs de la politique conjoncturelle

1. Le carré magique de Kaldor

a) L'élaboration du carré magique

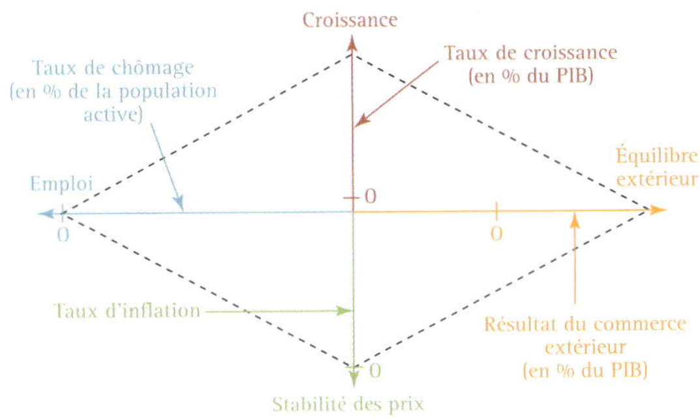

---- Tracé du carré magique

Le carré magique de l'économiste britannique N. Kaldor représente graphiquement la situation conjoncturelle idéale d'un pays à un moment donné : un taux de croissance le plus élevé possible, un commerce extérieur excédentaire, une situation proche du plein-emploi, un taux d'inflation le plus faible possible.

b) L'interprétation du carré magique

Le carré de Kaldor est qualifié de magique car il est impossible d'atteindre simultanément les quatre objectifs. L'observation de la surface réelle du quadrilatère d'un pays montre les priorités de sa politique économique. Ainsi, une déformation vers le sud-est caractérise des objectifs de stabilité des prix et d'excédent commercial au détriment de la croissance et du plein-emploi.

2. Les liens entre les objectifs de la politique conjoncturelle

a) Le dilemme entre inflation et chômage

L'économiste néo-zélandais A. W. Phillips a constaté une relation décroissante entre l'augmentation des salaires et l'augmentation du chômage. Cette relation s'explique par le fait qu'à partir d'un certain niveau de chômage, les salariés sont en position de faiblesse pour obtenir des augmentations de salaires des entreprises.

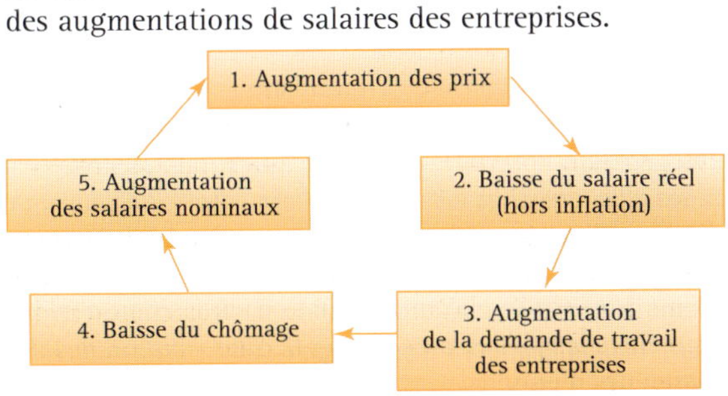

Compte tenu de la relation étroite entre la progression des salaires nominaux et l'inflation, les pouvoirs publics doivent choisir entre la lutte contre le chômage au prix d'une augmentation de l'inflation et la lutte contre l'inflation avec comme conséquence l'augmentation du chômage.

b) La relation entre croissance et emploi

En période de forte croissance, comme pendant les Trente Glorieuses (1945-1975), on observe une corrélation entre la croissance et l'emploi. Plus la croissance du PIB est élevée, plus les créations d'emplois sont importantes. Toute politique en faveur de la croissance aboutit à des créations d'emplois qui elles-mêmes entraînent la distribution de revenus supplémentaires.

3. Le choix d'une politique conjoncturelle

a) La politique de relance

La politique de relance, d'inspiration keynésienne, privilégie les objectifs de stimulation de la croissance et de lutte contre le chômage. Les moyens utilisés pour atteindre ces objectifs sont tout d'abord une politique budgétaire visant à soutenir la demande globale au prix d'un éventuel déficit, mais aussi une politique monétaire expansionniste favorisant l'offre de monnaie.

b) La politique de rigueur

La politique de rigueur privilégie quant à elle la lutte contre l'inflation, l'assainissement financier et la réduction du déficit extérieur. La politique budgétaire recherche l'équilibre et la limitation des dépenses publiques. La politique monétaire se concentre sur la stabilité des prix.

2 La politique budgétaire

1. La mise en œuvre d'une politique budgétaire

a) Le principe de la politique budgétaire

La politique budgétaire regroupe l'ensemble des mesures qui utilise les dépenses publiques ou les recettes fiscales pour agir sur l'activité économique.

Pour J. M. Keynes, l'intervention de l'État dans l'économie doit compenser les dysfonctionnements du marché. En intervenant sur la demande de consommation par un accroissement des dépenses publiques, l'État favorise la croissance.

b) Le mécanisme de la politique budgétaire

Il s'agit de stimuler une croissance trop faible. L'État peut décider de réduire les impôts, d'augmenter ses dépenses ou les deux. Le mécanisme obéit au principe du multiplicateur keynésien :

- l'augmentation des revenus des ménages et des entreprises entraîne une demande supplémentaire de biens et services de consommation et de production ;
- pour faire face aux ventes supplémentaires, les entreprises investissent, ce qui entraîne des créations d'emplois ;
- l'augmentation de l'emploi entraîne un accroissement des revenus distribués aux agents économiques ;

25 LA POLITIQUE CONJONCTURELLE (suite)

– ces revenus supplémentaires conduisent à leur tour à un accroissement de la consommation.

2. Les limites de la politique budgétaire

a) La désincitation au travail et à l'épargne

L'économiste A. Laffer considère qu'un taux d'imposition trop élevé incite les ménages et les entreprises à réduire leurs activités de travail au profit des loisirs. Plus la pression fiscale augmente, plus les recettes fiscales de l'État augmentent, mais au-delà d'un certain seuil elles finissent par diminuer.

Face à l'augmentation des prélèvements obligatoires, les investisseurs renoncent à investir car leurs gains sont en grande partie amputés par l'impôt.

L'analyse d'A. Laffer peut être représentée par une courbe en cloche :

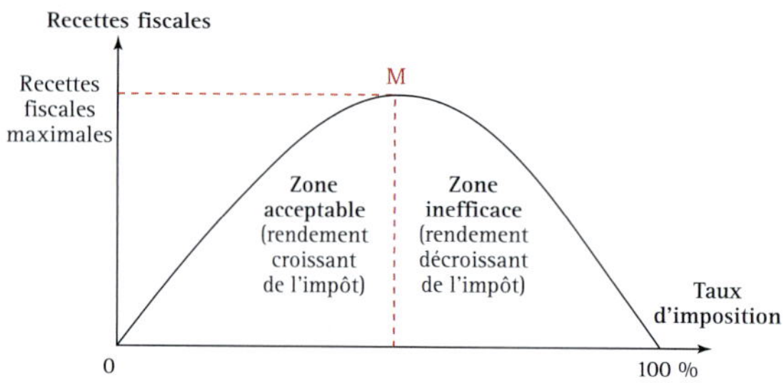

b) La fuite des capitaux ou expatriation fiscale

La fuite des capitaux consiste pour une personne ou une entreprise à changer légalement de résidence fiscale afin de trouver un pays ou une zone économique offrant une fiscalité relativement plus favorable. Certains de ces pays ou zones sont qualifiés de paradis fiscaux.

L'expatriation fiscale a des conséquences négatives pour les États qui subissent une baisse de recettes fiscales. Elle fait peser un poids plus lourd sur ceux qui n'échappent pas à l'impôt.

c) L'effet d'éviction

Lorsque l'État a recours à l'emprunt pour financer le déficit des finances publiques, il s'adresse au marché des capitaux. Il entre alors en concurrence avec les entreprises privées qui empruntent des capitaux pour financer leurs investissements.

Les entreprises n'obtiennent pas ces prêts du fait du besoin de financement élevé des États : ce phénomène est qualifié d'effet d'éviction.

d) La condition de soutenabilité

Chaque État de la zone euro peut mener une politique budgétaire dans la limite où le déficit et la dette publique restent en dessous des seuils fixés respectivement à 3 % et à 60 % de son PIB.

Pour financer le déficit par l'emprunt, les recettes doivent couvrir les dépenses à long terme. Une succession de déficits alourdit la dette de l'État et provoque un effet « boule de neige » : la charge d'intérêt de la dette augmente le déficit qui accroît l'endettement de l'État, et ainsi de suite.

3 La politique monétaire

1. Les principes de la politique monétaire

a) La définition de la politique monétaire

La politique monétaire regroupe les mesures qui concernent les conditions du financement de l'économie. Elle est mise en œuvre par la banque centrale du pays.

Dans la zone euro, la politique monétaire est décidée à l'échelle européenne par la Banque centrale européenne. La BCE est totalement indépendante et est entièrement protégée de toute intervention politique. Mais en l'absence d'un gouvernement économique de l'Europe, elle décide d'une seule politique monétaire qui ne correspond pas nécessairement aux besoins de seize pays différents.

b) L'objectif de stabilité des prix

Le principal objectif est la lutte contre l'inflation. La hausse des prix a pour origine une trop grande quantité de monnaie en circulation dans l'économie. La politique monétaire vise donc à contrôler la quantité de liquidité disponible pour les agents économiques en déterminant la norme de progression de la masse monétaire.

2. La mise en œuvre de la politique monétaire

a) Le principe du taux d'intérêt

L'instrument privilégié d'une banque centrale est le taux d'intérêt à court terme. En augmentant ce taux, elle contraint les banques à augmenter les taux de crédit qu'elles accordent à leurs clients. Cette augmentation freine le recours à l'emprunt des ménages et des entreprises et limite l'inflation, même au prix d'un ralentissement de la croissance économique.

b) L'*open market*

Pour agir sur le taux d'intérêt, la banque centrale intervient directement sur le marché monétaire (ou *open market*) en injectant ou retirant des liquidités pour faire varier le taux d'intérêt et donc freiner ou favoriser le financement de l'activité économique.

c) Le financement des banques

Elle peut également agir sur les taux d'intérêt directeurs des prêts qu'elle accorde aux banques lorsque celles-ci ont un besoin urgent d'argent. Les banques répercutent alors ce coût aux clients qui viennent leur emprunter de l'argent.

La BCE agit enfin en imposant aux banques de constituer des réserves obligatoires pour se prémunir d'une éventuelle crise du crédit.

4 La politique de l'emploi

La politique de l'emploi a pour objectif de rapprocher l'offre et la demande de travail afin d'atteindre le plein-emploi. Elle comporte un volet quantitatif (exemple : aides à la création d'emplois) pour susciter davantage d'offres d'emploi de la part des entreprises. Elle présente également un volet qualitatif (exemple : soutien à la formation) car le chômage provient en partie du décalage entre les postes proposés et la qualification des demandeurs d'emploi.

26 LA POLITIQUE STRUCTURELLE

La politique structurelle vise à améliorer le fonctionnement des marchés pour favoriser la croissance et la compétitivité des économies nationales. Dans l'Union européenne, la mise en œuvre de la politique structurelle relève des États membres tout en s'inscrivant dans le cadre de la stratégie de Lisbonne.

1 Le cadre institutionnel

1. Les décisions communautaires

Dans l'Union européenne, la politique structurelle s'appuie sur les décisions communautaires prises dans les domaines de la politique de la concurrence, de la politique industrielle, de la politique agricole, de la politique de l'environnement et de la politique sociale.
Toutes ces politiques sont coordonnées par les grandes orientations de politique économique (GOPE). Les GOPE visent à créer les conditions d'une amélioration de la croissance et de l'emploi pour garantir la stabilité économique.

2. La stratégie de Lisbonne

a) Le contenu

La stratégie de Lisbonne désigne l'axe principal de la politique économique de l'Union européenne entre 2000 et 2010.
Définie par le Conseil européen de Lisbonne en 2000, elle consiste à faire de l'Union européenne « l'économie de la connaissance la plus compétitive et la plus dynamique du monde d'ici à 2010, capable d'une croissance économique durable accompagnée d'une amélioration quantitative et qualitative de l'emploi et d'une plus grande cohésion sociale ».
Elle comporte quatre domaines d'action prioritaires : la connaissance (éducation, recherche et innovation), l'exploitation du potentiel des entreprises, l'augmentation des possibilités d'emploi et la mise en place d'une politique énergétique.

b) Le rôle des États membres

La mise en œuvre de la stratégie de Lisbonne est de la responsabilité des États membres. La Commission européenne analyse les performances de chaque État et fait des recommandations si l'État membre concerné doit encore renforcer ou accélérer ses efforts dans un domaine.

3. La politique de cohésion européenne

a) Les principes

Une partie de la politique structurelle est conduite directement au niveau communautaire : il s'agit de la politique de cohésion. Celle-ci vise à réduire les écarts de développement entre les régions de l'Union par un transfert de ressources des régions les plus riches vers les plus démunies.
Elle s'appuie sur les principes de solidarité et de proximité pour favoriser la cohésion économique, sociale et territoriale de l'Union.

b) Les objectifs

L'objectif de convergence consiste à aider les régions en retard de développement (dont le PIB est inférieur à 75 % de la moyenne communautaire).
L'objectif de compétitivité régionale vise à renforcer la compétitivité et l'attractivité des régions ainsi que l'emploi.
La coopération territoriale européenne promeut un développement harmonieux et équilibré de l'Union.

2 Les principales orientations

1. L'amélioration du fonctionnement des marchés

a) La politique de concurrence

La politique de concurrence de l'UE garantit que la concurrence n'est pas faussée dans le marché intérieur en veillant à ce que des règles similaires s'appliquent à l'ensemble des entreprises qui y opèrent.
L'UE a mis en place un ensemble de règles visant à condamner, mais aussi à prévenir, les comportements anticoncurrentiels des entreprises comme l'entente (pour contrôler les prix ou se répartir les marchés) ou l'abus de position dominante (de la part d'une entreprise leader qui cherche à exclure ses concurrents du marché).

b) La mise en place d'organes de régulation

Au niveau européen et au niveau français, des organes de régulation des marchés ont été mis en place. En France, il s'agit d'autorités administratives indépendantes des pouvoirs publics comme des entreprises du secteur concerné. Ces organismes accompagnent essentiellement des secteurs d'activité engagés dans un processus de déréglementation et d'ouverture à la concurrence.
Au niveau européen, il s'agit d'agences communautaires qui remplissent une tâche de nature technique, scientifique ou de gestion bien spécifique.

EXEMPLE
L'Agence européenne de la sécurité aérienne.

2. L'adaptation des économies européennes

Depuis 2005, la stratégie définie à Lisbonne a été simplifiée. Elle ne comporte plus que deux grands objectifs : un taux d'investissement dans la recherche et le développement égal à 3 % du PIB européen et un taux d'emploi de 70 %.
Il s'agit des deux objectifs jugés indispensables pour adapter les économies européennes à la mondialisation.

3. L'Europe sociale

L'Europe sociale désigne l'ensemble des politiques sociales de l'UE qui traitent de l'emploi, des conditions de travail et de la protection sociale. Quatre grands domaines concentrent les réalisations de l'UE en matière d'Europe sociale :
- la libre circulation des travailleurs et la coordination des régimes de sécurité sociale ;
- la protection des droits individuels et collectifs sur le lieu de travail ;
- la lutte contre les discriminations et pour l'égalité de traitement des hommes et des femmes au travail.

27 LES ENJEUX DE LA RÉGULATION DU COMMERCE MONDIAL

➔ La libéralisation et l'augmentation des échanges conduisent en principe à des gains mutuels pour les pays participants. Cependant, des comportements opportunistes et protectionnistes peuvent se développer. L'organisation du commerce mondial consiste à les empêcher en fixant des règles communes.

1 Les effets positifs du commerce mondial

1. La stimulation de la concurrence

a) La loyauté des pratiques

Le but du libre-échange est de promouvoir une concurrence ouverte et loyale sur de larges marchés. Les règles du commerce mondial combattent toute mesure de discrimination à l'échange et visent à éliminer les pratiques déloyales (exemples : *dumping*, subventions).

b) La compétitivité des industries

La compétitivité est, au niveau mondial comme au niveau national, une condition de survie pour les entreprises. Une firme non compétitive en prix disparaît face à ses concurrents.

c) Les gains de productivité

La compétitivité impose aux firmes de réaliser des gains de productivité. La productivité est un facteur de croissance de la production et la recherche de moyens pour réaliser les gains de productivité suscite des efforts d'innovation.

2. La convergence des rémunérations

Les écarts de salaires sont encore très importants entre les nations.

EXEMPLE

Un travailleur mexicain gagne environ 2 € l'heure tandis que le salaire horaire moyen d'un salarié aux États-Unis excède 15 €.

Le libre-échange favorise la convergence des rémunérations. L'ouverture des pays sous-développés aux capitaux des nations industrielles permet aux entreprises de réaliser des investissements qui augmentent la productivité des salariés, leurs salaires et leur qualification. Le libre-échange permet donc le développement des pays les plus pauvres.

3. Le rattrapage des pays les moins avancés

De nombreux pays en retard de développement par rapport aux pays industriels modifient leur stratégie. D'un développement autocentré qui consiste à partir de ses propres ressources pour produire pour le marché national, les pays dits émergents ou en transition, se tournent vers une stratégie de promotion des exportations. L'organisation du commerce mondial doit inciter les pays industriels à ouvrir leurs marchés aux exportations de ces pays dont l'industrie n'a pas encore atteint le stade du décollage industriel et qui comptent de nombreuses industries naissantes.

2 Les entraves au libre-échange

1. Le risque du « passager clandestin »

L'attitude du « passager clandestin » consiste, pour un pays, à bénéficier d'un accord sans en respecter les règles. Une nation, à titre individuel, peut chercher à profiter des avantages que représente l'ouverture des marchés pour ses exportations, tout en protégeant son économie en érigeant des barrières pour limiter ses importations.

2. Les formes de la protection

a) Les barrières tarifaires

Il s'agit de taxes prélevées sur les produits en provenance de l'étranger lors de leur passage en douane. Les droits de douane augmentent les prix des produits importés, ce qui permet aux produits nationaux de rester compétitifs. Les tarifs douaniers ont le mérite d'être visibles.

b) Les barrières non tarifaires

Dans le cas des contingentements (ou quotas), un pays limite la quantité d'une catégorie de biens qu'il importe. À l'opposé, les restrictions volontaires d'exportations consistent, pour un pays, à accepter de limiter la quantité de marchandises qu'il exporte.
Le protectionnisme déguisé correspond aux normes de sécurité, techniques, sanitaires, etc., qui assurent souvent une protection efficace des industries nationales.
Enfin, les aides directes à un secteur économique (subventions publiques) visent à pallier le manque de compétitivité d'un secteur ou d'une entreprise sur les marchés internationaux.

3 La coordination internationale

Pour organiser les relations internationales et éviter le phénomène du passager clandestin, les nations ont créé des institutions où sont débattus les grands problèmes économiques mondiaux.

1. L'OCDE

Créée en 1960, l'Organisation de coopération et de développement économiques regroupe les 30 pays les plus riches et représente un lieu de rencontre et de discussion, en particulier sur la mondialisation.

2. La CNUCED

Depuis 1964, le but de la Conférence des Nations unies pour le commerce et le développement est d'aider les pays en développement à tirer le meilleur parti des possibilités du commerce et des investissements pour s'intégrer dans l'économie mondiale.

3. L'OMC

Créée en 1995, l'Organisation mondiale du commerce fournit un cadre institutionnel aux accords sur le commerce et les tarifs douaniers. Le traité fondateur est l'accord du GATT (1947). Il est né d'une volonté de paix entre les États, après le repli des nations des années 1930.
L'OMC organise des négociations entre ses 153 pays membres et leur sert de lieu d'arbitrage pour assurer le bon fonctionnement du commerce international.

28 L'ORGANISATION MONDIALE DU COMMERCE

Créée en 1995, l'Organisation mondiale du commerce (OMC) offre un cadre pour les négociations multilatérales relatives au commerce mondial. Il en émane des règles qui ont pour objectif principal le libre-échange entre les nations.

1 Les fondements de l'organisation

1. Les objectifs

a) Le libéralisme

L'institution de l'actuelle OMC (1995) est le prolongement du GATT. Cet accord résulte de la volonté des peuples, au lendemain de la Seconde Guerre mondiale, de promouvoir la liberté du commerce entre les nations. L'OMC continue dans cette voie et défend le libéralisme qui repose sur une concurrence loyale.

b) L'équité

La règle de base prône un commerce ouvert, équitable entre les membres. En particulier, les échanges doivent s'effectuer sans discrimination ni préférence, c'est-à-dire sans privilégier les relations entre un pays et un autre (ou avec un groupe de pays).

2. Le champ d'application

Les domaines du commerce se répartissent en trois grands accords.
L'accord général sur les tarifs douaniers et le commerce (GATT) est l'accord fondateur sur les marchandises. Il avait pour but, en 1947, d'éliminer progressivement les mesures protectionnistes. Il y est parvenu, même s'il subsiste encore des entraves au commerce. L'accord originel demeure le cœur du système actuel.
L'accord général sur le commerce des services (AGCS) est un accord complémentaire relatif au commerce des services : transports, télécommunication, etc.
L'accord sur les droits de la propriété intellectuelle concernant le commerce (ADPIC) vise à protéger les marques, les brevets, etc.

3. Le contrôle des politiques

Les politiques commerciales des États membres de l'OMC font l'objet d'un examen, à intervalles réguliers, pour s'assurer que les règles sont bien respectées. Cet examen est réalisé tous les 2 ans pour l'Union européenne, les États-Unis et le Japon.

4. L'organe de règlement des différends

L'OMC est dotée d'un organe de règlement des différends (ORD) pour régler les litiges commerciaux entre les pays membres. Quand un pays considère que son partenaire viole les accords, les parties sont consultées par l'ORD et un groupe spécial (experts, représentants des pays) est créé. Des sanctions peuvent être prononcées en cas de non-respect des règles après injonction.

2 Les principales clauses de l'OMC

1. La clause de la nation la plus favorisée

La clause de «la nation la plus favorisée» impose au pays qui consent un avantage à l'un de ses partenaires commerciaux d'étendre cette mesure à tous ses partenaires.

2. L'interdiction de la vente déloyale à bas prix

La vente déloyale à bas prix (*dumping*) est une technique qui consiste à exporter à un prix inférieur au prix national du pays exportateur pour accroître les parts de marché. Le *dumping* contrevient aux principes de la concurrence loyale.

3. La clause de sauvegarde

En cas d'urgence, un pays peut restreindre, temporairement, les importations d'un produit qui cause ou menace de causer un dommage (exemple : pertes d'emplois).

3 Les négociations commerciales multilatérales

1. Le multilatéralisme

Le multilatéralisme signifie que les gouvernements doivent s'entendre pour négocier ensemble des règles valables pour tous. Des décisions prises collectivement prévaudront automatiquement sur les décisions nationales. L'OMC veille à ce que les décisions soient fondées sur un large consensus.

2. L'objet des négociations

a) La baisse des droits de douane

L'instauration de droits de douane à l'importation est la barrière la plus importante aux échanges commerciaux. Les négociations de l'OMC ont ramené le taux des droits perçus sur les produits industriels à moins de 5 %.

b) L'élimination des obstacles non tarifaires

Le but de l'OMC est de supprimer les barrières quantitatives comme le contingentement qui font obstacle au libre-échange. Les autres mesures (procédures administratives, normes) doivent aussi être allégées pour favoriser la liberté du commerce.

3. Les cycles de négociation (*rounds*)

a) Les principaux cycles achevés

Le cycle des «négociations Kennedy» (1964-1967) a réduit les droits de douane sur les produits industriels de 35 %.
Les négociations de Tokyo (1973-1979) ont consacré une nouvelle baisse tarifaire de 34 % sur les produits industriels et un consensus a été adopté concernant les obstacles non tarifaires.
Le cycle d'Uruguay (1986-1994) a abouti à la création de l'OMC.

b) Le programme de Doha pour le développement

Lors de la conférence ministérielle de Doha (Qatar), en 2001, les membres de l'OMC ont ouvert un nouveau cycle de négociations portant sur les questions spécifiques aux pays en développement.
Les pays en développement (PED) bénéficient d'un «traitement spécial et différencié» : ils sont, par exemple, autorisés à copier et à distribuer des médicaments.

29 LES LIMITES DE LA GOUVERNANCE MONDIALE

L'OMC a pour mission de renforcer la libéralisation des échanges et tente de l'étendre à des biens et des services qui relèvent de nouveaux domaines. Le consensus mondial émerge difficilement, d'autant plus que les négociations multilatérales doivent tenir compte d'accords régionaux ou bilatéraux entre les membres.

La notion de gouvernance est une expression récente. Il s'agit de réfléchir à la façon dont l'économie mondiale est gouvernée en l'absence d'un gouvernement mondial. En effet, les nations sont autonomes, mais interdépendantes. On s'intéresse donc à la façon dont sont définies et appliquées les règles collectives.

1 La transversalité des thèmes abordés

1. L'environnement

Certaines mesures nationales, de nature environnementale, ont un impact direct sur le libre-échange.

EXEMPLE

Les États-Unis ont décidé d'interdire les importations de produits à base de thon pêché par du matériel qui ne correspond pas aux normes américaines de protection des dauphins.

L'OMC considère que des dispositions unilatérales prises par un pays, même pour protéger les animaux ou les ressources naturelles, contreviennent aux règles multilatérales du commerce.

2. Les normes du travail

Des produits font l'objet d'un commerce alors qu'ils sont fabriqués dans des conditions de travail contraires aux règles de l'Organisation internationale du travail (travail des enfants, absence de syndicalisation, etc.). L'OMC travaille avec l'OIT pour édicter des règles communes.

3. La libéralisation des services

La libéralisation des services définis dans l'Accord général sur le commerce des services (AGCS) recouvre un vaste domaine qui va de la banque au tourisme, en passant par les services publics (santé, éducation). L'enjeu est considérable car les services tirent l'économie mondiale.

4. L'ouverture des marchés agricoles

Les pays exportateurs de produits agricoles, Australie et Brésil en tête, demandent le démantèlement des subventions à l'agriculture. L'Europe et le Japon, au contraire, militent pour leur maintien ; ils défendent le principe de multifonctionnalité selon lequel l'agriculture fournit des services et des produits qui vont au-delà des denrées agricoles (exemple : espaces verts).

5. Les échanges intrafirmes

Les échanges entre filiales, ou entre filiales et sociétés mères de firmes multinationales, représentent près du tiers des échanges. Ces flux échappent, pour le moment, à la gouvernance de l'OMC.

6. Le commerce des produits numériques dématérialisés

Des produits (livres électroniques, morceaux de musique, vidéos, etc.) font l'objet de relations transnationales par voie électronique ; c'est un mode de diffusion et d'échanges qui nécessite de nouvelles règles.

7. La propriété intellectuelle

Les États-Unis souhaitent renforcer la protection de la propriété intellectuelle. Les pays en développement, Inde en tête, s'y opposent, estimant que c'est un moyen, pour les pays développés, de faire du protectionnisme déguisé.

8. La culture

La France désire maintenir sa politique de soutien aux activités culturelles, en particulier les quotas et les subventions accordées au secteur audiovisuel, le prix unique du livre, etc., au nom de la protection de la diversité culturelle. Les États-Unis ne reconnaissent pas cette « exception culturelle », selon laquelle les biens culturels ne sont pas des biens comme les autres ; ils en réclament la suppression.

2 Les accords régionaux

1. La multiplicité des accords régionaux

Pratiquement tous les pays adhèrent à une union douanière, une zone de libre-échange ou un accord bilatéral. Au sein d'une union douanière, les échanges sont libres et la protection douanière uniforme.

EXEMPLES

L'Union européenne et le MERCOSUR (marché commun d'Amérique du Sud) sont des unions douanières.

À l'intérieur d'une zone de libre-échange, le commerce est libre et chaque pays conserve la liberté de fixer ses droits de douane.

EXEMPLES

Accord de libre-échange nord-américain (ALENA), Association des nations de l'Asie du Sud-Est (ASEAN).

Un accord bilatéral est conclu entre deux pays.

EXEMPLE

L'accord commercial de rapprochement économique entre l'Australie et la Nouvelle-Zélande.

2. L'enjeu pour la gouvernance mondiale

Les accords bilatéraux entre pays ou le développement de zones régionales de commerce sont, en principe, en contradiction avec le principe de l'égalité de traitement entre toutes les nations et constituent une autre limite à la gouvernance mondiale par l'OMC.

Des arrangements régionaux contreviennent aux règles de l'OMC, par exemple en érigeant des tarifs douaniers communs autour de la zone.

Cependant, certains accords ne créent pas d'obstacles au commerce avec les autres pays. Ils renforcent au contraire le libre-échange en facilitant les échanges intrazone et préparent la négociation d'accords multilatéraux.

30 LA COOPÉRATION INTERNATIONALE : UNE OFFRE DE BIENS PUBLICS MONDIAUX

➔ La mondialisation fait prendre conscience de besoins globaux qui ne sont pas satisfaits par le marché. L'absence d'un gouvernement mondial pour produire les biens publics qui pallieraient cette insuffisance du marché implique qu'ils soient produits et gérés grâce à la coopération des États.

1 L'émergence de la notion de bien public mondial

1. La dimension internationale

Ch. Kindleberger (1986) définit les biens publics mondiaux comme «l'ensemble des biens accessibles à tous les États qui n'ont pas nécessairement un intérêt individuel à les produire».

La définition souligne deux aspects. D'une part, l'intérêt tiré du bien dépasse le cadre des frontières nationales. D'autre part, il appartient aux puissances publiques de produire les biens qui concourent au bien-être mondial.

2. La dimension intergénérationnelle

Les biens publics mondiaux ont une portée intergénérationnelle. Ainsi, les mesures visant à limiter l'accumulation des gaz à effet de serre bénéficient à la génération présente et aux générations futures. Il en est de même de la biodiversité, de l'éradication des pandémies, de la stabilité climatique, de la stabilité financière et commerciale.

2 Les caractéristiques des biens publics mondiaux

Un bien public mondial est un bien dont la consommation est collective au niveau international. Le bien public mondial est pur s'il satisfait aux deux conditions de non-exclusion et de non-rivalité énoncées par P. Samuelson (1954).

1. La non-exclusion

L'acquisition d'un bien marchand exclut ceux qui ne l'ont pas acheté de sa consommation. Au contraire, un bien public ne fait pas l'objet d'une appropriation individuelle : il n'y a aucune exclusion et le financement du bien est assuré par des fonds publics.

EXEMPLE

La stabilité climatique n'a pas de prix de marché et bénéficie à tous les habitants de la planète.

2. La non-rivalité

La consommation du bien par les habitants d'un pays ne réduit pas la consommation du bien qui en est faite dans les autres États. Il n'y a aucune rivalité pour la détention du bien.

EXEMPLE

La consommation d'informations publiques produites par des campagnes destinées à éradiquer des pandémies (sida, variole) ne limite pas l'usage de ces mêmes informations par d'autres nations. L'information est libre et abondante.

3. Les biens publics impurs

La notion de bien public s'étend à des biens dits «impurs», où l'une des deux caractéristiques fait défaut.

a) Les biens de club : non-rivalité et exclusion

Les biens de club s'utilisent sans rivalité mais leur accès est limité par un prix d'entrée (exclusion). Il faut adhérer à un groupement et s'acquitter d'un droit pour en bénéficier.

EXEMPLES

Canal de Suez, de Panamá.

b) Les biens communs : non-exclusion et rivalité

Les biens communs sont gratuits (non-exclusion) mais s'épuisent quand ils sont consommés. Le problème à résoudre est celui de leur surexploitation et de la rivalité qui en résulte pour s'approprier la ressource gratuite en l'absence d'un marché. La gestion publique des ressources corrige les anomalies du marché sans remettre en cause la liberté du commerce.

EXEMPLE

La surexploitation des forêts, sans respecter le temps de reboisement, satisfait l'intérêt individuel de l'exploitant forestier, mais compromet l'équilibre écologique à long terme.

3 La production de biens publics mondiaux

1. La production par un fournisseur hégémonique

a) Le principe

Un État (ou un groupement d'États) peut être à l'origine de la fourniture du bien public mondial.

EXEMPLE

Les États-Unis ont été à l'origine du système monétaire international de Bretton Woods, en 1945. Ils ont aussi favorisé les premières négociations du GATT pour libéraliser le commerce mondial.

b) Les limites de la production hégémonique

La production du bien public par un producteur dominant est soumise à des conditions qui en font un cas limité :
- la stabilité de l'État ;
- la capacité à fournir le bien public ;
- la volonté politique d'être le producteur unique ;
- la supériorité des bénéfices retirés de l'opération par rapport aux coûts engagés.

2. La production par la coopération internationale

a) Le phénomène du «passager clandestin»

La théorie économique montre que la production d'un bien public mondial par un pays qui n'est pas de taille hégémonique n'est pas rationnelle. La production du bien par un seul pays profiterait à l'ensemble de la collectivité. Or, il est impossible d'en faire payer le prix. Aucun État n'a donc intérêt à le produire de manière

30 LA COOPÉRATION INTERNATIONALE : UNE OFFRE DE BIENS PUBLICS MONDIAUX

individuelle. Chaque nation a, au contraire, intérêt à adopter un comportement de « passager clandestin », c'est-à-dire à attendre l'initiative des autres pour en profiter.

Dans ces conditions, le bien public mondial risque de n'être jamais produit. C'est un échec du marché puisque le comportement individuel des agents ne parvient pas à maximiser le bien-être mondial.

b) L'échec des États

La difficulté à produire un bien public mondial signale aussi un échec des États car les décisions à prendre concernent les gouvernements.

Une autorité publique supranationale doit donc se substituer au marché et aux États individuels pour réaliser l'allocation optimale des ressources. Faute d'un gouvernement unique mondial, il revient à la coopération internationale d'organiser la production et la gestion du bien public.

4 Les modalités de gestion du bien public mondial

1. Le recours à des institutions internationales

Les nombreuses organisations internationales (Organisation mondiale du commerce, de la santé, Conseil de sécurité de l'ONU, Organisation internationale du travail, etc.) fournissent un cadre de réflexion débouchant sur des traités générateurs d'obligations juridiques, des protocoles actant des résolutions communes, ou des communiqués annonçant des mesures d'urgence.

EXEMPLE

Face à la crise financière déclenchée en 2007, le groupe des 20 pays les plus riches du monde (G20), réuni à Londres en avril 2009, a rappelé que la prospérité mondiale était « un bien indivisible ». Les États se sont engagés à accorder 1 100 milliards de dollars pour soutenir le crédit, la croissance et l'emploi. Le communiqué prévoit un renforcement de la supervision financière, une réforme du Fonds monétaire international et de la Banque mondiale pour fonder « un nouvel ordre économique mondial ».

2. Les mesures contraignantes

Des mesures fiscales sont parfois utilisées pour contraindre les auteurs d'externalités négatives à supporter dans leurs coûts une partie du coût social qu'ils font supporter à la collectivité.

EXEMPLE

Pour compenser le coût de l'instabilité économique due à la spéculation, l'économiste J. Tobin propose de taxer les transactions financières.

3. Les incitations et l'instauration de marchés adaptés

L'introduction d'un droit ou permis peut permettre de réaliser la production du bien public mondial en utilisant les mécanismes du marché. Ainsi, le protocole de Kyoto comporte des objectifs de réduction des émissions de gaz à effet de serre. Les États et les entreprises ont la possibilité d'échanger des permis d'émission sur un marché. Le dépassement de leurs objectifs devient coûteux, ce qui les incite à respecter leurs engagements.

EXEMPLE

Le Japon a un objectif de réduction de 6 % de ses émissions de CO_2 entre 2008 et 2012. En 2007, il a négocié avec la Hongrie pour lui acheter des « droits » et tenir ainsi ses engagements.

5 Les limites de la coopération internationale

1. La nécessité de nouvelles régulations

Les États ne peuvent pas traiter individuellement d'importantes questions mondiales. Par ailleurs, les institutions traditionnelles (Fonds monétaire international, Organisation mondiale du commerce) semblent en crise : contestation par les organisations non gouvernementales, longueur des discussions de l'OMC, nécessaire rénovation du FMI pour gérer la crise financière mondiale, etc.

La mondialisation fait apparaître la nécessité de nouvelles régulations. La gouvernance mondiale suggère la création de nouvelles institutions supranationales. Par exemple, la création d'une organisation mondiale de l'environnement. Pour le moment, la seule solution à la question d'une « gouvernance mondiale » réside dans les discussions multilatérales et la coopération.

2. La conciliation des intérêts particuliers

La coopération nécessite de s'accorder sur les finalités et le partage des responsabilités, ce qui suppose de hiérarchiser les priorités. La multiplicité des acteurs rend l'ordre des priorités difficile à établir. Les discussions sont souvent longues et complexes avant d'aboutir à un accord satisfaisant pour l'ensemble des parties.

3. Le financement des actions

Le financement du bien public est assuré par le budget des États. La répartition des charges entre les États dépend des modes de contribution et des négociations multilatérales. Deux méthodes sont possibles : une contribution proportionnelle à la taille ou au poids économique de chaque État ou une contribution différenciée en fonction de l'avantage retiré de la réalisation de l'objectif.

EXEMPLE

Les États-Unis ont justifié leur retrait du protocole de Kyoto par des raisons économiques, la répartition du financement entre les signataires leur semblant désavantageuse.

exercice 1 La rationalité des agents économiques

On propose un jeu à deux étudiants, A et B : on met à la disposition de A 100 euros avec pour seule obligation de partager cette somme avec B, qui peut accepter ou refuser l'offre. Si B accepte, les deux étudiants partent avec leurs gains respectifs ; s'il refuse, personne n'obtient rien. La théorie économique nous enseigne que chaque individu agit dans son propre intérêt. Selon ce principe, le joueur A devrait offrir le minimum (1 euro) à B, qui devrait accepter car il s'agit pour lui d'un gain positif, supérieur à zéro. Le test effectué montre que A offre presque toujours plus que 1 euro : il est plus généreux que ne le postule la théorie. Quant à B, il refuse systématiquement toute offre qu'il estime insuffisante et préfère tout perdre (en faisant aussi perdre A qu'il punit). L'actualité économique quotidienne abonde en situations similaires. Par exemple, des salariés licenciés qui refusent des primes conséquentes et préfèrent choisir de s'opposer à leur entreprise, quoi qu'il leur en coûte.

ENTRAÎNEZ-VOUS

1. Pourquoi A n'offre-t-il pas 1 euro dans la réalité ? Que pense-t-il ?
2. À votre avis, le comportement de B est-il rationnel ?

CORRIGÉS p. 42

exercice 2 Les revenus primaires

L'essentiel de la production de richesses, quelle qu'en soit la provenance, se transforme en revenus primaires destinés à l'ensemble de la population. Lorsqu'on parle de revenus primaires, on pense avant tout à ceux qui sont issus du travail, et plus rarement à ceux tirés du patrimoine.

Journaléco, mars 2008.

ENTRAÎNEZ-VOUS

1. Comment s'organise la distribution primaire des revenus ?
2. Donnez des exemples de revenus primaires touchés par les agents économiques.

CORRIGÉS p. 42

exercice 3 La dématérialisation de la monnaie

Au Moyen Âge, la monnaie ne représentait pas une valeur ; elle était une valeur, une marchandise, puis elle est progressivement devenue un instrument de mesure. Aujourd'hui, la monnaie tend à se dématérialiser, à ne devenir qu'un pur signe, comme en témoignent la croissance rapide de la part des transactions en monnaie scripturale au détriment de la part des échanges en monnaies fiduciaire et métallique et le développement récent de la monnaie électronique. La disparition du franc au profit de l'euro masquerait-elle la disparition de la monnaie comme élément matériel ?

http://classes.bnf.fr/franc/pistes/theme5.htm.

ENTRAÎNEZ-VOUS

1. Présentez les principales caractéristiques des différentes formes de la monnaie.
2. Expliquez la notion de monnaie dématérialisée.

CORRIGÉS p. 42

exercices

exercice 4

A. Sen, prix Nobel d'économie 1998, a été choisi par Nicolas Sarkozy pour réfléchir sur le changement des instruments de mesure de la croissance.

Pourquoi avoir accepté une telle mission ?
C'est une idée brillante que de vouloir mettre en place de nouveaux instruments de mesure. En effet, le produit intérieur brut (PIB), utilisé pour calculer la croissance, ne permet pas de comprendre comment la vie des individus est impactée par l'économie. Il ne s'agit donc pas d'un simple exercice statistique mais d'une tentative de rendre compte des conditions réelles de vie dans chaque pays. […]

Un indice de développement humain (IDH) […] existe déjà…
Oui, je suis bien placé pour le savoir puisque j'ai dirigé l'équipe qui l'a créé pour le compte du Programme des Nations unies pour le développement en 1990. Cet indice est encore utile et permet de se rendre compte qu'une puissance économique comme les États-Unis se situe derrière la Suède et le Canada en raison, notamment, de l'absence de couverture médicale universelle. Reste que l'IDH a été conçu et réfléchi pour les pays en voie de développement. Les critères retenus, comme l'espérance de vie, ne sont pas fondamentaux dans les pays déjà développés comme la France. Il faut donc réfléchir à un nouvel indice qui explique pourquoi certaines personnes dans les pays riches ne voient pas leurs conditions de vie s'améliorer lorsque le PIB augmente. Il faut donc réfléchir à de nouveaux critères comme par exemple le taux de chômage. Mais c'est une question complexe à laquelle il n'existe pas de solution facile.

Propos recueillis par Alexandre Sulzer,
20Minutes.fr, 8 janvier 2008.

ENTRAÎNEZ-VOUS

1. Rappelez les critères utilisés pour établir l'IDH.

2. Quelles critiques sont faites à l'utilisation du PIB comme indicateur du développement?

3. À quelle problématique la définition de nouveaux indicateurs de croissance doit-elle répondre ?

CORRIGÉS p. 42

exercice 5 L'empreinte écologique

L'empreinte écologique ne tient pas compte de l'évolution technologique, ses résultats pourraient donc être remis en question du jour au lendemain.

Le modèle se base sur la société actuelle, avec ses connaissances actuelles, pour ses estimations. L'histoire nous montre cependant que le développement technologique s'accompagne presque systématiquement d'une pression accrue sur les ressources naturelles, même quand il s'agit d'une amélioration de l'efficacité de transformation entre ressources naturelles et service rendu.

http://www.agir21.org/critiques.html.

ENTRAÎNEZ-VOUS

1. Comment détermine-t-on l'empreinte écologique ?

2. Pourquoi l'évolution technologique remet-elle en question le modèle de l'empreinte écologique ?

CORRIGÉS p. 43

exercice 6 La première crise planétaire

À propos de la crise financière qui a commencé en 2007, Pierre-Cyrille Hautcœur, prix du meilleur jeune économiste en 2003, livre ses impressions d'économiste et d'historien.

La récession peut-elle virer à la Grande Dépression ?

On ne peut pas comparer la récession actuelle à la Grande Dépression. À l'époque, la chute du PIB était vertigineuse. Entre 1929 et 1933, la baisse a été de l'ordre de 25 % pour l'Allemagne ou les États-Unis, et beaucoup de pays n'ont retrouvé leur niveau de production de 1929 qu'à la veille de la guerre. On est loin des – 2 % prévus en 2009 dans la zone euro. Mais cette crise est plus aiguë, plus grave et plus longue que les crises qui ont eu lieu depuis la Seconde Guerre mondiale. […]

A-t-on déjà vu historiquement autant de plans de sauvetage ?

La principale leçon de la Grande Dépression, leçon comprise par le président de la Réserve fédérale, Ben Bernanke, c'est qu'il ne faut pas laisser tomber les banques. En effet, l'effondrement de quelques grands établissements pourrait avoir un effet domino sur tout le système bancaire. Les aides adoptées actuellement [par les États] sont sans précédent. Pour l'instant, ce sont des prêts, ou des prises de participation à leur capital, pas des dons. Cela dit, les États-Unis prennent des risques, car en cas de pertes importantes, ce seront les contribuables qui régleront la note.

Propos recueillis par Christian Losson, *Libération*, 28 janvier 2009.

ENTRAÎNEZ-VOUS

1. Pourquoi ne faut-il pas « laisser tomber les banques » ?

2. Commentez la dernière phrase : « en cas de pertes importantes, ce seront les contribuables qui régleront la note ».

3. En prenant appui sur le texte, expliquez comment une crise d'origine financière peut affecter l'ensemble de l'économie réelle.

CORRIGÉS p. 43

exercice 7 Les biens publics mondiaux

Qu'il soit question de l'effet de serre […] ou des grandes campagnes d'éradication de maladies endémiques comme la variole ou le sida, les dommages à combattre et les solutions à apporter dépendent de stocks s'accumulant en longue période. Pour le réchauffement climatique, par exemple, c'est parce que les gaz à effet de serre se sont accumulés par le passé que les flux nouveaux sont particulièrement dangereux. En sens inverse interviennent les stocks de capital (technique ou humain), les stocks biologiques ou génétiques, ou encore les réserves de crédibilité pour les systèmes monétaires. Les dommages ou les bénéfices se manifestant le plus souvent par accumulation lente et parfois irréversible, la gestion de ces biens publics est particulièrement délicate en raison de ces décalages temporels importants. En matière biologique, par exemple, la disparition actuelle d'une espèce peut très bien avoir une incidence future sur l'équilibre du biotope sans commune mesure avec son impact immédiat. La gestion de ces biens publics doit donc prendre en compte non seulement l'intérêt de la génération présente, mais aussi celui des générations futures.

Henri Bourguinat, « Quand les biens "publics" deviennent "globaux" », *Sociétal*, n° 39, 1er trimestre 2003.

ENTRAÎNEZ-VOUS

1. Quelles sont les caractéristiques d'un bien public mondial ?

2. Quelle caractéristique des biens publics mondiaux le professeur Henri Bourguinat met-il en évidence dans cet article ?

CORRIGÉS p. 43

corrigés

exercice 1 page 39

1. La théorie économique classique postule que les individus sont égoïstes et cherchent à maximiser leur profit. En réalité, A offrira certainement plus que 1 euro car il se méfie des représailles. B peut estimer qu'il est trop avare, se sentir blessé par une offre humiliante et la rejeter. En ce cas, B perd 1 euro, somme minime. Il a la satisfaction de faire perdre 99 euros à A.

2. B est rationnel, mais il intègre d'autres paramètres que les prix. Les agents économiques sont des êtres complexes et répondent à des réactions humaines. La décision de B est ici une réaction à l'injustice. A anticipe cette réaction et en tient compte pour proposer son offre. Ce cas d'économie expérimentale pointe une des failles de l'économie : c'est une science humaine, or le comportement des hommes est complexe à analyser.

exercice 2 page 39

1. Les revenus primaires correspondent à des revenus issus de l'activité productive et de la propriété. Ils ont pour origine la valeur ajoutée créée par les agents économiques. Il s'agit principalement des salaires perçus par les personnels et des bénéfices des entreprises.

La répartition primaire des revenus organise la distribution de richesses aux agents économiques ayant contribué à leur création, c'est-à-dire les ménages, les entreprises et les administrations publiques.

2. Exemples de revenus primaires touchés par les agents économiques :
- les ménages perçoivent une rémunération du travail sous la forme de : salaires, traitements, gages, soldes, revenus des entrepreneurs individuels ; ils encaissent également des revenus issus de la propriété de leur patrimoine : loyers, dividendes, intérêts ;
- les entreprises disposent des profits non distribués aux actionnaires dont une partie, l'excédent brut d'exploitation (EBE), sert à financer leurs investissements. Les apporteurs de capitaux (associés, actionnaires) reçoivent leur part des profits distribués sous forme de dividendes ;
- les administrations participent à la distribution des revenus primaires en encaissant la TVA, des droits de douane, la taxe professionnelle, l'impôt sur le revenu des personnes physiques et l'impôt sur les sociétés.

exercice 3 page 39

1. Les différentes formes de la monnaie sont les suivantes :
- la monnaie marchandise (sel, thé, coquillage, bétail, etc.), qui est la première forme de monnaie qui se substitue au troc. Un bien est utilisé pour payer l'achat d'un autre bien ;
- la monnaie métallique : or, argent, cuivre ;
- la monnaie fiduciaire, qui comporte la monnaie divisionnaire (les pièces) et les billets ;
- la monnaie scripturale, constituée par les dépôts à vue auprès des banques ;
- la monnaie électronique ou monnaie dématérialisée (porte-monnaie électronique, carte de paiement, TIP, etc.).

2. L'augmentation des échanges économiques et l'importance croissante prise par la monnaie scripturale entraînent une dématérialisation de la monnaie qui signifie que la monnaie devient immatérielle. Les anciennes monnaies disposaient d'un support matériel (métal, papier, etc.), ce qui n'est plus le cas de la monnaie scripturale, qui correspond à une simple écriture sur un compte bancaire. Dans un premier temps, la monnaie fiduciaire s'est substituée progressivement aux pièces. Puis la monnaie scripturale a, à son tour, réduit le poids de la monnaie divisionnaire et fiduciaire dans les échanges. Le développement de la carte bancaire, du porte-monnaie électronique et des virements bancaires amplifie encore le phénomène de dématérialisation monétaire.

exercice 4 page 40

1. L'IDH est l'indicateur mis au point par le Programme des Nations unies pour le développement (PNUD) qui permet de classer l'ensemble des pays à partir d'un indice agrégé reflétant trois dimensions : le bien-être matériel (*via* le PIB par habitant), la santé (*via* l'espérance de vie à la naissance) et l'éducation (*via* le taux de scolarisation et le taux d'alphabétisation des adultes).

2. Le PIB ne prend en compte ni l'utilité réelle ni les conditions dans lesquelles sont produites les richesses. Ainsi, il ne donne aucune place aux enjeux écologiques de la croissance.

Le PIB est utilisé afin de refléter l'état d'une société. Or, la comptabilité nationale ne permet pas de rendre parfaitement compte de cet état des choses puisqu'elle ne tient pas compte des activités dites « non monétaires » comme le travail domestique ou le bénévolat, bien que ces activités soient créatrices de richesses sociales. On ne comptabilise pas non plus les activités destructrices de richesses dont

corrigés

les coûts ne sont pas directement monétaires, tels les dégâts causés à l'environnement ou à l'homme.

3. L'IDH est un instrument peu adapté pour mesurer les inégalités au sein des pays développés. Les critères retenus témoignent d'une vision du développement fondé en particulier sur l'éducation, la santé et l'espérance de vie, qui ne reflète pas vraiment les différences de niveau de vie entre les groupes sociaux d'un pays comme la France.
La définition de nouveaux indicateurs de croissance doit permettre d'expliquer pourquoi certaines personnes dans les pays riches ne voient pas leurs conditions de vie s'améliorer lorsque le PIB augmente.

exercice 5 page 40

1. L'empreinte écologique est une estimation de la superficie dont la Terre a besoin pour subvenir à nos besoins, sans épuisement des ressources. Notre empreinte écologique permet de mesurer notre influence directe sur la nature. Nous prenons à la planète des ressources naturelles, non seulement pour nous nourrir, mais aussi pour nous déplacer, nous loger ou gérer nos déchets.
Pour une seule personne vivant en Europe, la Terre a besoin en moyenne de 10 terrains de foot pour subvenir à ses besoins sans épuisement des ressources. La moyenne mondiale est d'environ 5 terrains de foot par personne. En hectares, il y a environ 1,8 ha disponible par habitant sur Terre alors que nous consommons aujourd'hui quelque 2,3 ha par habitant. Cela veut dire que nous sommes en train d'épuiser les ressources naturelles.

2. Historiquement, l'évolution technologique permet d'améliorer les performances des machines. Pour limiter notre empreinte écologique, en particulier pour réduire notre consommation d'énergie, il faudrait utiliser une machine plus efficace pour les mêmes prestations.
Ainsi, le secteur des transports est le principal responsable de l'augmentation de notre consommation d'énergie, malgré l'augmentation du rendement des moteurs, simplement parce que nous voulons rouler plus longtemps dans des voitures plus confortables. De même, le nombre de voitures augmente, en particulier si elles deviennent de plus en plus efficaces.

exercice 6 page 41

1. Laisser tomber les banques reviendrait à mettre en péril l'ensemble de l'activité économique. Si tous les déposants décident de retirer leurs capitaux au même moment, la banque est incapable de faire face aux retraits et les agents manquent de disponibilités pour acheter. C'est une crise de liquidité.
De plus, les banques financent l'activité économique des entreprises. Leur chute entraînerait automatiquement, par un effet domino, la disparition d'entreprises et donc d'emplois. C'est ce qui s'est passé dans les années 1930.

2. Cette phrase souligne que si les banques ne remboursent pas les prêts consentis par les États, ceux-ci auront avancé des crédits irrécouvrables. Le budget des États étant financé principalement par l'impôt et les taxes, la facture devra *in fine* être réglée par les contribuables.

3. La sphère de l'économie réelle et la sphère de l'économie financière sont liées. Les échanges et l'emploi constituent l'activité économique réelle. Leur perturbation par une crise d'origine financière risque d'entraîner une grave récession économique (baisse des prix et chômage).
Lors du retournement de conjoncture de 2007, les placements réalisés par les établissements financiers internationaux (banques, compagnies d'assurance, fonds de pension) se sont révélés catastrophiques. L'opacité des mécanismes financiers n'avait pas permis de voir que les placements reposaient sur des créances hypothécaires douteuses. Le risque de disparition des établissements investisseurs a déstabilisé l'ensemble des marchés financiers. Les États ont adopté des plans de relance de façon concertée.
Pour les économistes classiques et néoclassiques, la monnaie est un «voile» qui n'affecte pas les transactions. L'exemple de la crise des *subprimes* montre qu'en réalité, la monnaie n'est pas neutre : des phénomènes monétaires peuvent affecter durablement l'économie réelle.

exercice 7 page 41

1. Un bien public mondial possède les caractéristiques des biens publics : la non-exclusion et la non-rivalité. Il s'agit de biens publics accessibles à tous au niveau international. Les États doivent se coordonner pour organiser la production du bien public à l'échelle mondiale.

2. L'auteur souligne la dimension intergénérationnelle du bien public mondial. Les investissements publics actuels bénéficieront aussi aux générations futures ; à l'inverse, le non-investissement dans la production d'un bien public est susceptible de compromettre l'équilibre à long terme.
C'est le cas des mesures de maintien de la biodiversité, des changements de mode de production visant à limiter les émissions de gaz à effet de serre, des dépenses de santé publique et des efforts faits pour maintenir la stabilité du système économique et financier mondial.

DROIT

1 L'ACCÈS À L'EMPLOI

➔ Les principes communautaires et constitutionnels affirment le droit d'accès à une activité professionnelle qui peut prendre différentes formes.

1 Les principes

En matière d'accès à l'emploi, les principes communautaires et constitutionnels sont primordiaux, sachant que le droit d'obtenir un emploi est à concilier avec la liberté d'entreprendre.

1. Les principes communautaires

Le traité de l'Union européenne consacre un certain nombre de libertés communautaires fondamentales. Ce sont les éléments essentiels du marché intérieur caractérisé par l'abolition, entre les États membres, des obstacles à la libre circulation des hommes, des marchandises, des services et des capitaux, et à la liberté d'établissement.

a) La liberté de circulation

La liberté de circulation des personnes est la reconnaissance à tout citoyen de l'Union européenne du droit de chercher et d'obtenir un emploi, sans discrimination liée à la nationalité, et de circuler et séjourner librement sur le territoire des États membres.

b) La liberté d'entreprendre

Elle figure dans la Charte des droits fondamentaux de l'Union européenne, qui précise : « La liberté d'entreprise est reconnue conformément au droit communautaire et aux législations et pratiques nationales. »

c) La liberté d'établissement

Les personnes juridiques ont la faculté de s'établir dans l'un quelconque des États membres pour y exercer leur activité. La liberté d'établissement implique le droit d'accéder à toute activité indépendante non salariée (commerciale, industrielle, artisanale ou libérale), et de l'exercer, ainsi que le droit de créer et gérer une entreprise en vue d'exercer une activité professionnelle permanente dans tout État membre aux conditions prévues pour les ressortissants de cet État.

d) Le droit à l'emploi

Il s'agit d'un droit proclamé tant au niveau national que communautaire affirmant que la société doit garantir à chaque citoyen la sécurité économique et la participation effective à l'activité commune. Il reste cependant en construction. Le nombre de chômeurs en témoigne.

2. Les principes constitutionnels

Le préambule de la Constitution de 1946, auquel renvoie celui de la Constitution de 1958, a consacré pour la première fois des droits sociaux, comme le droit au travail, le droit syndical et le droit de grève. Le Conseil constitutionnel cherche à les concilier avec d'autres libertés de valeur identique, telles que la liberté du travail, la liberté d'entreprendre, voire de choisir ses collaborateurs pour l'employeur.
S'il existe un droit du travail, le principe d'un droit au travail est à relativiser dans des économies où l'on peut favoriser l'emploi sans pouvoir le garantir à tous.

2 Le choix d'un régime juridique de travail

Le choix d'une activité professionnelle entraîne l'application d'un régime juridique. Quel que soit le régime, l'accès à l'activité est encadré par le législateur. Chaque régime confère des droits et assujettit à des obligations.

1. Les critères du choix d'un régime

Les personnes désireuses d'accéder à l'emploi doivent faire leur choix d'activité professionnelle en fonction de critères qui doivent être mûrement réfléchis. Il peut s'agir en effet de travailler en toute indépendance ou au contraire dans le cadre d'un lien de subordination.
Les personnes désireuses d'accéder à l'emploi doivent aussi s'interroger sur leurs propres motivations en termes de rémunération, de stabilité professionnelle, de durée de leur engagement, d'étendue de leur protection sociale, de risques encourus et de responsabilité. Une fois ces motivations déterminées, elles peuvent opter pour l'un des régimes juridiques du travail.

2. Les différents régimes juridiques de travail

a) Le salarié de droit privé

Travailler dans le cadre d'un lien de subordination juridique à l'égard d'un employeur privé, revient à opter pour le régime juridique du salarié de droit privé. Le lien de subordination est caractérisé par l'exécution d'un travail sous l'autorité d'un employeur qui a le pouvoir de donner des ordres et des directives, d'en contrôler l'exécution et de sanctionner les manquements de son subordonné.

b) Le fonctionnaire

Il travaille dans le cadre d'un lien de subordination juridique à l'égard d'un employeur public.

c) Le travailleur indépendant

Travailler dans un contexte d'indépendance consiste à opter pour des professions telles que commerçant ou membre d'une profession libérale.

3. Des déontologies différentes

La déontologie recouvre un ensemble de règles que se donne une profession. Il s'agit d'un véritable droit professionnel qui traduit la demande de contrôle émanant, d'une part, de la société qui veut se protéger contre des pratiques désordonnées et, d'autre part, de la profession qui a besoin d'afficher une garantie de qualité.

a) Le service de l'intérêt de l'entreprise

À l'origine, la déontologie a été créée par les professions libérales mais on constate son extension, voire sa généralisation, aux autres régimes soucieux d'améliorer leur fonctionnement et donc leur image. Elle se traduit par des chartes professionnelles et des codes de bonne conduite.

b) Le service de l'intérêt général

Pour les fonctionnaires, la déontologie prend la forme d'une réglementation liée à leur statut, dont le contrôle est assuré par l'État.

2 LE RÉGIME JURIDIQUE DU SALARIÉ

➔ En adoptant le régime juridique du salarié, l'individu travaille dans un contexte de subordination juridique à un employeur privé. Le droit du recrutement est très réglementé, permettant à l'employeur et au salarié d'opter pour diverses formes de contrat de travail, dans le respect des droits et des obligations de chacun.

1 Le droit du recrutement

L'employeur est libre de recruter tout salarié de son choix dès lors qu'il se conforme à la réglementation en vigueur, protectrice des salariés.

1. L'égalité de traitement

a) La publication d'une offre d'emploi

En cas de recrutement extérieur à l'entreprise, l'employeur doit publier une offre d'emploi datée, rédigée en français, correspondant à un emploi disponible, sans limite d'âge, ni fausses allégations.

b) La non-discrimination

L'employeur ne peut écarter un candidat en raison de son âge, son sexe, ses mœurs, sa situation de famille, sa race, sa religion, ses opinions politiques ou syndicales. Toute discrimination est passible de sanction.

2. Le respect des libertés individuelles

L'employeur doit utiliser des méthodes de recrutement loyales et les porter à la connaissance du candidat. L'objectif est de concilier les prérogatives légitimes de l'entreprise avec le respect des libertés individuelles des candidats à l'emploi.

Les questions posées par l'employeur doivent être en lien direct avec le poste à pourvoir et les aptitudes professionnelles du candidat. Ce dernier, quant à lui, doit répondre avec loyauté aux questions qui lui sont posées.

2 Les différents contrats de travail

1. Le contrat de travail à durée indéterminée (CDI)

Si l'on exclut les conditions relatives à la période d'essai, ce contrat est conclu pour un temps dont les parties n'ont pas fixé le terme dès l'origine de leurs rapports. L'une ou l'autre des parties peut y mettre fin à tout moment sous réserve du respect d'un préavis réciproque. Ce contrat ne prend fin que par la démission, le licenciement ou le départ à la retraite du salarié.

2. Le contrat de travail à durée déterminée (CDD)

a) Définition

Le CDD est un contrat conclu entre un employeur et un salarié pour un temps fixé à l'avance. Une date, la survenance d'un événement ou l'achèvement d'un travail précis peuvent, par exemple, fixer cette limite. La tâche précise et temporaire pour laquelle il est conclu ne peut être liée à l'activité normale de l'entreprise. Le CDD est un contrat écrit qui doit mentionner obligatoirement les tâches pour lesquelles il est conclu, le terme du contrat, la rémunération et la convention collective applicable.

b) Les cas de recours

Les cas de recours sont les suivants : remplacement d'un salarié absent pour maladie, accroissement temporaire d'activité, accomplissement d'une tâche occasionnelle, emplois saisonniers ou pour lesquels il n'est pas d'usage de recourir aux CDI (exemples : activités du spectacle, hôtellerie-restauration).

c) La durée

Le CDD peut être renouvelé une fois pour une durée éventuellement supérieure à celle de la période initiale, sans excéder 18 mois, sauf cas particuliers.

EXEMPLE

Un contrat de 8 mois peut être renouvelé sans excéder 10 mois.

En cas de remplacement d'un salarié absent, le CDD est conclu avec un terme imprécis et sa durée maximale correspond à la réalisation de l'objet pour lequel il a été conclu.

d) Les droits des salariés

Pendant la durée du contrat, le salarié a les mêmes droits et avantages que les autres salariés titulaires d'un CDI de l'entreprise. Si à la fin du CDD, le salarié n'est pas embauché définitivement par l'entreprise, il a droit à une indemnité (10 % du montant de la rémunération brute perçue pendant la durée du contrat) destinée à compenser la précarité de sa situation. Si les relations contractuelles se poursuivent après le terme prévu, le contrat devient à durée indéterminée.

3. Le contrat de travail temporaire (CTT)

a) Définition

Le CTT, ou contrat de mission, est conclu entre une agence d'intérim et un salarié, l'intérimaire. L'agence d'intérim embauche et rémunère l'intérimaire et le met à la disposition provisoire et sous le contrôle de l'entreprise utilisatrice.

b) Les deux contrats

Il existe deux contrats : un contrat de travail liant l'intérimaire à l'agence d'intérim et un contrat de prestation de services entre l'agence d'intérim et l'entreprise utilisatrice.

c) Les cas de recours

L'entreprise ne peut faire appel à un intérimaire que pour l'accomplissement d'une tâche précise et temporaire, «la mission», et seulement dans certains cas : le remplacement d'un salarié en cas d'absence, de suspension de son contrat de travail, d'attente de la suppression définitive du poste du salarié ayant quitté définitivement l'entreprise ou en cas d'attente de l'entrée en service d'un salarié recruté par CDI afin de pourvoir le poste vacant. Il peut aussi s'agir de répondre à un accroissement temporaire de l'activité de l'entreprise. Enfin, le CTT est utilisé pour les emplois saisonniers ou pour lesquels il n'est pas d'usage de recourir à un CDI. Le motif doit être inscrit dans le contrat.

2 LE RÉGIME JURIDIQUE DU SALARIÉ (suite)

d) Les règles

Le contrat comporte un terme fixé et sa durée maximale, renouvellement compris, ne peut excéder 18 mois. La rémunération ne peut être inférieure à celle que percevrait, dans la même entreprise, un salarié embauché avec un CDI, de qualification équivalente et occupant les mêmes fonctions. À l'issue de chaque mission, une indemnité, dont l'objectif est de compenser la précarité de cette situation, est versée au salarié (10 % de la rémunération totale brute perçue au cours de la mission). Si, après le terme convenu au contrat, le salarié continue de travailler dans l'entreprise utilisatrice, le contrat de travail temporaire est requalifié en CDI.

4. Les autres formes de contrats

a) Le contrat de travail à temps partiel

Ce contrat prévoit une durée de travail inférieure à la durée légale ou conventionnelle. Obligatoirement écrit, il peut être à durée déterminée ou indéterminée.

EXEMPLE

20 heures par mois.

b) Le contrat de professionnalisation

Il a pour objectif de favoriser l'insertion ou la réinsertion professionnelle par l'acquisition d'une qualification et est accessible à tous les jeunes de 16 à 25 ans ainsi qu'aux demandeurs d'emploi âgés de 26 ans et plus sous la forme d'un CDD ou d'un CDI. Il est d'une durée minimale de 6 à 12 mois, pouvant être allongée à 24 mois pour les personnes sorties du système scolaire sans qualification professionnelle. L'employeur s'engage à assurer une formation mise en œuvre par son entreprise ou un organisme de formation.

c) Les autres contrats

D'autres contrats incitent les entreprises à embaucher ou permettent à des demandeurs d'emploi de suivre une formation.

EXEMPLE

Contrat d'apprentissage.

3 Les droits et les obligations des salariés

1. Les droits

La règle de droit confère au salarié un socle minimal de droits que l'employeur doit respecter.
Ces droits sont la contrepartie des obligations de l'employeur qui fournit au salarié le travail convenu et en vérifie la bonne exécution, moyennant rémunération. En outre, le salarié a le droit au respect de sa vie personnelle et de ne pas subir de discrimination, ni de harcèlement moral ou sexuel.

EXEMPLE

L'égalité hommes-femmes implique le droit à l'égalité des salaires selon le principe « à travail égal, salaire égal ».

2. Les obligations

Le salarié doit respecter un certain nombre d'obligations inhérentes au lien de subordination qui le rattache à l'employeur. Il doit bien sûr exécuter le travail qui lui est confié avec conscience professionnelle, en respectant les directives qui lui ont été données ainsi que les dispositions contenues dans le règlement intérieur. Il doit aussi se garder de se livrer à des actes de concurrence vis-à-vis de son employeur.

4 Les clauses contractuelles

L'employeur peut imposer un certain nombre de clauses contractuelles dont le but est de favoriser l'adaptation des salariés et de l'entreprise à l'évolution du contexte économique.

1. La clause de mobilité

a) Définition

Cette clause autorise l'employeur, sous certaines conditions, à modifier le lieu de travail du salarié durant l'exécution du contrat de travail, à condition de ne pas révéler de la part de l'employeur un abus de droit. Elle doit être inscrite dans le contrat de travail du salarié.

b) Les conditions de validité

Pour être licite, la clause de mobilité doit respecter plusieurs critères :
- être prévue dans l'intérêt de l'entreprise, c'est-à-dire être indispensable à la protection des intérêts de l'entreprise et être proportionnée au but recherché, compte tenu de l'emploi occupé par le salarié ;
- ne pas aboutir à modifier la rémunération du salarié auquel, par ailleurs, un délai raisonnable doit être accordé entre l'annonce de la mutation et sa prise d'effet ;
- comporter une zone géographique précise ne pouvant être modifiée unilatéralement par l'employeur.

2. La clause de non-concurrence

a) Définition

En signant cette clause, le salarié s'interdit, lorsqu'il quitte l'entreprise, d'exercer certaines activités pouvant nuire à son ancien employeur. Contenue dans le contrat de travail, elle est souvent conclue avec des salariés en contact avec les clients de l'entreprise. L'employeur entend ainsi se protéger d'un éventuel détournement de sa clientèle.

b) Les conditions de validité

Pour être valable, cette clause doit à la fois protéger les intérêts légitimes de l'entreprise et respecter la liberté de travailler du salarié. Elle doit donc réunir quatre conditions cumulatives :
- être inscrite dans le contrat de travail signé par le salarié et tenir compte des spécificités de son emploi ;
- être indispensable à la protection des intérêts légitimes de l'entreprise ;
- être limitée dans le temps et dans l'espace ;
- fixer l'obligation pour l'employeur de verser au salarié, après la rupture du contrat, une contrepartie financière « non dérisoire » pour indemniser le salarié dont les possibilités d'exercer un autre emploi sont limitées.

3 LE RÉGIME JURIDIQUE DU FONCTIONNAIRE

➔ Le fonctionnaire exerce sa fonction de façon subordonnée à un employeur public avec vocation de remplir une mission de service public pour servir l'intérêt général.

Un fonctionnaire est une personne employée et nommée par une personne publique dans un emploi permanent et titularisée à son poste dans un grade de la hiérarchie administrative. Contrairement aux personnels du secteur privé, sa situation n'est pas régie par un contrat. La loi et le règlement organisent le statut de fonctionnaire.

1 L'accès à la fonction publique

Pour être fonctionnaire, il convient d'avoir la nationalité française ou celle d'un autre pays de l'Union européenne sous certaines conditions, de jouir de ses droits civiques, d'être en situation régulière au regard du service national.

1. Le concours de recrutement

Le concours est le principal mode de recrutement des fonctionnaires : près de 90 % des agents civils de l'État sont recrutés par concours. Prévu par la loi, le recrutement par voie de concours garantit à tous les citoyens l'égalité d'accès à la fonction publique.

2. Les emplois de la fonction publique

Les fonctionnaires ont des statuts juridiques différents selon qu'ils appartiennent à la fonction publique d'État, territoriale ou hospitalière.
Les fonctionnaires d'État appartiennent à des corps rassemblant l'ensemble des fonctionnaires soumis au même déroulement de carrière.
Les emplois sont répartis en trois catégories, suivant le niveau de recrutement et les responsabilités à assurer. Le niveau d'études requis varie selon la catégorie du concours concerné.
Les fonctionnaires sont titulaires d'un grade divisé en échelons. Le parcours professionnel des personnels titulaires se déroule selon une logique d'avancement et de promotion, variable selon les statuts.

2 Les droits des fonctionnaires

1. Le droit à la protection juridique ou fonctionnelle

L'État doit protéger ses fonctionnaires contre tous les agissements dont ils pourraient être victimes dans l'exercice de leurs fonctions.

2. La liberté d'opinion

Les fonctionnaires bénéficient d'une liberté d'opinion et d'expression limitée seulement par leurs obligations de neutralité et d'objectivité puisqu'ils représentent l'État. Ils sont libres dans leurs opinions politiques, religieuses, etc.

3. Le droit de grève et syndical

Les fonctionnaires peuvent librement créer des organisations syndicales, y adhérer et y exercer des mandats. Ils ont le droit de grève, qui est cependant très réglementé.

4. Le droit à la formation et à la rémunération

Les fonctionnaires ont droit à la formation professionnelle et, « après service fait », à une rémunération leur permettant de percevoir à ce titre un traitement accompagné le cas échéant de primes.

5. Le droit à la carrière et la garantie de l'emploi

Les fonctionnaires ont la possibilité d'accomplir une carrière et le droit à la continuité dans l'emploi.

3 Les obligations des fonctionnaires

Le fonctionnaire exerce auprès de son administration des missions de service public. Dans ce cadre, l'agent doit se soumettre à des obligations statutaires qui relèvent soit de l'exercice même de ses fonctions, soit du comportement qu'il doit adopter en toutes circonstances vis-à-vis de l'usager, de sa hiérarchie, de son employeur. La méconnaissance ou le manquement à ces obligations est de nature à entraîner des sanctions disciplinaires civiles ou pénales.

1. L'obligation générale de servir

Les fonctionnaires sont au service de l'intérêt général.

2. L'obligation de réserve

Les fonctionnaires sont tenus au devoir de réserve qui les contraint à observer une certaine retenue dans l'expression de leurs opinions, notamment politiques.

3. L'obligation de discrétion et le secret professionnel

La discrétion professionnelle interdit aux fonctionnaires de divulguer des faits, des informations ou des documents dont ils ont connaissance dans l'exercice ou à l'occasion de l'exercice de leurs fonctions. Cette obligation a pour objectif de garantir le fonctionnement de l'administration en empêchant la divulgation d'informations relatives au service.
Le secret professionnel vise à empêcher la révélation d'informations ayant un caractère professionnel et secret, dont les agents publics peuvent être dépositaires, du fait de leur profession ou de leurs fonctions.

4. L'obligation d'obéissance hiérarchique

Lorsqu'il est en service, le fonctionnaire est placé sous l'autorité d'un supérieur hiérarchique auquel il doit obéissance en exécutant les tâches qui lui sont confiées conformément aux directives reçues. Le refus d'obéissance doit être motivé et manifestement lié à l'illégalité d'un ordre donné. Il n'appartient pas au fonctionnaire de se prononcer sur l'opportunité d'une démarche ou d'une décision.

5. L'obligation d'information du public

Le fonctionnaire a le devoir de satisfaire aux demandes d'information du public dans le respect des dispositions législatives et réglementaires sur le libre accès aux documents administratifs.

4 LE RÉGIME JURIDIQUE DU TRAVAILLEUR INDÉPENDANT

➔ Le travailleur indépendant est une personne physique exerçant une activité intellectuelle, commerciale ou libérale, dans le cadre d'un contrat d'entreprise et non dans le cadre d'un contrat de travail.

1 Les conditions d'accès

1. Les caractéristiques du régime

Le travailleur indépendant gère son activité librement, en accord avec ses clients en dehors de tout lien de subordination avec un employeur. Il est généralement propriétaire de ses instruments de travail et exerce à son profit une activité professionnelle dont il supporte les risques.
Sa rémunération se fait sous forme d'honoraires qu'il fixe librement et il paie ses charges sociales à l'Urssaf.

2. Le cas des commerçants et des professions libérales

a) Les commerçants

L'activité commerciale est réalisée par un commerçant individuel ou par une société. Pour être commerçant, toute personne physique ou morale doit :
- réaliser des actes de commerce qui se distinguent en actes de commerce par nature (exemple : opérations de banque), actes accomplis pour l'exercice du commerce (exemple : achat d'une camionnette de livraison) et actes de commerce par la forme (exemple : lettre de change) ;
- réaliser ces actes de commerce de façon répétée pour pouvoir en vivre, en agissant pour son propre compte, en son nom personnel (le vendeur salarié au contraire travaille pour le compte de son employeur).

b) Les professions libérales

L'activité professionnelle est considérée comme libérale dès qu'elle n'est pas assimilée à une activité salariée et qu'elle ne relève pas des secteurs de l'artisanat, du commerce, de l'industrie et de l'agriculture.

EXEMPLES

Architecte, vétérinaire, avocat, expert-comptable.

Il est possible d'exercer une activité libérale à la suite d'une nomination par l'autorité publique (exemple : notaire) ou en relevant d'un ordre professionnel (exemple : pharmacien).

3. La déclaration d'existence

Les travailleurs indépendants doivent déclarer l'existence de leur activité en procédant à une démarche obligatoire s'effectuant en un même lieu, en une seule fois, avec un dossier unique auprès du Centre de formalités des entreprises (CFE) compétent. Le CFE permet en effet de remplir l'ensemble des formalités administratives, fiscales et sociales et les transmet ensuite aux différents organismes concernés (caisses de protection sociale, centre des impôts, etc.). Pour les commerçants, le CFE compétent est celui de la chambre de commerce et d'industrie. Pour les professions libérales, la déclaration d'existence se fait auprès du CFE de l'Urssaf du lieu d'activité.

2 Les restrictions d'accès à la profession

1. Les restrictions dans le cas des commerçants

a) Les restrictions liées à la personne : les incompatibilités

En principe, toute personne peut devenir commerçante. Cependant, les incapables (exemples : mineurs, certains majeurs en raison de l'altération de leurs facultés mentales) ne peuvent exercer cette profession.
Certains commerces sont réglementés et nécessitent une autorisation préalable (exemple : activité de spectacle) ou un diplôme (exemple : pharmacien). Certaines professions sont incompatibles avec l'exercice du commerce (exemples : fonctionnaires, notaires, huissiers).
Les étrangers peuvent être commerçants en France s'ils sont ressortissants d'un État de l'Union européenne. Les autres doivent être titulaires d'une carte de séjour temporaire autorisant l'exercice d'une activité commerciale.

b) Les restrictions liées à l'activité : les interdictions

Les personnes qui ont été condamnées à certaines peines (exemples : condamnation pour crime, vol, escroquerie, abus de confiance) se voient interdire l'exercice d'une profession commerciale.

2. Les restrictions dans le cas des professions libérales

Les professions libérales sont soumises à des exigences de nationalité, de compétence et de probité. Il existe un certain nombre d'incompatibilités professionnelles en liaison notamment avec les activités commerciales. Les activités commerciales sont interdites aux officiers ministériels (notaires, huissiers) et aux avocats.

3. La justification des restrictions d'accès

Ces restrictions ont pour but, selon les cas :
- de contrôler et d'organiser la profession concernée en s'assurant des aptitudes requises ;
- d'écarter les personnes ne présentant pas les garanties morales nécessaires, afin d'assurer la moralité du commerce.

Les mineurs et les incapables majeurs ne peuvent exercer le commerce car cette activité comporte des risques financiers.
Pour les professions libérales, l'objectif est aussi de protéger leur indépendance par rapport à l'esprit de profit étroitement lié à l'activité commerciale.

3 Les droits et les obligations du travailleur indépendant

Le travailleur indépendant peut se prévaloir de la législation le concernant et adhérer à un centre de gestion. Le commerçant doit s'immatriculer auprès du registre du commerce et des sociétés et le professionnel libéral auprès de son ordre professionnel. Le travailleur indépendant doit informer et conseiller au mieux ses clients et tenir une comptabilité professionnelle.

5 L'ADAPTATION À L'EMPLOI PAR LA FORMATION

La formation professionnelle a pour objectif d'assurer l'employabilité des salariés ainsi que l'adaptation à leur emploi. De nombreux dispositifs doivent être mis en place entraînant des droits et des obligations pour les salariés et les employeurs.

1 Les dispositifs de formation

1. Le plan de formation

Ce document écrit et annuel regroupe toutes les formations retenues par l'employeur dans l'intérêt de l'entreprise. Il s'agit d'actions d'adaptation au poste de travail qui peuvent être :
- liées à l'évolution ou au maintien dans l'emploi dans l'entreprise et exécutées sur le temps de travail ;
- liées au développement des compétences et réalisées en dehors du temps de travail.

L'employeur peut planifier, après consultation des représentants du personnel, un certain nombre de formations dans l'année ou sur une période plus longue. Il lui incombe également de financer la formation et de maintenir la rémunération et la protection sociale du salarié en formation.

2. Le droit individuel à la formation (DIF)

Le DIF permet aux salariés de se constituer un crédit d'heures de formation. L'initiative d'utiliser les droits à formation ainsi acquis appartient au salarié qui est libre d'utiliser ou non son droit. La mise en œuvre du DIF requiert l'accord de l'employeur sur le choix de l'action de formation qui a généralement lieu hors du temps de travail.

Après un licenciement ou une démission, les heures de formation liées au DIF et non utilisées par le salarié sont considérées comme valides. En accord avec le nouvel employeur, le salarié peut utiliser son DIF dans les 2 années suivant l'embauche.

3. Le congé individuel de formation (CIF)

Le CIF est le droit de s'absenter de son poste de travail pour suivre une formation de son choix. Pour en bénéficier, le salarié doit remplir certaines conditions et présenter sa demande à l'employeur, selon une procédure déterminée. Les actions de formation doivent permettre aux salariés de changer d'activité, de profession, de s'ouvrir plus largement à la culture et à la vie sociale, ou d'accéder à un niveau supérieur de qualification.

4. La validation des acquis de l'expérience (VAE)

La VAE permet aux salariés de faire reconnaître leur expérience, professionnelle ou non, afin d'obtenir un diplôme, un titre ou un certificat de qualification professionnelle. Le salarié rassemble toutes les preuves de ses acquis (anciens diplômes, bulletins de salaire, attestations de travail, comptes rendus d'entretien d'évaluation, documents professionnels, etc.), puis remet son dossier à l'organisme chargé de la validation.

5. Les périodes de professionnalisation

Elles visent le maintien dans l'emploi de salariés en CDI rencontrant des difficultés particulières, grâce à des actions de formation.

2 La mise en œuvre de la formation

1. Les droits et obligations du salarié

a) Le droit à la formation

Le salarié est en droit d'attendre de l'employeur qu'il assure son adaptation à son poste de travail tout au long de sa vie professionnelle. La loi du 4 mai 2004 « relative à la formation professionnelle tout au long de la vie » réaffirme le droit des salariés à bénéficier des formations nécessaires. Le temps de formation est considéré comme du temps de travail effectif et donne lieu au maintien de la rémunération.

b) L'obligation de se former

Si l'employeur le propose et que l'intérêt de l'entreprise l'exige, les salariés sont contraints de se former et encourent une mesure de licenciement en cas de refus non légitime.

2. Les obligations de l'employeur

a) L'objectif des formations

Le Code du travail impose aux employeurs d'« assurer l'adaptation de leurs salariés à leur poste de travail et de veiller au maintien de leur capacité à occuper un emploi, au regard notamment de l'évolution des emplois, des technologies et des organisations ». L'objectif est de faire face, par exemple, à l'entrée de nouvelles technologies dans l'entreprise.

En cas de suppression d'emploi, l'employeur a l'obligation de reclasser les salariés concernés pour assurer leur adaptation au nouvel emploi, par le biais d'une formation adéquate et suffisante. La formation peut être organisée en interne ou chez un prestataire extérieur.

Un employeur qui néglige la formation de ses salariés commet une faute pouvant le conduire devant les tribunaux.

EXEMPLE

Un employeur peut être amené à verser des dommages et intérêts au salarié qui n'aurait pas été suffisamment formé.

b) La participation au financement

L'employeur doit verser une contribution obligatoire fixée à 0,55 % de la masse salariale dans les entreprises de moins de 10 salariés, 1,05 % de la masse salariale dans les entreprises de 10 à 19 salariés et 1,60 % de la masse salariale dans les entreprises de 20 salariés et plus. Rien ne l'empêche de contribuer davantage.

3. L'obligation de négocier

Dans le cadre de la négociation collective, le droit oblige les partenaires sociaux à se réunir tous les 3 ans au moins pour négocier les objectifs et les moyens de la formation professionnelle des salariés.

6 LA MODIFICATION DE LA RELATION DE TRAVAIL

La relation de travail prévue initialement peut évoluer dans le temps en fonction d'un certain nombre d'événements. Le droit intervient pour assurer la protection du salarié et du fonctionnaire dans ce contexte.

1 La modification des éléments du contrat de travail

1. Le changement des conditions de travail

Le chef d'entreprise peut décider de modifier unilatéralement les conditions de travail qui n'ont pas fait l'objet d'un accord contractuel.

EXEMPLES

Changement de planning, affectation à un poste équivalent.

Si la modification, qui s'apprécie de façon objective, est peu importante, le refus du salarié d'accepter ce simple aménagement constitue une faute. Le salarié s'expose, en cas de refus, à un licenciement, en principe pour faute grave.

2. La modification du contrat de travail

À l'inverse, lorsque la modification porte sur un élément essentiel prévu dans le contrat, l'employeur doit solliciter l'accord du salarié.

EXEMPLES

La fonction, la rémunération, les horaires (passage d'un horaire de jour à un horaire de nuit, par exemple), le lieu de travail sont considérés comme essentiels au moment de la conclusion du contrat de travail.

Les modifications essentielles doivent obligatoirement reposer sur un motif économique. Soit le salarié accepte la modification et le contrat se poursuit après signature d'un avenant. Soit il la refuse, ce qui ne constitue pas une faute. Si l'employeur maintient sa décision, le salarié est licencié pour motif économique.
Le salarié peut contester cette mesure en saisissant le conseil de prud'hommes. Si le juge considère que la modification ne repose pas sur un motif économique, le licenciement sera qualifié d'abusif. L'employeur devra alors verser au salarié une indemnité de licenciement abusif.

3. La continuité du contrat de travail lors du transfert de l'entreprise

En cas de modification dans la situation juridique de l'employeur (exemples : succession, cession de l'entreprise), les contrats de travail doivent être maintenus en vertu de l'article 1224-1 du Code du travail.

a) Les conditions du maintien des contrats de travail

Le principe du maintien des contrats de travail s'applique, selon la jurisprudence, à tout transfert d'une entité économique qui conserve son identité et dont l'activité est poursuivie ou reprise.
Tous les actes de transfert liant les employeurs successifs, à titre gratuit ou onéreux, entraînent le maintien des contrats en cours.
La même activité doit être poursuivie même si elle a connu une interruption temporaire. Mais si le cessionnaire modifie, ne serait-ce que partiellement, l'activité de l'entreprise, il gère une nouvelle entité économique et peut se dégager de la charge des contrats de travail conclus par son prédécesseur.

b) Les effets du maintien des contrats de travail

Les contrats de travail en cours au jour de la modification sont transmis de plein droit au nouvel employeur. Ils subsistent dans les mêmes conditions (exemples : même salaire, même ancienneté) avec le nouvel employeur qui est garant des sommes dues aux salariés par l'ancien employeur. Le nouvel employeur doit conserver les salariés. Il peut aussi les licencier ou leur proposer une modification de leurs contrats s'il justifie d'un motif économique.

2 La recherche d'adaptation ou de reclassement du salarié

L'employeur a une obligation de formation et d'adaptation du salarié à son poste de travail pour assurer son reclassement. En effet, le licenciement économique d'un salarié ne peut intervenir que si son reclassement est impossible, c'est-à-dire si aucun poste correspondant à ses compétences n'est disponible dans la société.

1. Les propositions de reclassement

Avant de commencer la procédure de licenciement, l'employeur est tenu de tout mettre en œuvre pour former et adapter le salarié à l'évolution de son emploi. Le cas échéant, il doit chercher à le reclasser dans l'entreprise ou dans le groupe auquel elle appartient dans un emploi relevant de la même catégorie que celui qu'il occupe ou sur un emploi équivalent ou, à défaut et avec l'accord exprès du salarié, sur un emploi d'une catégorie inférieure.

2. La localisation de l'activité

La jurisprudence a peu à peu défini le périmètre de l'obligation de reclassement. Elle s'étend à toutes les entreprises du groupe, même celles établies à l'étranger dès lors qu'une permutation est possible.
Si l'employeur ne peut se soustraire à l'obligation de reclassement, il peut toutefois limiter ses recherches de solution si le salarié lui fait part de restrictions géographiques.

3 La situation des fonctionnaires

Pour optimiser le fonctionnement des services publics, les fonctionnaires sont soumis à l'autorité hiérarchique qui organise leur service et peut favoriser leur mobilité.
Les fonctionnaires bénéficient cependant de la garantie fondamentale de leur carrière, entraînant la séparation de leur grade et de leur emploi, ce qui empêche leur licenciement en cas de suppression d'emploi.
En outre, le fonctionnaire est titulaire de son grade et l'employeur public doit lui fournir une affectation correspondant à ce grade, accompagnée le cas échéant d'une formation pour prise de poste.

7 LA REPRÉSENTATION DU PERSONNEL

Les représentants du personnel jouent un rôle très important dans le cadre de l'adaptation de l'entreprise et de ses salariés face aux évolutions de l'activité professionnelle.

1 Les instances représentatives du personnel (IRP)

1. Les délégués du personnel (DP)

Ils sont élus pour 4 ans parmi les salariés des entreprises où sont employés au moins 11 salariés. Leur nombre varie de 1 à 9.
Ils veillent à l'application de la réglementation du travail et présentent à l'employeur les réclamations individuelles ou collectives du personnel. Ils lui transmettent ces réclamations lors d'une réunion mensuelle. Les DP sont aussi consultés sur les conditions de travail et l'emploi dans l'entreprise et peuvent émettre avis et propositions.

2. Le comité d'entreprise (CE)

L'élection tous les 4 ans des membres du comité d'entreprise se fait dans les entreprises comptant au moins 50 salariés. Le CE rassemble une fois par mois l'employeur, qui en est le président, et des salariés élus.

a) Une fonction économique

Le CE a un rôle consultatif sur la gestion de l'entreprise, il est consulté sur l'emploi et les conditions de travail dans l'entreprise (exemple : durée du travail). L'employeur doit fournir au CE des informations (exemple : rapport d'activité de l'entreprise). Le CE doit de plus être informé et consulté préalablement à tout projet de restructuration ou de mesures risquant de modifier les conditions de travail ou d'emploi dans l'entreprise. Le CE fait des propositions pour améliorer les conditions de vie et de travail dans l'entreprise.

b) Une fonction sociale

Le CE assure une fonction sociale et contrôle la gestion des activités sociales et culturelles instituées dans l'entreprise au bénéfice des salariés et de leurs familles. Il gère certaines activités (exemples : bibliothèque, centres de vacances, clubs sportifs).

3. Les délégués syndicaux (DS)

Le délégué syndical, désigné par un syndicat, représente celui-ci auprès de l'employeur pour lui exprimer des revendications et défendre l'intérêt des membres du syndicat. Le délégué syndical peut également représenter un salarié devant le conseil de prud'hommes.

4. La délégation unique du personnel (DUP)

Pour alléger et simplifier la représentation du personnel dans les PME, toute entreprise de 50 à 200 salariés peut mettre en place « la délégation unique du personnel » qui, élue pour 2 ans, joue à la fois le rôle des délégués du personnel et celui du CE.

2 Les droits des IRP

1. Les moyens matériels

Les IRP disposent d'une liberté de déplacement dans ou hors l'entreprise dans le cadre d'un crédit d'heures par mois considéré comme temps de travail.
Le CE dispose d'une subvention de fonctionnement égale à 0,2 % de la masse salariale brute, d'une contribution de l'entreprise pour les activités sociales et culturelles et d'un local aménagé.

2. Le droit à l'information et à la consultation

Les représentants du personnel sont régulièrement informés, voire consultés, sur l'évolution de la marche de l'entreprise et des emplois.

3 La gestion prévisionnelle de l'emploi et des compétences (GPEC)

1. L'objectif

Le but est d'adopter une gestion anticipative et préventive des ressources humaines prenant en compte les contraintes de l'environnement et les choix stratégiques de l'entreprise.
Tous les 3 ans, les partenaires sociaux doivent se rencontrer dans tout établissement de 150 personnes ou tout groupe de plus de 300 salariés. Les négociations portent sur les modalités d'information et de consultation du comité d'entreprise, sur la stratégie de l'entreprise et ses effets prévisibles sur l'emploi et sur les salariés.
Les partenaires sociaux doivent mettre en place un dispositif de GPEC prévoyant des mesures de formation, de VAE, de bilan de compétences et d'accompagnement de la mobilité des salariés.

2. Le dispositif

Un volet détecte en amont les ajustements possibles relatifs à l'évolution des métiers, des emplois, des compétences, des effectifs. Un volet individuel prévoit le développement des capacités d'évolution et de l'employabilité de chaque salarié.

4 Le plan de sauvegarde de l'emploi

Le PSE tente de résoudre une situation conjoncturelle difficile que l'entreprise n'a pu anticiper. Il est destiné à éviter les licenciements ou à en limiter le nombre et à faciliter le reclassement du personnel.
L'employeur élabore un programme avec le CE ou les DP afin de déterminer les mesures de reclassement, l'échelonnement et l'ordre des licenciements.
Dans les entreprises de 50 salariés et plus, un plan de sauvegarde de l'emploi est obligatoire pour tout projet de licenciement économique visant 10 salariés ou plus sur une même période de 30 jours.
Dans les PME de moins de 50 salariés, tout projet de licenciement de 10 salariés ou plus nécessite la mise en œuvre de mesures destinées à éviter les licenciements envisagés ou à en limiter le nombre. L'employeur est tenu de réunir et consulter les DP.

8 LA RUPTURE DE LA RELATION DE TRAVAIL

→ **L'adaptation de l'emploi aux évolutions professionnelles peut se traduire par une rupture du contrat de travail. Dans ce cas, le législateur encadre la protection des salariés.**

1 Les cas de rupture de la relation de travail par l'employeur

1. Le licenciement pour motif économique

a) Définition

Ce licenciement est effectué par l'employeur pour un ou plusieurs motifs non inhérents à la personne du salarié, résultant d'une suppression ou d'une transformation d'emploi, d'une modification refusée par le salarié d'un élément essentiel du contrat de travail, consécutives notamment à des difficultés économiques ou à des mutations technologiques. La cause économique doit être réelle et sérieuse, mettant l'employeur dans l'impossibilité de conserver le salarié.

b) Les mesures protectrices

Le législateur impose aux employeurs d'adapter les salariés à l'évolution de leurs emplois et de les reclasser au sein de l'entreprise. S'il ne peut proposer de reclassement sérieux, l'employeur devra prouver cette impossibilité. À défaut, le licenciement sera considéré comme sans cause réelle et sérieuse.
En outre, un plan de sauvegarde de l'emploi (PSE) doit être établi dans les entreprises d'au moins 50 salariés lorsque l'effectif à licencier porte sur 10 salariés au moins sur 30 jours. Le PSE a pour but de limiter le nombre de licenciements et de reclasser les salariés concernés sur des postes équivalents.
La consultation des instances représentatives du personnel est prévue par la loi pour les licenciements importants en nombre. Des réunions sont prévues avec les DP, voire avec le CE.

2. Le licenciement pour motif personnel

a) Le licenciement pour faute

Il tient à la personne du salarié. Il doit être fondé sur un motif réel, c'est-à-dire objectif, les faits étant vérifiables, et sérieux, c'est-à-dire reposant sur des griefs suffisamment graves pour rendre impossible la poursuite du contrat. Il existe plusieurs degrés de gravité de la faute.

b) Le licenciement en l'absence de faute

L'employeur peut reprocher au salarié une insuffisance professionnelle ou de ses résultats. Ce reproche doit reposer sur des faits concrets, établis par l'employeur (exemple : manque d'efficacité dans l'atteinte des objectifs fixés).
Les faits allégués par l'employeur doivent être vérifiables pour éviter tout risque d'arbitraire.

2 La rupture de la relation de travail par le salarié

Le salarié peut décider de quitter son poste en donnant sa démission. Il doit manifester une volonté libre, sérieuse et sans équivoque de quitter définitivement son emploi. Il ne doit pas y avoir été contraint par un comportement fautif de l'employeur.

3 Les dispositifs de protection du salarié licencié

1. Le respect du contradictoire à travers l'énonciation de la cause

Le projet de licenciement doit donner lieu à l'envoi en recommandé d'une lettre de convocation à un entretien préalable. Cette lettre doit informer le salarié de la mesure que l'employeur envisage de prendre à son encontre. Elle doit mentionner l'objet, la date, l'heure et le lieu de l'entretien ainsi que la faculté de se faire assister par une personne appartenant au personnel de l'entreprise.
Lors de l'entretien préalable au licenciement, l'employeur indique au salarié les motifs précis justifiant la mesure qu'il envisage de prendre. Le salarié s'explique sur les faits et le débat est contradictoire.
L'employeur dont la décision est prise doit adresser au salarié la mesure de licenciement par lettre recommandée avec accusé de réception. La date de présentation de la lettre marque le point de départ du délai de préavis. La lettre doit contenir le ou les motifs du licenciement, car en cas de litige, les juges en apprécieront la portée.

2. Le délai de préavis

Le salarié licencié a le droit de bénéficier d'un délai de préavis sauf s'il a commis une faute grave ou lourde. Il s'agit de la période qui sépare la notification du licenciement de la cessation effective du travail. L'objectif est d'atténuer l'effet immédiat de la rupture. La durée du préavis dépend de l'ancienneté du salarié dans l'entreprise.

3. Le versement d'indemnités

Le salarié licencié, justifiant d'un an d'ancienneté et n'ayant pas commis de faute grave ou lourde, a le droit de bénéficier d'une indemnité de licenciement destinée à compenser son préjudice. Cette indemnité est la même qu'il s'agisse d'un licenciement pour motif personnel ou pour motif économique. Elle s'élève à 1/5 de salaire mensuel par année d'ancienneté. À partir de 10 ans d'ancienneté, elle est augmentée de 2/15 par année.
Le salarié doit en outre percevoir une indemnité compensatrice de congés payés, sauf en cas de licenciement pour faute lourde.

4 La protection supranationale du salarié

La relation de travail est aussi protégée aux niveaux international et communautaire. Elle l'est de plus en plus au niveau européen avec la mise en place progressive d'un droit social européen.

EXEMPLE

La convention de l'Organisation internationale du travail du 22 juin 1982 dispose que « tout licenciement doit être motivé ».

9 L'ÉVOLUTION DE LA RELATION DE TRAVAIL PAR LE DROIT NÉGOCIÉ

➔ Le droit du travail français évolue vers un droit négocié par les partenaires sociaux. Le législateur intervient pour lui donner force de loi. La négociation collective entre les représentants des employeurs et des salariés porte sur les conditions de travail, la formation professionnelle et les garanties sociales.

1 Les acteurs de la négociation collective

1. Les représentants des employeurs

Les employeurs peuvent participer aux négociations de façon isolée ou par l'intermédiaire de leurs groupements d'employeurs.

EXEMPLES

Le Mouvement des entreprises de France (MEDEF), la Confédération générale des petites et moyennes entreprises (CGPME).

2. Les représentants des salariés

a) Les syndicats représentatifs

Un syndicat est représentatif par son influence et son activité au profit d'un nombre significatif d'adhérents. Il se trouve le mieux placé pour représenter les intérêts des salariés et exprimer au mieux leurs aspirations. La loi du 20 août 2008 portant rénovation de la démocratie sociale a bouleversé la notion de représentativité syndicale.

Pour être représentatifs dans l'entreprise, les syndicats doivent satisfaire à sept critères de représentativité :
- respect des valeurs républicaines (exemple : garantie de la liberté d'opinion) ;
- indépendance vis-à-vis de l'employeur ;
- transparence financière ;
- ancienneté d'au moins 2 ans ;
- audience suffisante (au moins 10 % des suffrages exprimés au premier tour des élections professionnelles) ;
- influence caractérisée par l'activité et l'expérience ;
- effectifs suffisants d'adhérents et de cotisations.

b) Les prérogatives des syndicats représentatifs

Les syndicats représentatifs peuvent désigner un délégué syndical pour négocier au sein de l'entreprise. Ils peuvent conclure des conventions collectives, des accords d'intéressement et de participation, exercer des actions individuelles en justice, etc.

Dans les entreprises de plus de 1 000 salariés, ils bénéficient d'un local propre lorsqu'ils ont créé une section syndicale.

c) Le représentant de la section syndicale (RSS)

La loi de 2008 a créé ce nouvel interlocuteur dans l'entreprise dont la fonction est d'animer la section syndicale. Il s'agit de permettre aux syndicats n'ayant pas encore fait la preuve de leur représentativité d'être présents dans l'entreprise.

Un syndicat représentatif peut désigner un délégué syndical, tandis que celui qui ne l'est pas peut désigner un RSS. Il peut ainsi espérer obtenir aux élections professionnelles suivantes les résultats lui permettant d'être reconnu comme représentatif.

Le RSS bénéficie des mêmes prérogatives que le délégué syndical (liberté de déplacement, distribution de tracts, etc.).

d) Le cas des entreprises dépourvues de délégués syndicaux

Dans ce cas, l'employeur peut conclure des accords collectifs avec un représentant du personnel (membre élu du comité d'entreprise ou délégué du personnel) ou, à défaut, un salarié mandaté par une organisation syndicale.

2 L'objet des négociations

Les textes négociés peuvent contenir des dispositions plus favorables aux salariés que les lois et règlements. On distingue la convention collective conclue entre les partenaires sociaux, traitant de l'ensemble des conditions d'emploi, de travail et des garanties sociales, et l'accord collectif qui ne traite que d'un ou plusieurs sujets déterminés dans cet ensemble (exemple : accord salarial).

3 Les niveaux de négociation

1. La hiérarchie entre les niveaux

Chaque convention ou accord précise son champ d'application géographique, qui peut être national, régional ou départemental. Ces textes peuvent être conclus à trois niveaux.

a) Le niveau interprofessionnel

À ce niveau sont signés des accords nationaux interprofessionnels (ANI) visant à couvrir tous les secteurs d'activité et tous les emplois au niveau national, pour traiter des problèmes sociaux communs à tous les secteurs d'activité.

EXEMPLE

L'ANI de 2008 sur « la modernisation du marché du travail » introduit la rupture conventionnelle du contrat de travail, le CDD à objet défini, l'allongement de la période d'essai.

b) Le niveau de la branche

Il s'agit de conventions régissant les conditions de travail de tout un secteur d'activité (exemple : accord de branche de la chimie). Le Code du travail impose une négociation annuelle sur les salaires, une négociation triennale sur la formation, l'égalité professionnelle, la gestion de l'emploi et des compétences et le handicap, et une négociation quinquennale sur les classifications professionnelles.

c) Le niveau de l'entreprise, de l'établissement ou du groupe

Il s'agit d'adapter les règles du Code du travail aux spécificités de l'entreprise.

d) Le rôle des différents niveaux

Chaque niveau joue un rôle différent :

9 L'ÉVOLUTION DE LA RELATION DE TRAVAIL PAR LE DROIT NÉGOCIÉ (suite)

- les ANI assurent la cohérence d'ensemble des différents niveaux de négociation ;
- la branche joue un rôle structurant d'encadrement et d'impulsion de la négociation d'entreprise à travers l'existence de règles communes à la profession (exemples : salaires minima, classifications) ;
- la négociation d'entreprise permet la mise en œuvre des solutions tenant compte des caractéristiques et des besoins de chaque entreprise et de ses salariés.

2. Le principe de faveur

Selon ce principe fondamental, il est toujours possible de déroger à une règle hiérarchiquement supérieure, pourvu que ce soit dans un sens favorable aux salariés. Le but est de leur assurer une protection maximale. Une convention d'un rang hiérarchique inférieur peut améliorer les dispositions prévues par une convention d'un rang hiérarchique supérieur.
Le principe de faveur commande, en cas de conflits de normes, d'appliquer non la plus haute mais la plus avantageuse pour le salarié.

3. Les accords dérogatoires

Le principe de faveur, qui organise la relation entre les différents niveaux de normes conventionnelles, est de plus en plus remis en cause. Ainsi, il est possible de conclure des accords d'entreprise qui dérogent aux conventions et accords de niveau supérieur (exemple : accord de branche) même si cette dérogation est défavorable aux salariés, à moins que la convention supérieure ne l'interdise.

4 Les procédures d'adoption

1. Le principe majoritaire

Le principe majoritaire est introduit à tous les niveaux (entreprise, branche, interprofession) depuis le 1er janvier 2009.
Dans les entreprises pourvues de délégués syndicaux, tout accord collectif doit, pour être valide, avoir été signé par un ou des syndicats représentatifs ayant recueilli au moins 30 % des suffrages exprimés au premier tour des élections professionnelles, et ne pas faire l'objet de l'opposition de syndicats ayant recueilli une majorité de suffrages. Le principe majoritaire prend donc deux formes.

2. La majorité d'engagement

Une convention ou un accord ne peut entrer en vigueur que s'il est signé par une ou plusieurs organisations syndicales représentant la majorité des salariés.

3. La majorité d'opposition

Un accord est valable bien que signé par une seule organisation syndicale dès lors qu'il ne fait pas l'objet d'une opposition de la majorité des organisations syndicales représentatives dans le champ de l'accord ou d'organisations syndicales représentant la majorité des salariés.

5 Le rôle grandissant de la négociation collective

1. L'enjeu principal

Le droit négocié par les partenaires sociaux se développe car il est plus adapté aux relations sociales et aux particularités et contraintes des entreprises. La négociation collective permet d'adapter les règles du Code du travail aux réalités des entreprises dès lors qu'elle tient compte des spécificités de chaque secteur concerné.
Chaque branche ou entreprise a des besoins spécifiques, ce qui ne permet pas l'application d'un droit du travail rigide commun à toutes les entreprises. Donc, si la loi prévoit un minimum applicable à tous les salariés, la négociation collective en permet des aménagements par branches, acteurs ou entreprises.

2. L'intervention de l'État

Deux procédures permettent d'améliorer les conditions de travail de tous les salariés, à partir des acquis sociaux d'une entreprise ou d'une branche déterminée. L'État intervient en effet pour donner force de loi à des textes élaborés par les partenaires sociaux.

a) L'extension

Le ministre du Travail peut décider d'appliquer des conventions à des entreprises non signataires à l'origine qui en deviennent alors bénéficiaires. Il donne ainsi force de loi à des textes élaborés par les partenaires sociaux, au niveau d'une entreprise ou d'une branche, pour améliorer les conditions de travail de tous les salariés. La procédure d'extension, décidée par le ministre du Travail, rend l'accord négocié et conclu applicable à tous les employeurs d'une profession ou d'une région.

b) L'élargissement

La procédure d'élargissement, décidée par le ministre du Travail, rend le texte applicable à des entreprises d'un secteur territorial ou professionnel différent.

3. Les conséquences

a) La diffusion d'avancées sociales

La négociation collective contribue à des avancées sociales en accordant des avantages à des salariés qui se diffusent dans d'autres branches et finissent par être entérinés par le législateur. Elle permet de pallier les lenteurs et rigidités de la loi.

b) Les risques du droit négocié

La tendance du droit légal à céder le pas au droit négocié présente des risques compte tenu de la faible présence des syndicats dans les entreprises et de la recherche constante de flexibilité de celles-ci.
Un phénomène de flexicurité (contraction de « flexibilité » et « sécurité ») se développe qui est censé allier la flexibilité des entreprises à la sécurité des salariés. Les contenus qui y sont liés sont de plus en plus négociés par les employeurs et les salariés (exemple : la durée du travail).

10 LE CHOIX D'UNE STRUCTURE JURIDIQUE

La création d'une organisation nécessite de lui donner une structure juridique afin de lui permettre d'effectuer des opérations juridiques.

1 Les organisations à finalité lucrative

1. L'entreprise individuelle

C'est une entreprise qui se constitue sans création d'une structure juridique dotée de la personnalité morale. Elle n'existe pas indépendamment de la personne physique qui la possède, c'est-à-dire de l'entrepreneur individuel. Ne pouvant agir en son nom propre, elle n'est pas sujet de droit. Elle est adaptée si les risques sont peu importants et les investissements limités.

Le patrimoine de l'entreprise individuelle se confond avec celui de l'entrepreneur. En vertu du principe de l'unicité du patrimoine, c'est sur l'entrepreneur et sur son patrimoine que repose la responsabilité de sa gestion. L'entrepreneur agit en son nom propre et engage l'ensemble de ses biens. Il est indéfiniment responsable des dettes sociales sur l'ensemble de son patrimoine, même s'il a la possibilité de protéger son habitation principale des poursuites de créanciers.

L'entreprise individuelle offre une grande simplicité de constitution (formalités simples et peu coûteuses par une simple inscription au registre du commerce et des sociétés), de fonctionnement et de liberté d'action du chef d'entreprise.

L'entreprise individuelle est donc une structure adaptée aux petites entreprises mais elle devient inadaptée lorsque celles-ci se développent.

2. Les sociétés

L'entreprise sociétaire, ou société, est une personne morale créée par un contrat (les statuts) entre plusieurs personnes (les associés), dont elle se distingue.

a) Les sociétés de capitaux

Ces sociétés, comme la société anonyme (SA), sont constituées en considération des capitaux apportés sous forme d'actions qui sont, en principe, librement négociables. Les associés ne sont pas commerçants et répondent des pertes sociales dans la limite de leurs apports.

La SA est la forme idéale pour les projets nécessitant des capitaux importants. Elle réunit des associés qui peuvent être très nombreux et ne se connaissent pas nécessairement. Ceux-ci sont responsables à la hauteur de leurs apports et peuvent, en principe, vendre librement leurs actions.

b) Les sociétés de personnes

Dans ces sociétés, comme la société en nom collectif (SNC), la personnalité des associés est essentielle : elles reposent sur un fort *intuitu personae*. Les associés y répondent personnellement des dettes d'exploitation en cas de défaillance de la société. Leur responsabilité est indéfinie et solidaire : chaque associé est tenu de la totalité des dettes non payées par la société.

c) Les sociétés hybrides

Dans ces sociétés, comme la société à responsabilité limitée (SARL), il existe un certain *intuitu personae*. La cession de parts n'est pas libre, mais la responsabilité des associés est limitée à leurs apports.

3. Les sociétés coopératives

Ces groupements à objet civil ou commercial ont un but lucratif. Ils permettent de diminuer les frais généraux en mettant en commun certains moyens de production ou les coûts à l'achat par rapport au circuit commercial traditionnel.

Mais les coopératives ne partagent pas les bénéfices. Le personnel est associé au capital et à la prise de décision. Le principe est celui d'une voix par associé.

2 Les organisations à finalité non lucrative

Il s'agit des associations, groupements réunissant plusieurs personnes qui poursuivent un but non lucratif, à vocation sociale, culturelle, sportive, humanitaire, etc. La personne morale fonctionne grâce à l'activité de ses membres, aux cotisations qu'ils acquittent et éventuellement à des aides externes.

Les adhérents ne se distribuent pas de bénéfices. Toutefois, la gestion commune de leurs projets permet parfois de réaliser des économies.

3 La frontière étroite entre organisations à but lucratif et à but non lucratif

1. Une classification incertaine

Des personnes morales aux objets différents sont actuellement regroupées dans la catégorie unique des sociétés. Or les unes tendent au partage des bénéfices et les autres à la simple réalisation d'économies. La recherche d'économies est donc le domaine commun à l'association et à la société. Les associations peuvent aussi exercer des activités qui relèvent traditionnellement du secteur commercial, et donc du monde des entreprises.

EXEMPLES

Une clinique, une maison de retraite, un club de sport peuvent être exploités aussi bien par une société que par une association.

Certaines associations réalisent un chiffre d'affaires considérable et emploient des centaines de salariés.

Elles se différencient des sociétés par la « philosophie » de leurs membres. Une association peut donc être redevable de la TVA et de l'impôt sur les sociétés.

2. Le groupement d'intérêt économique (GIE)

Sa finalité est d'améliorer les conditions de fonctionnement des entreprises qui le créent en mettant des moyens en commun.

Un GIE doit permettre à ses membres de faire des économies sans avoir pour finalité de leur redistribuer des bénéfices.

11 LES CRITÈRES DE CHOIX D'UNE STRUCTURE

Le choix d'une structure juridique dépend des motivations du créateur de l'organisation.

1 Le choix de la structure en fonction des motivations patrimoniales et matrimoniales

1. Le patrimoine de l'entrepreneur individuel

L'entreprise et l'entrepreneur sont confondus : profit et responsabilité sont liés à la personne de l'entrepreneur qui doit accepter de prendre des risques puisqu'il engage son patrimoine afin de garantir ses dettes professionnelles. Le législateur, conscient des problèmes posés à l'entrepreneur individuel, a tempéré le principe de l'engagement sans limite de l'entrepreneur individuel : les lois de 1994, 2003 et 2008 permettent à l'entrepreneur de «protéger» ses biens personnels des créanciers.

2. Le patrimoine des associés

En principe, les sociétés commerciales de capitaux (SA, SAS) et la SARL ou l'EURL sont des structures qui permettent aux associés de n'engager leur patrimoine qu'à hauteur de leurs apports. Cependant, les banquiers demandent généralement une garantie sur les biens personnels des associés pour l'octroi d'un prêt. Cette pratique amoindrit la portée du principe.

3. La protection des biens du couple

a) Le régime de la communauté réduite aux acquêts

Ce régime est celui des personnes qui se marient sans passer de contrat devant le notaire. Les biens acquis à titre onéreux pendant le mariage, les «acquêts», sont communs aux époux et sont donc engagés dans le cadre de l'activité professionnelle. Cette règle n'est pas valable pour les biens propres à chacun des époux (biens acquis avant le mariage).

Ce régime matrimonial est déconseillé à ceux qui veulent entreprendre seuls ou dans le cadre d'une société de personnes entraînant la responsabilité illimitée des associés.

b) Le régime de la séparation de biens

Ce régime est le plus adapté à la vie des affaires car il aboutit à dissocier les biens de chacun des époux : tout ce qui a été acquis par chacun, avant et pendant le mariage, lui appartient personnellement et ne peut donner lieu à saisie du fait d'une difficulté d'exploitation de l'autre membre du couple.

Le PACS (pacte civil de solidarité) aboutit aux dispositions de ce dernier régime.

2 Le choix de la structure en fonction des motivations sociales et fiscales

1. La motivation sociale

Le créateur d'entreprise peut choisir d'avoir le statut de salarié en dirigeant une société de capitaux ou en étant gérant non majoritaire d'une SARL. Il bénéficie alors des assurances sociales (maladie, maternité, accidents du travail, vieillesse) mais ne bénéficie pas de l'assurance-chômage.

Il peut à l'inverse choisir le statut de travailleur indépendant s'il exploite une entreprise individuelle, s'il est gérant associé d'une SNC ou d'une EURL, ou s'il est gérant associé majoritaire d'une SARL. Il ne bénéficie alors pas du régime général de la Sécurité sociale mais d'un régime social spécifique. Il doit cotiser à des caisses d'assurance complémentaires s'il veut obtenir un statut social satisfaisant.

Ce critère de choix n'est plus décisif car les différences entre les statuts se sont estompées : le coût des cotisations sociales est proche de celui des assurances acquittées par les travailleurs indépendants.

2. La motivation fiscale

L'activité professionnelle génère des profits donnant lieu à des prélèvements fiscaux. Le choix se fait entre l'imposition de la personne *via* l'impôt sur le revenu (IR) ou celle de la structure *via* l'impôt sur les sociétés (IS). L'IR vise les bénéfices réalisés selon un barème progressif, dont la tranche supérieure est actuellement fixée à 40 %. L'IS représente un prélèvement proportionnel, à hauteur de 33,33 % des bénéfices.

Il n'existe pas d'arbitrage idéal entre ces deux options car chacun doit intégrer divers paramètres : profits attendus de l'entreprise, situation personnelle et familiale.

3 Les motivations liées à l'organisation de l'entreprise

1. Le fonctionnement de l'entreprise

Le créateur optant pour les sociétés de capitaux et la SARL dispose d'un pouvoir à la hauteur de son engagement financier et des risques qu'il assume. Lors des assemblées générales, chaque associé détient une quantité de droits de vote à proportion de ses apports à la constitution du capital.

Dans les sociétés de personnes comme la SNC, la prééminence de l'*intuitu personae* entraîne la règle de l'unanimité lors des votes en assemblée générale.

Les statuts laissent de la liberté aux associés pour aménager l'organisation de leurs pouvoirs dans la société. La loi permet ainsi aux SAS de choisir librement la répartition des pouvoirs ou leur concentration entre les mains d'un seul dirigeant.

2. Le financement de l'entreprise

Certaines SA « rassurent » les banques en raison de l'importance de leurs capitaux propres ; elles obtiennent des crédits. À l'inverse, les petites entreprises, individuelles ou sociétaires, semblent plus fragiles et sont donc plus limitées dans la réalisation de leurs objectifs.

12 L'ÉVOLUTION DE LA STRUCTURE JURIDIQUE DES ORGANISATIONS

L'objectif des organisations est généralement de croître tout en limitant les risques liés à l'activité économique et en trouvant de nouveaux partenaires. Des préoccupations patrimoniales, financières ou stratégiques sont généralement à l'origine de l'évolution de leur structure juridique.

1 Le processus d'évolution des organisations

1. La recherche de la croissance

Toute entreprise, quelle que soit sa taille, est un jour ou l'autre tentée par le développement de son chiffre d'affaires et l'augmentation de ses parts de marché. Les stratégies de croissance des organisations peuvent prendre la forme de la croissance interne ou celle de la croissance externe.
En optant pour la croissance interne, l'entreprise souhaitant rester indépendante s'autofinance progressivement pour rester maîtresse de son évolution. Elle développe ses propres moyens de production. L'entreprise individuelle peut aussi, en cas de besoin, changer sa structure juridique si son intention est de s'étendre sur le marché.
Une entreprise qui fait le choix de la croissance externe prend le contrôle d'autres organisations ou se regroupe avec d'autres structures par le mécanisme de la fusion.

2. Les différentes préoccupations

a) Les préoccupations patrimoniales

Afin d'éviter la confusion entre son entreprise et lui, l'entrepreneur individuel peut souhaiter changer de structure juridique. Il peut adopter le statut de sociétaire ou bien d'associé dans une société de capitaux afin de protéger son patrimoine personnel des risques de son entreprise. Il en est de même pour les associés d'une société qui doivent fournir des garanties sur leurs biens personnels afin d'obtenir des crédits.
La transmission de l'entreprise individuelle à ses enfants est une autre préoccupation patrimoniale. L'adoption du statut de société peut faciliter l'opération. En effet, la cession ou la transmission des parts peut se faire totalement ou partiellement, à une ou à plusieurs personnes de son choix, sauf si une procédure d'agrément est prévue par les statuts (exemples : accord unanime des autres associés dans une SNC, approbation de la majorité des associés représentant les 3/4 du capital dans une SARL).

b) Les préoccupations financières

Pour se développer, l'entreprise a besoin de moyens importants. Or l'accès à des modes de financement conséquents est réservé à certaines structures.

EXEMPLE
L'introduction en Bourse est seulement possible pour des sociétés de capitaux importantes.

c) Les préoccupations stratégiques

Le droit prévoit de nombreux moyens pour accompagner les structures qui souhaitent opter pour des stratégies de croissance.

EXEMPLES
Techniques de filialisation, de prise de contrôle, de fusion.

2 Les modifications de la structure juridique

L'apport en société de l'entreprise individuelle et la modification de la forme sociale servent aussi la croissance de l'activité économique de l'organisation.

1. L'apport en société de l'entreprise individuelle

L'entrepreneur individuel qui veut faire grandir son entreprise doit adopter le statut de société. Pour cela, il peut apporter son fonds de commerce à la constitution du capital de la société à naître, qu'elle soit unipersonnelle s'il veut en garder le total contrôle, ou pluripersonnelle s'il s'associe à d'autres personnes. Son pouvoir dépendra de la valeur de son apport dans le capital.

2. La modification de la forme sociale

a) Le passage de l'EURL à la SARL

Une EURL (entreprise unipersonnelle à responsabilité limitée) est créée par un associé unique pour exploiter seul son activité. Mais cette structure peut être un frein à la croissance recherchée car la limitation de la responsabilité rend difficile l'obtention de financement : les banques demandent des garanties et des cautions personnelles. Si cette structure est bien adaptée pour l'entrepreneur individuel qui veut être seul maître à bord, il peut arriver que l'associé unique souhaite faire entrer d'autres personnes dans sa société en vue d'un développement ultérieur. Les nouveaux associés pourront en effet apporter des compétences nouvelles et/ou une augmentation de capital en vue de la croissance recherchée.
L'EURL n'étant pas une forme juridique à part entière, puisqu'elle est en fait une SARL constituée d'un seul associé, le passage en SARL se fait sans aucune formalité, par le simple fait de céder des parts sociales à une autre personne.

b) L'évolution de la SARL vers les sociétés de capitaux

Pour mener des projets d'envergure, le choix peut s'orienter vers les sociétés de capitaux : société anonyme (SA), société par actions simplifiée (SAS). Leurs structures évolutives facilitent les partenariats et apportent de la crédibilité vis-à-vis des partenaires (banquiers, clients, fournisseurs).
Ainsi, lorsque la SARL est en plein développement et qu'elle a besoin de capitaux importants, il peut s'avérer judicieux de la transformer en SA. En effet, la SA dispose d'une grande souplesse de financement puisqu'elle peut faire appel public à l'épargne et émettre divers titres sur le marché.
Lorsque la SARL compte plus de 100 associés, elle doit se transformer en SA dans un délai de 2 ans, à moins que le nombre d'associés ne redevienne inférieur ou égal à 100.

13 LA PRÉVENTION ET LE TRAITEMENT DES DIFFICULTÉS DE L'ENTREPRISE

L'entreprise peut connaître des difficultés. La prévention est privilégiée par le droit. Le législateur se fixe trois objectifs : le redressement de l'entreprise, le maintien de l'emploi et le paiement des créanciers.

1 L'évolution du droit de l'entreprise en difficulté

La question de la pérennité de l'entreprise n'a pas toujours été appréhendée de la même façon par le droit. Jusqu'en 1985, le droit était caractérisé par la volonté de punir le chef d'entreprise qui avait failli et qui devait être destitué du droit d'administrer ses biens. Le droit des faillites a évolué vers la volonté d'appréhender le plus tôt possible les difficultés de l'entreprise et de préserver ses chances de survie pour défendre les intérêts des créanciers, des salariés, des associés, de l'entrepreneur, voire de la société elle-même.
La loi de sauvegarde des entreprises du 26 juillet 2005 vise le traitement en amont des difficultés des entreprises et encourage les dirigeants à s'adresser rapidement aux tribunaux.

2 La prévention des difficultés

La détection précoce des difficultés et les solutions de sauvetage de l'entreprise facilitent le recours à la justice pour des chefs d'entreprise réticents à la saisir.

1. L'obligation de publier les comptes

La détection des difficultés suppose une transparence de l'information assurée par l'obligation de publier les comptes. C'est pourquoi les sociétés commerciales doivent déposer leurs comptes annuels, le rapport de gestion et le rapport des commissaires aux comptes au greffe du tribunal de commerce. Ils disposent d'un délai de 1 mois après l'approbation par l'assemblée générale.

2. Le droit et le devoir d'alerte

Le comité d'entreprise, les associés et le président du tribunal de commerce peuvent déclencher l'alerte afin d'attirer l'attention du chef d'entreprise. Pour le commissaire aux comptes, il s'agit d'un devoir.

3. La procédure contractuelle de conciliation

La conciliation, limitée en principe à 4 mois, permet au dirigeant de diriger et maîtriser la procédure. Aucun créancier ne peut demander l'ouverture d'une procédure de redressement ou de liquidation judiciaire, ni le président du tribunal se saisir d'office. Le dirigeant peut proposer au tribunal le nom d'un conciliateur dont la mission sera de favoriser la conclusion d'un accord amiable entre les créanciers et le débiteur pour le paiement de ses dettes.

3 Le traitement des difficultés

Le droit des entreprises en difficulté propose d'une part des procédures choisies par le chef d'entreprise et d'autre part des procédures subies.

1. Les procédures

a) La sauvegarde

Toute entreprise qui justifie de difficultés qu'elle n'est pas en mesure de surmonter peut être placée sous sauvegarde.
La procédure est déclenchée à l'initiative du chef d'entreprise. Elle lui permet de bénéficier de mesures prononcées par le juge qui s'imposent aux créanciers (exemples : arrêt des poursuites individuelles, suspension des échéances des dettes).
La procédure débute par une période d'observation de l'entreprise permettant de dresser l'inventaire de son patrimoine. Un plan de sauvegarde est ensuite arrêté par le tribunal, qui prévoit les mesures nécessaires au rétablissement de l'entreprise (exemples : délais de paiement, remises de dettes).

b) Le redressement judiciaire

La procédure de redressement judiciaire doit être mise en œuvre par toute entreprise en situation de cessation de paiements, c'est-à-dire qui ne peut pas faire face au passif exigible avec l'actif disponible. Elle permet la poursuite de l'activité de l'entreprise, avec désignation d'un ou de plusieurs administrateurs pour assister le dirigeant, le maintien de l'emploi et l'apurement du passif. Elle donne lieu à un plan de redressement arrêté par jugement à l'issue d'une période d'observation.

c) La liquidation judiciaire

En cas d'échec des tentatives de sauvetage, l'entreprise est conduite à la liquidation judiciaire. Cette procédure concerne les entreprises en cessation de paiements et dont le redressement est manifestement impossible. Il s'agit de mettre fin à l'activité de l'entreprise ou de vendre tous ses biens afin de rembourser les créanciers dans la mesure du possible.

2. Les critères de choix d'une procédure

Le choix d'une procédure dépend de différents critères :
- le niveau de difficultés atteint par l'entreprise (cessation de paiements ou pas) ;
- la confidentialité de la procédure : si un accord amiable est homologué, et donc révélé au public, il peut freiner le dirigeant dans ses relations avec les tiers. Mais certains créanciers, dont les banques, peuvent préférer cette solution en raison de la sécurité juridique que leur procure l'homologation ;
- les effets de la procédure sur la gestion du chef d'entreprise : poursuite de la gestion, désignation d'un administrateur ou remplacement par un liquidateur ;
- le rôle des créanciers : recours en revendication de biens, accords possibles pour échelonner les paiements ;
- le maintien de l'emploi : licenciements ou non ;
- l'aspect contractuel ou judiciaire : accord amiable ou jugement ;
- les risques de sanction en cas d'actes graves des dirigeants ayant conduit aux difficultés de l'entreprise.

14 LA PROTECTION DES CRÉANCIERS DE L'ENTREPRISE EN DIFFICULTÉ

Le droit des entreprises en difficulté est marqué par la nécessité d'arbitrages entre des intérêts contradictoires. Véritables acteurs des procédures s'appliquant aux entreprises en difficulté, les différents créanciers possèdent des droits, dont celui du paiement de leurs créances.

1 Les objectifs de la protection des créanciers

1. Le maintien de l'emploi

L'objectif principal du législateur en 2005 a été de renforcer les chances effectives de sauvetage de l'entreprise en favorisant l'anticipation des difficultés et leur résolution par la négociation. Il s'agit de pérenniser l'entreprise et de maintenir les emplois des salariés dans le cas des procédures de sauvegarde, de redressement et de liquidation.

2. Le règlement des dettes

Le paiement des créances est un des objectifs du traitement des difficultés de l'entreprise. La négociation et la finalisation d'accords avec les créanciers, en vue de l'obtention de remises de dettes, sont au cœur des procédures. Le paiement du passif s'effectue en fonction des actifs restant pour régler les dettes.

2 La distinction entre les créanciers

Tous les créanciers ne sont pas traités de la même façon.

1. Les créanciers superprivilégiés

Les salariés sont des créanciers particuliers du fait du caractère alimentaire de leur créance. La rémunération qui leur est due au titre des 60 derniers jours de travail qui précèdent le jugement d'ouverture bénéficie d'un superprivilège. C'est une créance prioritaire, qu'il s'agisse d'une procédure de sauvegarde, de redressement ou de liquidation judiciaires.
Si les fonds appartenant à l'entreprise en difficulté en permettent le paiement, les salariés doivent être payés dans les 10 jours suivant le jugement d'ouverture. Si les fonds sont insuffisants, les salaires sont pris en charge par l'Association pour la gestion du régime de garantie des créances des salariés (AGS). L'AGS devient créancier de l'entreprise et prend la place du salarié dont elle a avancé les créances pour récupérer les sommes avancées.

2. Les créanciers privilégiés

Il s'agit des créanciers qui peuvent, en vertu de la loi, obtenir le recouvrement de leur créance avant les autres. Le Trésor public et les organismes sociaux font partie des créanciers privilégiés car ils sont porteurs des créances de la collectivité. Leur paiement doit donc être prioritaire (exemple : les frais de justice).

3. Les créanciers chirographaires

Ce sont des créanciers simples, sans privilège, ni garantie, ne bénéficiant donc d'aucune priorité de paiement (exemple : les fournisseurs).

a) Les créanciers antérieurs à la procédure collective

Le jugement ouvrant la procédure interdit de payer toute créance née antérieurement. Il arrête les poursuites judiciaires engagées par les créanciers pour obtenir le paiement de leurs créances. En outre, les créances nées antérieurement au jugement d'ouverture et non encore payées ne peuvent pas produire d'intérêts.

b) Les créanciers postérieurs à la procédure collective

Les créanciers qui, avertis des difficultés de l'entreprise en situation de sauvegarde ou de redressement, continuent de travailler avec elle ont des avantages et bénéficient de garanties de paiement accrues.

EXEMPLE

Un fournisseur qui continue de livrer un client en cessation de paiements, lui permet de poursuivre sa production et contribue à favoriser son redressement.

Ces créanciers postérieurs bénéficient ainsi d'un traitement de faveur dans la mesure où leurs créances doivent être payées à leur échéance tandis que le paiement de toutes les autres créances nées avant le jugement d'ouverture de la procédure est suspendu jusqu'à la décision finale du tribunal.
Devenant créanciers privilégiés, ils disposent d'une priorité de paiement sur la majorité des créanciers antérieurs. Ainsi, si l'entreprise connaît une aggravation de ses difficultés rendant impossible le recouvrement de la créance à la date prévue, le créancier bénéficie d'un privilège, à mettre en œuvre le jour du règlement définitif de la situation.

3 Le sort des créanciers

1. Dans le cas de la continuation de l'entreprise

Le tribunal peut décider d'un plan de continuation ou d'un plan de redressement en prenant des mesures sur le long terme, 10 ans au maximum. Il donne ainsi des chances de survie à l'entreprise en difficulté.

EXEMPLES

Échelonnement des échéances ; effacement de dettes.

Les créanciers sont consultés avant l'adoption définitive des mesures, par l'intermédiaire d'un administrateur qui négocie directement avec les créanciers pour les PME ou avec des comités représentant les créanciers dans les grandes entreprises.

2. Dans le cas de la liquidation de l'entreprise

Il y a vente, de gré à gré ou aux enchères, de tous les éléments de l'actif de l'entreprise pour apurer son passif. Un liquidateur répartit les fonds issus de la cession des actifs entre les différents créanciers, en tenant compte de l'ordre de paiement prévu par le droit : d'abord les titulaires d'une créance privilégiée, ensuite les créanciers chirographaires, qui se partagent le reliquat en fonction des montants respectifs de leur créance.
Enfin, le tribunal constate la clôture de la liquidation et, le cas échéant, l'insuffisance d'actif.

15 LA CONCLUSION DES CONTRATS ENTRE PROFESSIONNELS

Le contrat est un outil juridique essentiel dans la circulation des richesses. Il représente un élément de stabilité des relations mises en place par les entreprises dans leur activité économique. Il permet l'adaptation au contexte économique, notamment international, et sécurise les transactions entre les parties.

1 La formation des contrats

1. Le contrat

a) La place du contrat

Les actes juridiques sont des manifestations de volonté d'une ou de plusieurs personnes ayant pour objectif de produire des effets de droit. La convention est un acte juridique car cet accord entre deux ou plusieurs personnes produit des effets de droit.

Le contrat est une convention entre deux ou plusieurs personnes ayant pour but de faire naître des obligations. En pratique, le terme «contrat» désigne plutôt le document et la «convention» le contenu du contrat, c'est-à-dire ce à quoi les signataires se sont engagés.

b) Le rôle du contrat entre professionnels

Pour l'entreprise, le contrat est le mode d'organisation de ses rapports avec tous ses partenaires. Par cette convention, elle s'oblige envers une ou plusieurs autres entreprises à donner (transférer la propriété), à faire ou à ne pas faire quelque chose (exemples : s'équiper, approvisionner).

2. Les conditions de validité des contrats

a) Le consentement

Le consentement doit être libre et non vicié. Les vices du consentement sont :
- l'erreur : croyance fausse au sujet d'un élément du contrat;
- le dol : manœuvre frauduleuse destinée à tromper une personne pour l'amener à contracter;
- la violence : contrainte physique ou morale.

b) La capacité des parties

Les parties doivent être capables pour conclure un contrat. La capacité comprend :
- la capacité de jouissance qui consiste en l'aptitude à être titulaire de droits (exemple : droit de propriété);
- la capacité d'exercice qui est l'aptitude à exercer ces droits (exemple : vendre son bien).

Sont considérées comme incapables les personnes qui sont dans l'incapacité de passer des contrats ou ne peuvent être commerçants en raison de leur jeune âge (moins de 18 ans) ou de l'altération de leurs facultés personnelles. Toutes ces personnes ont interdiction soit d'exercer temporairement le commerce, soit de diriger une société (exemples : personne condamnée à une sanction pénale pour crime, délit ; fraude entraînant la liquidation d'une entreprise).

c) L'objet

L'objet du contrat est l'opération juridique voulue par les parties. Il doit exister, être certain, c'est-à-dire déterminé et déterminable, possible et licite, c'est-à-dire conforme à la loi et aux bonnes mœurs.

d) La cause

La cause est la raison qui a poussé les contractants à s'engager. Elle doit exister et être licite.

3. La portée des engagements contractuels

Le contrat a force de loi entre les parties, c'est-à-dire qu'il s'impose à elles comme la loi s'impose aux citoyens. La force obligatoire du contrat et le respect de la parole donnée sont indispensables pour sécuriser le commerce. Le contrat n'a d'effet qu'entre les parties. Sauf exceptions, il n'engage pas les tiers, qui, cependant, ne peuvent pas totalement ignorer son existence.

2 Les particularités des contrats professionnels

1. L'équilibre des obligations

Le contrat doit être exécuté de bonne foi, ce qui se traduit entre professionnels par l'obligation de loyauté réciproque. La déloyauté consiste, par exemple, à ne pas avertir l'autre partie alors qu'on a décidé de rompre.

Les contrats types favorisent l'équilibre des prestations et aident à l'égalité des parties en standardisant les relations juridiques car ils sont totalement ou partiellement élaborés avant la négociation.

2. La volonté des parties en cas de rapport déséquilibré

La liberté de négociation en matière contractuelle est souvent illusoire en raison des déséquilibres du rapport de force entre les parties. En effet, les contractants professionnels sont réputés avoir négocié librement les conditions de leur accord ; mais en pratique, tout dépend de la position du client et des intérêts financiers en jeu.

En cas de litige, il convient de se demander si les parties ont voulu l'accord conclu et si elles étaient aptes à le vouloir. Il faut ensuite s'interroger sur le contenu du contrat en recherchant ce que les parties ont voulu et pourquoi elles l'ont voulu. Il s'agit ainsi de rétablir entre les parties l'égalité trop souvent rompue par la supériorité technique ou économique de l'une d'elles.

Le contenu des contrats doit être recherché dans ce que les parties ont voulu plus que dans la lettre du contrat. Les parties ne doivent pas faire preuve de malice en se retranchant derrière une application à la lettre de la convention ou au contraire en profitant des lacunes du contrat.

3. La détermination du prix

Le prix se définit comme la somme d'argent que l'un des contractants doit payer à l'autre en contrepartie d'un bien ou d'un service. Le prix de la vente doit être déterminé et désigné par les parties. À défaut le contrat n'existe pas.

Aucune des parties ne devant être soumise à l'arbitraire de l'autre, le prix, même s'il n'est pas fixé le jour du contrat, doit être déterminable et dépendre d'éléments objectifs.

16 LA NÉGOCIATION D'ACCORDS ENTRE PROFESSIONNELS

La conclusion d'un contrat est souvent précédée d'une longue période de négociation ponctuée d'accords préparatoires. Les professionnels peuvent se faire représenter pendant cette période en utilisant la technique de la représentation juridique.

1 La période précontractuelle

Cette période se caractérise par la liberté d'aller jusqu'au contrat ou d'y renoncer. Un contrat entre professionnels met souvent en jeu des intérêts considérables et ne se signe pas sur un coup de tête. Au contraire, il est la plupart du temps précédé d'une longue période de négociation qui est ponctuée de nombreux actes préparatoires.

1. Les pourparlers

Ils représentent la phase préliminaire de discussion durant laquelle les clauses du contrat envisagé sont étudiées. Les parties ne sont pas encore engagées et sont encore libres de se dédire.

Les pourparlers peuvent se terminer à l'amiable ou donner lieu à un contentieux. Le cas échéant, celui qui a commis une faute dans la rupture des pourparlers est obligé de la réparer.

2. La promesse unilatérale de contrat

Il s'agit de la convention par laquelle une personne, le promettant, consent à une autre personne, le bénéficiaire, la faculté d'acheter ou de vendre un bien à un prix déterminé ou déterminable.

Le promettant s'engage à conclure le contrat envers le bénéficiaire à des conditions prédéterminées, notamment le prix.

Le bénéficiaire accepte les termes de l'offre qui lui est faite sans être encore engagé à signer le contrat. Il dispose d'un délai, qui correspond à la durée de la promesse, pour se décider et faire connaître sa décision à son cocontractant.

EXEMPLE

Dans le cadre d'une promesse unilatérale de vente, le vendeur s'engage à vendre un bien au bénéficiaire de la promesse. Il s'interdit de proposer le bien à la vente à toute autre personne pendant le délai de la promesse.

Le bénéficiaire jouit d'un droit d'option :
- soit il signe le contrat et il lève l'option selon les termes prévus dans la promesse ;
- soit il y renonce. Il est généralement prévu à sa charge le versement au promettant d'une somme, l'indemnisation d'immobilisation, en contrepartie du fait que l'objet de la promesse est bloqué pendant un certain temps.

3. L'avant-contrat

Avant de signer le contrat définitif, les parties peuvent conclure un avant-contrat temporaire qui détermine avec précision les conditions dans lesquelles se réalisera le contrat définitif.

L'avant-contrat peut prendre la forme d'un pacte de préférence avec la promesse faite par l'une des parties à une autre qui l'accepte, de lui proposer en priorité la conclusion d'un contrat lorsque l'autre sera décidée à conclure.

EXEMPLE

Dans le contrat de vente, l'une des parties s'engage à acheter un bien dès que sa demande de financement aura été accordée par l'organisme de crédit.

Cet accord contient généralement une clause relative au secret et à la confidentialité, qui interdit la divulgation des informations sensibles échangées en cours de négociation. Il peut contenir aussi des clauses spécifiques aux négociations, comme une clause d'exclusivité qui interdit la conduite de négociation parallèle avec un tiers, ou une clause d'agrément qui interdit de transmettre le bénéfice du projet de contrat à un tiers sans l'autorisation du partenaire. Il peut s'agir enfin d'une clause pénale qui fixe le montant forfaitaire des pénalités dues en cas de manquement à l'une des clauses de cet avant-contrat.

2 Le mécanisme de la représentation

Les professionnels peuvent conclure directement des contrats ou bien se faire représenter. Les relations contractuelles entre professionnels conduisent ainsi à différencier la personne juridique qui s'engage et le signataire du contrat, ce que permet la technique de la représentation juridique.

1. Le pouvoir de représentation

Généralement, les professionnels négocient eux-mêmes leurs contrats ; toutefois, il leur arrive de faire intervenir un intermédiaire qui peut les représenter lors de la négociation du contrat.

L'origine du pouvoir du représentant peut être légale.

EXEMPLE

Le directeur général d'une société anonyme représente celle-ci dans ses rapports avec les tiers.

La représentation peut trouver aussi son origine dans un contrat, *via* la technique du mandat. Il s'agit d'un acte par lequel une personne, le mandant, donne à une autre, le mandataire, le pouvoir de faire quelque chose pour le mandant et en son nom.

Le mandant donne au mandataire les moyens d'exécuter sa mission et le rémunère sous forme d'honoraires. Il est ensuite engagé comme s'il avait traité lui-même avec les tiers qui signent avec le mandataire.

2. La prise de qualité du représentant

En signant le contrat, le représentant agit au nom du représenté. Il fait donc connaître à son cocontractant sa qualité d'intermédiaire. À ce titre, il doit exécuter la mission qui lui est confiée dans le respect des consignes et pouvoirs qui lui ont été donnés.

3. La volonté de contracter

Le professionnel qui est représenté mandate le représentant de conclure des contrats pour lui. La volonté de ce dernier doit être vérifiée tant par le représenté que par le cocontractant car il s'engage pour le représenté.

17 L'ANTICIPATION DES ALÉAS DE LA RELATION CONTRACTUELLE

L'exécution des contrats entre professionnels s'échelonne dans le temps. Elle est donc soumise aux transformations du contexte économique et social. Des clauses particulières permettent d'anticiper ces évolutions et les difficultés d'exécution. Si les clauses n'atteignent pas leur objectif, l'inexécution du contrat peut être constatée.

1 La loi contractuelle

1. Le principe de la loi contractuelle

L'article 1134 du Code civil pose le principe de la force obligatoire du contrat : « les conventions légalement formées tiennent lieu de loi à ceux qui les ont faites ». Ce principe fait du contrat la loi des parties qui entraîne une exécution de bonne foi des engagements pris, c'est-à-dire une exécution loyale et coopérative. Le contrat doit donc être respecté en tout point, sous peine de sanctions.

2. Les aménagements possibles

Il arrive cependant que les clauses contractuelles soient source de déséquilibre entre les parties.

a) L'interprétation des contrats

Le juge peut être conduit à interpréter le contrat ou certaines de ses clauses lorsqu'il est saisi pour trancher un litige dans l'exécution du contrat. Il doit rechercher la volonté commune des parties soit à travers des usages, soit en tenant compte du comportement des parties.

b) La restauration de l'équilibre contractuel

Le juge peut dépasser la volonté des contractants en imposant de nouvelles obligations dans l'objectif de restaurer l'équilibre contractuel au nom de la loyauté et de la solidarité. Les parties au contrat doivent chacune retirer des avantages comparables de leur engagement réciproque. Or, un certain nombre de contrats (exemple : le contrat de franchise) peuvent mettre les contractants sur un pied d'inégalité dans la mesure où il existe une dépendance économique de l'une des parties par rapport à l'autre.

2 L'anticipation de l'évolution des contrats

En principe, les parties ne peuvent décider de réviser les contrats qu'elles ont signés sous prétexte de l'évolution de l'environnement. Il y va en effet de la stabilité et de la sécurité juridique des engagements contractuels. Cependant, l'échelonnement dans le temps des contrats entre professionnels peut affecter la possibilité de respecter leur engagement initial compte tenu des transformations du contexte économique et social.

Diverses clauses particulières sont donc autorisées en fonction des objectifs voulus par les professionnels lors de la rédaction du contrat pour permettre aux cocontractants d'anticiper leurs éventuelles difficultés d'exécution.

1. Les clauses prévoyant la modification du contrat

a) La clause d'indexation

Lorsqu'un contrat prévoit des paiements échelonnés, les parties peuvent se protéger contre les aléas de la conjoncture économique en insérant une clause d'indexation. Celle-ci entraîne la révision automatique du prix prévu initialement en fonction d'un indice ayant un rapport direct avec l'objet du contrat ou l'activité d'une des parties.

EXEMPLE

Un contrat d'approvisionnement en essence indexé sur le cours du baril de pétrole.

b) La clause de réserve de propriété

Elle permet au vendeur d'un bien d'en conserver la propriété jusqu'au complet paiement par l'acheteur.

c) La clause de dédit

Elle offre aux parties la possibilité de rétracter leur consentement en s'acquittant d'une somme fixée à l'avance.

d) La clause de renégociation

Les parties s'accordent la possibilité de mettre fin à un contrat pour en conclure un nouveau.

2. Les clauses de responsabilité

a) Les clauses limitatives de responsabilité

Elles fixent le maximum possible des dommages-intérêts qui seront dus en cas de faute contractuelle avérée.

b) La clause pénale

Il s'agit d'une clause selon laquelle les parties fixent elles-mêmes, par avance et de façon forfaitaire, l'indemnité qui sera due en cas d'inexécution.

3 L'inexécution des contrats

La non-exécution du contrat, si elle est dommageable, entraîne la responsabilité contractuelle du contractant défaillant et l'annulation du contrat. La résolution ou la résiliation du contrat peuvent être prévues par une clause du contrat ou prononcées par le juge saisi du litige.

1. La résolution du contrat

Les parties à un contrat synallagmatique ont des obligations réciproques. C'est pourquoi la partie qui n'obtient pas satisfaction de son cocontractant peut demander au juge la résolution du contrat, c'est-à-dire l'anéantissement rétroactif du contrat. Les parties se retrouvent alors dans l'état antérieur au contrat (exemple : le fournisseur rembourse le client qui lui rend le bien acheté).

2. La résiliation du contrat

Dans le cas des contrats à exécution successive, il n'est pas possible de remettre les choses dans l'état antérieur à la conclusion du contrat. Le contrat est alors résilié, c'est-à-dire que les effets passés demeurent et le contrat ne s'applique plus à l'avenir. Par exemple, dans un contrat de bail commercial, le locataire ne peut rendre au bailleur son temps d'occupation des lieux.

18 LES CONTRATS CONCLUS AVEC LA PERSONNE PUBLIQUE

Les entreprises privées sont conduites à passer des contrats avec les personnes morales de droit public. Celles-ci font appel aux procédures de marchés publics pour répondre à leurs besoins en matière industrielle, de travaux, de fournitures, de services ou de prestations intellectuelles.

1 Les particularités du contrat administratif

Le contrat administratif est un contrat lié à l'exécution du service public et donc doté de caractéristiques particulières compte tenu des exigences de rigueur du service public.

1. La qualité des parties

Les entreprises privées peuvent conclure des contrats administratifs avec les personnes morales de droit public. Celles-ci agissent pour le compte d'un intérêt général supérieur et sont mises en place par un pouvoir politique. Il en existe plusieurs catégories : l'État (exemples : ministères, juridictions), les collectivités territoriales (régions, départements, communes) et les établissements publics (exemples : Opéra national de Paris, CNRS, universités).

2. Les clauses exorbitantes de droit commun

Le contrat administratif se caractérise par le fait que l'un au moins des cocontractants est une personne publique ou son représentant. Il a généralement pour but de permettre ou de faciliter le fonctionnement du service public. Dans l'intérêt général, l'administration détient des pouvoirs particuliers et unilatéraux. On parle de «pouvoirs exorbitants de droit commun» pour exprimer cette inégalité.

Une clause exorbitante est une clause qu'on ne trouve pas dans les contrats de droit privé parce qu'elle y serait illégale. Sa présence détermine le caractère administratif du contrat.

EXEMPLE

Modification unilatérale du contrat par la personne publique.

L'illustration la plus flagrante de ces pouvoirs exorbitants est la possibilité pour la personne publique de résilier unilatéralement le contrat administratif pour motif d'intérêt général.

2 La passation de marchés publics

La personne publique demandeuse de travaux, fournitures ou services et qui désire les faire exécuter par une entreprise en passant par la procédure des marchés publics est appelée «pouvoir adjudicateur». Elle choisit l'entreprise et est donneuse d'ordre.

Les contrats administratifs sont soumis aux principes de protection des deniers publics, de lutte contre la corruption, de recherche d'efficacité, de concurrence loyale, ce qui limite les pouvoirs de la personne publique quant au choix du cocontractant.

1. La négociation et les marchés publics

Les marchés publics sont soumis au Code des marchés publics et obéissent à des principes fondamentaux tels que le libre accès à la commande publique, l'égalité de traitement des candidats et la transparence des procédures.

Les procédures négociées en revanche permettent à l'acheteur public de choisir le titulaire du marché après sélection des candidats et négociation des conditions avec un ou plusieurs d'entre eux.

2. La procédure de l'appel d'offres

Le droit des marchés publics regroupe de très nombreuses procédures d'autant plus lourdes et complexes du point de vue des modalités de publicité et de mise en concurrence que les montants concernés sont élevés. La procédure de l'appel d'offres permet l'efficacité de la commande publique et la bonne utilisation des deniers publics.

a) Définition

L'appel d'offres est la procédure par laquelle la personne publique choisit l'offre économiquement la plus avantageuse, sans négociation, sur la base de critères objectifs préalablement portés à la connaissance des candidats.

L'appel d'offres est dit ouvert lorsque tout candidat peut remettre une offre. Il est dit restreint lorsque seuls peuvent remettre des offres les candidats qui y ont été autorisés après sélection. Le marché est attribué par la personne responsable du marché après avis de la commission d'appel d'offres.

Les marchés sont passés sur appel d'offres quel que soit le montant du marché. L'appel d'offres n'est obligatoire que pour les marchés au-delà du seuil de 133 000 euros HT pour l'État, et de 206 000 euros HT pour les collectivités territoriales.

b) Les étapes de l'appel d'offres

– Le lancement de l'appel

Il suppose la rédaction d'un cahier des charges, la réalisation d'une publicité (exemple : dans un journal spécialisé national), la fixation d'un délai de réception des candidatures.

– Le choix d'une offre

Une commission examine les offres et choisit l'une d'elles en fonction des critères d'attribution : qualité, prix, critères techniques, esthétiques et fonctionnels, coût global d'utilisation, rentabilité, caractère innovant, service après-vente, assistance technique, date de livraison, etc. Ces critères doivent permettre de sélectionner l'offre économiquement la plus avantageuse. Ils ne doivent pas être discriminatoires et doivent être suffisamment précis, annoncés en amont de la procédure, être pondérés ou à défaut hiérarchisés.

– La fin de la procédure

L'adjudicateur doit publier l'avis d'attribution du marché et des informations doivent être fournies aux entreprises non retenues de manière à respecter l'obligation de transparence du Code des marchés publics.

19 L'ENCADREMENT DE L'OFFRE COMMERCIALE ÉLECTRONIQUE

L'offre commerciale recourt de plus en plus à des moyens virtuels qui peuvent être très intrusifs. La vente par Internet pose le problème de l'effectivité de la protection des cocontractants et de ses limites.

1 L'offre commerciale électronique

La loi sur la confiance dans l'économie numérique (LCEN) de juin 2004 définit le commerce électronique comme « l'activité économique par laquelle une personne propose ou assure à distance et par voie électronique la fourniture de biens ou de services ». Le commerce électronique est l'ensemble de toutes les activités, communications et transactions exécutées par voie électronique.
L'offre commerciale électronique recouvre aussi bien l'offre de marchandises dont la livraison passe par les procédés traditionnels, que les ventes de biens fournis directement par voie électronique (exemple : logiciel téléchargeable) ou encore l'accès à des services en ligne (exemple : base de données d'informations).

2 La protection du cocontractant

1. L'enjeu de la protection

Il s'agit d'assurer le développement du commerce électronique en renforçant la confiance des consommateurs dans ce nouveau mode de transaction et en protégeant la partie au contrat jugée la plus faible. Les dispositions s'inspirent des techniques du Code de la consommation, mais elles s'appliquent le plus souvent aussi bien au bénéfice du consommateur qu'à celui du non-professionnel, c'est-à-dire celui qui acquiert un bien ou un service en dehors de son domaine professionnel.

2. L'effectivité de la protection

Au niveau de la législation nationale, la crainte qu'Internet ne crée un espace sans protection juridique n'est pas fondée puisque le droit de la consommation s'applique. Mais la vente par Internet efface les frontières : une multitude de droits nationaux est donc applicable et le respect du droit national par les vendeurs situés à l'étranger est difficile à garantir.

3 Les règles à respecter

1. Le respect de l'ordre public

La LCEN est la transposition de la directive européenne de juin 2000 visant à harmoniser les législations des États membres. Elle impose des obligations au vendeur et accorde des droits au consommateur.
Les dispositions d'ordre public, comme le respect des bonnes mœurs, la sécurité, la protection des mineurs, de la santé publique et des consommateurs, doivent être expressément respectées.
Dans toute offre de vente d'un bien ou de fourniture d'une prestation de services faite à distance, le professionnel est tenu d'indiquer le nom de son entreprise, ses coordonnées téléphoniques ainsi que l'adresse de son siège et, si elle est différente, celle du fabricant.
Le droit français stipule que chacun a le droit de savoir ce qu'il achète. Les cyber-acheteurs doivent pouvoir avoir accès au descriptif des caractéristiques essentielles du bien ou du service proposé, qui doit donc être clair et précis. Les notices doivent être rédigées en français. L'auteur de l'offre reste engagé par elle tant qu'elle est accessible par voie électronique.

2. Le respect de la vie privée

a) Le consentement préalable en *B to C*

La sursollicitation des internautes a conduit la LCEN à consacrer le régime de l'*opt-in* pour la prospection électronique, conformément à la directive « vie privée dans les communications électroniques ». La prospection directe au moyen d'un automate d'appel, d'un télécopieur ou d'un courrier électronique est interdite si la personne sollicitée n'a pas exprimé son consentement préalable à recevoir ce type de prospection.

b) Le droit d'opposition en *B to B*

La Commission nationale de l'informatique et des libertés (CNIL) considère que la prospection par courrier électronique dans le cadre professionnel n'est pas soumise au consentement préalable des personnes physiques prospectées. Le professionnel peut toutefois s'opposer à toute utilisation commerciale de ses coordonnées : c'est le principe de l'*opt-out*.

3. L'obligation de loyauté

L'obligation de loyauté implique que toute offre en ligne doit pouvoir être clairement identifiée comme telle. Il s'agit de permettre l'identification du partenaire et des produits proposés. Les caractéristiques qualitatives et quantitatives de l'offre doivent être décrites précisément et sans équivoque.

4. L'obligation de transparence

a) Les caractéristiques de l'offre

Le cybermarchand doit préciser les services concernés, la zone géographique, la durée de l'offre, la disponibilité du bien ou du service au moment de la passation de la commande. Les conseils d'utilisation et de précaution doivent être mentionnés, ainsi que les modes de livraison.
Le prix doit être indiqué de manière claire et non ambiguë. Les taxes, les frais annexes (exemple : frais d'envoi), les réductions doivent être détaillés.

b) Les étapes de la conclusion du contrat

Toute offre de contrat sous forme électronique proposée par un professionnel doit comprendre les étapes à suivre pour conclure le contrat. Elle explique les moyens techniques qui permettent de corriger les erreurs commises dans la saisie des données.

c) Les conditions contractuelles

L'obligation légale de procéder à l'affichage électronique des conditions contractuelles renforce la transparence de l'offre et permet au consommateur d'être totalement informé avant de s'engager.

20 LE CONTRAT ÉLECTRONIQUE

Dans l'univers virtuel, la formation et l'exécution des contrats se réalisent dans le cadre de règles spécifiques assurant la sécurité juridique des transactions.

Avec l'avènement du commerce électronique, des écrits numériques proposant une offre commerciale sont échangés en nombre croissant (conditions générales de vente, bons de commande, etc.) et quotidiennement sur Internet. Il est possible d'user de la voie électronique pour « mettre à disposition des conditions contractuelles ou des informations sur des biens ou services ». Les informations demandées peuvent être transmises par courrier électronique en vue de la conclusion d'un contrat ou au cours de son exécution « si leur destinataire a accepté l'usage de ce moyen ».

1 La détermination du droit applicable

Les contrats sont souvent conclus *via* Internet ou un autre réseau (exemple : commande par échange de courriels) entre des personnes établies dans des États différents. Si un litige survient entre elles (exemple : défaut de livraison), la partie qui entend engager des poursuites judiciaires doit identifier le tribunal compétent et la loi qui régit le litige.

1. Les principes communautaires

Conformément à une directive européenne de juin 2000, l'acheteur français bénéficie pour tout site européen d'une protection identique à celle accordée par le droit français.

La loi applicable à l'activité de commerce électronique est celle de l'État sur le territoire duquel le vendeur est établi. Une personne est considérée comme établie en France dès lors qu'elle y est installée d'une manière stable et durable pour exercer effectivement son activité, quel que soit, s'agissant d'une personne morale, le lieu d'implantation de son siège social.

2. Les critères de compétence des tribunaux

Le critère de compétence générale est déterminé par le territoire du domicile du défendeur. Ainsi, les litiges des personnes domiciliées sur le territoire d'un État, quelle que soit leur nationalité, peuvent être jugés devant les juridictions de cet État.

La loi donne donc compétence au tribunal du lieu où l'obligation qui sert de base à l'action a été ou doit être exécutée.

a) La vente de marchandises et la fourniture de services

Lorsqu'il s'agit d'une vente de marchandises, le lieu d'exécution est celui où, en vertu du contrat, les marchandises ont été ou auraient dû être livrées.

En ce qui concerne la fourniture de services, le lieu d'exécution est celui où les services ont été ou auraient dû être fournis.

b) L'exécution en ligne

Dans l'hypothèse d'une exécution en ligne, la compétence est attribuée au juge du lieu où ont été reçues les données téléchargées, et non au juge du lieu depuis lequel elles ont été envoyées.

2 Les étapes du processus de formation du contrat électronique

1. Les obligations du vendeur

En ce qui concerne la vente par Internet, le fournisseur doit faire figurer plusieurs éléments dans son offre. Il en est ainsi des caractéristiques du bien ou service, de l'identité du vendeur, de son adresse et de son numéro de téléphone. Il doit en outre faire figurer le prix TTC du produit ou du service, les conditions générales de vente, les frais de livraison, les modalités de paiement et de livraison.

L'attention du client doit être attirée sur l'existence de son droit de rétractation, de la durée de validité de l'offre, du coût de la communication à distance utilisée si elle dépasse le tarif de base et, s'il s'agit de la fourniture continue d'un service ou d'un bien, sa durée minimale. Les conditions générales de vente doivent être accessibles et imprimables.

Le vendeur doit également informer son acheteur des étapes à suivre pour conclure le contrat (exemples : comment sélectionner les produits ou services retenus, modes de paiement proposés), des langues disponibles et des modalités de sauvegarde du contrat. Il doit présenter clairement les moyens techniques permettant de corriger des erreurs possibles lors de la saisie des données. L'acheteur doit être en mesure de distinguer les étapes de la passation de commande et la validation finale de l'achat pour ne pas être engagé sans l'avoir expressément voulu.

2. La vérification de la commande

Pour être valable, un contrat de vente par voie électronique doit permettre au client de vérifier en ligne le détail de sa commande (description et quantité des produits ou services) et le prix total de la facture. L'acheteur doit en effet, compte tenu de l'absence d'un échange face à face avec le vendeur et donc de conseils, disposer de la faculté de corriger d'éventuelles erreurs.

La possibilité doit lui être donnée de confirmer son achat au moyen d'un double clic.

3. La confirmation

Avant de confirmer son acceptation de l'offre, le consommateur doit vérifier le détail de sa commande.

Pour prévenir toute erreur de manipulation des internautes, la loi sur la confiance dans l'économie numérique prévoit que la conclusion d'un contrat électronique doit se faire, sauf exception, en deux étapes. Le contrat ne sera conclu définitivement entre les deux parties que lorsque le consommateur aura matériellement réitéré l'acceptation du contrat par le procédé du « double clic ».

20 LE CONTRAT ÉLECTRONIQUE (suite)

a) Le premier « clic » pour accepter

Le cybervendeur doit permettre à l'acheteur de vérifier le détail de sa commande et son prix total et de corriger éventuellement sa première saisie.

Dans un premier temps, le consommateur confirme la commande contenant toutes les précisions sur les produits ou services concernés, le prix total TTC, les réductions de prix éventuelles, le mode de paiement et de livraison.

Dans ces conditions, la faculté offerte au client d'accéder au récapitulatif de sa commande et, le cas échéant, de la modifier avant de la confirmer, le protège de toute erreur de manipulation.

b) Le second « clic » pour confirmer

Puis l'internaute confirme sa commande et valide ainsi la transaction.

Le contrat électronique n'est valablement formé que lorsque le consommateur a cliqué une deuxième fois pour confirmer sa commande. L'acceptation doit être pure, simple et sans réserve.

c) Une protection réservée au non-professionnel

Cet important formalisme requis pour encadrer les contrats *B to C* n'est pas nécessaire dans le cadre d'une relation *B to B* où le principe de la liberté contractuelle prime.

Échappent donc à ces obligations, les contrats de fourniture de biens et de services conclus exclusivement par échange de courriers électroniques ainsi que les contrats conclus en ligne entre professionnels.

3 Le paiement du contrat électronique

1. Le règlement

Dans le contrat classique, la signature du contrat entraîne le paiement. Dans le contrat électronique, c'est le paiement qui conditionne la formation du contrat.

Le règlement peut s'effectuer immédiatement par carte bancaire ou porte-monnaie électronique rechargeable ; dans ce cas, le paiement est irrévocable. Il peut se faire aussi de manière différée à la livraison du bien ou lors de l'exécution de la prestation. Il est alors réalisé par virement bancaire, chèque ou espèces.

2. Le droit et le délai de rétractation

a) Le cadre de la rétractation

Lorsqu'il effectue sa commande, le consommateur doit être informé de l'existence ou de l'inexistence du droit de rétractation concernant les biens et services qu'il achète.

Le consommateur dispose d'un délai de 7 jours pour se rétracter à compter de la réception de son achat pour la vente de biens et à compter de l'acceptation de l'offre pour les prestations de services. Il n'a pas à justifier de motifs ni à payer de pénalités. Les frais de retour du produit sont à sa charge.

b) Le remboursement

Le vendeur ou prestataire rembourse l'acheteur dans les meilleurs délais et au plus tard dans les 30 jours suivant la date de rétractation. Le vendeur est tenu de rembourser la totalité des sommes versées dans les meilleurs délais : le montant de la commande ainsi que les frais de livraison.

4 L'exécution du contrat électronique

1. Le respect des délais

Le cybercommerçant a l'obligation d'accuser réception sans délai injustifié et par voie électronique de la commande qui lui a été adressée. En pratique, un premier courriel de confirmation de commande est rapidement envoyé. Il est généralement accompagné d'une adresse électronique permettant de suivre l'avancement de la livraison.

Le vendeur est tenu d'indiquer, avant la conclusion du contrat, la date limite à laquelle il s'engage à livrer le bien ou à exécuter la prestation de service. La livraison doit se faire dans un délai maximal de 30 jours à compter du lendemain de la réception de la commande, sauf accord contraire entre les parties.

Si le fournisseur ne peut respecter ce délai, par exemple à la suite d'une rupture de stock, le client doit en être informé clairement et surtout il peut, s'il le souhaite, être remboursé dans un délai maximal de 30 jours suivant le paiement.

Toutefois, et à la seule condition que cette possibilité ait été prévue lors de la conclusion initiale du contrat, le vendeur peut lui proposer un produit ou un service à un prix équivalent.

2. La livraison

En cas de retard de plus de 7 jours par rapport à la date annoncée et non justifié par la force majeure, le consommateur peut dénoncer sa commande par courrier recommandé avec accusé de réception et obtenir un remboursement intégral des sommes versées dans le mois qui suit.

Au plus tard au moment de la livraison du produit ou du service, le cybervendeur doit fournir les informations relatives au service après-vente, aux garanties commerciales et aux conditions de résiliation du contrat si celui-ci est à durée indéterminée ou supérieure à 1 an.

3. La responsabilité du professionnel

S'il ne respecte pas ses obligations, le vendeur est responsable vis-à-vis de l'acheteur des dommages subis.

L'e-commerçant est en effet présumé responsable de plein droit de l'inexécution ou de la mauvaise exécution de la prestation, quand bien même celles-ci seraient dues à un intermédiaire de la chaîne de contrat, à charge pour lui de se retourner contre cet intermédiaire.

Le vendeur peut toutefois s'exonérer de sa responsabilité en apportant la preuve que l'inexécution ou la mauvaise exécution du contrat est imputable à l'acheteur.

Il en va de même en cas de fait imprévisible et insurmontable, de tiers étranger à la fourniture de prestations prévues, ou de force majeure.

21 LA PROTECTION DES DROITS D'AUTEUR DANS L'UNIVERS NUMÉRIQUE

➔ Dans l'univers numérique, les œuvres de l'esprit donnent naissance à des valeurs économiques nouvelles qui doivent être encouragées et protégées.

1 Les droits d'auteur et l'univers numérique

1. La protection des œuvres de l'esprit

Le droit de la propriété littéraire et artistique reconnaît à l'auteur d'une œuvre de l'esprit l'exclusivité de la production, de la publication, de la vente et de la distribution de son œuvre.

Les droits d'auteur naissent du seul fait de la création d'une œuvre de l'esprit originale, même éphémère. Dès lors qu'elle est le reflet de l'activité créatrice propre de l'auteur, l'œuvre de l'esprit est protégée, quels que soient sa forme d'expression, son support et son mode d'extériorisation (écrit, oral, analogique, numérique...).

EXEMPLES

Texte littéraire reproduit dans un livre, architecture graphique d'un site Internet, musique *live*, tirage photographique, logiciel.

2. Les prérogatives de l'auteur

Le droit d'auteur s'acquiert du seul fait de la création, sans aucune formalité de dépôt. Il confère des droits patrimoniaux (droit de reproduction et de représentation) et un droit moral (notamment droit au respect de l'œuvre).

La protection du droit moral est perpétuelle tandis que la durée de la protection des droits patrimoniaux s'éteint 70 ans après le 1er janvier de l'année civile suivant la mort de l'auteur. L'œuvre tombe alors dans le domaine public. Elle devient librement utilisable.

L'auteur a un monopole d'exploitation sur son œuvre. Toute représentation ou reproduction intégrale ou partielle (exemples : traduction, adaptation, arrangement) réalisée sans le consentement de l'auteur ou de ses ayants droit (exemple : les héritiers) est illicite.

EXEMPLE

Copier une œuvre protégée et la mettre à la disposition du public *via* Internet sans l'autorisation de l'auteur est un acte de contrefaçon.

3. L'évolution du droit d'auteur dans l'univers numérique

a) Les défis du numérique

Le développement technologique augmente les possibilités de diffusion des connaissances sans pour autant garantir pleinement le respect de l'immatériel et sa protection par le droit d'auteur. L'univers numérique permet ainsi de reproduire les œuvres sur des supports performants et peu contrôlables. Il devient possible d'accéder aux œuvres en contournant le droit d'auteur et le versement des redevances qui y sont associées. Le droit moral et les droits patrimoniaux attachés au droit d'auteur se trouvent, de fait, affaiblis.

EXEMPLE

Les logiciels *peer to peer* (ou P2P) permettent aux internautes d'échanger des fichiers en contournant le droit d'auteur.

b) Le cadre juridique

Les droits communautaire et français s'efforcent de poser un cadre juridique à cette évolution.

La loi du 12 juin 2009 favorisant la diffusion et la protection de la création sur Internet a pour objectif de dissuader les internautes de télécharger illégalement des œuvres. Elle institue un système de « riposte graduée » allant de l'avertissement par courriel à la suspension de la connexion à Internet. Une autorité administrative, la Haute Autorité pour la diffusion des œuvres et la protection des droits sur Internet (Hadopi), sera chargée de la prévention du piratage.

Le Parlement européen a affirmé que l'accès à Internet d'un utilisateur ne peut être restreint sans l'intervention d'un juge.

2 Le droit des créations numériques

1. Les bases de données

a) Définition

Le Code de la propriété intellectuelle définit la base de données comme un « recueil d'œuvres, de données ou d'autres éléments indépendants, disposés de manière systématique ou méthodique, et individuellement accessibles par des moyens électroniques ou par tout autre moyen ».

b) Les particularités juridiques et leur protection

La directive européenne de 1996 qui définit le régime juridique spécifique aux bases de données a été transposée en France en juillet 1998.

Le producteur d'une base de données a pris l'initiative et le risque des investissements. Il a le droit de réagir contre les extractions ou la réutilisation par mise à disposition du public de la totalité ou d'une partie qualitativement ou quantitativement substantielle du contenu de sa base de données. La durée de cette protection est de 15 ans à compter de l'achèvement de la constitution de la base de données. Celui qui viole les droits du producteur de la base encourt des sanctions pénales et civiles.

2. Les sites Internet

Un site Internet est un ensemble de documents et d'applications placés sous une même autorité et accessibles par la Toile à partir d'une même adresse universelle. C'est une œuvre littéraire et artistique en raison de son architecture graphique, des textes et de la musique qu'il contient.

22 LA SÉCURISATION DES DONNÉES À CARACTÈRE PERSONNEL

Le développement des activités numériques favorise la collecte et le traitement de données personnelles. Les TIC démultiplient les risques d'atteinte aux libertés individuelles.

1 Les données à caractère personnel

1. Le cadre juridique européen et national

Des directives de 1995, 1997 et 2002 assurent un niveau élevé de protection de la vie privée au sein de l'Union européenne, en harmonisant les législations sur la protection des données.

En France, la loi « Informatique et Libertés » de 1978, modifiée en 2004 pour protéger les personnes physiques à l'égard des traitements de données à caractère personnel, précise : « Constitue une donnée à caractère personnel toute information relative à une personne physique identifiée ou qui peut être identifiée, directement ou indirectement, par référence à un numéro d'identification ou à un ou plusieurs éléments qui lui sont propres. » Les données à caractère personnel permettent donc d'identifier directement ou indirectement des personnes.

EXEMPLES

Numéro de téléphone, adresse de messagerie électronique.

2. La collecte et le traitement des données

Un traitement de données consiste en la collecte, l'enregistrement, l'utilisation, la transmission, la communication et la conservation d'informations personnelles. Toute exploitation de fichiers ou bases de données, notamment les recoupements de fichiers, constitue un traitement de données.

Tout traitement automatisé d'informations personnelles doit faire l'objet d'une déclaration auprès de la CNIL préalablement à sa mise en œuvre, sous peine de sanctions.

2 Les règles de protection des droits de la personne

1. Le droit à une information préalable et claire

Tout individu dont les données sont collectées doit être informé de l'identité du responsable du fichier, de sa finalité, des destinataires des données ainsi que de ses droits d'opposition, d'accès et de rectification. Cette information doit lui être fournie clairement, quel que soit le support utilisé (exemple : questionnaire d'enquête écrit).

Ainsi, l'expéditeur d'un e-mailing doit à tout moment laisser la possibilité au destinataire de se désinscrire, de s'opposer à toute transmission des informations à des tiers (exemple : partenaires commerciaux) et de consulter et modifier les données personnelles le concernant.

2. Le respect du droit d'opposition

Les personnes doivent être en mesure de s'opposer à l'utilisation commerciale de leurs données, par la revente de fichiers, avant la validation d'une commande ou la signature d'un contrat. En pratique, la CNIL estime qu'une case à cocher doit désormais figurer sur tout support de collecte écrit. Lorsqu'une personne exerce son droit d'opposition, l'organisation doit en informer toutes les sociétés auxquelles elle avait déjà transmis des données concernant cette personne.

3. La possibilité d'exercer ses droits sur place ou à distance

Les droits d'opposition, d'accès aux données et de rectification peuvent s'exercer, après justification de son identité, sur place ou à distance.

EXEMPLE

Le client d'une banque peut exercer ses droits dans une agence bancaire ou par courrier postal.

L'intéressé doit obtenir une réponse dans un délai maximal de 2 mois. En cas de refus, la décision doit être motivée et indiquer les voies et délais de recours.

4. Les obligations du responsable de fichiers

Le responsable d'un traitement de données personnelles a de nombreuses obligations légales, comme la notification de l'existence de traitements à la CNIL avant leur mise en œuvre, la communication préalable à la personne auprès de laquelle sont recueillies des données à caractère personnel d'un certain nombre d'informations. Il doit également préserver la confidentialité des données personnelles recueillies et ne les conserver que le temps nécessaire.

3 Les organes de contrôle

1. La Commission nationale de l'informatique et des libertés

La CNIL, autorité administrative indépendante, a pour mission de protéger la vie privée et les libertés individuelles ou publiques. Elle veille au respect de la loi « Informatique et Libertés » avec missions principales de recenser les fichiers et de surveiller la sécurité des systèmes d'information en s'assurant que toutes les précautions sont prises pour empêcher la déformation et la communication à des personnes non autorisées.

La CNIL établit des normes simplifiées afin que les traitements les plus courants et les moins dangereux pour les libertés fassent l'objet de formalités allégées.

EXEMPLE

Déclaration préalable à un traitement sous forme de déclaration en ligne plutôt que de demande écrite d'avis.

2. Le correspondant Informatique et Libertés

Institué en 2004, il est désigné par le responsable du traitement des données au sein d'une organisation. Il a un rôle de conseil et de suivi de la légalité de la gestion des données à caractère personnel. Il joue également un rôle pédagogique auprès des membres de l'organisation et un rôle d'interface avec la CNIL. Une organisation dotée d'un CIL n'est pas obligée de faire une déclaration préalable des traitements ordinaires et courants.

23 LES DROITS DES SALARIÉS FACE AUX TIC

➔ Le développement des TIC a des conséquences sur l'exécution du contrat de travail. L'employeur peut utiliser ces outils pour gérer les informations recueillies lors du recrutement et tout au long de l'exécution du contrat de travail.

1 Les TIC, outil de contrôle des salariés

1. Les droits de l'employeur

L'employeur peut pratiquer une cybersurveillance dans son entreprise en contrôlant les usages des nouveaux outils technologiques par les salariés dans le respect des règles en vigueur.

a) La protection des intérêts de l'entreprise

L'utilisation des technologies de l'information et de la communication (TIC), en particulier d'Internet ou d'un réseau intranet par les salariés, peut être lourde de conséquences pour l'entreprise.

EXEMPLES

Perte de productivité, violation de la confidentialité sur la stratégie de l'entreprise, risques pour la sécurité informatique, téléchargement de contenus illégaux.

Le contrôle des courriers électroniques des salariés, des téléchargements qu'ils effectuent et des sites Internet qu'ils visitent répond ainsi généralement au souci légitime de l'employeur de protéger les intérêts de son entreprise. L'employeur cherche notamment à éviter les abus dans l'utilisation de l'ordinateur et de la messagerie électronique à des fins personnelles pendant le temps de travail. En effet, la plupart des salariés travaillant dans des bureaux ont accès à un ordinateur attribué qui leur permet de stocker des informations à caractère professionnel mais aussi à caractère personnel.

b) Le pouvoir de contrôle

Sont considérées comme usage à titre personnel toutes les correspondances ou visites de sites Internet ne rentrant pas dans la fonction du salarié. La limitation de cette utilisation fait partie intégrante du pouvoir de direction et de contrôle de l'employeur.

EXEMPLE

L'employeur peut bloquer l'accès à certains sites Internet depuis les ordinateurs de l'entreprise.

Comme pour le téléphone ou les photocopies, l'utilisation privée de la connexion Internet de l'entreprise doit rester raisonnable, le salarié étant tenu d'une obligation de loyauté vis-à-vis de son employeur. En cas d'abus, la sanction serait justifiée.

2. Les limites qui s'imposent à l'employeur

a) Le principe

Le salarié bénéficie des mesures protectrices édictées par le Code du travail, notamment en matière de libertés individuelles. Le droit de surveillance et de contrôle de l'employeur sur l'activité des salariés doit se concilier avec les libertés fondamentales des salariés.

En effet, bien que ces préoccupations paraissent légitimes à l'employeur, les salariés, à l'inverse, n'apprécient guère les restrictions à l'utilisation de leur messagerie électronique et à Internet.

b) La vie privée informatique

La Cour de justice de l'Union européenne et la Cour européenne des droits de l'homme reconnaissent qu'il peut y avoir du temps privé au bureau. L'employeur est soumis au secret des correspondances, et plus généralement des informations personnelles du salarié contenues dans son ordinateur, principes relevant du droit au respect de la vie privée.

La CNIL rappelle « qu'un usage raisonnable, susceptible de ne pas amoindrir les conditions d'accès professionnel au réseau et ne mettant pas en cause la productivité paraît généralement et socialement admis par la plupart des entreprises ou administrations ». L'utilisation d'Internet ou d'une messagerie électronique à but privé ne constitue donc pas une faute professionnelle, sauf si cet usage est abusif.

La jurisprudence, après la reconnaissance d'un droit à la vie privée informatique du salarié, a évolué vers un droit égal d'accès de l'employeur qui précise désormais les limites de « la vie privée informatique » du salarié pendant son temps de travail face au pouvoir de contrôle de l'employeur.

Les dossiers, fichiers et courriels du salarié sont présumés être professionnels, sauf lorsque figure la mention « personnel ». Si un fichier est identifié comme personnel, l'employeur ne peut y avoir accès qu'en présence du salarié, ou si celui-ci a été dûment contacté au préalable, ou en cas de risque ou événement particulier (exemple : intrusion d'un virus).

En outre, l'usage de la connexion Internet de l'entreprise est présumé être professionnel. Toute navigation ne peut donc pas être protégée par le droit à la vie privée du salarié.

c) La transparence

L'employeur doit au préalable informer les salariés de la finalité du dispositif de contrôle, de ses modalités et de la durée pendant laquelle les données de connexion sont conservées. Cette information doit être effective, compréhensible et mise à jour afin que les salariés aient une réelle connaissance du dispositif.

Les règles d'utilisation d'Internet au travail peuvent apparaître dans divers documents tels que les notes de service, le contrat de travail, la charte d'utilisation du système d'information et de communication ou encore le règlement intérieur.

EXEMPLE

La CNIL recommande que les modalités d'accès aux données stockées sur l'environnement informatique d'un employé absent soient préalablement définies en concertation et diffusées auprès de l'ensemble des salariés susceptibles d'être concernés, *via* une charte par exemple.

Outre l'obligation d'information, la mise en place d'outils visant la collecte de données sur l'usage fait d'Internet par les salariés doit être déclarée à la CNIL.

23 LES DROITS DES SALARIÉS FACE AUX TIC (suite)

d) La discussion collective

Le principe de discussion collective consiste à consulter au préalable les représentants du personnel (comité d'entreprise ou, à défaut, délégués du personnel) pour recueillir leur avis, sans l'exigence toutefois de recevoir leur accord.

e) La proportionnalité

Le principe de proportionnalité prévoit que les moyens mis en œuvre doivent être proportionnels à l'objectif visé, ce qui revient à motiver le recours à la cybersurveillance.

2 Les TIC, outil de gestion des salariés

Les TIC sont utilisés par les employeurs comme outils pour gérer les salariés, tant pour le recrutement que durant toute la durée du contrat. Les dispositifs d'observation des salariés se multiplient dans les entreprises, ouvrant parfois la voie à des dérives attentatoires aux libertés.

EXEMPLES

Caméras, écoutes téléphoniques, biométrie.

1. Lors du recrutement

a) Une finalité limitée lors du recrutement

De plus en plus d'entreprises découvrent les facilités du recrutement et de la sélection *via* Internet, devenu un outil privilégié du e-recrutement. Les personnes chargées du recrutement doivent déclarer auprès de la CNIL les traitements automatisés d'informations nominatives, préalablement à leur mise en œuvre.

En outre, les informations demandées aux candidats à l'emploi ne peuvent avoir pour finalité que d'apprécier leur capacité à occuper l'emploi proposé ou leurs aptitudes professionnelles. Ces informations doivent avoir un lien direct et nécessaire avec l'emploi proposé. Le candidat doit de son côté, répondre de bonne foi à ces demandes d'information. Il est bien sûr interdit de collecter des données relatives à l'origine raciale ou ethnique des candidats à un emploi. Par contre, il est possible de recueillir les données telles que les nom et prénom du candidat à l'emploi, sa nationalité, son lieu de naissance, son adresse.

b) Les droits des candidats

Les candidats, comme toutes les personnes auprès desquelles sont recueillies des données à caractère personnel, disposent du droit d'être informés du caractère obligatoire ou facultatif des réponses, des personnes destinataires des informations, de l'existence d'un droit d'accès et de rectification.

La CNIL recommande que le candidat soit informé de la durée pendant laquelle les informations le concernant seront conservées et du droit dont il dispose d'en demander, à tout moment, la suppression.

Le responsable du traitement automatisé de données concernant les candidats à un recrutement doit s'engager à prendre toutes les mesures de sécurité et de confidentialité.

2. La vidéosurveillance

a) Le droit de surveiller l'activité des salariés

Conformément à l'article L. 2323-32 du Code du travail, l'employeur a le droit de contrôler et de surveiller l'activité de son personnel durant le temps de travail. Mais il ne peut mettre en œuvre un dispositif de contrôle qui n'a pas fait l'objet, préalablement à son introduction, d'une information et d'une consultation du comité d'entreprise.

b) Le droit de regard de la CNIL

L'installation d'un système de vidéosurveillance relève, dans un lieu privé, de la compétence de la CNIL, car la mise en place d'enregistrements de vidéos constitue un traitement de données à caractère personnel. Une procédure d'autorisation doit être mise en place, s'il y a utilisation d'une technique biométrique.

La CNIL vérifie la proportionnalité et la pertinence du système au regard de la finalité indiquée, au moyen de divers critères : l'emplacement des caméras, leur nombre, leur orientation, leur fonctionnalité, la période de fonctionnement, l'enregistrement ou non du son, etc.

Toutefois, ces dispositions ne sont pas obligatoires si les outils de vidéosurveillance sont utilisés pour surveiller des locaux dans lesquels les salariés ne travaillent pas.

c) L'information

L'employeur a également l'obligation d'informer les personnes physiques susceptibles d'être filmées. Il doit mettre en place un panneau d'information à l'entrée de l'entreprise, destiné au personnel et aux personnes extérieures, tels les visiteurs.

3. La géolocalisation des salariés

Les entreprises doivent aussi déclarer les traitements de données à caractère personnel dont la finalité est de localiser les véhicules des salariés grâce au système GPS.

Dans un premier temps, l'employeur, en tant que responsable du traitement, doit préalablement à la mise en œuvre de son dispositif de localisation en informer ses salariés.

EXEMPLES

Courriers remis en main propre, note d'information sur le tableau affichage.

À défaut, la collecte de ces informations est considérée comme déloyale et le dispositif ne peut s'appliquer aux salariés. L'employeur est également tenu de le déclarer à la CNIL et il ne pourra l'activer qu'après avoir reçu le récépissé de la Commission. La CNIL apprécie la proportionnalité des moyens mis en œuvre par rapport au but poursuivi.

EXEMPLES

Localiser le véhicule le plus proche des clients, lutter contre le vol, surveiller l'activité des salariés.

La nature des données pouvant être collectées par l'entreprise est déterminée en fonction des finalités du traitement. L'employeur pourra ainsi collecter le nom de l'employé, le numéro de la plaque d'immatriculation, le kilométrage, les temps d'arrêt, la vitesse (la CNIL recommande à l'employeur de ne pas relever la vitesse en temps réel du véhicule mais sa vitesse moyenne).

24 LES NOUVELLES FORMES D'ORGANISATION DU TRAVAIL

Les technologies de l'information et de la communication induisent de nouvelles formes d'organisation du travail pouvant avoir un impact sur le régime juridique des personnes au travail.

1 L'usage des TIC dans l'entreprise

1. Les mutations liées à Internet

Internet amplifie les mutations organisationnelles des entreprises en permettant aux salariés dans l'entreprise d'accéder à des sites extérieurs et d'échanger des mails. Si la situation n'est pas uniforme selon les entreprises, le déploiement d'Internet en leur sein incite à examiner l'équilibre entre le lien de subordination et l'expression des libertés individuelles et collectives.

2. Les enjeux pour le travail salarié

Le lieu d'exercice de l'emploi a connu d'importantes évolutions sous l'effet des différents moyens technologiques mis à disposition : téléphone mobile, ordinateur portable, courrier électronique, visioconférence. Les salariés de l'entreprise peuvent exercer leurs fonctions d'un lieu distant pour diverses raisons et sous diverses formes.

EXEMPLES

Déplacements en clientèle pour les commerciaux ou les consultants ; rédaction de rapports et mise en forme de documents à domicile ou en télécentre (télésecrétariat).

La frontière entre le temps de travail et celui passé au travail devient floue, notamment pour le salarié équipé d'un téléphone et d'un ordinateur portables par son entreprise.

2 Le télétravail

1. La définition

Selon l'Association nationale pour le développement du télétravail et de la téléformation (ANDT), le télétravail consiste à travailler à distance du donneur d'ordre (employeur ou client) au moyen des outils informatiques et de télécommunication, de la même façon et avec les mêmes résultats que si le travail était réalisé dans les locaux du donneur d'ordre.
Télétravailler n'est donc pas une nouvelle forme d'emploi, mais une manière d'exercer et d'organiser son travail à distance, à temps plein ou partiel, pour le compte d'un tiers, en utilisant les TIC (ordinateur, liaison Internet, téléphone, imprimante, fax, etc.). Le télétravail est donc une forme d'organisation et/ou de réalisation du travail dans laquelle un travail qui aurait pu être réalisé dans les locaux de l'employeur est effectué hors de ces locaux de façon régulière.

2. L'importance du droit négocié

Cette forme d'organisation du travail s'est développée en France dans un cadre informel jusqu'à la signature, le 19 juillet 2005, par les organisations patronales et syndicales, d'un accord interprofessionnel donnant un statut juridique aux télétravailleurs. Ce texte est la déclinaison de l'accord européen sur le télétravail du 16 juillet 2002.

3. L'application des règles générales du droit social

a) Un salarié à part entière

Le télétravailleur détient les mêmes droits individuels et collectifs que les autres salariés dans l'entreprise et il doit pouvoir communiquer avec les représentants du personnel.
La mise en place de moyens de surveillance nécessite la consultation préalable du comité d'entreprise ou, à défaut, des délégués du personnel. La charge de travail et les critères de résultats sont équivalents à ceux de travailleurs comparables dans les locaux de l'entreprise. Le télétravailleur a le même accès à la formation et aux possibilités de carrière que les autres salariés.

b) L'égalité de traitement

Le télétravailleur bénéficie d'une égalité de traitement par rapport aux autres travailleurs tant pour la protection de sa santé, le respect des règles de sécurité que dans la mise à disposition par l'employeur d'un équipement de travail.
En ce qui concerne la protection des données, l'employeur informe le télétravailleur de toute restriction à l'usage des équipements informatiques et des sanctions en cas de non-respect.

4. Les aménagements spécifiques

Le télétravail modifie le rapport au travail, qu'il soit effectué dans les locaux de l'entreprise lorsque celle-ci dispose de plusieurs implantations distinctes, en télécentre (locaux loués par l'entreprise pour le télétravail), de façon nomade (exemples : chez le client, à l'hôtel, en voiture) ou encore au domicile du salarié.

a) Un choix du salarié et de l'employeur

Le travail à distance doit être choisi volontairement par le salarié et l'employeur. Aussi, le fait de refuser un poste en télétravail n'est pas un motif de licenciement.
Le contrat de travail à l'embauche ou l'avenant au contrat de travail doivent prévoir le recours à cette forme d'organisation et les modalités éventuelles de réversibilité. Si le télétravail fait partie des conditions d'embauche, le salarié peut ultérieurement postuler à tout emploi vacant dans l'entreprise correspondant à sa qualification, avec une priorité d'accès à ce poste. Le salarié qui choisit de passer en télétravail bénéficie d'une période d'adaptation pendant laquelle chacune des parties peut mettre fin à cette forme d'organisation du travail après un délai de préavis préalablement défini.

b) Les conditions de travail

L'employeur doit fournir par écrit au télétravailleur l'ensemble des informations relatives aux conditions d'exécution de sa mission. Il est tenu de respecter la vie privée du salarié, en fixant avec lui les plages horaires durant lesquelles il peut le contacter.

25 L'IDENTIFICATION DU RISQUE

La conception de la faute fondée sur le comportement de l'individu laisse progressivement la place à une responsabilité sans faute fondée sur le risque. Le droit s'est construit peu à peu avec l'apparition de nouveaux risques.

1 Les fondements de la responsabilité civile

La responsabilité civile suppose un lien de cause à effet direct entre un fait dommageable et un dommage.

1. Le fait générateur

Le fait générateur est un fait matériel, fondé sur la faute ou sur le risque.

a) La faute

La faute est une défaillance de conduite, qu'elle soit volontaire ou non ou prenne la forme d'une omission. Commet une faute celui qui n'agit pas comme il devrait.

EXEMPLE

L'entrepreneur qui néglige la sécurité de ses employés commet une faute.

b) Le risque

Le risque est un événement aléatoire dont la réalisation ne dépend pas exclusivement de la volonté de l'individu et qui est susceptible de causer un dommage aux personnes et/ou aux biens.

Le risque apparaît historiquement, dans la jurisprudence puis dans la loi, pour fonder le droit à réparation dans certains domaines d'activité générant des dommages accidentels, même sans faute identifiée.

Certains risques peuvent avoir des incidences collectives : leur survenance peut provoquer un nombre important de victimes sans toutefois permettre l'identification du responsable.

EXEMPLE

Pollution liée à la progression des activités industrielles.

2. Le dommage

Le dommage, appelé aussi préjudice, est un dégât matériel ou physique causé à une chose ou une personne.

Pour pouvoir donner lieu à réparation, le dommage doit être certain, c'est-à-dire déjà subi, et direct, c'est-à-dire résultant directement du fait reproché au responsable.

Il doit être déterminé et déterminable.

Il peut être matériel (exemple : destruction d'un bien appartenant à la victime), corporel (exemples : préjudice esthétique, blessures, incapacités) ou moral (exemples : douleur provoquée par la perte d'un être cher, atteinte à la réputation).

Il existe une grande variété de dommages qui résultent de la lésion d'intérêts patrimoniaux (exemple : frais médicaux) ou extrapatrimoniaux (exemple : atteinte au respect de la vie privée) de la victime.

Le dommage est une notion évolutive.

EXEMPLE

Apparition du préjudice écologique avec la multiplication des catastrophes industrielles.

3. La réparation

Que le fait dommageable soit une faute ou la réalisation d'un risque, le droit prévoit une réparation pour celui qui subit le dommage. Elle peut être en nature pour faire disparaître le dommage (exemple : remise en état d'un bâtiment) ou par équivalent avec l'attribution de dommages et intérêts à la victime pour compenser le préjudice subi.

4. La distinction entre responsabilité contractuelle et responsabilité délictuelle

Quand un dommage causé à une victime résulte de l'inexécution d'un contrat, la responsabilité civile est dite « contractuelle ». S'il est causé en dehors de tout contrat, la responsabilité est dite « délictuelle ». La principale source de responsabilité délictuelle est la faute. C'est celui dont le comportement est à l'origine du dommage qui est personnellement responsable.

a) L'obligation de résultat inhérente à la responsabilité contractuelle

Le contrat impose un résultat : l'obligation de résultat engage le débiteur à s'exécuter en vue de parvenir à un résultat précis. Sa non-réalisation emporte l'obligation pour le débiteur de réparer le dommage, à charge pour lui de s'exonérer en prouvant l'existence d'une cause étrangère (sauf lorsque l'obligation n'est que de « moyens » pour certains professionnels).

La responsabilité contractuelle peut être engagée à quatre conditions : l'existence d'un contrat régulièrement formé, l'existence d'une faute (refus d'exécution, retard d'exécution ou mauvaise exécution), l'existence d'un dommage et l'existence d'un lien de causalité entre les deux. La preuve de la faute pèse sur le créancier.

b) La responsabilité délictuelle du commettant du fait de son préposé

Dans le cas de la responsabilité des employeurs du fait de leurs salariés, on parle de responsabilité « de plein droit ». La victime n'a pas à prouver la faute puisque l'employeur est présumé fautif.

L'employeur ne peut se dégager de sa responsabilité en prouvant qu'il n'a pas commis de faute, sauf en cas de cause étrangère ou si le dommage a été commis en dehors des fonctions du salarié.

2 L'évolution de la notion de risque

1. Les causes

La notion de risque a évolué avec le temps. La conception subjective de la faute, fondée sur le comportement de l'individu, a laissé peu à peu la place à une responsabilité sans faute fondée sur le risque. On a assisté au déclin de la faute et au développement de la théorie du risque.

a) L'évolution technologique

À partir du XIXe siècle, la révolution industrielle s'est accompagnée de l'essor du machinisme entraînant de

nombreux accidents et occasionnant de graves dommages sans qu'ils puissent être réparés dans la mesure où aucune faute ne pouvait être reprochée à quiconque. Ce fondement conforme au système libéral favorable à la liberté d'entreprendre conduisait à favoriser ceux qui prenaient des risques, au détriment de ceux qui en subissaient les conséquences.
La faute comme fondement exclusif de la responsabilité est devenue dès lors inadaptée car la preuve est souvent difficile à rapporter.

b) La valorisation de la victime

L'évolution en faveur des victimes s'est opérée compte tenu de l'accroissement des activités dangereuses, lié à l'évolution technologique, et de la valorisation de la personne.
L'idée s'est développée de proposer de fonder la responsabilité civile sur la théorie du risque : c'est à la personne qui tire profit d'une activité d'assumer les risques qu'elle crée. Ainsi, le chef d'entreprise qui, par l'activité qu'il dirige, crée des risques pour les tiers doit prendre à sa charge les dommages qui pourraient en résulter. L'avantage d'un tel fondement est de permettre une mise en œuvre beaucoup plus facile de la responsabilité civile puisqu'il n'est plus nécessaire de prouver une faute.

c) L'apparition de la responsabilité sans faute

Progressivement, la conception de la responsabilité individuelle a été fortement remise en cause, faisant apparaître une conception nouvelle de «responsabilité sans faute». On s'attache moins à la faute, à l'origine de l'accident, à l'auteur présumé du dommage et à l'établissement de sa culpabilité, qu'à la victime et aux indemnisations qu'elle est en droit de réclamer en vertu de l'obligation de réparation.
De nombreuses lois ont instauré des régimes spéciaux de responsabilité sans faute (exemple : la pollution nucléaire).

2. Les risques professionnels

La loi relative aux accidents du travail du 9 avril 1898 a, la première, consacré la théorie du risque en prévoyant la responsabilité de l'employeur même en l'absence de faute de sa part. Elle permet au salarié victime d'un accident du travail de demander réparation, sans avoir à prouver la faute de son employeur. Une responsabilité sans faute accompagnée d'une réparation forfaitaire est ainsi instaurée.
Le Code pénal et la jurisprudence ont aggravé les sanctions encourues par les employeurs en cas d'accident de travail ou de maladie professionnelle, et plus particulièrement en cas de faute inexcusable reconnue dans le cas de manquement à l'obligation de sécurité due par l'employeur à ses salariés.

3. La responsabilité du fait des produits défectueux

a) L'objectif

La loi du 19 mai 1998, transposant une directive européenne de 1985, a introduit dans le Code civil la responsabilité du fait des produits défectueux. Un produit est considéré comme défectueux dès qu'il n'offre pas «la sécurité à laquelle on peut légitimement s'attendre». Le défaut du produit peut être invoqué comme cause directe du dommage.
L'objectif est d'indemniser l'utilisateur d'un produit qui s'est révélé dangereux, même en dehors de toute faute du professionnel.
La distinction entre responsabilité contractuelle et responsabilité délictuelle est écartée car on ne se préoccupe pas de la nature de la relation pouvant exister entre la victime et l'auteur du dommage. Il s'agit avant tout de faciliter la protection de la victime.

b) Un régime de responsabilité sans faute

La transposition en droit français de la directive communautaire de 1985 a donné naissance à une responsabilité de plein droit, indépendante de toute référence à l'existence d'un lien contractuel entre le producteur et la victime. Qu'il soit producteur, importateur ou distributeur, le professionnel est réputé responsable de tout défaut de sécurité présenté par un produit défectueux mis sur le marché.

c) Les conditions de mise en œuvre

La victime n'a pas à prouver la faute du producteur, mais seulement l'existence d'un défaut du produit, puis celle d'un dommage subi et, enfin, le lien de causalité entre défaut et dommage.
Le producteur pourra être mis en cause pendant 10 ans à compter de la mise en circulation du produit. La victime dispose d'un délai de 3 ans à compter de la date où elle a eu connaissance du dommage, du défaut et de l'identité du producteur, pour mettre ce dernier en cause sous peine de prescription de son action.

d) Les causes d'exonération

Il s'agit d'une législation protectrice du consommateur ; les moyens de défense du producteur sont donc limités, mais il peut néanmoins s'exonérer dans certaines circonstances. Tout d'abord, il peut démontrer qu'il n'a pas mis volontairement le produit en circulation ou que le produit n'était pas destiné à la vente ou à toute autre forme de distribution. En outre, il peut prouver que le défaut n'existait pas lors de la mise en circulation. La responsabilité du producteur peut également être réduite, voire supprimée, si le dommage résulte d'une faute de la victime.
Par ailleurs, le producteur n'est pas responsable s'il prouve que l'état des connaissances scientifiques et techniques au moment où il a mis le produit en circulation ne permettrait pas de déceler l'existence du défaut : c'est l'exonération du « risque de développement ». Mais le producteur redevient responsable si, en présence d'un défaut qui se révèle dans un délai de 10 ans à compter de la mise en circulation, il ne prend pas les dispositions propres à prévenir les conséquences dommageables.

26 L'ANTICIPATION DU RISQUE

Face à l'apparition de nouveaux risques et à la volonté sociale d'éliminer leurs conséquences négatives, la prévention consiste à les anticiper pour les supprimer ou les réduire. Si le risque est inconnu et ne peut donc être prévenu, il faut appliquer le principe de précaution.

1 La prévention des risques au travail

1. Le principe de prévention

Le principe de prévention consiste à anticiper et à prendre des mesures permettant d'éviter objectivement un risque, ce qui suppose sa connaissance.
La prévention passe d'abord par l'évaluation du risque. Au niveau de l'entreprise, il s'agit tant de prévenir les risques technologiques et environnementaux que d'agir pour la prévention en matière de protection de la santé du salarié au travail. Celle-ci est devenue une préoccupation majeure sous l'impulsion du droit communautaire.

EXEMPLE

Une directive du 12 juin 1989 impose à l'employeur « d'assurer la sécurité et la santé des travailleurs dans tous les aspects du travail » et de prendre « les mesures nécessaires pour la protection de la sécurité et de la santé des travailleurs, y compris les activités de prévention des risques professionnels », notamment en évitant les risques, en évaluant ceux qui ne peuvent être évités, en les combattant à leur source et en planifiant la prévention.

Désormais, le législateur et le juge s'attachent à construire une véritable politique de protection de la santé en milieu de travail.

EXEMPLE

Depuis 2008, la Cour de cassation permet aux magistrats d'exercer un contrôle préalable des décisions d'un employeur en matière d'hygiène ou de sécurité de ses salariés.

2. Les risques liés à la santé au travail

a) Les atteintes à la santé physique et mentale

Les conditions de travail peuvent comporter des risques pour la santé physique des salariés, ainsi que des risques psychosociaux. Il revient à l'employeur d'évaluer ces risques et de prendre les mesures nécessaires pour assurer et protéger la santé physique et mentale ainsi que la sécurité de ses salariés.

EXEMPLE

Un accord national interprofessionnel (ANI) a été conclu le 2 juillet 2008 pour lutter contre le stress lié au travail ; dépression, suicides.

b) Le harcèlement moral

Le harcèlement moral d'un salarié se définit ainsi comme « les agissements répétés qui ont pour objet ou pour effet une dégradation des conditions de travail susceptible de porter atteinte à ses droits et à sa dignité, d'altérer sa santé physique ou mentale ou de compromettre son avenir professionnel ».

L'employeur doit rappeler dans le règlement intérieur l'interdiction de toute pratique de harcèlement moral. Au-delà de ce rappel, il doit être un véritable acteur de la prévention du harcèlement moral dans son entreprise en planifiant des actions de sensibilisation sur le sujet ou un système d'alerte.
En cas d'échec de sa politique de prévention, l'employeur doit user de son pouvoir disciplinaire pour mettre fin au harcèlement et préserver la santé des salariés. Il doit licencier le salarié coupable de harcèlement.
Le harcèlement moral est condamné par la justice, depuis la fin des années 1980, sur le fondement de la bonne foi dans l'exécution du contrat de travail et de l'obligation de protéger la santé des travailleurs. La loi de modernisation sociale du 17 janvier 2002 a introduit la notion de harcèlement moral en droit français.
La sanction pénale du harcèlement moral est de 1 an d'emprisonnement et de 3 750 euros d'amende selon le Code du travail ou de 15 000 euros selon le Code pénal.
S'il appartient au salarié d'établir la matérialité des faits qu'il invoque, les juges doivent, quant à eux, appréhender ces faits dans leur ensemble et rechercher s'ils permettent de présumer l'existence du harcèlement allégué. Il revient alors à l'employeur d'établir qu'ils ne caractérisent pas une situation de harcèlement.

3. Une obligation de résultat de sécurité de l'employeur

a) La responsabilité de l'employeur

Une obligation de résultat de sécurité est à la charge de l'employeur.
L'employeur doit assurer à chaque travailleur le résultat attendu, c'est-à-dire la protection de sa santé au travail. En cas de défaut de résultat, c'est-à-dire en cas de dégradation de la santé causée, même seulement en partie, par le travail, l'employeur est présumé responsable d'une défaillance fautive.
L'obligation de sécurité de l'employeur est une obligation de résultat. Par conséquent, seul un cas de force majeure peut l'exonérer de sa responsabilité.

b) La méthodologie de la prévention

L'employeur doit repérer le risque et l'identifier pour le supprimer en le combattant à la source. Dans le cas où il ne pourrait l'éradiquer, il doit mettre en place des protections collectives et individuelles, complétées par des mesures d'information et de formation des salariés.
L'employeur doit organiser la prévention dans toutes les fonctions et tous les niveaux de son entreprise selon « les principes généraux de prévention », dont celui de l'évaluation des risques professionnels. Il doit planifier sa démarche dans des dispositions humaines, techniques et organisationnelles en vue de l'amélioration continue des situations de travail. Un décret de décembre 2008 lui impose de tenir à jour un « document unique d'évaluation des risques professionnels ».

4. Le rôle des autres intervenants

a) Le médecin du travail

La médecine du travail est une médecine exclusivement préventive qui a pour objet d'éviter toute altération de la santé des salariés du fait de leur travail. Le médecin du travail surveille l'état de santé des salariés, les conditions d'hygiène du travail et les risques de contagion.

La médecine du travail est obligatoirement organisée, sur le plan matériel et financier, par les employeurs et placée sous la surveillance des représentants du personnel. La médecine du travail bénéficie à tous les salariés, quelle que soit la taille de l'entreprise.

Le médecin du travail conseille l'employeur sur l'amélioration des conditions de vie et de travail dans l'entreprise, la sécurisation et l'adaptation des postes.

b) L'inspecteur du travail

Il contrôle l'application de la réglementation du travail dans tous ses aspects et contribue notamment à la prévention des risques professionnels, ainsi qu'à l'amélioration des conditions de travail et des relations sociales.

c) Le comité d'hygiène, de sécurité et des conditions de travail (CHSCT)

Émanation du comité d'entreprise, le CHSCT est sollicité pour tout ce qui a trait à la santé et la sécurité des salariés dans l'entreprise. Sa consultation est obligatoire, par exemple, pour la mise en place de l'élaboration du document unique d'évaluation des risques professionnels.

Constitué dans tous les établissements occupant au moins 50 salariés, il a pour mission de contribuer à la protection de la santé et de la sécurité des salariés ainsi qu'à l'amélioration des conditions de travail.

d) Le droit d'alerte et de retrait

Une loi de décembre 1982 a reconnu un droit d'alerte et de retrait au bénéfice du salarié qui a un motif raisonnable de penser que la situation dans laquelle il se trouve présente un danger grave et imminent pour sa vie ou sa santé.

Le droit du travail donne ainsi aux salariés un rôle dans la prévention des risques dans l'entreprise. Le droit d'alerte et de retrait leur permet notamment d'avertir l'employeur et/ou d'arrêter leur travail en cas de danger grave et imminent pour leur vie ou leur santé.

La notion de danger grave et imminent est une menace immédiate susceptible de porter atteinte à l'intégrité physique des travailleurs. Il ne s'agit pas d'un risque habituel inhérent à la nature même d'un travail reconnu dangereux.

2 Le principe de précaution

1. L'énoncé du principe

La précaution est une attitude et un principe d'action face à un risque potentiel plausible, bien qu'encore incertain d'un point de vue scientifique. Né de considérations environnementales relativement récentes, le principe de précaution est invoqué si le risque est inconnu : les incertitudes ne doivent pas retarder l'adoption des mesures préventives.

Il s'agit de guider les actes des dirigeants des organisations en renforçant l'expertise, la transparence et l'anticipation des risques de leur activité. Le principe de précaution doit permettre un bon équilibre entre l'anticipation et la prudence d'une part, le développement et l'innovation d'autre part.

EXEMPLES

Affaires de «la vache folle», du sang contaminé, des antennes relais de téléphonie mobile, des OGM.

Le principe de précaution oblige à mettre en œuvre des actions de prévention face à des risques dont l'existence n'est pas scientifiquement avérée, sans attendre les certitudes sur l'existence du danger, l'étendue des dommages ou les relations de causes à effet.

2. La valeur juridique du principe

Le principe de précaution s'impose en France *via* la Charte de l'environnement. Il s'agit d'une loi constitutionnelle de mars 2005 à laquelle renvoie le préambule de la Constitution.

Il tend à s'imposer en Europe, *via* le traité de Maastricht de 1992, dans les domaines de l'environnement, de la sécurité alimentaire et de la santé. L'Union européenne s'engage progressivement dans un processus de généralisation du principe de précaution.

3 L'obligation de sécurité

Le «risque sécurité» inhérent aux ventes de biens et services articule les principes de prévention et de précaution.

1. La précaution face au risque sécurité

Depuis 1983, il existe une obligation générale de sécurité applicable à tous les produits et à tous les services. Le Code de la consommation définit ainsi cette obligation : «Les produits et les services doivent, dans des conditions normales d'utilisation ou dans d'autres conditions raisonnablement prévisibles par le professionnel, présenter la sécurité à laquelle on peut légitimement s'attendre et ne pas porter atteinte à la santé des personnes.»

Les produits disponibles à la vente ne doivent pas, dans des conditions normales ou prévisibles d'utilisation clairement portées à la connaissance du consommateur, présenter de dangers pour la santé ou la sécurité de celui-ci.

Les professionnels ont donc une obligation générale de sécurité concernant les produits et services qu'ils fabriquent, réalisent ou commercialisent.

2. La prévention du risque sécurité

Les pouvoirs publics interviennent pour réglementer ou, le cas échéant, interdire la mise sur le marché de produits et de services dangereux.

Lorsqu'un bien présente un risque sécurité, il doit être retiré du marché suivant une procédure rapide et simple.

27 LA COLLECTIVISATION DU RISQUE

L'activité de l'entreprise peut générer des dommages corporels, matériels et moraux engageant sa responsabilité. La demande sociale exige davantage de sécurité et conduit à la mise en place de mécanismes de collectivisation par les assurances ou par l'État.

1 L'objectivation de la responsabilité

1. Le développement des responsabilités objectives

On assiste au développement de l'objectivation de la responsabilité civile, c'est-à-dire que celle-ci se détache de plus en plus de toute connotation morale. L'évolution contemporaine a permis de prendre conscience des limites d'une responsabilité fondée sur la faute au profit d'une responsabilité objective détachée de l'idée de faute.

Ce recul de la faute et le passage à une responsabilité modernisée, fondée sur le risque, se tournent essentiellement vers la défense des intérêts des victimes.

2. Un instrument juridique au profit des victimes

C'est la volonté de protéger les victimes qui a poussé au développement de responsabilités objectives techniquement plus faciles à mettre en œuvre et permettant en principe d'obtenir plus rapidement l'indemnisation, en évitant un débat sur la faute.

La responsabilité civile consiste désormais moins en la sanction d'un comportement illicite qu'en un instrument juridique permettant à une victime d'obtenir réparation des dommages qu'elle a subis. Les manifestations de cette tendance sont perceptibles à travers le développement des lois d'indemnisation.

EXEMPLE

La loi du 5 juillet 1985 a été adoptée pour améliorer la situation des victimes d'accidents de la circulation. En vertu de cette loi, elles peuvent obtenir réparation des dommages subis sans avoir à prouver l'existence d'une faute imputable à l'auteur des dommages.

Le mouvement d'objectivation de la responsabilité, qui conduit à s'attacher à la réparation du dommage plutôt qu'au seul comportement du sujet responsable, nécessite d'assurer une collectivisation de la responsabilité afin de diluer la charge de l'indemnisation.

2 La mutualisation par les assurances

1. L'origine de l'assurance

L'activité d'assurance trouve son origine dans la volonté des agents économiques, individus et entreprises, de se protéger contre les aléas de l'existence, qu'il s'agisse de dommages aux biens (exemples : automobile, habitation) ou aux personnes (exemples : santé, invalidité, décès), que ceux-ci aient été causés involontairement à autrui (responsabilité civile) ou à soi-même.

2. Le mécanisme de l'assurance

a) La mutualisation

L'assurance permet le partage des risques entre une multitude de personnes : en contrepartie du paiement d'une cotisation sous la forme du versement d'une prime, chaque assuré a le droit de recevoir une indemnité en fonction de la nature et de l'importance des dommages subis en cas de sinistre ou d'accident. L'assuré bénéficie donc du droit à percevoir une indemnité en cas de réalisation du risque.

EXEMPLE

Un individu qui en blesse un autre accidentellement ne paiera pas lui-même les dommages et intérêts auxquels il est condamné s'il bénéficie d'une assurance responsabilité civile. Ainsi, la charge de la condamnation civile ne repose pas nécessairement sur le condamné mais sur l'assureur, et finalement sur la collectivité des assurés.

Sur le plan technique, tout assureur organise le regroupement d'un grand nombre de risques de nature semblable et la mutualisation des moyens de telle sorte que les sinistres des uns sont compensés par les cotisations versées par tous.

La mutualisation est la division de la charge des dommages entre tous. Elle permet de compenser mutuellement les risques encourus par chacun, l'assureur étant l'organisateur de cette mutualisation matérialisée par un contrat d'assurance conclu avec chaque personne assurée.

b) Le bien assurable

L'assurance repose sur une appréciation statistique du risque. Le bien assurable doit être soumis à un aléa, qui peut porter sur la survenance d'un événement concernant le bien (exemple : le vol) ou sur la date de réalisation d'un événement certain (exemple : le décès dans le cas de l'assurance-décès).

L'aléa est le caractère principal de tout contrat d'assurance. Il doit être suffisamment courant pour qu'on puisse calculer sa probabilité, sans être trop courant au point d'être quasi certain, car alors il ne pourrait être couvert qu'à un tarif prohibitif.

c) Le sinistre

Il s'agit de la réalisation du risque contre lequel on s'est prémuni. En assurance de responsabilité, c'est la réclamation de la victime qui constitue le sinistre.

d) La garantie

La garantie est l'engagement pris par l'assureur de couvrir le sinistre selon les termes du contrat d'assurance. Lorsque le risque se réalise, l'assureur doit payer, dans le délai convenu, l'indemnité ou la somme déterminée d'après le contrat conclu avec l'assuré.

L'assureur doit fournir de façon loyale une information complète sur le prix et le contrat préalablement à sa signature afin que l'assuré connaisse le contenu du contrat auquel il va adhérer. Il doit à ce titre attirer l'attention de l'assuré sur les exclusions possibles, c'est-à-dire les conséquences du dommage causé qui ne sont pas garanties (exemples : amendes, incendie volontaire).

3. Le contrat d'assurance de biens

L'assurance de biens, aussi appelée assurance de dommages, couvre l'assuré pour les dommages qu'il subit. La souscription d'une telle assurance garantit l'organisation contre les risques qui la menacent (exemples : incendie, inondation) et lui permet de transférer les conséquences qu'elle ne peut assumer seule.

4. Le contrat d'assurance de responsabilité

L'assurance de responsabilité couvre les dommages causés aux tiers (exemple : les clients) par une organisation. Cependant, les juges considèrent que la garantie contractuelle peut valablement être exclue d'une assurance de responsabilité.

EXEMPLE

Un loueur de scooters de mer installé sur une plage est assuré si son salarié blesse une personne en manipulant l'engin. En revanche, si un client est blessé en raison d'un défaut de fabrication ou d'entretien du scooter, le loueur n'est pas couvert car il s'agit d'un dommage «contractuel».

3 La socialisation par la solidarité nationale

1. Une exigence croissante de sécurité

La société actuelle refuse la fatalité et évolue vers une exigence croissante de sécurité et la volonté de garantir la réparation. La solidarité nationale s'est donc développée pour permettre l'indemnisation de risques mal identifiés *a priori* ou dont le coût prohibitif rend difficile la couverture par le seul jeu des mécanismes classiques d'assurance. Elle répond à l'évolution des risques eux-mêmes et de leur perception.

EXEMPLES

Accidents médicaux, risques technologiques, menaces liées à l'environnement, à l'alimentation.

L'évolution ainsi constatée vers une plus grande «socialisation du risque» ou prise en charge du risque par la société se justifie par l'idée qu'il y a des risques dont il serait injuste de ne pas partager la charge entre les individus.

EXEMPLES

Indemnisation des victimes de catastrophes naturelles, d'actes terroristes ou de contamination.

2. Le rôle de la puissance publique

La puissance publique a souvent un rôle moteur dans l'évolution vers une socialisation accrue du risque en tant qu'acteur et régulateur face à des risques dont elle ne peut se désintéresser. Selon la logique de solidarité nationale, l'État répare les dommages qui se rattachent à l'exercice de ses compétences, même s'ils n'ont pas été causés par une personne publique.

EXEMPLES

Indemnisation des accidents du travail par la Sécurité sociale ; carence de l'État dans la prévention des risques liés à l'exposition des travailleurs aux poussières d'amiante.

L'intérêt général doit aussi, le cas échéant, être protégé au travers de la sanction pénale, prévue par les droits français et communautaire.

EXEMPLE

La loi du 2 août 2008 relative à la responsabilité environnementale renforce les sanctions encourues en cas de rejets volontaires ou involontaires dans la mer. La peine est de 15 millions d'euros en cas de faute intentionnelle. Cette loi adapte le droit national au règlement européen de décembre 2006.

3. Les fonds d'indemnisation

Ils représentent un système mixte combinant solidarité et assurance. Ces fonds permettent de séparer la question de la responsabilité de celle de la réparation et d'accorder prioritairement une indemnisation aux victimes.

Certains fonds répondent aux risques naturels ou sociaux, pour des dommages ne se rattachant à aucune responsabilité (exemples : calamités agricoles, aléas thérapeutiques) ou lorsque le responsable n'est pas identifié, pas assuré ou insolvable (exemples : terrorisme, victimes d'infractions pénales). D'autres fonds répondent à l'apparition de nouveaux risques de masse (exemple : indemnisation des préjudices résultant de la contamination par le VIH causée par une transfusion). L'intérêt des fonds est de permettre des financements croisés par la solidarité nationale.

EXEMPLE

La loi du 9 septembre 1986 crée un fonds de garantie des victimes d'actes de terrorisme pour les dommages corporels, financé par un prélèvement sur les contrats d'assurance de biens.

4. Le risque de dilution de la responsabilité

La socialisation accrue du risque présente des limites en termes de coûts pour la société, ainsi que le danger d'une déresponsabilisation des acteurs de l'économie.
La responsabilité civile est axée sur la réparation, ce qui peut se traduire par une dilution du concept de responsabilité. Les acteurs ne sont pas incités à réfléchir aux conséquences dommageables potentielles de leur activité ou de leur comportement. Et ce d'autant moins que la réparation est prise en charge par la collectivité.

exercices

exercice 1 Analyse d'une situation juridique

Mme Z. a été licenciée pour avoir envoyé une centaine de courriels personnels en deux mois depuis son lieu de travail. Elle veut contester son licenciement qu'elle juge abusif, estimant qu'il y a eu « atteinte à la vie privée ».
Elle prétend que ces courriers ont été rédigés pendant les pauses alors qu'elle mangeait à son poste de travail et qu'elle n'a pas porté atteinte au bon fonctionnement de l'entreprise.
L'employeur affirme de son côté qu'il a découvert cette correspondance en recherchant l'origine d'un virus dans le système informatique. Il soutient qu'il n'a pas ouvert les messages mais seulement constaté leur existence. Il estime qu'une dizaine de courriers électroniques par jour représentent une heure de travail négligée quotidiennement.
Mme Z. se pose quelques questions, auxquelles vous répondrez à l'aide des annexes et de vos connaissances.

ENTRAÎNEZ-VOUS

1. Relevez les faits donnant lieu au litige.

2. Précisez le problème juridique qui se pose.

3. Qualifiez juridiquement le problème.

4. En exploitant la décision de justice et les documents fournis en annexe, dites quel enseignement on peut tirer de l'arrêt de la Cour de cassation.

5. En mobilisant vos connaissances, dites si la surveillance des correspondances électroniques des salariés par l'entreprise constitue une atteinte illicite aux libertés individuelles. Argumentez votre réponse sur le plan juridique.

6. Quelle serait l'issue d'une action en justice menée par Mme Z. ?

CORRIGÉS p. 82

Annexe 1 : Arrêt de la Cour de cassation

Cour de cassation, chambre sociale
30 mai 2007
N° du pourvoi : 05-43102

La Cour de cassation, chambre sociale, a rendu l'arrêt suivant :
Sur le moyen unique :
Vu les articles 8 de la Convention européenne de sauvegarde des droits de l'homme et des libertés fondamentales, 9 du Code civil, 9 du Nouveau Code de procédure civile et L. 120-2 [L. 1121-1] du Code du travail ;
Attendu, selon l'arrêt attaqué, que M. X., engagé le 5 décembre 2001 par la société Y. en qualité de responsable de centre, a été licencié pour faute grave le 13 novembre 2002 ;
Attendu que pour juger le licenciement sans cause réelle et sérieuse, la cour d'appel a retenu que les deux messages électroniques du 16 avril 2002 adressés par M. X. à une de ses collaboratrices sur le lieu de travail ne comportant aucun élément professionnel, constituent de la correspondance privée ; qu'il n'appartient pas à l'employeur de prendre connaissance des messages personnels émis ou reçus grâce à l'outil informatique mis à la disposition du salarié pour son travail ;
Qu'en statuant ainsi, sans rechercher si les fichiers ouverts sur le matériel mis à sa disposition par l'employeur avaient été identifiés comme personnels par le salarié, la cour d'appel n'a pas donné de base légale à sa décision ;
PAR CES MOTIFS :
CASSE ET ANNULE, dans toutes ses dispositions, l'arrêt rendu le 21 avril 2005, entre les parties, par la cour d'appel de Versailles ;
remet, en conséquence, la cause et les parties dans l'état où elles se trouvaient avant ledit arrêt et, pour être fait droit, les renvoie devant la cour d'appel de Versailles, autrement composée ;
Condamne M. X. aux dépens ; [...]

Annexe 2 : Le droit de contrôle de l'employeur

Le salarié ayant été licencié pour faute grave, la Cour de cassation a confirmé cette sanction (cass. soc. du 14.03.00, pourvoi n° Z 98-42090). Elle a jugé que « l'employeur a le droit de contrôler et de surveiller l'activité de ses salariés pendant le temps de travail » y compris par un dispositif non destiné à cette fin et que « seul l'emploi du procédé clandestin de surveillance est illicite ». En revanche, dans une autre affaire, un employeur avait installé un système de surveillance à l'insu des salariés. Plusieurs licenciements étaient alors intervenus, fondés sur les résultats de ce contrôle. Le juge, dans un arrêt de principe, a considéré qu'un employeur ne pouvait pas licencier un salarié en se fondant sur des preuves obtenues grâce à un système de surveillance, alors que l'intéressé n'en avait pas été averti (cass. soc. du 10.12.97, n° 95-42.661, X c/ Carrefour).

Extrait de *Le Particulier*, n° 948.

exercice 2 Analyse d'un document juridique

Un employeur peut-il décider de baisser les salaires ? Comme vient de le décider Hertz, diminuer la rémunération des salariés « en attendant la reprise », c'est légal. Mais à condition de respecter une procédure très encadrée.

Baisser le salaire est légal

Baisser le salaire peut être une solution à court terme pour tenter d'amortir la crise ou constituer une alternative à des licenciements. Si le salarié est fondé à refuser une telle mesure, aucun texte n'interdit à l'employeur de baisser un salaire à condition que le SMIC ou les minima conventionnels soient respectés. La baisse peut prendre diverses formes : réduction du salaire fixe, de la part variable ou augmentation de la durée de travail à salaire constant. La réduction de salaire peut concerner de manière uniforme ou non les différentes catégories de salariés. De fait, beaucoup d'entreprises commencent par réduire les bonus des cadres supérieurs ou plafonnent les variables des commerciaux, mesures apparaissant socialement plus correctes, avant d'envisager une réduction des rémunérations de l'ensemble du personnel. Pour faire accepter cette mesure radicale, la baisse de salaire s'accompagne souvent d'un accord collectif prévoyant le maintien de l'emploi ou d'une promesse de « retour à meilleure fortune », le retour à la rémunération antérieure étant conditionné à l'amélioration des résultats de l'entreprise. [...]

De plus, une baisse de salaire doit être gérée avec une extrême prudence. Car le refus des salariés expose non seulement à la mise en œuvre d'un plan de sauvegarde de l'emploi (PSE) mais aussi à la perte potentielle du savoir-faire des salariés les plus qualifiés, qui refuseront la baisse sachant qu'ils retrouveront facilement un emploi. [...]

Une procédure très encadrée

En France (contrairement à de nombreux pays !), l'employeur ne peut imposer une baisse de salaire. Pour diminuer un élément de salaire contractualisé, l'employeur doit, après avoir informé et consulté le comité d'entreprise (CE), respecter une procédure longue et complexe prévue par l'article L. 1222-6 du Code du travail. Chaque salarié doit être informé par lettre recommandée avec accusé de réception de la réduction de salaire envisagée et de son motif économique. Le salarié dispose alors d'un mois pour répondre. S'il accepte la proposition de façon non équivoque, un avenant au contrat de travail est signé. S'il la refuse, soit l'employeur renonce à la baisse de salaire, soit il engage une procédure de licenciement économique. Quelle que soit la date de la réponse du salarié, le licenciement ne peut être engagé qu'une fois le délai d'un mois écoulé. [...]

Marijke Granier-Guillemare,
L'Entreprise.com, 14 mai 2009.

ENTRAÎNEZ-VOUS

1. Analysez le document.

2. Quels principes sont ainsi remis en cause avec la crise économique ?

CORRIGÉS p.82

corrigés

exercice 1 page 80

1. Le contexte

Les acteurs : Mme Z., salariée, et son employeur.

Les faits : Mme Z. est salariée d'une entreprise et a été licenciée par son employeur pour avoir entretenu une correspondance personnelle par mail sur son temps de travail.

2. Le problème juridique

Un employeur peut-il licencier un salarié au motif qu'il s'est consacré à de la correspondance privée sur son temps de travail ?

3. La qualification juridique

Il s'agit de savoir si la surveillance par l'entreprise des correspondances électroniques de ses salariés constitue une atteinte illicite aux libertés individuelles.

4. Exploitation de la décision de justice et exposé des règles

– **L'enseignement de l'arrêt de la Cour de cassation en date du 30 mai 2007**

Le problème qui se pose à la Cour est de savoir si les messages du salarié constituent de la correspondance privée dont l'employeur ne peut prendre connaissance ou si les fichiers pouvaient être consultés par l'employeur.

La limite soulevée par la Cour est de savoir si ces fichiers avaient été identifiés comme personnels. Cette décision laisse comprendre que si les fichiers sont identifiés comme personnels, l'employeur ne peut en prendre connaissance, alors que dans le cas contraire, l'employeur peut les considérer comme professionnels, et donc contrôlables.

– **Les règles de droit**

L'employeur est en droit de contrôler et surveiller l'activité de ses salariés pendant le temps de travail, à condition que les salariés aient été avertis de l'existence d'un système de surveillance.

Afin d'éviter les abus, il existe des limites à l'utilisation par le salarié de l'ordinateur à des fins personnelles. Dans le même temps, l'employeur est soumis au secret des correspondances, et plus généralement des informations personnelles du salarié contenues dans l'ordinateur. Ces principes relèvent du droit au respect de la vie privée.

Doivent être considérées comme usage à titre personnel toutes les correspondances ou visites de sites Internet ne rentrant pas dans la fonction du salarié. La limitation de cette utilisation fait donc partie intégrante du pouvoir de direction et de contrôle de l'employeur.

Cependant, la CNIL estime « qu'un usage raisonnable, susceptible de ne pas amoindrir les conditions d'accès professionnel au réseau et ne mettant pas en cause la productivité paraît généralement et socialement admis par la plupart des entreprises ou administrations ».

Il faut donc préciser que l'utilisation d'Internet ou des messageries électroniques à but privé ne constitue pas une faute professionnelle en tant que telle, sauf si cet usage est abusif.

5. Dans les circonstances relatées ici, le problème de la vie privée ne peut être soulevé dans la mesure où l'employeur n'a fait que constater l'existence de ces mails sans les ouvrir. Il est probable que les juges écartent l'atteinte à la vie privée car les messages n'ont pas été ouverts par l'employeur. De plus, il ne s'agit pas d'une utilisation occasionnelle de la messagerie à des fins personnelles. En l'espèce, l'employeur pouvait reprocher à la salariée « la fréquence et l'importance en volume de telles communications ». Le licenciement semble pleinement justifié.

6. Si on se limite aux éléments rapportés, Mme Z. serait probablement déboutée de sa demande. Dans l'entreprise et pendant le temps de travail, le salarié est soumis à l'autorité de l'employeur. Il ne fait donc pas ce qu'il veut et doit obéir à des ordres et à des directives. Alors qu'*a priori* l'employeur n'a pas à intervenir dans la vie personnelle du salarié, il en a le pouvoir, même si celui-ci est réglementé, dans sa vie professionnelle.

exercice 2 page 81

1. Cet extrait d'article de presse est issu de *L'Entreprise* du 14 mai 2009.

– **Les faits** : la société Hertz vient de décider de diminuer la rémunération des salariés « en attendant la reprise ».
– **Le problème de droit** : existe-t-il une possibilité de baisser la rémunération des salariés dans le contexte particulier de la crise économique ?
– **L'analyse** : la rémunération du salarié est un élément du contrat de travail, et à ce titre, elle est un des trois critères nécessaires à la conclusion d'un contrat de travail (un travail effectif pour le compte et au profit d'un employeur, une rémunération, un lien de subordination juridique).
– **Le sens et la portée de la règle de droit** : si le salaire est modifié par l'employeur, il y a modification du contrat de travail qui ne peut être imposée unilatéralement par l'employeur.
– **La solution proposée** : un employeur ne peut modifier à la baisse la rémunération de salariés qu'avec leur accord et en respectant une stricte procédure rappelée dans le document.

2. Les principes remis en cause sont l'intangibilité des conventions signées entre les parties et l'impossibilité de remettre en cause le salaire, élément essentiel du contrat de travail.

PRÉSENTATION DE L'ÉPREUVE

Comment se présente l'épreuve d'Économie-Droit au BTS ?

1 Objectifs, durée et coefficient

L'épreuve d'Économie-Droit du BTS se décompose en deux parties indépendantes : une partie juridique et une partie économique. Chaque partie est notée de 0 à 20. La note finale est obtenue en calculant la moyenne des deux notes, arrondie au point entier supérieur.
Cette épreuve écrite vise à évaluer vos compétences économiques et juridiques, ainsi que votre capacité à les mobiliser pour analyser une ou plusieurs situations juridiques et économiques.

Chaque partie de l'épreuve dure 2 heures et se voit appliquer un coefficient 1.

2 La forme de l'épreuve

En Droit comme en Économie, le sujet se présente sous la forme d'un dossier documentaire. Votre analyse de la situation décrite et de son contexte est guidée par des questions qui vous permettent de mobiliser vos connaissances et de mettre en œuvre vos compétences.

EXEMPLES

En Droit, vous devez être capable, entre autres, d'identifier les différents régimes juridiques d'exercice de l'activité professionnelle et leurs effets dans une situation donnée et d'analyser les difficultés d'une entreprise et de caractériser la procédure à mettre en œuvre ou à préconiser.
En Économie, vous devez notamment savoir apprécier la situation d'un pays ou d'une région en termes de niveau de vie et de développement et exploiter une note de conjoncture.

Vous devez rédiger des réponses précises et argumentées et utiliser le vocabulaire juridique ou économique approprié.
L'épreuve de Droit évalue plus particulièrement votre capacité à :
- analyser une situation juridique dans un contexte précis, à partir d'un ensemble de documents ;
- procéder à la qualification juridique d'une situation, en raisonnant et argumentant en termes juridiques.

L'épreuve d'Économie évalue votre capacité à :
- analyser une situation à l'aide des mécanismes et des théories économiques ;
- synthétiser une documentation économique ;
- construire une argumentation cohérente.

Les conseils génériques à garder à l'esprit

Aborder le sujet avec méthode et respecter quelques règles pratiques peut faire gagner beaucoup de points. Souvenez-vous qu'il est toujours tenu compte de la pertinence de votre analyse, de la rigueur de votre démarche, de l'exactitude de vos connaissances et de la logique de votre raisonnement.

1 Soyez précis dans vos réponses

Prenez connaissance des questions et réfléchissez-y avant de commencer la lecture des documents proposés. Cette lecture permet d'éclairer la réflexion, mais elle n'apporte pas toutes les réponses. Le danger est de paraphraser des documents qui ne couvrent pas tout le sujet de l'étude proposée.
Analysez le sujet en repérant les mots clés et la consigne.
Prêtez toute votre attention aux verbes directeurs qui seront utilisés :
- *déterminer* = délimiter de façon précise ;
- *dégager* = retrouver un raisonnement ;
- *expliquer* = mettre en évidence ;
- *analyser* = examiner en décomposant ;
- *qualifier* = faire apparaître les traits caractéristiques.

Vous pouvez constituer un répertoire définissant les principales consignes pour faciliter l'acquisition des compétences méthodologiques exigées dans cette épreuve.

EXEMPLE

Entre la description pure entraînée par les verbes « définir » ou « exposer » et la prise de position engendrée par les verbes « critiquer » ou « discuter », le degré d'implication personnelle varie considérablement.

Mettez ensuite en évidence la problématique juridique ou économique soulevée par le cas, puis répondez de façon précise, justifiée et argumentée aux questions.

2 Soyez attentif à la gestion du temps

Vous disposez de 2 heures pour chacune des parties. Si vous pouvez choisir l'ordre dans lequel les parties seront traitées, il est préférable de commencer par celle où vous vous sentez le plus en confiance.
Plutôt que de vous précipiter sur la première question ou sur celle qui paraît la plus facile, consacrez quelques minutes à repérer les caractéristiques du sujet.
De plus, pour réussir l'épreuve, n'hésitez pas à vous entraîner.

Les méthodologies de droit à utiliser lors de l'épreuve

1 L'analyse de documents juridiques

Il peut s'agir d'articles juridiques, de textes réglementaires, de décisions de justice, de contrats, etc.
Il convient de rappeler le titre, la source, la date et le type de document étudié.
Une analyse structurée de documents juridiques fait apparaître :
- les faits ;
- le problème de droit ;
- les éléments de droit positif (règles juridiques) qui s'appliquent à cette situation, leur sens et leur portée ;
- la solution proposée.

a) L'analyse du sens et de la portée d'une décision de justice

Une décision de justice peut vous être fournie dans le dossier documentaire. Il faut expliciter son sens et sa portée dans le contexte proposé pour en retirer des éléments de réponse à la question qui vous est posée. Votre travail préparatoire doit être organisé de la manière suivante.

Titre : Analyse de la décision de ... en date du ...

1. Les faits : quelle est l'histoire qui donne lieu au litige ? Quels sont les intervenants ?
2. La procédure : qui est à l'origine de la procédure ? Qui la subit ? Devant quelle juridiction ?
3. Le problème de droit : quelle est la nature du problème juridique qui oppose les parties ?
4. L'argumentation des parties :
   - Quelles sont les prétentions :
     - du demandeur (1er degré) ?
     - de l'appelant (cour d'appel) ?
     - du demandeur au pourvoi (Cour de cassation) ?
   - Quelles sont les prétentions :
     - du défendeur (1er degré) ?
     - de l'intimé (cour d'appel) ?
     - du défendeur au pourvoi (Cour de cassation) ?
5. La décision : en quoi consiste le jugement ou l'arrêt ? Qui est condamné ? À quoi ?
6. L'analyse de la décision : quel est son sens ? Comment la juridiction justifie-t-elle sa décision ?

b) L'analyse d'un contrat

Un contrat peut vous être fourni dans la documentation jointe. Vous pouvez en retirer des éléments de réponse à la question qui vous est posée. Pour l'analyser et comprendre son sens, votre réflexion doit être organisée de la manière suivante.

1. Nature et caractéristiques :
   - la nature du contrat : de quel type de contrat s'agit-il ? de vente ? de location ? de travail ?
   - les caractéristiques du contrat : synallagmatique ? à exécution successive ?
2. Le contenu du contrat :
   - les parties : qui est le vendeur ? Qui est l'acheteur ? Qui est le salarié ? Qui est l'employeur ?
   - l'objet du contrat : en quoi consiste la prestation à fournir ?
   - les obligations des parties.
3. Le domaine de droit concerné
4. Les clauses particulières du contrat
5. Les réponses aux questions posées dans le sujet

2 La qualification juridique d'une situation contextualisée

Le dossier documentaire présente une situation juridique contextualisée. Il faut donc intégrer le contexte de la situation dans la réflexion et qualifier cette situation sur le plan juridique.

L'opération de qualification juridique consiste à rattacher la problématique concrète, c'est-à-dire les faits relevés, à une catégorie juridique abstraite afin d'en tirer des conclusions quant aux règles de droit applicables. La qualification juridique permet d'appliquer au cas particulier (1) la règle de droit (2) afin de proposer une solution (3).

1. La situation
   - les acteurs et les faits : il s'agit de les rappeler de manière neutre, tels qu'ils sont donnés dans le contexte. Il ne faut pas mêler à ces faits des éléments de droit, et encore moins des solutions ;
   - le problème de droit : il convient d'identifier la problématique soulevée par la situation proposée ;
   - la qualification juridique : il s'agit de traduire en termes juridiques la situation.
2. La règle de droit
   Il faut se référer au droit positif qui est l'ensemble des règles juridiques institutionnelles, c'est-à-dire en vigueur actuellement sur les territoires français et européen. Les sources peuvent être variées : Constitution, lois, règlements, directives et règlements communautaires, jurisprudence nationale et communautaire. Il convient d'énoncer les règles qui peuvent s'appliquer pour apporter une ou des réponses au cas.
3. La solution juridique
   Cette phase s'attache à tirer les conséquences de l'analyse précédente par une déclinaison logique des règles de droit à appliquer. C'est l'étape de la vraie démonstration juridique. Il s'agit de rapprocher les faits, juridiquement qualifiés, des règles de droit qui leur sont applicables. On parle de « syllogisme juridique ». Il convient de faire preuve de logique : on a d'une part la proposition mineure des faits, à laquelle il faut confronter une proposition majeure, la règle de droit, afin d'en tirer la conclusion qui sera la solution.

Les méthodologies d'économie à utiliser lors de l'épreuve

1 L'exploitation d'une documentation économique

L'exploitation d'une documentation économique (texte, graphique, tableau) constitue la base du travail demandé lors de l'épreuve.

Pour un tableau ou un graphique, il est important d'identifier son titre, l'unité ou les unités retenues, la signification de ses axes ou de ses lignes/colonnes, son échelle, sa légende, sa source et sa date.

Les données sont à retraiter par des calculs et des regroupements sont à effectuer pour :
- faciliter l'interprétation du document ;
- réaliser des comparaisons dans le temps ou dans l'espace.

À partir de l'identification et du retraitement des données, vous allez ensuite :
- dégager les informations et tendances générales ;
- sélectionner uniquement les éléments en rapport avec le travail demandé ;
- résumer en une phrase l'information principale du document puis la compléter à l'aide des informations jugées utiles.

2 L'exploitation d'un texte économique

Le travail méthodologique d'exploitation d'un texte économique nécessite de découvrir la nature du travail à effectuer avant d'analyser le texte :
- le repérage du travail à faire commence par l'identification des caractéristiques du texte (titre, source, date, auteur et structure du texte) et se poursuit par l'analyse des questions. Les consignes sont principalement définies par des verbes dont le sens doit être correctement interprété (*identifiez, montrez, expliquez*, etc.) ;
- l'analyse du texte suppose, dans un premier temps, de comprendre l'idée générale du texte et sa structure. Le plus souvent, un texte économique est organisé en paragraphes au sein desquels vous matérialiserez (en les soulignant ou en les annotant) les éléments directement en relation avec chacune des questions.

3 La synthèse de documents

La synthèse s'appuie sur l'exploitation d'une documentation économique.
Trois objectifs différents peuvent être attendus de vous selon le sujet posé :
- répondre à une question précise ;
- respecter le cadre d'un thème délimité par une phrase ou un court texte ;
- faire ressortir l'idée principale si aucune consigne n'est fournie.

La démarche de synthèse se déroule en trois étapes.

1. L'analyse des documents :
- rechercher l'idée maîtresse de chaque document ;
- créer des rubriques pour identifier les informations (exemples : description du fait, historique, aspect théorique, causes, conséquences, solutions).

2. La comparaison des documents :
- distinguer les informations de même nature, celles qui diffèrent et celles qui se complètent ;
- classer les informations au besoin en numérotant vos idées et en les regroupant suivant leur logique.

L'objectif est d'éviter les répétitions pour la rédaction finale de la synthèse.

3. La rédaction de la synthèse :
- élaborer un plan en faisant apparaître l'enchaînement des paragraphes définis par des titres et des sous-titres ;
- rédiger une courte introduction pour annoncer le thème et le plan de la synthèse en réponse à la question : de quoi parle-t-on ?
- restituer l'essentiel des propos contenus dans les documents sans y ajouter de connaissances ni d'idées personnelles ;
- faire une transition entre les différentes parties ;
- conclure en portant un regard d'ensemble sur les documents : la conclusion de la synthèse ne doit pas comporter d'ouverture sur un sujet plus vaste.

La synthèse est à rédiger directement sur la feuille d'examen.

MANAGEMENT DES ENTREPRISES

1 ENTREPRENDRE : LA LOGIQUE ENTREPRENEURIALE

Dans une économie de marché, les entreprises sont au cœur du système productif. Toutes les politiques industrielles tendent à favoriser la création d'entreprise car cette dernière est considérée comme le meilleur moyen pour soutenir l'activité d'un pays et diminuer le chômage.
Toutes les études et démarches de l'entrepreneur pour aboutir à la création d'entreprise sont désignées sous le terme « entrepreneuriat ». La logique d'anticipation et d'innovation de l'entrepreneur dans sa recherche d'opportunités et sa prise de risques inhérentes au projet de création d'entreprise est qualifiée de « logique entrepreneuriale ».

1 L'entrepreneur

1. L'esprit d'entreprise

Tout entrepreneur est animé par un esprit d'entreprise qui va l'amener à rechercher de nouvelles opportunités sur le marché et à prendre des risques pour les saisir.
Notre compréhension de l'entrepreneur doit beaucoup aux travaux de l'économiste autrichien J. Schumpeter (1883-1950), qui a montré que ce dernier était au centre du développement économique car il était celui qui prenait des risques pour innover et donc pour créer de nouvelles opportunités sur le marché. Les innovations, en déstabilisant le marché, engendrent une destruction créatrice qui, selon l'économiste, permet le renouvellement du tissu productif et assure la croissance de l'économie à long terme.

EXEMPLE

La mise sur le marché des baladeurs MP3 a précipité le déclin des lecteurs de CD portables mais a redonné un nouveau souffle au marché des baladeurs en créant une nouvelle demande.

2. Les caractéristiques des entrepreneurs

Tous les entrepreneurs ne se ressemblent pas ; cependant, ils partagent certaines caractéristiques :
- dynamique et motivé, l'entrepreneur a un besoin de réalisation ;
- indépendant, il n'aime pas se plier à l'autorité ;
- intuitif, créatif et opportuniste, il cherche à innover ;
- persévérant et travailleur, il se passionne pour son projet.

En conséquence, être un entrepreneur suppose d'avoir :
- la capacité de repérer les opportunités et de réunir les ressources nécessaires pour les exploiter ;
- la volonté de prendre des risques pour concrétiser ses idées ;
- les compétences pour bâtir un projet et le mener à bien ;
- la détermination nécessaire pour créer son propre emploi.

EXEMPLES

On peut manifester son sens de l'entrepreneuriat en créant son entreprise comme Francis Bouygues ou en développant une entreprise familiale comme Édouard Michelin.

2 La création d'entreprise

L'entrepreneur ne sera reconnu comme tel que lorsque son projet de création d'entreprise aura abouti. Cependant, malgré les aides et les incitations, cela reste un projet risqué puisque, au bout de 5 ans, seules la moitié des entreprises créées sont toujours en activité et plus de 87 % d'entre elles n'ont pas de salarié.

1. Les différentes formes de création d'entreprise

On distingue deux types de création.

a) La création absolue ou pure

Cette création d'entreprise est l'expression la plus simple de l'entrepreneuriat. Elle désigne l'exploitation d'une activité nouvelle qui n'a jamais été exercée au même endroit par une autre entreprise.

b) La reprise

On parle de « création par reprise » lorsqu'il y a reprise de tout ou partie des moyens de production d'une autre entreprise ou rachat d'un fonds de commerce.

2. Le processus entrepreneurial

Compte tenu des aléas du projet entrepreneurial, il importe d'étudier avec soin son processus :

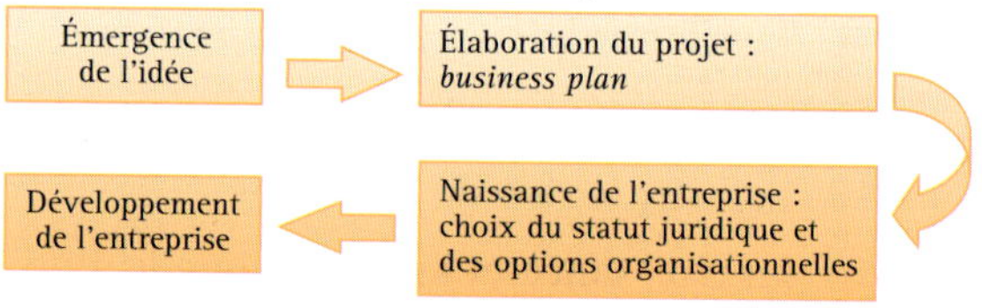

a) L'émergence de l'idée innovante

Le projet de création d'entreprise démarre avec l'émergence de l'idée innovante chez l'entrepreneur. On distingue quatre grandes sources d'idées :
- l'expérience : l'entrepreneur connaît déjà le secteur dans lequel il souhaite développer son projet pour y avoir travaillé ou l'avoir étudié ;

EXEMPLE

Parmi les cinq nouveaux chefs consacrés trois étoiles par le guide Michelin 2007, on compte seulement une femme : Anne-Sophie Pic.
Une troisième étoile qu'elle conquiert 10 ans à peine après avoir repris les commandes aux fourneaux de la maison Pic à Valence, où son père et son grand-père avaient, en leur temps, reçu eux aussi cette distinction suprême de la gastronomie, et qui en fait la seule femme chef trois étoiles actuellement en France, et la quatrième depuis 1933.

- l'observation : l'idée innovante résulte de l'analyse du marché et d'une observation attentive des nouveaux produits et concepts qui se développent dans d'autres pays ;

EXEMPLE

Les sociétés de livraison de pizzas à domicile existaient depuis fort longtemps aux États-Unis quand Spizza 30 débuta son activité, pionnière en France en 1988.

- l'opportunité : l'entrepreneur répond à un nouveau besoin des consommateurs lié à une évolution de l'environnement;

EXEMPLE

Une nouvelle législation entraîne la création d'un nouveau marché : le contrôle technique obligatoire des véhicules a généré de nombreuses opportunités de création de centres de contrôle.

- l'innovation : elle peut prendre la forme de nouveaux produits, de nouvelles méthodes de production, de nouvelles formes d'organisation du travail ou de nouvelles matières premières.

Quelle que soit l'origine de l'idée, il faudra la valider au regard des compétences de l'entrepreneur et des caractéristiques de l'environnement de la future entreprise.

b) Le *business plan*

Afin d'élaborer son projet, l'entrepreneur va devoir réaliser un *business plan* (plan d'affaires). Celui-ci doit lui permettre de mesurer les risques liés au projet et d'en confirmer la viabilité, notamment dans le domaine financier. En outre, le *business plan* constitue un outil de communication indispensable face aux banquiers et aux investisseurs.

Le plan se construit en deux temps :

- l'étude des opportunités du marché, ou étude de marché, permet :
  - de définir les caractéristiques des produits ou des services,
  - de préciser les besoins auxquels ils répondent,
  - de cerner la clientèle visée,
  - de fixer les prix de vente prévisionnels,
  - de choisir les modes de distribution et de communication les plus adaptés,
  - d'étudier la concurrence,
  - de choisir un lieu d'implantation.

  À l'issue de l'étude de marché, l'entrepreneur doit être en mesure de définir son plan de marchéage : politiques de produit, de prix, de communication et de distribution;
- l'étude des besoins de financement, ou plan de financement : le plan de financement initial est la première étape de l'analyse financière. Il consiste à déterminer les besoins et les ressources initiaux de l'entreprise. Le projet de création d'entreprise ne sera viable que si l'entrepreneur est en mesure d'équilibrer les besoins et les ressources pour démarrer son activité :

Besoins	Ressources
– Frais d'établissement – Investissements initiaux : terrains, locaux, matériel, véhicules, etc. – Besoins liés à l'exploitation : stocks, trésorerie, etc.	– Apports du créateur – Apports des associés ou actionnaires – Autres ressources : subventions, emprunts bancaires, etc.

c) Le statut juridique et les options organisationnelles

Pour que l'entreprise puisse voir le jour en toute légalité, il importe de choisir un statut juridique. Aucune structure juridique n'est idéale : l'entrepreneur doit déterminer celle qui correspond le mieux à ses objectifs.

Le premier choix se fait entre :

- l'entreprise individuelle : solution simple et peu onéreuse adoptée par la plupart des commerces et des activités artisanales;
- la société : solution plus formelle et plus onéreuse, elle limite la responsabilité du chef d'entreprise quant aux dettes de l'entreprise.

De nombreux critères entrent dans le choix d'un statut juridique. Nous retiendrons les suivants :

- l'activité : certaines activités sont réglementées et limitent les formes juridiques possibles;

EXEMPLE

Les débits de tabac doivent obligatoirement être exploités en entreprise individuelle ou en société en nom collectif.

- la volonté de s'associer ou de rester indépendant;
- les frais de constitution et de fonctionnement : la société est plus onéreuse que l'entreprise individuelle;
- l'étendue de la responsabilité patrimoniale : constituer une société limite la responsabilité du chef d'entreprise;
- le régime d'imposition des bénéfices;
- la recherche de capitaux : la création d'une société peut être indispensable pour permettre aux investisseurs de prendre part au capital.

Une fois le statut juridique déterminé, il faut mettre en place l'organisation des activités.

Dans une entreprise individuelle, cette organisation est simplifiée puisque l'entrepreneur, complètement autonome, prend seul les décisions. Cette organisation simplifiée peut également concerner certaines sociétés comme les EURL et les nombreuses entreprises créées sans salarié, soit 87 % d'entre elles.

Cependant, le plus souvent, dans une société, la direction de l'entreprise est confiée à un ou plusieurs gérants nommés parmi les associés ou en dehors d'eux. Le fonctionnement de l'entreprise requiert alors des mécanismes de coordination. L'entrepreneur devra faire des choix organisationnels tels que :

- l'internalisation ou l'externalisation de certaines tâches, la comptabilité par exemple;
- le recrutement ou le licenciement de personnel selon les besoins spécifiques et le volume d'activité attendu ou réel;
- la définition d'un organigramme, de procédures;
- etc.

2 GÉRER : LA LOGIQUE MANAGÉRIALE

Dès le démarrage de l'activité et pour assurer le développement de l'entreprise, l'entrepreneur va devoir endosser un nouveau rôle, celui de « manager » ou gestionnaire. Il adopte alors une logique managériale de gestion des ressources, des contraintes et des compétences pour assurer la pérennité de son entreprise.
La logique managériale se distingue de la logique entrepreneuriale car c'est une logique de gestion des ressources existantes et non une logique d'accroissement des ressources de l'entreprise.

1 Le manager

D'après H. Mintzberg, le manager est un individu responsable d'une organisation ou d'un sous-ensemble de celle-ci.
Tout manager est investi d'une autorité formelle liée au statut qui lui est attribué.

1. Le rôle du manager

Notre compréhension du rôle de manager doit beaucoup aux travaux du théoricien français du management, H. Fayol (1841-1925).
Les travaux de Fayol amènent à définir le rôle du manager en cinq points :
- planifier : fixer les buts et les objectifs, bâtir les stratégies appropriées pour accroître la rentabilité et l'efficacité de l'entreprise ;
- organiser : optimiser l'utilisation des ressources humaines, matérielles et technologiques dont dispose l'entreprise ;
- commander : diriger les hommes ;
- coordonner : harmoniser les tâches pour atteindre un objectif commun ;
- contrôler : vérifier les résultats obtenus et prendre les mesures correctives qui s'imposent.

En s'appuyant sur le système d'information de l'entreprise, le manager doit donc diriger et gérer celle-ci rationnellement. Dans le cadre d'un projet de création ou de reprise d'entreprise, il commencera par structurer ou restructurer l'entreprise : il mettra en place (ou optimisera, dans le cadre d'une reprise) l'organisation de la production et de la distribution, assurera ou supervisera la gestion administrative et financière, recrutera des collaborateurs, etc.

2. Les compétences managériales

Pour tenir son rôle, le manager doit développer certaines compétences en matière :
- d'orientation : il doit savoir identifier les priorités sans se laisser déborder par les détails et sans perdre de vue les objectifs poursuivis ;
- de conduite de l'action : il doit maîtriser l'organisation, la délégation des responsabilités, la coordination et le contrôle des tâches au sein de son équipe ;
- de gestion d'équipe : il doit savoir choisir, motiver et encadrer ses collaborateurs.

Le manager agit avec raison, applique des méthodes et des normes de gestion pour limiter la prise de risque et assurer la pérennité de l'entreprise.

2 La complémentarité des logiques entrepreneuriale et managériale

Dans la pratique, logiques entrepreneuriale et managériale sont complémentaires. En effet, la survie de l'entreprise repose à la fois sur sa bonne gestion mais également sur sa capacité à s'adapter et à innover pour sauvegarder sa place sur le marché. L'entrepreneur devra donc apprendre à gérer l'entreprise et le manager devra apprendre à innover pour pouvoir intégrer les nouveaux projets dans les processus existants.
Diriger et gérer une entreprise, c'est prendre à la fois :
- des décisions opérationnelles, courantes et répétitives, suivant une logique managériale ;

EXEMPLE
La décision de réapprovisionner le stock de marchandises est une décision opérationnelle.

- des décisions stratégiques, uniques et lourdes de conséquence, faisant appel à une logique entrepreneuriale.

EXEMPLE
La décision d'investir dans un nouveau local est une décision stratégique.

1. L'entrepreneur-manager

Dés le démarrage de l'activité, l'entrepreneur doit pratiquer tous les métiers : la production, le commercial, les finances et l'administration, sans perdre de vue la stratégie.
Il doit planifier, hiérarchiser, formaliser et appliquer des méthodes et des normes de gestion, ce qui n'est pas toujours aisé pour un individu dont la vocation est la prise de risques et la recherche d'opportunités.
Certains entrepreneurs ne deviennent jamais de bons managers car cela implique de passer d'un fonctionnement intuitif et rapide à une façon d'agir plus rationnelle et mesurée.

2. Le manager-entrepreneur

Pour faire face à la concurrence, l'entreprise doit constamment innover tant en termes de produits, de services ou de procédés qu'en termes d'organisation ou de distribution.
Le manager, dans sa gestion de l'entreprise, va devoir intégrer ces innovations tout en se préoccupant de maintenir et d'améliorer le rendement des activités existantes.
Pour faire face à l'évolution rapide de l'environnement de l'entreprise, les managers doivent donc développer des compétences entrepreneuriales de recherche d'opportunités et de prise de risque. Ils doivent apprendre à prendre des décisions rapides et à en accepter la rationalité limitée. Enfin, l'intégration de nouvelles activités aux opérations existantes les amène à redéfinir sans cesse des processus innovants.

3 LES FINALITÉS DE L'ENTREPRISE

Les finalités de l'entreprise traduisent sa raison d'être. Elles reflètent les aspirations de son ou ses créateurs et lui apportent sa légitimité. Les finalités de l'entreprise sont influencées par les valeurs partagées par la communauté humaine qui la constitue, les statuts et l'histoire de l'entreprise, les attentes du personnel et les contraintes imposées par l'environnement.

EXEMPLE

Certaines entreprises ont d'abord des finalités financières et doivent dégager des profits pour rémunérer leurs actionnaires. D'autres ont avant tout des finalités sociales et veulent assurer le bien-être de leurs salariés. D'autres encore ont des finalités sociétales prédominantes et souhaitent préserver l'environnement.

1 Les finalités financières

L'analyse microéconomique traditionnelle ne trouvait à l'entreprise que des finalités financières : la maximisation du profit, la minimisation des coûts, la création de richesse, etc. Si cette analyse paraît aujourd'hui réductrice, les finalités financières ne peuvent être écartées car, dans une économie de marché, la pérennité de l'entreprise dépend de sa capacité à dégager des profits, c'est-à-dire des revenus résultant de l'excédent des produits sur les charges.

L'obtention de profits apparaît donc comme une finalité commune à toutes les entreprises car elle constitue leur principal moyen de survie. Elle ne revêt toutefois pas le même degré de prépondérance dans toutes les entreprises.

EXEMPLES

Une entreprise privée appartenant à de nombreux actionnaires se devra de réaliser des bénéfices pour être en mesure de distribuer des dividendes alors qu'une entreprise publique aura pour finalité première la production de services publics. De même, les entreprises coopératives ont pour principale finalité de servir au mieux leurs sociétaires.

2 Les autres finalités de l'entreprise

L'économiste P. Drucker (1909-2005) a montré que la recherche du profit n'est pas une fin en soi pour l'entreprise. Il fait figure de pionnier en affirmant que le but premier de l'entreprise est de créer, maintenir et développer une clientèle. Ceci maîtrisé, le profit n'est plus une cause mais un effet de l'excellence du management.

Les finalités propres de l'entreprise résultent de la satisfaction des acteurs qui interviennent dans son fonctionnement (les parties prenantes). Elles peuvent donc être de différents types : économiques, sociales, environnementales ou sociétales.

1. Les finalités économiques

L'entreprise a pour finalités économiques de produire des biens et des services destinés à être vendus sur un marché dans la perspective de créer, maintenir et développer une clientèle.

Certaines entreprises ajoutent à ces finalités le souci de ne pas produire de biens inutiles, nocifs ou dangereux pour l'homme ou pour l'environnement en allant au-delà des obligations légales en matière de sécurité.

2. Les finalités sociales

Toutes les politiques en faveur de la création d'entreprise mettent en avant les finalités sociales des entreprises : créer un ou plusieurs emplois et assurer des revenus aux employés, mais également participer à la formation continue. Les finalités sociales peuvent également se décliner en termes de biens et services offerts à la clientèle sans discrimination.

EXEMPLE

La Banque postale ouvre des comptes à ses clients sans minimum de dépôt ni conditions de ressources, pour que chacun puisse bénéficier d'un compte bancaire.

3. Les finalités environnementales

De plus en plus d'entreprises mettent en avant leurs finalités environnementales, qui se traduisent par des modes de production préservant l'environnement et les ressources naturelles et garantissant la qualité et la sécurité des produits aux consommateurs.

EXEMPLE

La marque Patagonia n'emploie que du coton biologique au lieu de celui cultivé avec des pesticides.

4. Les finalités sociétales

Toutes les entreprises ont indirectement des finalités sociétales puisqu'elles améliorent la société en finançant par l'impôt le développement économique, en participant à la formation des jeunes, en finançant la recherche, etc. De plus, certaines entreprises créent et financent des fondations d'entreprises pour faire avancer des causes spécifiques.

3 La responsabilité sociétale de l'entreprise (RSE)

Selon le livre vert de la Commission européenne de 2001, la responsabilité sociale des entreprises est l'intégration volontaire des préoccupations sociales et écologiques des entreprises à leurs activités commerciales et leurs relations avec les salariés, les consommateurs et les collectivités locales.

Il s'agit pour l'entreprise de décliner les principes du développement durable à son échelle : satisfaire les besoins présents tout en permettant aux générations futures de satisfaire les leurs.

La prise en compte de la RSE va se traduire dans l'entreprise par la mise en place de dispositifs visant à :

- réduire l'impact de ses activités sur l'environnement, la santé et la sécurité ;
- valoriser ses employés au travers d'une politique sociale adaptée ;
- multiplier ses engagements citoyens (politiques de mécénat, de recherche, etc.).

4 LE MANAGEMENT DE L'ENTREPRISE

Une fois les raisons d'être de l'entreprise finalisées, il va falloir mobiliser les hommes autour d'objectifs concrets et accessibles.

EXEMPLE

Si, par exemple, la finalité première d'une entreprise est la maximisation du profit, il faudra fixer des objectifs concrets tels que réaliser un chiffre d'affaires d'un million d'euros pour mobiliser les hommes autour d'objectifs communs et cohérents avec la finalité de l'entreprise.

Le management va permettre d'assurer la cohérence entre finalités, objectifs et mécanismes de coordination et d'organisation de l'entreprise. Il peut être défini comme l'ensemble des techniques de gestion de l'entreprise mises en œuvre pour conduire l'action des individus afin d'atteindre un objectif commun.

1 Les séquences du management

Quelle que soit la forme de l'entreprise (privée, publique, mutuelle ou coopérative), le management consiste à mettre en œuvre quatre séquences distinctes :

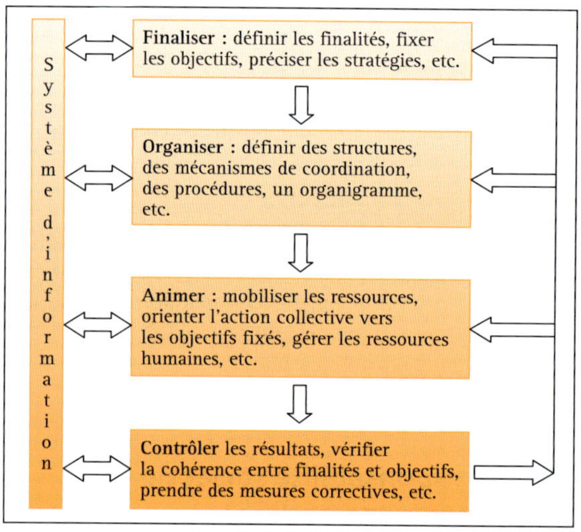

D'après J.-P. Helfer, M. Kalika et J. Orsoni, *Management – Stratégie et Organisation*, 6e édition, Éditions Vuibert, 2006.

2 Les managements stratégique et opérationnel

Le management permet donc à l'entreprise de fonctionner car, d'une part, il donne du sens à son action (finalisation) ; d'autre part, il permet de mettre en cohérence les objectifs individuels des acteurs de l'entreprise avec les objectifs de celle-ci (animation) et, enfin, en fixant des règles et des procédures (organisation), il garantit son fonctionnement quotidien.

Le management permet aux dirigeants d'articuler la dimension entrepreneuriale que nécessite le développement de l'entreprise et la dimension managériale qui prévaut pour sa gestion, grâce au caractère indissociable de ses deux composantes : la stratégie et l'organisation.

1. Le management stratégique

Le management stratégique concerne la gestion à long terme de l'entreprise. Il consiste à prendre des décisions qui vont permettre à cette dernière de saisir les opportunités offertes par son environnement, d'agir sur celui-ci et d'atteindre des objectifs stratégiques entraînant des changements importants au sein de l'organisation.

EXEMPLES

La création de nouvelles activités, le développement de nouveaux produits, la délocalisation des zones de production, etc., sont du domaine du management stratégique.

Les techniques mises en œuvre dans la pratique du management stratégique seront celles de l'analyse de la concurrence et du secteur, de la recherche de parts de marché, de la recherche et du développement, etc.

2. Le management opérationnel

Le management opérationnel est celui du court terme, des opérations courantes. Il concerne la gestion de l'ensemble des processus propres à l'entreprise. Il s'agit d'optimiser l'usage des ressources et des compétences de l'entreprise pour s'adapter aux changements imposés par l'environnement à moindre coût.

EXEMPLES

La mise en place d'une gestion des stocks informatisée, la réorganisation des ateliers de production, la réduction de la consommation d'énergie, etc., sont du domaine du management opérationnel.

Les techniques mises en œuvre dans la pratique du management opérationnel seront celles de l'analyse des coûts, des ressources, des compétences, des procédures, du métier, etc.

3. L'interdépendance

Managements stratégique et opérationnel sont étroitement imbriqués car toute décision stratégique aura une mise en œuvre opérationnelle.

EXEMPLE

Le succès d'une fusion – décision stratégique – dépend avant tout de la capacité des équipes à s'adapter à une nouvelle culture, de nouvelles procédures, un nouvel organigramme et relève donc du domaine du management opérationnel.

On peut schématiser l'interdépendance des deux dimensions :
- la dimension stratégique, tournée vers l'environnement, permet de définir les stratégies de l'entreprise ;
- la dimension opérationnelle, orientée vers l'organisation et l'entreprise elle-même, permet de mettre en œuvre ces stratégies.

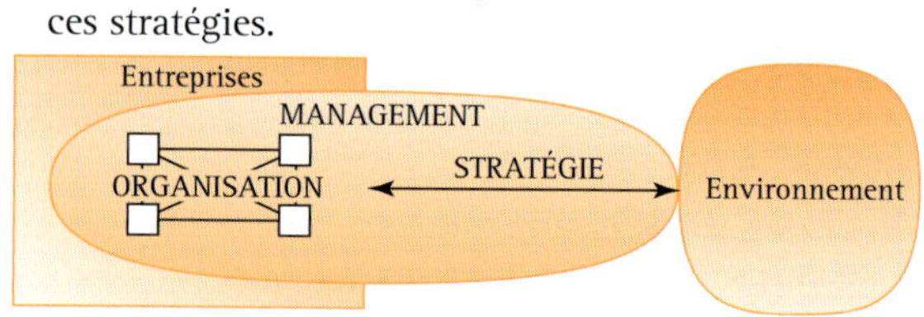

J.-P. Helfer, M. Kalika et J. Orsoni, *Management – Stratégie et Organisation*, 6e édition, Éditions Vuibert, 2006.

5 LA PERFORMANCE

➔ Après avoir défini des finalités puis fixé des objectifs à l'entreprise, il est indispensable de vérifier en permanence si ces objectifs sont atteints et si les résultats obtenus satisfont aux finalités de l'entreprise. C'est pour cela que le contrôle des résultats et son corollaire, l'évaluation de la performance, s'inscrivent dans le processus de management.

1 L'évaluation de la performance

L'évaluation de la performance permet de comparer les résultats obtenus avec les objectifs initiaux et de mettre en évidence des écarts significatifs. Elle est aussi à l'origine du déclenchement d'actions correctives qui permettent d'assurer à court terme la régulation du fonctionnement de l'entreprise.

1. Les critères de performance

L'évaluation de la performance s'apprécie sur la base de critères d'évaluation pertinents, c'est-à-dire de grandeurs de référence pour quantifier ou qualifier la performance. Un critère de performance se définit comme un instrument quantitatif donnant une indication sur la performance d'une organisation, d'un processus ou d'un résultat spécifique.

EXEMPLES

Nombre de visites, chiffre d'affaires réalisé, montant du panier moyen, calcul de coûts, marge, résultats.

Ces critères s'expriment en chiffres, ratios, indices ou pourcentages. De très nombreux critères permettent d'apprécier les performances d'une division, d'un projet ou d'une entreprise. Leur degré de pertinence varie selon le contexte et les objectifs poursuivis.

2. La mesure de la performance

La performance se mesure au travers de deux notions : l'efficacité, qui sanctionne le niveau des résultats atteints par rapport aux objectifs fixés, et l'efficience, qui mesure le résultat obtenu par rapport aux ressources utilisées.

EXEMPLE

Pour mesurer la performance d'un atelier de production en termes d'efficacité, on retient comme critère la quantité produite mensuellement avec un objectif de 1 000 unités par mois. Si, à la fin d'un mois, la mesure de la quantité produite est de 800 unités, on constate un retard de production de 200 unités, que l'on peut qualifier de « sous-performance ».

3. Les indicateurs de performance

Les indicateurs de performance sont des facteurs influençant de façon significative la performance de l'entreprise. Leur observation régulière permet d'alerter les dirigeants de l'entreprise sur l'évolution de l'activité. Si celle-ci s'éloigne des prévisions, les managers décident de mettre en place des actions correctives.

On distingue trois catégories d'indicateurs :

- les indicateurs de moyens mesurent la consommation des moyens nécessaires à l'activité ;

EXEMPLES

Quantité de matières premières, délais d'approvisionnement.

- les indicateurs de résultats mesurent le niveau de réalisation des objectifs quantitatifs et qualitatifs ;

EXEMPLES

Chiffre d'affaires, marge, degré de satisfaction de la clientèle.

- les indicateurs d'environnement qui peuvent être internes (indicateurs managériaux d'évaluation du climat social : taux d'absentéisme, taux de rotation du personnel, etc.) ou externes (part de marché, positionnement par rapport aux concurrents, etc.).

2 Les tableaux de bord

La performance s'évalue principalement avec un outil : le tableau de bord. Les tableaux de bord regroupent les données pertinentes pour les managers aux différents niveaux hiérarchiques et fournissent de façon permanente les écarts entre les objectifs fixés et leur réalisation. Ils constituent également un bon outil de communication entre les responsables des divisions opérationnelles et la direction générale.

1. Le tableau de bord de gestion

Le développement de l'informatique offre la possibilité de traiter et de diffuser l'information à moindre coût.

EXEMPLE

Construction d'un tableau de bord de gestion :

1. Identifier les points clés de l'activité à surveiller pour piloter l'entreprise et prévenir les difficultés — Exemple : suivre et évaluer l'activité des commerciaux

⇓

2. Fixer les objectifs et sélectionner les indicateurs pertinents — Exemple : déterminer un budget donc une performance attendue pour chaque indicateur économique retenu (CA, marges, remises, etc.)

⇓

3. Bâtir puis mettre à jour le tableau de bord

⇓

Nom du commercial :			Mois :		
Indicateur	Budget	Réalisé	Écart : réel – prévisionnel	Réalisé N-1	Écart N/N-1
Chiffre d'affaires					
Marge brute					
Montant des remises					
Marge nette					
Nbre de visites					

2. Le tableau de bord prospectif

Dans les années 1990, deux économistes, R. Kaplan et D. Norton, ont développé le concept de « tableau de bord prospectif ». L'idée principale est qu'il est nécessaire d'intégrer au tableau de bord des indicateurs non financiers pour lui permettre de suivre également la mise en œuvre de la stratégie de l'entreprise. Il est donc nécessaire d'intégrer au tableau de bord quatre points principaux de contrôle et d'évaluation – la satisfaction du client, l'efficacité opérationnelle, le moral des salariés et les résultats financiers – pour donner une dimension globale du pilotage de l'entreprise.

6 LES DÉCISIONS ET LE PROCESSUS DE DÉCISION

Diriger une entreprise consiste essentiellement à exercer ou à déléguer un pouvoir de décision. La décision est un acte volontaire, d'un ou de plusieurs décideurs, qui conduit à un choix entre plusieurs solutions possibles, compte tenu d'un ou de plusieurs critères d'évaluation, et qui apporte une réponse à un problème donné. La décision est l'aboutissement d'un cheminement ou processus de réflexion : le processus décisionnel.

1 Les décisions

Les décisions sont inhérentes au management de l'entreprise car elles sont préalables à toute détermination d'objectifs et à toute action portant sur la mise en œuvre des ressources. En conséquence, des milliers de décisions sont prises quotidiennement dans les entreprises à tous les niveaux hiérarchiques et dans tous les domaines d'activité.

1. La notion de décision

Pour prendre une décision, le décideur s'appuie sur les informations et les connaissances dont il dispose en fonction des objectifs poursuivis par l'entreprise. Plusieurs théories se sont succédé pour décrire et expliquer le comportement du décideur.

a) La théorie du décideur rationnel

Cette théorie, inspirée du modèle économique classique, a été élaborée dans les années 1920. Elle repose sur l'hypothèse que l'entrepreneur est un décideur unique et rationnel. Selon M. Allais, économiste français qui a obtenu le prix Nobel d'économie en 1988, « un homme est réputé rationnel lorsque a) il poursuit des fins cohérentes avec elles-mêmes ; b) il emploie des moyens appropriés aux fins poursuivies ».

Dans ce cadre, le décideur recherche donc la maximisation du profit et la minimisation des coûts, c'est-à-dire la solution optimale dans un environnement certain. Ses décisions s'appuient sur des informations parfaites qui lui permettent d'appréhender l'ensemble des solutions.

b) La théorie de la rationalité limitée

Dès 1955, H. Simon, économiste américain, prix Nobel en 1978, a montré que les décideurs ont des limites physiques et intellectuelles et ne peuvent envisager toutes les solutions. Leur rationalité est limitée par les contraintes de temps, de budget, d'information, de raisonnement, etc.

Si le décideur recherche la solution optimale, il est le plus souvent contraint d'adopter une solution simplement satisfaisante compte tenu des informations dont il dispose et de sa capacité à comprendre la situation à laquelle il se trouve confronté.

2. La diversité des décisions

L'étude de la diversité des décisions met en évidence le fait que les décisions présentent des contenus, induisent des effets sur l'activité et l'entreprise et s'appuient sur des processus qui diffèrent selon leur degré de répétitivité, leur horizon temporel, le domaine de gestion dans lequel elles s'exercent et le niveau hiérarchique où elles sont prises.

Dès 1965, I. Ansoff distingue trois types de décisions dans l'entreprise :

Caractéristiques / Type de décision	Stratégique	D'organisation	Opérationnelle
Horizon temporel	Long terme	Moyen terme	Court terme
Niveau hiérarchique	Direction générale	Directions fonctionnelles	Chefs de service ou chefs d'atelier
Domaine de gestion	Stratégie : relation de l'organisation avec son environnement	Gestion : gestion des ressources humaines, financières, etc., de l'organisation	Exploitation : utilisation des ressources pour assurer le fonctionnement de l'organisation
Répétitivité	Décision unique	Répétition éventuelle	Répétition fréquente
Exemples	Absorption d'un fournisseur, lancement d'une nouvelle gamme de produits	Recrutement d'une équipe de commerciaux, lancement d'un nouveau produit	Réapprovisionnement des stocks, établissement d'un plan de tournée, expédition, facturation

2 Le processus de décision

Le processus décisionnel est un processus complexe qui peut se décomposer en plusieurs étapes allant de l'identification du problème au choix d'une solution satisfaisante et à l'évaluation de son efficacité.

1. Les étapes du processus décisionnel

Dès les années 1950, H. Simon a proposé un schéma explicatif de ce processus sous le nom de « modèle IMC ». Ces travaux constituent le socle de la plupart des modèles de décomposition du processus de prise de décision :

I (Intelligence) :
phase d'analyse et de compréhension du problème à l'aide de l'information disponible

↓

M (Modélisation) :
phase de conception des solutions en tenant compte des risques et des opportunités

↓

C (Choix) :
phase de sélection de la solution qui semble la meilleure compte tenu des diverses contraintes

Cependant, dans une perspective managériale, le processus de décision ne peut s'arrêter au choix de la solution et doit se poursuivre par la mise en œuvre des choix et le contrôle des effets de la décision :

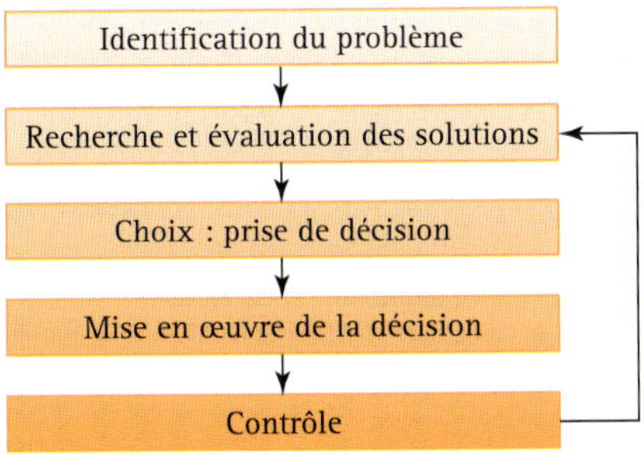

L'analyse du processus décisionnel montre alors comment les logiques entrepreneuriale et managériale peuvent s'articuler dans une même entreprise : la logique entrepreneuriale de prise de risques et de recherche de solutions s'impose dans les trois premières phases du processus décisionnel alors que la mise en œuvre de la décision et le contrôle des résultats s'appuient sur une logique managériale de gestion des ressources.

2. Les facteurs de contingence

Des facteurs de contingence tels que la structure de l'entreprise, le niveau de rationalité et la nature de la décision influencent la prise de décision et déterminent sensiblement le choix des solutions adoptées.

a) La structure de l'entreprise

La structure de l'entreprise traduit ses principes d'organisation et d'exercice du pouvoir de décision.

Schématiquement, le pouvoir de décision peut être détenu par un petit nombre de dirigeants au sommet de la hiérarchie, il s'agit alors d'une structure centralisée, ou, au contraire, être réparti au sein des divisions opérationnelles, il s'agit, dans ce cas, d'une structure décentralisée :

- une structure centralisée favorise la cohérence des décisions car elles sont prises par un petit nombre de décideurs, mais l'efficacité des solutions est réduite du fait du manque de concertation avec la base écartée du processus ;
- une structure décentralisée permet une meilleure pertinence des décisions, prises par des décideurs proches des problèmes à résoudre et mises en œuvre par des salariés plus impliqués, mais ces décisions risquent de s'écarter rapidement de l'objectif commun, ce qui nécessite la mise en place de procédures de contrôle efficaces.

b) Le niveau de rationalité de la décision

La prise de décision est soumise à des contraintes économiques, temporelles et techniques, tant internes qu'externes, qui limitent le niveau de rationalité de la décision.

On distingue six types de contraintes :

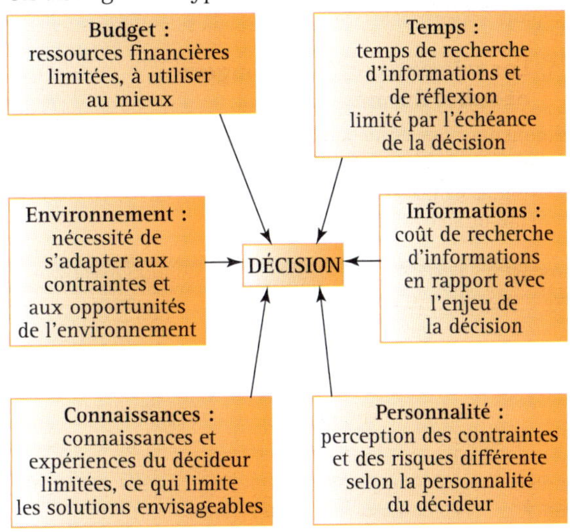

c) La nature de la décision

La nature de la décision influence également la prise de décisions :

- les décisions stratégiques, difficilement réversibles, s'inscrivent dans un processus décisionnel long afin de réduire le taux de risque et d'incertitude ;
- les décisions opérationnelles courantes s'inscrivent dans des processus décisionnels courts, voire automatisés.

EXEMPLE

Les commandes de pièces sur les chaînes de fabrication automobiles sont entièrement gérées par ordinateur et transmises automatiquement aux fournisseurs.

7 LES STYLES DE DIRECTION

Les dirigeants exercent leur pouvoir avec un certain style qui résulte d'une combinaison de leur personnalité, de leurs orientations et du contexte dans lequel ils agissent. Le style de direction est un facteur de contingence qui influence fortement le processus décisionnel et détermine sensiblement le choix des solutions adoptées.

1 La diversité des styles de direction

Il existe de nombreux critères pour caractériser un style de direction. Nous en retiendrons toutefois deux principaux.

1. Les relations entre managers et subordonnés

En menant une étude approfondie des relations existantes entre managers et subordonnés dans de nombreuses entreprises, R. Likert, psychologue américain (1903-1981), a isolé quatre styles de direction :

Styles / Caractéristiques	Autoritaire	Paternaliste	Consultatif	Participatif
Confiance accordée	Aucune	Confiance condescendante	Grande confiance mais sous contrôle	Confiance totale
Communication	Faible, toujours descendante	Faible, surtout descendante	Modérée, ascendante et descendante	Intense, ascendante, descendante et horizontale
Niveau de prise de décision	Au sommet de la hiérarchie	Au niveau de la direction générale et des directions opérationnelles	Au niveau de la direction générale et des directions opérationnelles	À tous les niveaux hiérarchiques
Participation aux décisions	Aucune	Suggestions	Consultation	Participation large

D'après J.-P. Helfer, M. Kalika et J. Orsoni, *Management – Stratégie et Organisation*, 6e édition, Éditions Vuibert, 2006.

À l'issue de l'étude, le style participatif apparaît comme le plus efficace car il est source de motivation des hommes. Cependant, il peut également limiter la cohérence des décisions.

2. L'orientation donnée à l'action

L'activité des managers repose sur deux dimensions complémentaires : la dimension technique ou de production et la dimension humaine ou relationnelle.

R. Blake et J. S. Mouton ont caractérisé cinq styles de direction selon l'intérêt porté par le dirigeant à la production (abscisses) et aux relations humaines (ordonnées) :

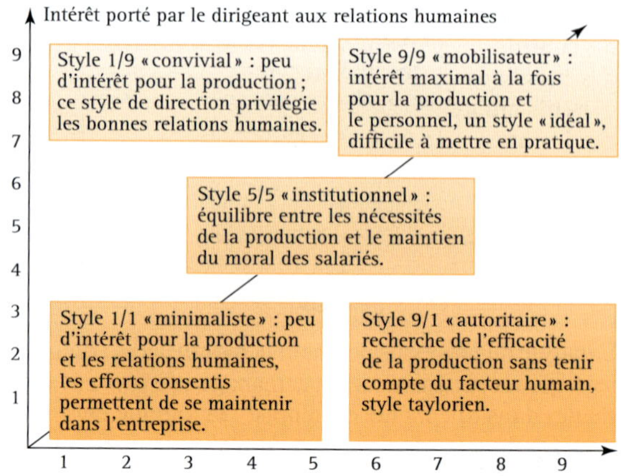

D'après R. Blake et J. S. Mouton, *La Troisième dimension du management*, Éditions d'Organisation, 1975.

2 Le choix d'un style de direction

Dans une même entreprise peuvent se côtoyer différents styles de direction en fonction des domaines, des personnes, des périodes, des opportunités ou des contraintes de l'environnement. Il n'existe donc pas de style de direction « idéal ». Le choix d'un style de direction se fait en fonction de trois séries d'influence : celle du leader, celle des subordonnés et celle du contexte.

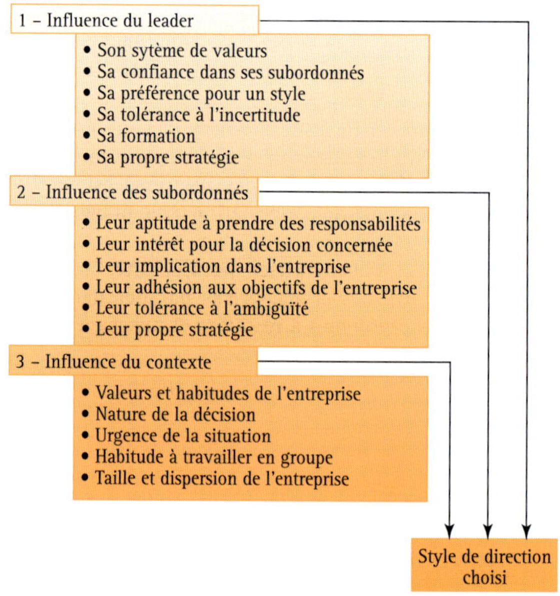

D'après J.-P. Helfer, M. Kalika et J. Orsoni, *Management – Stratégie et Organisation*, 6e édition, Éditions Vuibert, 2006.

8 LES PARTIES PRENANTES ET LES CONTRE-POUVOIRS

Le fonctionnement de toute entreprise est source de conflits de pouvoir car il repose, en interne, sur des individus et des groupes, les salariés, qui ont des objectifs propres et rarement concordants, et, en externe, sur les agents économiques, consommateurs, clients, fournisseurs, actionnaires, administrations, etc., qui agissent également en fonction de leurs propres objectifs. La nature des relations qui se nouent entre les acteurs au sein de l'entreprise et avec les partenaires extérieurs influence de façon déterminante son mode de gouvernance. Le dirigeant doit en permanence arbitrer entre les attentes des différentes parties prenantes, qui peuvent constituer autant de contre-pouvoirs.

1 Les parties prenantes internes

L'expression «parties prenantes» fait référence à la volonté de chacun des acteurs de bénéficier d'une fraction de la valeur ajoutée produite par l'entreprise.
Les premiers bénéficiaires de la répartition de la valeur ajoutée sont les salariés au travers des salaires.

1. Les salariés et leurs représentants

a) Les salariés

Les salariés constituent le capital humain essentiel à l'activité et au développement de l'entreprise et donc, de fait, un contre-pouvoir puisque les objectifs de l'entreprise ne peuvent être atteints sans leur participation active, alors même que leurs objectifs personnels divergent parfois des objectifs communs.
Pour défendre leurs intérêts, les salariés s'appuient sur leurs élus :
- les délégués du personnel dans tous les établissements de plus de 10 salariés ;
- le comité d'entreprise, obligatoire dans les entreprises de plus de 50 salariés.

b) Les syndicats

Les syndicats représentent un contre-pouvoir à la fois interne, grâce aux représentants syndicaux de l'entreprise, et externe, au niveau national. Selon les termes du Code du travail, ils sont seuls habilités à représenter les salariés dans le cadre des négociations collectives des conditions générales de travail. Leur contre-pouvoir s'exprime souvent de façon conflictuelle (grève, etc.).

2. Les relations de pouvoir dans l'entreprise

Les dirigeants doivent en permanence arbitrer entre les objectifs des salariés et l'objectif commun. Ceci amène les économistes R. Cyert et J. March à montrer que les objectifs poursuivis par l'entreprise ne seront donc pas rationnels, mais représentent le meilleur compromis possible entre les objectifs des diverses coalitions d'individus qui la composent.
Ces coalitions d'individus ayant des buts différents, elles doivent négocier entre elles, ce qui conduit aux prises de décisions.
Pour éclairer le jeu de pouvoirs et contre-pouvoirs dans l'entreprise, M. Crozier, sociologue français, montre que, dans l'entreprise, tout le monde peut avoir du pouvoir car il est le produit de relations, négociations et confrontations dont l'issue reste toujours incertaine.

2 Les parties prenantes externes

1. Les consommateurs et les clients

L'intérêt des clients et des consommateurs, acheter au meilleur prix, est parfois contradictoire avec celui de l'entreprise, qui consiste à fixer des prix qui lui permettent de réaliser des profits et de satisfaire ainsi à ses objectifs de rentabilité.
Les consommateurs et les clients de l'entreprise exercent deux types de contre-pouvoir : actif par le biais des associations de consommateurs et passif en faisant jouer la concurrence sur les prix.

2. Les acteurs de la société civile

L'État et les administrations prélèvent une part de la valeur ajoutée de l'entreprise en impôts, taxes et cotisations diverses. Mais c'est au travers des lois et des règlements qu'ils exercent une contrainte collective et donc un contre-pouvoir.
En outre, la société civile impose à l'entreprise d'être socialement responsable, c'est-à-dire de se soucier de sa rentabilité et de sa croissance, mais également de ses impacts environnementaux et sociaux.

3. Les actionnaires

Les actionnaires sont les propriétaires de l'entreprise, si elle a la forme d'une société de capitaux, qui ont délégué leur pouvoir de décision.

a) La gouvernance de l'entreprise

La gouvernance constitue un mode d'arbitrage entre les intérêts contradictoires des différentes parties prenantes et, en particulier, entre les actionnaires et les dirigeants.
Lorsque l'entrepreneur est l'unique ou le principal propriétaire de l'entreprise, les problèmes de gouvernance n'existent pas.
Mais dès lors qu'il existe une séparation entre les propriétaires et les dirigeants salariés, se pose la question de la pratique du pouvoir compte tenu des divergences d'intérêts qui peuvent exister entre eux.
On distingue deux modèles de gouvernance :
- la gouvernance managériale laisse aux dirigeants la plus grande part du pouvoir ;
- la gouvernance actionnariale se traduit par un contrôle direct de l'entreprise par les actionnaires et s'impose depuis les années 1980.

b) Les enjeux liés aux intérêts des actionnaires

Les actionnaires exercent leur contre-pouvoir au sein des assemblées générales et des conseils d'administration. Ils suivent les nominations des dirigeants, leur rémunération, l'orientation stratégique de l'organisation, etc. Ceux-ci devront donc exercer leur pouvoir de gestion en tenant compte du contre-pouvoir des actionnaires et en assurant une rentabilité minimale des capitaux pour satisfaire à leurs exigences de dividendes.

9 LA DÉMARCHE STRATÉGIQUE

➔ La stratégie permet à une entreprise d'atteindre ses finalités et ses objectifs. Elle doit être définie au niveau global puis se décliner sur chacun des domaines d'activité de l'entreprise. L'utilisation des outils d'analyse stratégique, une planification et un contrôle appropriés assureront le succès de la démarche stratégique. Cela étant, il faudra également tenir compte des aspects contingents, inhérents à toute stratégie, comme la taille, le métier et le type d'entreprise concerné.

1 La notion de stratégie d'entreprise

1. Une stratégie d'entreprise en accord avec sa finalité et ses objectifs

La stratégie est l'ensemble des opérations coordonnées menées pour réaliser une finalité.
La démarche stratégique doit donc prendre appui sur les finalités de l'entreprise.
Ces finalités sont traduites par des objectifs stratégiques à long terme qui concernent les orientations importantes définies par les dirigeants. Les cadres de l'entreprise vont ensuite définir des objectifs tactiques à moyen terme qui seront réalisés par chaque service. Enfin, les objectifs opérationnels à court terme permettront aux exécutants de réaliser les objectifs tactiques.

2. Une stratégie en cohérence avec le(s) métier(s) de l'entreprise

Le métier est le savoir-faire, l'habileté, les compétences acquises dans l'exercice d'une profession. Les entreprises peuvent avoir plusieurs métiers. Il est toutefois utile de se référer au métier de base en rapport avec l'activité principale et avec les compétences que l'entreprise maîtrise le mieux. La démarche stratégique, pour être couronnée de succès, doit fixer les objectifs qui permettront de valoriser au mieux les compétences que l'entreprise peut déployer dans le cadre de son métier.

3. Une stratégie qui se décline dans les DAS de l'entreprise

Les entreprises peuvent avoir différentes activités demandant des compétences distinctes. Un domaine d'activité stratégique (DAS) est un sous-ensemble d'une entreprise auquel il est possible d'allouer ou de retirer des ressources de manière autonome. Une entreprise peut intervenir sur plusieurs DAS. Sa stratégie d'ensemble doit se décliner par domaines d'activités pour être plus efficace.
La segmentation stratégique permet de définir les différents domaines d'activités stratégiques de l'entreprise en divisant les activités de l'entreprise en segments homogènes (ou DAS) régis par des facteurs clés de succès identiques. Cette segmentation stratégique ne doit pas être confondue avec la segmentation marketing, dont le but est de définir des groupes de consommateurs ayant des besoins différents à assouvir et auxquels va s'adresser le marketing mix de l'entreprise.

EXEMPLE

Une entreprise dont le métier est la vente automobile peut avoir deux DAS différents : la commercialisation de véhicules neufs et de véhicules d'occasion et, pour chacun de ces DAS, les segments marketing ciblés peuvent être les entreprises, les administrations et les particuliers.

2 Les différentes facettes de la stratégie d'entreprise

1. La stratégie délibérée ou émergente

La définition de la stratégie peut résulter d'un choix délibéré. Les dirigeants vont alors planifier les actions à mettre en œuvre pour mener à bien leur stratégie. Elle peut aussi se construire de façon moins rationnelle, plus informelle, en fonction des événements qui affectent l'activité de l'entreprise. La stratégie « émerge » alors des activités de l'entreprise. Dans la réalité, la stratégie résulte souvent d'une combinaison des deux : une démarche planifiée et une stratégie émergente.

2. Les stratégies de domaine et globale

a) Les stratégies de domaine

Les stratégies de domaine (*business strategies*) commencent par le choix des DAS qui permettent d'exploiter au mieux les facteurs clés de succès (FCS) sur lesquels l'entreprise peut s'appuyer.
Ces FCS au sein du DAS sont des points forts sur lesquels l'entreprise peut compter pour obtenir un avantage concurrentiel comme, par exemple :
- un bon rapport qualité/prix ;
- des ressources et des compétences particulières ;
- un effet d'expérience ou un avantage technologique ;
- une bonne capacité d'innovation ou un capital marque ;
- un réseau de distribution performant.

Ensuite, les stratégies de domaines permettent de définir si l'entreprise adoptera sur son DAS une politique de minimisation des coûts, si elle se différenciera en offrant des avantages uniques aux consommateurs ou si elle se focalisera sur un produit ou un marché donné.

b) La stratégie globale

Quand les DAS sont fixés, la stratégie d'entreprise (*corporate strategy*) détermine au niveau global si cette dernière doit se spécialiser ou se diversifier et si elle doit externaliser ou intégrer ses activités.

3 Les outils d'analyse stratégique

1. L'apport du modèle LCAG

Learned, Christensen, Andreus et Guth ont mis en place un processus d'analyse interne et externe de l'entreprise connu sous le sigle « LCAG » du nom de ses auteurs. Ce modèle fournit un cadre général pour l'analyse stratégique :

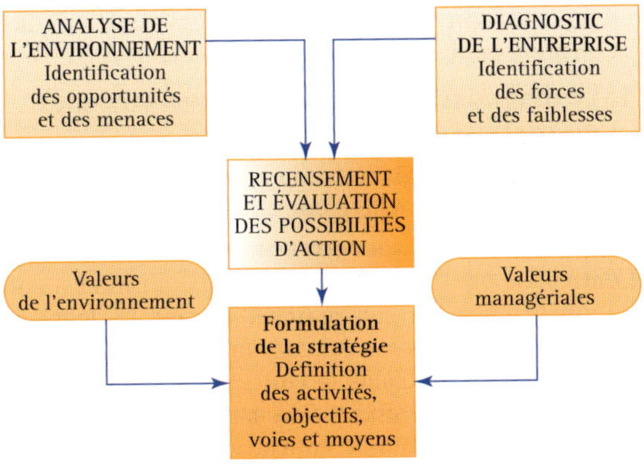

Le modèle LCAG comporte deux axes d'analyse :

- l'analyse externe identifie les opportunités et les menaces présentes dans l'environnement de l'entreprise ainsi que les valeurs de l'environnement dans lequel évolue cette dernière ;
- l'analyse interne révèle les forces et les faiblesses de l'entreprise ainsi que les valeurs sur lesquelles les dirigeants veulent s'appuyer.

Le modèle LCAG montre que la prise en compte de ces deux analyses, interne et externe, permet de recenser les possibilités d'action qui conduiront à la formulation d'une stratégie efficiente en fonction du contexte de l'entreprise et de son environnement.

2. L'apport de l'analyse FFOM (forces, faiblesses, opportunités, menaces)

Cette matrice reprend les deux axes du modèle LCAG :

	Interne	Externe
Bon	FORCES	OPPORTUNITÉS
Mauvais	FAIBLESSES	MENACES

L'analyse FFOM est un outil simple permettant de réaliser :

- l'analyse externe qui conduit à l'identification des opportunités et des menaces. Elle permet d'identifier les actions qui permettent de s'adapter à l'environnement dans lequel évolue l'entreprise ;
- l'analyse interne qui permet de réaliser un diagnostic de l'entreprise à partir de ses principales forces et faiblesses et donc d'identifier les FCS. Il permet aussi de cerner les faiblesses de l'organisation et de mener une stratégie qui permettra de les limiter pour ne pas se faire devancer par les concurrents.

La matrice FFOM constitue un outil simple et performant pour déterminer une démarche stratégique adaptée aux caractéristiques de l'entreprise et à celles de son environnement.

4 La planification et le contrôle de la stratégie adaptée

1. La démarche de planification

Pour garantir le succès de leur démarche stratégique, beaucoup d'entreprises mettent en place une planification qui peut suivre le schéma suivant :

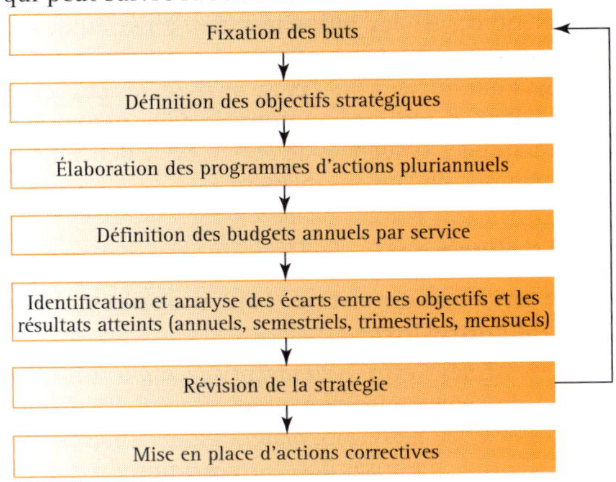

2. Le contrôle de la planification

Les programmes d'actions fixent les performances à réaliser. Ils sont chiffrés sur plusieurs années et le plus souvent établis par fonctions (commerciale, ressources humaines, production, etc.).

EXEMPLE

Si le but de l'entreprise est d'être plus compétitive, l'objectif pourra être de réduire le coût de production. Les programmes d'actions vont donc inclure des investissements en biens de production, en formation, etc.

Après l'établissement des programmes d'actions, le plan est annualisé sous la forme de budgets qui déterminent les ressources allouées par service.

Les performances sont contrôlées chaque année, chaque semestre ou chaque trimestre et les écarts sont analysés pour envisager des actions correctives.

5 L'aspect contingent de la démarche stratégique

Une démarche stratégique ne peut être un processus identique pour toutes les entreprises. La démarche stratégique varie selon différents critères :

- la taille de l'entreprise : une planification formulée sur un horizon de plusieurs années est courante dans les grandes entreprises mais pas dans les PME ;
- le type d'entreprise : une entreprise multiactivité doit adopter une stratégie globale ainsi qu'une stratégie au niveau de chaque domaine d'activité alors qu'elles seront confondues pour une entreprise monoactivité ;
- le métier sur lequel l'entreprise a décidé de déployer ses compétences de façon à s'appuyer sur les savoir-faire et les compétences pour obtenir un avantage concurrentiel sur le marché ;
- les étapes du cycle de vie de l'entreprise : par exemple, la stratégie en phase de lancement de l'entreprise doit être axée sur les investissement à réaliser alors qu'en phase de déclin, elle aura comme priorité de proposer une nouvelle offre commerciale pour maintenir l'activité.

10 LE DIAGNOSTIC STRATÉGIQUE EXTERNE

Le diagnostic stratégique doit s'appuyer sur l'étude de la situation externe de l'entreprise. Cette analyse permet de cerner les influences de l'environnement et la position concurrentielle de l'entreprise sur son marché. Pour mener à bien cette analyse, les études de marché sont un outil incontournable. Elles permettent de connaître les tendances de l'offre, de la demande et les évolutions de l'environnement.

1 Le diagnostic de l'environnement

1. Un environnement porteur d'opportunités et de contraintes

L'environnement offre à l'entreprise l'opportunité de profiter de l'émergence de nouveaux produits à commercialiser et de nouveaux marchés à exploiter.
Toutefois, les entreprises doivent aussi faire face à des menaces environnementales. Celles-ci peuvent venir de l'évolution des technologies, de celle des mentalités des consommateurs ou encore des concurrents. Bâtir une stratégie qui transforme les menaces de l'environnement en opportunités en s'appuyant sur ses facteurs clés de succès est un gage d'efficacité et de pérennité.

2. La prise en compte du macroenvironnement

Le macroenvironnement est l'environnement global de l'entreprise. Il inclut toutes les influences qu'elle subit aux niveaux national et international. La méthode PESTEL est un outil de diagnostic qui analyse l'environnement global en répartissant ses influences en six grandes catégories : politiques, économiques, socioculturelles, technologiques, écologiques et légales. Elle a pour but d'établir une *check-list* permettant d'identifier et de hiérarchiser les éléments de l'environnement susceptibles d'affecter de façon durable l'activité de l'entreprise.

3. La prise en compte du microenvironnement

Le microenvironnement de l'entreprise est constitué par ses partenaires sur le marché. Il est formé d'acteurs comme les fournisseurs, les clients, les concurrents, les administrations, les pouvoirs publics et les groupes de pression (par exemple, des associations de consommateurs). Le diagnostic stratégique doit s'intéresser à l'étude des concurrents et des clients mais aussi à celle des autres acteurs du microenvironnement car tous peuvent avoir une influence sur son activité.
Par exemple, en ce qui concerne les fournisseurs, la connaissance de leur nombre, de leur taille et de leur pouvoir permettra de faire les bons choix dans ce domaine en assurant la sécurité et la régularité des approvisionnements au meilleur coût.

2 Le diagnostic concurrentiel

L'entreprise est rarement seule sur son marché. C'est pourquoi il est indispensable qu'elle tienne compte des forces concurrentielles et des groupes stratégiques présents sur son marché de façon à pouvoir déterminer sa position concurrentielle.

1. Le diagnostic des forces concurrentielles du secteur

Selon l'analyse de M. Porter, cinq forces agissent sur la position concurrentielle d'une entreprise.

a) L'intensité de la concurrence

L'entreprise doit analyser les éléments qui intensifient la concurrence sur son marché, comme le degré de concentration (plus les concurrents seront concentrés et donc importants, plus la concurrence sera vive) ou les possibilités de croissance du marché (sur un marché en stagnation, la bataille concurrentielle risque d'être plus rude que sur un marché en croissance).

b) L'influence des nouveaux entrants potentiels

L'entreprise a intérêt à limiter les possibilités d'accès au marché de nouveaux entrants potentiels grâce à des barrières à l'entrée comme, par exemple, des brevets déposés par l'entreprise pour protéger ses produits. De cette façon, elle limitera la concurrence.

c) L'influence des produits de substitution ou de remplacement

Ces produits répondent aux mêmes besoins que ceux de l'entreprise. Ils pourraient donc attirer les clients de l'entreprise et lui faire perdre une partie de son marché. Toutefois, le niveau de concurrence que représentent ces produits dépend de leur degré de substituabilité à ceux de l'entreprise.

EXEMPLE

Pour une entreprise qui propose des produits de haute qualité, avec une technologie ou une image de marque forte qui fidélise la clientèle, la substitution de nouveaux produits sera plus difficile.

d) Le pouvoir de négociation des fournisseurs

Les fournisseurs pourront imposer leur volonté à l'entreprise en fonction de leur puissance, de leur taille et donc de leur influence.

EXEMPLE

Les fournisseurs ayant une exclusivité, un monopole d'approvisionnement, de fabrication ou de distribution peuvent imposer leurs conditions sur le marché.

e) Le pouvoir de négociation des clients

Les clients, en fonction de leur importance, pourront obtenir des prix bas, d'excellentes conditions commerciales et de meilleurs délais de règlement.

EXEMPLE

Les entreprises de la grande distribution qui ont constitué de puissantes centrales d'achats réussissent à imposer à leurs fournisseurs des prix et des conditions de règlement draconiens.

2. Le diagnostic des groupes stratégiques présents sur le marché

Un groupe stratégique est un ensemble d'entreprises qui

se considèrent comme concurrentes mais qui ont entre elles des rapports de faible rivalité. Il s'agit de sous-ensembles d'un secteur dans lesquels les entreprises suivent la même stratégie. Ces groupes stratégiques se forment souvent à cause de barrières à la mobilité comme :

- des besoins en capitaux, des brevets, des dépenses de communication ou des contraintes technologiques qui rendent l'entrée sur le marché difficile pour les entreprises qui ne font pas partie du groupe stratégique ;
- des immobilisations spécifiques ou des craintes pour l'image de marque qui engendreraient des coûts de sortie pour les entreprises qui voudraient sortir du marché.

Le diagnostic stratégique doit interroger sur l'existence de groupes stratégiques sur le marché et sur la position de l'entreprise par rapport à ces groupes.

3. Le diagnostic de la position concurrentielle des produits

La vie d'un produit passe par quatre phases : son lancement, sa croissance, sa maturité et son déclin. Le diagnostic stratégique cerne la phase dans laquelle se situent les produits de l'entreprise de façon à adopter la stratégie appropriée aux événements qui interviennent tout au long de la vie des produits.

Durant la phase de lancement, la concurrence est peu soutenue mais les décisions stratégiques doivent permettre de réaliser les investissements nécessaires à la mise sur le marché du produit (dépenses commerciales, technologiques, marketing, etc.). Durant la phase de croissance, de nouveaux concurrents arrivent aussi sur le marché, attirés par ses possibilités de croissance, et les décisions stratégiques doivent donc permettre de limiter l'arrivée de nouveaux entrants ou de donner à l'entreprise les moyens de résister. Durant la phase de maturité, le rythme des ventes se ralentit et la concurrence est plus vive. Seule une stratégie qui permet de mettre en place de nouveaux produits pour préparer la relève permettra à l'entreprise de survivre à la phase de déclin.

3 L'étude du marché

Les diagnostics de l'environnement et de la concurrence sont pris en compte dans les études de marché que mène l'entreprise. En effet, ils font partie intégrante des différentes dimensions de l'étude de marché que sont la demande, l'offre, la distribution et la technologie.

1. Les dimensions de l'étude du marché

a) Le diagnostic de la demande

Avant d'entamer toute démarche commerciale, il est indispensable de cerner l'importance du marché potentiel, qui comprend les consommateurs actuels et les non-consommateurs relatifs (ceux qui ne consomment pas actuellement le produit mais qui sont susceptibles de devenir un jour des consommateurs effectifs).

Le diagnostic stratégique doit analyser les indicateurs quantitatifs de la demande comme les quantités vendues (ventes en volume) et le chiffre d'affaire (ventes en valeur). Leur étude doit être complétée par celle des indicateurs qualitatifs de la demande, comme la fidélité et la satisfaction des clients. L'analyse des besoins et du comportement du consommateur est aussi indispensable pour cerner les motivations, les attentes, les critères de choix et le processus de décision du consommateur.

b) Le diagnostic de l'offre

L'étude de l'offre permet de connaître les entreprises concurrentes et les produits présents sur le marché.

Elle doit aboutir à déterminer la place de l'entreprise par rapport aux concurrents au niveau de sa part de marché, de son positionnement, de sa notoriété, etc.

c) Le diagnostic de la distribution

Les relations avec les distributeurs déterminent les choix à effectuer pour créer, développer, animer et assurer le suivi du réseau de distribution de l'entreprise. Le diagnostic stratégique doit analyser la pertinence des canaux de distribution choisis par l'entreprise pour permettre l'ajout ou la suppression de distributeurs, en fonction des objectifs de cette dernière (couverture du marché, délai de livraison, prestations au client, etc.).

d) Le diagnostic de la technologie

La technologie a une importance croissante dans le diagnostic stratégique du fait des constantes innovations dans ce domaine qui transforment l'environnement dans son ensemble.

La technologie au niveau des produits comme des processus et des procédés de fabrication est un élément différenciateur durable pour une entreprise. Cette dernière doit donc connaître, le plus précisément possible, les forces et les faiblesses de son patrimoine technologique et de celui de ses concurrents et partenaires. Cela lui permettra de faire de la technologie un élément différenciateur des concurrents ou, *a minima*, de respecter les exigences minimales du marché dans ce domaine.

2. La synthèse : l'étude de marché

L'étude de marché synthétise l'ensemble des éléments analysés par l'entreprise sur son marché afin de prendre des décisions efficientes. Elle permet d'avoir les informations clés sur :

- le marché, ses grandes tendances et son potentiel ;
- la demande pour cerner les typologies de clients, leurs besoins, leurs attentes et leur comportement d'achat ;
- l'offre pour cerner les concurrents, leurs forces, leurs faiblesses et la position concurrentielle de l'entreprise ;
- l'environnement, ses évolutions au niveau des consommateurs, de la technologie, de la distribution, etc.

L'information issue des études de marché est indispensable avant même la création de l'entreprise pour valider le projet de création. Puis, durant la vie de l'entreprise, elle est incontournable avant le lancement de toute innovation ou quand l'entreprise envisage de se lancer sur un nouveau marché, tout particulièrement lorsqu'il se situe à l'étranger.

11 LE DIAGNOSTIC STRATÉGIQUE INTERNE

Le diagnostic stratégique interne a pour objectif d'analyser le fonctionnement interne de l'entreprise. Il s'agit de cerner son potentiel (ses ressources matérielles, humaines, financières, commerciales, immatérielles, organisationnelles et en recherche et développement) et de vérifier que l'entreprise a les compétences qui, combinées à ces ressources, lui assureront un avantage concurrentiel.

1 La prise en compte de la chaîne de création de valeur

L'analyse de la chaîne de création de valeur permet de comprendre le fonctionnement interne de l'entreprise. Elle mettra notamment en évidence les activités sources d'un avantage concurrentiel.

1. L'analyse de la chaîne de valeur

La chaîne de valeur, proposée par M. Porter, identifie les différentes activités de l'entreprise :

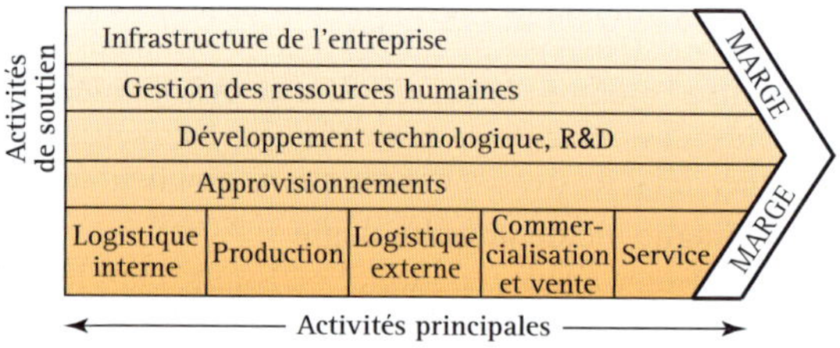

Deux types d'activités participent à la création de valeur dans l'entreprise :
- les activités principales (ou fonctions opérationnelles), directement créatrices de valeur : la logistique, la production, la commercialisation et les services qui permettent un accroissement de la valeur de l'offre (SAV, installation, financement, etc.) ;
- les activités de support (ou fonctions support) qui permettent aux premières de fonctionner : les approvisionnements, la recherche et développement, la gestion des ressources humaines (recrutement, formation, rémunération, plan de carrière, etc.) et l'infrastructure (comptabilité, gestion, système d'information).

2. Le diagnostic de la chaîne de valeur

Le diagnostic stratégique permet de repérer les actions à mener au niveau des différentes activités de façon à avoir une chaîne de valeur plus efficiente que celles des concurrents. Il met en évidence les activités clés de l'entreprise qui permettent d'avoir un avantage au niveau des coûts ou de se différencier de manière à acquérir un avantage concurrentiel.

Le diagnostic de la chaîne de valeur permet d'identifier :
- au sein de chaque activité, les facteurs clés de succès à l'origine d'un avantage concurrentiel ;
- les activités qui ne créent pas de valeur et qui pourraient être externalisées ;
- les complémentarités entre activités : les différentes activités de l'entreprise sont interdépendantes le long de la chaîne de valeur, ce qui nécessite une bonne gestion des liens entre ces activités.

EXEMPLE

Une mauvaise logistique provoque une perte de chiffre d'affaires et donne une mauvaise image de l'entreprise.

2 Le diagnostic du potentiel de l'entreprise

Le potentiel de l'entreprise aux niveaux technologique, humain, financier et organisationnel influence de manière déterminante sa capacité à assurer sa position concurrentielle. Le diagnostic stratégique doit analyser à la fois le potentiel lui-même et sa flexibilité.

1. Les ressources humaines

Les ressources humaines constituent la principale ressource d'une entreprise car ce sont les qualités d'un personnel performant et motivé qui peuvent faire la différence entre deux organisations concurrentes.

Le diagnostic stratégique doit analyser :
- le potentiel en termes de quantité et qualité du personnel ;
- la pyramide des âges, sachant qu'un effectif jeune est moins coûteux, plus dynamique et mieux formé, mais également plus revendicatif.

2. Les ressources financières

Le diagnostic stratégique doit également porter sur les ressources financières actuelles de l'entreprise ainsi que sur sa capacité à accéder à des ressources nouvelles, en envisageant les possibilités :
- d'autofinancement : le moyen de financement le moins cher et préservant l'autonomie de l'entreprise ;
- de financement par augmentation de capital ;
- de cessions d'actif ;
- de financement grâce à l'emprunt dans certaines limites (l'objectif est d'éviter un endettement excessif).

3. Les ressources matérielles et immatérielles

Les décisions d'investissement sont déterminantes, dès la création de l'entreprise, car elles conditionnent sa survie et sa croissance. Le diagnostic doit vérifier leur bien-fondé au niveau des investissements :
- matériels (les locaux, le matériel et l'outillage) ;
- immatériels (les efforts en recherche et développement, la maîtrise des technologies nouvelles, les structures organisationnelles et commerciales, etc.).

3 Le diagnostic des compétences

1. La notion de compétence

La notion de compétence émerge dès le milieu des années 1980, face à celle de qualification, marquant l'apparition d'une nouvelle logique de plus en plus éloignée du taylorisme. En effet, la notion de qualification renvoie au modèle du « poste de travail » défini par rapport aux tâches à effectuer sur un poste. Les qualités humaines ne sont jamais identifiées directement et pour elles-mêmes

mais uniquement par l'intermédiaire des capacités requises pour un poste ou un emploi.
La « logique compétence » qualifie les individus et réseaux d'individus en fonction des qualités professionnelles qu'ils ont acquises tout au long de leur carrière et qu'ils mettent en œuvre dans différentes situations de travail.

2. Les compétences individuelles

Les compétences individuelles sont la capacité d'une personne à comprendre et interpréter des problèmes professionnels dans un contexte spécifique de manière à y apporter une solution. Il s'agit donc de connaissances en action. Les compétences individuelles permettent au salarié d'être plus performant en combinant divers facteurs :
- le « savoir agir » (le savoir, le savoir-faire et le savoir être) ;
- le « pouvoir agir », qui dépend des possibilités de prise de responsabilités ;
- le « vouloir agir » qui dépend de la motivation de l'individu.

3. Les compétences collectives

Les compétences collectives sont la manière dont l'organisation utilise l'ensemble des savoirs et savoir-faire collectifs. Elles se forgent dans l'expérience et se construisent dans le temps.
Ces compétences sont influencées par :
- la qualité de circulation de l'information ;
- la coopération et la communication des connaissances et du savoir-faire au sein du personnel.

L'ensemble des technologies, des compétences, de l'expérience et des savoir-faire maîtrisés vont former le domaine de compétence de l'organisation.

4. Les compétences managériales

Les compétences managériales constituent la capacité à mobiliser, à animer et à motiver les hommes autour d'une stratégie. Leur développement permet une utilisation pertinente des compétences individuelles et collectives présentes dans l'entreprise.

5. Les compétences spécifiques et transversales

a) La théorie des ressources et compétences

La théorie des ressources et compétences de E. Penrose analyse l'entreprise comme un ensemble de ressources :
- tangibles : équipements, ressources financières et humaines ;
- intangibles : réputation, image, savoirs, savoir-faire du personnel, savoirs organisationnel et managérial et ressources technologiques.

Ces ressources, associées à des compétences, permettent l'accroissement des profits à long terme. La stratégie a pour objectif d'obtenir un avantage concurrentiel en adaptant ses ressources et compétences internes aux caractéristiques de l'environnement.
Dans cette optique, la prise en compte de l'environnement de l'entreprise devient prioritaire : il s'agit d'en saisir les opportunités et d'en transformer les contraintes en atouts dans le but de façonner un contexte concurrentiel qui soit favorable à l'entreprise. Elle modèle ainsi son environnement plus qu'elle ne le subit.

b) Le développement de compétences spécifiques et transversales

L'entreprise doit développer des compétences spécifiques et transversales. Le diagnostic stratégique doit analyser :
- les compétences spécifiques liées aux métiers de l'entreprise (la maîtrise d'une technologie particulière, son savoir-faire, sa capacité d'innovation) ;
- les compétences transversales assurant à l'entreprise la maîtrise de ses processus internes (circulation de l'information dans l'entreprise, mise en place d'une norme qualité) et externes (ceux qui lient l'entreprise à ses partenaires tant au niveau de l'approvisionnement que de la distribution).

4 Le repérage des compétences fondamentales

1. La notion de compétence fondamentale

Les compétences fondamentales, issues d'un apprentissage organisationnel intégrant des ressources et des compétences individuelles, permettent d'acquérir un avantage concurrentiel. G. Hamel et C. K. Prahalad définissent les « compétences fondamentales » de l'entreprise (*core competencies*) comme les aptitudes essentielles, techniques et organisationnelles qu'elle doit développer pour obtenir un avantage compétitif.
Ce sont les « compétences clés » (technologie, savoir-faire, communication) que l'entreprise doit avoir car elles sont à l'origine des facteurs clés de succès qui lui permettront de détenir un avantage concurrentiel.

2. L'identification d'une compétence fondamentale

Selon C. K. Prahalad et G. Hamel, trois critères permettent de repérer les compétences fondamentales :
- elles permettent d'accéder à une grande variété de marchés ;
- elles contribuent de manière déterminante à la valeur des produits offerts sur le marché ;
- elles sont difficilement copiables ou accessibles aux concurrents.

L'apprentissage collectif de l'organisation permet de forger des compétences clés ou fondamentales, principalement en agissant sur la coordination des compétences de production et sur la prise en compte des nouveaux courants technologiques.
Ce n'est qu'en associant ses ressources et ses compétences que l'entreprise pourra développer une compétence fondamentale capable de lui assurer un avantage concurrentiel. Elle devra alors le conserver en :
- limitant le *turn-over* de son personnel ;
- protégeant ses compétences fondamentales de façon à dissuader les entreprises concurrentes de les acquérir ou de les développer ;
- favorisant leur développement au sein de l'entreprise.

12 LES STRATÉGIES GLOBALES

La stratégie globale de l'entreprise (*corporate strategy*) détermine les orientations stratégiques générales les plus opportunes. Elle permet notamment de répondre aux deux questions suivantes : l'entreprise doit-elle se spécialiser ou se diversifier ? Doit-elle opter pour une stratégie d'externalisation de ses activités ou, au contraire, les intégrer ?

1 Les stratégies de spécialisation ou de diversification

1. La stratégie de spécialisation

a) Le choix d'une stratégie de spécialisation

Cette stratégie consiste, pour l'entreprise, à se focaliser sur un seul domaine d'activité afin d'en avoir la maîtrise. Elle permet donc à cette dernière de se spécialiser sur le métier dans lequel elle a un bon niveau d'expérience et de compétence pour s'assurer un avantage concurrentiel décisif.

La stratégie de spécialisation sur un métier est souvent choisie par des PME disposant d'un important savoir-faire dans un domaine d'activité donné.

b) Les raisons de la spécialisation

Une entreprise peut chercher à se spécialiser quand :
- elle a mis au point un produit innovant ayant des caractéristiques uniques pour le consommateur. Elle peut chercher à centrer toute son activité sur sa commercialisation. Toutefois, cette stratégie comporte le risque, pour l'entreprise, d'être copiée par les concurrents et de perdre son leadership sur le marché. Elle peut aussi être dépassée si elle ne prépare pas la relève avec de nouveaux produits répondant aux attentes des consommateurs lorsque son produit phare arrive en phase de déclin ;
- elle cherche à s'implanter sur une niche : ce créneau de marché concerne des besoins très spécifiques et il est souvent délaissé par la concurrence car la clientèle est réduite. Toutefois, si cette niche représente l'intégralité de l'activité de l'entreprise, cette stratégie présente un risque en cas de changement de la demande.

2. La stratégie de diversification

a) Le choix de la diversification

D'après I. Ansoff, la diversification implique une évolution de l'entreprise en termes de produit, de marché et de technologie. Elle se différencie d'une simple expansion qui serait orientée vers la même industrie ou vers des secteurs caractérisés par des produits ou des missions similaires à ceux de l'entreprise. Elle implique un changement de domaine d'activité stratégique et donc la prise en compte d'un nouvel ensemble de facteurs clés de succès.

Pour réussir une stratégie de diversification, il faut que l'entreprise soit capable :
- de maîtriser la technologie de sa nouvelle activité ;
- d'adopter la communication pertinente ;
- de s'introduire dans les réseaux de distribution adaptés.

C'est donc une stratégie qui présente des risques financiers, technologiques, commerciaux et humains puisqu'elle nécessite d'acquérir de nouvelles compétences et de former et d'impliquer le personnel de l'entreprise.

b) Les raisons de la diversification

Les entreprises peuvent chercher à se diversifier pour :
- améliorer leur rentabilité en investissant dans des secteurs plus rentables ;
- limiter les risques en se constituant un portefeuille d'activités qui leur permettra de mieux gérer le cycle de vie des produits en s'orientant vers de nouvelles activités avant le déclin de ces derniers.

c) Les types de diversification

L'entreprise peut opter pour différents types de diversification :
- la diversification technique permet de développer de nouvelles activités ayant des synergies entre elles de manière à pouvoir proposer aux clients une offre transversale composée de différents produits ;

EXEMPLE

Une compagnie aérienne peut se diversifier dans l'hôtellerie pour proposer un produit complet à ses clients composé du billet d'avion et de la location d'une chambre d'hôtel.

- la diversification commerciale peut passer par :
  - une diversification géographique quand l'entreprise sort de son marché et cible une autre région du monde dans laquelle les facteurs clés de succès sont différents,
  - une diversification dans sa filière d'activité suite à une intégration verticale des activités en amont ou en aval. La constitution d'une filière peut avoir comme objectif de sécuriser les approvisionnements (intégration vers l'amont) ou de s'assurer une gestion plus performante de la distribution (intégration vers l'aval) ;

EXEMPLE

Lorsqu'une compagnie pétrolière prend à sa charge à la fois les activités d'extraction, de raffinage, de transport et de commercialisation, elle se diversifie dans l'ensemble de la filière.

- la diversification conglomérale se traduit par une rupture totale des liens avec le secteur sur lequel l'entreprise était présente, tant au point de vue de la technologie et du produit que du marché. C'est le cas, par exemple, lors du rachat d'une entreprise particulièrement rentable par une autre entreprise qui a des ressources financières à placer.

2 Les stratégies d'externalisation ou d'intégration

1. La stratégie d'externalisation

a) Le choix de l'externalisation

L'externalisation a pour objectif de s'associer avec d'autres entreprises de façon à faire faire à l'extérieur certaines activités.

Les entreprises avec lesquelles des relations sont nouées gardent leur autonomie juridique, même si elles peuvent tomber sous une réelle dépendance économique. En effet, bien qu'elle sauvegarde l'autonomie juridique, l'externalisation peut conduire à une réelle dépendance économique ou commerciale, surtout lorsqu'il s'agit d'une grande entreprise qui fait appel à une PME pour externaliser une partie de son activité.

Les modalités de mise en place de ces associations peuvent être diverses. Il est en effet possible de passer un contrat de sous-traitance, de franchise ou de concession, de créer un groupement d'intérêt économique (GIE) ou encore de constituer des filiales communes.

b) Les raisons de l'externalisation

Plusieurs raisons peuvent pousser une entreprise à opter pour une stratégie d'externalisation. Il peut s'agir :

- de bénéficier des services de spécialistes en confiant à des entreprises plus spécialisées certaines activités jugées non essentielles pour la compétitivité de l'entreprise ;

EXEMPLE

Une entreprise confie à un sous-traitant son activité informatique ou de maintenance ou encore sa comptabilité.

- de chercher à flexibiliser l'activité en cas de variation d'activité de l'entreprise ;

EXEMPLE

Une entreprise qui a une activité saisonnière peut, lors d'un pic d'activité, recourir à des sous-traitants pour augmenter ses capacités de production. Ce peut être le cas pour un chocolatier qui, pour répondre à l'augmentation de la demande avant Pâques et Noël, confie le surplus de production à un partenaire extérieur.

- de se recentrer sur son métier de base et de rester rentable en confiant les autres activités à des partenaires extérieurs.

EXEMPLE

Une entreprise dont le métier de base est l'agroalimentaire et qui s'est diversifiée dans d'autres domaines, comme l'habillement, peut vouloir se recentrer sur son métier de base à la suite de problèmes d'organisation ou de manque de compétences. Elle confiera alors ses activités dans l'habillement à des partenaires extérieurs et se recentrera sur son métier de base, l'agroalimentaire, dans lequel elle a le plus d'expérience et de compétences.

L'externalisation n'est pas sans risque pour l'entreprise à différents niveaux :

- il peut y avoir une perte du contrôle des opérations et de connaissances fondamentales ;
- la maîtrise des informations peut s'en trouver affectée du fait de la perte de leur confidentialité ;
- le partenaire externe choisi peut se révéler moins fiable que prévu, voire disparaître ;
- l'opération peut ne pas être très réversible si l'entreprise souhaite « réinternaliser » (ou backsourcer) l'activité.

2. La stratégie d'intégration

a) Le choix d'une stratégie d'intégration

Opter pour une stratégie d'intégration consiste, pour l'entreprise, à opérer une activité en son sein au lieu de la faire faire à l'extérieur.

La stratégie d'intégration conduit à un regroupement d'entreprises qui fait perdre son autonomie juridique à l'une d'entre elles, voire provoque sa disparition.

Contrairement aux stratégies d'externalisation qui laissent subsister juridiquement les entreprises antérieures en formant des associations où les partenaires gardent une relative indépendance, les stratégies d'intégration entraînent, en général, la disparition de certaines entreprises ou leur prise de contrôle financier. L'intégration est souvent réalisée par la fusion de deux entreprises.

b) Les raisons de l'intégration

La stratégie d'intégration peut être motivée par différentes raisons. Il peut s'agir pour l'entreprise :

- de s'assurer la régularité et la fiabilité des approvisionnements au meilleur rapport qualité/prix. Dans ce cas, elle cherchera à intégrer ses fournisseurs ;
- de s'assurer une commercialisation plus efficiente de ses produits et qui véhicule l'image souhaitée par l'entreprise. Dans ce cas, elle cherchera à intégrer ses distributeurs ;
- de limiter le nombre d'intermédiaires en amont ou en aval pour intégrer leurs profits et contrôler la filière.

La stratégie d'intégration est donc souvent motivée par des raisons liées à la sécurité, la fiabilité et la rentabilité des moyens d'approvisionnement et de distribution.

c) La mise en œuvre d'une stratégie d'intégration

L'intégration est mise en place pour créer une association plus ou moins poussée :

- elle est totale quand toutes les activités sont maîtrisées par la même entreprise. Il y a alors formation d'une filière (une compagnie pétrolière intègre les activités de recherche de pétrole, d'extraction, de raffinage et de distribution) ;
- elle peut se situer en amont : l'intégration vise ici les fournisseurs ;
- elle peut se situer en aval : l'intégration vise alors les commercialisateurs.

13 LES STRATÉGIES DE DOMAINE

Les stratégies de domaine (*business strategies*) portent sur le choix des domaines d'activités stratégiques. Elles sont essentielles car elles déterminent les combinaisons d'armes concurrentielles sur lesquelles l'entreprise va s'appuyer. Elles définissent notamment les avantages concurrentiels à utiliser au sein de chaque domaine d'activité. Ces avantages concurrentiels sont décisifs s'ils sont durables, c'est-à-dire s'ils ne peuvent être copiés ou érodés par l'action des concurrents et si l'évolution de l'environnement économique ne les rend pas obsolètes. Trois stratégies de domaine sont envisageables : la domination par les coûts, la différenciation et la focalisation.

1 La stratégie de domination par les coûts

1. Le choix d'une stratégie de domination par les coûts

La stratégie de domination par les coûts consiste à devenir le fabricant ayant les coûts les plus faibles. L'objectif de l'entreprise est de conquérir le marché par de meilleurs prix tout en étant très rentable.
Cette stratégie conduit souvent à une production ou à une distribution de masse en grande série de façon à atteindre la taille suffisante ou taille critique. Cette dernière permettra, en effet, de générer des économies d'échelle et de bénéficier d'effets d'expérience.

2. Les moyens pour dominer par les coûts

a) La recherche de la taille critique

Pour mener à bien une stratégie de domination par les coûts, l'entreprise doit tenter d'atteindre sa taille critique. Cette dernière constitue la dimension minimale qu'elle doit avoir pour s'introduire, survivre ou se développer sur un marché. On parle aussi de «masse critique» ou de «seuil dimensionnel». Si la taille critique n'est pas atteinte, l'entreprise n'a pratiquement aucune chance de succès sur ce marché puisqu'elle ne pourra accéder aux technologies ou aux actions commerciales nécessaires pour réussir.

b) La recherche d'économies d'échelle

L'entreprise réalise des économies d'échelle lorsqu'elle parvient à diminuer son coût de production unitaire du fait de l'augmentation de la quantité produite ou distribuée. Ce phénomène s'explique par la répartition des charges fixes sur un nombre d'unités produites ou distribuées plus grand. En diminuant son coût de revient unitaire, l'entreprise améliore sa rentabilité et donc ses chances de succès. Elle sera par conséquent en meilleure position pour se confronter à ses concurrents et les dominer grâce à ses coûts plus faibles.
Les économies d'échelle se font souvent grâce à des synergies obtenues quand la complémentarité ou la coopération entre plusieurs ressources permet une plus grande efficacité. En effet, l'entreprise est plus qu'une juxtaposition de ressources, elle est un ensemble cohérent où les différents potentiels sont interdépendants et doivent se combiner, se compléter.
En mettant en œuvre toutes les synergies possibles, l'entreprise améliore son efficacité, sa rentabilité et sa compétitivité.

c) L'apport de l'effet d'expérience

L'expérience représente les compétences et les connaissances acquises par une pratique prolongée d'une activité donnée. Dans une entreprise, l'effet d'expérience se traduit par le fait que la pratique engendre des mécanismes et des savoir-faire qui permettent de déjouer certains pièges et d'acquérir plus de dextérité. L'effet d'expérience permet d'améliorer la productivité de l'entreprise grâce à une meilleure habileté, une meilleure formation des salariés, des technologies, du matériel et une organisation du travail plus efficients.

3. Les limites de la domination par les coûts

La stratégie de domination par les coûts a ses limites car :
- elle provoque une contre-attaque des concurrents qui chercheront à leur tour à réduire leurs coûts ;
- elle n'est, en général, pas applicable par toutes les entreprises du secteur. En effet, toutes les entreprises n'ont pas l'expérience suffisante ou les ressources nécessaires pour mettre en place des investissements permettant d'accéder à des moyens performants et d'atteindre la taille critique indispensable à la domination par les coûts ;
- de plus, ce n'est pas parce que les coûts sont abaissés que le prix va l'être et que le consommateur peut en profiter. Dans certains cas, l'entreprise peut profiter de la rationalisation de ses coûts pour augmenter ses marges et accroître son bénéfice.

2 La stratégie de différenciation

1. Le choix d'une stratégie de différenciation

a) Qu'est-ce que la stratégie de différenciation ?

La stratégie de différenciation consiste à proposer aux clients des produits et des services ayant des caractéristiques différentes, mieux adaptées aux besoins, que celles qu'offrent les concurrents. Cela peut souvent permettre de demander un supplément de prix.
Cette stratégie permet à une entreprise de faire face à la concurrence en se basant sur les caractéristiques de ses produits. Par exemple, grâce à des innovations techniques ou commerciales, les produits peuvent avoir des caractères distinctifs par rapport à ceux des concurrents. Ils donneront donc une bonne position concurrentielle à l'entreprise, qui sera également moins menacée par les produits de substitution.

b) Les objectifs stratégiques de la différenciation

La différenciation a un effet d'attraction de la clientèle vers le produit ou la gamme de produits de l'entreprise. Elle permet une communication spécifique en fonction du segment de clientèle visé. Par ailleurs, elle limite la concurrence. Dans le meilleur des cas, quand l'entreprise produit et/ou commercialise un produit issu d'une innovation qu'elle a brevetée, elle peut avoir un monopole temporaire sur le marché. Dans les autres cas, la différenciation va rendre les comparaisons directes avec les concurrents plus difficiles et mettre en valeur le produit de l'entreprise.

2. Les différents types de différenciation

Une entreprise peut différencier ses produits par rapport à ceux de la concurrence de différentes manières :
- par la marque (exemples : produits pharmaceutiques, produits de luxe) ;
- par les caractéristiques techniques du produit (exemple : une innovation technique qui confère des performances particulières) ;
- par les services liés au produit (exemples : les garanties, le SAV) ;
- par le conditionnement (exemple : la mise en place d'un packaging plus pratique) ;
- par les actions commerciales (exemple : un mode de distribution ou de communication spécifique aux produits de l'entreprise).

Plusieurs de ces éléments ou la totalité d'entre eux peuvent être utilisés conjointement pour se renforcer mutuellement et dégager des synergies.

3. Les limites de la différenciation

La stratégie de différenciation connaît certaines limites :
- la différenciation doit être suffisamment évidente pour convaincre les clients potentiels d'y adhérer et d'accepter de payer un supplément de prix. Selon les marchés, ce n'est pas toujours possible ;
- une entreprise peut être contrainte d'offrir un produit différencié au même prix que ceux des concurrents dans la mesure où les consommateurs ne sont pas prêts à payer un supplément de prix pour ce type de produit. La différenciation lui permettra alors de garder ses parts de marché, mais pas d'obtenir un supplément de prix.

3 La stratégie de focalisation

1. Le choix de la stratégie de focalisation

La stratégie de focalisation présentée par M. Porter en 1980 consiste à éviter la confrontation directe avec les entreprises déjà présentes sur l'ensemble du marché en se focalisant sur un marché spécifique ou sur une zone géographique étroite.

Cette stratégie peut s'avérer être la moins coûteuse et la moins risquée pour un nouvel entrant sur un marché car elle réduit les coûts d'entrée et les risques de représailles des entreprises déjà présentes. En effet, en montrant des ambitions limitées, le nouvel entrant peut ne pas déclencher de réactions adverses agressives.

EXEMPLE

L'entreprise Benetton a mis en œuvre une stratégie de focalisation pour pénétrer le marché de la restauration rapide grâce à sa filiale Autogrill. Autogrill s'est, au départ, contenté de déployer ses restaurants exclusivement le long des principales autoroutes françaises. Ce marché de petite taille n'intéressait pas les grandes entreprises de la restauration rapide en France.

La stratégie est optimisée par rapport à un segment très particulier.

L'entreprise cherche à avoir un avantage concurrentiel sur ce segment à défaut de pouvoir l'avoir sur l'ensemble du secteur.

2. Les formes de focalisation possibles

a) La focalisation sur un marché

La focalisation peut avoir lieu sur un marché spécifique. Il s'agit alors de s'intéresser à un segment du marché sur lequel la clientèle a des besoins spécifiques que l'entreprise pourra satisfaire mieux que ses concurrents du fait de sa maîtrise des facteurs clés de succès liés.

EXEMPLE

Une entreprise du secteur automobile ayant les compétences nécessaires peut se focaliser sur le segment des véhicules spécialisés pour les personnes à mobilité réduite ou sur celui des véhicules sans permis (comme Microcar).

b) La focalisation géographique

La focalisation géographique consiste à se concentrer sur une localisation géographique très spécifique. En ne s'intéressant qu'à un certain nombre de zones géographiques, une entreprise peut s'implanter sur un marché sans se confronter directement aux grandes entreprises en place. Cela lui permet de se protéger de la concurrence, en proposant une offre très différenciée.

La zone géographique peut être choisie en fonction de critères comme sa qualité esthétique (essentielle pour les activités touristiques, par exemple), les activités qui s'y trouvent (proximité des fournisseurs, réseau de sous-traitants, etc.), la qualité de l'environnement ou la proximité culturelle et linguistique. Le choix peut aussi prendre en compte l'image forte que peut véhiculer la zone géographique d'implantation choisie.

EXEMPLE

Certains lieux sont adaptés au haut de gamme, comme les Champs-Élysées à Paris, d'autres à une certaine catégorie de produits, comme la Provence pour les senteurs florales telles que celles de la lavande.

14 LA CROISSANCE ET L'INTERNATIONALISATION DE L'ENTREPRISE

➔ La croissance est l'accroissement de la taille de l'entreprise. La croissance d'une entreprise peut être organique, externe ou conjointe. Cette augmentation quantitative de la taille s'accompagne, le plus souvent, d'une évolution des caractéristiques de l'entreprise. La croissance peut, par ailleurs, conduire à l'internationalisation de l'entreprise.

1 La croissance organique ou interne

1. Le choix de la croissance organique ou interne

La croissance interne est la création par l'entreprise d'une capacité nouvelle. Elle constitue le mode de croissance d'une entreprise le plus classique.

Lorsque l'entreprise a choisi d'opérer seule sa croissance, elle s'appuie, en général, sur ses métiers traditionnels pour profiter de la demande forte de ses produits, de ses efforts de recherche et développement, de ses capacités financières ou de son potentiel humain.

Ce type de croissance permet de mettre en valeur les ressources et les compétences internes, ce qui peut être motivant pour le personnel. De plus, la croissance interne permet de faire croître l'entreprise sans les problèmes de réorganisation que peut provoquer la fusion d'entreprises ayant des cultures et des modes de fonctionnement différents.

Toutefois, ce type de croissance peut avoir des limites liées :
- à l'accroissement de l'endettement, car il faut que l'entreprise ait en interne les moyens suffisants pour financer les investissements nécessaires à la création d'une nouvelle capacité ;
- aux délais de mise en œuvre, qui sont parfois longs.

2. La réalisation de la croissance interne

Deux modalités de croissance interne existent :
- la fabrication par l'entreprise elle-même d'actifs physiques : par exemple, l'entreprise produit des machines pour assurer sa croissance ;
- l'achat d'actifs physiques : l'entreprise achète des machines ou des usines.

Ce type de croissance demande donc de disposer des ressources financières nécessaires au paiement de ces actifs (autofinancement ou emprunt).

2 La croissance externe

1. Le choix de la croissance externe

La croissance externe se réalise par l'acquisition d'entreprises ou d'actifs existants (matériels, immatériels, financiers). Ce type de croissance a la faveur des entreprises car :
- il est immédiatement opérationnel et permet de saisir les opportunités du marché ;
- il favorise pour l'entreprise l'obtention de la taille critique nécessaire sur un marché ;
- il facilite les opérations de diversification.

Toutefois, ce type de croissance n'est pas sans risques : il peut en effet aggraver l'endettement de l'entreprise, provoquer une dilution du pouvoir du fait de l'arrivée de nouveaux partenaires et poser des problèmes d'intégration des entreprises acquises.

2. Les objectifs stratégiques de la croissance externe

La croissance externe peut permettre de consolider sa position concurrentielle en contrant l'offensive de concurrents ou en les éliminant afin d'acquérir rapidement des parts de marché supplémentaires. Elle peut aussi rendre possible le contrôle des quantités de produits offertes sur un marché.

Elle permet également à l'entreprise de se diversifier en ayant plus facilement accès à un marché extérieur ou en changeant de métier grâce à la conquête de techniques nouvelles et de nouvelles compétences apportées par les entreprises acquises.

La croissance externe peut également être synonyme de création de valeur pour l'entreprise qui profite d'effets de synergie *via* la rationalisation de ses efforts de recherche ou grâce à une meilleure utilisation de son outil de production. Par ailleurs, ce type de croissance peut assurer un meilleur contrôle de la régularité des approvisionnements (intégration amont) et des débouchés (intégration aval). Enfin, elle peut permettre à l'entreprise de placer ses capitaux dans d'autres entreprises de manière rentable.

3 La croissance conjointe

On peut parler de croissance conjointe quand deux ou plusieurs entreprises qui souhaitent mener à bien un projet ou une action mettent en commun leurs moyens et compétences plutôt que d'être en concurrence. L'objectif principal de la croissance conjointe est donc, avant tout, la recherche de complémentarités.

Pour mener à bien ce type de croissance, une entreprise peut mettre en œuvre des partenariats avec d'autres entreprises.

Il peut s'agir de négocier un contrat de sous-traitance ou de franchise, de concession, de créer un groupement d'intérêt économique (GIE), une joint-venture ou une filiale commune.

4 L'internationalisation de l'entreprise

L'internationalisation est souvent l'aboutissement des décisions stratégiques et de la croissance de l'entreprise.

1. Le choix de l'internationalisation de l'entreprise

a) L'internationalisation dans le cadre d'une stratégie globale (*corporate strategy*)

L'internationalisation peut faire partie de la stratégie globale mise en œuvre par l'entreprise :
- une stratégie de spécialisation peut débuter sur le marché local puis se poursuivre à l'international.

Quant à la diversification, elle peut concerner le choix de nouvelles zones géographiques et conduire à internationaliser l'activité ;
- la stratégie d'intégration choisie par l'entreprise peut concerner des fournisseurs ou des distributeurs étrangers. Quant à l'externalisation, elle est souvent menée dans des pays étrangers où les ressources sont plus facilement accessibles et moins coûteuses.

b) L'internationalisation dans le cadre d'une stratégie de domaine (*business strategy*)

L'internationalisation peut être l'aboutissement des trois types de stratégie de domaine possibles :
- une stratégie de domination par les coûts peut conduire à l'internationalisation vers des pays à bas coût ;
- une stratégie de différenciation des produits (promotions, caractéristiques du produit, distribution, qualité, services, etc.) peut conduire à l'internationalisation pour élargir le marché domestique ;
- enfin, un marché étranger peut être la cible choisie par l'entreprise dans le cadre d'une stratégie de focalisation.

c) Pour réaliser la croissance de l'entreprise

L'internationalisation est le plus souvent l'aboutissement de la stratégie de croissance de l'entreprise. Elle permet, en effet, de développer le marché, d'élargir les débouchés pour les produits et donc d'augmenter les parts de marché potentielles.

2. Les raisons de l'internationalisation

a) La baisse des coûts

L'internationalisation est souvent mise en œuvre par une entreprise pour faire baisser ses coûts. Il s'agit notamment de profiter des avantages en termes de coûts des matières premières et des ressources humaines offerts par certains pays.

b) La conquête de nouveaux marchés

L'internationalisation est synonyme de nouveaux débouchés pour l'entreprise.

Quand, par exemple, l'entreprise se trouve sur un marché en phase de maturité ou de déclin, l'internationalisation permet de relancer les ventes sur des marchés étrangers encore peu exploités.

De même, lors du développement d'un produit innovant, elle permet d'élargir le marché de l'entreprise en s'adressant à des pays à forte croissance.

c) La défense d'une position concurrentielle sur un marché mondial

La mondialisation de l'économie conduit les entreprises qui veulent rester compétitives à l'internationalisation. En effet, délaisser des marchés émergents comme la Chine et l'Inde peut conduire une entreprise à perdre sa place de leader dans la course concurrentielle.

3. Les avantages et les inconvénients de l'internationalisation

L'internationalisation présente de multiples avantages en termes de coûts car elle permet, par exemple, de réaliser des économies d'échelle suite à une production et à une commercialisation en plus grandes quantités ou de trouver des matières premières moins chères.

Elle peut aussi donner la possibilité de prolonger le cycle de vie des produits sur de nouveaux marchés.

Mais ces avantages ne doivent pas faire oublier les risques qu'elle comporte en cas :
- de mauvaise information, qui pourrait nuire à l'intégration de la culture des différents pays ;
- de mauvaise coordination et de mauvaise gestion de la taille de l'entreprise ;
- de mauvaise gestion des risques politiques, sociaux et fiscaux par rapport aux pays concernés.

4. Les étapes de l'internationalisation

L'internationalisation peut être menée par le biais :
- du recours aux exportations, qui est souvent la première étape de la stratégie d'internationalisation. Elle est la moins risquée et permet de se familiariser avec le marché étranger. Toutefois, comme pour tout type d'internationalisation, l'adaptation du marketing mix doit tenir compte des spécificités locales très souvent rencontrées en matière de distribution, de médias et de comportement du consommateur ;
- de partenariats, qui peuvent prendre la forme de joint-ventures, de filiales communes ou de franchises et qui permettent de profiter des ressources, des compétences, de l'image et de la connaissance du pays étranger dont dispose l'entreprise partenaire ;
- d'une implantation d'unités dans le pays étranger : ce choix est souvent la dernière étape de la stratégie d'internationalisation. Il est souvent fait pour profiter des avantages en termes de coûts des matières premières et des ressources humaines offerts par certains pays. Ce type d'internationalisation se traduit souvent par des délocalisations d'activités vers des pays où les ressources et les compétences sont facilement accessibles, beaucoup moins chères et de bonne qualité. Dans ce cadre, la proximité culturelle avec les pays vers lesquels s'internationalise l'entreprise est un facteur clé de succès.

EXEMPLE

C'est la raison pour laquelle certaines entreprises françaises implantent une unité de centre d'appels dans des pays du Maghreb où de jeunes diplômés parfaitement formés et parlant correctement le français vont traiter les demandes des clients pour des salaires beaucoup plus bas que ceux pratiqués en France.

15 LA STRUCTURE DE L'ENTREPRISE

➔ Pour mettre en œuvre sa stratégie, l'entreprise doit s'appuyer sur une structure solide et en cohérence avec son environnement. La structure est traditionnellement schématisée dans un organigramme. Mais cette représentation est insuffisante pour illustrer les mécanismes de coordination et de contrôle.

1 La notion de structure

1. Définition

La structure est une combinaison d'éléments et de mécanismes qui visent à répartir, coordonner et contrôler les activités de l'entreprise afin d'atteindre avec efficacité et efficience les objectifs stratégiques.

La structuration organisationnelle est l'action du manager qui permet de développer ou de modifier la structure.

2. L'organigramme

L'organigramme est une représentation schématique de la structure, de ses membres et de leurs fonctions. Il met en évidence les liens hiérarchiques et fonctionnels qui les relient.

Un lien hiérarchique représente un rapport d'autorité entre un subordonné et son supérieur. Un lien fonctionnel indique un rapport lié à l'exécution de certaines tâches qui met deux membres de l'entreprise en relation.

2 Les caractéristiques de la structure

1. La division du travail

À partir du moment où dans une entreprise, les tâches se répètent et nécessitent plusieurs personnes, la division du travail s'impose. On distingue :

- la division verticale qui détermine le nombre de lignes hiérarchiques. C'est la hauteur de l'organigramme ;
- la division horizontale qui détermine le nombre de fonctions ou de services. C'est la largeur de l'organigramme.

2. Les mécanismes de coordination

La coordination des activités doit permettre aux composantes de l'entreprise d'agir en cohérence. H. Mintzberg a mis en évidence six formes de coordination.

a) L'ajustement mutuel

Ce mécanisme permet à des salariés de se consulter directement sans passer par un supérieur hiérarchique. Il est dominant dans les entreprises naissantes et de petite taille.

b) La supervision directe

Elle intervient dans une structure hiérarchisée : un supérieur donne des ordres à son ou ses subordonnés et contrôle la réalisation des tâches. Dans cette forme de coordination, l'information est essentiellement descendante.

c) La standardisation

Quand la structure continue de grandir, il faut rationaliser l'organisation, ce qui conduit à standardiser le travail. Quatre formes de coordination par la standardisation existent :

- la standardisation des résultats consiste à définir précisément les performances à réaliser ou les caractéristiques du produit à réaliser ;
- la standardisation des procédés consiste à définir avec précision les tâches à réaliser ainsi que leur succession. Cette forme de coordination permet de formaliser les méthodes de travail ;
- la standardisation des qualifications consiste à s'appuyer sur le savoir-faire, les compétences acquises grâce à des formations ;
- la standardisation des normes consiste à s'appuyer sur un système de valeurs pour organiser le travail. Cette forme de coordination se trouve souvent dans des organisations non marchandes.

3. La décentralisation

La décentralisation est un processus par lequel le pouvoir détenu par le sommet hiérarchique est réparti en différentes unités. Chaque unité fonctionne alors comme un centre de profit autonome.

Le succès de la décentralisation exige la mise en place de procédures de contrôle qui soient vérifiées et respectées. Cette centralisation du contrôle est indispensable pour préserver l'unité de l'entreprise et conserver une communication homogène.

3 Les structures classiques

1. La structure simple

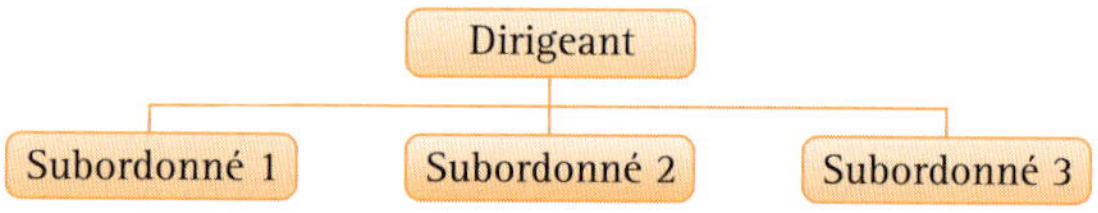

La structure simple correspond à des entreprises de petite taille dans lesquelles le dirigeant s'entoure d'une équipe de salariés motivés et réactifs. Dans cette structure, le salarié n'a qu'un seul supérieur. Cette structure s'avère vite insuffisante quand l'entreprise grandit car le dirigeant ne peut centraliser tous les pouvoirs.

2. La structure fonctionnelle

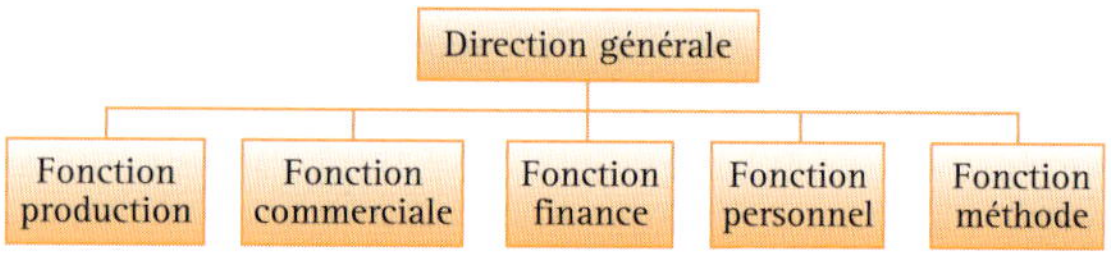

La structure fonctionnelle correspond à des entreprises développant une seule activité. Elle permet une spécialisation de l'entreprise par fonction.

3. La structure divisionnelle

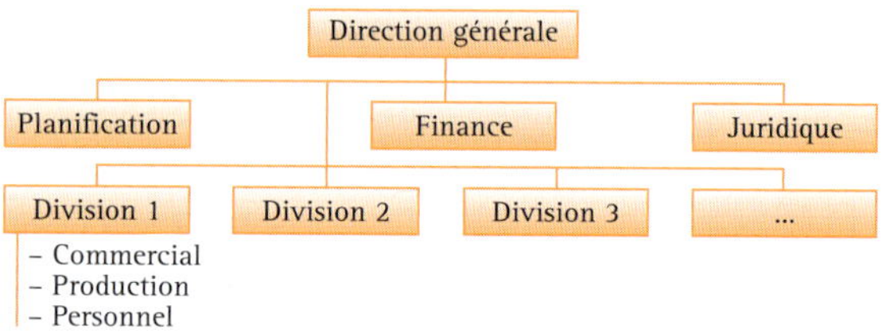

Quand l'entreprise développe plusieurs activités (stratégie de diversification) ou s'étend géographiquement (stratégie d'internationalisation), elle met en place une structure divisionnelle. Les critères de définition des divisions sont le plus souvent l'activité ou la zone géographique. La direction peut s'étoffer de services en charge de fonctions globales (finances, juridique) ou stratégiques (planification).

EXEMPLE

Siemens a réparti ses activités en trois divisions : énergie, santé, transport.

4. La structure matricielle

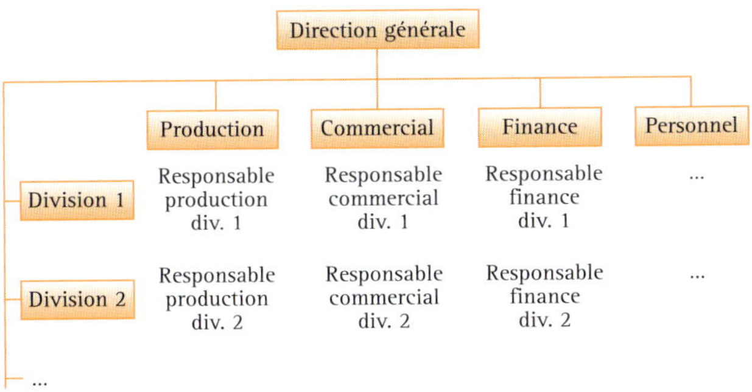

La structure matricielle découpe l'activité selon deux ou trois critères (fonction, géographie, activité, projet). Elle donne à l'entreprise une souplesse de fonctionnement. La structure matricielle fait dépendre un salarié d'au moins deux supérieurs.

4 Les configurations structurelles

H. Mintzberg propose une représentation de la structure d'entreprise comme un assemblage de différents composants. Il appelle ces combinaisons des « configurations structurelles ».

1. Les composants de la configuration structurelle

H. Mintzberg identifie cinq composants de la configuration structurelle :

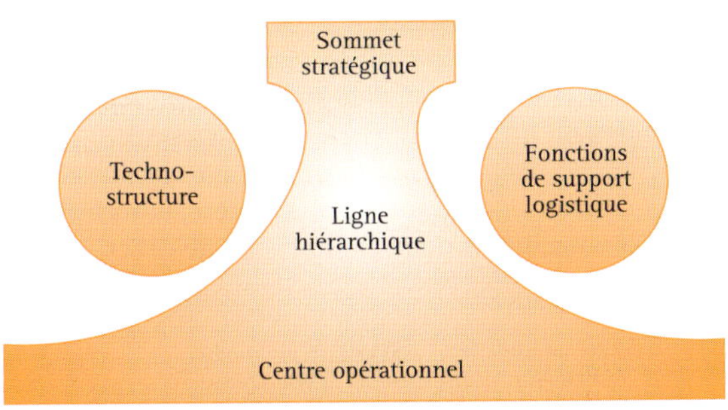

Le sommet stratégique détermine la stratégie, fixe les objectifs et contrôle l'exécution. Il est composé de l'équipe dirigeante.

La ligne hiérarchique relie la direction générale aux agents opérationnels. Elle part des cadres dirigeants pour descendre aux agents de maîtrise.

Le centre opérationnel est composé des ouvriers, des employés qui exécutent le travail de production et de commercialisation.

La technostructure aide l'organisation en standardisant les procédures et en élaborant études, analyses et conseils.

La fonction de support logistique offre les services permettant au centre opérationnel de fonctionner (transport, informatique, courrier).

2. La typologie des configurations structurelles

Afin de prendre en compte différents facteurs qui agissent sur la structure, H. Mintzberg met en évidence cinq configurations structurelles.

a) La configuration simple

Elle convient à la PME dont le patron assume l'ensemble des fonctions à responsabilité. La supervision directe est la forme dominante de coordination.

b) La configuration mécaniste

Elle apparaît quand la rationalisation du travail devient nécessaire (entreprise industrielle). On assiste à une standardisation qui s'opère par les procédés grâce à une technostructure émergente.

c) La configuration professionnelle

On la trouve dans les organisations où l'activité dépend des compétences professionnelles de ses membres (cabinet d'avocats, d'expertise comptable, hôpital, etc.). La standardisation par les qualifications est forte.

d) La configuration divisionnelle

Elle caractérise les entreprises diversifiées. La coordination repose sur la standardisation par les résultats.

e) La configuration adhocratique (ou organisation innovante)

Elle est capable de s'adapter aux contraintes engendrées par la complexité des tâches à effectuer. Ce type de configuration convient aux entreprises dont l'environnement est incertain et instable. L'ajustement mutuel y est prédominant. C'est la configuration de la start-up, de l'entreprise réalisant des productions à l'unité ou de l'entreprise recourant à des technologies de pointe. Les entreprises ayant adopté ce type de configuration ont généralement peu de niveaux hiérarchiques. L'organigramme est plutôt plat. L'autocontrôle est préféré au contrôle. Les cadres, en raison de leur expertise, ont des fonctions de coordination horizontale.

Une structure matricielle est de type adhocratique.

EXEMPLE

Google est une configuration adhocratique. Son organigramme est assez plat. Le niveau de qualification des salariés est très élevé, ce qui leur confère la capacité à évoluer dans un environnement complexe.

16 LES FACTEURS DE CONTINGENCE

La structure d'une entreprise n'est pas déterminée à l'avance, ni définitivement. De nombreux éléments viennent en permanence la modifier : ce sont les facteurs de contingence.

1 L'influence de l'environnement sur la structure

1. Structure mécanique et structure organique

Lorsque la concurrence s'accentue, que les clients deviennent plus exigeants et nécessitent une plus grande réactivité, que la pression des fournisseurs se renforce, l'entreprise doit adapter sa structure pour intégrer ces variables multiples et complexes.
Deux auteurs, T. K. Burns et G. M. Stalker, ont mis en évidence deux types de structures en lien avec l'environnement :
- la structure mécanique repose sur une forte division du travail. La hiérarchie est très présente. La communication s'appuie sur un ensemble de règles précises et respectées. Les décisions sont centralisées. Ce type de structure convient à un environnement stable et certain ;
- la structure organique repose sur une organisation flexible et redéfinie en permanence. La direction s'efface devant la réalisation des projets. La communication est peu formalisée et horizontale. Les décisions sont fortement décentralisées. Les entreprises ayant une telle structure sont très réactives et savent s'adapter à un environnement complexe.

2. Intégration et différenciation

P. R. Lawrence et J. W. Lorsch ont prolongé cette analyse en montrant que dans un environnement stable, les entreprises optent pour l'intégration de leur structure, c'est-à-dire qu'elles centralisent les décisions sur le sommet stratégique.
Inversement, quand l'incertitude augmente, les entreprises ont tendance à différencier leur structure. Elles découpent alors la structure en entités autonomes afin de rendre chaque élément plus apte à affronter les changements.

2 L'influence de la stratégie sur la structure

Ce sont les travaux d'A. D. Chandler qui ont mis en évidence l'influence de la stratégie sur les structures.
Quand l'entreprise exploite un unique domaine d'activité stratégique (DAS), elle adopte une stratégie de spécialisation. Sa structure est simple ou de type fonctionnel.
En revanche, quand l'entreprise opte pour une stratégie de diversification en exploitant plusieurs DAS, sa structure évolue vers des formes divisionnelles ou matricielles.

3 L'influence du système technique sur la structure

J. Woodward montre que la structure d'une entreprise est conditionnée par le système de production utilisé pour réaliser le produit. Elle distingue trois systèmes :
- le système de production unitaire ou en petite unité (exemple : la construction d'un immeuble par une entreprise de BTP) favorise les structures souples et réactives de type organiques ;
- le système de production en série (exemple : la fabrication d'écrans LCD) est routinier. Il entraîne des structures mécanistes ;
- le système de production en continu (exemple : la coulée continue d'acier) suppose des structures mixtes capables de standardiser fortement le travail tout en restant souples pour réagir rapidement aux imprévus sans mettre en danger la production.

4 Les autres facteurs d'influence

1. La taille

Quand l'entreprise est de petite taille (moins de 500 employés), elle peut fonctionner avec un faible degré de spécialisation et de division du travail. L'ajustement mutuel est la forme de coordination la plus courante. Les procédures de travail sont réduites. Les structures sont simples.
Quand la taille augmente, le dirigeant ne peut plus conserver une structure simple et un lien direct avec ses salariés. Il embauche des responsables par fonction.
Plus la taille augmente, plus les activités se diversifient, s'autonomisent et tendent vers une structure divisionnelle ou matricielle.

2. La culture

Les travaux conduits par G. Hofstede montrent que la culture d'un pays induit des comportements qui, à leur tour, déterminent la structure de l'entreprise. Deux critères sont retenus pour définir quatre structures types :
- le contrôle de l'incertitude : selon les cultures, les entreprises éprouvent un besoin plus ou moins fort de maîtriser leur environnement. Ce besoin est fort dans les pays européens ;
- la distance hiérarchique : le respect de la hiérarchie ou de la tradition est plus marqué dans la culture européenne (respect du chef, vouvoiement).

Ainsi, en France, on trouve davantage de structures pyramidales et fonctionnelles. À l'inverse, dans les pays anglo-saxons, les structures sont plus flexibles.

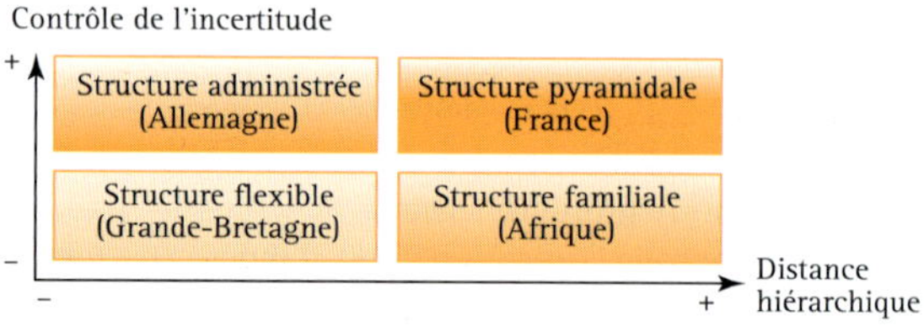

17 LES CONFIGURATIONS FLEXIBLES

Les mutations de l'environnement obligent les entreprises à adapter en permanence leur structure, à tel point que le changement est devenu la norme. Les configurations deviennent flexibles, ce qui déplace les frontières de l'entreprise.

1 Les reconfigurations structurelles

1. Les facteurs de changement structurel

Les raisons qui obligent une entreprise à faire évoluer sa structure peuvent être regroupées en quatre ensembles.

a) L'instabilité des marchés

L'instabilité des marchés oblige l'entreprise à revoir les produits qu'elle offre. Certaines activités disparaissent, d'autres montent en puissance. Des marchés sont saturés, obligeant l'entreprise à diversifier son activité. La structure suit ce mouvement.

b) Les innovations technologiques

Classiquement, les innovations technologiques sont à l'origine de nouveaux produits. Mais elles peuvent également faire émerger de nouveaux circuits de distribution.

EXEMPLE

Le développement de la vente sur Internet oblige les entreprises à revoir leur structure dans la mesure où l'accueil des clients et la fonction logistique prennent une dimension stratégique.

Les innovations peuvent aussi porter sur les processus de fabrication et l'organisation interne.

EXEMPLE

Le développement des systèmes d'information a, d'une part, fait émerger un nouveau service chargé de sa gestion et, d'autre part, modifié la façon de travailler de l'ensemble des services.

c) L'individualisation de la demande

Les demandes des clients évoluent vers davantage d'individualisation. L'entreprise doit s'organiser afin d'écouter le client (veille économique) et répondre plus rapidement que le concurrent à ses attentes.

EXEMPLE

Face à une demande de consommation de proximité, la grande distribution fait évoluer ses implantations vers les surfaces commerciales de taille moyenne au détriment de l'hypermarché.

d) Les exigences des parties prenantes

Les parties prenantes internes (salariés et actionnaires) constituent de véritables contre-pouvoirs que les dirigeants ne peuvent ignorer.

Les parties prenantes externes (clients, associations de consommateurs, groupes de pression, médias et fournisseurs) obligent l'entreprise à être plus réactive (pour répondre aux attentes des clients) et plus flexible.

Face à ces pressions, les entreprises doivent adopter des structures organiques (au sens de T. K. Burns et G. M. Stalker) ou adhocratiques (au sens de H. Mintzberg).

2. La logique de processus

a) Les caractéristiques du processus

La logique de processus est la réponse permettant d'adapter la structure à son environnement. Elle conduit le dirigeant à revoir l'ensemble de son organisation. M. Hammer et J. Champy traduisent cette tendance à travers la notion de reconfiguration (en anglais, *reengineering*).

En recomposant l'entreprise en processus, le dirigeant apporte un supplément de valeur à l'ensemble. Il s'agit en effet de renoncer au cloisonnement fonctionnel pour organiser l'activité en processus qui répondent aux besoins des clients.

Un processus est défini en ces termes par la norme ISO 9000 : « un ensemble d'activités corrélées et interactives qui transforment des éléments d'entrées (*input*) en éléments de sorties (*output*) ».

EXEMPLE

Dans une structure fonctionnelle, la demande d'un client peut passer par cinq services cloisonnés : commercial, gestion du stock et livraison, financement, facturation, après-vente. Dans une logique de processus, le client est en relation avec un seul interlocuteur qui gère l'ensemble de l'opération, depuis le démarchage commercial jusqu'au SAV.

Les configurations organisées en processus ont en commun : une organisation transversale (en processus), un nombre de niveaux hiérarchiques réduit et une coordination renforcée des tâches.

b) L'impact sur la structure

La logique de processus conduit à d'importants changements dans la structure :

- les salariés intégrés dans les processus sont responsabilisés dans la mesure où les postes sont interdépendants. La rémunération est conditionnée aux performances ;
- la réponse aux attentes des clients est plus efficace car les informations sont plus accessibles et leur traitement est plus rapide ;
- la culture d'entreprise évolue car une grande capacité d'adaptation de l'ensemble des salariés est nécessaire.

3. La configuration en projet

a) La définition du projet

La configuration en projet est une variante de la structure en processus. Le projet est un processus réalisé de façon unique.

EXEMPLE

Un chantier naval construit un paquebot de croisière. Il s'agit d'un projet : le produit réalisé est unique. Ce projet va mobiliser une multitude d'équipes au service de la satisfaction du client.

b) Le fonctionnement d'une structure en projet

Le projet peut être intégré dans les fonctions existantes mais pour être vraiment performant, il doit être sorti de la structure afin de donner aux équipes une réelle autonomie.

17 LES CONFIGURATIONS FLEXIBLES (suite)

Pour qu'une structure en projet fonctionne, il faut que les conditions suivantes soient remplies :
- l'opération doit avoir un caractère exceptionnel ;
- l'opération nécessite la coopération des opérateurs fonctionnels (acteurs métier) ;
- le mode projet réduit les coûts et les risques ;
- des délais stricts sont respectés à chaque étape du projet. C'est en particulier le cas lors de la réalisation de travaux publics dans le cadre de marchés publics. Les conventions passées prévoient des échéances précises et des pénalités en cas de retards.

2 Les nouvelles frontières de l'entreprise

1. Les enjeux de la redéfinition des frontières

Les incertitudes de l'environnement et la recherche de l'efficacité obligent les entreprises à retravailler en permanence sur leur chaîne de valeur. Elles doivent alors s'interroger sur leur cœur de métier et son éventuel déplacement. Elles peuvent être conduites à externaliser les activités non stratégiques en nouant des partenariats.

2. La mise en œuvre

Pour mettre en œuvre ces nouvelles configurations, deux voies principales sont envisagées : la réduction de l'intégration verticale et la réduction de la diversification.

a) La réduction de l'intégration verticale

L'entreprise développe la sous-traitance et les partenariats avec les fournisseurs. Elle externalise toutes ses activités non stratégiques (maintenance, paye, marketing, etc.). Les entreprises mettent en œuvre de nombreuses techniques de partenariats : sous-traitance simple, sous-traitance gigogne, création de coentreprise (joint-venture).

EXEMPLE

Danone se recentre sur les produits liés à la santé (produits laitiers, eaux minérales) en abandonnant les emballages et les biscuits. La firme s'implante en Asie en s'associant avec des entreprises locales.

L'externalisation des services devient si forte que l'on parle parfois d'entreprise virtuelle ou modulaire.

EXEMPLES

Si eBay est une société dans le siège social se trouve physiquement à San José aux États-Unis, son activité est virtuelle car réalisée grâce aux milliers d'ordinateurs de ses clients qui effectuent quotidiennement des opérations d'achats et de ventes sur la plate-forme.

L'entreprise Nike est essentiellement centrée sur la distribution d'articles de sport. Toute la production est réalisée par des entreprises indépendantes qui fonctionnent comme des modules autonomes.

b) La réduction de la diversification

La mondialisation intensifie la concurrence. La préservation de la compétitivité oblige de grandes entreprises conglomérales à se « respécialiser » en cédant des activités sans lien avec l'activité stratégique.

c) L'intégration des TIC

La réussite de ces entreprises repose sur des systèmes d'information performants qui accélèrent la circulation de l'information entre les salariés et qui renforcent les liens entre l'entreprise et ses partenaires.
Cette intégration croissante des technologies de l'information et de la communication contribue à alléger les structures et à rendre les frontières de l'entreprise de plus en plus floues.

3. L'entreprise réseau

a) Les caractéristiques

L'entreprise réseau rassemble plusieurs entreprises ou entités interdépendantes ayant chacune une compétence spécifique et qui vont intervenir de façon unique ou récurrente sur un processus global.

EXEMPLES

Les structures suivantes s'apparentent à des entreprises en réseau :
- l'entreprise étendue comme Airbus dans laquelle les sous-traitants sont directement associés à la conception et à la fabrication ;
- l'entreprise modulaire comme Whirlpool ou Nike ;
- l'entreprise virtuelle comme eBay.

Cette représentation est en rupture avec le schéma classique de l'entreprise intégrée dans laquelle l'ensemble des étapes, depuis la conception du produit jusqu'à sa distribution, est assuré par la même entité.

b) Le fonctionnement

Le réseau est constitué de multiples membres : les fournisseurs, les transporteurs, les distributeurs, les financeurs mais aussi d'anciens salariés qui réalisent des missions spécifiques (*outsourcing*) ou les collectivités locales. Les clients sont également intégrés au réseau.
Tous ces membres partagent leurs informations afin de réaliser un projet commun. Mais ils ne sont pas dépendants d'un seul partenaire. Ils conservent la liberté de réaliser d'autres transactions avec d'autres entreprises ou d'autres réseaux.

EXEMPLE

La construction d'un Airbus repose sur un réseau d'entreprises qui travaillent en étroite collaboration :
- les sous-traitants qui fabriquent les différentes pièces de l'avion ;
- les transporteurs qui convoient les pièces ;
- les ateliers qui assurent l'assemblage des composants ;
- le client qui est intégré pour finaliser les aménagements intérieurs spécifiques.

18 LE CHANGEMENT STRUCTUREL

Face aux évolutions de l'environnement et aux réorientations stratégiques, les dirigeants d'entreprise doivent conduire le changement efficacement. Ils doivent identifier les résistances de la part des salariés qui y sont confrontés et les dépasser.

1 La notion de changement structurel

1. Définition

Le changement structurel est un processus par lequel la structure d'une entreprise dans sa globalité ou dans quelques caractères est modifiée pour atteindre un niveau de performance meilleur. Dans le contexte économique actuel, les changements de stratégies étant plus fréquents, ils entraînent les changements structurels.

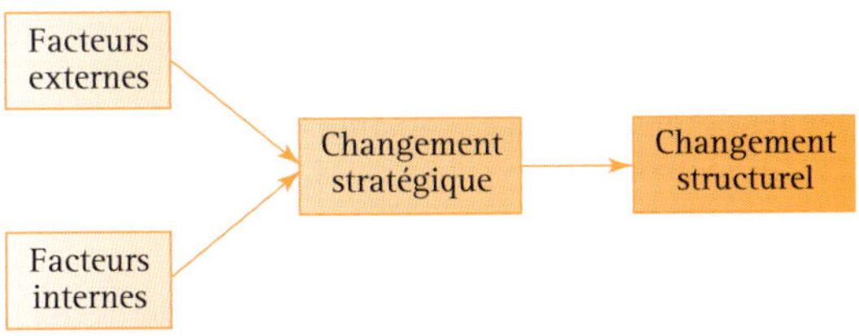

2. Les caractéristiques du changement structurel

Plusieurs critères peuvent être retenus pour caractériser un changement structurel.

a) Le rythme du changement

Le rythme du changement permet de distinguer le changement rapide, souvent décidé dans une situation de crise, et le changement progressif.

b) La volonté de changement

Le degré de volonté de changement oppose le changement voulu par les dirigeants et le changement subi.

c) L'ampleur du changement

L'ampleur du changement sépare le changement majeur, concernant l'ensemble de l'organisation, et le changement mineur, portant sur quelques activités.

EXEMPLE

La Banque populaire et la Caisse d'épargne vont fusionner leurs deux structures. Ce changement stratégique est provoqué par la crise financière et les problèmes de leur filiale commune, Natexis. Cette opération entraîne la formation d'une nouvelle équipe dirigeante et à terme un rapprochement des réseaux. Ce changement structurel est rapide, subi et majeur.

3. La conduite du changement

Pour réussir, le changement doit passer par trois phases principales selon Kurt Lewin.

a) La phase de dégel

Le dégel est la phase de prise de conscience au cours de laquelle les dirigeants réalisent la nécessité du changement.

b) La phase de mouvement

Le mouvement est la phase de réalisation du changement structurel. Il convient de faire accepter le changement aux différents acteurs et de limiter les résistances qui peuvent apparaître.

c) La phase d'enracinement

L'enracinement est la phase d'intégration du changement par les acteurs qui doivent retrouver un nouveau mode de fonctionnement dans des structures nouvelles.

2 Les phases de croissance et les crises des structures

Quand les entreprises grandissent, elles passent par des phases successives de croissance et de crises. À chaque phase correspond un changement structurel. Ces étapes ont été décrites par L. E. Greiner.

1. La phase entrepreneuriale

L'entreprise qui démarre est centrée sur la production et la commercialisation. L'organisation du travail est faible et essentiellement centrée sur le dirigeant. La coordination repose sur l'ajustement mutuel. La structure est simple.
Progressivement, le manque de méthodes et d'organisation engendre les premières tensions : c'est la crise de *leadership*.

2. La phase collective

La mise en place de procédures plus rationnelles donne à l'entreprise davantage d'efficacité. L'organisation du travail reste centralisée et la supervision directe est dominante. Une structure fonctionnelle se développe.
Pourtant, le contrôle trop centralisé et l'absence de délégation font naître un besoin d'autonomie chez les subordonnés. C'est la seconde crise.

3. La phase de décentralisation

Elle apparaît avec l'expansion des marchés de l'entreprise. Le dirigeant a décentralisé les responsabilités. La standardisation par les résultats est la forme dominante de coordination. La structure est fonctionnelle (si l'entreprise est spécialisée) ou divisionnelle (diversification).
Le danger à ce stade est l'excès d'autonomie donnée aux unités décentralisées. Une reprise en main par le sommet stratégique est nécessaire. C'est la crise du contrôle.

EXEMPLE

Le groupe international d'audit Altran était composé d'une multitude de consultants ou de PME qui maîtrisaient la relation avec les clients. Cette autonomie a fait perdre à Altran la relation directe avec le client. Altran a décidé de recentraliser ces différentes unités afin de mieux contrôler son image et son action.

4. La phase de coordination

L'activité est désormais mieux contrôlée. Les services fonctionnels se renforcent tout en contrôlant l'action

18 LE CHANGEMENT STRUCTUREL (suite)

des divisions. La structure reste divisionnelle avec un état-major renforcé (structure *staff and line*).
Mais le formalisme engendre un risque bureaucratique (excès de paperasserie). C'est la quatrième crise.

5. La phase de collaboration

Avec l'introduction de systèmes d'information performants, la crise bureaucratique est vaincue. L'entreprise met en place des processus qui facilitent la coordination entre les membres des équipes de travail. Le management devient plus flexible. La polyvalence est recherchée. La structure devient matricielle ou par projet. On trouve à cette phase des configurations adhocratiques.
Mais cette organisation est très exigeante pour les salariés et la pression exercée sur les cadres engendre une saturation psychologique. C'est la crise du renouveau.

6. La phase d'externalisation

L'entreprise choisit d'externaliser les activités non stratégiques et de se recentrer sur son cœur de métier. Les structures en réseau émergent alors.

EXEMPLE

Le constructeur d'avions Airbus a choisi une configuration en réseau avec une multitude de sous-traitants qui alimentent directement la chaîne de montage.

3 Les résistances au changement

1. La résistance des acteurs

Face aux changements structurels, l'entreprise est confrontée aux résistances des dirigeants et des salariés.

EXEMPLE

Les difficultés de la fusion entre Alcatel et Lucent sont en grande partie liées aux résistances des deux dirigeants face à la nécessaire intégration des deux structures.

a) Les causes de la résistance

On peut identifier trois grandes familles de résistances :
- la peur de l'inconnu : l'acteur ne voit pas où il va ;
- la peur de perdre des acquis ;
- la conviction que le changement n'est pas bénéfique à l'entreprise.

Selon le sociologue français M. Crozier, cette résistance au changement est normale. Il montre que le changement, en modifiant la situation des acteurs, engendre de l'inquiétude (la peur de perdre les acquis) et modifie les stratégies individuelles. Les acteurs élaborent des stratégies à partir des contraintes qu'ils perçoivent et des enjeux de pouvoir.

EXEMPLE

Quand Gaz de France et Suez se regroupent, la crainte des cadres de GDF est de voir leur fonction fusionner avec le poste équivalent chez Suez. Ils vont développer des stratégies personnelles afin de préserver le statut acquis avant la fusion.

b) L'impact de la culture d'entreprise

Si les résistances sont le plus souvent inhérentes aux acteurs (salariés ou dirigeants), on peut admettre que la culture d'entreprise peut également constituer un facteur supplémentaire de résistance.
Une culture ouverte à l'innovation va facilement intégrer les changements organisationnels.
Une culture plus traditionnelle peut constituer un frein au changement.

2. Les phases de la résistance au changement

Face au changement, un acteur passe généralement par cinq phases successives :
- l'acteur rejette le changement qui perturbe trop la situation acquise ;
- l'acteur admet ensuite le changement mais essaye de l'adapter pour qu'il perturbe le moins possible ses habitudes ;
- l'acteur comprend que le changement est inévitable, ce qui le déprime ;
- l'acteur accepte le changement avec regret. C'est le syndrome du « c'était mieux avant » ;
- le groupe de salariés qui a déjà intégré le changement aide l'acteur à faire de même et à en voir les côtés positifs.

3. Les solutions à la résistance

Il existe différentes techniques permettant de réduire les résistances, qui sont à utiliser en fonction des causes ayant engendré ces résistances.

a) L'information

Si les résistances proviennent d'un manque de communication, la solution repose sur l'information afin de réduire les malentendus. Pour que cette technique réussisse, elle suppose que les salariés fassent confiance aux dirigeants.

b) La participation

L'entreprise peut également intégrer davantage les salariés au processus de changement soit par la participation directe (si le niveau de formation des salariés le permet), soit par un accompagnement psychologique (si les résistances engendrent une angoisse croissante des salariés). Ces techniques sont longues et coûteuses.

c) La négociation

Si la résistance émane d'un groupe de salariés qui agit en puissant contre-pouvoir (action syndicale, par exemple), la solution repose sur la négociation et la recherche d'une entente.

d) La contrainte

Restent enfin des techniques plus radicales qui utilisent la contrainte et la menace. Ces techniques peuvent en cas d'échec faire perdre sa crédibilité à leur auteur et entraîner une radicalisation de la résistance.

19 LA GESTION PRÉVISIONNELLE DES EMPLOIS ET DES COMPÉTENCES

La gestion prévisionnelle des emplois et des compétences (GPEC) permet de mobiliser les ressources humaines pour mener à bien la stratégie de l'entreprise et faire face aux mutations de l'environnement.

1 Les finalités de la GPEC

1. La réalisation des objectifs stratégiques

Les ressources humaines comprennent l'ensemble du personnel (l'effectif) et de ses compétences. L'homme est au cœur de l'entreprise et de son succès ; il s'agit d'une ressource clé pour la réalisation des objectifs stratégiques.

La gestion prévisionnelle des emplois et des compétences consiste à détecter les nouveaux besoins induits par les choix stratégiques et à mettre en œuvre les politiques adaptées pour assurer l'adéquation entre les besoins et les ressources. En effet, une stratégie d'intégration s'appuie sur les ressources humaines internes et parfois des recrutements, alors qu'une orientation vers une stratégie d'externalisation peut conduire à des réductions d'effectif.

EXEMPLE

Shell, comprenant que les ressources mondiales en pétrole arriveront à épuisement d'ici un demi-siècle, a adopté une stratégie de diversification dans les nouvelles sources d'énergie. L'entreprise mobilise depuis 10 ans ses ressources humaines pour la recherche d'énergies non fossiles afin d'acquérir de nouvelles compétences.

2. L'avantage concurrentiel

Les ressources humaines sont déterminantes pour différencier les entreprises concurrentes. Le développement des compétences est un vecteur de productivité très important, source d'avantages concurrentiels durables pour l'entreprise.

3. L'anticipation des changements de l'environnement

La méthode PESTEL montre que l'entreprise affronte des changements aux niveaux politique, économique, socioculturel, technologique, écologique et légal. La GPEC prévoit ces changements et leur impact sur l'emploi et les compétences nécessaires au bon fonctionnement de l'entreprise.

Elle renforce l'employabilité des salariés à faible niveau de qualification et du personnel fragilisé par les changements de l'environnement. Elle prévoit les moyens d'éviter les mesures de licenciement économique par des dispositifs de reclassement des salariés, de mobilité et de formation.

EXEMPLE

Carrefour a signé un accord de GPEC dont l'un des objectifs est d'anticiper les conséquences sur le plan social des futures évolutions techniques, conjoncturelles et structurelles.

4. L'obligation légale

Pour inciter à la mise en place d'une GPEC, la loi de cohésion sociale du 18 janvier 2005, dite loi Borloo, crée une obligation, pour les entreprises de 300 salariés et plus, de négocier tous les 3 ans, même si elles n'aboutissent pas à un accord. La négociation de l'accord de GPEC doit envisager les actions pour favoriser la mobilité interne, la gestion de carrière, la formation professionnelle, l'accompagnement des salariés, la gestion des fins de carrière.

2 Les outils de la GPEC

1. La pyramide des âges

La pyramide des âges est un mode de représentation graphique de la répartition du personnel d'une entreprise par tranche d'âge et par sexe à un instant donné. C'est un outil indispensable à la gestion prévisionnelle des emplois et des compétences car il permet de visualiser si l'on dispose des bonnes personnes au bon moment. La pyramide des âges permet d'anticiper les évolutions au niveau du recrutement, de la formation ou des réductions d'effectif.

EXEMPLE

À la BNP, l'effectif est composé en grande partie de baby-boomers qui partiront à la retraite dans les années 2010. La GPEC met en place des actions pour éviter la perte massive de compétences lors du départ de ces salariés et pour assurer la relève par un effectif jeune et dynamique.

2. Le bilan social

Le bilan social est un document comptable établi dans toute entreprise de plus de 300 salariés. Il propose des indicateurs sociaux chiffrés permettant d'établir des priorités d'action dans les domaines suivants : emploi, rémunération, hygiène et sécurité, conditions de travail, formation, relations professionnelles, conditions de vie dans l'entreprise.

3. Le référentiel de compétences

Le référentiel de compétences présente la cartographie des métiers en leur associant une liste de compétences et le niveau de maîtrise requis. C'est une aide pour la GPEC car il permet de vérifier si l'entreprise a les compétences pour assurer son avenir. Il cerne les compétences de l'entreprise sur les métiers qui vont disparaître, les métiers en émergence, les métiers stratégiques.

3 La mise en œuvre de la GPEC

La mise en œuvre de la GPEC suit les trois étapes du processus de décision présentées par H. A. Simon dans le modèle IMC, abréviation de : intelligence (diagnostic des besoins présents et futurs), modélisation (analyse des écarts), choix (actions RH à mettre en œuvre).

19 LA GESTION PRÉVISIONNELLE DES EMPLOIS ET DES COMPÉTENCES (suite)

1. Le diagnostic et l'analyse des écarts

Un diagnostic est nécessaire pour évaluer les besoins et vérifier que les ressources humaines de l'entreprise permettent la mise en œuvre de sa stratégie et la réalisation de ses objectifs. Ce diagnostic doit analyser les besoins en termes quantitatifs (emplois) et qualitatifs (compétences) en fonction de la stratégie adoptée par l'entreprise. Ensuite, l'analyse des écarts entre les ressources humaines de l'entreprise et ses besoins permet d'envisager des actions adaptées.

2. Les actions quantitatives

Les actions quantitatives de gestion des ressources humaines permettent d'anticiper les besoins en ressources humaines de façon que l'entreprise ait l'effectif nécessaire au bon moment et au bon endroit.

a) Le recrutement

Les actions de recrutement consistent à augmenter l'effectif, mais également à rechercher de nouvelles compétences, en recourant à du personnel déjà dans l'entreprise (recrutement interne) ou par l'embauche d'un personnel extérieur (recrutement externe).

EXEMPLE

Le Train pour l'emploi et l'égalité des chances de La Poste s'arrête dans les gares pour informer et recevoir en entretien des candidats de tous horizons et de tous niveaux. L'entreprise a reçu en 2009 le label Top Employeurs qui distingue les entreprises qui ont su développer les talents au sein de leur organisation.

b) La réduction d'effectif

La réduction d'effectif consiste à diminuer la quantité du personnel de l'entreprise par des licenciements, des départs à la retraite, des départs volontaires. Elle permet de faire face à l'évolution d'un secteur, d'un métier ou de la stratégie.

La GPEC consiste aussi à accompagner toute politique de réduction d'effectif de procédures favorisant le dialogue et la justice sociale.

EXEMPLE

La stratégie de Total l'amène à réduire ses effectifs de plus de 555 postes de façon prévisionnelle en 2009 dans les secteurs du raffinage et de la pétrochimie. Un accord de GPEC devrait permettre d'éviter des effets néfastes sur le climat social alors que l'entreprise a réalisé des bénéfices de près de 14 milliards d'euros en 2008.

c) L'impartition

L'impartition consiste à « faire faire » à l'extérieur, à externaliser des activités de l'entreprise, par exemple sous la forme de la sous-traitance.

L'accord de GPEC doit prévoir les conditions de sa mise en œuvre, mais aussi l'accompagnement nécessaire pour limiter ses effets néfastes sur le climat social de l'entreprise.

EXEMPLE

L'externalisation des services informatiques s'explique par la recherche d'un personnel externe spécialisé, flexible, à un coût avantageux.

3. Les actions qualitatives

Les dispositifs de GPEC doivent inscrire le développement des compétences des salariés au cœur de leurs actions car le manque de compétence est un handicap source de démotivation, pour les salariés qui sont dépassés par les évolutions de leur métier.

a) La formation

La formation est l'outil majeur de développement de compétences nouvelles. L'entreprise est légalement obligée d'affecter au moins 1,6 % de sa masse salariale aux dépenses de formation. Dans le cadre du DIF (droit individuel à la formation), chaque salarié a droit à 20 heures de formation par an.

Pour développer des compétences clés et obtenir un avantage concurrentiel, l'entreprise doit aller au-delà des obligations légales et mettre en place une politique d'investissement en formation.

EXEMPLE

Le groupe Evialis, spécialiste de la nutrition-santé animale, a signé un accord de GPEC, dénommé « Cap compétences », qui vise à développer le capital humain, en particulier par le renforcement des actions de formation.

b) La mobilité

La mobilité est un changement de situation du personnel. Il peut s'agir de mobilité géographique (changement de lieu de travail), de mobilité professionnelle (changement de métier), ou de mobilité sectorielle (changement de secteur d'activité). Alliée à la formation, elle permet aux salariés d'acquérir des expériences sources de nouvelles compétences.

La GPEC favorise la mobilité de façon à mettre en valeur les compétences présentes dans l'entreprise et à mieux les répartir.

EXEMPLE

L'accord de GPEC de Carrefour prévoit que les salariés en parcours de mobilité bénéficieront d'un accompagnement individualisé avec des programmes de formation, d'intégration dans la nouvelle fonction et des mesures d'accompagnement à la mobilité géographique.

c) Le partage des savoirs

Les compétences détenues par chaque salarié contribuent à forger les compétences collectives, le savoir-faire de l'entreprise, à condition qu'elles soient répertoriées et que leur transfert des salariés les plus expérimentés vers les moins expérimentés soit favorisé.

L'accord de GPEC définit les modalités de transfert des compétences, particulièrement entre les générations. La mixité des équipes contribue au développement des compétences de tous les salariés.

EXEMPLE

L'accord de GPEC de Schneider Electric privilégie des modalités de travail permettant le transfert des compétences entre les générations, notamment à travers les contrats d'apprentissage et le tutorat.

20 LA FLEXIBILITÉ DES RESSOURCES HUMAINES

➔ La flexibilité permet de s'adapter au contexte socio-économique et aux aléas de l'activité. Ses sources sont internes et externes à l'entreprise.

1 Les enjeux de la flexibilité

1. S'adapter au contexte socio-économique

Dans un contexte instable, l'entreprise doit anticiper et adapter ses ressources aux évolutions du microenvironnement comme du macroenvironnement. Celles-ci peuvent être rapides et radicales et seules les entreprises flexibles peuvent s'y adapter rapidement et efficacement.

EXEMPLES

Au niveau du microenvironnement, le contexte de crise économique soumet les entreprises à une concurrence très vive qui peut conduire à rechercher des contrats de travail plus flexibles.

Au niveau du macro-environnement, la baisse du pouvoir d'achat amplifie les creux d'activité imposant plus de souplesse du temps de travail.

2. Faire face aux aléas de l'activité

La flexibilité permet d'adapter les effectifs en fonction de l'intensité de l'activité. L'entreprise peut être soumise à des pics d'activité de façon plus ou moins régulière. Le recours à des horaires et à des contrats flexibles, à un personnel polyvalent lui permet de répondre plus facilement à ces variations.

La flexibilisation de l'activité améliore donc la compétitivité de l'entreprise.

2 Les limites de la flexibilité

La flexibilité comporte aussi des limites (conditions de travail stressantes et anxiogènes, charge de travail excessive) qui nuisent à la santé, la motivation, l'épanouissement et l'implication des salariés.

Le risque pour l'entreprise est d'avoir un personnel moins stable, des conflits sociaux et une détérioration du climat social conduisant à la baisse des performances des ressources humaines et donc de l'entreprise dans son ensemble. L'accord de GPEC peut constituer un « garde-fou » pour la flexibilité.

3 Les sources de flexibilité

1. Les sources externes de flexibilité

La flexibilité peut être recherchée dans le recours à des partenaires extérieurs, comme dans le cas de la sous-traitance.

La sous-traitance de capacité permet d'augmenter les quantités produites en cas de pic d'activité. Quant à la sous-traitance de spécialité, elle permet de bénéficier des compétences spécifiques du sous-traitant.

EXEMPLE

Les constructeurs automobiles reportent l'effet de leur baisse d'activité en période de crise sur leurs sous-traitants qui, comme Valéo, sont contraints de mettre au chômage technique leurs salariés.

2. Les sources internes de flexibilité

a) Le temps de travail

Le temps de travail peut être flexibilisé par le recours aux heures supplémentaires ou à l'annualisation du temps de travail. La GPEC prévoit les modalités de flexibilisation du temps de travail en veillant à ce qu'elle ne nuise pas à la santé et à la motivation des salariés.

b) Les rémunérations

L'individualisation est un mode de rémunération flexible permettant de moduler le salaire en fonction de la performance, du mérite, de l'implication, de l'expérience et des résultats de chacun. Elle permet d'associer le salarié, de le motiver et de le pousser à travailler davantage.

Les accords de GPEC prévoient les conditions de la flexibilisation des rémunérations, tout en garantissant aux salariés un mode de rétribution juste et équitable.

EXEMPLE

L'accord salarial 2008 des Autoroutes du sud de la France (ASF) comprend un volet sur l'individualisation d'une partie des rémunérations des salariés. Lors de la négociation, l'objectif était de clarifier les critères d'attribution des augmentations individuelles.

c) Les contrats de travail

Le recours aux contrats de travail précaires, comme le contrat à durée déterminée (CDD) et l'intérim, constitue une source de flexibilité. La GPEC doit contribuer à éviter les dérives qui sont source de démotivation pour le personnel.

EXEMPLE

En période de crise, les TPE (très petites entreprises, employant moins de 10 salariés) recourent deux fois plus aux contrats précaires que les entreprises de plus de 10 salariés. 41,5 % des salariés employés par une TPE travaillent en CDD, à temps partiel ou en contrat aidé.

d) La polyvalence

La polyvalence est la capacité du personnel à occuper plusieurs postes. Source interne de flexibilité qualitative, elle rend l'organisation du travail plus souple. Lorsque plusieurs personnes peuvent occuper différents postes, il est possible de réorganiser facilement les équipes en fonction des fluctuations des commandes, des congés ou des absences du personnel. La formation, incluse dans l'accord de GPEC, permet de développer la polyvalence.

EXEMPLE

Dans l'industrie automobile, le travail à la chaîne faisant appel à des ouvriers spécialisés est de plus en plus souvent accompagné d'îlots de fabrication confiés à des équipes de travailleurs polyvalents.

21 LA MOTIVATION ET L'IMPLICATION DES SALARIÉS

La motivation est un mécanisme complexe qui doit permettre l'implication du salarié, au service de la performance de l'entreprise. Elle repose sur des facteurs individuels mais aussi collectifs, au premier rang desquels se trouve la culture de l'entreprise.

1 La motivation au travail

1. Définition et enjeux de la motivation

La motivation est un ensemble d'actions intériorisées qui vont déterminer un comportement et inciter la personne à agir. Elle est propre à chaque individu.

La motivation est déterminée par des facteurs personnels (besoin d'argent, recherche de reconnaissance) ou collectifs (culture de l'entreprise, climat social, environnement socio-économique, etc.).

La compréhension des facteurs de motivation est essentielle pour les dirigeants car elle détermine la performance de l'entreprise. Un salarié motivé va tout mettre en œuvre pour atteindre un objectif (efficacité) et améliorer sa productivité (efficience). Il contribue ainsi au succès de son entreprise.

2. Les approches théoriques de la motivation

a) La hiérarchie des besoins

Un individu va d'abord être motivé par le désir de satisfaire des besoins personnels. A. Maslow a hiérarchisé ces besoins :

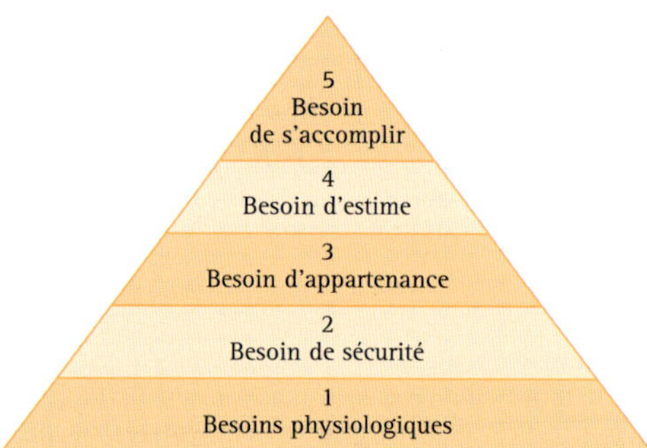

L'aspiration à satisfaire le besoin de rang 2 n'est envisageable que si le besoin de rang 1 est satisfait. Dans cette logique, le manager qui souhaite renforcer le sentiment d'appartenance des salariés à l'entreprise doit d'abord s'assurer que leurs besoins physiologiques et de sécurité sont satisfaits.

b) L'analyse bifactorielle

F. I. Herzberg a également étudié les facteurs qui agissent sur la motivation. Il distingue deux ensembles de facteurs :

- les facteurs extérieurs ou facteurs d'hygiène : leur présence engendre un mécontentement qui empêche la motivation ;

EXEMPLES

De mauvaises conditions de travail, un mauvais climat social, des rapports avec les supérieurs trop tendus, un niveau de salaire trop bas.

- les facteurs valorisants génèrent la satisfaction du salarié et contribuent à sa motivation.

EXEMPLES

La reconnaissance du travail réalisé, la responsabilisation du salarié, les perspectives d'avancement.

c) La théorie des attentes

V. Vroom montre que la motivation résulte de la combinaison de trois facteurs :

$$\text{attente} \times \text{instrumentalité} \times \text{valence.}$$

L'attente répond à la question « suis-je capable de faire le travail que l'on attend de moi ? ».

L'instrumentalité répond à la question « ce travail sera-t-il récompensé ? ».

La valence répond à la question « la récompense est-elle à la hauteur de l'effort que j'ai accompli ? ».

Un salarié motivé répond positivement à ces trois questions. Si une des réponses est nulle, cela signifie qu'il est démotivé.

EXEMPLES

Si on confie à un salarié un travail qu'il ne sait pas faire (attente = 0), il sera démotivé.

Si on propose à un salarié de compenser ses heures supplémentaires par des jours de récupération alors qu'il attend davantage de salaire (valence = 0), il ne sera pas motivé.

d) La théorie de l'équité

Dans la continuité des travaux de V. Vroom, J. S. Adams explique qu'un individu détermine un ratio entre ce qu'il retire de son travail (le salaire) et l'effort qu'il fournit pour obtenir ce résultat. Si son score est égal à celui des membres de son groupe, il sera motivé car il aura le sentiment d'une rétribution équitable. Si les scores sont inégaux, il sera démotivé car il aura le sentiment de ne pas être payé pour le travail accompli ou il n'aura plus la même perception du travail effectué.

3. Les instruments au service de la motivation

Ils peuvent être liés à la personne mais aussi à la relation entre le salarié et le groupe auquel il appartient.

a) Les instruments financiers

Dans la logique des travaux de F. W. Taylor, on trouve la rémunération. Si la détermination du salaire repose le plus souvent sur des grilles de rémunération négociées, il peut exister une part variable. Cette part est déterminée par les performances (salaire au rendement) mais elle comprend aussi des éléments périphériques directs (prime de rendement, prime liée à la performance individuelle) ou indirects (intéressement, participation).

b) Les instruments portant sur l'environnement de travail

Il existe aussi des facteurs de motivation qui vont améliorer l'environnement de travail et montrer au salarié l'intérêt qu'on lui porte. On trouve parmi ces instruments : la gestion des compétences (formation, perspectives de carrière) et l'aménagement du travail (polyvalence, enrichissement des tâches).

c) Les instruments collectifs de motivation

Ils sont liés au climat social : qualité des relations de travail entre pairs et entre supérieurs et subordonnés. Ils dépendent également de la communication interne de l'entreprise et de sa culture. Les valeurs qu'elle promeut peuvent être source de motivation pour les salariés.

2 La culture d'entreprise

C'est un élément déterminant pour créer une motivation collective au sein de l'entreprise.

1. Définition et enjeux de la culture d'entreprise

a) Définition

La culture d'entreprise peut se définir comme un ensemble cohérent d'attitudes communes à toutes les parties prenantes internes. Ces attitudes sont en partie déterminées par une histoire.
Elle repose sur des valeurs partagées. Elle permet de fédérer les personnes autour des objectifs communs.
La culture se construit progressivement. C'est un processus dynamique d'apprentissage.

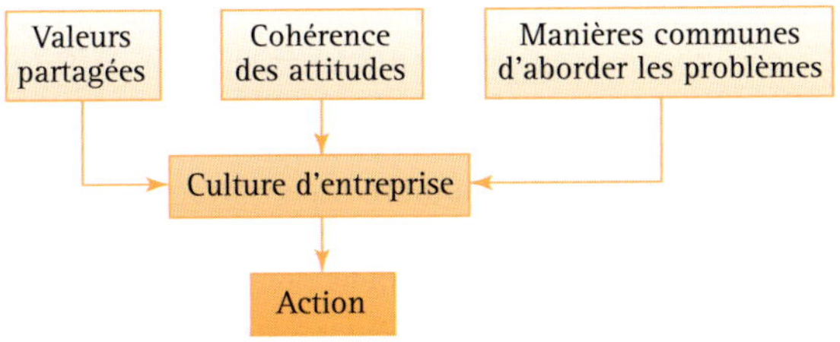

b) Les enjeux de la culture d'entreprise

La culture d'entreprise apparaît comme un moyen de « faire vivre ensemble » une communauté de personnes. Les intérêts de ces parties prenantes peuvent être divergents. Des conflits naissent parfois de ces divergences. La culture d'entreprise, en s'appuyant sur des valeurs fortes, sur des traditions et des règles, doit contribuer à réguler ces conflits et à apaiser les divergences.
C'est le sens des travaux de J. March et R. Cyert. Ces auteurs ont montré que les individus ayant des intérêts différents se coalisent pour les défendre. Les objectifs de l'organisation résultent de la capacité à négocier entre ces coalitions d'individus et à trouver un compromis satisfaisant pour tous. Une culture forte contribue à la réconciliation.

c) Les signes culturels

La culture d'entreprise est visible à travers différents signes :
- les mythes : histoires et anecdotes qui circulent dans l'entreprise ;
- les héros : ce sont les fondateurs, les dirigeants ou les salariés qui servent de référence parce qu'ils ont sauvé ou développé l'entreprise ;
- les tabous : ce sont des situations, des événements qu'il ne faut jamais évoquer dans l'entreprise ;
- les symboles : ce sont des signes chargés d'informations culturelles. Ce sont des éléments de communication interne et externe ;
- les rites : ce sont des actes et comportements répétitifs destinés aux membres de l'entreprise. Ils servent à fixer la culture de l'entreprise et à développer le sentiment d'appartenance.

2. Les déterminants de la culture d'entreprise

Une véritable culture d'entreprise n'est pas spontanée. Elle se construit dans le temps et s'appuie sur une multitude de variables.

a) Les variables externes

La culture d'entreprise est imprégnée de la culture nationale, c'est-à-dire de l'ensemble des valeurs et des croyances autour desquelles se retrouve la grande majorité de la population d'un pays. Ce sont ces valeurs qui forment l'identité individuelle (relation avec soi-même) et l'identité collective.

EXEMPLE

La culture française est traversée par deux tendances paradoxales :
- la recherche d'un grand formalisme : centralisation des décisions, règles, recours au droit ;
- la recherche du désordre sous-tendu dans la notion de débrouillardise.

La seconde variable externe est la culture du métier. Chaque profession possède des valeurs, des savoirs, des règles propres. Ces cultures professionnelles sont un facteur d'identité fort.

b) Les variables internes

On peut mettre en évidence trois grandes familles :
- l'histoire de l'entreprise permet de dégager des tendances ou des valeurs profondes de l'entreprise. Elle prend appui sur les hommes marquants de l'entreprise, ses structures, les grandes dates et les relations de l'entreprise avec l'environnement ;
- le système de valeurs de l'entreprise correspond à un mode de pensée, à un ensemble de croyances qui guide le personnel de l'entreprise ;
- les dirigeants marquent l'évolution de l'entreprise par leur action.

3. Les limites de la culture d'entreprise

L'évolution de la situation économique peut remettre en cause l'efficacité de la culture d'entreprise comme instrument d'implication des salariés.
La montée de la précarité interroge sur le sentiment d'appartenance et l'implication de salariés qui savent dès leur embauche qu'ils ne resteront pas dans l'entreprise.
Des opérations de fusion d'entreprises ont été mises en difficulté en raison de l'incompatibilité des cultures d'entreprises (exemple : Alcan et Péchiney dans l'aluminium). Les résistances au changement sont si importantes qu'il devient impossible de construire un système de valeurs communes.

22 L'ORGANISATION DE LA PRODUCTION

Les choix stratégiques visent à créer de la valeur et nécessitent une organisation efficace de la production. C'est le rôle du système de production mis en place par l'entreprise.

1 Le système de production

1. Définition

Le système de production est un ensemble d'éléments matériels (équipement, matières), immatériels (brevets) et humains relié par des flux (physiques ou d'informations) permettant la conception et la fabrication de produits (biens ou services) répondant aux attentes des clients.

2. L'articulation avec les autres composants

Le système de production est en relation avec les autres composants de l'entreprise :
- le système d'approvisionnement pour disposer «juste à temps» des matières nécessaires pour réaliser la production ;
- le système de gestion des ressources humaines pour disposer de salariés en nombre suffisant et ayant les compétences requises ;
- le système commercial pour concevoir et mettre en fabrication les produits répondant aux attentes des clients.

3. Les modes d'organisation de la production

Plusieurs critères permettent de caractériser l'organisation de la production :
- le processus technique distingue l'organisation de la production en continu, c'est-à-dire que le processus ne peut être interrompu sans détruire le produit (exemple : haut-fourneau fabriquant de l'acier), ou en discontinu ;
- la quantité produite permet de séparer la production à l'unité (exemple : un immeuble), en petite série (exemple : des Airbus A380) ou en grande série (exemple : des automobiles) ;
- la contrainte exercée par le client et la politique de gestion des stocks ont également une incidence sur l'organisation de la production. On oppose la production en flux tendus (la commande du client déclenche la production et les stocks sont minimaux) et la production en flux poussés (la production est stockée puis vendue).

2 Les relations entre stratégie et production

1. Les objectifs d'une organisation efficace de la production

a) L'efficience

Elle permet d'atteindre les objectifs stratégiques en respectant les moyens mis à disposition. Pour atteindre cet objectif, le responsable de la production doit minimiser les coûts. Le premier coût que l'on cherche à réduire est celui du travail. L'organisation scientifique du travail s'inscrit pleinement dans cette démarche. Mais la réduction des coûts peut être plus globale (élimination de tous les gaspillages) et continue : on parle de «*lean management*».

b) La qualité

Cette démarche bénéficie à l'activité (moins de pertes et de gaspillage), à l'image de l'entreprise, à l'organisation de la production (moins de pannes, de rupture de stocks) et aux salariés, plus impliqués dans le processus de fabrication.

c) La flexibilité

Elle est essentielle pour répondre aux attentes des consommateurs qui exigent des produits de plus en plus différenciés. Le développement de l'automatisation et des techniques de production assistée par ordinateur facilite la réalisation de cet objectif.

2. L'impact de la croissance de l'entreprise

On observe différentes étapes dans la croissance de l'entreprise. À chaque étape correspondent une stratégie et une organisation de la production dominante. Ainsi l'entreprise artisanale repose sur l'omniprésence de son dirigeant fondateur et son intervention à tous les niveaux de la production.
En grandissant, l'entreprise doit recruter des salariés et rationaliser son organisation productive. La production doit se standardiser et favoriser la fabrication en série.
Enfin, l'entreprise est aujourd'hui contrainte par des impératifs sociétaux. Elle doit modifier son appareil de production pour être écologiquement responsable.

3. L'impact des options stratégiques

Le choix de la stratégie est directement lié à la préservation et au développement de l'avantage concurrentiel. L'entreprise doit en permanence s'interroger sur ses domaines d'activité stratégique (DAS) pour adapter ensuite son système de production.

a) Domination par les coûts ou différenciation

Quand l'entreprise spécialisée choisit de développer une domination par les coûts, elle va s'efforcer de réaliser des productions en série. En effet, cette standardisation permet de réduire les coûts de production.
À l'inverse, le choix de la différenciation oblige l'entreprise à modifier régulièrement ses produits. Sa production doit donc privilégier des petites séries et une grande flexibilité pour pouvoir modifier la fabrication.

b) Externalisation ou intégration

L'entreprise qui choisit d'externaliser une grande partie de ses activités productives va limiter celles qu'elle conserve en interne, souvent réduites à l'assemblage. En revanche, elle devra mettre en place un système de contrôle de ses différents fournisseurs et sous-traitants pour garantir la qualité.
À l'opposé, une entreprise qui choisit d'intégrer ses activités contrôle en interne l'ensemble de sa production, depuis l'approvisionnement en matières premières jusqu'au produit fini.

23 LES ENJEUX ET LES MODALITÉS DES POLITIQUES D'INNOVATION

➔ L'innovation est au cœur du processus de création de valeur. Elle est essentielle pour optimiser les ressources de l'entreprise.

1 Les enjeux de la politique d'innovation

1. Les caractéristiques de la politique d'innovation

La politique d'innovation consiste à mobiliser l'ensemble des ressources techniques (recherche et développement) et humaines (management des compétences) afin d'introduire efficacement sur le marché de nouveaux produits (biens ou services) ou de nouveaux procédés.

a) L'environnement

Pour réussir, la politique d'innovation a besoin d'un environnement interne ouvert sur la nouveauté, d'une recherche fondamentale dynamique et d'infrastructures performantes.

b) La distinction entre invention et innovation

L'invention est une réponse technique nouvelle apportée à une situation nouvelle ou à un problème rencontré. Elle nécessite une protection assurée par les brevets.

L'innovation est un processus par lequel une invention va se transformer en produit, en service ou en procédé et engendrer une création supplémentaire de valeur.

c) La typologie des innovations

J. A. Schumpeter a identifié cinq types d'innovations :

Type d'innovation	Forme d'innovation	Exemple
Innovation produit	Création d'un produit nouveau	Les alicaments
Innovation marché	Découverte d'un débouché nouveau	La vente sur Internet
Innovation de procédé de production	Nouvelle organisation de la production	La robotisation d'une chaîne de fabrication
Innovation organisationnelle	Nouvelle organisation du travail	Les équipes polyvalentes dans un atelier
Innovation énergie	Nouvelle énergie ou matière première	L'énergie éolienne

2. Les enjeux économiques

L'innovation est le premier moyen permettant à l'entreprise de conserver son avantage concurrentiel.

Dans un environnement fortement concurrentiel, l'innovation permet de produire en plus grande quantité et de réduire les coûts de production. Les marges supplémentaires ainsi réalisées financent la R&D.

Dans un environnement moins concurrentiel, l'entreprise dégage des marges supplémentaires en augmentant plus librement ses prix, ce qui contribue également au financement de la R&D.

Lorsque l'entreprise est spécialisée, l'innovation permet de créer un effet de volume en réalisant des économies d'échelle. En effet, les innovations accélèrent l'effet d'expérience. L'avantage ainsi créé permet à l'entreprise de conserver en permanence une technologie d'avance.

EXEMPLE

L'Oréal a construit son avantage en s'appuyant sur une recherche et développement performante qui lui permet d'avoir une innovation d'avance sur ses concurrents.

Lorsque l'entreprise pratique la différenciation, l'innovation est le moyen d'apporter la réponse attendue par le client.

EXEMPLE

Seb invente la friteuse sans huile, ce qui lui permet de renforcer sa position dans le petit électroménager. C'est une innovation produit.

3. Les enjeux sociétaux

Les parties prenantes exercent sur les entreprises des pressions croissantes afin qu'elles adoptent une démarche de responsabilité sociale (RSE) :

- les clients réclament des produits écologiquement sains avec un bon rapport qualité/prix ;
- les pouvoirs publics introduisent des règles contraignantes (exemples : taxe carbone, malus écologique et autres réglementations issues de la mise en œuvre du Grenelle de l'environnement) ;
- les ONG développent des stratégies de confrontation (exemple : Greenpeace) ou de collaboration.

L'innovation constitue la réponse aux attentes légitimes de ces partenaires tout en contribuant à la réduction des coûts de production. Elle permet également de passer d'une démarche de RSE subie à une démarche volontaire.

EXEMPLE

Lafarge développe des bétons répondant aux attentes décoratives des clients tout en consommant moins d'énergie lors de leur fabrication.

2 Les modalités de l'innovation

1. La veille technologique

a) Définition

La veille technologique est l'activité constituée par l'ensemble des techniques permettant la collecte, l'analyse, la diffusion et l'exploitation des informations indispensables à l'entreprise pour affronter ses concurrents et développer ses compétences métiers. Elle se situe en amont du processus d'innovation.

b) Les objectifs

La veille technologique cherche d'abord à comprendre l'émergence des produits futurs et leurs fonctions.

EXEMPLE

Les fabricants de téléphones mobiles ont dû anticiper les besoins des consommateurs dans le domaine du multimédia et adapter leurs produits en conséquence.

23 LES ENJEUX ET LES MODALITÉS DES POLITIQUES D'INNOVATION (suite)

Elle permet ensuit d'identifier les innovations des concurrents et leur potentiel, en collaboration avec les services de veille concurrentielle. La veille technologique alimente les décideurs stratégiques en identifiant les entreprises qui conduisent des stratégies proches.
Enfin elle évalue les techniques nouvelles et leur rythme d'évolution.

c) Les sources d'information

L'efficacité de la veille technologique repose sur la capacité de l'entreprise à collecter des informations. Ces informations peuvent être librement accessibles : quotidiens, magazines professionnels, conférences, salons, foires, banques de données sur Internet, etc.
Les informations peuvent également être fermées et provenir des clients, des fournisseurs, des sous-traitants, de visites chez les concurrents ou d'achats de produits et d'échantillons.
Il existe aussi une forme illégale de veille : l'espionnage industriel.

2. La recherche et développement (R&D)

La recherche et développement est l'ensemble des processus permettant de transformer une invention en une innovation techniquement et commercialement exploitable.
Dans l'entreprise, elle s'appuie sur l'ensemble des recherches réalisées à différents niveaux :
- la recherche fondamentale s'efforce de faire avancer la connaissance scientifique. Elle est réalisée par des chercheurs, le plus souvent au sein d'organismes publics (CNRS, INSERM, INRA...) ;
- la recherche appliquée permet de transformer les résultats de la recherche fondamentale en applications.

EXEMPLE

La technologie du laser est issue de la recherche fondamentale sur l'amplification de la lumière. Elle donne naissance à de multiples innovations dans les domaines médical, musical, etc.

Dès que la R&D a inventé un produit ou une technique nouvelle, il faut protéger l'invention afin de préserver l'avantage concurrentiel qui doit potentiellement en découler. Il faut également limiter les risques de contrefaçon. C'est la fonction du dépôt de brevet et d'une façon plus globale de la protection industrielle.

3. La qualité

La démarche qualité se définit comme un processus qui permet à l'entreprise de répondre aux attentes du client (rapport qualité/prix) en produisant le bien ou le service à un coût économiquement acceptable.
La qualité prend différentes dimensions :
- les caractéristiques intrinsèques du produit : on dit qu'un produit est de bonne qualité quand ses composants sont eux-mêmes de qualité ;
- la satisfaction des attentes du client : un produit de qualité répond à ses préoccupations du moment ;
- le respect de normes définies en interne ou en externe : un produit certifié ISO répond à des normes strictes.

a) Le contrôle *a posteriori*

À l'origine, la démarche qualité est née du besoin croissant de garantir aux clients un produit répondant à ses attentes en réduisant les effets dévastateurs de la non-qualité (perte de clients, surcoût lié au gaspillage, détérioration de l'image). Cette première démarche reposait le plus souvent sur un contrôle *a posteriori* de la qualité.

b) L'intégration en amont de la production

Progressivement, la démarche qualité a associé d'autres acteurs en amont : services chargés de la conception des produits en liaison avec les services commerciaux chargés de la relation clients. C'est la période du règne des « cinq zéros » : zéro défaut, zéro stock, zéro panne, zéro papier, zéro délai.
Cette démarche a connu un nouvel essor dans les années 1970 avec le développement des cercles de qualité. Elle permet de faire travailler ensemble des salariés qui ne se seraient jamais rencontrés autrement et de préparer ainsi les nouvelles organisations de la production (exemple : équipes polyvalentes).

c) La certification

Enfin, la démarche qualité est sortie de l'entreprise, toujours sous la pression des exigences du client et d'un besoin de « certitude » accrue sur le produit offert. Des normes internationales se sont développées (exemple : normes ISO) et des organismes sont chargés de les mettre en œuvre dans les entreprises (exemple : AFNOR). Ils auditent le fonctionnement de l'entreprise, mettent en place des procédures de travail et délivrent finalement la certification.

d) La qualité totale

Aujourd'hui, on parle de TQM (*Total Quality Management*) pour qualifier l'ensemble des procédures de qualité qui intègrent également le management.

4. Les partenariats technologiques

L'entreprise peut construire sa propre recherche et développement et en assurer la protection. Mais ce processus est long et incertain. C'est la raison pour laquelle elle opte parfois pour des partenariats avec d'autres organisations.
Au niveau de la recherche fondamentale, l'entreprise peut collaborer avec un centre de recherche.

EXEMPLE

Dans le domaine médical, laboratoires publics et entreprises pharmaceutiques collaborent fréquemment pour développer des médicaments.

Deux entreprises peuvent également décider de collaborer pour permettre une innovation. Elles vont alors créer une coentreprise. Les exemples sont nombreux dans le domaine des technologies de la communication.

24 LE MANAGEMENT DES CONNAISSANCES

➔ Le rôle des dirigeants est de mettre en réseau les savoirs des salariés pour permettre à chacun d'enrichir l'ensemble en faisant de l'entreprise une organisation apprenante.

1 Les fondements du management des connaissances

1. Définitions

Le management des connaissances (en anglais, *knowledge management*) est un processus qui vise à exploiter les compétences en créant une culture de l'apprentissage. Ce processus s'appuie sur la capacité des acteurs à accumuler des connaissances et à les partager systématiquement pour faire progresser toute l'organisation.
Ces connaissances peuvent être individuelles (attachées à une personne) ou collectives (partagées par un ensemble de personnes). Elles peuvent être fondées sur les études (la formation) ou la pratique (expérience). Elles peuvent être explicites (formalisées dans un document, une procédure) ou tacites (expériences ou savoir-faire non formalisés).

2. Les niveaux d'apprentissage

On distingue trois niveaux d'apprentissage. L'apprentissage individuel repose sur la formation individuelle. L'apprentissage du groupe repose sur la réalisation de projets par des équipes de travail. L'apprentissage global apparaît quand toute l'entreprise devient apprenante : elle met en place des structures et une culture qui permettent la capitalisation et le partage des compétences.

3. Les enjeux

a) L'enjeu organisationnel

Le management des connaissances nécessite un système d'information performant. Mais il faut également que l'information collectée et mémorisée soit exploitée et diffusée.

b) L'enjeu humain

Le management des connaissances exige l'implication de tous les membres de l'entreprise et un niveau de confiance qui permette le partage.

c) L'enjeu culturel

Le management des connaissances ne peut se développer que dans une entreprise dont la culture est ouverte à l'écoute et à l'échange. Cela suppose que les dirigeants en soient les premiers animateurs.

d) L'enjeu concurrentiel

Le management des connaissances permet de dégager des compétences uniques sur lesquelles l'entreprise peut s'appuyer pour construire son avantage concurrentiel.

2 Les modalités du management des connaissances

1. La matrice SECI

I. Nonaka et H. Takeuchi ont montré comment la connaissance implicite détenue par un individu est progressivement partagée par le groupe et devient explicite. Ce processus engendre une « spirale des connaissances » qui permet à l'entreprise de devenir apprenante par appropriations successives.

	Connaissances individuelles	Connaissances collectives
Connaissance tacite	1. Socialisation du savoir tacite (partage sur le lieu de travail, apprentissage)	2. Externalisation du savoir tacite au savoir explicite (modélisation des savoirs qui les rend transmissibles)
Connaissance explicite	4. Intériorisation du savoir explicite au savoir tacite à un niveau plus élevé (organisation apprenante)	3. Combinaison des savoirs explicites (gestion électronique documentaire, réseaux des connaissances)

2. Les outils du management des connaissances

Les pratiques sont multiples. Elles ont en commun d'utiliser abondamment les technologies de l'information. On peut cependant identifier trois ensembles :
- la rationalisation de l'organisation de l'information existante pour la rendre plus pertinente et plus performante ;
- l'organisation de la diffusion des connaissances à partir des bases de données enrichies et jusqu'alors dispersées afin de mettre en commun des pratiques ;

EXEMPLE
Les logiciels *help desk* (centre d'assistance) permettent aux utilisateurs de disposer d'une assistance pour gérer des problèmes informatiques. Cette base s'enrichit des incidents qui lui sont soumis.

- le partage des connaissances qui s'appuie sur des outils de travail collaboratif. Ces outils permettent à des groupes distants d'échanger et de construire ensemble des connaissances. On aboutit alors à l'émergence de communautés de pratiques.

3. Les limites du management des connaissances

La compétence technique fait parfois défaut aux décideurs qui, par ailleurs, renoncent difficilement au contrôle de l'information, souvent associée au pouvoir. Ensuite, le risque existe de réduire le management des connaissances à la collecte et au stockage de l'information, en oubliant le partage. De plus, il faut accepter la « pédagogie de l'erreur » pour progresser. Or ce type de pratique est coûteux et chronophage, ce qui dissuade les acteurs. Enfin, la démarche s'inscrit dans une nouvelle relation entre employeurs et salariés fondée sur la réciprocité des intérêts (investissement personnel du salarié contre formation et valorisation des compétences). Cette conception est peu compatible avec la précarisation du marché du travail.

25 LES BESOINS DE FINANCEMENT DE L'ENTREPRISE

Pour garantir sa pérennité, l'entreprise doit trouver les financements nécessaires à la mise en œuvre de sa stratégie et à la poursuite de ses activités. On distingue les besoins de financement liés au cycle d'investissement et ceux liés au cycle d'exploitation.

1 Le financement du cycle d'investissement

1. Le cycle d'investissement

L'investissement représente l'acquisition par l'entreprise de biens durables (locaux, machines, véhicules...) dans le but d'en retirer un profit futur. Les investissements engagent donc l'entreprise pendant une longue période et le cycle d'investissement est un cycle long qui accompagne le développement de l'entreprise. Pour préserver l'équilibre financier, le cycle d'investissement doit être financé par des ressources financières à long terme.

EXEMPLE

Dès la création de sa pizzeria, M. Pepino a dû acquérir un four, une chambre froide et du matériel de cuisson. Pour les financer, il a complété son apport personnel par un emprunt bancaire sur 5 ans.

2. L'impact des stratégies sur le cycle d'investissement

Au cours de la vie de l'entreprise, le rythme et l'importance des investissements dépendront des stratégies mises en œuvre.

Les stratégies de focalisation ou de spécialisation, sans accroissement d'activité, ne nécessitent souvent que des investissements de remplacement lorsque les équipements sont obsolètes ou insuffisamment performants.

Les stratégies de diversification, de domination par les coûts et de croissance interne, imposent des investissements de modernisation ou de capacité importants et à un rythme soutenu.

Les stratégies de croissance externe ou d'internationalisation exigent souvent des investissements financiers ponctuels mais importants (acquisitions, prises de participation, etc.).

EXEMPLE

Poursuivant une stratégie de domination par les coûts et donc un objectif d'économies d'échelle, Michelin investit 350 millions de dollars sur 4 ans pour agrandir et moderniser ses unités de Caroline du Sud (États-Unis).

3. Le fonds de roulement (FR)

Les capitaux employés pour financer les investissements sont indisponibles durant de longues périodes. On inscrit donc les investissements à l'actif du bilan de l'entreprise comme « immobilisations ». Pour garantir son équilibre financier, l'entreprise doit financer ses investissements par des ressources financières à long terme (capitaux propres, emprunts...) que l'on inscrit au passif du bilan comme « capitaux permanents ».

Le calcul du fonds de roulement (FR) permet de vérifier que l'équilibre financier est réalisé :

FR = Capitaux permanents – Actifs immobilisés

Si le résultat est négatif, l'équilibre financier n'est pas respecté, ce qui fragilise l'entreprise.

L'entreprise doit s'assurer de l'adéquation entre la stratégie choisie et les ressources financières dont elle dispose ou peut disposer préalablement à toute mise en œuvre.

2 Le financement du cycle d'exploitation

1. Le cycle d'exploitation

Le cycle d'exploitation comprend l'ensemble des opérations successives réalisées entre l'achat et la vente (achat, stockage, production, distribution, vente). C'est en général un cycle court.

Entre le paiement des achats et des charges et l'encaissement des ventes, l'entreprise doit disposer d'une réserve suffisante pour financer son cycle d'exploitation.

2. Le besoin en fonds de roulement (BFR)

Le cycle d'exploitation fait apparaître des besoins mais également des ressources de financement :
- le montant et la durée du stockage représentent une charge d'exploitation importante à financer ;
- le montant et la durée des créances clients consécutives aux délais de paiement que l'entreprise accorde à ses clients engendrent des besoins de financement de courte durée mais constamment renouvelés ;
- le montant et la durée des dettes fournisseurs consécutives aux délais de paiement que les fournisseurs accordent à l'entreprise constituent une ressource de financement de courte durée mais récurrente.

La différence entre les besoins liés aux stocks et aux créances clients et les ressources provenant des dettes aux fournisseurs détermine le besoin de financement lié au cycle d'exploitation ou besoin en fonds de roulement.

EXEMPLE

La société Distrivert dispose de stocks pour faire face à 80 jours d'activité et ses clients la règlent à 60 jours. Le cycle d'exploitation total est donc de 140 jours. Cependant, ses fournisseurs lui accordent un délai de paiement de 30 jours. Son BFR est donc équivalent à 110 jours de chiffre d'affaires moyen.

3. L'impact des stratégies sur le BFR

Les besoins de financement du cycle d'exploitation évoluent le plus souvent proportionnellement à l'activité : lorsque le chiffre d'affaires augmente, le BFR augmente également. Toutes les stratégies ayant un impact sur l'activité de l'entreprise ont donc un impact sur le BFR. Les stratégies de croissance vont entraîner une augmentation du BFR. Les stratégies de diversification peuvent en modifier la structure puisque chaque activité aura un cycle d'exploitation propre et donc des besoins spécifiques.

26 LES MODES DE FINANCEMENT DE L'ENTREPRISE

Pour fonctionner et se développer, l'entreprise a de multiples besoins de financement. Elle doit choisir ses modes de financement selon la nature des besoins, ressources à long terme pour financer les investissements et ressources à court terme pour financer l'exploitation, en tenant compte du risque et du coût.

1 Les modes de financement des investissements

Le cycle d'investissement est un cycle long qui nécessite des ressources financières stables. Pour satisfaire ces besoins, l'entreprise doit choisir entre les financements internes (autofinancement, augmentation de capital) et les financements externes (emprunts, crédit-bail).

1. L'autofinancement

L'autofinancement est la capacité de l'entreprise à générer des capitaux grâce à son activité. C'est un mode de financement interne des investissements qui utilise les fonds propres résultant de la politique de répartition du résultat et qui préserve l'indépendance financière de l'entreprise. Il est cependant limité par l'activité et se constitue au détriment de la distribution de dividendes.

2. L'augmentation de capital

L'augmentation de capital permet de trouver des ressources supplémentaires grâce à l'émission d'actions ou de parts sociales nouvelles. S'il est fait appel aux actionnaires d'origine, il s'agit d'une ressource interne, mais si l'augmentation se fait grâce à de nouveaux associés, on peut la considérer comme une ressource externe.

3. L'emprunt

Les emprunts mettent en relation l'entreprise et un ou des prêteurs (banques, établissements de crédit). L'entreprise s'engage à rembourser le capital mis à sa disposition en une ou plusieurs échéances fixées contractuellement et à verser une rémunération périodique : les intérêts. Les prêteurs analysent la situation financière de l'entreprise avant de consentir un emprunt et d'en fixer le montant ; ils exigent souvent des garanties.

4. Le crédit-bail

L'entreprise qui a besoin d'un bien durable peut renoncer à l'acheter elle-même et faire appel au crédit-bail. Ce mode de financement n'apparaît pas au bilan de l'entreprise.

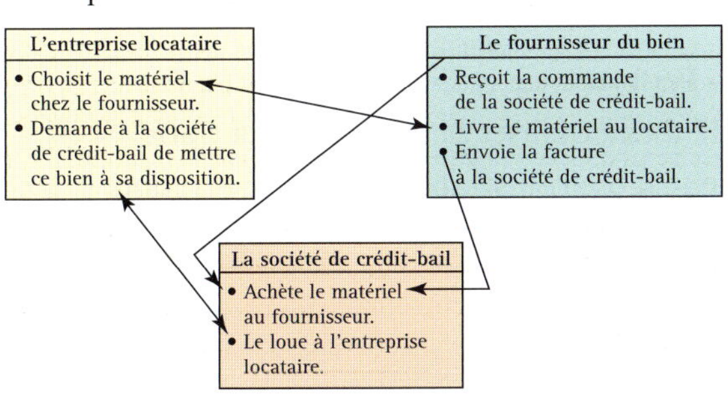

Mode de financement	Niveau de risque	Coût
Autofinancement	Peu risqué, stable et non remboursable	Coût apparent nul mais coût d'opportunité
Augmentation de capital	Peu risqué, sauf dilution du capital et impact sur la gouvernance	Coût maîtrisé car l'entreprise ajuste chaque année le montant des dividendes versés
Emprunt	Risque de perte d'indépendance financière	Coût élevé et variable selon les taux d'intérêt
Crédit-bail	Peu risqué mais limité à certains investissements	Coût des loyers élevé

2 Les modes de financement de l'exploitation

L'entreprise doit pouvoir avancer l'argent pour faire face aux dépenses issues de son cycle d'exploitation avant d'espérer encaisser le produit de ses ventes. Elle doit normalement financer son besoin en fonds de roulement grâce à ses ressources internes issues du fonds de roulement. Cependant, le fonds de roulement est souvent insuffisant et l'entreprise doit faire appel à des financements à court terme.

1. Les concours bancaires

Les concours bancaires désignent l'ensemble des crédits accordés par des banques à court terme : facilités de caisse pour les décalages passagers, crédits relais pour faire face aux besoins exceptionnels, lignes de crédits pour faire face aux variations du BFR et autres crédits à moins d'un an.

2. Le crédit interentreprises

En fonction de leur puissance de négociation, les entreprises obtiennent des délais de paiement de leurs fournisseurs (le crédit fournisseurs) plus ou moins importants qui leur permettent de financer une partie du BFR. La loi de modernisation de l'économie du 4 août 2008 limite le délai accordé à 60 jours à compter de la date d'émission de la facture.

Mode de financement	Niveau de risque	Coût
Concours bancaires	Risque de dépendance financière	Coût très élevé (agios)
Crédit inter-entreprises	– Dépendance vis-à-vis des fournisseurs – Risque client pour le fournisseur	– Coût très faible – Perte de l'escompte dont le client bénéficie parfois lorsqu'il paye comptant

exercices

exercice 1 Le choix d'une stratégie adaptée

Une filiale pour mieux rationaliser les dépenses consacrées par La Poste à sa flotte automobile

Didier Négiar, directeur des services partagés au sein du groupe La Poste, dont fait partie Véhiposte, filiale chargée de la gestion de la flotte automobile, détaille ses projets en la matière.

Deuxième flotte automobile de l'Hexagone derrière l'État avec 52 000 véhicules, La Poste a opté depuis 2007 pour l'externalisation. Le groupe a ainsi créé Véhiposte, filiale dédiée à la location et chargée de gérer la flotte. Objectif affiché : rationaliser les coûts et améliorer la qualité de service. « Outil de production essentiel pour le groupe », près de deux véhicules sur trois étant dédiés à la distribution du courrier et du colis, la flotte automobile est en effet l'un des principaux postes de dépenses. En intégrant les services complémentaires comme l'assurance, la gestion de la sinistralité et la fourniture de carburant, le budget global consacré en 2008 par La Poste à sa flotte automobile devrait dépasser les 350 millions d'euros. Un enjeu donc important pour renforcer les bons résultats financiers du groupe.

Pourquoi le groupe La Poste a-t-il décidé d'externaliser la gestion de sa flotte et de la confier à une filiale ?

Dans le cadre du plan stratégique « Performance et Confiance », La Poste a souhaité mettre l'accent sur l'amélioration des performances des services partagés. La formule magique, c'est de permettre aux quatre métiers du groupe (Courrier, Colis-Express, Banque postale et Enseigne) de se focaliser sur leur cœur de métier. Tout le reste est mis à part avec comme mission de devenir des spécialistes dans le domaine. C'est le cas de l'ensemble de la gestion de la flotte pour laquelle il a été décidé de créer une filiale. Cela nous permet d'accumuler des savoir-faire et des compétences spécifiques, de réaliser des économies d'échelle importantes en packageant les services mais aussi de mieux gérer les problèmes opérationnels comme le financement, la maintenance ou la revente de véhicules.

Comment cette organisation fonctionne-t-elle ?

Véhiposte est une filiale dédiée à la location. Elle loue les véhicules aux différentes entités de La Poste et en assure tous les services. C'est une structure légère, de taille volontairement compacte pour être compétitive, qui fait également appel à trois prestataires externes. Elle fonctionne dans le cadre d'une relation interne prestataire-clients avec 18 entités du groupe. Véhiposte doit donc répondre à leurs besoins en termes de coûts mais aussi en termes de qualité de service. Nous faisons régulièrement des benchmark prix et des enquêtes de satisfaction auprès des clients et des utilisateurs. Les détails techniques (caractéristiques des véhicules, mode de facturation, reporting...) sont réglés avec chaque entité cliente. Avec le métier Courrier, qui est notre principal client, les échanges sont quotidiens et portent sur tous les sujets relatifs à la flotte : il s'agit d'un véritable partenariat. Sur le plan stratégique, les grandes orientations sont quant à elles prises en dialogue avec la direction du groupe.

Parmi ces grandes orientations, La Poste souhaite s'équiper en véhicules propres.

Dès 2003, La Poste s'est engagée dans une politique de développement durable avec l'acquisition de huit voitures électriques nouvelle génération. Deux ans après, le test est concluant et nous avons lancé, à la demande du Courrier, une consultation européenne portant sur 500 véhicules électriques à l'issue de laquelle deux associations de constructeurs ont été retenues. Il ne s'agit que d'une première étape : en cas de succès, un plan d'équipement à grande échelle est prévu. Les besoins du groupe sont importants, nous estimons le potentiel à au moins 10 000 véhicules. La Poste a également lancé une consultation européenne pour la livraison de 300 quads électriques dès le début 2009 puis 3 000 d'ici à 2012 si l'expérience est concluante. L'objectif est de réduire nos émissions de CO_2 pour être un moteur en matière de développement durable.

Propos recueillis par Jérôme Marin,
www.LaTribune.fr, 29 mai 2008.

ENTRAÎNEZ-VOUS

1. Présentez l'objectif du plan stratégique « Performance et Confiance » de La Poste.
2. Pourquoi le groupe La Poste a-t-il décidé d'externaliser la gestion de sa flotte ?
3. Présentez la manière dont La Poste a mené à bien sa stratégie d'externalisation.

CORRIGÉS p. 131

exercice 2 Le développement et la croissance de l'entreprise

Annexe 1 – Elles courent, elles courent, les gazelles

Les PME sont sur le devant de la scène. Il y a 2 ans, le gouvernement a créé de toutes pièces un statut spécifique : l'entreprise de croissance, joliment baptisée « gazelle ». […] Les gazelles symbolisent aussi une certaine catégorie de PME. […] « Ce sont des entreprises françaises de 20 à 250 salariés qui ont connu une croissance de leur masse salariale de plus de 15 % durant les deux derniers exercices », expliquait Renaud Dutreil […] lors d'une soirée de célébration des gazelles. Un an auparavant, le ministre des PME a voulu mettre l'accent sur ces sociétés en pleine croissance. En effet, ces futures pépites de l'économie française ne sont pas légion. Sur 2,5 millions d'entreprises recensées par l'INSEE dans notre pays, seules 5 000 ont atteint le cap de 250 salariés, d'après les statistiques du ministère des PME. Insuffisant. Pour les aider à passer ce cap, Renaud Dutreil a donc pris le taureau par les cornes et créé un statut spécifique, la PME de croissance. […]

Stéphanie Fontana-Bérard,
Chef d'entreprise Magazine, n° 19, 1er juin 2007.

Annexe 2 – Les freins à la croissance des PME

Mais qui sont les gazelles, ces championnes économiques de demain ? […] La plupart d'entre elles ont fait preuve d'originalité et d'innovation pour se démarquer de leurs concurrents et rafler des parts de marché.

Ces PME, dont la croissance est souvent fulgurante, ont besoin d'être épaulées. Sans quoi la chute risque d'être rapide et brutale. Le danger qui les guette ? Le défaut de financement. Confrontées à une montée rapide de leurs charges, nombre de ces gazelles doivent puiser dans leur fonds de roulement pour faire face à la hausse de leur carnet de commandes. D'où ce paradoxe : parce que la croissance coûte cher, certaines entreprises, pour faire face à leurs charges, sont contraintes de freiner leur développement ! C'est justement pour remédier à cette situation que le nouveau statut de PME de croissance a vu le jour. […] Concrètement, le dispositif inventé par le ministre des PME donne droit à toute une batterie d'avantages fiscaux et sociaux. Au premier rang desquels figure un gel de l'impôt sur les sociétés permettant de neutraliser la pression fiscale durant la période de croissance. « Cette mesure permet aux petites entreprises de réinvestir leurs économies fiscales en créant des emplois ou en modernisant leurs équipements », argumente Jean-Marc Durand, d'Osée. Depuis 2006, quelque 6 000 PME hexagonales ont pu profiter de ce coup de pouce fiscal.

Stéphanie Fontana-Bérard,
Chef d'entreprise Magazine, n° 19, 1er juin 2007.

ENTRAÎNEZ-VOUS

1. Présentez les critères de sélection des « gazelles » et montrez leur importance dans l'économie.

2. Mettez en évidence les facteurs de croissance des PME.

3. Présentez les freins à la croissance des PME. Pensez-vous que ces derniers soient les mêmes que ceux des grandes entreprises ?

CORRIGÉS p. 131

exercice 3 Le financement des entreprises

[Le groupe pharmaceutique] Pfizer a annoncé avoir 29 créanciers pour lui apporter la totalité des 22,5 milliards de dollars de prêts dont il a besoin afin d'acquérir Wyeth pour un montant de 68 milliards de dollars.

AOF, 13 mars 2009.

ENTRAÎNEZ-VOUS

1. Repérez la stratégie choisie par le groupe Pfizer.

2. Identifiez les investissements liés à cette stratégie et qualifiez les besoins de financement associés.

3. Présentez les avantages et les contraintes des modes de financement retenus.

CORRIGÉS p. 131

exercices

exercice 4 L'intérêt d'une GPEC

Air France : accord triennal de gestion prévisionnelle de l'emploi Personnel Sol 2006-2009

Dotée aujourd'hui d'une flotte récente et moderne, moins consommatrice en carburant, d'un réseau qui permet d'offrir à ses clients une combinabilité de tarifs avec un large choix de destinations, proposant une qualité de services en adaptation permanente aux attentes de ses clients, Air France possède tous les atouts pour poursuivre sa stratégie industrielle de leader mondial dans son activité.
Elle doit pour cela affronter une concurrence sans cesse plus aguerrie, qu'elle provienne, en Europe même, des compagnies *low cost* ou du TGV, des compagnies américaines, ou des compagnies asiatiques.

Conscients de ces enjeux et de la nécessité de maintenir la compétitivité de l'entreprise par une adaptation permanente aux attentes des clients, aux mutations technologiques et aux contraintes économiques, les parties signataires conviennent d'élaborer par cet accord des dispositifs permettant d'anticiper les conséquences de ces évolutions.
En effet, les mutations, quelles qu'elles soient, sont susceptibles de générer des changements structurels profonds dans la définition et l'exercice de nos métiers. Nous allons devoir adapter nos processus, acquérir les compétences nécessaires à la maîtrise et la mise en œuvre de nouveaux outils et redéployer les ressources internes sur les métiers et les lieux en croissance.

http://www.anact.fr

ENTRAÎNEZ-VOUS

1. Montrez les défis auxquels doit faire face Air France.

2. Mettez en évidence les objectifs de la signature d'un accord de GPEC.

CORRIGÉS p. 131

exercice 5 La structure de l'entreprise

La SAS TCMB est spécialisée dans la rénovation de bâtiments depuis 1975. Elle est dirigée depuis sa création par Henri Garbarek ; son effectif est passé de 4 à 67 salariés. Le DG continue à assurer le développement commercial et contrôle la réalisation des chantiers en s'appuyant sur 5 chefs de chantier.
Il s'est adjoint un responsable administratif et financier et un responsable des approvisionnements. Des conflits internes ont montré la nécessité de faire évoluer la structure car il devient difficile au DG de contrôler toutes les décisions et de répondre en temps réel aux salariés.
Henri Garbarek a reçu récemment de nombreuses demandes de ses clients concernant des installations photovoltaïques. Comme il ne dispose pas des ressources pour mettre en œuvre sa propre R&D, il a contacté un laboratoire de recherche situé dans la technopole voisine. Une coentreprise a été créée.
Il envisage par ailleurs de créer une division Énergie (en complément des divisions Rénovation et Ravalement) dotée d'un responsable (promotion d'un chef de travaux) et de mettre en place une démarche qualité en recrutant un qualiticien qui lui sera directement rattaché car la pression des clients rend cette démarche indispensable. Un directeur commercial viendra le décharger. Le directeur administratif et financier a obtenu la création d'un poste de responsable des ressources humaines sous son autorité, auquel un employé sera rattaché.

ENTRAÎNEZ-VOUS

1. Caractérisez la structure de l'entreprise TCMB. Indiquez les modes de coordination, le degré de centralisation et le degré de division du travail.

2. Caractérisez le système de production de l'entreprise.

3. Comment la politique d'innovation est-elle mise en œuvre par le dirigeant ?

4. Identifiez les facteurs qui obligent le DG à faire évoluer la structure de TCMB.

5. Représentez la nouvelle structure de TCMB. Qualifiez-la et montrez en quoi elle répond aux difficultés rencontrées par la société.

CORRIGÉS p. 132

exercice 1 page 128

1. L'objectif du plan stratégique «Performance et Confiance» de La Poste est de rationaliser les coûts tout en améliorant la qualité des services partagés. Il s'agit d'améliorer la performance des quatre métiers de La Poste en se focalisant sur le cœur de métier de l'entreprise.

2. Le groupe La Poste a décidé d'externaliser tout ce qui ne concerne pas son cœur de métier. La gestion de sa flotte a ainsi été externalisée au sein d'une filiale, Véhiposte. Cette stratégie traduit la volonté de La Poste de se recentrer sur son cœur de métier et de limiter les coûts.
Grâce à cette stratégie, chacun des quatre métiers du groupe, à savoir le Courrier, le Colis-Express, la Banque postale et Enseigne, pourront se centrer sur leur cœur de métier, tout en bénéficiant des services de spécialistes pour les activités périphériques comme la gestion de la flotte. Ainsi, non seulement chaque métier pourra bénéficier des compétences de ces entreprises spécialisées, mais en plus, d'importantes économies d'échelle pourront être réalisées.

3. Pour mener à bien la stratégie d'externalisation de sa flotte, La Poste a créé une filiale, Véhiposte, de manière à mettre en place un réseau d'entreprises ayant une véritable relation de partenariat. Véhiposte concentre les compétences spécifiques et le savoir-faire en matière de gestion de la flotte (gestion, location, maintenance, revente des véhicules, etc.) de façon à améliorer la qualité du service rendu et à devenir un spécialiste en la matière. Elle permet ainsi à chaque métier du groupe de ne plus s'occuper de la gestion de sa flotte et de l'externaliser auprès d'un spécialiste. En effet, Véhiposte devient la filiale spécialisée dans la location de véhicules aux différentes entités du groupe et assure les services liés de façon à laisser chaque entité se centrer sur son cœur de métier.

exercice 2 page 129

1. Pour être sélectionnée en tant que «gazelle», une entreprise doit répondre à différents critères :
- être une entreprise française ;
- avoir entre 20 et 250 salariés ;
- avoir connu une croissance de sa masse salariale supérieure à 15 % sur ses deux derniers exercices.

L'importance des «gazelle» dans l'économie est encore trop faible en France. En effet, sur les 2,5 millions de PME referencées par l'INSEE, seules 5 000 ont atteint ces seuils.

2. Les facteurs de croissance des PME tiennent principalement à leur dynamisme, à leur capacité d'innovation et à leur aptitude à se démarquer des concurrents.

3. Les freins à la croissance des PME concernent essentiellement leurs problèmes de financement qui entravent leur capacité à croître. En effet, en cas de croissance, l'entreprise a besoin de fonds pour investir et embaucher. Or, les PME peinent à trouver ces capitaux.
Le cas est souvent différent pour les grandes entreprises qui ont des moyens financiers plus importants et qui peuvent plus facilement faire appel aux banques. En effet, les banques ont plus de mal à prêter de l'argent à des PME peu connues et qui apportent peu de garanties par rapport aux grandes entreprises.

exercice 3 page 129

1. Pfizer a choisi une stratégie de croissance externe par l'acquisition de l'entreprise Wyeth.

2. Les investissements nécessaires à la mise en œuvre de cette stratégie s'élèvent à 68 milliards de dollars. Pfizer doit donc trouver des ressources financières importantes et stables pour financer cet investissement.

3. Pfizer a retenu deux modes de financement pour financer son investissement. En effet, l'entreprise ne recherche que 22,5 milliards de dollars de prêts, cela signifie qu'elle dispose en interne des ressources financières pour compléter ce financement à hauteur des 68 milliards nécessaires.
L'autofinancement présente les avantages d'être stable, non remboursable et d'un coût réduit au coût d'opportunité. En revanche, il est limité et dans ce cas ne suffit pas à financer tout le projet.
Le recours aux prêteurs, donc aux ressources externes, présente comme avantage de préserver une partie des ressources internes, mais il dégrade l'indépendance financière de l'entreprise et engendre un coût financier élevé.

exercice 4 page 130

1. Air France doit faire face à de nombreux défis provenant de son microenvironnement (la concurrence de plus en plus vive), tout comme de son macroenvironnement (les évolutions technologiques, le prix des carburants, la situation économique).

2. L'accord de GPEC permet d'établir un dialogue social avec les partenaires sociaux dans l'entreprise de façon à prévoir les conséquences sur l'emploi de ces défis.

Ces défis peuvent faire évoluer la stratégie de l'entreprise et provoquer des changements structurels profonds. La GPEC permet d'anticiper les besoins humains nouveaux et de s'y adapter. Elle prévoit les compétences nécessaires et les mesures d'adaptation (formation, développement de la polyvalence) à mettre en œuvre. C'est une démarche qui permet d'anticiper le changement de façon à adapter l'emploi aux variations de l'environnement et de la stratégie de l'entreprise.

exercice 5 page 130

1. La structure de l'entreprise TCMB est de type fonctionnel avec une direction et trois fonctions rattachées.
Le mode de coordination est la supervision directe. Le dirigeant exerce en effet un contrôle sur les chantiers.
La centralisation est importante. La prise de décision repose sur le dirigeant.

2. La société TCMB réalise des travaux de rénovation et de ravalement de façades. Chaque chantier est spécifique. La production est donc réalisée à l'unité. Elle est effectuée à la demande du client et réalisée en discontinu.

3. Un travail de veille en relation avec les clients a permis au dirigeant d'identifier un nouveau besoin. La politique d'innovation qui en découle s'appuie sur un partenariat avec un laboratoire de recherche. Une démarche qualité est également engagée avec le recrutement d'un qualiticien.

4. Les facteurs qui obligent l'entreprise à faire évoluer sa structure sont internes :
- difficultés liées à la centralisation excessive des décisions : le dirigeant ne peut plus tout contrôler. Il devient nécessaire de déléguer ;
- conflits internes reflétant cette situation.

Il existe également des facteurs externes :
- montée d'une nouvelle demande des clients pour les installations solaires ;
- demande d'une démarche qualité.

5. La nouvelle structure de TCMB s'apparente désormais à une structure divisionnelle dans laquelle trois divisions par activités ont été créées.
La création d'une fonction de responsable commercial permet de décharger le dirigeant.
La création du qualiticien et d'un responsable Énergie répond aux attentes du marché et des clients.

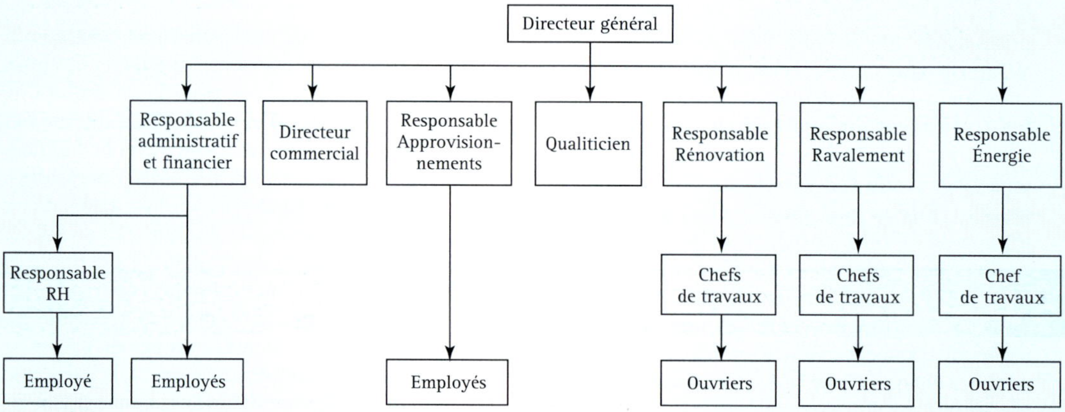

PRÉSENTATION DE L'ÉPREUVE

Comment se présente l'épreuve de Management des entreprises au BTS ?

1 Objectifs, durée et coefficient

L'épreuve vise à évaluer les savoirs et les compétences acquis au cours des deux années de formation. Elle permet de vérifier votre capacité à les mobiliser pour analyser des pratiques de management des entreprises. C'est une épreuve écrite.

► **L'épreuve dure 3 heures et se voit appliquer un coefficient 1.**

2 Les critères d'évaluation

L'épreuve vise à évaluer vos capacités à :
- analyser le fonctionnement, les modes de management, les choix stratégiques et opérationnels, la structure de l'entreprise à l'aide des outils pertinents ;
- identifier, expliciter et caractériser le ou les problèmes de management et établir un diagnostic (ou une partie de diagnostic) pour préparer la prise de décision ;
- proposer des solutions pertinentes et envisager leur mise en œuvre dans le contexte présenté ;
- argumenter vos analyses et vos propositions.

3 La forme de l'épreuve

Le sujet est composé de trois parties :
- la description d'une situation contextualisée qui présente une ou des entreprises ainsi que leur environnement et une situation de management ;
- une série de questions qui permet d'analyser la situation, identifier le problème de management et proposer des solutions ;
- un dossier documentaire composé de documents ressources.

Les conseils pour réussir l'épreuve

Pour réussir l'épreuve de Management des entreprises, vous devez :
- utiliser vos connaissances et les mettre au service de la résolution d'un problème de management ;
- recourir à des outils de management appropriés ;
- exploiter les ressources documentaires pour résoudre le problème qui vous est soumis ;
- reformuler les questions pour mieux en comprendre la portée et dégager les notions de référence ;
- adopter une démarche en trois temps :
  - analyser la situation ;
  - identifier le problème de management ;
  - apporter des solutions.

Il convient donc d'éviter les pièges suivants :
- exposer toutes vos connaissances des notions et des théories sans faire le lien avec le problème de management ;
- faire un inventaire d'outils de management ;
- paraphraser les ressources documentaires sans les replacer dans leur contexte ;
- passer trop rapidement à la phase de rédaction sans avoir perçu la globalité de la situation.

La méthodologie de résolution d'un cas de management

1 Lire attentivement la situation de management

La description de la situation doit vous permettre d'identifier la nature de l'entreprise à étudier et de situer son environnement. Vous devez également repérer le problème de management que vous aurez à résoudre.
Les questions doivent alors vous guider dans l'analyse du cas de management. Il faut repérer le fil conducteur, c'est-à-dire identifier la cohérence existant entre les questions.

2 Lire le dossier documentaire de façon approfondie

Vous devez effectuer une lecture guidée des différents documents. Pour cela, vous devez extraire les informations utiles des documents fournis.
Vous pouvez réaliser au brouillon un tableau qui peut prendre la forme suivante :

	Idée principale	Informations utiles pour comprendre...		
		... le contexte	... le problème	... les solutions
Doc. 1				
Doc. 2				
...				

3 Mobiliser ses connaissances

Les connaissances acquises au cours des deux années doivent être mises en perspective avec le cas de management qui vous est soumis. Il s'agit d'exposer vos connaissances en relation avec le contexte du cas. Outre les savoirs, vous devez également mobiliser les outils d'analyse et les mettre en œuvre lors du traitement des questions.

EXEMPLE

Pour répondre à la question «*Réalisez un diagnostic externe de l'entreprise.*», vous devez recourir à vos connaissances sur les objectifs du diagnostic. Il s'agit dans ce cas de repérer les opportunités et les menaces de l'environnement. Vous devez également utiliser les techniques d'analyse telles que la méthode PESTEL et les forces concurrentielles de Porter.

Notez au brouillon les notions et les outils d'analyse que vous pensez devoir utiliser.

4 Répondre aux questions

Le problème de management est désormais clair : vous l'avez identifié et vous avez les éléments de solutions à apporter. Vous devez maintenant associer vos connaissances, les outils et les documents pour répondre aux questions.
En reprenant les questions, vous devez construire votre réponse à partir des informations collectées dans les étapes préparatoires. Ce travail est à réaliser au brouillon.
Vous devez vous assurer de la cohérence de la démarche :

Contexte de l'entreprise ⇨ Problème(s) de management ⇨ Solutions au(x) problème(s) de management

5 Rédiger ses réponses

Vos réponse doivent être rédigées et construites. La rédaction des réponses se fait directement sur la copie à partir de l'ensemble des notes prises lors des étapes précédentes.
Relisez-vous pour corriger les fautes d'orthographe et de grammaire.

LES CULTURES DE LA COMMUNICATION

1 LES FORMES ET ENJEUX DE LA COMMUNICATION

On distingue généralement trois formes de communication, la communication interpersonnelle, la communication de groupe et la communication de masse.

1 La communication interpersonnelle

1. Définition

La communication interpersonnelle se déroule entre deux individus. Elle se construit à partir des interactions, c'est-à-dire des influences réciproques qui s'exercent au fur et à mesure du déroulement de l'échange. Elle peut se faire de manière immédiate (oralement, en présence de l'un et de l'autre) ou de manière médiate en direct (téléphone, visioconférence) ou en différé (lettre, courriel...).

2. La nature des signes échangés

Les acteurs collaborent à la construction du sens en interprétant des signes émis par l'autre. Ces signes peuvent être :
- verbaux ;

EXEMPLES

Registre de langue, ton.

- non verbaux.

EXEMPLES

Regards, gestes, silences, postures, mimiques, tenue vestimentaire...

Les interprétations se réfèrent à des modèles et à des représentations mentales propres, à des codes sociaux qui varient selon la culture, l'appartenance sociale de chacun des interlocuteurs.

3. La signification des messages

Les mêmes mots ou expressions entendus par plusieurs personnes n'ont pas une signification identique. En effet, la compréhension des mots résulte de multiples facteurs : vécu personnel, expérience, connaissance, culture, milieu, contexte.

EXEMPLE

Le mot travail peut avoir une résonance positive (emploi qualifié, responsabilité de haut niveau) ou négative (stress, fatigue).

4. La qualité de l'échange

La compréhension est mutuelle lorsque le message, l'interprétation et l'intention sont identiques pour l'émetteur et le récepteur (ce qui est rarement le cas). La qualité de l'échange repose donc sur le décodage adéquat des signes transmis par l'autre personne. Ce décodage n'est pas toujours évident. S'il est mal traduit, il pourra être source de malentendus, d'erreurs, d'incompréhensions, voire de conflits.

Tout échange interpersonnel comporte des risques comme :
- l'intrusion : un tiers intervient dans la relation ;
- la non-réponse : le récepteur n'a pas entendu ou fait mine de n'avoir pas entendu ;
- l'abandon : l'émetteur n'a pas réussi à se faire comprendre et s'en va ;
- le blocage : l'émetteur et le récepteur restent sur leurs positions respectives, leur désaccord empêchant la poursuite de la relation.

5. L'efficacité professionnelle de la communication

L'écoute active est un élément fondamental conditionnant la qualité de la communication. Elle vise à faciliter l'expression de l'autre. Les principales caractéristiques de l'écoute active sont les suivantes :

L'acceptation inconditionnelle de l'autre	Elle consiste à éviter/refuser tout jugement sur ce que l'autre exprime. On parle d'une écoute compréhensive et non interprétative ou évaluative.
La neutralité bienveillante	Elle représente un engagement positif, sans jugement.
L'authenticité	Elle exprime l'intérêt réel de chacun des acteurs pour l'expression de l'autre. Elle permet d'instaurer un climat de confiance.
L'empathie	C'est une qualité, une aptitude, une volonté qui nécessite de contrôler ses propres réactions socio-affectives afin de se rendre disponible. C'est une manière de ressentir ce que l'autre ressent. L'empathie est active et transmissible.

L'écoute active se manifeste notamment à travers la capacité à reformuler les propos de son interlocuteur. La reformulation consiste à redire en d'autres termes et d'une manière plus concise ou plus explicite ce que la personne vient d'exprimer afin d'obtenir son accord sur ce qui vient d'être dit.

2 La communication de groupe

Dans un groupe, un émetteur s'adresse à un ensemble de récepteurs. Le groupe est constitué d'individus ayant un intérêt commun. Il ne faut pas confondre la communication *de* groupe avec la communication *des* groupes ou communication interne qui définit les relations de communication établies par différents individus appartenant à un même groupe au sein de ce groupe. La communication de groupe requiert de la part de l'émetteur une technique de communication fondée sur la rhétorique. Elle peut être orale ou verbale (*mailing, e-mailing*), médiate ou immédiate. La rétroaction est limitée par rapport à la communication interpersonnelle.

3 La communication de masse

Les *mass media* (la presse, la radio, la télévision, les affiches publicitaires) sont les instruments de la communication de masse. La communication de masse est l'ensemble des communications faisant usage de ces outils qui permettent à un émetteur ou un ensemble d'émetteurs de s'adresser au plus grand nombre possible de récepteurs. On parle d'audience large, hétérogène (diversité des origines sociales, sexes, âges,

professions...), anonyme et le plus souvent dispersée. Les individus composants cette audience ne sont pas organisés et ont des intérêts divers.
La communication de masse a un caractère public, elle se déroule dans un espace accessible à tous. Les messages, consommés dans un temps court, présentent un caractère de nouveauté. La rapidité de la transmission est donc capitale pour intéresser une masse de récepteurs en attente de nouvelles immédiates.

EXEMPLE

Un reportage télévisé sur une tempête n'a d'intérêt pour la masse des récepteurs que dans l'actualité immédiate.

4 L'influence du contexte

Toute communication, quelle que soit sa forme, est influencée par le contexte dans lequel elle se déroule, notamment par les contraintes pouvant influencer le comportement des acteurs.

1. Les contraintes matérielles

Le cadre matériel dans lequel se déroule la situation de communication influence la façon de communiquer.

EXEMPLES

Une conversation dans un bureau, dans un hall, des échanges dans une salle de réunion, une intervention sur un plateau de télévision en situation de communication de crise, l'envoi d'un mailing à des prospects.

2. Les contraintes socioculturelles et organisationnelles

a) Le statut

C'est la place qui est donnée à un individu dans une société. De cette place découle le type de communication que l'individu établit avec les autres.
Le statut social est repérable par un titre ou une fonction. Il oblige ou permet à un individu certains comportements. Il détermine les attentes réciproques des interlocuteurs en présence.

b) Le rôle

C'est l'ensemble des comportements attendus d'un individu. Il peut y avoir conflit lorsque émetteurs ou récepteurs adoptent un comportement différent de celui attendu compte tenu de leur statut.

c) L'identité et la culture de l'individu

L'identité est l'ensemble des caractéristiques sociales d'un individu (groupe d'appartenance, de référence, statut...). Elle varie en fonction de la position sociale du moment. Elle entraîne des comportements différents pour un même individu, mais aussi pour les interlocuteurs qui s'adaptent à chaque identité.

EXEMPLE

Un dirigeant d'entreprise (position sociale dans le travail) est aussi un père (position sociale familiale) mais également un grand joueur de golf (position sociale en situation de loisir).

Le fait que la place des acteurs soit bien identifiée limite les malentendus, les conflits car elle établit des codes précis selon les situations.
La culture d'un individu est ce qu'il a en commun avec les autres membres du groupe, comme les normes ou les valeurs. La façon dont un individu décode un message dépend en grande partie de sa culture.

d) La culture de l'organisation où évoluent les individus

La culture d'une organisation est l'ensemble des règles formelles ou informelles partagées par les individus de cette organisation. Il en découle des rituels, des habitudes ou des attitudes non remis en cause. Ces rituels sont souvent repérables par des comportements assez codifiés.

EXEMPLES

Rituels de salutation, rituels de présentation, rituels de remerciement.

3. Le contexte temporel

Chacune des formes de communication s'inscrit dans un contexte temporel qui entraîne une rétroaction immédiate, différée voire inexistante.

5 Les enjeux de la communication

1. Définition de l'enjeu

Un enjeu est ce qu'un individu, une entreprise a à gagner ou à perdre, ce qu'il/elle risque lorsqu'il/elle s'engage dans une situation de communication.

2. Les types d'enjeux

Enjeux		Exemples
L'enjeu identitaire	Au sein de l'entreprise, chaque individu a un statut, un rôle qui définissent sa position dans sa relation aux autres. L'enjeu identitaire engage l'image de soi ou celle de l'entreprise.	Lors des réunions, le dirigeant s'exprime en premier. Sa position de supérieur hiérarchique se traduit par un temps de prise de parole important. Les subalternes ne lui coupent pas la parole, n'interviennent plus quand le dirigeant signifie la fin de la réunion par une conclusion.
L'enjeu d'influence	Dans une situation de communication, chaque acteur cherche à influencer l'autre afin de le faire adhérer à son point de vue, d'obtenir la réalisation d'un travail...	Un dirigeant établit son influence par un rapport de force (pression, intimidation) ou par un rapport de séduction (complicité, sympathie). La richesse du registre du vocabulaire traduit ainsi de nombreuses nuances lorsqu'il s'agit de demander l'exécution d'une tâche : ordre, injonction, consigne, conseil.
L'enjeu relationnel	La communication est le passage obligé pour entrer en relation avec autrui. L'enjeu est donc de « réussir » la communication, notamment en respectant un cadre de référence.	Émetteur(s) comme récepteur(s) utilisent les nombreux rituels qui codifient la relation : règles de politesse, de savoir-vivre, présentation, remerciements.

2 LES THÉORIES DE LA COMMUNICATION

Le terme latin *communicatio* désigne l'action de faire part ou de mettre en commun. La communication a ainsi un double sens : elle est transmission d'information, mais aussi relation et partage.

1 Les modèles mécanistes de la communication

Les théories de la communication commencent à se développer peu avant la Seconde Guerre mondiale.

1. Le modèle de Shannon et Weaver

a) L'inspiration

Claude E. Shannon (1916-2001) est un ingénieur travaillant pour la compagnie de télécommunications Bell. Associé au philosophe Warren Weaver (1894-1978), il s'inspire, pour définir son modèle de « système général de communication », notamment et à la fois des problèmes de transmissions que connaissent les télégraphes, de la biologie des systèmes nerveux et de la linguistique.

b) Le modèle

Le modèle est linéaire :

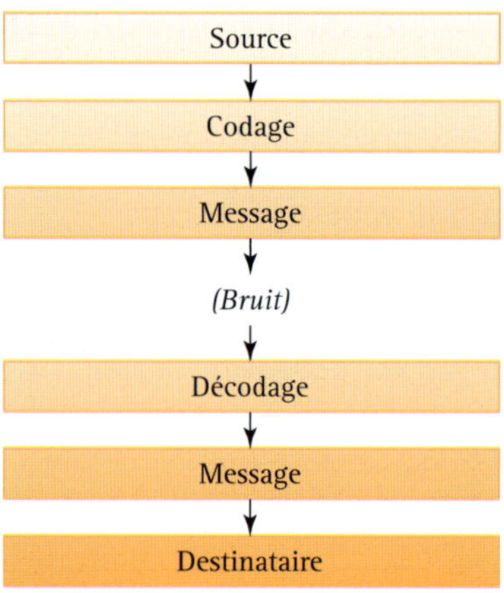

c) Portée et limites

Ce modèle met en avant les obstacles qui peuvent rendre la communication difficile : codage, décodage, bruit (entendu comme tout ce qui gêne la transmission). Mais il ne prévoit aucune interaction entre l'émetteur et son unique destinataire. Il se fonde en outre sur des messages simples.

2. Le modèle de Lasswell

a) L'inspiration

Harold Dwight Lasswell (1902-1978) est un psychiatre et un politologue états-unien. Il reprend le cadre rhétorique que, selon Quintilien (Ier siècle), tout orateur doit prendre en compte pour écrire son discours : « Qui, dit quoi, par quel canal, à qui et avec quel effet ? »

b) Le modèle

Le modèle repose sur :
- l'analyse psychosociologique du milieu dans lequel a lieu la communication (qui ? à qui ?) ;
- une prise en compte des médias, c'est-à-dire des moyens de diffusion de la communication ;
- une analyse des procédés rhétoriques et de leur effet.

c) Portée et limites

La communication est conçue comme un processus d'influence. Le modèle permet donc assez bien d'analyser la communication de propagande ou la communication publicitaire. Néanmoins, aucun retour de l'émetteur vers le récepteur n'est envisagé. Le récepteur reste selon ce modèle assez passif et sa psychologie est simplifiée.

3. Le modèle de Jakobson

a) L'inspiration

Roman Jakobson (1896-1982) est linguiste. Son modèle se centre sur le message et les fonctions qu'il remplit (fonctions du langage).

b) Le modèle

Le modèle est composé de six éléments : le destinateur, le message, le destinataire, le contexte ou référent (ce sur quoi porte le message), le code et le contact.

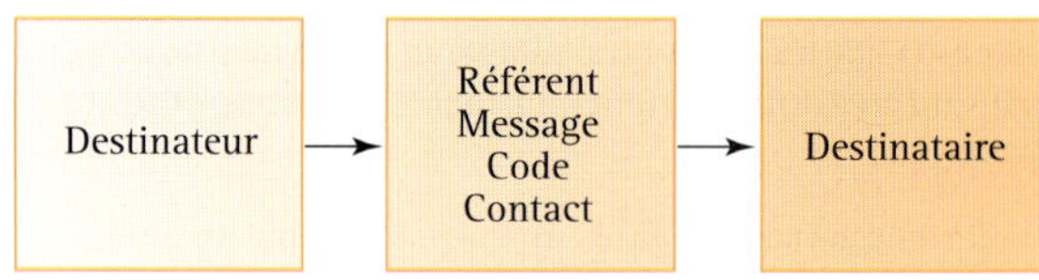

c) Portée et limites

Ce modèle permet d'éclairer les intentions de la communication (fonctions du langage) mais est encore dépourvu de la notion de rétroaction et ne prend pas en compte l'importance du canal ou du média.

2 La remise en cause des modèles mécanistes : les modèles systémiques

1. Science mécaniste *versus* cybernétique

a) Le mécanisme

Les précédents modèles sont inspirés du behaviourisme qui est une philosophie mécaniste selon laquelle les phénomènes psychologiques s'expliquent de manière simple par un enchaînement linéaire de causes et d'effets, à la manière du fonctionnement d'une mécanique. Cette philosophie est réductrice et s'applique mal aux phénomènes humains.

b) La cybernétique

À partir de 1947, sous l'impulsion de Norbert Wiener (1894-1964), se développe la cybernétique, science qui étudie la circulation de l'information dans les systèmes autorégulés. La cybernétique met en lumière une causalité circulaire (ou *feedback*) et la capacité qu'a un système d'évoluer de lui-même grâce à la circulation de l'information en son sein. Cette science inspire les courants décrits ci-après ou influe fortement sur eux.

2. L'école de Palo Alto

a) L'école

Sous le nom d'école de Palo Alto (ville de Californie) ou de « collège invisible », se réunit, à partir de 1950, un groupe de chercheurs pluridisciplinaires (psychiatres, sociologues, anthropologues) dont les plus célèbres sont Gregory Bateson, Edward Twitchell Hall, Erving Goffman, Ray Birdwhistell, Paul Watzlawick. Ceux-ci présentent la communication comme un processus complexe qui doit être abordé par les sciences humaines.

b) Les apports à la théorie de la communication

Les apports essentiels de l'école de Palo Alto à la théorie de la communication sont les suivants :

- La communication est une activité sociale permanente ; elle est le processus par lequel la culture se réalise (se réactualise et se renouvelle).
- La communication sert plus à intégrer, à dire que l'on appartient à la même communauté (fonction intégrative), qu'à informer.
- La communication n'est pas seulement verbale ; elle met notamment en jeu le comportement (kinésique) et la position du corps dans l'espace (proxémique).
- La communication ne se résume pas à l'acte intentionnel de communiquer : « On ne peut pas ne pas communiquer » (Watzlawick).

3. Le structuralisme

a) Définition

Le structuralisme est un courant de pensée qui traverse l'ensemble des sciences humaines depuis le début du XXe siècle. Il s'inspire de la linguistique de Ferdinand de Saussure (1857-1913) qui considère la langue comme un système de signes interdépendants. La langue est une structure préexistante qui s'actualise dans le discours (réalisation individuelle d'énoncés). Étendue à l'ensemble des sciences humaines, la structure désigne une organisation cachée et inconsciente qui régit les relations des éléments qui la constituent. Ce concept permettrait d'expliquer, par l'existence d'une structure universelle de la société humaine, l'organisation particulière de chaque société, les différentes cultures et les structures symboliques du psychisme individuel.

b) Apports du structuralisme à la théorie de la communication

- Roland Barthes (1915-1980) a contribué dans les années 1970 à substituer l'analyse du discours à l'analyse de contenu jusque-là pratiquée. Alors que l'analyse de contenu se fonde sur l'analyse qualitative et quantitative des composants du message, l'analyse de discours fait dépendre l'interprétation de l'énoncé de sa structure et de son rapport avec la structure psychosociale dans laquelle il a été produit.
- L'approche structuraliste fait de la communication un système social central qui contribue à la reproduction des rapports sociaux. La communication de masse exerce, selon Louis Althusser (1918-1990), une violence symbolique sur l'individu.

c) Le systémisme

Le structuralisme et la cybernétique sont le fondement du systémisme et de la pensée complexe. Alors que le structuralisme décrit une structure préexistante et ses différentes réalisations et a donc une approche fixiste des réalités humaines, le systémisme étudie les dynamiques de transformation qui opèrent à l'intérieur même des systèmes.

4. L'école de Francfort

a) L'école

Les philosophes allemands Theodor Adorno (1903-1969), Max Horkheimer (1895-1973) et Jürgen Habermas (1929) forment le noyau de cette école de pensée dont l'objectif est la fondation d'une théorie critique qui permette de dénoncer la faillite de la culture bourgeoise et sa marchandisation.

b) Les idées principales

- La marchandisation des biens culturels aboutit à leur standardisation ; la massification de la communication aboutit à la standardisation des individus.
- « L'agir communicationnel » (Habermas), qui va de la simple conversation à l'échange scientifique, permet de définir par consensus les valeurs communes (morale) et s'oppose à l'agir stratégique qui cherche l'efficacité à court terme, le succès immédiat, l'influence.

5. Dernières évolutions

a) La revalorisation du rôle du récepteur

Les dernières recherches donnent plus de place au récepteur dont le rôle a souvent été minimisé dans les précédentes théories. Dans *L'Invention du quotidien*, Michel de Certeau (1925-1986) montre comment l'individu, par son « bricolage » et son « braconnage », s'empare de manière originale et souvent inattendue de ce que lui impose l'appareil médiatique.

Les théories de la réception élaborées à la suite des travaux de Hans Robert Jauss (1921-1997) et de Wolfgang Iser (1926-2007) construisent le modèle d'un récepteur qui ne se contente pas de recevoir le message et de le décoder comme l'émetteur le souhaite, mais qui l'interprète en fonction de la situation d'émission, de ses compétences psycho-socioculturelles et langagières et de l'image qu'il se fait de l'émetteur.

b) La revalorisation du rôle du média

La médiologie est une méthode de recherche inspirée par le philosophe Régis Debray (1940). Elle étudie les productions humaines (art, religion, doctrine, discipline scientifique, pratiques...) en relation avec les structures dans lesquelles elles naissent (académie, église, parti politique, université...) et les systèmes techniques de communication qu'elles utilisent (diffusion, archivage). La médiologie réintroduit ainsi le média dans la communication. Elle étudie comment la création d'un nouveau média influe non seulement sur les messages, mais aussi sur les comportements et les mentalités et, à l'inverse, comment une culture « suscite, assimile ou modifie une innovation technique ».

3 LE SCHÉMA DE LA COMMUNICATION

On appelle schéma de la communication la représentation schématique des éléments nécessaires à la communication.

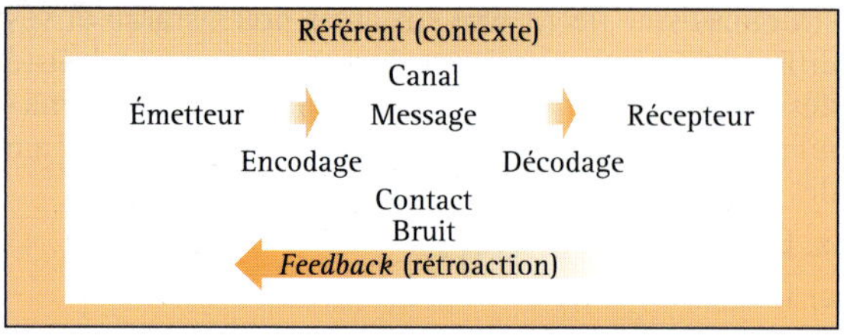

1 La situation de communication et son contexte

1. La situation de communication

a) Définitions

La communication est l'acte de production d'un message. On l'appelle énonciation quand ce message prend la forme d'un discours (ou énoncé).

Le message est produit dans un cadre physique, appelé situation de communication ou situation d'énonciation, défini par quatre éléments repérant la présence en un lieu (ici) et à un moment donné (maintenant) d'un émetteur et d'un récepteur :

- Qui parle ? (l'émetteur, l'énonciateur, le locuteur, l'annonceur...)
- à qui ? (le récepteur, le destinataire, l'auditeur, le spectateur, la cible...)
- à quel moment ?
- En quel lieu ?

Émetteur, récepteur, lieu et moment constituent les repères de l'acte de communication.

b) Énoncé ancré ou coupé

On peut choisir d'ancrer le message dans la situation de communication (ou d'énonciation) : en ce cas, le message ne peut se comprendre que si l'on en connaît exactement les repères.

EXEMPLE

Soit l'énoncé : « Je te reverrai ici demain à la même heure » ; le message est incompréhensible si l'on ne sait pas par qui, à qui, quand et où il est énoncé. « Je », « te », « ici », « demain », « même heure » et le futur simple sont des marques de la situation d'énonciation.

On peut au contraire choisir de couper le message de la situation de communication afin de lui donner un tour plus général, voire universel, valable en tout temps, en tout lieu, quel qu'en soit l'émetteur.

EXEMPLE

« Le repas est mauvais » donne une valeur universelle ou objective à un jugement sans doute plus subjectif exprimé par un énoncé ancré dans la situation d'énonciation, comme « Je n'aime pas le repas ».

Dans la communication institutionnelle ou commerciale, l'ancrage est employé pour souligner l'image de l'annonceur (emploi du « je », référence au passé, engagement futur) et pour susciter la réaction de la cible (emploi du « vous », promesse pour le présent et l'avenir).

EXEMPLE

Slogan de Total : « Vous ne viendrez plus chez nous par hasard. » L'utilisation de la première et de la deuxième personne du pluriel ainsi que du futur ancre l'énoncé dans la situation d'énonciation et crée une relation singulière entre la cible et l'annonceur tout en énonçant la promesse d'un changement.

À l'inverse, la coupure sera pratiquée pour faire ressembler la communication à une information.

EXEMPLE

Slogan de Freedent : « Pour des dents belles et fortes. » Peu importe à qui sont les dents et quand le chewing-gum est mâché. Le slogan a l'allure d'une vérité générale et indiscutable.

2. Le contexte, la culture générale

Ces quatre repères de la situation de communication (ou d'énonciation) font partie d'un contexte plus large qui comprend tous les éléments verbaux (les paroles précédemment échangées) ou réels, matériels ou immatériels qui entourent l'acte de communication. C'est ce à quoi la communication se réfère ou fait référence. C'est pourquoi le contexte est également appelé le référent.
La culture d'un groupe ou la culture générale constituent autant de contextes dont la maîtrise est indispensable à la compréhension de la communication : elles sont un cadre d'opinions, de valeurs et de savoirs communs qui structurent et nourrissent la communication. Ce qui renvoie à ces cultures s'appelle des références culturelles.

2 L'émetteur et le récepteur, le message et le code

1. L'émetteur et le récepteur

L'émetteur (destinateur, locuteur, auteur, annonceur...) est celui qui produit le message. Le récepteur (destinataire, allocutaire, lecteur, cible...), celui à qui il est destiné ou qui le reçoit.

2. Le code, l'encodage, le décodage

a) Le code

L'émetteur transforme les informations en signes appartenant à un code. Le code est un ensemble organisé de signes qui font correspondre un signifiant à un signifié. Le code est un règlement (une grammaire) qui régit l'utilisation des signes qui le composent. Les signes doivent être distincts les uns des autres.

EXEMPLE

Sur un feu tricolore, on distingue trois couleurs auxquelles sont attachées trois significations distinctes.

Les signes d'un même code peuvent fonctionner indépendamment les uns des autres.

EXEMPLE

Un signe faisant partie de la légende d'une carte peut être compris sans nécessiter la connaissance des autres signes la composant.

Ils peuvent aussi fonctionner en dépendance les uns des autres et n'être compris qu'en relation avec les autres.

EXEMPLE

Le feu vert et le feu rouge fonctionnent en opposition l'un à l'autre.

Un signe ne peut appartenir à deux codes à la fois.

EXEMPLE

Dans le code de la route, la lumière rouge est un signifiant associé au signifié « stop ». Mais dans le code de la navigation, un feu rouge signifie la gauche.

Le résultat de la transformation de l'information en signes appartenant à un code donné s'appelle le message.

b) L'encodage et le décodage

L'émetteur encode, le récepteur décode le message. Pour que le message passe, trois conditions au moins doivent être remplies :
- le message doit être le moins possible perturbé par le bruit communicationnel (bruit dans la communication verbale, tâche sur un imprimé, fautes d'orthographe ou de syntaxe dans un écrit, accent étranger, neige sur un écran...) ;
- l'émetteur et le récepteur doivent être en contact (suffisamment proches pour se voir et s'entendre dans le cas d'une conversation en présence de l'émetteur et du récepteur, raccordés au même réseau ;
- ils doivent avoir en commun un même code.

c) Les limites de la notion de code

L'utilisation correcte du code ne garantit le bon décodage que dans des situations mécaniques (communication homme-machine ou machine-machine). La communication interhumaine est bien plus complexe et son décodage correct dépend de facteurs culturels, sociaux et psychiques. Enfin, l'homme, de même que les animaux, peut se passer de codes préfabriqués pour communiquer.

EXEMPLE

Il est toujours possible de communiquer, même difficilement, avec quelqu'un qui ne parle pas la même langue.

3. Le message et le canal

a) Le message

Le message est composé de signes appartenant à un code donné. Il correspond à la transcription en signes des informations.

EXEMPLES

Un discours, un texte écrit, une image, une mimique sont des messages qui se fondent sur différents codes.

La communication a souvent recours à des messages complexes qui relèvent de plusieurs codes à la fois.

EXEMPLES

Selon un chercheur états-unien, Albert Mehrabian, la communication orale s'appuierait à 55 % sur les codes comportementaux (gestes, mimiques, attitudes), à 38 % sur les codes intonatifs et à 7 % seulement sur les codes verbaux.

b) Le canal

Le message est diffusé à travers un canal ou média. Ce peut être l'air à travers lequel se propagent les ondes sonores, un câble qui véhicule des impulsions électriques ou de la lumière, du papier où sont imprimés des signes. Le terme de média désigne différents types de canaux : presse écrite, radio, télévision, Internet, téléphonie...

4. *Feedback*

a) Définition

Dans le meilleur des cas, l'émetteur est attentif aux messages de rétroaction que lui envoie, volontairement ou non, le récepteur.

EXEMPLES

Signes ou messages d'incompréhension, d'ennui, d'intérêt, demandes de compléments ou d'interruption...

L'émetteur adapte alors son message. Ce phénomène s'appelle rétroaction ou *feedback*. Certaines situations de communication se font avec *feedback*, d'autres sans.

EXEMPLES

Communications avec *feedback* : les conversations en présence, les campagnes de communication avec étude d'impact ou de satisfaction...
Communications sans *feedback* : la communication de résultats d'examens, les conférences...

b) Fonctions du *feedback*

Les fonctions les plus courantes sont les suivantes :
- accuser réception ;
- signaler la non-réception ou la mauvaise réception ;
- demander des précisions ;
- relancer ;
- mettre fin à la communication ou l'interrompre.

c) Trois formes de *feedback*

Wiener différencie trois formes de *feedback* :
- le *feedback* positif qui va dans le sens de la communication en l'encourageant ou en l'amplifiant ;

EXEMPLES

Les messages d'acquiescement, d'encouragement ou, au contraire, un énervement répondant à un énervement et qui va l'accentuer.

- le *feedback* négatif qui freine, régule ou stoppe la communication ;

EXEMPLES

Les messages de désapprobation, les demandes de correction, de reformulation, de précision ou d'information.

- l'absence de *feedback* : elle en est un si un *feedback* est attendu, mais elle est difficilement interprétable et constitue ainsi un frein à la communication.

4 LES FONCTIONS DU LANGAGE

En 1963, le linguiste Roman Jakobson définit les fonctions du langage, c'est-à-dire les raisons pour lesquelles l'homme recourt au langage. Complété dans les années 1970 par les théories des actes de langage, le cadre ainsi défini peut s'appliquer à l'ensemble de la communication.

1 Les fonctions du langage définies par Jakobson

1. Description

Le linguiste Roman Jakobson définit six fonctions du langage, chacune centrée sur un des éléments du schéma de la communication.

Fonction	Exemples
La fonction expressive ou émotive	
L'émetteur au cœur de cette fonction exprime ses sentiments, ses opinions. Dans le discours, cette fonction se traduit par des exclamations, des verbes de sentiments ou de jugement, des termes évaluatifs…	« Ah ! qu'il fait beau ! »
La fonction impressive ou conative	
Elle est centrée sur le récepteur chez qui l'émetteur veut faire naître des impressions ou des réactions. Cette fonction se traduit par l'emploi des marques de la 2e personne, d'impératifs, de tournures interrogatives, d'exclamations…	« Tu as vu comme il fait beau ? »
La fonction référentielle	
Elle fait porter le langage sur le référent (ou contexte) sur lequel il s'agit de donner des informations : narration, description, explication… Les phrases déclaratives et le mode indicatif seront alors privilégiés.	« Il fait beau. »
La fonction phatique	
Elle est centrée sur le canal. C'est par elle que l'émetteur s'assure qu'il est bien en contact avec le récepteur.	« Bonjour, ça va ? » « Allô », « Euh… » « N'est-ce pas ? »
La fonction métalinguistique	
Quand il faut donner des informations sur le code, ses éléments, son fonctionnement, comme édicter une règle de grammaire, cette fonction entre en jeu (le préfixe méta- signifie « au-dessus » ; une métalangue est donc une langue qui permet de parler d'une autre langue).	« L'expression "Il fait beau" signifie que le ciel est bleu et que le soleil brille. »
La fonction poétique	
L'émetteur peut avoir la volonté de soigner particulièrement l'esthétique du message et même préférer cette esthétique à sa signification. Cette fonction ne touche pas seulement la poésie, mais aussi les proverbes, les jeux de mots, les slogans.	Slogan jeu de mots d'une ancienne marque de distributeur : « Mammouth écrase les prix » (Coluche en fit une contrepèterie).

2. L'utilisation dans les messages publicitaires

Les messages publicitaires mettent en œuvre bien évidemment l'ensemble de ces différentes fonctions, souvent de manière combinée. Ils peuvent parfois en utiliser une de manière dominante.

a) Le message expressif

Le message expressif met en avant l'émetteur, l'image qu'il veut donner de lui, son système de valeurs. Cela correspond à ce que la rhétorique classique appelle la preuve éthique. La communication institutionnelle ou *corporate* produit souvent ce type de message porté sur l'émetteur. L'annonceur peut également utiliser une autre personne célèbre ou reconnue (une star, un expert…) pour être son porte-parole ou son ambassadeur et placer sa communication sous l'autorité de cette dernière : on reconnaît ici le fameux argument d'autorité.

EXEMPLE

Dans un visuel, Novotel fait porter son message clairement sur l'annonceur et vante son expertise. « Pour organiser une réunion pro, le mieux c'est de demander à des pros », « expert en organisation », et son professionnalisme… Cette communication vise à donner une image positive de soi.

b) Le message impressif

Le message impressif met la cible en valeur en l'interpellant, notamment au moyen d'impératifs ou d'interrogations, ou en la mettant indirectement en scène. Ce type de message est employé soit pour valoriser les performances du produit, les bénéfices que peut en tirer l'émetteur, soit pour valoriser la cible en lui montrant que le produit satisfait ses besoins et ses motivations, soit encore pour créer ou renforcer un lien affectif entre le produit et la cible.

EXEMPLE

Dans un visuel du Crédit Agricole, la cible est directement interpellée par des impératifs à la deuxième personne : « Souriez, vous pouvez enfin être propriétaire », « Financez ».

c) Le message référentiel

Le message référentiel porte sur le produit à promouvoir, il le met en scène, le décrit. Ce type de message permet d'être purement informatif ou de transfigurer le produit en le magnifiant.

EXEMPLE

Dans ce visuel de L'Oréal, le message porte clairement sur le produit (le référent). Celui-ci (Code Jeunesse) se distingue aisément de l'annonceur (L'Oréal). Des informations sont données à son propos : sa nouveauté, sa promesse et surtout le fait qu'il est issu d'un long travail de recherche.

d) La fonction phatique

L'objectif premier est de créer le contact pour que le message soit vu. Le procédé le plus employé est celui du regard du mannequin qui appelle celui du récepteur. L'originalité du visuel peut jouer également cette fonction.

EXEMPLE

Dans le visuel de Dior pour *Dior Homme*, la fonction phatique apparaît de façon dominante. Le regard de l'égérie (Jude Law) est directement dirigé vers le spectateur et crée ainsi le contact.

e) La fonction métalinguistique

La fonction métalinguistique est plus rare dans la publicité. Elle peut néanmoins être utile pour donner le nom d'un produit, ou expliquer comment prononcer le nom d'une marque à consonance étrangère.

EXEMPLE

Dans un spot télévisé pour la marque Stoeffler, un grand-père marseillais est repris par son petit-fils parce qu'il ne sait pas prononcer le nom de la marque des tartes flambées qu'il apprécie. Le slogan est « Je sais pas le dire, mais je le mange bien », néanmoins, le spot nous informe de la manière de prononcer le nom de la marque.

f) Les messages poétiques

Dans le flot incessant des publicités, il faut attirer l'attention de la cible en lui proposant des publicités agréables, voire belles. Il faut donc soigner la qualité du message et avoir recours à la fonction poétique. Celle-ci est mise au service de la fonction phatique, mais elle peut servir aussi à magnifier le produit en le faisant accéder à une dimension onirique.

EXEMPLE

Dans ce visuel de Thalys, la qualité du message en lui-même est particulièrement soignée. La communication s'articule ici autour de la personnification d'une cigogne qui préfère prendre le train plutôt que de voler de ses propres ailes. Le message devient ainsi plaisant : imaginatif et drôle.

2 Les autres fonctions du langage

On peut définir des fonctions plus particulières du langage, notamment dans les situations liées au travail et à la publicité.

1. Les fonctions du langage au travail

Au travail, l'utilisation du langage répond à trois fonctions essentielles :

- une fonction instrumentale : il est utilisé pour répartir les tâches, établir des procédures, indiquer des finalités, donner un sens à l'action ;
- une fonction cognitive lorsqu'il s'agit de transmettre des savoirs, de formuler des problèmes et leur solution ;
- une fonction sociale en permettant de construire et de maintenir les rapports sociaux. Dans ce cadre-là, le langage peut se teinter de spécificités argotiques ou rituelles qui permettent la reconnaissance au sein d'un groupe, un sentiment de communauté ou de corporation. Un tel langage est appelé jargon.

La connaissance de ces trois fonctions et de la manière dont elles sont employées au sein de l'entreprise est une des clés de la réussite de la communication interne.

2. Les fonctions de la communication publicitaire

Outre l'utilisation que fait la publicité des fonctions du langage, on peut établir un rapport assez étroit entre ces dernières et les finalités de la communication à des fins commerciales, que celle-ci passe par le langage ou par l'utilisation des codes de l'image et des sons.

On peut en effet assigner quatre fonctions essentielles à la communication commerciale :

- une fonction phatique : dans le flot d'informations et de messages dont nous sommes assaillis, il s'agit d'attirer l'attention de la cible, et, pour reprendre un ancien terme de rhétorique, de capter sa bienveillance ;
- une fonction cognitive : l'annonceur veut faire connaître son produit, sa marque, son activité. Cette fonction recoupe assez bien la fonction référentielle de Jakobson ;
- une fonction affective : l'annonceur veut faire aimer son produit, sa marque, son activité. Il s'adresse aux sentiments conscients et inconscients de sa cible. Cette fonction recoupe en partie la fonction conative ou impressive de Jakobson, et la fonction poétique, qui ici est instrumentalisée aux fins de plaire, de faire naître des évocations liées à l'univers du produit, d'attirer l'attention ou de favoriser la mémorisation (voir par exemple le fameux « Dubo, Dubon, Dubonnet ») ;
- une fonction conative qui vise à faire agir la cible, à lui faire accomplir l'acte d'achat. Cette fonction de la communication publicitaire est moins étendue que la fonction conative du langage selon Jakobson : elle n'en retient que l'aspect incitatif ;
- plus rarement, la communication commerciale jouera sur la fonction expressive : c'est pourtant le cas dans les messages d'autopromotion, de valorisation de la marque plutôt que du produit, de construction d'une image de marque. Dans tous les cas, tout comme la fonction poétique est subordonnée dans la communication commerciale à la fonction affective, la fonction expressive sera subordonnée soit à la fonction cognitive, soit à la fonction conative.

La communication commerciale se caractérise en effet par la hiérarchisation et l'instrumentalisation conscientes, voulues et systématiques des fonctions, et donc des ressources du langage. Les fonctions du langage sont mises

4 LES FONCTIONS DU LANGAGE (suite)

au service de la communication commerciale. On obtient ainsi les équivalences suivantes :

Fonctions de la communication commerciale	Fonctions du langage
Poétique	Poétique – Phatique (Jakobson)
Cognitive (faire connaître)	Référentielle – Expressive
Affective (faire aimer)	Poétique – Expressive Conative (impressive)
Conative (faire agir, acheter)	Conative (impressive)

3 Les actes de langage

1. La typologie des actes de langage

Depuis les années 1970, à la suite notamment des travaux des linguistes J.L. Austin et J.R. Searle, l'utilisation du langage est étudiée comme un acte : « Dire, c'est faire. » L'étude des actes de langage s'appelle la pragmatique. Austin distingue trois sortes d'actes de langage.

a) Les actes locutoires

Ils consistent à dire quelque chose. L'énoncé ou contenu du message peut être faux, mais l'énonciation est irréfutable.

EXEMPLE

« Il fait beau. »

b) Les actes illocutoires

Ils désignent les actes locutoires qui manifestent l'intention de celui qui les produit. Ces actes peuvent être assertifs (ils affirment quelque chose), expressifs (ils expriment les sentiments de l'énonciateur) ou persuasifs (ils cherchent à convaincre).

EXEMPLES

Acte illocutoire assertif : « Je dis qu'il fait beau » ; acte illocutoire expressif : « Qu'il fait beau ! » ; acte illocutoire persuasif : « Ne vois-tu pas qu'il fait beau ? ».

c) Les actes perlocutoires

Ce sont des actes illocutoires qui produisent un effet.

EXEMPLE

« Ferme la porte » est un acte illocutoire persuasif. Il devient perlocutoire s'il convainc le récepteur de fermer la porte.

Certains de ces actes contiennent en eux-mêmes l'effet qu'ils produisent.

EXEMPLES

« Je te promets de venir » : la promesse est un acte en soi ; « Tu as raison », qui est un acte de concession définitive.

d) Acte de langage *versus* contenu de l'énoncé

Dans certains cas, l'acte d'énonciation et le contenu logique de l'énoncé peuvent être en opposition.

EXEMPLE

Dire « Je vous interdis de penser aux vacances » induit le résultat contraire au contenu logique de l'énoncé.

2. La perception des actes de langage

a) La théorie des faces

Ces actes de langage peuvent être perçus par l'émetteur tout comme par le récepteur comme des agressions. De récentes recherches (P. Brown et S. Levinson) ont mis à jour la notion de face : les interlocuteurs sont soucieux au cours d'une conversation de « sauver la face » ou de « ne pas perdre la face ». Brown et Levinson distinguent deux faces complémentaires :

- la face négative, qui est l'ensemble des territoires du moi : corporel, spatial, temporel, matériel, symbolique ;
- la face positive, qui est constituée par les images positives que les interlocuteurs ont ou veulent avoir d'eux-mêmes et veulent imposer aux autres.

b) L'importance des faces dans la communication

Dans la communication, chacun cherche à accroître son territoire ou au minimum à le préserver. Cependant, l'interaction des actes de langage contrarie ce désir de face. On peut distinguer alors des actes menaçants ou des actes gratifiants pour les faces.

	Faces de l'émetteur		Faces du récepteur	
	Actes menaçants	Actes gratifiants	Actes menaçants	Actes gratifiants
Face négative	Promesses dont la réalisation risque de léser le territoire, concessions...	Pardon, don...	Offenses, contacts corporels non souhaités, agressions visuelles, sonores, olfactives, ordres, conseils...	Félicitations, compliments, reconnaissance, remerciement, vœux...
Face positive	Aveux, excuses, autocritiques...		Critiques, réfutations, reproches, insultes, moqueries, vexations...	

Un même acte peut relever de plusieurs catégories en même temps : un ordre ou un conseil peuvent gratifier la face positive de celui qui l'émet et rabaisser celui qui les reçoit.

Le contexte interpersonnel, social et culturel joue un rôle capital dans la compréhension de la valeur d'un acte de langage. Ainsi un conseil peut être analysé comme valorisant pour le récepteur dans un contexte d'apprentissage ou comme dégradant dans un contexte d'égalité des interlocuteurs.

c) La politesse

Certaines cultures donnent plus d'importance à la face positive (code de l'honneur, peur de la honte...), d'autres valorisent la face négative (souci de la préservation du territoire, de l'intimité...). Il revient aux règles de la politesse d'atténuer l'aspect menaçant des actes de langage.

5 LES SIGNES ET LEUR USAGE

L'information est transmise au moyen d'un code, ou langage, qui substitue aux objets réels ou aux idées des signes qui leur correspondent. Les systèmes structurés de signes sont décrits par la sémiologie. La pragmatique concerne le traitement de l'information : son élaboration et son interprétation.

1 La sémiologie : les signes, le signifiant, le signifié

1. Définitions

Le signe établit une correspondance entre un signifié (monde des objets et des idées) et un signifiant (monde du langage). Il existe trois sortes de signes :

- l'indice est un signe encore attaché à l'objet. C'est un élément essentiel de la communication non verbale ;

EXEMPLE

La fièvre est l'indice (ou symptôme) d'une infection, le ronron du chat est l'indice de sa satisfaction.

- l'icône est un signe détaché de l'objet mais qui le représente de manière figurée, qui lui ressemble (on dit que le signe est *motivé*) ;

EXEMPLES

Pictogrammes, icônes de l'ordinateur, panneaux routiers.

- le symbole est un signe détaché de l'objet et qui ne partage avec lui aucun point commun (on parle de signe *arbitraire*).

EXEMPLES

Le feu rouge est un signe arbitraire pour indiquer l'arrêt, de même que la colombe représente l'idée de la paix.

2. La polysémie

À l'intérieur d'un même code ou système, un signe peut avoir plusieurs signifiés : on parle de polysémie. C'est le contexte qui indiquera le sens à retenir.

EXEMPLE

Le fonds de commerce inscrit au bilan n'est pas l'arrière d'un magasin.

3. Les systèmes

Les signes sont souvent organisés en systèmes. Les codes sont des systèmes de signes. Dans un système, chaque signe est distinct des autres et acquiert sa signification par opposition aux autres.

EXEMPLE

Alors qu'ils ont des traits communs, la table n'est pas un guéridon ni un bureau.

Un même signe a des significations différentes en fonction du système auquel il appartient. Aussi, pour interpréter correctement un signe, il est nécessaire de le replacer dans le système auquel il appartient.

EXEMPLE

La couleur jaune est associée à la noblesse dans la culture chinoise alors qu'elle connote la lâcheté aux États-Unis.

4. Relations entre les signes

Le message est le produit de la mise en relation des signes les uns avec les autres. On remarque deux types de relations : les relations paradigmatiques et les relations syntagmatiques.

	Axe syntagmatique (combinaison)		
Axe paradigmatique (substitution)	Sujet	Verbe	Complément
	Le chat	mange	la souris
	Le félin		
	Mitsie		

a) Les relations paradigmatiques

Un paradigme est un ensemble constitué des unités substituables dans un contexte donné. On parle d'axe paradigmatique. Dans une relation paradigmatique, l'élément présent dans l'énoncé est opposé à tous les éléments absents qui auraient pu lui être substitués.

« Le chat », « le félin » ou « Mitsie » sont trois signifiants différents qui désignent le même signifié : ils sont synonymes. Néanmoins, le choix d'un de ces signifiants par rapport aux autres est significatif, du fait des connotations attachées à chaque mot.

EXEMPLE

La phrase « Jacques est un gratte-papier » ajoute une nuance de mépris à la phrase « Jacques est un employé de bureau » qui a pourtant la même signification. Le signifié exact se trouve donc par opposition aux signifiés des signifiants qui ont été écartés.

La substitution d'un terme à un autre sur l'axe paradigmatique est donc porteuse de signification.

b) Les relations syntagmatiques

Un syntagme est une séquence d'unités de longueur variable (mot, groupe de mots, proposition, phrase). Les relations syntagmatiques concernent les éléments mis en présence dans un même énoncé. On parle d'axe syntagmatique. Le sens peut varier en fonction de la place du signe sur l'axe syntagmatique.

EXEMPLE

Alors qu'une phrase comme « Le chat / a mangé / la souris » ressortit à une situation banale, la phrase « La souris / a mangé / le chat » renvoie à un univers fantastique. « La souris / est mangée / par le chat » a la même signification, à ceci près que l'accent est mis sur la souris.

2 La pragmatique et le traitement de l'information

La pragmatique est la science qui vise à interpréter les messages en fonction de leur contexte et qui interprète le sens des énoncés en tenant compte de leur situation d'énonciation.

5 LES SIGNES ET LEUR USAGE (suite)

1. L'importance du contexte : dénotation et connotation

a) Définition

La dénotation désigne le lien qui unit le signifiant à un référent signifié. Elle est donnée par la définition du dictionnaire. Peut s'y ajouter un autre type de relation entre le signifiant et le signifié : la connotation. Celle-ci ne change rien à la signification dénotée du référent ou dénotation. Elle se superpose éventuellement. Son interprétation relève de la stylistique, de la psycho- ou de la socio-linguistique.

EXEMPLES

Le mot «char» employé au Québec a un sens dénoté de «véhicule à quatre roues muni d'un moteur», mais utilisé en France, s'y ajoute une connotation de l'origine québécoise du locuteur. Une copie d'examen mal présentée, négligée, connote un manque de soin ou d'attention.

b) Importance des connotations

Les connotations peuvent ajouter au signifiant des signifiés liés à l'origine du locuteur (régionalisme), au registre de langue et/ou à l'appartenance sociale, à l'archaïsme, à la mélioration ou à la péjoration, aux sentiments et/ou aux convenances.

EXEMPLES

«Un vieux» / «une personne âgée» / «un senior» / «un vieillard» connotent des intentions différentes.

Les connotations dépendent du contexte : la connotation se fait ainsi souvent ressentir par l'écart que le signifiant employé représente par rapport au signifié attendu.

EXEMPLE

La tenue attendue costume-cravate dans une banque ne connote rien de particulier. Portée lors d'une réunion informelle, elle connote le refus de céder à la familiarité.

Un même signifiant peut cumuler pour la même dénotation plusieurs connotations.

EXEMPLE

Le mot «caisse» employé pour désigner une voiture connote à la fois la familiarité et la péjoration.

2. Du côté de l'émetteur : l'élaboration d'énoncés complexes

a) La modalisation

Un émetteur peut manifester une attitude particulière par rapport au message qu'il produit et en changer ainsi la signification profonde. Il peut insister sur sa véracité ou au contraire le mettre en doute ou encore montrer qu'il le rejette. La manifestation de cette attitude de l'émetteur par rapport à son message s'appelle la modalisation. Pour interpréter un message, on s'attachera à repérer :

- les modalités par lesquelles l'émetteur exprime son degré de certitude par rapport au contenu du message ;

EXEMPLES

«Peut-être», «serait» / «à coup sûr», «certainement».

- les modalités par lesquelles l'émetteur exprime son sentiment par rapport au message. Dans le cas de l'ironie, l'émetteur peut indiquer à l'aide de divers moyens (exagération, antiphrase, mimiques, intonation...) qu'il faut comprendre le contraire de ce que le message semble signifier au premier abord.

EXEMPLES

La campagne publicitaire lancée par l'Office national du tourisme tunisien pour relancer l'activité à la suite des événements révolutionnaires de la fin 2010 joue sur la mise à distance ironique du discours ambiant concernant l'état du pays avec par exemple le slogan «On raconte que la Tunisie est un champ de ruine» accompagnant une vue de ruines antiques. L'image confirme le propos rapporté dans le slogan, mais en donnant un sens positif au mot ruine, en décalage complet avec les préjugés qu'il véhicule. Il faut donc comprendre le slogan à l'inverse de ce qu'il semble signifier au premier abord.

Les lapsus ou les signes de nervosité peuvent trahir un discours qui se veut maîtrisé.

b) L'implicite et l'explicite

Le sens d'un énoncé ne tient pas seulement à la signification littérale des mots qui le composent et qu'analyse la sémiologie, mais aussi à la situation dans laquelle il est produit. En effet, un même énoncé n'a pas la même signification suivant le contexte dans lequel il est produit. Dans certains cas, sa signification réelle n'est pas énoncée, on dit qu'elle est implicite. Pour être interprété, le message nécessite alors de la part de l'interprétant un certain nombre d'opérations.

EXEMPLE

Pour comprendre la phrase : «Je dois dormir tôt ce soir» comme une réponse négative à la question : «Veux-tu un café ?», il faut :

- mobiliser un savoir encyclopédique : le café empêche de dormir ;
- faire intervenir la logique, ici une relation d'ordre temporel et causal ;
- penser que la phrase est effectivement une réponse à la question.

Ainsi, le contenu explicite des messages doit-il souvent être complété par un contenu implicite.

EXEMPLES

Une phrase comme «Maman est sortie de l'hôpital» peut se comprendre de trois manières :

- contenu explicite, posé : «Maman n'est plus à l'hôpital» ;
- contenu implicite présupposé : «Maman était à l'hôpital» ;
- contenu implicite sous-entendu : «Tu devrais aller la voir».

Les visuels de la campagne de l'office du tourisme de Tunisie ont un contenu explicite : la Tunisie offre des ressources touristiques variées ; un contenu implicite présupposé : des émeutes se sont produites en Tunisie ; un contenu implicite sous-entendu : malgré les événements politiques, la Tunisie est toujours une destination touristique de rêve.

3. Du côté du récepteur : l'interprétation des signes

a) Le triangle sémiotique

La correspondance entre le signe et l'objet n'est donc pas forcément évidente, naturelle ou nécessaire. En réalité, elle est toujours établie par un interprétant.

EXEMPLE

Un rire peut être perçu différemment par différents interprétants : connivence, ironie, moquerie... ; le mot « table » peut renvoyer, selon l'interprétant, à différentes représentations de l'objet : table rustique ou design, table de travail ou de repas...

L'interprétant décode le signe en fonction de ce qu'il connaît du code, mais aussi de sa culture, de ses représentations, de ses valeurs et de ses motivations (raisons pour lesquelles il s'intéresse ou non aux signes). L'interprétant trie ce qui, selon sa culture, sa nature ou sa motivation fait signe et qu'il juge pertinent. Il ignore tous les autres signes ou les considère comme du bruit (élément qui perturbe la communication). Pour bien communiquer, il est donc nécessaire de susciter son intérêt.

EXEMPLE

Les visuels de la campagne de l'office du tourisme de Tunisie associés à leurs slogans présentent des jeux mots qui retiennent l'attention de qui a suivi les événements. Pour qui n'aurait pas été informé, reste la force des visuels.

Un signe se définit donc par la mise en relation par un interprétant d'un signifiant et d'un signifié. La relation entretenue par le signifiant, le signifié et l'interprétant forme ce que Peirce a nommé le triangle sémiotique.

Interprétant / Signifié
/petit mammifère à longues oreilles/

Signifiant
« Lapin »

Objet

b) Les limites du traitement de l'information et l'importance du récepteur

Par suite de la complexité de la tâche de l'interprétation, le décodage parfait du message n'est jamais garanti. Dans la plupart des situations de communication, on observe une distorsion du contenu du message entre son encodage et son décodage : malentendus, faux-sens, contresens, incompréhension... Le communicant veillera donc à adapter son message à la motivation et aux compétences de la cible censée l'interpréter.

Il faut donc bien distinguer un sujet destinataire idéal qui correspondrait à l'image que s'en fait l'émetteur et qui comprendrait le message comme ce dernier le souhaite, d'un sujet interprétant avec une identité psycho-socio-culturelle propre. Ce dernier recourt pour interpréter le message à des inférences diverses (induction, déduction, conformité ou non de l'énoncé par rapport aux attentes...), à l'analyse du contexte (situation d'énonciation, image du récepteur...), à son système de valeurs (gestion des faces, positionnement...).

3 Du bon usage des signes

1. Le principe de coopération

Selon H. P. Grice ou O. Ducrot, tout être raisonnable se conforme, pour produire ou interpréter un message, à un principe général de coopération avec les autres, valable pour toute situation de communication, et qui se décline en différentes règles :
- la règle de qualité : le message doit être véridique ;
- la règle de quantité : le message doit contenir autant d'information que requis, ni plus, ni moins. Il doit donc être à la fois exhaustif et économe, ce qui peut entraîner parfois quelques difficultés. L'information doit en outre être précise, exacte ;
- la règle de relation : le message doit être pertinent. Il doit apporter des informations que le récepteur est censé ignorer. Il ne doit contenir que des éléments censés intéresser le récepteur et éviter de l'ennuyer ;
- la règle de modalité : le message doit être clair et méthodique et éviter l'obscurité, l'ambiguïté, les digressions. Il doit obéir à la logique et être cohérent.

2. Le principe de politesse

La politesse consiste à adoucir les actes de langage dans le souci de la préservation et de la valorisation des faces. Selon P. Brown et S. Levinson, le degré de politesse varie en fonction de trois facteurs :
- la gravité de la menace potentiellement contenue dans l'acte de langage ;
- la distance sociale qui sépare l'émetteur du récepteur ;
- leur relation de pouvoir.

La politesse repose sur l'usage de certaines figures de rhétorique comme l'euphémisme, la litote ou l'hyperbole.

3. Le rôle des règles dans l'interprétation

Le récepteur présuppose, pour interpréter le message, que celui-ci est conforme aux règles de la communication. En cas de transgression apparente d'une des règles de coopération, le récepteur reconstruit le message.

EXEMPLE

Un message comme : « La fenêtre est ouverte » peut sembler en contradiction avec la règle de relation car il semble n'apporter aucune information au récepteur. Celui-ci rétablit alors le sens du message en fonction du contexte : « J'ai froid, il faut fermer la fenêtre. »

De même, beaucoup d'énoncés ne sont interprétables que si l'on prend en compte l'exigence de politesse qui a influé sur leur production.

EXEMPLE

« Asseyez-vous donc deux minutes » se comprend : « Asseyez-vous au moins deux minutes », en contradiction avec la règle de quantité qui exige la précision de l'information.

6 LES SIGNES COMPORTEMENTAUX

L'étude du comportement s'inspire de la kinésique (R. L. Birdwhistell, 1960, étude de la gestualité communicative : posture, regard, mimique) et de la proxémique (E.T. Hall, fin des années 1970, étude de l'usage culturel de l'espace dans la communication). On y ajoutera les notions de code vestimentaire et de présentation de soi.

1 L'étude des signes non verbaux, leurs limites

1. L'importance du non-verbal dans la communication

Selon A. Mehrabian, la communication entre personnes passe à 55 % par des éléments non verbaux, et à seulement 7 % par les mots.
Les éléments proxémiques et kinésiques sont constitutifs de la relation qui se crée entre les acteurs de la communication : ils favorisent ou découragent le contact, ils influent sur le contenu plus ou moins intime ou familier de la conversation, ils apportent des indices sur la distance prise par l'émetteur par rapport à son message.

EXEMPLE

Un sourire ou un air grave peut implicitement signifier : «je plaisante» ou «je ne plaisante pas», «je ne peux pas vous en dire plus, mais on se comprend».

2. Les limites de l'interprétation des signes non verbaux

- Les signes constituant les codes kinésique et proxémique sont le plus souvent des indices. Le signifié qu'ils transmettent est la plupart du temps involontaire. Le décodage de ces indices se fait dans la majorité des cas de manière inconsciente.
- Tous ces codes sont éminemment liés aux pratiques culturelles et aux valeurs qui leur sont associées. La montée de l'individualisme, l'accélération des changements de modes fait que ces codes évoluent de plus en plus rapidement, créant ainsi souvent des incompréhensions entre les générations et des difficultés d'interprétation.

2 Notions de kinésique

1. Les spécificité du code kinésique

Les gestes sont des signes qui entretiennent des différences globales avec les signes linguistiques :
- leur production échappe très souvent à la conscience et à la volonté ;
- s'ils sont conscients et volontaires, ils sont alors pour la plupart motivés (non arbitraires) ;
- ils sont extrêmement polysémiques et leur interprétation dépend étroitement du contexte dans lequel ils sont produits ;
- ils sont souvent idiosyncrasiques, c'est-à-dire particuliers à celui qui les produit ;
- leur signification varie selon les cultures.

2. Les catégories

a) Les gestes indépendants de la communication verbale

Les différentes postures et mimiques peuvent traduire, sans même être produites dans l'objectif de communiquer, l'intérêt, la curiosité, l'ouverture, la confiance, la fierté, l'orgueil, la surprise, la joie... ou le mépris, le repli, la timidité, la frustration, la prostration, la peur, le scandale, la tristesse... La plupart de ces gestes sont universels, leur reconnaissance est innée ou acquise dès le plus jeune âge. Certains gestes de manipulation d'objet, d'automanipulation, trahissent la nervosité, l'ennui, l'agacement et peuvent avoir une fonction calmante.

b) La gestuelle co-verbale

Elle accompagne la communication verbale et se classe en différentes catégories :
- les gestes déictiques servent à montrer le référent en le pointant du doigt ;
- les gestes illustratifs : le locuteur «allie le geste à la parole» ;
- les gestes intonatifs appuient l'importance de certains propos (gestes bâton, martèlement de la main...) ;
- les gestes quasi-linguistiques ou emblèmes remplacent la parole ;
- les mimiques faciales s'ajoutent à toutes les catégories précédentes.

Certains signes gestuels contradictoires peuvent être émis en même temps, comme un sourire mêlé à des larmes. Ils révèlent ainsi une dissonance cognitive, c'est-à-dire un conflit interne dans les sentiments et représentations de l'individu.

3. Les fonctions de la gestuelle

Le code kinésique remplit à peu près les mêmes fonctions que le langage verbal, auquel il peut être associé. Il peut avoir :
- une fonction référentielle qui vise à mimer ce que l'on exprime ou à le désigner (on parle alors de fonction déictique) ;
- une fonction expressive qui vise à traduire les sentiments ou la personnalité de l'individu.

EXEMPLES

Le martèlement du pied, le réajustement de la coiffure...

- une fonction impressive qui vise littéralement à faire impression sur le récepteur. La gestuelle peut aussi chercher à faciliter la compréhension du message chez le récepteur en étant redondante par rapport au message verbal (effet d'appui et d'insistance), le compléter ou souligner par sa divergence un sens caché (modalisation ironique) ;

EXEMPLE

Un propos ironique peut être souligné par un clin d'œil ou un sourire.

- une fonction phatique qui vise à amorcer la communication ou à l'interrompre, mais aussi à synchroniser émetteur et récepteur : la gestuelle peut en effet générer par empathie l'accordage, non seulement gestuel (mimétisme, effet de modélisation) mais aussi affectif (sympathie ou antipathie), ou le désaccordage des acteurs de la communication.

EXEMPLES

Les gestes de salut, les caresses, les gestes agressifs.

4. La kinésique dans la communication

La mise en scène de la gestuelle communicative est employée dans des situations de communication professionnelle interactives (conférences, entretiens, discours...), mais également dans des médias non interactifs comme les visuels publicitaires.

EXEMPLE

Cette célèbre affiche de J. Montgomery Flagg pour recruter de nouveaux soldats utilise le code gestuel (index pointé, sourcil froncé, regard direct et sévère) pour impliquer la cible. C'est en grande partie sur cette gestuelle que repose sa fonction conative.

3 Notions de proxémique

1. Définition

La proxémique définit des distances culturellement déterminées qui séparent les individus et qui influent sur leurs rapports et notamment sur la communication.
Dans la société états-unienne, les distances les plus couramment observées sont les suivantes :
- la distance intime inférieure à 40 cm mobilise tous les sens : vision, odorat, toucher ; quand une telle distance est imposée, l'individu a tendance à adopter une attitude de réserve et de défense ;
- la distance personnelle de 40 à 120 cm est la distance habituelle dans les conversations courantes ;
- la distance sociale de 120 à 360 cm permet de mener une activité indépendante en présence d'autrui ;
- la distance publique, au-delà, sépare un orateur et son public.

La distance est signifiante lorsqu'elle est envisagée en rapport avec un territoire personnel matériel et symbolique constitué du corps mais aussi de ses dépendances, comme les effets personnels et les objets considérés comme intimes.

2. La proxémique dans la communication

Se tenir à telle ou telle distance, pénétrer dans telle ou telle zone sont des actes de communication ou peuvent être interprétés comme tels. La proxémique est un élément déterminant des interactions entre acteurs de la communication. Les notions de proxémique peuvent être utilisées dans les visuels publicitaires pour établir un rapport signifiant entre les personnages ou pour donner à ce rapport une fonction phatique et/ou conative.

EXEMPLE

Dans cette publicité pour un savon déodorant, le code kinésique suggère la mauvaise odeur qui se dégage des aisselles de la jeune femme. La moue du monsieur montre le désagrément. La gestuelle de la femme ajustant sa coiffure devant un miroir souligne que le savon peut être utilisé comme un parfum.

4 Le code vestimentaire et la présentation de soi

1. Un code social

La codification de l'usage vestimentaire par chaque société résulte de la pression sociale. Elle varie en fonction des classes socioprofessionnelles d'appartenance et des phénomènes de mode. Elle peut être plus formellement inscrite dans le cadre d'un règlement.
Ainsi pour un même individu, la tenue vestimentaire varie en fonction des circonstances avec lesquelles elle s'accordera ou entrera en dissonance.

2. Préjugés et stéréotypes

Toute interprétation de la tenue vestimentaire d'un individu se fonde sur des préjugés et des stéréotypes :
- un préjugé est un jugement positif ou négatif élaboré avant une connaissance approfondie de ce sur quoi il porte ;

EXEMPLE

Un homme en costume et en cravate est un homme sérieux.

- un stéréotype est une vision généralisante et simplificatrice.

EXEMPLE

Les cols blancs (les cadres), la chemise à carreaux des bûcherons...

3. Le code vestimentaire dans la publicité

Les publicités jouent sur le code vestimentaire pour atteindre leur cible par des procédés d'identification ou de distanciation.

5 La présentation de soi

La présentation de soi (concept élaboré par E. Goffman, 1950) explique que l'individu est en représentation dans une société que l'on peut considérer comme une scène de théâtre.
L'individu joue plusieurs rôles, donnant aux autres diverses images de lui-même. La tenue vestimentaire est un des éléments de ce jeu.

7 LES CODES SONORES

La communication peut se faire par différents sons attachés ou non au langage.

1 Typologie

On distingue les bruits ou sons, la musique et les sons articulés. Ces derniers sont constitutifs des langues et de la communication verbale.
Les bruits sont des sons produits sans intention ou jugés sans signification par celui qui les perçoit. La signification des bruits est la plupart du temps purement indicielle (qui relève de l'indice) mais peut dans certains cas avoir une valeur symbolique en se chargeant de connotations.

EXEMPLES

Le chant des oiseaux pour un homme est un bruit.
Des bruits de moteur, de klaxon et de conversations mêlés sont l'indice d'un environnement urbain.
Le chant des cigales évoque la Provence.

2 La musique

La musique est l'art de combiner des sons de manière à produire une impression esthétique.

1. Un signifié figuratif

La musique n'est que très rarement considérée comme figurative. Elle peut pourtant avoir un signifié figuratif dans le cas d'une musique imitative ou d'une musique dite « à programme » parce qu'accompagnée d'un titre ou d'un texte expliquant son intention. Encore cette conception est-elle très contestée : la signification d'une telle musique nous serait plus suggérée par le texte qui l'accompagne que par ses qualités propres.

EXEMPLES

Musiques imitatives : le « Duo des chats » de Rossini ou l'orage dans « L'été » de Vivaldi. Musiques à programme : *Les Quatre Saisons de Vivaldi* ou *La Mer* de Debussy.

2. Un signifié plastique

Comme l'image, la musique a un signifié plastique lié au choix des instruments, au rythme et à la mélodie.

EXEMPLE

Dans *Pierre et le Loup*, Prokoviev associe un animal à un instrument : la virtuosité de l'oiseau est rendue par la clarinette ; les cors soulignent l'aspect inquiétant du loup ; les cuivres et percussions représentent la marche triomphale des chasseurs.

3. Un signifié symbolique

La musique a également un signifié symbolique fort : elle s'accorde très facilement aux sentiments et peut signifier, voire susciter, la joie, la mélancolie, l'angoisse... Dans certaines séquences filmiques, c'est souvent elle seule qui indique, alors que les images sont neutres, qu'un drame est sur le point d'arriver.

EXEMPLE

Dans les films à suspense, une scène de la vie courante dramatisée par une musique dissonante.

Certains rythmes ou sonorités évoquent à eux seuls des ambiances ou des pays. De même, à la musique sont souvent attachées de fortes connotations sur lesquelles jouent les publicités télévisées et radiophoniques.

EXEMPLES

La valse évoque un joyeux tourbillon, le tango la sensualité argentine... La musique classique est souvent employée dans les publicités pour les produits de luxe alors que le rock ou le rap sont associés à la modernité ou à la transgression.

3 La musicalité de la langue

La langue est une production sonore dont la signification ne repose pas seulement sur la définition des mots ni sur leur combinaison, mais aussi sur sa qualité sonore, particulièrement travaillée dans la poésie, ainsi que dans les slogans publicitaires dont elle favorise la mémorisation. Cette qualité sonore dépend de la sonorité des mots employés, de l'intonation, du débit et du rythme.

1. Les sonorités

La signification de la sonorité des mots est liée à deux phénomènes : l'analogie et l'articulation.

a) Les significations analogiques

On choisit certains sons, notamment en poésie, pour leur force d'évocation ou de ressemblance. On parle alors d'harmonie imitative.

EXEMPLE

« Le pêne grince à la grille rouillée ;/La tonnelle grelotte et la terre est mouillée,/Et le linge blanc claque, éperdu, dans l'enclos » : dans ces vers d'Albert Samain, la combinaison des sons « gr », « i » et « ye » imite le grincement strident et désagréable de la serrure et l'associe au froid (« *gr*elotte », « te*rr*e ») tandis que l'association des consonnes occlusives (« b », « k ») et des liquides (« l ») imite le claquement du linge.

Il existe par ailleurs des mots composés de phonèmes censés imiter des bruits naturels : les onomatopées.

EXEMPLES

Miaou, tut tut, ding dong, vlan.

b) Les significations liées à l'articulation

Des études statistiques basées sur la fréquence d'emploi des mots dans plusieurs langues montrent qu'à certaines voyelles sont associées des significations liées aux gestes faits pour les prononcer : 93 % des mots français exprimant la petitesse contiennent des voyelles antérieures (prononcées en avant de la bouche et nécessitant une petite ouverture : petit, menu, puce...) alors que 84 % des mots exprimant la grandeur (grand, vaste, océan...) contiennent des voyelles postérieures (prononcées en arrière de la bouche, ce qui nécessite une grande ouverture).

Les interjections obéissent à cette règle : « hi » est produit par le même geste d'écartement des lèvres que le rire alors que « beurk » simule le vomissement.

2. L'intonation

a) L'accentuation

En français, l'accent tonique est contraint par la syntaxe et n'a de ce fait pas de signification particulière. Il est néanmoins au cœur du dispositif rythmique de la langue (*cf.* plus loin).
Il existe en revanche un accent d'insistance, affectif ou intellectuel, permettant de renforcer l'expression.

EXEMPLES

Accent d'insistance affectif : « Gééénial ! » « SSSuper ! »
Accent d'insistance intellectuel : « J'ai dit que c'était une <u>e</u>rreur, pas une <u>ho</u>rreur. »

b) La courbe mélodique

Une même phrase peut avoir diverses significations dénotées en fonction de sa courbe mélodique.

EXEMPLE

1. Il travaille la nuit ou Il travaille la nuit.
2. Il travaille la nuit ?
3. Il travaille la nuit.

Chaque ligne du tableau représente un niveau mélodique.
1. Phrase déclarative. Le retour au ton initial indique la fin de la phrase.
2. L'intonation montante peut exprimer l'interrogation ou l'attente (la phrase demeure suspendue en attente d'achèvement).
3. L'intonation anormalement descendante peut exprimer le regret.

L'intonation peut également entraîner des connotations : un phonéticien hongrois, Eugène Fónagy, a ainsi relevé que la joie s'exprime sur un registre élevé, à l'inverse de la tristesse, et que la plainte s'exprime par l'alternance régulière d'une montée suivie d'une redescente au même niveau.

3. Le débit

a) La rapidité

Le débit est une caractéristique importante du langage oral. Un débit lent convient pour un discours solennel ou mélancolique, un débit rapide pour un discours exprimant la joie ou le dynamisme. S'il n'est pas approprié au sens du discours, le débit connote l'état émotif de l'orateur : stressé, gai, s'il est rapide, déprimé, peu sûr, s'il est lent.

b) Les pauses

La parole est entrecoupée de silences plus ou moins longs : les pauses. Sans eux, le discours devient incompréhensible car ses phrases s'entrechoquent. Trop nombreux, ils trahissent la difficulté de l'orateur à formuler son discours. Ils permettent en outre de créer des effets d'insistance sur les dernières paroles prononcées, de suspension, ou au contraire d'attente d'une suite.

4. Le rythme

Le rythme est donné par le retour d'un même phénomène à intervalles réguliers. En français, le rythme peut être obtenu par trois procédés : la combinaison de l'accent tonique et des pauses, la rime et la segmentation syntaxique.

a) L'accent tonique

L'accent tonique français accroît l'intensité, la hauteur, et/ou la durée de la dernière syllabe prononcée (non muette) d'un mot. Le vers, en créant des pauses supplémentaires comme celle marquée à l'écrit par le retour à la ligne ou la césure à l'hémistiche des alexandrins, permet de faire revenir ces accents à un endroit déterminé par le compte des syllabes.

EXEMPLE

« Juste <u>ciel</u> ! tout mon <u>sang</u> dans mes <u>vei</u>nes se <u>gla</u>ce.
Ce vers de *Phèdre* de Racine est construit sur un rythme 3/3/3/3. La pause de fin de vers et à la césure met en valeur les mots « sang », « glace » (noter l'opposition).

b) La segmentation

Ce même genre de phénomène peut être obtenu en prose par l'utilisation de pauses marquées par les virgules, les points-virgules et les points qui vont séparer des groupes syntaxiques de longueur (comptée en nombre d'accents toniques) variable. On peut ainsi obtenir des effets de rythme : égal, inégal, croissant (cadence majeure) ou décroissant (cadence mineure). Ce rythme peut se combiner au nombre d'éléments composant la phrase. En français, on relève souvent un rythme binaire connotant une forme d'équilibre et un rythme ternaire connotant l'amplification.

EXEMPLE

« Le soir approchait (1), je descendais des cimes de l'île (2) et j'allais volontiers m'asseoir au bord du lac sur la grève dans quelque asile caché (3). » Cette phrase de Rousseau adopte un rythme ternaire et une cadence majeure qui annonce l'exaltation des sentiments que Rousseau connaît lors de ses méditations.

c) La rime

La rime, en créant un phénomène de retour du même son à intervalle régulier participe également du rythme.

EXEMPLE

La disposition du texte sous forme de liste permet de le segmenter et donc de renforcer l'accent tonique sur les derniers mots de chaque segment dont les trois premiers riment : « chic », « panoramique », « automatique ».

8 LES CODES GRAPHIQUES

La forme même du texte écrit, la manière dont l'écriture est formée, ou graphie, est porteuse de sens.

1 Description d'une graphie

Voici les principales caractéristiques qui définissent une graphie :
- caractère : signe, élément d'une écriture (les signes de ponctuation font partie des caractères) ;
- police : assortiment complet de caractères d'une même famille ;
- corps : hauteur des lettres ;
- épaisseur ou graisse : **gras**/maigre ;
- casse : MAJUSCULE/minuscule/PETITES CAPITALES ;
- famille : appartenance à une classe (voir ci-dessous) ;
- empattement : assise de la lettre ;
- plein : partie épaisse de la lettre par opposition au délié (partie fine).

2 L'usage codifié

Un code typographique est un ouvrage décrivant les règles de composition des textes imprimés. En France, les professionnels de l'édition se réfèrent au code édité par le Syndicat national des cadres et maîtrises du livre qui évolue chaque année.
On retiendra quelques règles :

Signe typographique	Règles d'usage	Exemple
Italique	S'emploie souvent pour citer, pour mettre un mot en valeur ; elle est obligatoire pour les titres d'œuvres.	*Les Fleurs du Mal*
Majuscules	S'emploient à l'initiale pour les mots qui commencent une phrase ou une citation, les noms propres, les noms de peuples, les organismes d'État, les acronymes, pour chaque lettre des sigles. On met l'accent sur les capitales (si possible).	Victor Hugo Le Collège de France Les Français L'Unesco La SNCF
Ponctuation	Ne se place jamais en début de ligne. Les adresses s'écrivent sans ponctuation.	20 bd Victor-Hugo
Points	Se placent à la fin des phrases. À la fin des mots abrégés, sauf ceux dont l'abréviation comprend la dernière lettre.	Réf. pour référence Bd pour boulevard
Virgules	Séparent les parties d'une proposition ou d'une phrase, à condition qu'elles ne soient pas déjà réunies par les conjonctions *et*, *ou*, *ni*. Elles séparent les énumérations. Elles isolent les mots mis en apostrophe. Remarque : on ne met pas de virgule avant une parenthèse, un tiret ou un crochet.	« Marcel, apportez-moi la pelle, le seau et le rateau. »
Points-virgules	Séparent différentes propositions de même nature.	Le chat miaule ; le chien aboie.
Deux-points	Introduisent une explication, une citation, un discours, une énumération.	Il déclara : « Je ne vous comprends pas. » Il y a sept jours dans la semaine : lundi, mardi...
Parenthèses	Servent à ajouter une précision.	Il ne faut pas abuser des parenthèses (et encore moins des crochets).
Tiret seul	Signale chaque terme d'une énumération ou le changement d'interlocuteur dans un dialogue.	– Que dites-vous ? – Rien !
Tirets par paire	S'utilisent comme les parenthèses. En fin de phrase, le second tiret est supprimé avant le point final.	Pierre – tu le connais, hein ? – est professeur de yoga.
Espaces	Avant et après le point-virgule, les guillemets ouvrant et fermant. Avant les points d'interrogation et d'exclamation, les parenthèses, les crochets et les tirets ouvrants. Après toutes les ponctuations.	
Guillemets	S'utilisent comme l'italique. Avant et après une citation, un mot n'appartenant pas à la langue ou au code utilisé, un mot mis à distance. Avant et après le titre d'une partie d'ouvrage (chapitre, poème...).	Qui a dit : «L'État, c'est moi»?

3 Les qualités essentielles d'une graphie

1. La lisibilité

La première qualité d'une écriture, ou graphie, est sa lisibilité. C'est elle qui détermine la volonté de lire ou non le message et qui favorise sa bonne compréhension. La lisibilité est déterminée par la formation correcte des lettres, leur taille et l'espacement des lignes ou interlignage.

2. La qualité plastique

Les lettres sont des images, et en tant que telles, ont un signifié plastique.

EXEMPLES

Stéphane Mallarmé (*Jamais un coup de dé n'abolira le hasard*, 1897) et Guillaume Apollinaire (*Les Calligrammes*, 1918) ont créé des poèmes graphiques, dont la qualité poétique tient autant aux mots qu'à leur disposition typographique.

Guillaume Massin innove en donnant une grande importance à la typographie et à la mise en pages dans son édition de *La Cantatrice chauve* de Ionesco (1964).

Les traitements de texte offrent de vastes gammes de polices parmi lesquelles il faut savoir choisir celle qui convient le mieux à ce que l'on souhaite exprimer. Chaque typographie est en effet chargée de connotations liées à sa forme ou à son histoire.

EXEMPLES

La typographie scripturale a une connotation affective, la typographie gothique renvoie au Moyen Âge, les caractères romains, comme ceux de cette édition, sont utilisés dans les textes sérieux.

2 La typographie

1. L'invention des caractères

L'imprimerie est inventée par Johannes Gutenberg vers 1450. Les premiers imprimeurs, dont Nicolas Jenson, utilisaient des caractères à empattements triangulaires. Au XVIIe siècle, Grandjean et Didot ont réduit l'empattement à un fin trait horizontal. Lors de la révolution industrielle, sont apparus les caractères à empattements quadrangulaires et les caractères sans empattements qui gardent encore aujourd'hui une connotation de modernité.

2. La classification de Thibaudeau

Au début du XXe siècle, un typographe français, Francis Thibaudeau, propose une classification rationnelle des caractères fondée sur la forme des empattements et respectant l'ordre chronologique de leur invention. La faiblesse de cette classification tient au manque de précision de la catégorie des Elzévirs.

Famille	Empattement	Autres caractéristiques
Elzévir	Triangulaires	
Didot	Trait	Fin XVIIIe. Forme plus sévère et plus géométrique que les Elzévirs.
Égyptienne	Rectangulaires	Fin XIXe.
Antique	Sans	Tracé dépouillé rappelant les capitales de l'alphabet grec.
Écriture	Sans	
Fantaisie	Avec ou sans	Caractères publicitaires.

3. La classification de Vox

L'association typographique internationale (ATypI) a adopté au milieu du XXe siècle la classification mise au point par le graphiste français Maximilien Vox. Cette classification a pris aujourd'hui un caractère universel. Elle classe en trois ensembles onze familles de caractères.

Famille	Caractéristiques
CLASSIQUES	
Humanes	Fin XVe, imitant l'écriture des manuscrits. Faible contraste entre les pleins et les déliés. Traverse oblique du *e*.
Garaldes	Nom formé à partir de leurs inventeurs : Garamond et Alde Manuce. Proportions plus fines. Traverse du *e* horizontale.
Reales	XVIIIe. Caractères austères, esthétique classique.
MODERNES	
Didones	Fin du XVIIIe. Nom formé à partir de celui des imprimeurs Didot et Bodoni. Verticalité. Fort contraste entre les pleins et les déliés. Empattements horizontaux.
Mécanes	Ou égyptiennes. Révolution industrielle, début XIXe. Empattements épais, faible contraste pleins/déliés.
Linéales	Caractères sans empattement (sans serif).
CALLIGRAPHIQUES	
Incises	S'inspirent des caractères gravés dans la pierre ou le métal. Petits empattements triangulaires.
Scriptes	Imitent l'écriture à la plume. Inclinaison plus ou moins prononcée. Parfois liens entre les lettres.
Manuaires	Imitent l'écriture au pinceau.
AUTRES	
Gothiques ou fractures	Esthétique souvent peu lisible, formes pointues et anguleuses.
Non-latines	Toutes les autres écritures n'utilisant pas l'alphabet latin.

9 LES CODES CHROMATIQUES

Le choix des couleurs d'un visuel relève de la communication par leur aspect à la fois esthétique et symbolique.

1 Les couleurs, les techniques et les connotations

1. L'utilisation des couleurs dans les dessins et les peintures

Toutes les images ne sont pas en couleurs. L'utilisation de la couleur dépend à la fois de la technique utilisée et de l'effet recherché. Un dessin est, au départ, généralement monochrome, c'est-à-dire réalisé en une seule couleur. Le dessin monochrome s'apparente souvent à l'art du croquis et de l'esquisse parce qu'il semble moins élaboré qu'un dessin en couleurs ou une peinture.

Traditionnellement, les couleurs sont obtenues par l'utilisation pure ou en mélange de pigments naturels végétaux ou minéraux. À certaines époques, certains de ces pigments étant très rares, les couleurs qu'ils permettaient de produire n'étaient utilisées que pour des sujets nobles (c'est ainsi que le bleu, obtenu à partir de lapis-lazuli, était réservé au Moyen Âge au manteau de la Vierge).

2. L'utilisation des couleurs dans la photographie

La photographie est un procédé qui, à ses débuts, au tournant du XVIIIe et du XIXe siècle, ne permet d'obtenir que des tirages en noir et blanc. Le procédé de la photographie en couleurs n'est inventé qu'en 1869. C'est ainsi que l'utilisation actuelle de la photographie en noir et blanc connote l'ancienneté. L'utilisation de la sépia, qui remplace les nuances de gris par des nuances de brun, renforce encore cette connotation.

3. Les couleurs et les techniques d'impression

Les procédés d'impression et leur coût peuvent également influencer le choix d'un tirage en noir et blanc (une seule couleur est utilisée : le noir) ou monochrome (on remplace le noir par une autre couleur). On peut enfin choisir la bichromie (deux couleurs sont utilisées) ou la quadrichromie (*cf. infra*) qui permet de reproduire un très vaste ensemble de couleurs. L'image en couleurs produit un fort effet de réalité. Néanmoins, dans un univers dominé par la couleur, le recours au noir et blanc connote sérieux, luxe et raffinement.

2 La classification des couleurs

1. Les couleurs primaires, secondaires et intermédiaires

a) Les couleurs primaires

Les trois couleurs primaires sont celles que l'on obtient sans mélange d'autres couleurs : il s'agit du rouge, du jaune et du bleu. Leur mélange donne le noir. Le procédé de la quadrichromie est fondé sur l'impression par le mélange de chacune de ces couleurs ou d'une de leurs variétés (magenta pour le rouge et cyan pour le bleu) auxquelles s'ajoute le noir qui permet d'obtenir différents gris.

b) Les couleurs secondaires

Les couleurs secondaires sont obtenues par le mélange entre elles des couleurs primaires : rouge + jaune = orangé ; jaune + bleu = vert ; rouge + bleu = violet.

c) Les couleurs intermédiaires

Les couleurs intermédiaires s'obtiennent en mélangeant une couleur primaire à une couleur secondaire.

EXEMPLE

Bleu + vert = turquoise.

2. Le cercle chromatique

Le cercle chromatique est une représentation conventionnelle de toutes les couleurs : on pose d'abord en rayons sur la surface du cercle les couleurs primaires, puis entre elles les couleurs secondaires, et entre les primaires et les secondaires, les couleurs intermédiaires.

a) Les couleurs complémentaires

On appelle complémentaires les couleurs qui sont symétriques dans le cercle chromatique.

EXEMPLES

Rouge-vert ; bleu-orangé ; jaune-violet.

b) Couleurs chaudes *vs* couleurs froides

Les couleurs chaudes sont, dans l'ordre du cercle chromatique, les suivantes : jaune, jaune-orangé, orangé, rouge-orangé, rouge, rouge-violet. Les couleurs froides sont, dans l'ordre du cercle chromatique, les suivantes : bleu-violet, bleu, bleu-vert, vert, jaune-vert.

3. Les autres qualités des couleurs

- Clarté ou ton : une couleur peut être dite sombre ou claire, pâle ou foncée en fonction de la quantité de gris qu'elle contient (du blanc au noir).
- Saturation : une couleur peut être dite saturée ou insaturée, lumineuse ou terne en fonction de l'éclat lumineux qu'elle semble avoir. La saturation d'une couleur peut être atténuée en lui ajoutant du gris ou sa complémentaire.

3 L'agencement des couleurs

1. L'harmonie

On parle d'harmonie lorsque les couleurs employées forment un ensemble agréable à l'œil.

2. Les contrastes

Johannes Itten a défini dans son *Art de la couleur* en 1961 sept contrastes différents :
- le contraste de la couleur en soi : il s'obtient par la juxtaposition de trois couleurs nettement différenciées comme les couleurs primaires ;
- le contraste clair-obscur, très utilisé dans la peinture du XVIIe siècle (La Tour, Le Nain, Rembrandt...), est l'« art de nuancer, sur un fond d'ombre, un effet de lumière diffuse » (Larousse) ;

- le contraste chaud-froid : ce contraste a souvent pour effet d'accentuer la chaleur ou la froideur des couleurs assemblées ;
- le contraste des complémentaires : la juxtaposition des complémentaires a pour effet de les aviver ;
- le contraste simultané : il est obtenu par la juxtaposition de deux couleurs qui ne sont pas exactement complémentaires. L'œil recréant naturellement l'illusion de la complémentaire si celle-ci n'est pas présente, il en résulte une impression de vibration et d'irritation ;
- le contraste de qualité : il joue sur l'opposition entre couleur saturée ou insaturée, sombre ou claire ;
- le contraste de quantité : il est obtenu par un déséquilibre des surfaces colorées (peu/beaucoup ; petit/grand). L'équilibre des couleurs est aussi fonction de leur luminosité.

EXEMPLE

Le jaune est trois fois plus lumineux que le violet ; à surface égale, le jaune domine le violet.

3. Le camaïeu

Le camaïeu est un dégradé des différents tons d'une même couleur.

4 La psychologie des couleurs

On a pu observer que la perception des couleurs influence l'état psychique de l'observateur.

Couleur	Effet produit
Bleu	Relaxation, détente, apaisement.
Jaune	Concentration, mémoire, intellect, bonne humeur.
Orangé	Joie, estime de soi, créativité, énergie.
Rouge	Dynamisme, stimulation, sensualité. Irritation, agressivité, colère.
Vert	Paix, équilibre, calme. Angoisse (vert sombre).
Violet	Créativité, sensibilité, compassion, méditation.
Noir	Déprime, oppression.
Blanc	Calme, froideur, silence.

5 La symbolique des couleurs

1. La signification dénotée

Une couleur n'a pas de signification en soi, sauf si elle prend place dans un code-couleurs préalablement défini.

EXEMPLES

Dans le code de la route, le rouge est la couleur de l'interdiction, le bleu celle de l'obligation ou de la recommandation.

Les usages sociaux ont établi de manière plus ou moins tacite un code de couleurs correspondant à certains produits.

EXEMPLES

On distinguera ainsi les produits « blancs » du gros électroménager, des produits « bruns » de la hifi et des produits « gris » de l'informatique.

Les supports de communication peuvent être fondés sur une utilisation cohérente des couleurs dans le cadre d'une charte graphique. Le public peut ainsi reconnaître, dans les couleurs des documents de communication ou des produits, l'identité de la marque.

EXEMPLES

Le bleu, le blanc et le rouge sont les couleurs d'Air France ; l'orange est la couleur d'EasyJet.

2. Les significations connotées

La plupart des significations accordées aux couleurs sont de l'ordre de la connotation et du symbolique. Ces significations sont donc extrêmement dépendantes du contexte dans lequel la couleur est employée. Dans un contexte donné, on ne retiendra souvent qu'une des significations symboliques – la plus pertinente – d'une couleur donnée, aux dépens de ses autres significations, souvent contradictoires. La symbolique des couleurs est le fruit d'une longue histoire culturelle. Elle a notamment été étudiée par le médiéviste Michel Pastoureau.

Couleur	Élément matériel	Symbolique positive	Symbolique négative
Rouge	Sang.	Passion, sensualité, désir, pulsions, joie, plaisir.	En raison de sa visibilité : danger, interdiction, prestige. Colère, honte, haine.
Brun	Terre, boue, automne. Feu et fumée.		Dégradation. Amour infernal, trahison. Agressivité, égoïsme.
Jaune	Lumière, soleil, céréales, or, miel. Lumière pâle de la lune.	Perfection, sagesse, divinité.	Trahison, maladie, hypocrisie, adultère, vanité.
Vert	Nature, printemps. Eaux mortes.	Régénération, espérance.	Putréfaction, dégradation morale.
Bleu	Ciel, mer.	Divinité, vérité, immortalité, loyauté, justice, équilibre, sérénité.	
Violet	Alliance du bleu et du rouge.	Mysticisme, richesse, délicatesse, douceur.	Mélancolie, orgueil, pompe, deuil.
Rose	Mélange de rouge et de blanc.	Amour, sensualité, pureté, féminité.	
Blanc	Lumière, neige, lait.	Divinité, savoir, sagesse, pureté, vertu, chasteté, bien, propreté. Élégance, raffinement.	
Gris	Cendre. Couleur qui s'harmonise avec toutes les autres.	Goût, distinction, discrétion.	Tristesse, déprime, mélancolie, rêverie.
Noir	Obscurité, nuit. Absence de couleur.	Élégance, autorité.	Néant, commencement et fin, ignorance, mal, peur, austérité ; contestation.

10 LES CODES MORPHOLOGIQUES

Au même titre que les couleurs, les formes constituent un signifiant plastique des visuels publicitaires.

1 Les lignes

Lignes	Perception positive	Perception négative
Horizontales	Infini, stabilité, repos	Immobilisme, mort
Verticales	Élévation, spiritualité, force, équilibre, courage	Fermeture (barreaux), immobilité
Obliques	Sens montant, dynamique	Sens descendant, chute
Droites	Rectitude, lien	Rigueur
Courbes	Rondeur, féminité, plénitude	Mollesse, rêverie
Brisées		Désordre
Croisées	Rencontre, convergence, maillage	Négation, errance
Épaisses	Puissance	Surcharge
Fines	Délicatesse	Manque d'affirmation

2 Les formes simples

Formes	Perception positive	Perception négative
Anguleuses	Virilité, énergie	Agressivité
Carré	Stabilité, solidité, sécurité, neutralité	Arrêt, stagnation
Losange	Féminité	
Rectangle vertical	Élévation	Orgueil
Rectangle horizontal	Stabilité, durée	
Triangle équilatéral	Divinité, harmonie, sagesse, équilibre	Danger
Arrondies	Féminité, douceur	Mollesse
Cercle	Perfection, infini, fécondité, alliance	Enfermement
Ovale	Féminité, fécondité	
Spirale	Éternité, ordre dans le changement, temporalité	Impuissance
Flèches	Direction, mouvement	

3 Les contreformes

Une contreforme est une forme suggérée par les formes qui l'entourent. Ce procédé est souvent employé dans la conception de logotypes.

EXEMPLE

Le C de Carrefour apparaît en blanc entre les formes rouge et bleue formant un losange.

La jonction du E et du x de FedEx fait apparaître en creux une flèche.

Le logotype de Toblerone fait apparaître un ours debout dans les linéaments de la montagne.

4 L'utilisation des formes

1. Les formes et les conventions

Les formes utilisées dans les images à des fins de représentation ne sont compréhensibles que par convention. En effet, on peut relever beaucoup de différences entre l'image et la chose représentée : bidimensionnalité, taille, couleur, absence de mouvement, matière... Il en résulte que la reconnaissance des motifs requiert un apprentissage effectué dès la plus petite enfance.

EXEMPLE

Les enfants représentent le soleil par un cercle entouré de rayons. Cela n'a qu'un rapport établi par la convention avec la sphère de feu qu'est le soleil et dont d'ailleurs nos yeux ne peuvent soutenir la luminosité.

2. Les pictogrammes

Les pictogrammes sont des représentations iconiques qui s'obtiennent par une stylisation (simplification) très poussée du dessin afin de permettre la signification la plus universelle possible.

3. Les schémas et les organigrammes

Les formes peuvent également servir à représenter une structure, une organisation. On opérera alors un choix de formes géométriques représentant des entités de l'organisation, on les disposera de façon raisonnée dans l'espace et on les reliera par des lignes et des flèches.

4. Les graphiques

Les graphiques servent à représenter des données chiffrées. Ils peuvent être directement générés par des tableurs. On distingue les camemberts (cercles divisés en portions), les histogrammes à lignes ou à colonnes formés de rectangles, les pyramides, les courbes.
Ces formes donnent une apparence d'objectivité aux informations données. En réalité, un simple jeu sur les intervalles de l'abscisse et de l'ordonnée peut changer l'impression que donne une courbe ou un histogramme.

11 LES IMAGES

➔ Le terme d'image est communément employé pour désigner toute représentation visuelle d'un objet sensible. Néanmoins, il désigne aussi des compositions non figuratives. Une image est en réalité un ensemble de signes qu'il convient d'interpréter.

1 Typologie

Une image peut être fixe (peinture, photographie...) ou animée (vidéo, cinéma).
Elle peut également être créée par des moyens graphiques comme le dessin, la peinture, la photographie, ou des outils de création numériques (infographie).
Les images ont deux dimensions (hauteur et largeur). Des procédés modernes, tels que les images virtuelles ou la 3D, visent à donner l'illusion de la troisième dimension (la profondeur). Toutes les représentations graphiques de la réalité sont des images.

EXEMPLES

Les cartes, les schémas, les graphiques.

2 Image et représentation du réel

Quel que soit le degré de sa ressemblance avec le réel, l'image ne se confond pas avec lui et reste une représentation de ce dernier. L'image est un signe ou un ensemble de signes qu'il convient d'interpréter. Les images dites figuratives représentent un élément du réel auquel elles ressemblent par imitation. Les images dites abstraites n'ont pas de rapport immédiat avec des objets du réel directement reconnaissables. Une photographie est une image qui semble reproduire la réalité, et donc la présenter de manière objective. En fait, il n'en est rien : une photographie, comme toute image, n'est qu'une représentation ; en l'occurrence, le résultat de choix multiples (sujet, cadrage, profondeur de champ, lumière, retouches numériques, montages...).

3 La signification de l'image

L'image est un signe complexe qui peut contenir trois types de signifiants.

1. Un signifiant figuratif ou iconique

On peut généralement décrire le contenu d'une image, dire ce qu'elle représente.

EXEMPLES

Monet représente la cathédrale de Rouen sur sa toile.

2. Un signifiant plastique

Une image contient, outre ce qu'elle représente, un ensemble de signifiants souvent mêlés les uns aux autres : formes, couleurs, traits, matière, auxquels on peut associer un signifié souvent difficilement traduisible par des mots.

EXEMPLES

La Cathédrale de Rouen de Monet illustre le travail effectué par les impressionnistes sur la décomposition de la lumière et la juxtaposition des couleurs qui est l'un de ces signifiants plastiques. La spécificité de la peinture abstraite depuis Kandinsky tient dans la prépondérance de ce signifiant par rapport au signifiant figuratif qui en est quasi évacué.

Même une photographie représentant la réalité contient à des degrés divers un signifiant plastique lié aux choix précédemment cités et à la qualité de l'impression.

3. Un signifiant symbolique

Le symbole et l'allégorie font correspondre une idée abstraite, un concept, à un objet concret ou à sa représentation par une image. Les images contiennent ainsi souvent ou constituent en entier des signifiants symboliques. Ces symboles peuvent prendre différents aspects.

EXEMPLES

Dans les peintures du Moyen Âge, exemptes de perspective, la taille des personnages symbolise leur statut spirituel ou social ; les couleurs et les formes sont hautement symboliques ; la présence de tel ou tel objet revêt des significations particulières (par exemple, un crâne de squelette symbolise la vanité et l'aspect éphémère de la vie).

4. Analyse de l'image

Bien que constituée de signes souvent continus (difficiles à segmenter), l'image se prête toutefois, comme le langage verbal, aux tests de permutation ou de présence/absence. Une couleur a été choisie plutôt qu'une autre (vert plutôt que rouge), une forme a été préférée à une autre (rond plutôt que carré). Cette sélection (ou permutation) est porteuse de sens. De la même manière, la présence ou l'absence de certains éléments, attendus ou non, peut être interprétée de différentes façons.

EXEMPLE

Dans cette publicité pour Air France, la couleur bleue, renvoie à l'activité de l'annonceur. Une oblique aurait connoté les phases critiques de décollage ou d'atterrissage. L'horizontale, au contraire, connote le calme de la croisière. La lumière du couchant renforce l'impression de sérénité de l'ensemble. Les lignes de perspective soulignent la grandeur de l'espace. L'homme est assis confortablement sur une méridienne : il est au centre du visuel, comme au centre de l'attention de la compagnie. Le client est ici le Roi Soleil.

12 LA CONSTRUCTION DES IMAGES

L'image est un ensemble de signifiants articulés les uns aux autres de manière non linéaire mais non aléatoire pour autant. L'ensemble répond à certaines règles de composition.

1 Le cadre et le cadrage

1. Le cadre

a) Le principe

Une image connaît des limites physiques qui sont les bords de son support et peuvent être matérialisées par un cadre.

b) Le cadrage

Le cadrage est défini par l'artiste. Il correspond au choix du contenu de l'image, de ce qui doit être montré et de ce qui doit être laissé de côté.
Le cadrage peut être horizontal, en format « paysage ». Il convient bien alors aux panoramas.
Il peut être vertical, en format « portrait ». Il convient mieux aux sujets dont on veut représenter la hauteur.

c) Le champ/le hors-champ

Le champ est la portion d'espace contenue à l'intérieur du cadre.
Le hors-champ est l'ensemble des éléments non représentés dans le champ mais que l'imagination du spectateur peut néanmoins reconstituer.

d) La présence ou l'absence de cadre

La présence d'un cadre est un procédé hérité d'une longue tradition de présentation des peintures qui crée un effet de concentration sur l'image et invite à entrer en elle, à faire abstraction de ce qui est en dehors.
L'absence de cadre est plutôt un procédé cinématographique qui invite à imaginer ce qui est hors des limites de l'image, le hors-champ.

2. Les angles de prise de vue

Angle	Définition	Intérêt
Angle horizontal		
Angle neutre ou horizontal	Cadrage à hauteur d'œil, parallèle au sol.	Imite la vision naturelle.
Plongée	Le cadrage s'effectue au-dessus du sujet.	Écrasement du sujet. Le spectateur a l'impression de le dominer.
Contre-plongée	Cadrage effectué en contrebas du sujet.	Effet de grandeur du sujet, impression d'infériorité du spectateur.
Angle vertical		
Face	Le personnage regarde le spectateur.	Fonction phatique : le spectateur se sent concerné.
Profil	Le personnage est vu de profil.	Il est vu à son insu.
Trois-quarts	Face ou dos.	*Idem.*
Dos	Le personnage est présenté de dos.	Énigme. Vision avec le personnage (le spectateur voit ce que le sujet regarde).

3. Les échelles de plans

Plan	Définition	Intérêt
Plans larges		
Plan général	Représente la totalité d'un décor ou d'un paysage.	Immensité, présentation du décor, solitude du personnage, éloignement par rapport au spectateur.
Plan d'ensemble	Personnages perceptibles dans leur environnement.	Action inscrite dans l'environnement.
Plan de demi-ensemble	Décor plus resserré.	Action au centre de l'image.
Plans personnage		
Plan moyen	Personnage en pied.	Concentre l'attention sur le personnage.
Plan italien	Personnage coupé au niveau de la cheville ou du mollet.	*Idem.*
Plan américain	Personnage coupé à mi-cuisse (en dessous des pistolets dans les westerns).	Souvent utilisé pour les conversations.
Plan rapproché	Cadre le personnage à partir de la ceinture, de la poitrine ou des épaules.	Exprime l'intimité du personnage, souligne ses sentiments.
Gros plan	Cadre un objet, un visage.	Supprime les distances, permet l'empathie, l'intimité (*cf.* code proxémique).
Très gros plan	Cadre une partie du corps, du visage, d'un objet.	Attire l'attention sur les détails, leur donne de l'importance.

4. La perspective et la profondeur de champ

a) La perspective

La perspective géométrique désigne différents procédés visant à « représenter les objets sur une surface plane, de telle sorte que leur représentation coïncide avec la perception visuelle que l'on peut en avoir, compte tenu de leur position dans l'espace par rapport à l'œil de l'observateur » (Le Robert). Le procédé le plus souvent employé est la perspective conique, inventée par Filippo Brunelleschi à la Renaissance. Il consiste à utiliser des points de fuite pour tracer les directions et à raccourcir les distances au fur et à mesure que l'objet représenté s'éloigne de l'œil de l'observateur.
La perspective atmosphérique est essentiellement utilisée en peinture : on marque la profondeur des plans successifs en leur donnant progressivement, du proche au lointain, la couleur de l'atmosphère (le *sfumato* de Léonard de Vinci peut aussi être utilisé mais il s'agit alors d'un effacement progressif des contours par la superposition de couches de peinture très fines).

b) La profondeur de champ

La profondeur de champ désigne, en photographie, la zone de netteté en deçà et au-delà du sujet sur lequel s'effectue la mise au point. Elle résulte de différents réglages comme la distance de mise au point et l'ouverture du diaphragme. Plus la profondeur de champ est grande, plus la zone de netteté l'est aussi. Une petite profondeur de champ a pour effet d'isoler le sujet et de le nimber de flou. Le regard étant d'abord attiré par la zone de netteté, le choix de la profondeur de champ induit un sens de lecture particulier.

2 La composition et la mise en page

1. Définition

La composition désigne l'organisation de l'espace à l'intérieur du cadre. Elle est l'élément essentiel qui va orienter le sens de lecture de l'image.

2. La règle des tiers

Pour une esthétique parfaite, les images sont souvent composées selon la règle des tiers qui répond à la théorie du nombre d'or. L'espace est divisé en trois tiers verticaux et trois tiers horizontaux.

EXEMPLE

La Liberté guidant le peuple de Delacroix réalise la règle des tiers. L'allégorie de la Liberté est placée au centre du tableau, encadrée par deux émeutiers. L'impression de mouvement est accentuée par le léger décalage de la Liberté vers la droite de l'axe central du tableau. Horizontalement, le tableau est structuré en trois plans : au premier plan (tiers inférieur), les cadavres des insurgés massacrés. Au second plan, le peuple guidé par la Liberté. À l'arrière-plan (tiers supérieur), le ciel enfumé et la Liberté brandissant le drapeau français.

3. Les lignes de force

D'autres lignes contribuent à la composition du tableau.

EXEMPLE

Dans le tableau de Delacroix, on observe deux diagonales formant un triangle dont la base est le bord inférieur de l'image et le sommet se trouve au niveau de la main tenant le drapeau. À gauche, la diagonale passe par la ligne de la baïonnette et de la hampe du drapeau. À droite, la ligne est constituée par le pistolet, puis le bras de l'enfant et le bras de la Liberté. Chacune de ces diagonales passe par l'intersection de la limite supérieure du plan médian et de la limite verticale de la partie centrale. L'effet produit est à la fois celui d'une élévation (la Liberté guide le peuple, le domine et l'élève) et celui d'une force inexorable (la base du triangle, où se trouvent les morts, donne une assise stable à l'action).

4. Les autres procédés de composition

Les oppositions flou/netteté, clair/obscur, la direction de la lumière, les formes, sont également des éléments structurants.

EXEMPLE

Dans *La Liberté guidant le peuple*, l'éclairage vient de la gauche et légèrement de l'arrière (voir l'ombre sur la cuisse de la figure centrale). Cela accentue ainsi l'impression de mouvement vers la droite et l'avant donnée par les autres éléments du tableau, et souligne la symbolique révolutionnaire (la lumière est du côté des insurgés).

3 L'image animée

Le message par l'image animée reprend les codes de l'image fixe, mais s'enrichit de procédés propres à l'art cinématographique.

1. Les mouvements de caméra

Les différents mouvements de caméra sont les suivants :
- le plan fixe : aucun mouvement ;
- le panoramique latéral ou vertical. La caméra pivote sur son axe pour balayer le champ. Il sert à accompagner le mouvement de personnages ou à balayer le décor. Il est dit filé s'il sert à aller d'un point à un autre sans permettre de percevoir clairement l'espace intermédiaire ;
- le travelling latéral, vertical ou en profondeur. La caméra se déplace ;
- le travelling optique : il est obtenu par l'utilisation du zoom sans mouvement de la caméra.

2. Le montage

a) Les plans et les séquences

Un film est constitué de plans. Un plan est la partie d'un film obtenue par une seule prise de caméra, sans coupure (et donc sans collure). Les plans sont organisés en séquences qui sont des unités narratives. Une séquence qui ne comprend qu'un plan est appelée plan-séquence.

b) Le montage

Les images d'un film, et *a fortiori* ses plans, prennent souvent toute leur signification en fonction du voisinage qu'elles entretiennent avec les autres. Dès lors, le montage est une opération essentielle pour la production du sens. Il existe différents procédés de montage :
- le *cut* : absence d'effet :
- l'effet de cache ou d'iris : une masse noire recouvre peu à peu tout l'écran ne laissant voir l'image qu'en un cercle qui se réduit ;
- le fondu au noir : noircissement progressif de l'écran ;
- le fondu enchaîné : effacement progressif du plan au profit de l'apparition progressive du plan suivant ;
- le champ-contrechamp : la caméra a pivoté de 180° entre les deux champs ;
- le raccord regard : champ-contrechamp lié au regard des personnages (on voit le personnage puis ce qu'il regarde) ;
- le raccord mouvement : le deuxième plan continue le mouvement amorcé par le personnage dans le premier plan ;
- le raccord dans l'axe : le champ est le même mais l'échelle de plan est modifiée.

13 L'IMAGE ET L'IDENTITÉ VISUELLE

L'identité est le caractère propre qui définit une personne ou une organisation. Le terme « image » évoque, quant à lui, une ressemblance, une représentation. L'image que l'émetteur donne de lui-même constitue son premier message. C'est pourquoi les entreprises sont attentives à cette image et créent souvent une identité visuelle.

1 L'identité visuelle

L'identité visuelle d'une marque est l'ensemble des éléments visuels et autres que l'on retrouve sur les documents de communication mais aussi dans le choix du design du mobilier, dans les matériaux utilisés, dans le traitement de l'espace, dans les ambiances apportées par la lumière, par le son...

Sur les supports papier, la typographie utilisée, le code couleurs, le traitement des photos et des illustrations, le style graphique, l'univers visuel, le système graphique, le traitement de la mise en pages participent à la création de l'identité visuelle...

Sur les supports numériques, l'ergonomie peut être pensée en cohérence avec les valeurs de l'annonceur et ainsi participer de manière active à l'identité.

Chacun de ces signes multiples et divers contribue de manière cohérente à créer, à asseoir et à ancrer l'identité d'une marque, d'un service, d'une institution, dans l'esprit du public, du client.

2 Le logotype

1. Qu'est-ce qu'un logotype ?

a) Les prémices du logotype

C'est au Moyen Âge qu'apparaissent en Europe les précurseurs des logotypes : les blasons et armoiries des chevaliers. Les emblèmes qui y figuraient, généralement accompagnés d'une devise, représentaient une figure symbolisant les valeurs du seigneur. Aujourd'hui, l'emblème désigne les éléments iconiques d'un logotype.

EXEMPLE

Peugeot se présente comme « la marque au lion ».

PEUGEOT

C'est au XIXe siècle, à la suite de la révolution industrielle, avec la naissance de la publicité moderne, que le logotype contemporain apparaît ; il devient indissociable de la marque qu'il permet d'identifier dans un milieu de plus en plus concurrentiel.

b) Définition

Le mot « logotype » vient du grec *logos*, discours, et du mot anglais *type*, typographie. Il désigne une image formée d'un ensemble de signes graphiques représentant une marque, un produit, une firme. Ainsi, dans sa définition première, « logotype » signifie littéralement « typographie qui exprime un discours, un message ». Dans son expression la plus simple, un logo est une composition de caractères typographiques qui représente un nom associé ou pas à des éléments graphiques. Le logo est porteur de sens. Typographie et signes sont choisis non seulement selon des critères esthétiques, mais aussi pour leur dimension sémantique.

2. Les fonctions du logo

Le logo doit satisfaire différentes fonctions.

a) Une fonction référentielle et informative

Le logotype indique le nom de l'organisme.

b) Une fonction expressive de représentation

Le logotype identifie de manière singulière l'organisme qu'il représente à l'aide de signes graphiques porteurs de ses valeurs.

c) Une fonction phatique et conative

Le logotype s'adresse à une cible : il doit attirer son regard, être facilement lisible et mémorisable.

d) Une fonction de certification (signature, caution)

Le logo permet d'apposer une signature juridique sur tous les produits issus de l'entreprise ; il est alors caution de qualité, gage de pérennité, garantie de service après-vente et certifie l'origine du produit et du producteur.

e) Une fonction d'appartenance

Dans les entreprises qui ont de nombreuses ramifications, le logo est un signe d'identification consensuelle et constitue un signe fédérateur et clairement visible pour la production (producteurs et actionnaires) et pour la consommation.

3. Les qualités d'un bon logotype

a) Le bon logotype est cohérent

Le logo est un assemblage répondant à une logique déterminée ; il est une entité unifiée. Il doit être identifiable et original, pour être attribué, mémorisé, distingué de la concurrence.

b) Le bon logotype est synthétique

Le logo est la synthèse visuelle du message à émettre. Il évoque la fonction, les valeurs, la spécialité, la personnalité de l'annonceur.

c) Le bon logotype est simple

Le logo n'est pas une illustration, il doit rester simple et décodable rapidement. La complexité est l'ennemi de la mémorisation.

d) Le bon logotype est laconique

L'objectif premier du logo est de donner à une marque une forme visuelle, un visage reconnaissable et mémorisable. Un logo ne peut pas tout exprimer. Il transmet l'essentiel.

e) Le bon logotype est évolutif

Le logo doit évoluer au fil du temps et des cultures sans perdre son identité. Il doit rester cohérent et s'adapter, être flexible. Le logo doit s'adapter aux évolutions historiques de l'entreprise tout en s'imposant dans le temps. Un logo, à part quelques exceptions (Coca-Cola, 1886, et Shell,

1904), subsiste entre 5 et 30 ans. Plus il est intemporel, plus l'entreprise gagne en perception, notoriété et mémorisation, s'imposant dans la mémoire collective.

f) Le bon logotype est modulable

Le logo doit aussi être déclinable sur différents supports ; il doit donc, en s'adaptant à ces supports (taille, fond, couleur...), garder son identité. Pour cela, des normes sont dictées (charte graphique) précisant les adaptations possibles.

g) Le bon logotype est exportable

Le logo doit éventuellement pouvoir s'adapter à différentes cultures.

4. Typologie des logotypes

Le logo mêle les codes linguistique, iconique et plastique. Le système plastique, fondateur du logo, intervient de manière prépondérante alors que les composantes linguistiques et iconiques sont variables. La part relative de chacun des codes dans la formation des logotypes permet d'en distinguer schématiquement quatre types.

a) Les logos simples, typogrammes ou logogrammes

Le logo se compose uniquement de signes alphanumériques. Une typographie particulière (majuscules ou minuscules, empattements, graisse...) lui confère originalité et personnalité.

EXEMPLE

b) Les logos complexes

Le logo mêle scriptural et iconique de manière concomitante. Il reprend le nom de la marque, dans une écriture caractéristique, contenu dans un symbole visuel simple, un rond ou un carré éventuellement. À chaque forme correspond un réseau de significations liées au code morphologique.

EXEMPLE

Le carré est une forme stable et universelle. L'orange est une couleur à la fois dynamique et spirituelle si l'on se réfère au bouddhisme, très en vogue au moment de la création de la marque Orange. La typographie linéale et sans empattement connote à la fois la modernité et la simplicité.

c) Les logos siglotypes

Le logo se forme sur la base d'abréviations (mots raccourcis dont on ne garde que quelques lettres, les premières ou les dernières par exemple), d'acronymes (abréviations d'un groupe de mots dont le résultat se prononce comme un mot, ONU par exemple), de sigles (groupes de mots raccourcis ne conservant que la première lettre de chaque mot).

EXEMPLE

Une variété particulière du siglotype est le monogramme constitué des initiales d'un nom patronymique entrelacées. Le monogramme rappelle la signature d'une œuvre d'art (Albrecht Dürer signait ses œuvres du monogramme AD) et connote luxe et élégance.

EXEMPLE

Monogramme d'Yves Saint-Laurent.

d) Les logos icotypes

Le logotype icotype est purement iconique. Le nom est remplacé par une représentation iconique (image ou figure en liaison avec la nature des produits ou l'origine géographique ou une valeur prônée par l'entreprise par exemple).

EXEMPLE

Le logo de la marque Nike, appelé « *swoosh* », représente de manière stylisée l'aile de la Victoire (*Niké* en grec). Il donne une idée de mouvement dynamique, d'élan vers la droite et le haut.

3 La charte graphique

Si l'identité visuelle et le logo traduisent, grâce à un concept et des codes graphiques, les valeurs, le secteur d'activité et les ambitions de celle-ci, la fonction de la charte graphique est de traduire les impératifs de mise en œuvre de l'identité visuelle sur les différents supports. Rédigée, elle est le document de référence essentiel lors de déclinaisons visuelles. Elle consiste en l'explication des principes graphiques et typographiques à respecter. Elle s'accompagne souvent de la livraison d'outils comprenant tous les éléments graphiques originaux afin d'être directement opérationnelle chez l'annonceur. Le coût de conception de ce document est lourd, mais cette bible est nécessaire pour préserver la cohérence de l'identité visuelle et éviter les dérives graphiques qui pourraient altérer l'image de l'annonceur.

14 LE MESSAGE VISUEL PUBLICITAIRE

On appelle visuel, ou message *print*, un message composite dans lequel figurent des images et des textes. Un visuel peut être une affiche publicitaire, une page ou partie de page d'un périodique, un prospectus. Il doit répondre à quatre fonctions : phatique (attirer l'attention), cognitive (faire connaître), affective (faire désirer) et conative (faire agir).

1 Le contenu sémiotique

1. Trois types de signifiants

a) La sémiotique de l'image publicitaire

La sémiotique est « la théorie générale des signes et de leur articulation dans la pensée » (Le Robert). Roland Barthes étudie pour la première fois en 1964, dans un article devenu célèbre intitulé « Rhétorique de l'image », ce qui fait sens dans un visuel publicitaire. À propos d'une publicité pour la marque Panzani, il se demande quels éléments, dans le visuel, permettent de dégager une signification générale qui, dans le cas présent, tourne autour de la notion d'« italianité ». Il en vient à dégager trois types de messages s'appuyant sur trois types différents de signifiants : les signifiants plastiques, iconiques et linguistiques.

b) Les signifiants plastiques

Sont regroupés dans cette catégorie les couleurs, la lumière, les formes, le grain.

c) Les signifiants iconiques

Il s'agit des signes qui entretiennent un rapport d'analogie avec l'objet qu'ils représentent ; sur une photographie, la représentation des objets eux-mêmes.

d) Les signifiants linguistiques

Les mots, les phrases.

2. La verbalisation des signifiants

Analyser un visuel revient à traduire en mots un message qui est formé de signifiants essentiellement plastiques et iconiques, éventuellement associés à des signifiants linguistiques choisis. Chacun de ces signifiants renvoie à des signifiés dénotés et connotés.

EXEMPLE

Pour la publicité Panzani, Barthes mène une analyse, schématisée dans le tableau ci-après.

	Signifiant	Signifié dénoté	Signifié connoté
Signifiant linguistique	Mot écrit « Panzani ». Sonorité du mot.	Nom de la marque	Italie
Signifiant plastique	Rouge, vert.	Couleurs de la marque	Couleurs du drapeau italien.
Signifiant iconique	Filet.	Accessoire de marché	Marché = produits frais, non manufacturés, de bonne qualité.
	Filet débordant.	Déballage	Abondance, nature morte = qualité.
	Tomates, poivron, oignons.	Légumes frais	Cuisine italienne.
	Mélange de paquets, de boîtes, de légumes.	Marché	Les pâtes, produits manufacturés, sont de même qualité que les produits frais.

D'après cette analyse, le signifié global du visuel Panzani peut être synthétisé ainsi : un produit de qualité qui fleure bon la cuisine italienne et sa tradition de fraîcheur.

2 La composition du visuel

1. Définitions

Différents éléments constituent un visuel publicitaire.

EXEMPLE

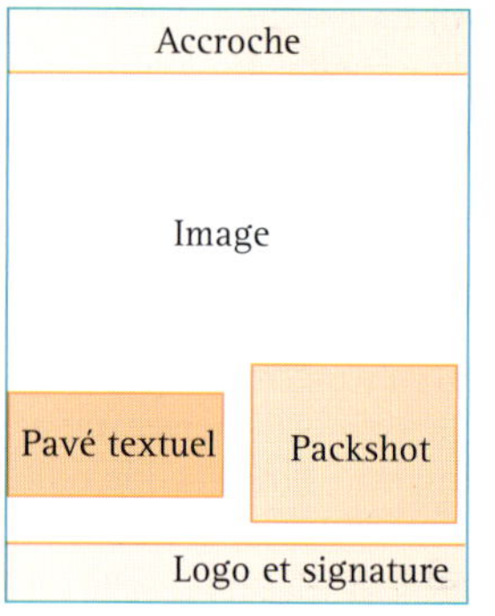

a) L'accroche

L'accroche formule la promesse de manière synthétique. Sa première fonction (phatique) est de susciter l'intérêt et d'attirer l'attention.

b) L'image

L'image : il peut s'agir d'une photographie, d'un photomontage, d'un dessin, d'un ensemble de photographies ou de dessins.

c) Le *packshot*

Le *packshot* s'ajoute à l'image principale et est une représentation du produit lui-même.

d) Le logotype

Le logotype (logo) est le signe visuel de reconnaissance de la marque.

e) La signature

La signature, souvent associée au logotype, est une phrase courte et accrocheuse, reprise sur tous les supports de communication, et caractérisant la marque. Elle est l'équivalent textuel du logotype.

f) Le pavé textuel

Le pavé textuel développe l'argumentaire publicitaire, il contient la plupart des éléments cognitifs, mais peut répondre aussi aux fonctions affectives et conatives.

g) La mention légale

La mention légale est une mention rendue obligatoire par la loi.

EXEMPLE

Les données de consommation d'une voiture, les modalités d'une promotion ou des recommandations d'hygiène («L'abus d'alcool est dangereux pour la santé»).

2. Le cadre

Les éléments du visuel sont contenus dans le cadre de la page. S'ils utilisent tout l'espace sans aucune marge, ils sont alors dits «à fond perdu» ou «pleine page».

3 Les positions et le sens de lecture

1. Les positions

a) La *headline*

La *headline* est la place privilégiée de l'accroche.

b) La *baseline*

La *baseline* est la ligne d'assise du visuel, place privilégiée de la signature.

c) Le verrouillage

Le verrouillage se situe en bas à droite du visuel, il est naturellement le point d'achèvement de la lecture et constitue ainsi une sorte de point d'orgue. On peut choisir d'y placer le logotype, la signature ou l'adresse du site Internet si l'on veut insister sur la fonction conative.

2. Les sens de lecture

a) Principes

Le sens de lecture naturel, lié notamment au sens de lecture de l'alphabet latin, part du coin supérieur gauche de la page pour s'achever dans le coin inférieur droit. La composition du visuel peut se conformer à ce sens de lecture, mais aussi choisir de le contrarier en disposant dans l'espace de la page des éléments qui attirent le regard, et en organisant, par la disposition des lignes de force, un parcours différent. Selon Georges Péninou, les modes de lecture les plus courants sont la lecture en Z, la lecture axiale, la lecture en profondeur et la lecture focalisée, mais un visuel peut susciter d'autres parcours.

b) La construction focalisée

Les lignes de force et les autres procédés de composition convergent vers le produit qui, de fait, attire le regard. Cette construction convient pour renforcer la notoriété d'un produit en le mettant en scène.

EXEMPLE

La montre est placée au centre du visuel Chopard. Les autres éléments visuels et textuels sont placés en cercle autour d'elle. Les bords de la route s'élargissent de haut en bas pour l'englober.

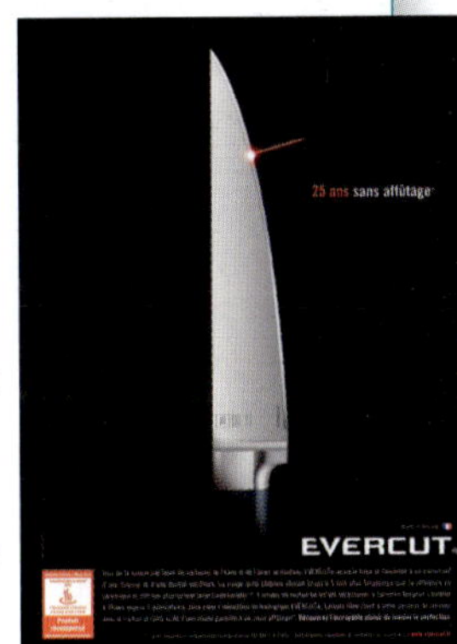

c) La construction axiale

Le centre de focalisation est placé sur l'axe vertical de l'image. Cela convient au lancement d'un produit qui capte ainsi toute l'attention.

EXEMPLE

La construction axiale convient particulièrement bien à la présentation de ce couteau.

d) La construction en profondeur

L'œil est attiré par le premier plan d'un décor construit en perspective. Cette construction est utilisée notamment pour renforcer la notoriété d'un produit en le mettant en scène.

e) La construction séquentielle

L'image construit un parcours jusqu'à un point final qui en clôt la lecture. Le cas le plus typique est celui de la lecture en Z qui commence en haut à gauche pour s'achever en bas à droite après avoir parcouru en diagonale le centre de l'image. Cela convient pour attribuer au produit des qualités, représentées ailleurs sur le visuel, qui lui sont extérieures.

EXEMPLE

Dans le visuel de Cadhoc, le regard est d'abord attiré par la boule rouge placée au centre du visuel et y occupant une grande place. Puis l'œil repart sur la *headline* pour y entamer une lecture en Z clairement organisée par la ligne formée par le texte, puis une diagonale partant de la planète grise, passant par la planète rouge et s'achevant sur le logo. L'œil reprend enfin la lecture de gauche à droite du pavé textuel.

15 LES RELATIONS TEXTE-IMAGE

➔ Les visuels publicitaires sont composés en proportions variables de textes et d'images qui sont toujours en rapport les uns avec les autres. De leurs relations naît le sens général du visuel.

1 La place du texte dans les visuels

1. La proportion texte-image

La présence du texte est nécessaire dans les visuels publicitaires, même si sa place peut parfois être extrêmement réduite comme dans les publicités de Nike qui se contentent de mentionner la signature de la marque et d'un logo qui se passe même du nom de cette dernière.

Le texte est évidemment présent dans la *headline*, la *baseline*, les mentions légales, la signature. Mais il peut être présent dans les images qui composent le visuel, image principale ou *packshot*. Il peut en effet apparaître sur le *packaging* du produit lui-même ; il peut aussi être un élément significatif de l'image.

Le nom de la marque peut ainsi se trouver répété plusieurs fois, ce qui, dans la théorie behaviouriste mécaniste, est censé non seulement favoriser sa mémorisation, mais aussi inciter le passage à l'acte (fonction conative).

2. La hiérarchisation du texte à l'intérieur du visuel

Le texte se manifeste par une présence graphique qui vient en souligner l'importance par la taille de la police, sa casse, le choix de la typographie ou de sa couleur, et même par la couleur du fond. Ces choix opérés dans le code graphique viennent bousculer le sens de lecture qui ira de la police la plus visible à la police la moins visible.

EXEMPLES

Le visuel Kuoni contient un minimum de texte : le logotype et une accroche. Il développe une approche de type affectif plus que cognitif.

Le visuel de la MGEN fonctionne sur le mode inverse : c'est le texte qui est privilégié. L'approche est ici cognitive. Les différentes tailles de police utilisées hiérarchisent les informations et réorganisent le sens de lecture. On lira d'abord le pavé introduit par «L'essentiel», puis on lira le pavé textuel qui le précède et qui en complète l'information.

2 Les rapports de sens du texte et de l'image

1. Les fonctions d'ancrage et de relais

En 1964, Roland Barthes donnait essentiellement deux fonctions au texte mis en relation avec l'image : la fonction d'ancrage et la fonction de relais.

Le texte assure une fonction d'ancrage de l'image quand il sert à en indiquer le bon niveau de lecture.

Le texte assure une fonction de relais quand il apporte des informations que l'image ne peut pas donner.

EXEMPLE

La photographie du visuel B&O représente le produit mis en situation. L'image est en grande partie immédiatement compréhensible. Une partie du texte remplit donc ici une fonction de relais en apportant des informations que l'image ne peut donner : sur le son du haut-parleur («Un son si authentique que j'entends le moindre frottement de sabot»), sur le rôle de la télécommande («Pouvoir dire "Action" ou "Coupez" quand je le souhaite»). Le reste du texte répond à l'énigme créée par l'image : que signifient la caméra braquée sur la télé et le projecteur ? «Comme si vous y étiez» fixe le sens : l'image de la télé recrée à la perfection celle qu'a voulu saisir le réalisateur du film projeté. Le texte a alors une fonction d'ancrage.

2. Des interrelations complexes

Les fonctions du texte par rapport à l'image n'épuisent pas la complexité de leurs rapports. Un texte comme une image peuvent délivrer une information et donc avoir un sens plein : ils sont alors dits informatifs. Ils peuvent appeler un complément pour que leur sens soit élucidé : ils sont alors dits incitatifs. On peut ainsi distinguer quatre types de rapports qui définissent quatre types de message :

		IMAGE	
		Informative	Incitative ou énigmatique
TEXTE	Informatif	Message informatif	Message à légende
	Incitatif ou énigmatique	Message à illustration	Message symbolique

EXEMPLES

Le visuel Citroën est un message informatif. Il est composé d'une image informative qui parle d'elle-même. Le texte ne fait que confirmer cette information en la complétant du nom précis du modèle et de détails techniques. Il assure ainsi une fonction de relais.

Le visuel Lavazza est un message à légende : l'image onirique crée une ambiance qui renvoie à une certaine représentation de l'Italie et de la passion amoureuse. Le texte inscrit sur le mur en italien participe à cette construction. Le texte de la baseline est purement informatif et invite à comprendre l'image (fonction d'ancrage) en faisant du café un passeport pour l'amour.

3 Le texte comme image

Les lettres sont elles-mêmes des images. Cette qualité visuelle du texte est notamment utilisée dans la création des logotypes. Le choix de la typographie y est particulièrement important, de même que celui de la disposition des lettres et des mots.

EXEMPLES

Au début du XXe siècle, Guillaume Apollinaire invente les calligrammes, poèmes dont la disposition des mots dessine une image représentant ce dont parle le texte. La publicité s'inspire parfois de cette forme d'expression.

EXEMPLES

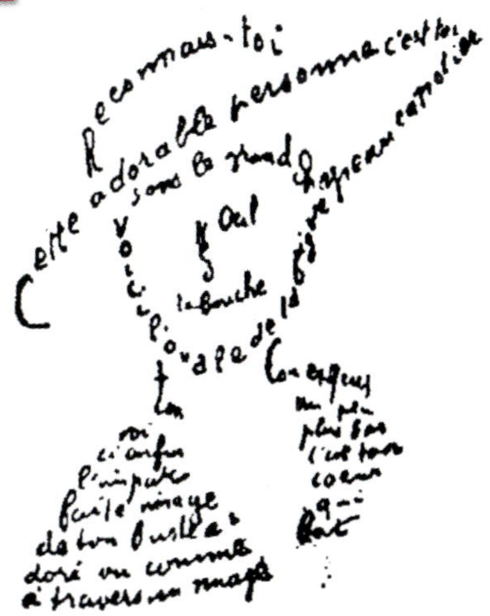

G. Apollinaire, « Poème du 9 février 1905 » *in Poèmes à Lou*, © Gallimard.

16 LES TYPES DE DISCOURS

Les discours textuels ou visuels connaissent différentes formes d'organisation en fonction de leur objectif. L'observation de ces formes et des intentions permet d'en dégager quatre types. Le discours publicitaire utilise fréquemment cette typologie.

1 Les discours narratifs

1. Les caractéristiques

L'objectif du discours narratif est de raconter des événements et de les situer dans le temps. Le discours narratif est souvent constitué de séquences qui forment chacune une unité dans la narration. C'est ainsi que les contes obéissent souvent au fameux schéma narratif dégagé par l'école structuraliste : situation initiale, élément perturbateur, péripéties, élément de résolution, situation finale.

Le discours narratif permet ainsi de rendre compte d'une évolution entre un début et une fin.

S'il ne suit pas toujours l'ordre chronologique, il contient des éléments qui permettent de situer assez précisément chaque action sur l'axe chronologique : ces éléments sont notamment les temps verbaux (qui permettent également d'exprimer l'aspect de l'action, duratif ou non, itératif ou non, accompli ou non...) et les connecteurs temporels *avant (que), après (que), pendant (que), tandis que, alors que, la veille, le lendemain, maintenant*....

2. L'intérêt en communication

Le discours narratif a connu une récente vogue dans le monde de la communication sous la forme du *story-telling* ou « communication narrative ». Il s'agit de privilégier une approche affective plutôt que cognitive des problèmes. Dans la tradition de l'apologue (les mythes, les paraboles, les fables), la narration permet en effet de faire partager des valeurs en jouant sur les sentiments que peuvent susciter chez le destinataire personnages et événements comme l'espoir, la crainte, l'empathie, l'identification. Le message sous-tendu peut rester implicite.

EXEMPLE

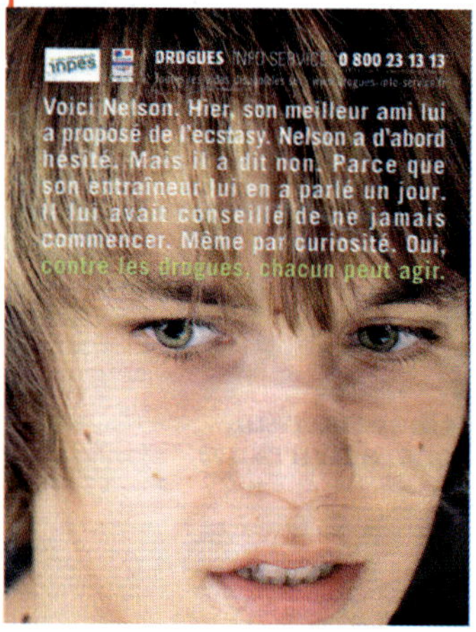

Ici, le choix d'un discours narratif permet de donner l'exemple concret d'un adolescent auquel on pourra facilement s'identifier ou en qui l'on pourra reconnaître un proche. Il permet en outre d'éviter habilement un discours argumentatif qui serait ressenti comme moralisateur et qui serait donc rejeté.

2 Le discours descriptif

1. Les caractéristiques

L'objectif du discours descriptif est de décrire des objets, c'est-à-dire d'en donner les caractéristiques et de les disposer dans l'espace. La description produit une sorte d'arrêt sur image.

Elle se reconnaît à l'utilisation d'un même champ lexical, celui de l'objet décrit, et de connecteurs spatiaux (*à droite, en haut, en bas, plus loin, ici*...).

La description, ne pouvant jamais être exhaustive, il convient d'opérer des choix d'inventaire souvent soumis à un choix premier du point de vue.

2. L'intérêt en communication

L'intérêt du discours descriptif est de donner à voir. Il crée une suspension dans le temps, propice à l'évasion et à un état contemplatif. Il s'adresse principalement à l'affectif et convient parfaitement aux messages dont le but est de magnifier le produit. Au niveau cognitif, le discours descriptif permet d'apporter une bonne connaissance et une bonne mémorisation du produit.

EXEMPLE

Le flacon de parfum est ici magnifié par sa présentation au centre d'une image construite en profondeur et utilisant une perspective atmosphérique. La couleur et le nom du parfum associent le flacon au soleil couchant. Aucun autre discours que le nom de la marque et la mention du métier « haute parfumerie » ne vient appuyer la présentation purement descriptive du produit.

3 Le discours argumentatif

1. Les caractéristiques

L'objectif du discours argumentatif est de persuader en s'adressant aux sentiments, ou de convaincre en s'adressant à la raison. Sa fonction est essentiellement conative. Le discours argumentatif propose ou réfute une thèse en s'appuyant sur des arguments eux-mêmes étayés par des exemples. L'ensemble constitue un circuit argumentatif.

La thèse peut être clairement énoncée, explicite, ou rester implicite.

Le circuit argumentatif peut rarement (jamais ?) être exhaustif. Aussi l'énonciateur doit-il opérer un choix dans les arguments et les exemples en fonction de la situation de communication dans laquelle il se trouve.

Le discours argumentatif peut prendre la forme d'un dialogue ou d'une démonstration. Dans tous les cas, son organisation est repérée par l'emploi de connecteurs logiques (*mais, donc, or, car, en effet, ainsi, c'est pourquoi, parce que, bien que, tandis que, si*...).

2. L'intérêt en communication

Le discours argumentatif est massivement employé dans le cadre d'une communication commerciale. Il peut avoir une portée tant affective que cognitive. Néanmoins, il exige souvent que soit augmentée la part du texte dans les visuels et peut ainsi en limiter la portée auprès d'un certain public.

EXEMPLES

La présentation du produit Ferrero Rocher l'assimilant à du champagne s'apparente à du discours descriptif, mais est ici mise au service d'un discours argumentatif ; la question rhétorique « Peut-il y avoir une fête sans Ferrero Rocher ? » invite le prospect à réfuter la thèse selon laquelle on peut faire la fête sans ce produit. Le texte placé sur le logo (« Une recette unique et raffinée pour partager un moment de fête exceptionnel ») est un argument supplémentaire pour appuyer la thèse.

Le visuel Bose pour un produit haut de gamme s'adresse à des prospects issus de CSP supérieures sensibles aux arguments rationnels. C'est ce que leur propose le texte qui déploie les avantages comparatifs du produit. La fonction phatique est assurée par la source lumineuse placée derrière le produit et par une headline purement argumentative.

4 Les discours d'exposition

1. Les caractéristiques

L'objectif des discours d'exposition, que l'on appelle aussi explicatifs ou informatifs, est de transmettre des informations. Leur structure emprunte à celle des autres discours. Les pages de ce manuel sont un exemple caractéristique de ce genre de discours. La plupart des genres journalistiques s'y rattachent également.

2. L'intérêt en communication

Ce type de discours est employé en communication pour donner un tour objectif à ce qui est dit. On le trouvera notamment dans les publireportages. On peut également l'utiliser pour présenter un produit technique. C'est le type de discours obligatoirement employé dans les mentions légales devant contenir des informations techniques sur un produit (crédit, automobile, offres de fournisseurs d'accès à Internet...). Enfin, c'est celui que l'on utilisera la plupart du temps dans les communiqués de presse.

EXEMPLES

Bouygues Telecom a notamment choisi ce mode de communication pour son offre « *quadruple play* ». Cela permet d'exposer le plus clairement possible la richesse du contenu et le bénéfice de l'offre. Ce choix n'exclut pas une accroche de type argumentatif, ni l'utilisation narrative d'un avatar de la fée pour souligner le merveilleux de l'offre.

Ce visuel Rians, publireportage, emprunte les codes de contenu et de présentation d'un magazine (article avec titraille et illustrations) pour vanter les qualités d'un produit présenté comme nouveau et donc sujet d'actualité.

5 Le discours injonctif

1. Les caractéristiques

L'objectif du discours injonctif est d'énoncer un ordre, une interdiction ou un conseil. On le rencontre par exemple dans les textes de règlement ou les recettes de cuisine. La fonction dominante est alors la fonction impressive ou conative. Les marques de ce type de discours sont l'emploi de l'impératif ou de l'infinitif ou du subjonctif à valeur impérative, des verbes *devoir*, *falloir*...

2. L'intérêt en communication

Ce type de discours a une fonction conative forte. Il est donc particulièrement utilisé dans les discours politiques (notamment à l'approche d'élections), les slogans publicitaires, mais il peut également s'exprimer par des éléments kinésiques : regard, doigt pointé... Le danger est que l'injonction soit mal perçue : intrusion dans le libre arbitre, ton moralisateur, accumulation d'ordres et d'interdits...

EXEMPLES

Sur ce visuel de campagne clé en main pour le tri sélectif proposé aux collectivités locales, l'injonction est sous-entendue dans le texte d'apparence informatif. Le doigt pointé vers le spectateur rend le sous-entendu transparent : puisque les poubelles jaunes sont là, il faut désormais que chacun trie ses déchets.

17 LA RHÉTORIQUE

➔ La rhétorique, née en Sicile au Vᵉ siècle avant Jésus-Christ, est l'art de convaincre, c'est-à-dire l'art d'agencer les mots en vue d'un effet précis. La rhétorique formulée par les Grecs a évolué et régi la littérature jusqu'au XIXᵉ siècle. Critiquée puis oubliée, elle revient, avec l'essor des analyses de discours et celui de la communication, au goût du jour.

1 Les objectifs de la rhétorique

1. Les trois objectifs

Cicéron assigne trois objectifs perlocutoires à la rhétorique :
- *docere* : l'orateur doit instruire et informer son auditoire ;
- *delectare* : il doit lui plaire, le charmer ;
- *movere* : il doit l'émouvoir.

2. Les trois catégories de procédés argumentatifs

L'orateur utilisera trois catégories de procédés argumentatifs : la démonstration, l'argumentation et la persuasion.

a) La démonstration

La démonstration vise à convaincre. Elle s'adresse à la raison, au bon sens. Elle doit fournir des preuves universelles et irréfutables de type logique ou scientifique. Elle vise le vrai.

b) L'argumentation

L'argumentation vise également à convaincre, mais s'adresse à un auditoire, une cible plus restreinte à laquelle il faut adapter son raisonnement. L'argumentation s'appuie sur l'emploi d'exemples qui donnent un tour plus concret au raisonnement. Celui-ci ne vise plus le vrai mais plutôt le vraisemblable. Il se prête donc à la controverse. Il est à noter que bien souvent l'argumentation publicitaire se pare des apparences de la démonstration (emploi de statistiques douteuses, de jargon pseudo-scientifique...).

c) La persuasion

La persuasion vise à obtenir l'adhésion par le plaisir procuré au récepteur par le discours. Celui-ci s'obtient le plus souvent en flattant son image de soi et en instrumentalisant ses motivations. La persuasion joue non plus sur les capacités de raisonnement du récepteur mais sur ses ressorts psychologiques. Le récepteur doit être séduit. C'est le procédé le plus couramment employé dans la communication commerciale.

EXEMPLE

Le visuel Séphora, assez typique des publicités pour les produits cosmétiques, met la démonstration au service de l'argumentation. La cible visée est la femme soucieuse du vieillissement de sa peau ; les arguments avancés sont donc la « réduction du nombre et de la taille des ridules » et « des rides profondes », le lissage de la peau et sa luminosité. Ces arguments sont étayés par une pseudo-démonstration faite de statistiques (« - 22 %, - 24 %, 92 %, 94 % ») et l'utilisation d'un vocabulaire scientifique ou pseudo-scientifique : « actif généré par une micro-algue », « laboratoire de biotechnologie », « acide alguronique ».

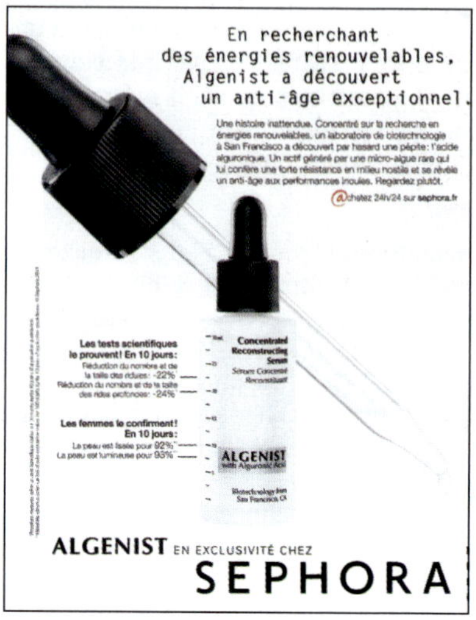

2 Les différents genres de la rhétorique

La rhétorique classique a défini cinq genres majeurs en fonction des différentes situations de communication dans lesquelles se trouve l'orateur.

1. Le genre judiciaire

C'est le genre employé lorsque l'orateur doit défendre un accusé devant un tribunal. Quintilien (Iᵉʳ siècle) définit ainsi les cinq parties de l'argumentaire délibératif :
- l'exorde : il s'agit d'éveiller la bienveillance de l'auditoire ; c'est donc une partie essentielle *(delectare)* ;
- la narration : son but est d'informer l'auditoire *(docere)* ;
- la preuve : il s'agit de démontrer ce qui est dit *(docere)* ;
- la réfutation : il s'agit de détruire les arguments opposés *(docere)* ;
- la péroraison : conclusion qui reprend les éléments essentiels et cherche à émouvoir *(movere)*.

Ce genre inspire encore aujourd'hui les discours judiciaires.

2. Le genre délibératif

Ce genre est employé lorsqu'il convient de persuader ou de dissuader en vue d'une décision à prendre. L'orateur use pour cela de son autorité ; il cherche également à jouer sur les sentiments de son auditoire : la crainte, l'excitation, le calme, la colère. L'exorde est supprimée mais une partie s'ajoute à celle du précédent genre : la conjecture qui consiste à déterminer la faisabilité présente ou future des projets mis en délibération. Pour cela, l'orateur s'appuie sur des exemples tirés du passé. Ce genre inspire les discours politiques et est remis au goût du jour notamment dans le cadre du développement des débats publics concernant par exemple l'aménagement du territoire et d'une possible démocratie participative (gouvernance).

3. Le genre démonstratif ou épidictique

Ce genre est employé pour faire l'éloge ou le blâme d'une personne ou d'une action. Il se décline de différentes manières : l'oraison funèbre, le panégyrique (portrait flatteur), l'apologie, le pamphlet, la satire, la diatribe. Les procédés sont notamment ceux de l'amplification qui consiste à grossir et à développer la description des qualités ou des défauts de l'objet du discours.
Ce genre est le modèle de nombreux articles de journaux et bien sûr de la communication commerciale dont le but est de renforcer l'adhésion de l'auditoire à des valeurs communes.

3 La mise en œuvre de la rhétorique

1. Les cinq étapes

a) L'*inventio*

L'*inventio*, ou invention, est l'étape préparatoire : il s'agit de définir la situation de communication, la problématique et de rechercher les idées, les arguments, les exemples qui vont constituer l'argumentaire. La rhétorique appelle « preuves techniques » les catégories d'arguments utilisés. On en distingue trois sortes : les preuves logiques, subjectives et l'amplification.
L'invention s'appuie également sur un ensemble de lieux communs et de lieux spécifiques, c'est-à-dire de procédés argumentatifs et stylistiques propres à l'ensemble des genres ou à certains d'entre eux seulement.

b) La *dispositio*

La *dispositio*, ou disposition, consiste à organiser en fonction du genre de discours les éléments trouvés lors de l'*inventio* (*cf. supra* « Les genres »).

c) L'*elocutio*

L'*elocutio*, ou style, « adapte à ce que l'invention fournit des mots et des phrases appropriés » *(Rhétorique à Herennius)*. Selon Cicéron, le style doit avoir quatre qualités : la correction, la clarté, l'élégance et la convenance (pertinence). La rhétorique distingue trois styles :
- le style simple qui doit être correct, clair et convenant mais qui peut se passer d'élégance ; ce style peut utiliser un langage courant, voire familier ;
- le style moyen qui emprunte aux deux autres styles ;
- le style élevé qui recherche la beauté de l'expression, son ornementation par les figures de rhétorique et évite les familiarités en se plaçant sur un registre soutenu.

d) La *memoria*

La *memoria*, ou mémoire, consiste « à bien retenir les idées, les mots et leur disposition » *(Rhétorique à Herennius)*. L'orateur doit parler sans notes. La *memoria* est composée d'un ensemble de techniques permettant de se remémorer tous les éléments du discours.

e) L'*actio*

L'*actio* ou action oratoire « consiste à discipliner et à rendre agréables la voix, les jeux de physionomie et les gestes » *(Rhétorique à Herennius)*. Elle est essentielle pour rendre le discours vivant, susciter et maintenir l'attention de l'auditoire. Dans tous les cas, le discours doit être dit avec passion et conviction.

2. Le recours aux preuves techniques

a) Les preuves logiques

Les preuves logiques sont celles qui s'appuient sur l'utilisation de la raison et/ou du langage.
- L'exemple concrétise une idée abstraite ou renforce par analogie la présentation d'un élément concret. Il peut avoir réellement existé ou être inventé (fable, parabole). Il sert de témoignage et emporte facilement la conviction.
- La maxime est définie par Aristote comme une « affirmation sentencieuse du général ». Elle a d'autant plus de force que l'autorité de celui qui la prononce est grande (âge, expérience...). Elle confère une tonalité morale au discours.
- L'induction consiste à énoncer une loi générale à partir de l'observation de faits particuliers.
- La déduction consiste à conclure « d'une ou de plusieurs propositions données [appelées prémisses] une proposition qui en résulte en vertu de règles logiques » (Le Robert).
- Le syllogisme est une mise en œuvre particulière de la déduction. Il est formé de deux prémisses (majeure et mineure) dont on tire une conclusion.

EXEMPLE

Le plus célèbre exemple de syllogisme est le suivant : « Tous les hommes sont mortels (majeure). Or Socrate est un homme (mineure). Donc Socrate est mortel (conclusion). »

Attention, le syllogisme peut aboutir à des absurdités.

EXEMPLE

« Plus il y a de gruyère, plus il y a de trous. Or plus il y a de trous, moins il y a de gruyère. Donc plus il y a de gruyère, moins il y a de gruyère. »

- L'enthymème est un syllogisme dont on passe sous silence les prémisses si elles correspondent à des présupposés de l'auditoire (savoirs encyclopédiques, valeurs) afin de donner plus de concision et donc plus de force à l'argumentation.

EXEMPLE

Aristote (Ve siècle av. J.-C.) écrit que « pour conclure que Dorieus a reçu une couronne comme prix de sa victoire, il suffit de dire : *Il a été vainqueur à Olympie* ; inutile d'ajouter : *À Olympie, le vainqueur reçoit une couronne* ; c'est un fait connu de tout le monde. »

b) Les preuves subjectives

- La preuve éthique consiste pour l'orateur à donner une image positive *(ethos)* de lui-même. Cette perception positive de lui-même qu'il saura susciter chez son auditoire rejaillira sur la perception de son discours qui sera mieux accueilli. C'est l'usage habile du discours, plus que le comportement de l'orateur, qui importe pour s'attirer la sympathie de l'auditoire. Le discours devra en effet s'appuyer sur la *doxa*, c'est-à-dire sur les valeurs

17 LA RHÉTORIQUE (suite)

communes de l'auditoire, pour le convaincre. L'éthos se différencie de l'autorité qui est liée à des qualités reconnues à l'orateur bien avant qu'il commence à parler (expertise, position sociale, âge, célébrité...).
- La preuve pathétique vise à influer et à jouer sur les passions *(pathos)* de l'auditoire : la colère, la haine, la compassion... Cela nécessite de connaître les ressorts psychologiques de ces passions.
- L'argument d'autorité consiste à jouer sur les qualités reconnues de l'orateur afin d'assurer par avance le bon accueil de son discours. L'orateur peut utiliser indirectement cet argument en se rangeant derrière l'autorité d'une personne dont il cite le discours. La publicité commerciale fait un large usage de cet argument (recours à des pseudo-experts, appel à des personnalités célèbres, égéries, mention «Vu à la télé»...).
- L'argument de coutume consiste à asseoir la validité du discours sur le fait qu'il est communément accepté depuis longtemps.
- L'attaque *ad hominem* consiste à s'attaquer à l'homme pour disqualifier ses idées.

c) L'amplification

L'amplification est l'art de développer et d'amplifier afin de convaincre et de persuader. Elle s'appuie sur de nombreux procédés comme l'insistance, l'atténuation, la digression, l'interrogation, l'hésitation, la précaution oratoire, l'anticipation, l'exemple... L'amplification passe également par la maîtrise de la diction et de l'intonation.

3. Le recours aux lieux communs et spécifiques

Les lieux (*topos*, plur. *topoï*) sont à la base des schémas de pensée appelés topiques permettant de collecter et d'organiser la pensée.

EXEMPLE

La topique journalistique *(topos* des circonstances) «Qui? Quoi? Où? Quand? Comment? Pourquoi?» organise la collecte des informations et leur compte rendu.

Ces schémas de pensée sont à la base de la constitution de la *doxa* (opinion commune) formée de stéréotypes, de clichés et de lieux communs. Le *topos* est ainsi le fondement de l'enthymème *(cf. supra)*. Les lieux constituent des types préfabriqués d'argumentation.

a) Les lieux communs

- La définition consiste à chercher le sens des mots clés ; elle se place au commencement de la réflexion.
- La division consiste à considérer un problème en isolant les parties qui le constituent.
- La causalité consiste à déterminer une chaîne d'effets et de causes.
- La comparaison rapproche l'idée à faire accepter d'une idée analogue qui l'est déjà.
- Les contraires : si A et B sont contraires, si A est bon, alors B est mauvais.
- L'argument *a fortiori* (à plus forte raison) : il consiste à «conclure d'une proposition la vérité d'une autre pour laquelle la raison invoquée s'applique encore mieux» (Le Robert).
- Les circonstances : «Qui? Quoi? Où? Quand? Comment? Pourquoi?»

b) Les lieux spécifiques

Le genre épidictique s'appuie essentiellement sur l'amplification. Les genres judiciaire et délibératif s'appuient sur trois lieux spécifiques :
- la conjecture : le fait en question (crime, nécessité de décider...) existe-t-il?
- la définition : le fait est-il un crime, un délit...?
- la qualité : le fait est-il condamnable, utile, autorisé...?

La publicité a elle aussi ses lieux spécifiques : la topique publicitaire.

c) La topique publicitaire

La communication publicitaire se fonde souvent sur des schémas de pensée qui déterminent sa stratégie. Ces schémas visent à articuler de différentes façons les fonctions phatique, cognitive, affective et conative dans les messages de communication quels qu'ils soient. Ces topiques sont souvent désignées par des acronymes qui sont autant de moyens mnémotechniques. Le tableau suivant n'est pas exhaustif.

Topique	Phatique	Cognitif	Affectif	Conatif
AIDA	**A**ttention involontaire	**A**ttention volontaire	**I**ntérêt **D**ésir	**A**ction
ACCA	**A**ttention involontaire	**A**ttention volontaire **C**ompréhension	**C**onviction	**A**ction
Lavidge Steiner	Notoriété	Connaissance	Appréciation Préférence Conviction	Action
CAIBEC	**C**ontact **A**ttention	**I**ntérêt	**B**esoin **E**nvie	**C**ommande
DIDADA		**D**éfinition **I**dentification **D**émonstration	**A**cceptation client **D**ésir	**A**chat

EXEMPLES

Le visuel Tetra Pak fonctionne selon le modèle ACCA : notre *attention* est sollicitée involontairement par la composition du visuel (contrastes clair/obscur, vert/rouge, sujets éclairés) et l'énigme qu'il représente. Nous lisons alors le slogan qui, par effet de suspension, nous amène à lire le pavé textuel. Celui-ci est de type explicatif (il vise notre *compréhension*) et propre à entraîner notre *conviction* et le choix de ce type d'emballage. En position de verrouillage, on trouve l'adresse du site Internet (*action*). Noter par ailleurs l'enthymème : «la nature est en danger (majeure implicite) ; or des gestes peuvent la préserver (mineure reformulée par la première partie du slogan) ; il faut donc choisir les emballages Tetra Pak (conclusion explicite).»

18 LES FIGURES DE RHÉTORIQUE

La rhétorique a longtemps étudié les figures qualifiant les usages de la langue qui s'écartent de l'usage commun. La publicité tire en grande partie sa force de la transgression que permettent ces figures.

1 Les figures de rhétorique

Selon Pierre Fontanier, une figure est un usage de la langue qui «s'éloigne plus ou moins de ce qui en eût été l'expression simple et commune».

Figure	Description	Exemple
Figures de signification *(tropes)* : elles font prendre à un ou plusieurs mots une signification qui n'est pas sa ou leur signification propre.		
La métaphore	Comparaison dont on a supprimé l'outil comparant (*comme, sembler*...). La métaphore filée est une métaphore qui porte sur plusieurs mots.	«Vous êtes mon lion superbe et généreux!» (Hugo)
La catachrèse	La catachrèse est une métaphore lexicalisée.	Les pieds de la chaise.
La métonymie	Désignation d'un objet par un terme qui se rapporte à un autre objet qui entretient avec le premier un rapport de contiguïté (contenant-contenu, effet-cause...)	« Passe-moi l'eau (la carafe) », « Attraper la mort (une maladie) ». « L'eau des tables légères » (Badoit).
La synecdoque	Désignation d'un objet par un terme qui se rapporte à un autre objet qui entretient avec le premier un rapport d'inclusion (partie-tout, objet-matière).	«Un deux-roues (un cyclomoteur)»; «Je vois un port rempli de voiles et de mâts» (Baudelaire). «Les cuivres et les bois d'un orchestre»; «Des millions de dents l'ont choisi» (Freedent).
L'antonomase	Un nom propre pour un nom commun ou l'inverse.	Un «Bic» pour un stylo bille.
L'antanaclase	Répétition d'un même mot avec des sens différents.	«Le cœur a ses raisons que la raison ignore» (Pascal). «Cutty Sark : le scotch qui préfère un établi en désordre à un ordre établi.»
Le calembour	Rapprochement de deux mots de sens différent qui ont une prononciation similaire.	«BHV. L'âge du faire.»
La tautologie	Définition du même par le même.	« L'heure, c'est l'heure. »
L'hypallage (fém.)	Attribution d'une qualité qui devrait être attachée à un terme de l'énoncé à un autre terme.	«Ils allaient obscurs sous la nuit solitaire» (Virgile).
La personnification	Attribution de qualités humaines à des animaux ou à des objets.	«Maître Renard lui tint à peu près ce langage» (La Fontaine).
L'allégorie	Représentation d'une idée abstraite par des objets concrets.	«Je vis cette faucheuse (la mort). Elle était dans son champ./Elle allait à grands pas moissonnant et fauchant.» (Hugo)
Le symbole	Un objet concret est investi d'une signification abstraite.	La colombe est le symbole de la paix.
L'euphémisme	Utilisation d'un terme de sens plus faible que la réalité qu'il désigne.	«Il dort» pour «Il est mort».
La litote	Elle consiste à dire moins pour suggérer davantage, contrairement à l'euphémisme.	«Je ne te hais point» (Corneille) pour dire «Je t'aime».
L'hyperbole	Utilisation d'un terme de sens plus fort que la réalité qu'il désigne.	« Mourir de faim. »
L'oxymore (masc.)	Association de deux termes de sens contraire.	«Cette obscure clarté qui tombe des étoiles» (Corneille).
Figures de construction : elles portent sur la structure des énoncés (syntaxe)		
L'ellipse	Omission volontaire de certains éléments de l'énoncé.	«L'ai reconnue de suite, les yeux de son père» (Joyce).
Le zeugme	Réunion de plusieurs membres de phrase au moyen d'un élément commun non répété et souvent pris en deux sens différents.	«Vêtu de probité candide et de lin blanc» (Voltaire).
Le parallélisme	Reprise d'une même structure syntaxique.	«Des trains sifflaient de temps à autre et des chiens hurlaient de temps en temps» (Queneau).
Le chiasme	Structure symétrique de l'énoncé (ABBA).	«Les soirs (noir) illuminés (lumière) par l'ardeur (lumière) du charbon (noir)» (Baudelaire).
L'anacoluthe	Rupture de construction.	«Le nez de Cléopâtre, s'il eût été plus court, toute la face de la terre aurait changé» (Pascal) au lieu de «Si le nez de Cléopâtre eût été plus court, la face de la terre aurait été changée».
L'asyndète et la parataxe	L'asyndète consiste en la suppression de la coordination entre les propositions, quand la parataxe supprime la subordination.	«Ménalque se jette hors de la portière, traverse la cour, monte l'escalier, parcourt l'antichambre, la chambre, le cabinet; tout lui est familier, rien ne lui est nouveau; il s'assit, il se repose, il est chez soi.» (La Bruyère)
La réticence (aposiopèse)	Rupture de la suite attendue d'un énoncé.	«Osez-vous, sans ma permission, ô vous, bouleverser le ciel et la terre et soulever de telles masses? J'ai envie de vous...!» (Virgile)
La suspension	Retardement de la suite de l'énoncé.	«La pipe, dit-elle en éclatant d'un rire forcé qu'elle prolongea bien au-delà du temps nécessaire, je veux fumer la pipe du mort.» (Bernanos)

18 LES FIGURES DE RHÉTORIQUE (suite)

Figure	Description	Exemple
Figures d'élocution : elles portent sur la sonorité de l'énoncé et sur sa structuration.		
La répétition et l'anaphore	L'anaphore est la répétition d'un groupe de mots en début de proposition.	« Rome, l'unique objet de mon ressentiment !/Rome, à qui vient ton bras d'immoler mon amant !/Rome qui t'a vu naître, et que ton cœur adore !/» (Corneille)
La gradation	Succession de termes d'intensité croissante ou décroissante.	« Je me meurs, je suis mort, je suis enterré. » (Molière)
L'allitération, l'homéotéleute, les consonances, les assonances.	Retour d'un même son en début de mot (allitération) ou en fin de mot (homéotéleute), d'une consonne (consonance) ou d'une voyelle (assonance) dans une phrase.	« Cette tour était la flèche la plus hardie, la plus ouvrée, la plus menuisée, la plus déchiquetée, qui ait jamais laissé voir le ciel à travers son cône de dentelle. » (Hugo) « Saucisse sèche sans s'assécher. » (Justin Bridou)
La paronomase	Rapprochement de deux mots pour leur sonorité commune.	« Qui vivra verra. » « Entremont, c'est autrement bon. »
Figures de discours : elles portent sur la situation d'énonciation		
La prétérition	Annonce que l'on va se taire sur quelque chose que l'on dit.	« Quand on a quatre millions de lecteurs, a-t-on besoin de faire de la pub ? » (France Loisirs)
L'antiphrase	Énoncé exprimant le contraire de ce qu'il laisse entendre.	« Surtout, ne vous gênez pas ! »
L'interrogation rhétorique (ou oratoire)	Question posée suggérant la réponse.	« Ah ! fallait-il en croire une amante insensée ? Ne devais-tu pas lire au fond de ma pensée ? » (Racine)
La concession	On accorde quelque chose à l'adversaire pour en tirer un plus grand profit.	« Il est entendu que M. Barbusse est pour nous une prise facile. Cependant voilà un homme qui... » (Breton)
L'hypotypose	Récit ou description d'une chose visant à donner l'illusion de sa présence.	« L'onde approche, se brise, et vomit à nos yeux, Parmi des flots d'écume, un monstre furieux. » (Racine)
Le paradoxe	Pensée contraire à l'opinion commune *(doxa)*.	« Une barre de chocolat pour faire fondre le cholestérol ? » (Gayelord Hauser)
L'antithèse	Présentation et réfutation de la thèse adverse.	« On a pu dire que... Je pense au contraire que... »
La néologie	Invention de nouveaux mots ou de nouvelles structures de langage.	« Avec Carrefour, je positive. » « Omo rikiki maousse costo. »

2 Figures de rhétorique, transgression et publicité

1. L'usage transgressif des figures de rhétorique dans la publicité

Jacques Durand a étudié dans les années 1970 plus de mille publicités et montré ainsi qu'elles utilisaient, aussi bien dans les images que dans les slogans, l'ensemble des figures de rhétorique dont on pensait jusque-là l'usage réservé au langage parlé et écrit.

EXEMPLES

La publicité de Cadhoc pour le chèque cadeau (voir p. 163) est construite sur une antanaclase : l'image prend les mots « emballe » et « tout le monde » au sens propre, alors que le slogan les prend au sens figuré. Ajoutons que le nom Cadhoc est un mot valise : cadeau + *ad hoc* (qui convient) et relève du calembour.

Ce goût de la publicité pour les figures de rhétorique a à voir, selon Jacques Durand qui s'inspire des analyses que Freud a faites des mots d'esprit, avec le désir de transgression que la communication commerciale entend satisfaire chez sa cible. La métaphore est un mensonge (un moteur ne pourra jamais être aussi léger qu'une baudruche), les codes langagiers (orthographe, syntaxe, règles d'interprétation...) sont transgressés. Mais ces transgressions sont feintes et acceptées comme telles. C'est pourquoi elles sont impunies et permettent symboliquement la satisfaction du désir. La rhétorique publicitaire remplit ainsi une fonction essentielle : procurer du plaisir (*placere*).

2. Les procédés publicitaires selon Joannis

Dans *De l'étude de la motivation à la création publicitaire*, Henri Joannis définit neuf procédés publicitaires.

a) La bisection symbolisante

Il s'agit de faire se rencontrer deux univers qui n'ont *a priori* rien à voir entre eux. Le sens naît de cette rencontre inattendue. Les figures de rhétorique sur lesquelles elle se fonde sont le paradoxe et l'oxymore, mais aussi les figures d'analogie comme la comparaison.

EXEMPLE

Derrière les personnes attendant le bus dans une banlieue pavillonnaire, apparaît la figure de Baudelaire photographié par Nadar. Le poète est utilisé comme le représentant métonymique de la culture. Sa présence inattendue signifie bien que « la culture est partout à sa place » (paradoxe).

b) L'hyperbolisation sympathique

Il s'agit de pousser l'exagération souvent présente dans les publicités à un point tel que non seulement elle devient perceptible, mais encore que cette perception provoque un certain plaisir chez la cible. Le message est alors perçu comme symbolique ou mythologique.

c) La personnalisation signifiante

Elle consiste à créer un personnage censé incarner les valeurs du produit.

EXEMPLE

La marque La Laitière est incarnée par un personnage directement inspiré d'un tableau de Vermeer. L'image ancienne et féminine associe au produit des valeurs de douceur et de tradition, synonymes de qualité.

d) La référence inattendue

Détournement d'une image ou d'un élément verbal connu de la cible pour en détourner le sens.

EXEMPLE

La marque de vêtements Kookai s'est fait remarquer par le détournement des *Pietà*, représentations de la Vierge tenant le corps du Christ.

e) Le concept à contrepied

On dit et on montre à la cible le contraire du message que l'on veut faire passer. Le but est d'abord d'intriguer puis de convaincre par le rejet de l'antithèse.

EXEMPLE

Les visuels de la campagne de l'Office national du tourisme tunisien jouent sur l'incongruence des slogans (ex. : « Il paraît qu'en Tunisie, la tension est à son comble ») et des photographies (des touristes allongés sur une plage) pour convaincre les touristes de revenir après les événements de la fin 2010.

f) La réserve spectaculaire

Le produit est présenté sans aucun commentaire. La force du visuel tient alors à son silence.

EXEMPLE

Aucune voiture n'est montrée sur ce visuel qui annonce un événement de promotion de l'innovation par la firme Audi. La marque joue sur sa notoriété et sur sa réputation. La réserve spectaculaire se double ici d'une image et d'un texte énigmatiques qui incitent à la lecture du pavé textuel.

g) L'expression à contre-courant

Pour attirer l'attention, l'annonceur choisit un mode d'expression inhabituel.

EXEMPLE

La Poste a choisi une série de bandes dessinées pour ses campagnes.

h) La transfiguration qualitative

L'esthétisme du message attire l'attention et renforce le message.

EXEMPLE

Le visuel de Mumm saisit d'abord par sa beauté. La poésie du visuel crée en outre un univers onirique que l'on associe au produit.

i) Le suspense différé

Il relève de la méthode du *teasing* : un premier message crée une énigme qui ne trouve sa résolution que dans un deuxième message diffusé plus tard.

EXEMPLE

Campagne mars 2008 pour le quotidien gratuit *Metro*.

19 L'APPROCHE SOCIOLOGIQUE DES CIBLES

Le ciblage, nécessaire aux professionnels de la communication comme à ceux du marketing, implique une analyse des groupes, des fractions de la population. On parle de segmentation. Cette partition des cibles médiatiques peut se faire sur des critères objectifs, économiques, démographiques ou géographiques.

1 L'approche socio-économique

1. Les classes sociales

a) Le concept de classe sociale apparaît au XIXe siècle

La France de la première moitié du XIXe siècle est rurale. La société paysanne (75 % de la population) est très hétérogène et inégalitaire mais les codes sociaux y sont stricts et le communautarisme villageois fermement ancré. À partir des années 1940, les effectifs ruraux et agricoles se réduisent rapidement.

La population ouvrière croît régulièrement à partir de 1850 pour représenter 40 % de la population en 1931.

En 1850, la bourgeoisie (environ 20 % de la population) se distingue par son aisance matérielle. Mais les clivages et les écarts de revenus sont importants, notamment entre la petite bourgeoisie de province et la grande bourgeoisie parisienne. À cette époque, 3 % de la population possède plus de 50 % du patrimoine.

b) Vers une disparition des classes sociales

Depuis 1945, la France est devenue essentiellement urbaine. La distinction entre classe ouvrière et petite bourgeoisie semble s'effacer au profit du concept de classe moyenne.

Dès les années 1970, la classe ouvrière décroît (les ouvriers ne représentent aujourd'hui que 23 % de la population) ; sa composition se modifie (augmentation des ouvriers qualifiés) et les fonctions des ouvriers changent (la plupart sont des ouvriers de service, des employés). La classe ouvrière, hétérogène et éclatée, disparaît progressivement des classifications traditionnelles. Pour M. Pinçon et M. Pinçon-Charlot, sociologues, un paradoxe subsiste : si la conscience de classe a décliné chez les ouvriers qui en ont longtemps été les principaux dépositaires, elle se consolide dans les classes possédantes. La lutte des classes se poursuit implicitement sur la base d'inégalités économiques et sociales fortement structurées.

La classe moyenne ne serait alors qu'un leurre, un idéal-type créé par la société de consommation de masse pour définir un vaste groupe social, cible privilégiée des médias. De fait, « l'individu moyen statistique », en termes de revenus, de fiscalité, ne se confond pas avec l'image qu'en donnent médias et publicité : la classe moyenne médiatisée ne représente pas la moyenne de la société mais regroupe plutôt des cadres dirigeants, des ingénieurs, une catégorie de la population qui serait, par ses revenus mais surtout par ses aspirations et ses modes de vie, le consommateur moyen. Ainsi, 40 % des Français déclarent appartenir à la classe moyenne, alors que seuls 25 % y sont statistiquement regroupés.

2. Les PCS

a) Une approche statistique

C'est l'Institut National de la Statistique et des Études Économiques (INSEE) qui établit la nomenclature des professions et catégories socioprofessionnelles « PCS » à partir de données recueillies lors de recensements, d'enquêtes statistiques auprès des ménages, des entreprises ou des administrations.

En 2003, l'INSEE distinguait huit CSP : agriculteurs exploitants ; artisans, commerçants et chefs d'entreprises ; cadres et professions intellectuelles supérieures ; professions intermédiaires ; employés ; ouvriers ; retraités ; autres personnes sans activité professionnelle.

Aujourd'hui, la nomenclature des PCS permet d'identifier la part relative de chaque domaine d'activité ou profession dans la société. Plusieurs subdivisions successives permettent finalement de distinguer 860 PCS prenant en compte le statut (salarié ou indépendant), la taille de l'entreprise, le niveau de qualification...

b) Les limites de l'approche statistique

Les liens entre classe sociale et PCS, s'ils sont indéniables, sont difficiles à établir précisément. De plus, la profession ou le niveau de revenu ne suffisent pas à établir une mentalité, un comportement.

Par ailleurs, l'évolution de la société n'a pas produit un nivellement des revenus. La stratification des comportements, certes liée aux revenus, dépend aussi de nombreux autres éléments comme le capital culturel, le mode de vie...

Enfin, les données statistiques présentent de manière figée une société en mouvement en termes d'évolution professionnelle, de revenus ou de prestige. Ainsi, certaines professions perdent ou gagnent du prestige assez rapidement, les grilles salariales sont vite obsolètes, la mobilité professionnelle et donc sociale s'accroît.

Le classement des PCS ne permet donc qu'une approche marketing parmi d'autres du comportement des Français.

2 L'approche socio-démographique

1. Les classes d'âge

a) Le marketing générationnel

Les ProfilsGénérations développés au milieu des années 1990 s'inspirent des travaux de Daniel Yankelovich (1960). Issus du marketing générationnel, ils segmentent la population en groupes de personnes d'une même tranche d'âge. Ils reposent sur l'idée que les personnes d'une même génération sont marquées par les mêmes faits économiques, sociaux, politiques. Elles ont ainsi acquis des réflexes de consommation communs, qu'elles ont conservés. Donc, plus que l'âge, c'est la date de naissance qui serait à prendre en compte.

EXEMPLE

Les ProfilsGénérations en 1992 segmentaient la cible des Seniors de plus de 50 ans en quatre groupes : Babyboomers (50 à 57 ans), Jeunes Seniors (58 à 67 ans), les Seniors (68 à 79 ans) et Grands Seniors (les plus de 80 ans).

L'étude de chaque segment permet d'établir un profil-type.

EXEMPLE

Les Grands Seniors sont aussi appelés la « génération de la crise ». Les plus âgés, ayant connu les deux guerres, ont souvent vécu en milieu rural. C'est la génération qui consomme le moins, excepté les produits liés à la santé. Elle est constituée en grande majorité de femmes qui connaissent la valeur des choses et sont sensibles au confort et aux services qui simplifient la vie.

Les publicitaires utilisent les clichés (stéréotypes spécifiques à un groupe) propres à chaque tranche d'âge profilée par le marketing générationnel.

EXEMPLE

Les adolescents sont hédonistes, grégaires, narcissiques, paradoxaux (rebelles et conformes, idéalistes et pragmatiques...).

b) Les limites de l'approche socio-démographique

Souvent, parce que les évolutions sont rapides, le publicitaire s'adresse à une classe d'âge plus qu'à une génération : les seniors des années 1980 et ceux des années 2010 ne se comporteront pas de la même manière ; certains ont vécu la guerre, d'autres la crise, le chômage... Les segments traditionnels deviennent également obsolètes : la ménagère de plus de cinquante ans, autrefois femme au foyer, s'habille maintenant comme sa fille et occupe ses loisirs par du sport, des sorties nocturnes... Le brouillage générationnel consacré aujourd'hui avec l'apparition des termes « jeunisme » et « adulescence » remet en question le marketing générationnel, voire transgénérationnel ; en effet, le marketing qui vise une clientèle plus large, ciblant plusieurs générations, repose encore sur une classification générationnelle de la population.

EXEMPLE

Les campagnes actuelles de la marque *Petit Bateau* ciblent la clientèle enfant et mère.

2. Le sexe et le genre

La partition de la population selon le sexe semble simple et efficace : les besoins et aspirations des hommes et ceux des femmes sont *a priori* distincts.

EXEMPLES

La femme, mère, fille, épouse ou maîtresse, est la cible de nombreuses campagnes de parfums, vêtements, lingerie. L'homme, père, fils, amant est l'acheteur idéal des secteurs automobile, sportif.

Cependant, au-delà du sexe, le marketing actuel s'intéresse au genre : le « féminin » et le « masculin » comme construction culturelle, reposant sur différents rites sociaux, pratiques, normes de comportement. Les campagnes publicitaires jouent alors avec les clichés soit en les reproduisant, soit en les interrogeant.

EXEMPLES

Les campagnes pour des produits de beauté peuvent cibler les hommes, celles pour des automobiles les femmes.

Par ailleurs, selon les analyses de tendances, les valeurs dites féminines sont en vogue : sens pratique, modestie, sagesse, intuition, équilibre, pacifisme, douceur... Elles seraient ainsi indépendantes du sexe des individus.

3. La répartition géographique

Une nouvelle approche permet d'analyser le comportement des individus en tenant compte des notions d'espace et de déplacement : le géomarketing. Cette technique consiste à analyser les données socio-démographiques, comportementales, économiques, de la population d'un territoire, à en faire la représentation cartographique. Cette connaissance stratégique du territoire permet d'en optimiser la gestion commerciale. Ses applications sont nombreuses.

EXEMPLE

Études de zones de chalandise (zone d'attraction commerciale d'un point de vente), optimisation des moyens du marketing direct (publipostage, *phoning*, imprimés sans adresse...).

3 La famille, la communauté et la tribu

1. La famille

La famille est un groupe social et une entité culturelle avec des pratiques et des rituels identifiables. Elle transmet des valeurs, des normes qui permettent l'intégration de l'individu dans le corps social, que ce soit par conformisme, par innovation ou par rébellion. La famille est le principal acteur de la consommation. Les normes de rôles (rôle du père, de la mère, de la grand-mère, de l'adolescent...) sont fondamentales dans la publicité. L'évolution de la cellule familiale fait donc l'objet d'études.

EXEMPLES

Études sur le taux de fécondité, de nuptialité, sur la proportion de familles monoparentales, sur l'évolution des formes de parentalité, de fratrie.

2. La communauté

Une communauté est un rassemblement d'individus unis par des liens tels que la religion, la culture, l'histoire. Il s'identifie par des pratiques culturelles spécifiques, souvent associées à des pratiques de consommation.

3. La tribu

On parle de tribus lorsque les communautés se constituent sur des affinités, lorsqu'elles sont électives. Les tribus sont des micro-sociétés organisées autour de codes vestimentaires, d'éléments de langage, de pratiques identitaires (gothiques, surfers, babacools...). Elles suivent des tendances, sont fluctuantes et par nature éphémères. Leurs styles de vie leur confèrent une identité. La médiatisation de leur image consacre leur existence et participe à leur développement.
Le marketing tribal analyse les rites et comportements de ces tribus pour promouvoir des produits très ciblés.

20 L'APPROCHE PSYCHOLOGIQUE DES CIBLES

L'individu agit, réagit lorsqu'il est convaincu par des arguments raisonnables mais aussi, et surtout, parce que ses ressorts psychologiques sont activés. La communication, et tout particulièrement la publicité, dès lors qu'elle se veut persuasive, implicative, s'appuie sur ces forces intérieures, ces déclics qui rendent réceptif au message.

1 Les trois instances de la personnalité

Selon Freud, dès l'enfance, l'individu est déchiré entre ses besoins, ses pulsions, et les limites à leur satisfaction que dresse autour de lui la vie sociale. Pour analyser les effets des conflits sur la structuration de la personnalité, Freud (en 1920) a décrit le psychisme en faisant appel à trois instances : le Ça, le Surmoi et le Moi.

1. Le Ça

Il est le lieu des pulsions et refoulements, des éléments innés ou acquis qui échappent à notre conscience et qui décident à notre insu de nos actions et pensées. La publicité puise dans le Ça pour trouver des éléments moteurs échappant à la logique.

2. Le Surmoi

Il est l'intériorisation des interdits, des forces répressives que l'individu a rencontrées au cours de son éducation, de sa vie en général. Il agit comme une censure et se manifeste en majeure partie de façon inconsciente, par l'autocritique, le système de valeurs. Il peut être source de conflit interne avec les pulsions du Ça.
La publicité offre souvent la possibilité de transgresser impunément ces interdits : le vol, la cruauté... y sont mis en scène.

3. Le Moi

Il est l'instance centrale de la personnalité. Il fait office de médiateur entre le Ça et le Surmoi et assure les compromis en vue de ménager l'équilibre, l'unité de la personne. La publicité permet souvent cette médiation en levant des interdits.

2 Les besoins

Parallèlement à l'approche psychanalytique de Freud, des psychologues inventorient les besoins de l'individu : des sentiments de manque, d'insatisfaction liés à l'origine à des nécessités physiologiques (manger, boire...), puis élargis à des champs plus vastes. Ils créent une tension, une frustration, exploitée par la publicité.
Les besoins peuvent être réels (préexistants) ou créés par la publicité. Dans ce cas, la communication publicitaire analyse et met en scène les attentes mais aussi initie et renforce les tendances. La publicité peut promettre la satisfaction de ces besoins mais peut aussi simultanément exacerber la frustration.

1. Les besoins selon H. Murray

H. Murray, en 1938, compose une liste de 28 besoins fondamentaux dont 11 sont régulièrement retenus :

Le besoin d'acquisition	Besoin de : posséder, travailler pour de l'argent ou des biens, voler des objets, marchander mais aussi augmenter son patrimoine culturel, apprendre.
Le besoin d'accomplissement	Besoin de : surmonter des obstacles, exercer une responsabilité, lutter pour obtenir quelque chose dans les meilleures conditions.
Le besoin d'exhibition	Besoin d'attirer l'attention, d'amuser, d'émouvoir, de choquer, de faire peur.
Le besoin de dominance	Besoin de : contrôler autrui, dicter sa loi, guider, diriger, organiser la vie d'un groupe, mais aussi dominer une situation.
Le besoin d'affiliation	Besoin de : nouer des amitiés, vivre avec d'autres, aimer, être amené à collaborer, tenir des conversations, mener une vie associative.
Le besoin de jeu	Besoin de : se détendre, s'amuser, prendre le temps, rire, éviter toute tension.
Le besoin d'ordre	Besoin d'organiser, de ranger, d'être précis mais aussi d'agencer des mots, des idées, de veiller au bon fonctionnement social.
Le besoin de reconnaissance	Besoin de : rechercher le prestige social, les honneurs, la distinction, mettre en valeur ses actes.
Le besoin de déférence	Besoin d'un supérieur, un modèle, mais aussi d'être admiré, estimé.
Le besoin d'autonomie	Besoin de défier l'autorité, de rechercher la liberté, de lutter pour son indépendance.
Le besoin d'agression	Besoin d'injurier, de tuer, d'accuser, de punir, de ridiculiser autrui.

2. Les besoins selon A. Maslow

A. Maslow, dans les années 1940, propose une hiérarchisation des besoins, sous la forme d'une pyramide.

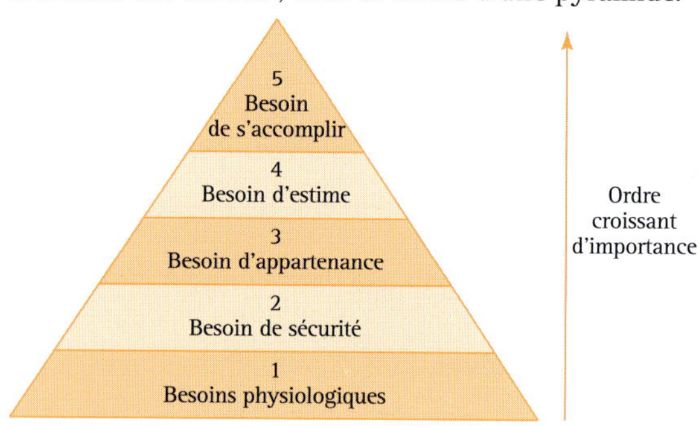

- Les besoins physiologiques sont directement liés à la survie (soif, faim, sexualité...).
- Le besoin de sécurité consiste à se protéger contre les dangers.
- Le besoin d'appartenance ou de relation révèle la dimension sociale de l'individu. Ce dernier a besoin de se sentir accepté par les groupes dans lesquels il vit (famille, travail, association...).
- Le besoin d'estime prolonge le besoin d'appartenance.
- L'individu souhaite être reconnu au sein du groupe auquel il appartient.

Le besoin de s'accomplir vise à sortir d'une condition purement matérielle pour atteindre l'épanouissement.

Chaque besoin, une fois satisfait, peut générer un autre besoin : le besoin de sécurité par exemple n'apparaîtra qu'une fois les besoins physiologiques satisfaits.
À ces cinq besoins hiérarchisés certains psychologues ajoutent depuis 2005 un besoin d'éternité, d'immortalité ou tout simplement de temps. Ce besoin s'exprime dans la société avec des produits promettant rajeunissement ou gain de temps. La communication se doit d'intervenir au bon niveau pour être pertinente, audible.
La hiérarchisation de Maslow est aujourd'hui contestée ; la satisfaction des besoins ne suivrait plus l'ordre immuable que propose Maslow.

3 Les motivations

Le manque crée une tension génératrice d'une motivation, force qui pousse un individu à agir dans un certain sens. Alors que les besoins sont universels, les motivations ont un aspect psychologique et sont liées à un contexte précis.
E. Dichter, disciple de Freud, est à l'origine des enquêtes de motivation, telles qu'on les conduit aujourd'hui ; ces enquêtes prennent la forme d'interviews menées auprès de consommateurs dans le but de dégager les mobiles d'achat, les causes psychologiques.
H. Joannis, dans son ouvrage *De l'étude de motivation à la création publicitaire et à la promotion des ventes*, propose une analyse des motivations destinée aux publicitaires. Il distingue trois caractéristiques de la motivation : sa nature, sa force et la valorisation sociale.

1. La nature de la motivation

Il existe trois types de motivation :
- les motivations hédonistes : elles correspondent à la quête du plaisir physique et intellectuel, à la facilitation du travail, aux satisfactions « magiques »... ;

EXEMPLE

Un visuel de Gayelord Hauser mettant en scène un bikini, une tasse et des carrés de chocolat sur une plage, s'appuie sur une motivation évidemment hédoniste : la publicité promet plaisir (bikini, tasse et carrés de chocolat, quartiers d'orange) et beauté (slogan « C'est décidé, les kilos de Noël n'attendront pas l'été » et visuel bikini petite taille).

- les motivations oblatives (*oblare* = donner) : elles s'identifient dans les pulsions d'achat qui trouvent leur origine dans le désir de faire du bien, de faire un cadeau, de donner quelque chose aux autres, et particulièrement à ses proches ;

EXEMPLE

Grâce au turbo diésel de Toyota, une mère peut assurer son devoir : être entièrement dédiée à ses enfants et à leur plaisir.

- les motivations d'auto-expression : pulsions d'achat qui trouvent leur origine dans le besoin qu'a chacun de nous d'exprimer ce qu'il est (image de soi). Ces motivations sont particulièrement présentes dans les produits en rapport avec la vie sociale : voiture, habillement, parures, ameublement...

EXEMPLE

Lavazza s'adresse à l'aristocrate qui est en nous ; il prône l'élitisme, le luxe, et la transgression à la manière des libertins du XVIIIe siècle, de Marie-Antoinette.

2. Les freins

Aux motivations s'opposent des freins : forces psychologiques négatives qui peuvent empêcher l'acte d'achat. On distingue :
- les inhibitions, pulsions négatives causées par certaines motivations d'achat et inséparables d'elles. Elles correspondent au fait qu'une motivation est considérée par le sujet comme non noble, frivole ou honteuse. La motivation est dévalorisée, réfrénée. L'individu développe un sentiment de culpabilité, il s'autocensure ;
- les peurs, pulsions négatives causées par les difficultés réelles ou imaginaires *(a priori)* concernant l'achat ou l'utilisation du produit. Peur (crainte) de manipuler un appareil compliqué, peur du prix...

EXEMPLE

Président, dans sa rhétorique publicitaire, lève la crainte de consommer en excès du mauvais cholestérol ; le consommateur ne garde que le plaisir de la dégustation, il peut écouter une motivation hédoniste.

3. La force de la motivation

L'intensité des motivations est variable selon les individus et, pour chacun, selon les moments. La publicité a le pouvoir d'accroître et de révéler la force d'une motivation.

4. La valorisation sociale

Les motivations sont jugées de façons diverses selon les milieux des individus, leur culture et leurs valeurs. Selon la cible visée par une publicité, les motivations sollicitées seront différentes. Ainsi, dans la culture ouvrière, les motivations oblatives sont valorisées et les motivations hédonistes sont considérées négativement.

21 L'APPROCHE PSYCHOSOCIALE DES CIBLES

Chaque consommateur vit en interaction avec d'autres personnes. Il appartient, ou cherche à appartenir, à un ou plusieurs groupes. Ce sont les groupes qui déterminent, en partie, le comportement et les attitudes de chacun de leurs membres. L'approche psychosociale étudie les ressorts psychologiques de constitution et d'évolution des groupes sociaux.

1 Les groupes

1. La notion de groupe social

L'individu appartient à des sous-cultures diverses : groupe familial, social, professionnel... Ces groupes restreints déterminent la conduite de chacun. Ce sont eux qui véhiculent les modèles, normes, lignes de conduite et autres règles par lesquels sont rendus possibles la cohésion et le bon fonctionnement de la vie en société.

2. La distinction groupe d'appartenance/groupe de référence

Cependant, les valeurs et normes auxquelles se réfère l'individu peuvent être celles de son groupe d'appartenance ou celles de son groupe de référence :
- le groupe d'appartenance est le groupe dont l'individu fait partie objectivement, par son statut social ;
- le groupe de référence est le groupe qui représente une référence pour l'individu, celui auquel il souhaiterait appartenir.

Les deux groupes peuvent coïncider mais ils peuvent aussi entrer en concurrence. Les comportements de consommation sont donc déterminés par cette double influence, celle du groupe de référence étant parfois plus forte que celle du groupe d'appartenance.

3. La récupération du concept de groupe par la publicité

L'individu-consommateur est sous l'influence de ce code contextuel régi par le groupe. Il évalue le produit ou le service en fonction du type de consommation pratiqué par les sous-groupes au sein desquels il vit et se justifie. Il est attentif à un message publicitaire dans lequel il retrouve les normes et valeurs de son groupe.

La « publicité intégrative » est une forme de publicité qui propose l'intégration à un groupe : l'achat est lié à la signification des objets. Selon Jean Baudrillard, sociologue français, « on ne consomme jamais l'objet en soi (dans sa valeur d'usage), on manipule toujours les objets (au sens le plus large) comme signes qui vous distinguent soit en vous affiliant à votre groupe pris comme référence sociale, soit en vous démarquant de votre groupe par référence à un groupe de statut supérieur » (*in La Société de consommation, ses mythes, ses structures*, 1970).

2 Les normes

1. Leur origine

Tout au long de notre enfance (au cours de notre éducation), puis de notre vie adulte, nous nous attachons à des normes. Ces normes nous indiquent des attitudes sociales adaptables à toute situation et nous incluent dans une conduite générale : elles sont propres au groupe dont on partage les valeurs et dont on adopte les règles de comportement.

Les normes s'appuient sur des modèles biologiques, familiaux, professionnels, sur des archétypes de conduite, de pensée dépendant de notre âge, de notre sexe, de notre métier et de notre statut familial.

On distingue :
- les normes communes : elles sont généralisables à l'ensemble du groupe, telles les valeurs, les croyances, les habitudes de vie ;

EXEMPLE

La gastronomie française, classée par l'Unesco.

- les normes de rôles : elles sont déterminées par une fonction sociale individuelle, inscrite dans une logique collective.

EXEMPLES

Les rôles de « père », « mère », « homme », « femme », « mari », « épouse ».

2. L'adhésion aux normes

L'adhésion aux normes est le fruit d'un conditionnement ; elle s'opère plus ou moins consciemment.

a) L'adhésion extrinsèque

C'est l'adhésion volontaire de l'individu qui souhaite appartenir au groupe, pour éviter la marginalisation ou par nécessité ponctuelle.

EXEMPLE

Adoption d'un code vestimentaire dans le cadre professionnel.

b) L'adhésion intrinsèque

C'est l'adhésion inconsciente à des normes qui sont intériorisées, assimilées. Même lorsque l'individu croit opérer des choix personnels, il est influencé par le contexte familial, culturel ou autre dans lequel il évolue. Les normes ainsi intériorisées deviennent des stéréotypes, des images difficiles à effacer ou à rectifier. Ces stéréotypes peuvent être sexuels (images de l'homme, de la femme) mais aussi sociaux, professionnels...

Toute action de communication cherche à utiliser cette adhésion intrinsèque : pour persuader le récepteur, il faut connaître ce qu'il est et activer ses normes. Cependant, la communication tente aussi souvent de changer les normes et rôles ; pour des raisons marketing, politiques ou éthiques, transformer les normes et valeurs paraît nécessaire. Pour cela, il faut bien les connaître.

3 Les styles de vie

1. L'intérêt du concept pour la communication

À partir des années 1970, des dispositifs d'enquête ont permis de repérer et d'analyser une typologie de la population en profils de mentalités, de comportements. Cette typologie permet de mesurer les clivages sociaux et les systèmes de valeurs, modèles et stéréotypes en évolution. L'étude des styles de vie montre que des regroupements identitaires se font sur la base de revenus mais aussi de valeurs, d'expériences communes, de cultures partagées.

Les styles de vie les plus exploités dans le domaine de la communication sont établis à partir :
- des comportements de consommation ;
- des activités, intérêts et attitudes des individus, approche présentée sous le nom de socio-style.

2. Les comportements de consommation

L'approche de styles de vie basée sur les comportements de consommation en relation avec les produits et services achetés, est peu répandue en France malgré des études assez développées dans d'autres pays. Cette approche repose sur le principe que le type de produits achetés par le consommateur est révélateur de son style de vie. L'analyse se base sur les achats du consommateur. Ainsi on trouve les orientations s'intéressant à des catégories spécifiques de produits. Il existe seulement quelques études de ce type comme celle de Stoezel (1960) qui s'intéresse à une segmentation des buveurs français de liqueurs d'après les types de produits achetés.

Les approches géo-sociales consistent à mettre en relation des données socio-économiques et démographiques avec des variables géographiques (localisation de l'habitat), et des informations sur le comportement actuel de consommation. Peu connues en France, elles se développent, en particulier avec le géomarketing.

3. Les socio-styles de vie

a) La naissance du concept

Dès les années 1970, le CCA (Centre de Communication Avancée), créé par le sociologue Bernard Cathelat, a importé et adapté le concept anglo-saxon de *socio-life-style*. Son modèle empirique d'identification typologique (fondé sur des enquêtes) a permis de classer la population et de la répartir sur un territoire fictif. Il a ainsi repéré dans la population française quinze socio-styles réunis en cinq grandes familles censées représenter des mentalités obtenues en croisant les données socioprofessionnelles, socio-économiques, psychologiques et comportementales. Les cinq Mentalités repérées chez les Français selon le Socio-Style-Système sont :
- les Matérialistes, 26,8 % de la population ;
- les Rigoristes, 20,1 % de la population ;
- les Activistes, 13,3 % de la population ;
- les Décalés, 17,3 % de la population ;
- les Égocentrés, 22,5 % de la population.

b) La représentation schématique

Dans la représentation du Socio-Styles-Système, chaque groupe entretient des relations avec ses voisins ; les tendances sont identifiées selon les axes nord/sud et ouest/est.

Carte des socio-styles

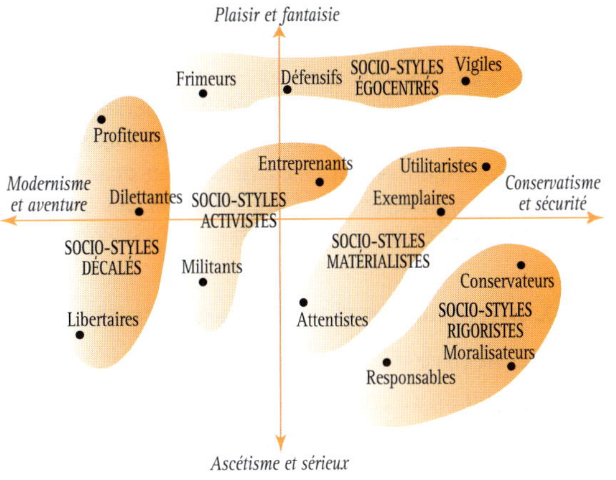

Bernard Cathelat/CCA, *Publicité et Société*, Payot, 1992.

Cette méthodologie s'applique à de nombreux secteurs d'activité.

EXEMPLES

Identifier les profils des audiences pour les médias, identifier les profils de consommateurs dans les études de consommation, identifier les profils de clientèle selon leur sensibilité aux différents styles de publicité.

c) La transposition actuelle du concept initial

En 2002, parmi les quinze socio-styles de vie repérés par le CCA, on pouvait trouver :
- les bâtisseurs ; cadres supérieurs et retraités parisiens ou habitant une grande ville, aisés, élitistes, moralistes, socialement impliqués, consommateurs de produits haut de gamme, innovateurs, réputés pour leur authenticité, leur éthique ;
- les attentistes ; jeunes cocooners endettés, centrés sur le bonheur familial, individualistes, en quête d'une société sécuritaire, consommateurs de produits « branchés ».

Actuellement, les socio-styles repérés par les médias sont les Geeks, les Bobos, les Adulescents, les Célibattantes, les Métrosexuels...

L'étude des styles de vie permet de mieux connaître les nouvelles tendances de marché. Les typologies de styles de vie sont surtout utilisées dans le domaine publicitaire et peuvent servir d'appui pour le lancement de nouveaux produits.

4 Les tendances

Les tendances sont les orientations communes à une catégorie de personnes. Elles correspondent à des valeurs (nature, nostalgie, bien-être, nomadisme...) associées à des stéréotypes (normes de valeurs transmises par le groupe et intériorisées par les membres du groupe).

Les analyses de tendance se font surtout de manière empirique, en complément d'études sociodémographiques, et ne reposent sur aucune base conceptuelle.

22 LA CONNAISSANCE DE L'ANNONCEUR

➔ Communiquer de manière professionnelle implique d'apporter une réponse pertinente aux demandes de l'annonceur (entreprise, institution, association). Ces besoins sont explicités par un *brief*. Cependant, l'analyse préalable de la « personnalité » de l'annonceur, par l'étude des signes qui s'échangent au sein de l'organisation et entre celle-ci et son environnement, permettra de faire émerger les attentes parfois implicites ou inconscientes.

1 L'annonceur dans son contexte

1. La structure de l'organisation

Communiquer au service d'un annonceur, c'est parler en son nom ; pour être légitime, la parole doit se fonder sur une bonne connaissance de l'organisation. Les données telles que la date de création, les noms des créateurs, des repreneurs, l'organigramme, le chiffre d'affaires, le nombre d'employés et leur niveau de formation, les fonctions des services ou des départements... sont des éléments indispensables pour une bonne compréhension du brief.

2. Le produit, le service, la fonction

Dans le même objectif, une bonne connaissance des gammes de produits, des secteurs d'activité, des services proposés permet d'adopter le vocabulaire et les arguments pertinents.

3. La clientèle, l'usager, le destinataire

Le discours doit aussi prendre en compte la cible, sa catégorie socioprofessionnelle, son âge, son évolution, ses attentes. C'est l'organisation qui détient cette connaissance (formalisée ou intuitive) de la cible.

4. Les partenaires

Chaque organisation tisse au fil du temps des liens divers avec des partenaires qui contribuent à son identité, ne serait-ce que par la mise en place de modes de fonctionnement. Ces partenariats peuvent être formalisés (mécénats, subventions, accords de partenariats, contrats de prestations...) ou issus d'habitudes, de compagnonnages (journalistes référents, personnalités sensibilisées aux objectifs de l'organisation...).

5. Les concurrents

L'évolution d'une entreprise suit une logique interne mais est aussi dépendante de pressions extérieures telles que la présence de concurrents directs ou indirects. Le discours tenu par l'annonceur tient compte explicitement ou implicitement de ses concurrents.

6. Les menaces ou opportunités

Certaines transformations (environnementales, sociétales, politiques, économiques...) sont à anticiper car elles peuvent annihiler l'efficacité de certaines rhétoriques.

EXEMPLE

Pour des entreprises de secteurs comme le jeu ou le transport ferroviaire, qui ont longtemps détenu un monopole, l'ouverture à la concurrence a nécessité d'adapter un discours légitimant le PMU ou la SNCF, avant même l'élargissement du marché.

2 Les cultures des organisations

1. Définition

La culture d'une organisation peut être définie comme l'ensemble des éléments particuliers qui expliquent les bases du fonctionnement d'une entité spécifique. Elle est, dans un certain sens, un sous-produit de la culture nationale et par conséquent un ensemble de valeurs, de mythes, de rites, de tabous et de signes partagés par la majorité des salariés. Une organisation possède ainsi une culture qui lui est propre et qui est dépendante des composantes contextuelles, matérielles et historiques repérées précédemment.

Cette culture, si elle est rarement formalisée, est prégnante au sein de l'organisation mais aussi dans ses relations avec l'extérieur.

2. Des composantes importantes de la culture organisationnelle

a) Des rites

Les organisations fonctionnent comme des microsociétés ; le temps y est rythmé par des rites qui contribuent à leur identité.

EXEMPLES

Pots de départ, goûters de Noël, pauses-café.

b) Des symboles

Ces symboles peuvent être des signes vestimentaires (badges, uniformes) qui permettent de distinguer entre elles les catégories de salariés, des modes de communication (par voie postale, numérique ou par téléphone)...

c) Des héros et des mythes

Certaines organisations narrativisent leur histoire (lors de conférences, en édifiant des musées...) et transforment des événements marquants de leur passé en récits fondateurs, en mythes avec des héros aux qualités exceptionnelles.

EXEMPLES

Apple et son garage d'origine, Richard Branson (fondateur de Virgin) et ses exploits.

d) Des codes et des pratiques

Des éléments de langage, des pratiques organisationnelles, communicationnelles ou commerciales sont identifiables dans chaque organisation.

EXEMPLES

Le « GO » du Club Med ou le tutoiement généralisé dans l'Éducation nationale.

e) Des croyances et des valeurs

Chaque organisation possède un système de croyances, de valeurs qui déterminent son comportement, très diverses.

EXEMPLES

L'éthique, la convivialité, l'environnement, l'esprit d'équipe, l'innovation, la responsabilité, l'ambition, la fiabilité.

3 Réalités et images

1. La notoriété

La notoriété d'une organisation est une donnée objective. Elle se mesure en fonction du nombre de personnes qui connaissent l'existence de l'organisation, et qui savent identifier la catégorie de produits fabriqués et/ou commercialisés, le type de services proposés.

On distingue trois grands niveaux de notoriété à partir du moment où l'organisation est connue :

La notoriété assistée	Les personnes interrogées reconnaissent le nom de la marque dans une liste préétablie.
La notoriété spontanée	Les personnes répondant à une question ouverte du type : « Citez les marques de voitures que vous connaissez » citent spontanément la marque.
La notoriété *Top of mind*	Les personnes répondant à une question ouverte telle que celle donnée précédemment classent en premier la marque. C'est une forme de notoriété spontanée de premier rang.

Ces mesures de notoriété sont difficiles à établir ; le score dépend de la formulation de la question posée, de la qualité du panel (clients potentiels, clients actuels...), de la date de la mesure (cette notoriété peut être éphémère, en relation avec une campagne récente par exemple).

Cependant, les taux de notoriété permettent d'établir une classification des marques :

Classification	Définition	Exemples
La marque monopole	On ne connaît qu'elle dans son secteur.	EDF, SNCF.
La marque générique	Son nom est devenu synonyme d'une catégorie de produits. Ce n'est pas toujours un atout car la marque a perdu son pouvoir de différenciation.	Bic.
La marque dominante	Elle a une forte notoriété spontanée, souvent de premier plan, mais est fortement concurrencée par des marques à la notoriété proche.	Coca-Cola, Ikea.
La marque connue	Cette marque a une forte notoriété spontanée mais est rarement citée en premier.	Pepsi Cola, Habitat.
La marque de second rang	La notoriété spontanée et la notoriété assistée sont faibles.	LG, Lexmark.

2. L'image

L'image d'une organisation est constituée par l'ensemble des représentations mentales, évocations, associations, attachées par un individu aux produits, services, nom de cette organisation.

Dans un monde de concurrence croissante, l'image permet la distinction. Cette valeur immatérielle prend le pas sur les caractéristiques concrètes des produits.

a) Les images d'une marque

Pour toute organisation, deux images sont à distinguer :

- l'image perçue : elle correspond à l'image de marque, à la perception par un public (clientèle, prospects, population française...), à un moment précis, de la réputation, des valeurs, de la personnalité, de l'identité de l'entreprise ;
- l'image voulue. L'image perçue n'est pas toujours conforme à l'image souhaitée ; la stratégie marketing élaborera alors un positionnement nouveau, une image retouchée destinée à véhiculer des valeurs et des associations plus adaptées aux ambitions de la marque.

b) L'élaboration de l'image

L'image d'une marque est liée à son identité graphique et sonore, à son nom, à son histoire, à ses valeurs, à la nature de ses produits ou services et aux connotations attachées, à ses grilles tarifaires, aux rumeurs dont elle a fait l'objet, à sa clientèle et ce que cette dernière représente socialement, économiquement, aux lieux de distribution et à leurs images... L'image d'une organisation est ainsi la somme de toutes les images qui lui sont rattachées. C'est un résumé d'impressions.

Pour repérer l'image d'une organisation, on identifie un ensemble de représentations communes à un segment de la population. C'est cette « image moyenne » qui est utilisée pour la communication.

EXEMPLE

La mauvaise image de La Poste pour les professions libérales.

Cette image est à la fois réelle, puisqu'elle correspond à des réactions observables (sur la base d'entretiens), mais aussi très éloignée parfois d'une vérité objective de l'organisation et de ses valeurs.

Transformer, faire évoluer, créer une image est complexe et donc aléatoire. L'essentiel du discours publicitaire et de la rhétorique communicationnelle contribue à la formation et/ou déformation de l'image.

c) L'utilisation de l'image

Une image, même très éloignée d'une vérité de l'entreprise, est assez stable : les politiques de marques se fondent sur ce principe.

L'image est responsable des attitudes favorables ou défavorables envers une marque. Elle donne des raisons d'acheter ou de ne pas acheter un produit et permet la distinction de la marque.

Par ailleurs, l'image d'une marque permet au consommateur d'acquérir une plus-value lors de l'acte d'achat : par métonymie, la clientèle bénéficie de l'image de la marque, lorsque celle-ci est bonne.

23 LA PRESSE (ÉCRITE ET INTERNET)

La presse écrite a longtemps dominé les médias. Depuis sa création, elle a joué un rôle majeur dans l'influence de l'opinion publique et est toujours étroitement dépendante du contexte politique, économique et culturel dans lequel elle intervient. Elle s'est beaucoup transformée cette dernière décennie, dans sa composition comme dans son mode d'influence.

1 De *La Gazette de France* au *Monde.fr*

1. Une publication sous contrôle

La presse se distingue du livre, première forme d'écrit imprimé, par sa périodicité (d'abord hebdomadaire puis quotidienne, mensuelle...).

Elle apparaît au XVIIe siècle sous forme de gazettes. Son instigateur en France est Théophraste Renaudot, ami de Richelieu et médecin de Louis XIII. Il obtient en 1631, par privilège royal, l'autorisation de publier *La Gazette de France*, feuille de quatre pages qui délivre une information officielle et étroitement contrôlée. Elle survécut jusqu'à la Première Guerre mondiale.

En 1777 parut le premier quotidien, distribué à Paris, *Le Journal de Paris*. Relatant les faits divers, l'actualité parisienne, notamment culturelle, il fut très prisé lors de la Révolution de 1789.

2. Un essor entre liberté et censure

a) La liberté d'expression

La Révolution française transforme ce paysage médiatique. Selon l'article 11 de la *Déclaration des droits de l'Homme et du citoyen* de 1789, « Tout Citoyen peut parler, écrire, imprimer librement, sauf à répondre de l'abus de cette liberté ». Libres, les journaux se multiplient (218 titres en 1789, 387 titres en 1890) et sont essentiellement des journaux d'opinions politiques, rapportant et commentant les faits.

La liberté d'expression n'est réelle qu'entre 1789 et 1792 ; les restrictions et censures, avec autorisations préalables, interdictions de publication, condamnations, voire exécutions de journalistes..., se succèderont jusqu'en 1881, selon que l'on perçoit la presse comme un danger pour la démocratie ou comme un contre-pouvoir politique.

b) La presse et la publicité

Cependant, en même temps que se poursuit le combat pour la liberté de la presse, les journaux se démocratisent. Émile de Girardin a, dès 1832, l'idée de financer son journal, *Le Journal des connaissances utiles* (et, en 1836, *La Presse*) par la publication d'annonces de marchands. À contre-pied de la presse d'opinion, qu'il accuse d'empêcher de « se former soi-même une opinion éclairée », et sur le modèle anglo-saxon, il propose ainsi des journaux moins chers, plus informatifs : aux nouvelles politiques s'ajoutent l'information économique, les inventions techniques, les faits de société, les questions sociales et le roman feuilleton. Balzac, Gautier, Hugo et Dumas collaborent à la réalisation de ce concept novateur.

Mais alors que Girardin souhaitait instruire et faire participer le lectorat au débat politique, d'autres vont poursuivre cette démocratisation en proposant des journaux à bas prix avec des rubriques légères, des informations pratiques.

3. La presse au XXe siècle

a) Dans la première moitié du XXe siècle

En 1881, la liberté de la presse est proclamée par la promulgation de la loi du 29 juillet. De nouveaux titres apparaissent, *l'Humanité* (1905), *Les Échos* (1905), *Le Canard enchaîné* (1915)... À la veille de la Première Guerre mondiale, la presse française compte plusieurs millions de lecteurs.

Cependant, la censure (réinstaurée de 1914 à 1919), le discrédit jeté par des scandales financiers à l'occasion desquels certains titres, au cours des années 1930, sont accusés de vénalité (affaires de Panama, des emprunts russes, de Stavisky...), poussent la presse à renouveler ses pratiques. Dès 1918, le Syndicat National des Journalistes est créé. Les professionnels rédigent une charte imposant le respect d'un code moral et déontologique. Le statut de journaliste sera reconnu par la loi de 1935.

Parallèlement, le journalisme d'investigation, inauguré en 1894 avec l'affaire Dreyfus, se développe. Des enquêtes sont menées dans le monde entier par des journalistes reporters comme Albert Londres.

De nombreux périodiques apparaissent. Jean Prouvost, propriétaire de *Paris Soir*, révolutionne le format traditionnel de la presse française en sortant les publicités des dernières pages où elles étaient alors entassées. Aux articles s'ajoute une iconographie. L'événement n'est plus seulement relaté, il est montré à l'aide de photos en noir et blanc.

b) Dans la seconde moitié du XXe siècle

La presse écrite se voit concurrencée par d'autres médias, la radio puis la télévision et Internet. Ce phénomène transforme le paysage de la presse écrite en France : des magazines spécialisés séduisent un nouveau lectorat, les titres régionaux, par leur information de proximité, résistent à la concurrence, les grands quotidiens nationaux diffusent des supports sur Internet et les titres gratuits, tels que *Métro*, *20 minutes*, inondent le marché.

2 Une pluralité de supports

Quatre siècles après sa naissance, la presse compte, selon la Direction du Développement des Médias, 4 435 titres. Il existe différentes classifications de ces supports, selon que l'on distingue leur lectorat, leur usage, leur périodicité. Le classement proposé ci-après est celui de l'Institut de Recherches et Études Publicitaires. Pour étudier la performance d'un titre, on étudie sa diffusion (le nombre d'exemplaires distribués du même numéro) et son audience (le nombre de lecteurs qui ont lu, parcouru ou consulté un support de presse). Chaque année, deux grandes enquêtes sont réalisées pour mesurer et analyser le lectorat. Le CESP (Centre d'Étude des Supports Publicitaires) contrôle la validité des études d'audience réalisées sur le territoire français.

1. La presse quotidienne

En 2010, chaque jour, 23,6 millions de Français, soit près de 46,6 % de la population âgée de 15 ans et plus, lisent un quotidien. La Presse Quotidienne Nationale, plus parisienne que nationale pour certains de ses titres, réunit 9 millions de lecteurs.

a) La Presse Quotidienne Nationale ou PQN

La PQN comprend 12 quotidiens nationaux, dont 7 d'informations (*Le Figaro* – créé en 1826, *Le Monde* – créé en 1944, *Libération* – créé en 1973, *La Croix*, *France-Soir*, *Le Parisien/Aujourd'hui*, *L'Humanité*), 2 financiers (*Les Échos*, *La Tribune*), 2 sportifs (*L'Équipe*, *Paris-Turf*) et 1 international (*International Herald Tribune*).
C'est un média très utilisé pour les publicités financières, l'information média (programmes télé, radio, nouveautés magazines...), les transports, le secteur automobile, le tourisme et les petites annonces.

b) La Presse Quotidienne Régionale ou PQR

C'est une presse de proximité et de services. Elle couvre l'actualité d'une région, d'une ville ou d'un département et bénéficie d'une position dominante, parfois même d'un monopole, sur un certain nombre de territoires. Les lecteurs sont souvent des abonnés.
67 titres (en 2008) sont proposés à 18 millions de lecteurs. Les 5 grands titres de la PQR sont *Ouest France*, *Le Parisien*, *Sud Ouest*, *La Voix du Nord*, *Le Dauphiné Libéré*.
C'est le média de la grande distribution, de l'automobile, de la banque, de l'immobilier, pour créer de l'événement, lancer des produits et des offres promotionnelles. Les différentes régies de la PQR ont créé un espace commun de ventes d'espaces, *PQR 66*, qui permet à un annonceur national de passer un message publicitaire dans les 67 titres simultanément.
L'âge moyen de ses lecteurs augmente.

c) La Presse Quotidienne Urbaine Gratuite

Apparus en 2002, ces titres connaissent un grand succès. Ils sont lus quotidiennement par 4,4 millions de personnes. Ils sont entièrement financés par la publicité. Le lectorat est plus jeune, plus féminin et plus actif que celui de la PQ payante.
Il y a 4 titres nationaux, *Metro*, *20 minutes*, *Direct Matin*, *Direct Soir* et une multitude de titres régionaux tels que *Marseille Plus*, *Lille Plus*...
De 2002 à 2006, leur nombre a été multiplié par 6, passant à 80 titres quotidiens ou magazines.

2. La presse magazine

Un magazine est une publication périodique dont la fréquence de parution (hebdomadaire, mensuelle...) varie selon les titres.
97 % des plus de 15 ans lisent un magazine par mois. Les Français lisent 7,3 titres par mois, en moyenne. Les supports se distinguent selon la spécialisation de leur contenu, la segmentation de leur lectorat, leur format, leur concept éditorial.
Le lectorat est plus féminin, ce qui explique la profusion des titres destinés aux femmes.
On peut classer ces titres de multiples façons ; les grandes familles thématiques sont :
- magazines d'actualité (*Le Point*, *L'Express*...) ;
- magazines féminins (*Elle*, *Marie-Claire*...) ;
- magazines sportifs ;
- magazines seniors ou jeunes ;
- magazines sur les médias (TV, cinéma...) ;
- presse loisirs et décoration ;
- presse santé et bien-être.

Les publicitaires utilisent ce support pour le secteur automobile, les parfums, la beauté, la technologie... La publicité est souvent une annonce-presse ou de plus en plus fréquemment du publireportage. Le couponing, l'offre d'échantillons y sont aussi courants.

3. La presse professionnelle ou technique (*B to B*)

En France, plus d'un millier de titres de presse sont destinés à un public essentiellement constitué de professionnels. Ce lectorat est souvent abonné, à titre individuel ou par l'intermédiaire de son entreprise. Cette presse permet de toucher un lectorat au profil connu ; très attentif, fidèle et donc performant, impliqué. Elle a ainsi une connotation de sérieux, et fait « autorité ».

4. La presse gratuite

En dehors de la Presse Quotidienne Urbaine Gratuite, de nombreux titres existent. Ce sont surtout des journaux d'annonces : 600 titres et près de 35 millions d'exemplaires. Les plus connus sont *Top Annonces*, *Paru Vendu*, propriétés de grands groupes tels que La Comareg ou Spir Communication.

3 La presse en crise ?

La presse française est en pleine mutation. Depuis 2000, le cycle de la presse payante est en baisse : baisse de recettes de vente (- 2,3 %), baisse du chiffre d'affaires (- 2,6 %), baisse de la diffusion (- 2,14 %). Cependant, tous les secteurs ne sont pas concernés de la même manière. On constate surtout une baisse de la presse payante et un essor de la presse gratuite (+ 5 % de CA).
Par ailleurs, le lectorat se transforme. Depuis 1973, la part des Français lisant un quotidien payant baisse (passage de 55 % en 1973 à 34 % 2005). Les cadres restent majoritairement les lecteurs de la PQN (32,2 %), mais ils sont moins nombreux, plus âgés ; 43 % des lecteurs sont âgés de 50 ans et plus. Les jeunes de 15 à 24 ans sont des lecteurs peu assidus de la PQN (16,2 %) mais sont le lectorat le plus important de la PQ gratuite.
En conclusion, ce média reste très puissant : il crée notoriété et image. Face à la crise, plusieurs stratégies sont adoptées ou envisagées : aide de l'État sous forme de subventions au portage, couplages presse-papier et site Internet, développement de politiques de marque face à la concurrence de sites uniquement électroniques (*Lemonde.fr* face à *Mediapart* ou *Rue89*).
Mais le problème de la gratuité et du manque d'appétence de la jeunesse pour ce média reste posé.

24 LES RADIOS

Née au début du XXe siècle, la radio est un média de diffusion de programmes sonores régis par des groupes publics ou privés titulaires de fréquences délivrées par une autorité publique, le Conseil supérieur de l'audiovisuel (CSA). C'est un média très puissant puisque 99 % des foyers français sont équipés d'un poste et que la durée d'écoute moyenne est de 190 minutes par jour.

1 La radiodiffusion : naissance d'un média

1. D'une révolution technique...

En 1896, Guglielmo Marconi dépose en Grande-Bretagne le premier brevet de télégraphie sans fil (TSF). Les premières utilisations de ce procédé se feront, en morse, pour la communication entre les navires et la terre.

Dès 1908, les premières expériences de radiodiffusion de programmes musicaux apparaissent. On passe de l'écrit au son, de la matérialité du papier à l'immatérialité des ondes. Cependant, son emploi reste lié à des nécessités techniques, militaires ou civiles, et seuls quelques amateurs-bricoleurs, les sans-filistes, l'utiliseront à des fins autres que la transmission de données.

À partir de 1914, la radiodiffusion devient un véritable média d'information au service de la population ou des gouvernements : c'est grâce à elle, en 1914, que les militaires français apprennent l'attaque de l'Allemagne, que le monde est informé de la révolution bolchévique et que la propagande américaine à destination de l'Allemagne s'effectue.

2. ... à une révolution médiatique

En 1922, est créée la première radio française, Radio Paris, sous tutelle du ministère des PTT (Poste, Télécommunication et Télégraphes). Très vite, d'autres radios suivront. Elles sont financées par une redevance (établie en 1933, disparue en 1980) et par la publicité. Si avant la Seconde Guerre mondiale, certaines radios sont privées, elles seront toutes nationalisées après la guerre.

EXEMPLE

Radio Cité, appartenant à Marcel Bleustein-Blanchet, futur créateur de l'agence Publicis.

En 1948, l'invention du transistor permet une écoute individuelle et la mobilité. La radio devient le premier média qui offre la particularité de présenter simultanément à une large audience ses informations et ses divertissements, presque gratuitement, à domicile. Elle substitue l'immédiateté des actualités au différé de la presse.

L'État conserve son monopole, malgré certaines tentatives de « radios libres ».

En 1981, la libéralisation des ondes va permettre la naissance des radios locales privées telles que NRJ, RFM...
Les radios françaises connaissent un développement européen.

EXEMPLE

NRJ Group a créé des filières dans toute l'Europe : en Allemagne, Autriche, Belgique, Finlande, Norvège, Suède, Suisse.

2 Typologies des radios

Les radios se distinguent entre elles, soit par leur statut juridique, soit par le format de leur programme.

1. La typologie du CSA

Le CSA, créé en 1989 en remplacement du CNCL (Conseil National de la Communication et des Libertés), attribue des fréquences aux stations. Le CSA établit une typologie des radios en fonction de leur statut juridique et de leur mode de financement.

a) Les radios publiques

Elles appartiennent à l'État et sont regroupées au sein de trois sociétés de programme : Radio France, RFO (Radio France Outre-mer) et RFI (Radio France Internationale). Elles disposent d'un droit de priorité pour l'obtention de fréquences sur l'ensemble des zones du territoire. Elles sont financées pour une partie par la redevance sur les postes de télévision et pour une autre partie par la publicité. Elles sont tenues par leur cahier des charges de contribuer au pluralisme de l'information, à l'expression des différents courants culturels ou sociaux et à la promotion de la création culturelle radiophonique, ainsi que de la francophonie.

b) Les radios privées

Pour les radios privées, le CSA définit cinq catégories :

- les radios de catégorie A (ou radios associatives) regroupent des stations de services associatifs éligibles aux fonds de soutien à l'expression radiophonique dont les ressources commerciales provenant de messages diffusés à l'antenne et présentant un caractère de publicité de marque ou de parrainage sont inférieures à 20 % de leur chiffre d'affaires. Ces radios ont pour mission une communication sociale de proximité. Ce sont essentiellement des radios de quartier, des radios communautaires, culturelles, confessionnelles, scolaires ou universitaires. Leur programme d'intérêt local, hors publicité, doit représenter une durée quotidienne d'au moins quatre heures et être diffusé entre 6 h et 22 h. Ces radios comptent, en 2008, 896 fréquences, soit 24,7 % des fréquences totales des radios privées ;
- les radios de catégorie B (ou radios commerciales locales ou régionales indépendantes) regroupent les services locaux ou régionaux indépendants ne diffusant pas de programme national identifié. Elles se caractérisent par une zone de desserte ne couvrant pas une population de plus de six millions d'habitants et par la présence dans leurs émissions d'un programme d'intérêt local d'une durée quotidienne, hors publicité, d'au moins quatre heures, diffusé entre 6 h

et 22 h. En 2008, ces radios comptent 568 fréquences, soit 15,7 % des fréquences totales des radios privées ;
- les radios de catégorie C sont les radios commerciales locales ou régionales affiliées à un réseau à vocation nationale. Elles se caractérisent par une zone de desserte ne couvrant pas une population de plus de six millions d'habitants et par la diffusion quotidienne d'un programme d'intérêt local (pour une durée qui ne peut pas être inférieure à trois heures hors publicité) et, en complément de ces émissions, d'un programme fourni par un réseau thématique à vocation nationale. Elles regroupent 638 fréquences, soit 17,6 % des fréquences totales des radios privées ;
- les radios de catégorie D comprennent les radios commerciales dont la vocation est la diffusion d'un programme thématique sur le territoire national sans décrochages locaux. Elles regroupent 1 017 fréquences, soit 28 % des fréquences totales des radios privées ;
- les radios de catégorie E comprennent les anciennes radios dites « périphériques » car elles émettaient à partir de l'étranger (Allemagne, Monaco et Luxembourg). Ce sont des stations à vocation nationale et généraliste dont les programmes font une large part à l'information. Trois opérateurs (Europe 1, RTL et RMC Info) se partagent 507 fréquences, soit 14 % des fréquences totales des radios privées.

Les radios privées doivent obtenir du CSA une autorisation de diffusion dont l'attribution dépend de critères précis : garantie du caractère pluraliste de l'expression des courants de pensée et d'opinion, honnêteté de l'information, expérience acquise dans des activités de communication, intérêt du projet pour le public, contribution de la radio à la production de programmes locaux, diversité des opérateurs.

En termes d'audience, ce sont les radios privées commerciales qui dominent le marché (73 %), suivies des radios publiques (21 %) devant les radios associatives (2 %).

2. La typologie marketing

Pour les besoins de la segmentation publicitaire, les radios sont également distinguées en fonction de leur format, c'est-à-dire de leur programme et de leur diffusion nationale ou locale.

- Les radios « généralistes » regroupent les anciennes « périphériques » et des radios publiques.

EXEMPLES

France Inter, Europe 1, RTL, RMC, France Bleue...

- Leur programmation est variée avec des informations et des divertissements. Elles s'adressent à un large public.

EXEMPLE

Extrait de programmation France Inter

13 h 05. Sur les épaules de Darwin À la recherche des mystères de l'hérédité
14 h 05. CO_2 mon amour Reportage à Port-Louis sur le plancton
16 h. C'est du classique, mais c'est pas grave Les instruments du classique : piano et violon
18 h 05. Ça peut pas faire de mal Spéciale Milan Kundera
19 h 20. L'atelier du photographe Grégoire Korganow
22 h. Alternatives Beastie Boys, pour la sortie de leur 8e album

- Les radios musicales, créées dans les années 1980, proposent des programmes musicaux différenciés et s'adressent à un public ciblé.

EXEMPLES

Fun radio s'adresse à un public « jeune », Chérie FM ou Nostalgie s'adressent à un public plus « adulte ».

- Les radios à programmes thématiques sont dédiées à l'information, à la culture, à la musique classique... Elles ont une diffusion nationale ou internationale.

EXEMPLES

France Info, BFM, RFI...

- Les radios locales aux programmes de proximité peuvent être musicales ou thématiques. Elles ne couvrent qu'un territoire réduit (ville, département...).

EXEMPLES

FIP, Le Mouv'...

25 LA TÉLÉVISION

La télévision est la première pratique culturelle des Français : 98 % des foyers sont équipés d'au moins un téléviseur.

1 Du monopole à la libéralisation du paysage audiovisuel français

1. Le monopole d'État

En 1935, la première émission officielle est diffusée à partir de l'émetteur de la Tour Eiffel. Cependant, jusqu'en 1950, la diffusion reste limitée à Paris, par manque de réseau, et à une élite, car les téléviseurs sont très onéreux. En 1949, les premières informations télédiffusées viennent étoffer une programmation jusque-là limitée au divertissement. En 1964, apparaît une deuxième chaîne de télévision publique, qui passe à la couleur en 1967. En 1972 est créée une troisième chaîne à vocation régionale.

Le monopole de l'État sur la radio-diffusion, instauré en 1945, amènera à la création en 1949 de la RTF, Radiodiffusion Télévision Française, qui deviendra en 1964 l'ORTF, l'Office de Radio-Télévision Française. La télévision est conçue comme un divertissement destiné à élever le niveau culturel... Dès 1949, la redevance de la radio s'étend aux postes de télévision.

Parallèlement aux recettes fournies par la redevance, par l'État, la publicité prend progressivement une part croissante dans le financement des programmes. Les chaînes publiques rentrent alors en concurrence et se lancent dans la course aux téléspectateurs : la priorité est donnée aux programmes à forte valeur ajoutée en termes d'audience et d'attraction.

2. L'ouverture à la concurrence

Par la loi du 29 juillet 1982, l'indépendance de la télévision vis-à-vis de l'État est instaurée. La première chaîne payante, Canal Plus, est lancée par Havas en 1984. Avec le plan « câble », de nouveaux réseaux commerciaux peuvent se développer en 1986 : la Cinq, TV6 (devenue M6 un an plus tard), Paris Première.

En 1987, TF1 est privatisée. Les chaînes publiques, devenues France 2 et France 3 en 1992, renforcées par la création de la chaîne culturelle franco-allemande Arte, sont alors chargées de garantir un service public de qualité face à des dérives commerciales. En 2009, la disparition progressive de la publicité sur les chaînes publiques est programmée.

2 Une transformation du paysage audiovisuel français

Jusque dans les années 1990, la télévision reste un média de masse : tout le monde reçoit quasiment les mêmes chaînes (à l'exception des abonnés de Canal Plus).

1. Une fragmentation de l'offre

À partir des années 1990, avec le développement du câble et l'arrivée du satellite, les chaînes se multiplient, se spécialisent et le public est plus ciblé. Les chaînes sont désormais distribuées par la voie hertzienne (analogique puis numérique), le câble et le satellite, l'ADSL, la TNT et la TMP (Téléphonie Mobile Personnelle). On distingue :

- les chaînes hertziennes gratuites nationales ; elles sont historiquement au nombre de sept, quatre sont généralistes (TF1, France 2, France 3, M6), trois sont thématiques (cinéma et sport pour Canal Plus, éducative pour France 5, culturelle pour Arte). Quatre sont publiques, trois privées. Elles sont également diffusées par le câble, l'ADSL, la TNT... ;
- les chaînes hertziennes gratuites locales ; apparues en 1987 mais développées seulement dans les années 2000, elles sont peu nombreuses par manque de recettes publicitaires. On en distingue trois types : les télévisions de ville, de pays (Savoie, Lubéron), de proximité ;
- les chaînes thématiques, gratuites (TNT), semi-gratuites ou payantes (câble, satellite, ADSL...). En passant du câble au satellite, elles se sont multipliées très vite : elles sont en 2010 plus de 200. Les chaînes thématiques majoritaires sont celles consacrées au cinéma (21), à la jeunesse (18), à la musique (18), au documentaire (12) et au sport (11). La concurrence est très forte et des arrêts ou des fusions sont fréquents.

2. Une mutation des pratiques

Cette transformation de l'offre télévisuelle a généré une transformation des pratiques télévisuelles.

- Pour les téléspectateurs : les chaînes thématiques s'adressent à des segments sociaux de plus en plus étroits. Par ailleurs, alors que la télévision, par son offre gratuite, a longtemps été égalitaire, pluraliste et fédératrice, elle devient, avec ses nombreuses chaînes payantes, inégalitaire et discriminante. Enfin, le flux ininterrompu de la diffusion ne permet plus les rendez-vous médiatiques communs à l'ensemble des téléspectateurs.
- Pour les chaînes : l'allongement des programmes nécessite de trouver de nouvelles manières de remplir les grilles. La rediffusion, la multiplication des feuilletons, le recours au marché international et donc l'abandon progressif de la production nationale, en sont les corollaires. La recherche effrénée de recettes publicitaires, plus rares car dispersées du fait du nombre de chaînes, modifie les programmes soumis à l'audience : de nouveaux genres télévisuels, plus spectaculaires, tels que la téléréalité, font leur apparition.
- Pour les pouvoirs publics : pour pallier les effets pervers de cette évolution, les pouvoirs publics, par le biais du Conseil Supérieur de l'Audiovisuel (CSA), assujettissent les diffuseurs à des obligations de diffusion et de production – les chaînes sont tenues de diffuser 40 % d'œuvres françaises par exemple. Le CSA doit veiller à la pluralité de l'offre, au respect de l'expression de la pluralité. La publicité est précisément réglementée.
- Pour les annonceurs : la réglementation, en constante évolution, limite le temps et les secteurs de la publicité télévisée.

26 L'INTERNET

→ *World Wide Web*, l'immense toile d'araignée mondiale apparue en 1991, relie des millions d'internautes dans le monde et permet l'échange de données entre des réseaux différents. Ce média est devenu, par son mode de communication interactif et par sa technique multimédia, incontournable.

1 D'Arpanet au Web 2.0

1. De l'ordinateur à Internet

Dès 1962, en pleine guerre froide, le département américain de la Défense finance un projet chargé d'imaginer un réseau de communication qui serait opérationnel même après une guerre nucléaire. Ces recherches aboutissent à la naissance d'ARPANET en 1969, qui permet de relier le Pentagone et quatre universités américaines : la première connexion est réalisée, très vite d'autres suivront, aux États-Unis puis en Grande-Bretagne et en Norvège.

Le premier réseau informatique est né. Il sert à transmettre des données scientifiques mais aussi, et surtout, à établir des communications, à échanger des messages personnels. En 1982, le terme « Internet » est officiellement créé ; il désigne le premier réseau mondial d'ordinateurs interconnectés *(INTERconnected NETworks)* et correspond à un protocole de gestion des messages capable de gérer les contrôles d'erreurs.

Parallèlement, en France, la même année, apparaît le Minitel. Alors qu'Internet se destinait au monde de la recherche, le Minitel est conçu pour des applications à l'usage du grand public. Cela explique le succès français du Minitel, qui va retarder l'adhésion aux normes internationales, après que l'Internet s'est imposé mondialement.

2. Le Web

a) Un outil pour les chercheurs

En 1989, Tim Berners-Lee, chercheur au CERN (laboratoire européen de physique des particules situé à Genève), invente le *World Wide Web*. Ce service permet de fournir à l'ensemble des chercheurs un système d'information, de publication, de consultation de documents faisant appel aux techniques de l'hypertexte. Il permet l'accès à des milliers de serveurs en un seul clic.

b) Un outil pour le grand public

Après la création de navigateurs rendant la navigation sur la Toile accessible aux néophytes, le Web révolutionne les pratiques communicationnelles et commerciales. La première publicité apparaît en 1994 aux États-Unis, sous forme d'une bannière publicitaire. Le moteur de recherche Google, créé en 1998 par deux étudiants de l'université américaine de Stanford, intègre très vite la publicité ciblée (grâce aux mots clés) dans son financement.

c) Le Web communautaire et interactif

À partir de 2004 est utilisée la notion de Web 2.0. Dans le Web classique, la communication est établie entre un site et des internautes. Avec le Web 2.0, les internautes peuvent interagir avec le contenu des pages du site mais aussi entre eux. Des outils et protocoles sont mis en place pour permettre son développement. Wikipedia, You tube, Dailymotion en sont les émanations.

2 Internet : un média protéiforme

Internet associe les techniques de l'ensemble des médias préexistants – il est composé de mots, de sons, d'images –, il est ainsi multimédia. De plus, il permet la diffusion des autres médias : le film de cinéma, l'article de presse, l'émission de télévision ou de radio. Mais surtout, Internet permet l'accès à des services très hétérogènes et imagine de nouvelles formes de communication.

1. Les services de communication

Ces services mettent en relation des individus utilisant des protocoles très variés, entre autres :

- le courrier électronique (*e-mail* ou courriel) : c'est une lettre informatisée, à laquelle peuvent être joints des documents écrits sonores ou iconiques ; il n'a pas de valeur juridique ;
- les *chats* : ce sont des dialogues, des conversations, en ligne entre plusieurs personnes connectées en même temps et sous pseudonyme. Contrairement au courrier électronique, l'échange se fait en temps réel ;
- les forums de discussion : ce sont des agoras où domine la *doxa*. Des individus qui ne se connaissent pas échangent leurs opinions sur des sujets variés ;
- les *blogs* : ce sont des sites évolutifs, prenant la forme d'un journal personnel, daté, au contenu régulièrement mis à jour. Les textes peuvent être informatifs, intimistes, argumentatifs, poétiques... Ils sont généralement courts et parfois enrichis d'hyperliens. Les bloggeurs peuvent être influents dans un domaine spécifique (journalisme, mode, politique...).

2. Les services d'information

Ces services visent à transmettre des informations de natures variées :

- les informations-renseignements : météo, programmation de concerts... ;
- les informations-*news* officielles : elles proviennent d'agences de presse ou des médias (journaux, télévision, radios) ;
- les informations-opinions : elles sont constituées de rumeurs, de potins issus d'articles ou de banques de données, de sites et non de blogs ;
- les informations organisationnelles : elles décrivent les organisations (services municipaux, hospitaliers...), leur structure, leurs services ;
- les informations-connaissances : elles peuvent être gratuites ou payantes et sont permises par des banques de données : encyclopédies, articles...

3. Les services de loisirs culturels ou de divertissements

Par Internet, on peut accéder à des sites de musées, de galeries, on peut regarder la télévision, écouter de la musique, télécharger un film, jouer seul ou avec d'autres internautes...

27 L'AFFICHAGE, LE CINÉMA

➔ Alors que le média affichage est omniprésent dans notre environnement et fait l'objet d'une réglementation visant à limiter l'envahissement de l'espace public, le média cinéma reste marginal.

1 Le média affichage

Historiquement le premier média, l'affichage est constitué par l'ensemble des messages visibles dans des lieux fréquentés par un public. C'est le média de la « publicité extérieure », de proximité, entièrement gratuit pour le récepteur. Son impact visuel lui confère le statut de média de notoriété, d'image et d'événement.

1. L'histoire du média

a) De l'antiquité au XXe siècle

On trouve des affiches dès l'Antiquité ; Grecs et Romains connaissaient l'enseigne ; sur le mur du Forum, à Rome, a été découverte une affiche datant d'un siècle avant notre ère.

À l'origine, l'affiche est une offre de service, une annonce, une information utile au public. Les Révolutionnaires français de la fin du XVIIIe siècle vont beaucoup utiliser ce média, simple et peu onéreux.

C'est avec le développement des grands magasins et de la consommation que l'affiche, comme support de la publicité commerciale, se développe. À partir de 1880, des placards colorés, réalisés par des artistes tels que Chéret, Toulouse Lautrec ou Cassandre, vantent les marques de boisson, les stations thermales, les voyages en train puis en automobile...

La plupart des Français apprécient tout d'abord cet affichage, considéré davantage comme un art décoratif que comme une publicité. À l'aube du XXe siècle, des poètes tels qu'Apollinaire ou Cendrars s'enthousiasment pour ces réclames urbaines qui embellissent les rues. Les annonceurs sont alors perçus comme des mécènes, alors que les Anglo-Saxons n'entretiennent pas ce même rapport avec la publicité.

b) L'affichage contemporain

Si dès 1881 l'affichage est réglementé (« Défense d'afficher »), il reste régulièrement attaqué pour sa capacité à choquer, à polluer les esprits... La réalité de son impact semble ainsi reconnue.

La France est actuellement l'un des pays où les dépenses publicitaires dans l'affichage sont les plus importantes (9,5 % des recettes publicitaires des médias). Les sociétés d'affichage françaises, comme le groupe JCDecaux, ont su exploiter ce capital de sympathie initial et développer des concepts novateurs ; elles occupent une place majeure au plan mondial.

2. Les différentes formes d'affichage

a) L'affichage traditionnel

Il se commercialise, sur une durée de 7 jours à plusieurs semaines, par emplacement géographique et stratégique ou par réseau d'annonceurs. Il permet de toucher les individus pendant leurs déplacements.

Plusieurs formats existent mais le plus usité est le grand format, de 12 m^2, soit à l'italienne, soit panoramique (4 m par 3).

Il est d'un coût relativement élevé car les emplacements doivent être multipliés pour que l'affiche puisse être assurément visible.

b) L'affichage transport

Dans les zones urbaines et sur les grands axes, cet affichage touche une population active dans ses déplacements : métro, tramway, bus, gare et aéroport. Les formats sont nombreux et s'adaptent au support.

EXEMPLES

Format à l'italienne ou panoramique pour un quai, un couloir ; arrière ou flanc de bus, oriflamme.

c) Le mobilier urbain

Type d'affichage inventé par Jean-Claude Decaux dans les années 1960, le mobilier urbain allie publicité et service rendu au public par son offre d'abribus ; il est donc implanté sur le domaine public.

Les formats proposés sont ceux du mobilier urbain.

EXEMPLES

Panneaux d'abribus, MUPI (Mobilier Urbain Point Information), colonnes Morris.

Cet affichage offre une garantie d'entretien (panneaux sous vitre) et cible un public précis, au cœur de son activité ; il attire des annonceurs prestigieux.

d) Les autres formes de publicité extérieure

L'affichage est un média en perpétuelle évolution ; il s'adapte à tous les nouveaux supports issus de mutations sociologiques et technologiques. Les supports peuvent être les réseaux des vitrines, des caddies de supermarchés, l'affichage mobile sur les camions, dirigeables, taxis, les enseignes lumineuses.

Il peut s'agir :
- de *covering* (film adhésif publicitaire apposé sur des voitures, des avions, couvertures d'échafaudages...) ;
- de médias tactiques.

EXEMPLES

Tables de brasserie, tickets de parking, rampes d'escalators.

2 Le cinématographe et la spécificité française

Bien que la France soit le premier pays en nombre d'entrées par habitant, le cinéma y reste un média marginal pour la communication publicitaire : il ne représente en effet que 0,8 % des investissements publicitaires en 2009 pour environ 50 annonceurs.

1. Un média concurrencé

En 1895, Auguste et Louis Lumière, industriels lyonnais, inventent le cinématographe, procédé permettant de projeter et de recréer le mouvement. Très vite, la

publicité finance les projections. Le cinéma, par ses progrès techniques constants, invention de la couleur, du son, du son dolby stéréo..., va conquérir un large public tout au long du XXe siècle.
Actuellement, le cinéma continue à innover, avec la 3D par exemple, mais la concurrence d'autres médias, comme la télévision et ses écrans très larges ou Internet et le téléchargement, menace ce secteur industriel.

2. L'exception culturelle française

a) Approche historique

L'apogée du Septième Art en France se situe dans les années 1950 avec plus de 400 millions d'entrées par an. Le cinéma est alors un média populaire et puissant ; les publicités y bénéficient d'une excellente mémorisation et ciblent un large public. Le déclin de ce média (120 millions d'entrées dans les années 1990) se verra enrayé par la mise en place d'une politique culturelle de soutien à la création cinématographique. Aujourd'hui, le nombre d'entrées annuel avoisine les 200 millions.

b) Actualité

La législation française, pour protéger le cinéma français, a mis en place des dispositifs de financement spécifiques : avances sur recettes, participation des chaînes de télévision, crédits d'impôt. Dans le même but, un arsenal de mesures préserve l'industrie cinématographique : interdiction de passer des films à la télévision les mercredi et samedi, interdiction de publicité à la télévision pour un film... Alors que la loi Évin du 10 janvier 1991 privait le cinéma d'un nombre important d'annonceurs privilégiés de ce média (les marques de tabac et alcool), le cinéma français se maintient, progresse même depuis 2008.

3. Les usagers du média cinéma

La fréquentation cinématographique est mesurée et analysée par le CNC (Centre National de la Cinématographie) et l'enquête de Médiamétrie « 75 000 cinéma ».
La population cinématographique comprend l'ensemble des individus âgés de six ans et plus étant allés au cinéma au moins une fois dans l'année.
Les spectateurs assidus vont au moins une fois par semaine au cinéma, les spectateurs réguliers y vont au moins une fois par mois (et moins d'une fois par semaine) et les occasionnels au moins une fois par an (et moins d'une fois par mois). Les habitués du cinéma regroupent les assidus et les réguliers.
Selon l'enquête « 75000 cinéma », au premier semestre 2010, près de 2 Français sur 3 sont allés au cinéma. Le public est essentiellement jeune (70 % des 25-34 ans sont allés au cinéma), urbain, appartenant à des CSP favorisées ou étudiantes. 6 % des spectateurs sont réguliers.

4. Les tendances et évolutions de consommation

Depuis quelques années, en France, une hausse continue du nombre d'entrées génère une augmentation des investissements publicitaires. Cela s'inscrit dans le contexte de développement des multiplexes. La modernisation du parc de salles amplifie le succès des films. Les progrès de la technologie (développement du numérique et des films en 3D) confortent cette évolution.

5. La publicité au cinéma

Au cinéma, la publicité peut prendre différentes formes.

a) La publicité dans les halls

Les régies publicitaires spécialisées dans le cinéma proposent différents modes d'affichage dans les halls de cinéma qui sont des lieux de passage et d'attente : l'affichage papier ou l'affichage dynamique par écrans plasma ou murs d'images.

b) La publicité dans les salles

Les films sont la plupart du temps précédés de spots publicitaires d'annonceurs locaux, régionaux ou nationaux. Certains de ces spots sont identiques à ceux diffusés à la télévision, mais d'autres font l'objet d'un traitement plus cinématographique (durée plus longue, effets sonores recherchés, effets spéciaux, éclairage...).

EXEMPLE

Le spot réalisé spécialement pour le cinéma par Bruno Aveillan pour Swarovski en 2010 est un véritable court-métrage d'une durée de trois minutes.

c) La publicité dans les films

Un producteur de film peut monnayer l'apparition d'un produit à l'écran ou la citation du nom de la marque dans les dialogues. On parle alors de placement de produit. La technique est assez ancienne et apparaît notamment dans les premiers *James Bond*.

d) La publicité par les films

Certaines collectivités territoriales ont compris l'impact publicitaire que pouvait représenter, en termes d'accroissement de la fréquentation touristique, le tournage de films en décors naturels. C'est pourquoi certaines régions se sont dotées d'agences chargées de favoriser le tournage de films sur leur territoire : repérage de lieux, mise à disposition de studios, facilités de réservation...

28 PRODUIRE UN PUBLIREPORTAGE

Le publireportage est un support de communication de plus en plus répandu. Publié dans la presse, à la télévision, sur Internet ou tout autre média, il propose une publicité sous forme d'article. Pour éviter la confusion entre article de presse et publicité, la loi impose d'avertir le lecteur du caractère publicitaire de l'article, sous une dénomination explicite.

1 La notion de publireportage

Le publireportage propose une information prônant l'usage d'une marque, d'un produit. Cependant, par sa forme, il ne se distingue pas du contexte rédactionnel : il imite les reportages des supports de presse dans lesquels il est diffusé.

EXEMPLES

Un article du *Madame Figaro*, un documentaire de TF1.

2 L'objectif du publireportage

L'intérêt de ce type de publication repose sur la synergie recherchée entre les différents articles promotionnels et non promotionnels. Le but est donc de traduire le discours marketing de l'annonceur en information utile à une cible précise (le lectorat, l'auditorat, l'internaute...) en respectant la forme d'un reportage (interview, article de fond...).

EXEMPLE

Dans un numéro spécial du *JDD* du 26 septembre 2009, consacré aux voyages, Eurostar « parraine » une série d'articles sous forme de reportages : la « journaliste » embarquée décrit heure par heure l'expérience d'un « voyage écologiquement responsable » entre Paris et Londres.

Le publireportage, contrairement à un reportage d'information, vise toujours à modifier un comportement, une attitude au profit d'un annonceur ; il cherche à influencer sa cible : toutes les composantes de la production (mise en page, rhétorique, informations délivrées...) servent ce but.

3 L'analyse de la situation de communication

La réalisation d'un publireportage nécessite d'analyser le contexte au moyen du questionnement de Laswell ou règle des cinq W *(Who says What to Whom through Which channel with What effect)* qui permet de cerner les éléments d'une situation de communication, et en particulier de la demande de l'annonceur.

Questions	Commentaires
Qui ? Qui est le locuteur ?	L'émetteur est un annonceur, une régie, une agence spécialisée dans la rédaction des publirédactionnels. Cependant, le ton et l'énonciation sont ceux d'un journaliste. Certains journalistes, dans le cadre d'un partenariat entre leur employeur et l'annonceur, produisent le publireportage.
Quoi ? Quel est le message à transmettre ?	Que cherche à faire connaître l'annonceur ? Un nouveau produit, les valeurs de l'entreprise, des mutations dans le design, dans l'organisation, dans la clientèle visée...
Comment ? Quel est le medium ?	Le publireportage peut être diffusé dans la presse écrite, à la télévision, à la radio, sur Internet. Les codes à reproduire seront ceux du média choisi.
Qui est le récepteur ? le destinataire ?	L'audience du média (sa catégorie socioprofessionnelle, son âge, son sexe...) est déterminante dans le choix du ton, des arguments.
Pour quoi ? Quelle action le message doit-il induire ?	Il s'agit d'élaborer une stratégie qui, en délivrant de l'information à la manière d'un article, d'un reportage journalistique, doit donner des raisons objectives d'acheter, d'adhérer au discours.

4 Les contraintes de production

La production du publireportage diffère suivant le média auquel il est destiné.

Elle dépend du récepteur, de ses attentes, de ses habitudes mais aussi du contexte rédactionnel, de la ligne éditoriale.

Les contraintes formelles et techniques sont par conséquent celles du média choisi.

1. Les contraintes liées au média TV

Pour un reportage télévisé, la longueur du documentaire est à formater, l'écriture d'un synopsis ou d'un scénario est à standardiser, le ton et les thèmes de la chaîne choisie sont à identifier et à reproduire...

2. Les contraintes liées au média presse

Pour un article de presse écrite, la maquette doit se rapprocher le plus possible des codes du support choisi.

3. Les contraintes liées à l'Internet

Pour un site Internet, les contraintes sont les suivantes :
- la taille de l'article (en nombre de signes),
- le poids maximum des images intégrables,
- le format des fichiers,
- la possibilité d'intégration de *rich media* qui concerne tous les principaux formats vidéo. Cette technique permet d'obtenir une vidéo en *streaming*, chapitrée et agrémentée de documents qui augmentent l'interactivité.

EXEMPLES

Windows Media, Real Media, MPEG4, QuickTime.

5 L'écriture d'un publireportage pour la presse écrite

Il s'agit de mettre en œuvre de manière pertinente et inventive une interview, un reportage ou encore un sondage et son analyse. Toutes les formes usitées par la presse écrite sont exploitables.

1. La démarche journalistique

a) Les perspectives

- Transformer les faits bruts en un événement médiatique qui intéressera le lecteur.
- Choisir un angle d'attaque, sélectionner un point de vue, une information précise autour desquels l'article se structurera.
- Mettre en scène l'information, la rendre concrète et vivante par des témoignages, dialogues, portraits, péripéties...
- Rechercher l'extraordinaire, l'inattendu, l'insolite, tout ce qui surprend et change de la réalité quotidienne.
- Émouvoir, toucher la sensibilité de la cible pour la mobiliser.
- Mettre en œuvre la loi de proximité, la cible se sent concernée par tout ce qu'elle perçoit comme proche : la proximité peut être géographique (événements près de chez soi), temporelle (en relation avec l'actualité sportive, politique...), affective (on connaît les personnes mises en cause ou la typologie proposée) ou thématique (sujets concernant la vie professionnelle, les problèmes pratiques, les grands thèmes comme la mort, la sexualité...).

b) Les cinq W

Comme tout article de presse, le publireportage doit prendre en compte le questionnement de Lasswell.

EXEMPLES

Pour le publireportage d'Eurostar :

Qui ? Quel est le locuteur ?	Une « journaliste » embarquée sur l'Eurostar.
Quel est le message à transmettre ?	1) Le plaisir de voyager dans d'agréables conditions en respectant l'environnement par le choix d'un transport éco-citoyen. 2) Eurostar est une entreprise soucieuse de préserver l'environnement, elle est éco-responsable.
Comment ? Quel est le medium ?	Le *JDD*, un support de la PQN, à large diffusion et à large audience.
Quel est le récepteur ? Le destinataire ?	Le lectorat du *JDD*.
Quelle action le message doit-il induire ?	Apprécier l'entreprise Eurostar pour ses valeurs ; prendre le train ; aller à Londres en Eurostar.

2. La forme et la structure d'un article de presse

Titre de la rubrique	Publicité, communiqué, publi-reportage, information commerciale...
Titre de l'article	Exemple : « Eurostar voyage plus vert »
Chapeau (Petit texte facultatif présentant les enjeux et l'intérêt de l'article)	Exemple : « Depuis deux ans, l'entreprise ferroviaire a lancé un ambitieux programme d'écocontrôle des émissions de CO_2. Une révolution culturelle. »
Corps de l'article	Il comporte souvent des intertitres : dans un article long, ils permettent de relancer l'intérêt en repérant des phrases accrocheuses ou un changement d'approche, dans un publireportage, ils concentrent l'essentiel de l'information.
Images et légendes	Dessin, photographie, graphique, logo...

3. Le style et le niveau de langue

Style et niveau de langue sont adaptés au contexte rédactionnel et au lectorat. Le texte se veut avant tout informatif, des arguments précis sont donnés, la cible doit être séduite et convaincue, mais aussi impliquée. Pour atteindre ce double objectif, le langage est l'outil le plus efficace avec l'utilisation de figures de style.

EXEMPLE

« Réalisez un potager 100 % naturel ! » (procédé rhétorique : injonction).

Les phrases sont courtes car le lecteur est souvent peu disponible et peu concentré : la lecture est morcelée, sélective et parfois effectuée dans un lieu animé (véhicule de transport en commun, hall de gare...).

6 Le choix du publireportage comme support de communication

1. Les avantages pour l'annonceur

Produire un publireportage est intéressant pour crédibiliser, valoriser une marque, une institution, une initiative. Le sérieux supposé du support est un atout pour la démarche marketing.

2. Les risques pour l'annonceur

La commercialisation d'un produit ou la promotion d'une entreprise, dans le cadre du publireportage, ne se font que de manière indirecte. L'annonce-presse, l'achat d'espace publicitaire se révèlent donc plus efficaces pour déclencher, à court terme, un acte d'achat, le discours étant clairement plus incitatif.

3. Les réticences des médias

Lorsque la frontière entre publireportage (au service d'un annonceur) et production journalistique (au service du public) est trop mince, le média perd de sa crédibilité. Certains médias refusent donc ce rapprochement qui peut engendrer de la confusion ; ceux qui l'acceptent ne sont peut-être pas les plus efficaces pour la crédibilisation escomptée par cette action de communication...

29 PRODUIRE UN PUBLIPOSTAGE

Le publipostage, ou *mailing*, est une technique de marketing qui consiste à envoyer en nombre des informations ou prospectus publicitaires, par voie postale ou électronique, pour assurer la promotion d'un produit, d'un service ou d'une enseigne. Le publipostage peut être adressé ou non adressé (ISA, Imprimé Sans Adresse). C'est l'une des plus anciennes formes de marketing.

1 La situation de communication

Pout toute action de communication, la connaissance précise de la situation de communication détermine les choix formels ou rédactionnels du support à réaliser. Le questionnement suivant est un préalable à la mise en œuvre :

Questions	Commentaires
Qui ? Qui est le locuteur ?	Dans le cas du publipostage, la personnalité de l'annonceur, émetteur supposé du courrier, est à intégrer à la forme et au ton. La communication de la concurrence est à prendre en considération.
Quoi ? Quel est le message à transmettre ?	S'agit-il de se faire connaître ? Dans ce cas, il faut donner des informations précises, des chiffres, des noms... S'agit-il de fidéliser ? Il faut alors proposer une offre promotionnelle, présenter un nouveau produit...
Comment ? Quel est le medium ?	Le publipostage est un courrier, par voie postale ou électronique : il faut respecter les contraintes de ce type d'écrit.
À qui ? Quel est le récepteur ? le destinataire ?	La réussite du publipostage dépend de la bonne connaissance des destinataires inscrits sur la liste de diffusion et de leurs attentes : âge, ville, profession, pratiques de consommation...
Pour quoi ? Quelle action le message doit-il induire ?	Un publipostage atteint ses objectifs s'il génère un retour (coupon-réponse, appel téléphonique), déclenche une prise de rendez-vous, engendre un acte d'achat, ou incite à la visite d'un site Web...

2 La production du publipostage

1. Les différentes formes de publipostage

Un envoi en publipostage contient des informations ou des objets, accompagnés de documents écrits, mis sous pli dans des enveloppes ou emballages. Ce courrier peut prendre de multiples formes.

EXEMPLES

Simple lettre, dépliant, origami, lettre associée à un formulaire de réponse ou à un coupon promotionnel détachable, brochure.

La forme adoptée dépendra de l'objectif du courrier, de l'image de l'annonceur, de la personnalité de la cible et de ses attentes, des pratiques de la concurrence.

2. La rédaction du publipostage

Le destinataire, submergé de sollicitations commerciales écrites, lit rapidement et parfois avec réticence ce type de courrier. Le publipostage est donc une lettre rédigée dans un registre de langue simple et direct. Les phrases sont courtes (vingt à vingt-cinq mots maximum) et les paragraphes bien distincts (une idée forte pour un paragraphe de trois à cinq lignes). La rédaction et la mise en page soulignent les informations essentielles :
- une accroche soutient la promesse commerciale adaptée aux attentes de la cible ;
- une entrée en matière directe met en évidence l'objectif du message ;
- des informations concrètes visent à convaincre ou intéresser le destinataire (prix, graphiques...) ;
- la personnalisation permet d'interpeller la cible en s'adressant à elle par son nom, parfois son prénom ;
- les coordonnées de l'annonceur sont en relation avec l'objectif (adresse du site, *e-mail* d'un responsable...).

Le message est attrayant, distinctif, par le format, par les couleurs, polices et visuels utilisés, par le ton et le style. Il peut être renforcé par l'envoi d'objets-cadeaux, de catalogues, d'invitations...

3 La comparaison *mailing* et *e-mailing*

Le mot publipostage est le terme générique pour tout envoi en nombre. Cependant, le moyen d'acheminement, voie électronique ou postale, induit des choix complètement différents au niveau de la conception matérielle.

1. Le *mailing* ou l'envoi par voie postale

À une époque où l'essentiel de la communication personnelle écrite transite par le Web, le courrier papier suscite un intérêt renouvelé : la calligraphie, imitant parfois l'écriture manuscrite, et la prise en main de l'objet-lettre sont des opportunités de sensibilisation de la cible.

2. L'*e-mailing* ou l'envoi par voie électronique

Dans un *e-mailing*, le texte est moins important que dans un *mailing* et les composantes iconographiques occupent plus d'espace.

L'e-mailing, qui comporte vidéos, sons et animations accrocheurs, permet l'interactivité, une réactivité instantanée et une plus grande créativité que le mailing. Cependant, les images sont souvent bloquées et le taux d'ouverture par l'internaute ciblé n'est que de 20 %.

Avec plus de 40 milliards d'e-mailings commerciaux envoyés quotidiennement dans le monde, cette forme de marketing est devenue incontournable. Pour les professionnels, le succès d'un publipostage dépend de la qualité de la liste de diffusion (40 %), de l'offre (40 %) et de la rédaction du message (20 %).

Le terme e-mailings désigne parfois aussi les *newsletters*.

30 PRODUIRE UNE *NEWSLETTER*

La *newsletter*, ou lettre d'information, est une forme particulière de publipostage qui s'effectue par voie électronique. Adressée périodiquement par courriel à un abonné, avec son accord, elle a pour objectif essentiel de fidéliser le destinataire : on parle parfois d'*e-mailing* relationnel.

1 La situation de communication

Les variantes communicationnelles qui distinguent la newsletter de l'e-mailing « ordinaire » sont les suivantes :

- la newsletter est émise par un site Web ; elle est donc en cohérence avec ce site par sa présentation, ses couleurs, son ton, son argumentaire ;
- l'abonné destinataire de la newsletter est précisément connu ; ses attentes sont identifiées par l'analyse de ses pratiques d'internaute (pages et sites consultés, achats effectués...) ;
- l'abonné est concerné par cette lettre ; elle correspond à ses centres d'intérêt. Le taux de lecture est ainsi élevé (entre 55 % et 65 %) ;
- la périodicité de l'envoi implique attentes de la part du destinataire mais aussi nécessité de renouvellement pour éviter une éventuelle lassitude ;
- la lettre d'information, si elle est le plus souvent un support de communication commerciale (newsletter promotionnelle), peut, par le type de relation que sa périodicité établit et à la manière d'un support de presse, proposer une information-citoyenne, un accompagnement, un conseil aux abonnés (newsletter éditoriale).

En communication interne, la newsletter concurrence le journal interne papier ; mais elle est souvent plus synthétique car plus fréquente, plus réactive.

En communication institutionnelle, elle véhicule des informations pratiques, utiles (horaires d'ouverture, grille tarifaire...) et actualisées.

2 La production de la newsletter

1. La forme de la newsletter

Le format de la lettre d'information le plus courant est le HTML qui permet d'insérer animations et photos pour renforcer l'attractivité du message.

La newsletter est brève (une page) et sa taille (ou poids) ne doit pas générer un temps de téléchargement qui risquerait de décourager l'internaute. Cependant, elle peut contenir de nombreux liens susceptibles de proposer une information très riche ; elle renvoie en particulier au site de l'entreprise qui en est à l'origine.

Comme pour tout e-mailing, la newsletter doit surmonter les réticences de l'internaute submergé de spams. Pour cela :

- la page d'abonnement est simple et peu inquisitrice ; la procédure de désabonnement est exposée clairement et à chaque envoi ;
- l'intitulé de l'objet est court (deux à trois mots), accrocheur et explicite ou incitatif ;

EXEMPLES

« Derniers jours », « Liquidation totale », « Nouvelles offres ».

- la lettre est très attractive, synthétique, aérée, afin d'inciter à la lecture des articles.

2. La rédaction de la lettre d'information

Ce support de communication associe deux genres rédactionnels : l'épistolaire (une lettre) et l'article de presse (l'information). C'est donc un produit mixte de ces deux formes d'écrit.

a) Une lettre

La newsletter est une lettre :

- par son énonciation ; l'annonceur s'adresse personnellement à l'abonné, du « je » ou « nous » à « vous ». La signature peut être manuscrite ;
- par son ton ; l'émetteur connaît bien le destinataire, il établit ainsi une relation intime, personnelle. La newsletter peut citer des produits que l'internaute a déjà commandés, des offres consultées...

b) Une information

La newsletter se présente comme une page d'information :

- par la mise en page ressemblant à une « une » de quotidien : l'espace, découpé en brefs rectangles de dimensions variées, alterne textes et visuels ;
- par la présence d'écrits de type journalistique, comme un éditorial (présentant l'annonceur, ses valeurs, son image), un sommaire (annonçant les rubriques et proposant des liens) et des articles concernant le thème d'actualité, transmettant les informations ;
- par des éléments de langage de la presse (« actualités », « savoir », « connaître », « tendances », « sondages », « zoom sur »...) et tout ce qui relève de l'information.

c) Une communication

De fait, la newsletter est avant tout un lien entre l'annonceur et le client ; elle fidélise, propose des offres promotionnelles, cherche à déclencher une visite du site, à susciter des désirs. Les liens avec le site sont donc essentiels.

EXEMPLES

« Pour en savoir plus, cliquez ici », « Si vous souhaitez bénéficier de ces offres, rendez-vous sur ».

3 Atouts et limites de la newsletter

La lettre d'information véhicule l'image de l'annonceur ; elle génère trafic et notoriété. Elle est plus efficace qu'un e-mailing générique puisque le destinataire est actif dans la communication : il s'est inscrit à la newsletter. Toutefois, comme tout internaute, l'abonné est exigeant : le message doit être percutant, et intéressant pour lui. La segmentation des fichiers d'abonnés doit donc être très minutieuse afin d'adapter la proposition.

31 PRODUIRE UN COMMUNIQUÉ, UN DOSSIER DE PRESSE

Les communiqués et dossiers de presse constituent des outils essentiels du travail avec les médias, en complément des conférences et interviews. Le communiqué est parfois accompagné d'un dossier de presse.

1 La situation de communication

Toute création d'un communiqué ou d'un dossier de presse nécessite une connaissance des caractéristiques de la production et de la réception du message journalistique. Le repérage des différentes composantes de la situation de communication est, comme toujours, un préalable.

Questions	Commentaires
Qui ? Qui est le locuteur ?	Généralement, un attaché de presse ou un responsable de la communication d'une entreprise rédige ou initie ce type de communication.
Quoi ? Quel est le message à transmettre ?	Doit-on communiquer pour annoncer un événement à venir, un événement achevé, une progression spectaculaire du chiffre d'affaires... ? Un dossier de presse est-il nécessaire ou au contraire, contre-productif ?
Comment ? Quel est le medium ?	Le communiqué doit-il être envoyé par voie électronique ou postale ? Quelles contraintes ce choix suppose-il ?
À qui ? Avec quel journaliste dois-je communiquer ?	Il s'agit de communiquer en direction des journalistes, qui sont une première cible, la cible finale étant leur lectorat. Il faut donc bien connaître le média contacté, son audience, sa ligne éditoriale, afin de se conformer aux attentes des journalistes et lecteurs.
Pour quoi ? Quelle action le message doit-il induire ?	La venue de journalistes est-elle souhaitée ? La rédaction d'un article attendue ? La mobilisation du public est-elle espérée ?...

Le dossier de presse et le communiqué ne doivent pas être assimilés immédiatement à de la publicité indirecte ; l'objet du contact avec la presse doit être précis, intéressant pour le lectorat du média, exploitable par le journaliste, et d'actualité.

2 Le message

Le communiqué de presse comme le dossier de presse fournissent au journaliste une matière première simple et précise.

1. Le communiqué de presse

La présentation et le style du communiqué de presse sont normalisés ; il est conforme à un écrit journalistique, une dépêche d'agence.

a) Normes de présentation

C'est un texte court. Il mentionne sa nature : « Communiqué de presse. » Il est daté et comporte le logo et le nom de l'émetteur. Le contact presse est précisément indiqué (son nom et ses coordonnées).

b) Normes d'écriture

Un titre résume l'information principale. L'information est développée en quelques courts paragraphes répondant aux questions essentielles : qui ? quoi ? quand ? où ? comment ? pourquoi ?

Un chapeau (ou chapô) peut, au début du texte, en résumer l'essentiel. Les phrases sont courtes, le vocabulaire compréhensible par le lectorat visé ; le registre est informatif, donc le ton est neutre et direct. Le journaliste pourra ainsi se servir du communiqué comme base de son article.

2. Le dossier de presse

Le dossier de presse, associé au communiqué de presse lorsque l'événement est d'importance et qu'une documentation plus complète (historique de l'événement, données sur l'entreprise...) pourra être utile au journaliste, doit lui permettre de rédiger son article, de choisir son angle d'attaque. Il est donc varié, étoffé de données précises et actualisé en fonction de l'événement à l'origine du communiqué.

a) Normes de présentation

Une présentation attractive permettra au dossier de se distinguer de la masse des documents reçus par les journalistes. Pour permettre un usage simple et rapide, un sommaire est indispensable. Les titres en sont informatifs, précis et associés à une pagination.

EXEMPLE

Présentation de l'événement p. 3.
Présentation de l'historique de l'entreprise p. 5...

Les textes, variés dans leur contenu et leur forme (interview, portrait, historique...), sont brefs, concis. Les annexes peuvent être des photos légendées, des graphiques... La taille du dossier doit se limiter à une dizaine de pages : trop volumineux, il ne serait pas consulté.

b) Normes d'écriture

Elles respectent les normes de l'écriture du communiqué de presse.

3 L'envoi au destinataire

1. L'envoi du communiqué de presse

Le courrier électronique ou le fax sont les canaux habituels, rapides et peu coûteux, pour diffuser communiqué et dossier de presse. L'envoi personnalisé est directement adressé au journaliste concerné par l'information donnée. Les délais pour l'envoi du communiqué dépendent de la périodicité de parution du média contacté et des délais de bouclage. Une relance téléphonique est indispensable pour s'assurer de la bonne réception du message.

2. L'envoi du dossier de presse

De nombreuses entreprises, surtout dans le secteur du luxe, privilégient l'envoi postal ou par coursier d'un dossier sur support papier. Cependant, le courrier électronique, très peu onéreux, permet de proposer un plus grand choix de photos et de mettre à disposition du journaliste des fichiers textes et images réutilisables. Actuellement, les dossiers de presse sont généralement expédiés sous les deux formes, papier et Internet.

32 PRODUIRE UN SPOT AUDIOVISUEL

Concevoir un spot publicitaire audiovisuel, destiné à la télévision, au cinéma ou à Internet, mobilise des compétences diverses : de communication, linguistiques, techniques. Il faut en effet proposer une « copie stratégie » adaptée à la demande de l'annonceur, rédiger un synopsis qui présente le projet en quelques mots et élaborer un scénario reposant sur la connaissance des différents plans et mouvements de caméra.

1 La situation de communication

La réalisation d'un spot audiovisuel nécessite d'analyser le contexte au moyen de quelques questions permettant de cerner les éléments de la demande.

Questions	Commentaires
Qui ? Qui est le locuteur ?	L'émetteur est un annonceur, une régie ou une agence spécialisée dans la production de spots audiovisuels. L'annonceur peut être une entreprise locale, nationale, publique, privée…
Quoi ? Quel est le message à transmettre ?	Que cherche à faire connaître l'annonceur ? Un nouveau produit, une nouvelle collection, une nouvelle réglementation dans le cadre d'une campagne institutionnelle…
Comment ? Quel est le medium ?	La télévision, Internet, le cinéma sont des médias aux techniques spécifiques ; la production des messages se fait avec des professionnels du son, de l'image ou de l'animation qu'il faut guider pour transmettre le ton et les axes stratégiques définis avec l'annonceur. La communication se fait grâce à des supports tels que le synopsis, le script du spot.
À qui ? Qui est le récepteur ? Le destinataire ?	L'audience est ciblée. EXEMPLE : un spot publicitaire diffusé à 20 h 35 avant un match de foot s'adressera prioritairement à des hommes.
Pour quoi ? Quelle action le message doit-il induire ?	Le spot audiovisuel, assez onéreux, peut induire un acte d'achat ponctuel mais est surtout le vecteur privilégié des campagnes de notoriété, de crédibilisation d'une marque.

2 Les contraintes de production

Les médias audiovisuels sont en pleine mutation et la connaissance précise de la cible est à réactualiser constamment :
- les habitudes des téléspectateurs changent ainsi que leur profil ;
- les chaînes se multiplient et la cible se fragmente ;
- les internautes ont des pratiques communautaires.

Les contraintes sont aussi liées aux caractéristiques spécifiques du spot audiovisuel :
- le clip associe des éléments textuels (écriture du synopsis, du scénario, voix *in* ou *off*), des éléments visuels (images, plans, mouvements de caméra…) et sonores (sons in, off, extra- et intradiégétiques). C'est donc un exercice très exigeant et ambitieux même s'il paraît dans un premier temps « naturel » puisque l'image mobile est omniprésente dans notre environnement ;
- un spot TV dure en moyenne de 20 à 30 secondes, mais il peut excéder une minute.

3 La production du message

Le message se caractérise par un ton explicatif, démonstratif, ou humoristique. Son écriture se décline sous différentes formes tout au long du processus de réalisation.

1. Le synopsis

Le synopsis est un résumé du scénario (voir *infra*) qui décrit les grandes lignes de l'histoire et permet de se faire une idée globale du thème et de l'évolution narrative. C'est un court texte d'une demi-page au maximum.
Le synopsis ne comporte ni les détails ni les dialogues. Il est rédigé au présent de l'indicatif, dans un style simple. La diégèse (le fait de raconter l'histoire) est alors mise en place.

EXEMPLE

Un pneu dévale la Cordillère des Andes jusqu'à un village où joue une petite fille. Celle-ci, apercevant le pneu qui se dirige à toute allure vers elle, s'écarte en laissant sa poupée au milieu de la rue. Le pneu s'arrête net. La petite fille accourt et embrasse le pneu. « Dunlop le pneu de l'exploit. »

2. Le *story line*

Le synopsis peut être précédé d'un *story line* ou bref résumé d'une ou deux phrases.

EXEMPLE

Une fillette échappe à la mort grâce à l'efficacité de freinage du pneu Dunlop. Le spot illustre cette capacité en mettant en scène une fillette jouant sur une route, un pneu arrivant sur elle et s'arrêtant.

3. La note d'intention

La note d'intention est un texte court, d'une demi-page environ, envoyé par le concepteur-rédacteur à l'annonceur. Son objectif est de convaincre de l'intérêt du clip, c'est-à-dire de montrer qu'il répond au problème de communication de l'annonceur. Elle peut associer une partie argumentative, justifiant les choix et la stratégie adoptée en relation avec la demande de l'annonceur, le synopsis, et éventuellement un devis chiffré, un calendrier, le nom d'un réalisateur pressenti…
Cette note d'intention présente ce qui est préconisé, elle propose, suggère. En conséquence :
- le mode conditionnel et le futur de l'indicatif sont caractéristiques de ce type d'écrit ;

EXEMPLES

« Ce serait… Le personnage pourrait… X se mettra à courir. »

32 PRODUIRE UN SPOT AUDIOVISUEL (suite)

– l'emploi de termes soulignant l'intentionnalité est aussi pertinent.

EXEMPLES

« Il faudrait... Il s'agit de... Nous pourrions... »

4. Le scénario et le découpage technique

La *mimesis* (le fait de montrer l'histoire) est ensuite mise en place grâce au scénario (pl. : scénarii – vieilli, ou scénarios – forme qui s'impose actuellement). Le mot italien *scenario* signifie « décor de théâtre ». Le scénario est le récit technico-littéraire de ce qui sera filmé. L'écriture scénaristique se démarque de l'écriture littéraire par sa présentation, toujours au présent, de faits visuels et auditifs, associés au dialogue.

Chaque choix doit être pertinent, créatif et cohérent, qu'il s'agisse de celui de la saynète ou du message, du type d'énonciation (simple ou double), des personnages, de la situation, des séquences, des plans, des sons intra- et extradiégétiques, du vocabulaire, du registre de langue, du niveau de langue (la langue familière est déconseillée à moins de vouloir surprendre) ou de la signature sonore.

L'écriture est de style oral : des phrases courtes (pas plus de 20 mots), facilement mémorisables et simples (les tournures passives sont à éviter).

La promesse doit apparaître à un instant central et stratégique (pas au début du spot).

a) Les personnages

Comme pour tout récit, il faut concevoir des personnages (notons que les animaux sont souvent assimilés à des personnages). Ces personnages doivent être caractérisés, clairement identifiés par la cible. Ils doivent aussi faire réagir (affection, complicité, désaveu, répulsion, peur...).

b) Le récit

La construction de la narration suit un schéma : une accroche ou *teaser*, une progression et une chute ou *climax*, paroxysme souvent associé en publicité à la solution proposée par l'annonceur.

c) Les dialogues

Comme au théâtre, les dialogues sont essentiels : ils permettent de donner le ton et de faire progresser l'action. Ils peuvent être dits par les personnages et/ou par une voix off. Le dialogue entre plusieurs interlocuteurs permet au récepteur de partager une tranche de vie, un moment réaliste entre plusieurs personnes. Le monologue crée une intimité entre l'auditeur et la voix, une plus grande proximité.

d) Le décor

Le décor visuel et sonore (didascalies) est constitutif de la narration filmique. Il faut clairement préciser les lieux, accessoires, costumes et sons pour caractériser l'histoire. Ces précisions peuvent se faire par analogie, les références culturelles sont alors essentielles.

EXEMPLES

« Un personnage ressemblant à George Clooney dans *Ocean's Eleven.* »
« Un décor évoquant les images sépia de Jeunet. »
« Une musique de Wagner ou de Moby. »

e) Les sons

Comme pour les dialogues, les sons peuvent provenir de sources visibles dans le champ (sons in) ou de sources non visibles dans le champ de la caméra (sons off).

Ces sons peuvent être extradiégétiques : la source est extérieure à l'histoire.

EXEMPLE

Musique « d'ambiance ».

Ces sons peuvent aussi être intradiégétiques : la source appartient à l'histoire et peut être dans le champ ou dans un hors-champ clairement constitué.

EXEMPLE

Un bruit de klaxon parvenant par une fenêtre ouverte signifie la présence de la rue dans ce hors-champ.

Les sources des sons

SONS IN Source dans le champ de la caméra	SONS OFF Source non visible, hors du champ de la caméra	
Intradiégétiques	Intradiégétiques	Extradiégétiques
– Paroles des personnages cadrés par la caméra. – Bruits associés à des actions filmées (bruit de pas associé à la vue de personnages marchant).	– Chants d'oiseaux entendus alors que l'image montre des personnages au milieu d'une forêt ; les oiseaux ne sont pas vus. – Voix d'enfants entendues alors que le plan montre un pneu dévalant une pente ; ces enfants apparaissent dans le champ au plan suivant.	– Signature sonore d'une marque ou musique de fond. – Voix off énonçant la promesse faite par l'annonceur.

f) Réalisation et découpage

Le découpage technique organise le scénario en séquences et plans.

Le choix des séquences (unités narratives), plans et échelles (gros plan, plan américain...) permet de visualiser le récit filmique ; de même la précision des mouvements de caméra (zoom, *travelling*...) donne le rythme et le ton du récit

5. Le *story-board*

Dans certains cas, le scénario est essentiellement technique, chaque plan est dessiné, il s'agit alors d'un *story-board* dont la réalisation est confiée à des professionnels de l'image

4 La présentation de la production

Le découpage technique du scénario peut être présenté sous forme de tableau en format paysage comprenant les éléments suivants :

- les séquences correspondent à des « tableaux » ; elles situent des lieux, des « décors » successifs ; elles comportent souvent plusieurs plans ;
- les plans et mouvements de caméras : les plans sont identifiables par une continuité de la caméra (un gros plan, un plan d'ensemble...) ; les mouvements peuvent ouvrir ou finir le plan, ils peuvent au[...] toute la durée du plan (travelling avant...)
- les dialogues associés au jeu des personnages, [...] vements, mimiques, expressions, précisés en [...] thèses. On compte généralement 2 à 3 mots par seconde ; une centaine de mots est attendue au maximum ;
- les sons in et off, extra- et intradiégétiques ; à distinguer de façon précise ;
- le déroulé temporel en secondes : il faut chronométrer la proposition avec pauses et rythme précisés. Les silences sont à comptabiliser aussi.

EXEMPLE

SÉQUENCES	Lieux / Décors	PLANS	MOUVEMENTS DE CAMÉRA	DIALOGUE	Répliques/ Didascalies	SONS Autres que les paroles		DÉROULÉ TEMPOREL
						Intradiégétiques	Extradiégétiques	
Séquence 1	Une route de la Cordillère des Andes	Plan d'ensemble sur le paysage	Zoom avant sur un pneu dévalant la pente	Voix d'une enfant chantonnant une berceuse		Bruit du pneu prenant progressivement tout l'espace sonore	Musique dramatisant la scène : rythme s'intensifiant	6 secondes
Séquence 2	Un village d'Amérique du Sud	Plan rapproché sur une fillette jouant dans la rue avec sa poupée	Plan d'ensemble montrant le pneu et la fillette	Voix de la fillette berçant sa poupée	Puis silence	Bruit continu du pneu sur le macadam	La musique s'arrête en cours de séquence	8 secondes

5 La réception du spot audiovisuel

Comme pour toute communication, l'efficacité dépend de l'émetteur, du message, du référent (produit ou annonceur), du média mais aussi du récepteur et des conditions de réception. Lors de la production du spot, ainsi que le tableau analysant la situation de communication le montrait, ce destinataire virtuel est essentiel :

- le téléspectateur est un adepte du *zapping*, de la conversation amicale ou familiale. Le spot publicitaire est avant tout percutant et les plans se multiplient rapidement. La narration peut laisser place à des images créant choc et perplexité. Le but est de capter l'attention en quelques secondes ;
- le spectateur de cinéma est concentré et attentif. Le spot publicitaire est pour lui un spectacle, au même titre que le film. Il peut suivre les subtilités d'un scénario, d'un jeu d'acteur ;
- l'usager d'Internet recherche amusement et nouveauté. Le spot, pour être regardé et créer le *buzz*, doit surtout innover.

De manière plus générale, ce que le concepteur envisage n'est pas toujours ce que le récepteur perçoit. Certains spots peuvent ainsi se révéler décevants, voire contre-productifs. L'humour, en particulier, est un registre difficile à maîtriser car il est segmentant : on ne rit pas tous des mêmes choses et ce qui peut amuser certains choque ou dérange d'autres.

La difficulté est donc de servir les intérêts de l'annonceur, de valoriser son image mais aussi de séduire la cible.

33 PRODUIRE UN SPOT RADIO

Concevoir un spot radio oblige tout concepteur-rédacteur à faire preuve de méthode et de créativité. Il faut en effet retenir l'attention d'un auditeur dont la caractéristique principale est d'être souvent peu attentif ; l'absence d'image implique de donner une importance particulière aux textes prononcés et aux sons.

1 La situation de communication

L'analyse de la demande de l'annonceur doit permettre de répondre aux questions suivantes :

Questions	Commentaires
Qui ? Qui est le locuteur ?	L'émetteur est un annonceur, une régie ou une agence spécialisée dans la production de spots audiovisuels. L'annonceur peut être une entreprise locale, nationale, publique, privée...
Quoi ? Quel est le message à transmettre ?	Que cherche à faire connaître l'annonceur ? Un nouveau produit, une nouvelle adresse, une action promotionnelle...
Comment ? Quel est le medium ?	La radio est un média aux techniques spécifiques ; la production des messages se fait avec des professionnels du son qu'il faut guider pour transmettre le ton et les axes stratégiques définis avec l'annonceur. La communication se fait grâce à des supports tels que le synopsis, le script du spot.
À qui ? Quel est le récepteur ? Le destinataire ?	L'audience de la radio (sa catégorie socioprofessionnelle, son âge, son sexe, sa localisation...) est très variable selon la station choisie. EXEMPLES : Skyrock : moins de 24 ans ; Virgin Radio : 25-34 ans ; Nostalgie : public « adulte » (40 ans et plus). Les stations s'associent entre elles, selon l'âge de leur audience ou leur localisation, afin d'élaborer des couplages publicitaires.
Pour quoi ? Quelle action le message doit-il induire ?	Le spot radio permet de contacter une cible très précise et, l'écoute de la radio se faisant beaucoup lors de déplacements, l'acte d'achat peut se faire immédiatement. Les messages visent donc souvent un acte d'achat, un déplacement du consommateur sur un lieu donné.

2 Les contraintes de production d'un spot

La production d'un spot radio doit prendre en compte diverses contraintes :
- contrainte de temps (un spot de durée moyenne n'excède pas 30 secondes) ; le rythme de la communication radiophonique, très rapide, multiplie les sollicitations auprès d'un public volatil ;
- contrainte de clarté : le message doit être concis, aller à l'essentiel, car l'écoute des auditeurs est flottante ;
- contrainte de reconnaissance : il faut créer une identité sonore audible au milieu de la « cacophonie » radiophonique ;
- contrainte phatique : il faut susciter l'écoute, l'intérêt. Certaines pratiques sont à éviter.

EXEMPLE

Bruits à éviter : les bruits d'accident car l'écoute de la radio est fréquente en voiture.

3 Le message

Le spot met en œuvre un concept, une idée, qui valorise l'argumentaire en le mettant en situation de manière pertinente et inventive : une rencontre inattendue, un monologue burlesque...

1. L'écriture du script

Le script peut être une saynète ou un message, avec une voix *in* ou une voix *off*, avec une simple ou une double énonciation.
Le dialogue permet à l'auditeur de partager une tranche de vie, un moment réaliste entre plusieurs personnes. Le monologue crée une intimité entre l'auditeur et la voix, une plus grande proximité.

2. Les sons

Il existe deux types de sons :
- les sons intradiégétiques, dont la source est intégrée à la narration, qui sont motivés par la narration ;

EXEMPLE

Bruit de vaisselle cassée pour une querelle domestique.

- les sons extradiégétiques, dont la source est extérieure à la narration.

EXEMPLES

Fond sonore, voix off.

3. La durée

La proposition est chronométrée précisément avec pauses et rythme et les temps sont indiqués en regard du texte. On compte généralement deux à trois mots par seconde ; une centaine de mots au maximum est attendue.

4. Le choix d'écriture

L'écriture est de style oral : phrases courtes (pas plus de 20 mots), facilement mémorisables et simples. Les tournures passives sont à éviter.
Certains passages, comme le slogan ou la promesse, peuvent jouer sur la musicalité des mots

EXEMPLES

Allitération : « Du bon, du beau, Dubonnet. »
Assonance : « Un petit pois chez soi ».

Ils jouent également sur les rythmes.

EXEMPLES

Rythme binaire : « Perrier, c'est fou ! »
Chiasme : « La rose est la reine des fleurs et la fleur des reines. »
Anaphore : « C'est beau, c'est bon, c'est bio. »

Parfois, ils sont mis en musique, chantés, scandés.

5. La promesse

La promesse doit apparaître à un instant central et stratégique et non au début du spot.

6. La note d'intention

Ce message, à destination de l'annonceur ou du technicien chargé de la réalisation du spot, doit identifier la stratégie préconisée, les procédés au service de cette stratégie et surtout les justifications associées à ces propositions, c'est-à-dire justifier :
- l'énonciation (monologue ou dialogue entre deux personnages) ;
- les voix (masculines, féminines, jeunes ou non, avec accent ou sans...) ;
- les personnages (catégories socioprofessionnelle suggérées par le dialogue, styles de vie identifiables...) ;
- la situation (dispute, scène de séduction...) ;
- les sons intra- et extradiégétiques (bruits de circulation, style de la musique de fond...) ;
- le vocabulaire, le ton, le niveau de langage (le langage familier est déconseillé à moins de vouloir surprendre) ;
- la signature sonore.

Le texte justifiant les choix est une argumentation méthodique et structurée et non une suite de remarques éparses. Les justifications doivent convaincre l'annonceur que le spot répond au problème spécifique de communication et met en œuvre les procédés visant à :
- capter l'attention de l'auditeur (fonction phatique) et favoriser la mémorisation ;
- l'impliquer (éléments affectifs) et le convaincre ;
- inciter l'auditeur à agir, réagir : acte d'achat, d'engagement, d'information (aspects conatifs).

EXEMPLE

Structure d'une note d'intention

Le but de ce film est de communiquer autour de...
Pour cela, il faut d'emblée sortir des codes de communication standard et de publicité consensuelle. C'est une comédie burlesque à l'anglo-saxonne, c'est une parodie, c'est un moment familier...
Pour déclencher chez l'auditeur l'envie d'écouter, le ton doit impérativement être drôle, étonnant, intéressant... ; il doit marquer les esprits.
Le format doit être court, 20″ à 30″, ce qui impose d'être efficace et précis.
Une unité de lieu et de temps renforce le sentiment de complicité avec l'auditeur. Il doit avoir l'impression d'être témoin de la scène en direct.
Nous sommes dans un univers burlesque, drôle, familier... la cible ne s'identifie pas aux personnages mais à la situation qui renforce le capital sympathie de la marque. La cible est dans la même situation que les personnages et imagine que...

Casting – Le casting ainsi que la direction d'acteur sont d'une importance capitale. Les personnages doivent instantanément nous projeter dans leur univers.
Les personnages doivent être forts, les voix caractéristiques. Ce sont des hommes, des femmes, de 20, 30... ans. Ils appartiennent à un milieu aisé, ouvrier, parisien...

Son – Une musique de fond viendra souligner le côté burlesque, le côté contemporain... du spot. Elle sera à l'image des musiques d'ascenseur : douce, ridicule et insupportable, ou évoquera une musique intimiste qui s'insinue dans le quotidien...

4 Le script du spot radio

Sont présentés sous forme de tableau lisible :
- les paroles : le dialogue, les paroles prononcées ;
- les sons autres : le fond sonore (musique, bruitage), les sons intradiégétiques et les sons extradiégétiques ;
- les commentaires ou précisions sur tous les éléments nécessaires à la mise en scène (intonations, types de voix, rythme...) ;
- le déroulé temporel qui calibre la proposition.

EXEMPLE

PAROLES		SONS (autres que les paroles)		COMMENTAIRES PRÉCISIONS	DÉROULÉ TEMPOREL
		Intradiégétiques	Extradiégétiques		
Voix d'enfant	*Pourquoi les...*	Bruits de vaisselle évoquant une cuisine	Musique paisible, violons et piano		2 secondes
Voix d'homme	*Bois ton lait plus vite.*	*Idem*	*Idem*	L'homme paraît irrité, le débit est rapide	2 secondes

exercices

exercice 1 Publicité et histoire

Le 1er janvier 2011, Nike est devenu le sponsor officiel de l'équipe de France de football. L'équipementier américain a ainsi détrôné Adidas, qui habillait l'équipe de France depuis 40 ans. Ces visuels font partie de la campagne qui présentait le nouvel équipementier de la FFF.

ENTRAÎNEZ-VOUS

1. Identifiez les références culturelles de cette campagne.
2. Dans quel but Nike utilise-t-il ces références ?

CORRIGÉ p. 202

exercice 2 Publicité et rhétorique

ENTRAÎNEZ-VOUS

1. Le visuel Saint Antonin est paru dans la presse féminine. Montrez qu'il est particulièrement adapté à sa cible. Sur quels éléments socio-culturels implicites le message s'appuie-t-il ?
2. Sur quelle(s) catégories de procédés argumentatifs le message repose-t-il ? Justifiez votre réponse.
3. Sur quelle figure la photo de ce visuel repose-t-elle ?

CORRIGÉ p. 202

exercice 3 Télévision et culture de la transgression

Monique Dagnaud est sociologue, chercheuse au CNRS. Cet article, « Télévision et culture de la transgression », a paru dans le journal *Libération*, le 15 novembre 2004.

« Dans la période récente, le débat sur la violence médiatisée a gagné de l'ampleur à un moment où la diffusion de films pornographiques sur les chaînes cryptées atteint un record, mais à un moment aussi

où la fréquence des scènes d'agression dans les émissions télévisuelles est contenue, en partie grâce à la politique de la signalétique (indexation des programmes et horaires). Pour ne citer qu'un chiffre : 16 % des programmes de première partie de soirée font l'objet d'une signalétique, à quelques exceptions près, essentiellement une signalétique de niveau 2 (niveau le plus faible). On est loin de la vision catastrophique suggérée par la rhétorique politique. D'ailleurs, une lecture dépassionnée des grilles des généralistes signale que le menu quotidien est surtout composé de jeux, *talk-shows* et fictions plutôt gentillets, illustrant cette tonalité débonnaire et conformiste nécessaire au succès d'audience d'un média fédérateur. Animateurs et journalistes fonctionnent sur des valeurs consensuelles et humanistes, une multitude d'analyses l'attestent. Un regard sur les excès de ce média peut, au premier abord, cibler son papotage infantile ou son narcissisme, mais sûrement pas être frappé par les vertiges de la transgression ou de la provocation – réservées habituellement aux heures tardives.
Pourtant, derrière une rangée de bons sentiments, la télévision a aussi, par touches, promu dans ses émissions une présentation de la réalité crue et violente, qui configure, parfois au premier degré, parfois avec un œil sarcastique, et dans tous leurs excès, le cynisme de la société de marché et les débordements de l'individualisme. Or, ce genre de programmes se taille un succès considérable auprès des adolescents et des jeunes adultes – le "rajeunissement du public" est une obsession des patrons de chaînes.
Pour toucher cette cible, deux voies se combinent. D'abord, emprunter à la culture jeune et dialoguer avec elle : on trouve là le "délire" des spots publicitaires, la culture de la régression, la verve du "fun" et de la dérision qui innerve certaines émissions, et qui fut au départ la marque de fabrique de Canal+. Ensuite, œuvrer dans la transgression à la mode télévisuelle : faire sauter les cadres, repousser les limites, désacraliser les institutions et les valeurs consensuelles, bousculer secrets et intimité, renchérir dans le mauvais goût. Cette formule peut se trouver dans des jeux ou des émissions qui combinent débats et divertissement, mais elle est surtout présente dans certains genres télévisuels : films cultes particulièrement violents du cinéma contemporain, essor de la téléréalité, films érotiques ou pornographiques. Ainsi les industries de l'image transforment les univers de représentation en poussant au plus loin les limites des conduites et des sentiments que l'on peut traduire en images et livrer à un public de masse. Dans la jungle de la concurrence, les producteurs doivent surprendre, innover, divertir en usant de tous les sortilèges scéniques et visuels à leur disposition. Non pas que ces séquences ne puissent pas s'appuyer sur des tendances culturelles – notamment la facilité avec laquelle certains individus livrent aujourd'hui publiquement leur intimité. Mais la télévision, parfois avec l'aide du cinéma, construit à partir d'elles une fantasmagorie à base de transgressions (violences physiques et psychologiques), de situations artificielles et d'épreuves, élargissant sans cesse le champ des possibles, et s'engouffrant dans des sentiers inconnus : qui aurait, par exemple, imaginé que des candidats accepteraient de se faire humilier à l'antenne comme dans *Le Maillon faible*, même pour rire ? Et par sa puissance, ce média donne vie, légitimité, presque lettres de noblesse à ces multiples figures de violence. Face à ces images extrêmes, le téléspectateur incline plutôt à ingérer qu'à rejeter [...]. Pour le dire autrement : les créateurs de programmes proposent, et le public converti à la permissivité s'adapte, et parfois en redemande ; et chaque pas franchi dans une séquence devient, pour l'ensemble du système télévisuel, un droit acquis. En ce sens, la magie des images de télévision (mais aussi de l'affichage publicitaire, des jeux vidéo et d'Internet) contribue largement à ce que l'individu contemporain, dans ses représentations mentales, accepte de repousser sans cesse les limites du montrable et du pensable : un mouvement qui renouvelle en permanence les normes. »

Monique Dagnaud (extrait), *Libération*, 15 novembre 2002.

ENTRAÎNEZ-VOUS

1. Définissez le terme « transgression » et précisez le sens que lui donne ici Monique Dagnaud. Est-il toujours connoté négativement ? En quoi le titre « Culture de la transgression » est-il paradoxal (contraire à l'opinion commune) ?

2. Recensez les causes de ce phénomène de transgression.

3. Certaines campagnes de communication utilisent la transgression pour atteindre leurs objectifs. Quels sont les atouts mais aussi les risques d'un tel choix ? Donnez des exemples de campagnes de communication.

CORRIGÉ p. 202

corrigés

exercice 1 page 200

1. Cette campagne utilise des références historiques diverses mais très françaises :
– la Révolution de 1789 et la devise républicaine ;
– l'histoire de l'équipe de France composée de joueurs illustres tels qu'Éric Cantona. Cantona est sans doute choisi pour son image d'homme de caractère censé correspondre au stéréotype du Gaulois résistant.

2. Nike, par cette campagne, revendique une naturalisation française indispensable dans sa position : il s'agit de légitimer le choix d'un Américain pour représenter l'équipe française.

exercice 2 page 200

1. Le message s'appuie sur de nombreux éléments socioculturels implicites :
– des savoirs encyclopédiques vrais ou faux : le magnésium et le calcium sont bons pour la santé ; le chocolat fait grossir ; les nitrates polluent ;
– des clichés ou stéréotypes : les femmes sont gourmandes ; les femmes sont soucieuses de leur ligne ; les médicaments ne sont pas naturels ; ce qui est naturel est bon pour la santé ;
– des usages : le visuel s'adresse à une cible féminine et reprend les codes des tests à choix multiples proposés dans les magazines féminins.

2. Le message recourt essentiellement à l'argumentation. Il cible les préoccupations féminines : santé, stress, fatigue, régime, goût (les femmes sont censées être gourmandes) et prix (elles gèrent le budget familial).

3. Le visuel repose sur la figure d'analogie ou de comparaison : les bénéfices de l'eau sont comparés à ceux des gélules et du chocolat. L'eau propose les mêmes bénéfices que ses concurrents sans leurs inconvénients supposés et implicites.

exercice 3 page 200

1. Monique Dagnaud intitule son article de manière paradoxale : « Télévision et cultures de la transgression. » La transgression est un acte qui consiste à passer outre, à enfreindre la loi, les codes établis. Quant à la culture, elle désigne un ensemble de codes qui régissent les comportements et les manières de penser dans les sociétés humaines. En ce sens, l'expression « culture de transgression » est un oxymore : elle désigne une caractéristique de la modernité qui est de toujours chercher à aller au-delà, à « faire sauter les cadres, repousser les limites, désacraliser les institutions et les valeurs consensuelles ». Cette transgression est positive quand elle permet de faire évoluer les sociétés. Elle peut être ressentie de manière négative quand elle consiste à « renchérir dans le mauvais goût ». Enfin, elle peut être dangereuse quand elle promeut humiliation et violence.

2. Ce phénomène s'explique principalement par la volonté des chaînes de télévision de conquérir un public jeune. « Dans la jungle de la concurrence, les producteurs doivent surprendre, innover, divertir en usant de tous les sortilèges scéniques et visuels à leur disposition. » Il se crée alors un effet d'entraînement : « le public converti à la permissivité s'adapte, et parfois en redemande.

3. La publicité est naturellement transgressive : elle promet la satisfaction d'un désir (qu'elle aura éventuellement créé de toute pièce) sans aucune contrepartie. Cette transgression entraîne diverses conséquences.
Elle peut n'avoir pour but que de susciter le plaisir du prospect et d'accroître ainsi sa sympathie envers le produit. Dans une série de spots réalisés pour Orangina en images de synthèse, une femelle panda vante les qualités de la boisson pour sa toilette intime, une panthère aux formes féminines, vêtue d'un short minimal et d'un soutien-gorge doré, nettoie sa voiture avec le soda, etc. Il s'agit de parodies et du détournement de modèles de publicité pour produits de toilettes, voitures, ... que le public est invité à prendre au deuxième degré (c'est le principe de l'hyperbolisation sympathique décrit par Joannis). L'annonceur crée ainsi une connivence avec ses prospects.
La transgression va toutefois plus loin quand les mêmes spots présentent des hommes en couple avec des animaux (un homme avec une chèvre ou un autre avec un puma), ou des enfants servis par une girafe humanisée qui mangent comme des animaux. Il s'agit là de la transgression de normes morales et culturelles qui peuvent alors choquer le prospect et le détourner de la marque.
Certaines marques utilisent d'ailleurs un message transgressif, au risque de déplaire fortement à une partie de la société. C'est le cas notamment des célèbres visuels de la marque Benetton portant le slogan « *United Colors* ». Ces publicités ont pu faire évoluer les mentalités concernant les mariages mixtes, la tolérance envers les malades du SIDA... mais ont également beaucoup choqué.
Devenues le centre d'un débat, elles ont ainsi créé le « *buzz* ».
Si la transgression est consubstantielle à la publicité, elle doit néanmoins être savamment dosée afin que ses éventuels effets néfastes soient compensés par des retombées positives.

PRÉSENTATION DE L'ÉPREUVE

Comment se présente l'épreuve « Cultures de la Communication » au BTS ?

L'épreuve E1 est une épreuve ponctuelle écrite d'une durée de 4 heures. Elle est affectée d'un coefficient 3.

1 Finalités et objectifs

L'objectif visé est d'apprécier votre aptitude à :
- interpréter un texte relevant des Cultures de la communication ;
- construire une argumentation convaincante sur un thème appartenant aux Cultures de la communication ;
- analyser de façon précise les détails d'une communication donnée ;
- transposer cette communication dans un contexte différent, et justifier avec rigueur et précision la cohérence des transformations opérées.

2 Contenu

L'épreuve sert à valider l'acquisition des compétences suivantes du référentiel :
- Percevoir les enjeux historiques et sociologiques de la communication médiatique
- Caractériser la cible d'une communication
- Décoder les clichés dans les représentations des cibles
- Repérer les codes culturels de la cible
- Identifier des références culturelles
- Repérer les modes et les tendances actuelles
- Analyser l'image de l'annonceur
- Identifier et analyser les cultures des annonceurs
- Maîtriser la langue orale et la langue écrite
- Maîtriser les codes de l'image fixe
- Maîtriser les codes de l'image animée et du son
- Maîtriser les codes de l'interactivité.

Elle nécessite la mobilisation des savoirs et savoir-faire présentés dans la section Cultures de la communication de ce manuel (p. 135-202).

3 Critères de l'évaluation

Les critères d'évaluation sont :
- la précision, la rigueur et la finesse de l'expression ;
- la richesse de la culture générale ;
- la qualité du recul critique ;
- la curiosité intellectuelle et l'ouverture d'esprit ;
- la qualité de l'analyse des médias en fonction d'un contexte historique et sociologique donné ;
- la pertinence de l'analyse d'une cible fondée sur la distinction nette entre réalités et représentations ;
- la bonne compréhension des cultures des annonceurs ;
- la précision des connaissances de base dans l'analyse et la production de messages (textes, images, sons, messages Internet, etc.).

Descriptif d'un sujet et méthodologie de traitement

L'épreuve prend appui sur un ensemble documentaire. Il comporte deux parties distinctes portant sur un thème commun. Vous devez donc organiser votre temps de travail pour répartir sur les 4 heures les réponses aux deux parties distinctes.

1 Première partie (8 points)

La première partie propose un texte d'une trentaine de lignes relevant des Cultures de la communication : vous devez répondre à des questions qui vérifient votre compréhension globale du texte donné et vous conduisent à construire une argumentation personnelle.

EXEMPLE

À partir d'un texte évoquant la transgression et sa fonction sociale, dans un premier temps, vous devez démontrer votre bonne compréhension du document en répondant à des questions sur les connecteurs logiques, sur le lexique ou sur les figures de style utilisées. Dans un deuxième temps, vous devrez proposer un texte argumentatif analysant les liens entre transgression et publicité ; en appuyant son développement sur des exemples précis tirés de votre culture publicitaire.

2 Deuxième partie (12 points)

La deuxième partie se fonde sur un ensemble de documents relatifs à une opération de communication :

- à travers une série de questions relevant des Cultures de la communication, vous êtes conduit à analyser des caractéristiques précises de cette opération de communication ;

EXEMPLE

En lien avec le texte de la première partie de l'épreuve, vous analysez une annonce-presse proposant une forme de transgression. Les questions structurant l'analyse portent sur la cible, la rhétorique, les procédés mis en œuvre dans le visuel.

- vous devez ensuite décliner le message proposé en tenant compte de modifications imposées par le sujet. Vous proposez un nouveau message en justifiant l'ensemble de vos choix.

Des conseils pour traiter la deuxième partie

La déclinaison proposée peut par exemple être l'écriture d'un synopsis destiné à la production d'un spot télévisuel complémentaire à la parution de l'annonce-presse.
Le libellé de l'épreuve demande des justifications à la suite de la production proposée. Le texte justifiant les choix est une argumentation méthodique et structurée et non une suite de remarques éparses. Les arguments sont en lien avec la stratégie préalablement repérée lors de l'analyse du visuel et avec les contraintes du type de message produit (publipostage, page d'accueil d'un site, communiqué de presse…). La justification doit donc clairement exposer deux à trois axes stratégiques dans lesquels chaque élément proposé se trouve justifié (figures de style, choix des personnages, de l'énonciation, registres…).
Ces justifications doivent convaincre un annonceur que la proposition répond à son problème spécifique de communication et met en œuvre les procédés visant à :

- capter l'attention (fonction phatique) et favoriser la mémorisation ;
- impliquer (éléments affectifs) et convaincre ;
- inciter à agir, à réagir : acte d'achat, d'engagement, d'information (aspects conatifs)…

FONCTION 1
MISE EN ŒUVRE ET SUIVI DE PROJETS DE COMMUNICATION

1 LES TYPES DE COMMUNICATION

La communication des organisations (entreprises, associations, collectivités, administrations) est un domaine très vaste. Les projets et opérations de communication peuvent être classés en fonction de divers critères : selon les publics, les messages et les organisations émettrices. La communication gagne en force si elle est conçue de façon globale, c'est-à-dire si les messages émis à l'externe comme à l'interne et les moyens utilisés sont cohérents et en synergie.

1 La communication externe

Elle s'adresse à des publics extérieurs à l'organisation : clients, consommateurs, partenaires, citoyens, leaders d'opinion...

1. La communication commerciale

La communication commerciale est un des éléments du *marketing mix*. Elle peut porter sur un produit (ou une gamme de produits) ou sur une marque.

a) La communication commerciale produit

Forme la plus courante de communication publicitaire, la communication commerciale produit regroupe l'ensemble des actions destinées à promouvoir un produit ou un service. Elle vise à faire connaître les produits ou les services, à informer sur leurs caractéristiques et leurs qualités, à susciter le désir, à générer une image positive cohérente avec celle de la marque. Elle cherche aussi à créer des attitudes favorables à l'achat et à inciter les distributeurs à commercialiser les produits.

EXEMPLES

Les campagnes publicitaires pour des voitures, des produits électroménagers, des produits alimentaires, des produits d'hygiène-beauté.

b) La communication commerciale de marque

Particulièrement importante pour les marques présentes sur des marchés très concurrentiels (automobiles...) ou à forte valeur imaginaire (parfums, vêtements...), la communication de marque contribue à créer un territoire de marque distinctif et attractif qui tend à conquérir et à fidéliser les consommateurs.

Dans ce type de communication, la stratégie créative joue le plus souvent sur des aspects imaginaires ou symboliques de la marque, dans la mesure où l'on ne se réfère pas aux qualités précises du ou des produits mais à la personnalité de celle-ci. Ce type de communication laisse une large place à la liberté créative.

EXEMPLE

Lancement de la nouvelle signature de marque Lacoste « Unconventional Chic ».

c) La communication commerciale *B to B (Business to Business)*

Il s'agit d'une communication d'entreprise à entreprise. Le contenu du message (arguments, vocabulaire...) est généralement plus technique que pour une communication grand public (communication *B to C, Business to Consumer*).

EXEMPLE

La campagne de communication de la Société Générale pour présenter sa solution de financement Express Pro dédié aux entreprises : « Un pro ne peut pas travailler longtemps sans matériel ».

d) La communication collective

Elle est menée en commun par des annonceurs d'un même secteur, regroupés en général en syndicat professionnel, pour promouvoir leur produit ou secteur d'activité. Elle est réalisée à frais partagés.

EXEMPLES

Les campagnes de promotion pour les produits laitiers, les notaires, l'artisanat, les arts de la table.

2. La communication non marchande des entreprises

a) La communication institutionnelle

Le discours porte sur l'entreprise et vise à faire connaître ses performances économiques, financières, sociales, ses missions, ses métiers, ses choix, ses valeurs, ses engagements, ou encore sa culture. L'objectif est de créer une identité forte, de valoriser son image et de susciter l'adhésion. Ce type de communication, dit aussi « d'entreprise » ou « *corporate* », se distingue de la communication commerciale dans la mesure où c'est l'organisation qui est au centre du discours et non directement ses produits ou services.

Les cibles sont diverses :
- le grand public ou des catégories précises d'individus (consommateurs potentiels, clients actuels...), pour se faire connaître et se faire apprécier ;
- les citoyens, pour montrer son implication dans la vie sociale (le développement durable, les actions en faveur de la santé, la lutte contre la pauvreté, le financement d'activités culturelles ou sportives...) ;
- les partenaires de l'entreprise (banquiers, fournisseurs...), pour asseoir des relations de confiance.

EXEMPLES

La fondation BNP Paribas et son soutien à la danse contemporaine et aux nouveaux arts du cirque ; le programme de mécénat de L'Oréal « L'Oréal-Unesco pour les femmes et la science » récompensant des femmes de la communauté scientifique internationale ; Kinder offrant des vacances aux enfants aidés par le Secours populaire.

Certaines communications institutionnelles peuvent avoir des objectifs particuliers.

b) La communication de recrutement

Elle concerne les actions de communication en direction des candidats à l'embauche, des jeunes diplômés des écoles et des universités.

EXEMPLES

Les événements, conférences, concours organisés par des entreprises dans les grandes écoles et les universités ; la campagne média de McDonald's pour valoriser sa marque employeur.

c) La communication financière

L'entreprise communique auprès de publics spécifiques tels que les investisseurs, les actionnaires, les banquiers, les journalistes intéressés par les éléments financiers de l'entreprise (introduction en Bourse, fusion, OPA, résultats...).

EXEMPLES

Les opérations de relations presse et relations publiques lors de la publication des résultats des entreprises dans la presse économique ; la mise à disposition sur Internet des rapports annuels des entreprises.

d) La communication de crise

Elle est mise en place dans des périodes de difficultés graves pour éviter une dégradation de l'image de l'entreprise et nécessite une préparation en amont de la crise.

EXEMPLE

La campagne de communication de Toyota suite aux rappels de millions de véhicules dans le monde en 2010.

3. La communication non marchande des autres organisations, ou communication sociale

Elle revêt des appellations différentes en fonction de la nature de l'annonceur.

a) La communication publique

Elle émane des administrations, des collectivités locales et du gouvernement. En s'adressant aux citoyens, aux administrés, aux personnels de ces administrations et aux publics extérieurs, elle vise notamment à faire connaître l'action de l'institution et à la légitimer.

- La communication gouvernementale a pour objectifs d'informer et de rendre compte aux citoyens des orientations et des décisions prises, et de les faire adhérer à celles-ci.

EXEMPLES

Les campagnes d'information sur la réforme des retraites, sur l'éco-prêt à taux zéro.

- La communication d'intérêt général émane d'un ministère ou d'une administration. Elle cherche à faire évoluer les comportements. Peuvent y être associées les campagnes sur les grandes causes menées par les associations dont les finalités sont proches.

EXEMPLES

Les campagnes anti-tabac, pour sensibiliser à la sécurité routière, la communication sur les violences faites aux femmes, la campagne de sensibilisation du grand public à la notion de gaspillage alimentaire.

- La communication des collectivités locales émane des communes, des groupements de communes, des départements et des régions.

EXEMPLE

La ville de Lyon communique à l'international avec son slogan « *Only* Lyon ».

b) La communication associative

Les associations interviennent dans le monde culturel, humanitaire, des loisirs et du sport. La loi de 1901 constitue le cadre juridique propre aux différentes associations à caractère désintéressé (sans but lucratif). Leurs ressources sont intégralement destinées à leur fonctionnement.

La communication des associations a pour but de faire connaître et de sensibiliser les publics aux causes défendues mais aussi de recruter des bénévoles et de collecter des fonds. Elle contribue largement à faire prendre conscience de l'intérêt de leurs actions et à les crédibiliser.

EXEMPLES

Les campagnes et événements organisés par des associations telles que la Fondation Abbé Pierre, Médecins sans frontières, UNICEF, La Croix-Rouge.

c) La communication politique

Elle englobe toutes les actions de communication visant à la promotion d'une personnalité ou d'un parti politique. La tendance observée ces dernières années est à l'utilisation des mêmes techniques et moyens que pour les autres types de communication (Internet, affichage, édition, relations publiques, événement...). Elle est soumise à une réglementation particulière.

2 La communication interne

1. Définition

La communication interne recouvre l'ensemble des actions de communication mises en place au sein d'une entreprise ou d'une organisation à destination de son personnel.

2. Les objectifs

La communication interne vise à :

- informer sur l'entreprise, ses objectifs, son fonctionnement, ses résultats, ses difficultés ;
- mobiliser, entraîner l'adhésion des salariés, créer un sentiment d'appartenance, de manière à améliorer le fonctionnement global de l'entreprise.

Elle contribue à la construction de l'image, qui dépend aussi de celle diffusée par ceux qui y travaillent.

3. Les moyens

Les moyens utilisés sont divers.

EXEMPLES

Livret d'accueil, bulletin d'information, note de service, compte rendu, revue de presse, affichage, magazine ou journal interne, entretien, réunion, séminaire, téléphone, radio et/ou vidéo d'entreprise, diaporama, SMS, *lipdub* (clip vidéo réalisé avec le personnel), vidéoconférence, courrier électronique, intranet, événement.

2 LA DÉMARCHE DE PROJET EN COMMUNICATION

Le projet de communication regroupe un ensemble d'opérations plus ou moins complexes dont la réalisation nécessite le respect de certaines étapes et le recours à des outils spécifiques relatifs à la conduite de projet.

1 La notion de projet de communication

Un projet de communication consiste à concevoir et mettre en œuvre une ou des solutions de communication pour répondre au besoin spécifique d'une organisation, en tenant compte des ressources disponibles et de contraintes. Une solution de communication combine des actions sous forme de moyens de communication adaptés visant à atteindre le ou les objectifs définis.

EXEMPLE

Une campagne de communication pour le lancement d'un nouveau parfum peut s'articuler autour de spots télévisés, d'insertions dans la presse magazine féminine et d'une distribution d'échantillons gratuits en parfumeries.

2 Le lancement d'un projet de communication

1. La demande de l'annonceur : le *brief*

a) Son origine

Le lancement du projet est déclenché par la demande d'un annonceur (entreprise, association, collectivité, administration) qui souhaite communiquer. Cette demande est formulée dans un brief rédigé de préférence en interne par l'annonceur. Elle peut également émaner du responsable d'une organisation qui s'adresse alors à son service communication, sans faire appel à une agence.

Le brief est en général présenté au cours d'une rencontre avec l'agence conseil en communication. C'est l'occasion de le commenter, de compléter certaines informations et d'approfondir la problématique de l'annonceur. Dans certains cas, il peut prendre la forme d'un cahier des charges.

b) Son contenu

Le brief contient toutes les informations et orientations dont l'agence a besoin pour pouvoir travailler efficacement à la conception du projet.

Selon l'Association des Agences Conseils en Communication (AACC), un brief devrait contenir les informations suivantes :

- un rappel historique de l'entreprise et de ses produits ;
- une description de l'environnement : le marché, le produit et ses concurrents, les contraintes liées (techniques, réglementaires...), les consommateurs, etc. ;
- l'analyse de la position concurrentielle (forces et faiblesses du ou des produits) ;
- les données chiffrées relatives, notamment, à la notoriété ou au contenu d'image de la marque ;
- le point sur la stratégie marketing et la communication de l'entreprise et de ses marques, celle des concurrents et leurs évolutions ;
- le problème posé en termes de communication et le rappel du message que la campagne doit faire passer ;
- les différentes prestations attendues de l'agence ;
- le résultat attendu en termes d'image, de notoriété, de ventes ;
- le cadre budgétaire ;
- les modes de collaboration envisagés avec l'agence (type de contrat, système de rémunération, critères d'évaluation des performances et de la collaboration...) ;
- le planning prévisionnel des opérations.

2. La proposition du projet à l'annonceur pour validation

L'agence mène une réflexion qui aboutira à une proposition en termes de stratégie de communication. Cette proposition se matérialise par la rédaction d'une recommandation, qui peut contenir :

- un bref rappel de la demande de l'annonceur ;
- le diagnostic de la situation de l'annonceur ;
- la présentation des orientations stratégiques et des actions à mener (choix du positionnement, objectifs et cibles de communication, contenu des messages, choix des moyens de communication, estimation budgétaire, calendrier, outils d'évaluation du projet).

Une fois la proposition approuvée par l'annonceur, un document contractuel est rédigé sous forme d'un cahier des charges décrivant de manière précise les prestations à fournir.

Le projet entre alors dans sa phase opérationnelle.

3 La conduite du projet

La conduite de projet est la démarche visant à structurer, assurer et optimiser le bon déroulement d'un projet.

1. Le rôle du chef de projet

Un chef de projet gère la conduite du projet de A à Z. Il est l'interface entre le client et les divers intervenants. Il assure le pilotage, la coordination, le suivi et l'exécution du projet dans le respect des délais et du budget alloué, en mettant en œuvre son sens de la gestion, de la coordination et de l'organisation, le goût des contacts humains et de la diplomatie. Il est entouré d'une équipe dont les membres ont été choisis en fonction des compétences nécessaires à la réalisation du projet. Il doit informer régulièrement son équipe de l'état d'avancement du projet, s'assurer de la bonne circulation de l'information, entretenir la motivation de ses membres et être attentif aux difficultés rencontrées. Il gère les relations avec les différents intervenants internes et externes.

2. L'organisation du projet

a) La mise en place du *reporting*

D'une manière générale, le terme « reporting » désigne l'ensemble des actions de préparation et de présentation de rapports d'activité. Il s'agit de déterminer le calendrier des comptes rendus de l'avancement du projet. Tous les acteurs du projet seront ainsi informés des actions en cours et achevées. Cette communication s'effectue au sein de l'équipe et auprès du client.

b) La construction du rétroplanning

Outil prévisionnel de gestion de projet, le rétroplanning recense et présente de façon synthétique l'ensemble des tâches à effectuer.

EXEMPLE

Les tâches à accomplir pour des relations presse sont la réalisation ou l'actualisation d'un fichier de journalistes et de supports média, la rédaction d'un communiqué de presse et d'un dossier de presse, l'organisation d'une conférence de presse.

Le rétroplanning est construit en partant de la date à laquelle le projet doit être finalisé et en remontant dans le temps pour fixer les différentes étapes de la réalisation. Cela suppose d'avoir procédé au préalable à un découpage du projet en sous-ensembles de tâches.

EXEMPLE

Le projet relatif à la communication pour l'ouverture d'un théâtre en plein air peut être découpé en sous-ensembles de tâches tels que : la création d'une identité visuelle du théâtre, la création de l'affiche et des dépliants, les opérations de relations presse, les opérations de relations publiques, la recherche de partenaires.

Pour chaque sous-ensemble de tâches, doivent être précisés :
- le contenu détaillé du travail demandé ainsi que l'objectif à atteindre (en termes d'informations à fournir, de maquette ou de support à livrer) ;
- la personne responsable ;
- le délai accordé ;
- les moyens mis à disposition ;
- les contraintes (transmission préalable d'un dossier, livraison d'une commande, obtention d'une autorisation...) ;
- les éventuels risques identifiés (retard de livraison, dépassement budgétaire...).

c) Le repérage des antériorités

Certaines tâches doivent impérativement être achevées avant d'en démarrer d'autres. Il faut donc réaliser un tableau d'ordonnancement des tâches, classées par ordre chronologique. Pour chaque tâche, le délai imparti doit être précisé.

Attention, plusieurs tâches peuvent se dérouler simultanément et l'oubli d'une tâche peut fausser l'ensemble du planning.

EXEMPLE

Pour l'organisation d'un événement, il est indispensable d'avoir déterminé la date et réservé le lieu avant de lancer l'impression des cartons d'invitation.

On peut utiliser des graphes pour la planification, tels que le graphe PERT ou le diagramme de Gantt, des logiciels spécialisés dans la gestion de projets ou encore de simples tableurs.

d) La prise en compte des contraintes liées aux ressources disponibles

Le cadre budgétaire est fixé par l'annonceur. Lorsque les compétences nécessaires à l'exécution d'un projet ne sont pas disponibles au sein de l'agence, il convient de faire appel à des prestataires externes.

L'estimation en temps nécessaire pour réaliser chaque tâche est délicate. Elle peut s'appuyer sur des éléments quantifiables (nombre d'appels à effectuer, délais de livraison incompressibles...) et sur des expériences passées (fiabilité des partenaires en matière de qualité et de délais...). Le temps consacré à la recherche d'informations est souvent long, notamment dans le cas de l'utilisation des nouveaux moyens de communication, d'où l'intérêt de mener une veille active.

e) La prise en compte du degré de dépendance

La dépendance par rapport à des événements et des prestataires peut difficilement être éliminée.

EXEMPLE

Un planning pour la réalisation d'un dépliant : de la présentation à la livraison à l'annonceur

Tâches	Responsables	Date limite
Présentation à l'annonceur de 3 propositions de maquettes du dépliant	Chef de projet de l'agence	02/02/N
- Sélection d'une maquette - Remise des éléments graphiques et textes définitifs pour peaufiner la maquette	Chef de projet chez l'annonceur	03/02/N
Modification de la maquette selon les indications de l'annonceur	- Graphiste - Chef de projet de l'agence	06/02/N
Dernière validation avant exécution	Chef de projet chez l'annonceur	08/02/N
Réception et finalisation du document	- Graphiste - Chef de projet de l'agence	12/02/N
Envoi des fichiers à l'imprimeur	Graphiste	13/02/N
Signature du Bon à Tirer (BAT) et suivi de production	- Graphiste - Chef de projet de l'agence	18/02/N
Réception et livraison des dépliants à l'annonceur	Chef de projet de l'agence	25/02/N

Pour pouvoir réaliser la tâche « livraison des dépliants à l'annonceur », il faut avoir été livré par l'imprimeur. La personne en charge de cette tâche doit donc se préoccuper de l'état d'avancement de la commande ainsi que des éventuels retards.

f) La prise en compte d'arbitrages à effectuer

Les arbitrages portent sur la façon d'atteindre certains objectifs.

EXEMPLE

Pour obtenir les coordonnées des entreprises d'un marché, il est possible soit d'acheter une base de données, soit de rechercher ces informations en mobilisant des ressources internes.

Ces arbitrages auront un impact à la fois sur le temps et les moyens financiers et humains alloués à la tâche.

2 LA DÉMARCHE DE PROJET EN COMMUNICATION (suite)

g) Le respect du droit de la communication

Il faut veiller au respect du droit appliqué aux actions de communication (le droit de la propriété intellectuelle, le droit de la publicité, le droit de l'emploi de la langue française, le droit à l'image, les réglementations sectorielles...).

3. La détermination des indicateurs de mesure de l'efficacité de la communication

L'annonceur attend une certaine rentabilité des actions de communication. Il peut s'appuyer sur des indicateurs d'évaluation.

EXEMPLES

- Évolution de la notoriété et de l'image, progression des ventes, progression des dons, augmentation du trafic sur le site Internet, nombre de candidatures spontanées, de demandes d'informations, des sites (officiels, forums...) mentionnant l'annonceur.
- Pour un événement : nombre de participants, retombées médiatiques, satisfaction des invités, des intervenants, du public, nouveaux contacts.
- Pré-tests et post-tests de campagne permettent, avant, pendant ou après la campagne, de s'assurer de la pertinence des choix stratégiques.

4. La réalisation du projet et son suivi

a) L'élaboration d'un tableau de bord

Un tableau de bord donne une vision synthétique de l'avancement du projet. Il permet d'effectuer un suivi en temps réel, de repérer rapidement les écarts et d'y apporter les ajustements nécessaires.

C'est un outil de pilotage et de décision, mais également de communication et de motivation de l'équipe projet. Pour remplir sa fonction, le tableau de bord doit donc présenter des indicateurs pertinents qui rendent compte de l'état d'avancement du projet par rapport aux prévisions, des dépenses engagées comparées au budget imparti et des performances réalisées.

EXEMPLES

Des écarts fréquents : retard de livraison, dépassement de budget sur une tâche, des délais non respectés, écarts dus aux conflits relationnels.

À titre indicatif, de multiples rubriques peuvent être intégrées dans un tableau de bord : le suivi budgétaire, le suivi du planning (utilisation du rétroplanning), l'évaluation des actions de communication, l'évolution souhaitée des indicateurs.

b) La réunion des membres de l'équipe

Des rencontres régulières entre les membres de l'équipe sont indispensables pour faire le point sur l'avancement du projet, fixer les priorités à venir, analyser les éventuels dysfonctionnements et y remédier (défaut ou retard de livraison, conflit entre certains membres de l'équipe ou avec des prestataires...).

EXEMPLE

TABLEAU DE BORD PROJET X			
Suivi budgétaire			
Actions	Budget prévu	Budget réel	Observations Actions correctives
Dépliants			
Affiches			
Relations presse			
Événement			
Suivi du planning			
Tâches	Date prévue	Date réelle	Observation Actions correctives
Relations presse – Rédaction du communiqué – Envoi du communiqué – Relances	15/09	15/09	
Évaluation des actions de communication			
Actions	Résultats attendus	Résultats obtenus	Observations Actions correctives
Événement – Retours invitations – Participants	80	25	Vérification de la réception par phoning et relances téléphoniques
Évolution des indicateurs			
Indicateurs	Avant le projet	Après le projet	Observations Actions correctives
Taux de notoriété	45 %	48 %	
Fréquentation du site			

4 La fin du projet : rédaction du bilan de l'opération de communication

1. Le bilan

a) Son utilité

Le bilan permet de vérifier que les objectifs ont été atteints, de retenir les bonnes pratiques pour des projets futurs ainsi que de repérer les erreurs à éviter. Il doit tirer les enseignements de l'évolution des indicateurs de mesure de l'efficacité de la communication.

b) Son contenu

Le bilan présente une analyse du déroulement global du projet et des résultats obtenus : la livraison de la campagne de communication, le respect des budgets et du planning. Il peut faire l'objet d'un document de synthèse.

2. Le suivi des relations commerciales

Une relation de confiance peut s'instaurer entre les différents acteurs qui ont participé à la réalisation du projet. Disposer d'un solide réseau de prestataires constitue une véritable valeur ajoutée. Faire le point sur la satisfaction de chacun permet d'envisager une collaboration future. Pour une agence, il est important de mesurer la satisfaction de l'annonceur, notamment pour s'assurer de sa fidélisation.

3 LE CAHIER DES CHARGES DU PROJET DE COMMUNICATION

L'élaboration d'un cahier des charges marque le début d'une relation contractuelle entre l'entreprise et le prestataire. Il peut porter sur tout type de prestation. Son contenu doit être adapté à la demande.

1 Définition

Élaboré par le client, le cahier des charges décrit de manière précise la demande de l'entreprise et les services attendus du prestataire.

EXEMPLES

L'organisation d'un événement, la création et la conception graphique de supports (cartons d'invitation, dépliants, magazine interne...), l'achat d'espace publicitaire, la réalisation d'une étude.

Ce document contractuel, cosigné par les deux parties, possède une valeur juridique en cas de conflit. Selon la jurisprudence, en l'absence de ce document, il est impossible de déterminer les responsabilités de chacune des deux parties.

2 Le rôle du cahier des charges

Le cahier des charges présente un double intérêt :
- il permet au client de comparer les offres et les devis sur des propositions conformes à ses attentes ;
- il permet au prestataire d'apprécier l'ampleur du projet et sa complexité, et ainsi de proposer une offre la plus adaptée possible en termes de coût, de ressources humaines et de qualité.

3 La rédaction et la forme du cahier des charges

Le cahier des charges est généralement rédigé par le client (chargé de communication, responsable du projet...). Toutefois, celui-ci peut en externaliser la rédaction et la confier à une agence de communication qui assurera le suivi et la réalisation du projet.

La normalisation du cahier des charges n'existe que pour le secteur public. Dans ce cas, conformément au Code des marchés publics, il doit comporter des documents obligatoires, parmi lesquels : l'acte d'engagement, le cahier des clauses administratives particulières et le cahier des clauses techniques particulières.

4 Le contenu du cahier des charges

Les informations fournies dans le cahier des charges dépendent étroitement des prestations attendues. Le contenu influence directement la réponse du prestataire : peu détaillé, il ne favorise pas une offre complète. À l'inverse, un cahier des charges trop précis risque de limiter la force de conseil du prestataire. Parmi les informations qui peuvent y figurer, on trouve :

1. Des informations générales sur l'entreprise	Son histoire, son secteur d'activité, ses publics, la concurrence, la communication antérieure et les objectifs généraux, les coordonnées des personnes en charge du projet.
2. La présentation de l'objet de la demande	La problématique et les objectifs à atteindre, les publics visés, le budget et les contraintes (charte graphique, mentions légales...).
3. Les services complémentaires demandés	La livraison, l'installation, le suivi, la formation...
4. Les clauses juridiques	Les délais à respecter, les clauses de cession des droits (images, photos, textes...), les pénalités en cas de non-respect des délais, les tribunaux compétents en cas de litige, les modalités de paiement.
5. Les modalités de réponse	Le calendrier des réponses, les documents à fournir par le prestataire, les références à apporter par le prestataire, l'exigence de certaines normes de qualité...
6. Des informations techniques	**Pour une conception graphique** – La nature du support à concevoir. – L'ambiance, le ton à exprimer (démonstratif, humoristique, informatif, complice...). – L'utilisation ou non de couleurs. – Le format du document. – Le suivi de la production. **Pour une production de support** – Le format (ouvert, fermé). – Le nombre de pages. – Le nombre de couleurs. – Le type et le poids du papier. – Le façonnage. – Le nombre d'exemplaires. **Pour un site Internet** – La nature du site (site vitrine, site marchand...). – Les cibles (caractéristiques). – Les contenus (les documents fournis par le client : photos, images, données...). – Le nombre de pages estimé pour le site. – L'arborescence (l'architecture du site voulu par le client, présentée sous forme schématique en citant les rubriques et menus principaux, les liens qui les relient). – La charte graphique/éditoriale (tonalité éditoriale et graphique du site). – Le type de nom de domaine (.fr, .com, .net...) à faire acheter par le prestataire ou à transférer si le client le possède déjà. – Les services offerts sur le site (formulaires de contact, forums...). – Les statistiques (nombre de visiteurs, de pages visitées, mots-clés recherchés, provenances géographiques...). – La gestion des contenus (nom du responsable,périodicité et modalités de la mise à jour du site). – L'hébergement : externalisé ou assuré par le prestataire.

4 LES ASPECTS QUANTITATIFS DU PROJET, LE BUDGET

La mise en œuvre d'un projet de communication représente un investissement. Proposer des solutions, dans le cadre de sa préparation, incite donc à prendre en compte des critères quantitatifs et financiers pour en évaluer les coûts et s'assurer d'une certaine rentabilité.

1 Les éléments de calcul du coût d'un projet

Pour évaluer le coût d'un projet de communication, on calcule l'ensemble des charges qui lui sont imputables.

EXEMPLES

Le coût de rémunération de l'équipe en charge du projet, les frais de fonctionnement (téléphone, déplacements, fournitures, amortissement du matériel informatique...), le coût des prestations nécessaires à sa réalisation (frais de création, d'impression...).

Ces dépenses sont classées en charges directes et indirectes, en charges fixes et variables.

1. Distinction entre charges directes et charges indirectes

a) Les charges directes

Une charge directe est imputable sans ambigüité au coût d'un projet. Intégrée au budget, elle est indispensable à la réalisation du projet.

EXEMPLE

Le coût des consommables nécessaires à l'organisation d'un événement (boissons, décorations, objets publicitaires...).

b) Les charges indirectes

L'imputation des charges indirectes au coût du projet est plus délicate car ces charges concernent le fonctionnement de l'entreprise et peuvent être communes à plusieurs projets.

EXEMPLES

La part de la rémunération d'une équipe administrative, l'amortissement du matériel.

Les techniques comptables offrent des solutions d'affectation par l'utilisation d'unités de mesure, appelées « unités d'œuvre » (UO, exprimées en nombre d'heures d'utilisation du matériel, temps passé par les collaborateurs, quantités de produits...). Les UO permettent d'évaluer la part des charges indirectes associées à l'action de communication réalisée.

2. Distinction entre charges variables et charges fixes

a) Les charges variables

Les charges variables dépendent de l'ampleur du projet.

EXEMPLES

Le montant des frais liés à l'organisation d'une inauguration dépend du nombre d'invités.

Le coût d'une campagne d'affichage varie selon sa durée et le nombre de panneaux nécessaires à la couverture territoriale envisagée.

b) Les charges fixes

Une charge fixe (ou charge de structure) est indépendante, dans un horizon de temps donné, du niveau d'activité.

EXEMPLES

Le loyer des locaux de l'entreprise, les abonnements d'électricité et de téléphone, les frais d'assurance.

3. Le coût de revient du projet de communication

Le coût de revient d'un projet est la somme de toutes les charges fixes et variables, directes et indirectes, liées à sa réalisation. Son calcul est indispensable pour permettre d'évaluer le budget nécessaire à la mise en œuvre du projet et d'en mesurer la rentabilité.

2 La fixation du prix de vente et le calcul des marges

Chaque acteur économique intervenant dans un projet de communication (agence conseil en communication, graphiste, régie publicitaire) cherche à réaliser une marge bénéficiaire en vendant sa prestation au meilleur prix.

a) La fixation du prix de vente

Il existe deux méthodes pour déterminer un prix de vente :

- la plus classique vise à fixer un prix de vente en fonction du coût de revient de la prestation commandée et en ajoutant une marge ;
- la méthode du coût cible répond à une logique inverse. Elle consiste à fixer, en fonction d'un prix de vente acceptable, un niveau de marge à atteindre et à en déduire le coût de revient maximum à ne pas dépasser.

b) Le calcul des marges, du taux de marge et du taux de marque

Marge sur coût de revient = Prix de vente – Coût de revient

Marge sur coûts variables = Prix de vente – Coûts variables

Marge sur coûts directs = Prix de vente – Coûts directs

$$\text{Taux de marge} = \frac{\text{Marge sur coût de revient}}{\text{Coût de revient}} \times 100$$

$$\text{Taux de marque} = \frac{\text{Marge sur coût de revient}}{\text{Coût de vente}} \times 100$$

EXEMPLE

Pour établir un devis concernant l'impression d'affiches, l'imprimeur fixera son prix de vente après avoir calculé son coût de revient à partir de ses charges.

• Coût de revient de la commande

Éléments de coût	En €
Charges directes - Papier et encre nécessaires à la réalisation de la commande - Main-d'œuvre nécessaire pour la préparation et l'impression : 5 heures à 50 € l'heure	 80 250
Total charges directes	330
Charges indirectes - Quote-part de frais généraux (rémunération du personnel administratif, assurances, loyers des locaux, énergie...) - Part de l'amortissement du matériel d'impression et de l'ordinateur	 33 100
Total charges indirectes	133
Coût de revient	463

• Marge et prix

Pour réaliser une marge bénéficiaire, l'imprimeur applique généralement un coefficient multiplicateur de 1,4 (soit 40 % de taux de marge) et en déduit le prix de vente à proposer.

Prix de vente hors taxes : 463 × 1,4 = 648,20 €.

Sa marge s'élève donc à : 648,20 – 463 = 185,20 €.

Le prix de vente mentionné sur le devis est un prix TTC. Le taux de TVA étant de 19,6 %, le prix facturé sera de : 648,20 × 1,196 = 775,25 €.

3 La rentabilité d'une opération de communication

Le donneur d'ordre d'une opération de communication attend une certaine rentabilité de sa mise en œuvre. Pour l'évaluer, il dispose d'outils tels que le seuil de rentabilité.

1. Le calcul du seuil de rentabilité

Le seuil de rentabilité (SR) correspond au chiffre d'affaires (total des ventes) minimum à réaliser pour couvrir l'ensemble des charges générées par l'opération. Ce seuil est encore appelé « chiffre d'affaires critique » ou « point mort » car c'est le niveau d'activité pour lequel l'entreprise ne réalise ni perte ni bénéfice. Le SR peut être calculé en unités ou en valeur.

a) En unités (quantités)

$$SR = \frac{\text{Charges fixes}}{\text{Marge sur coût variable unitaire (MCVU)}}$$

avec

MCVU = Prix de vente unitaire – Coût variable unitaire

b) En valeur

$$SR = \frac{\text{Charges fixes}}{\text{Taux de marge sur coût variable (MCV)}}$$

avec

Taux de MCV = MCV / Chiffre d'affaires

2. Intérêt et limite du seuil de rentabilité

Le seuil de rentabilité est un outil d'aide à la décision. En amont du projet, le calcul du SR prévisionnel permet d'estimer sa faisabilité. Calculé *a posteriori*, c'est un indicateur de mesure de l'efficacité du projet.

Le SR est calculé pour une période donnée. Or, une opération de communication peut avoir un effet à plus long terme. Néanmoins, la simplicité de cet outil en fait son intérêt.

EXEMPLE

Calcul du seuil de rentabilité d'une opération de mercatique directe

Au début de chaque année, afin d'augmenter le nombre de ses abonnés, un magazine mensuel réalise un publipostage avec une offre d'abonnement promotionnelle. L'abonnement annuel est proposé à 100 € et 10 000 publipostages sont envoyés.

Pour que l'opération soit rentable, il faut que la marge dégagée sur les nouveaux abonnés couvre les charges fixes engagées lors du publipostage.

Éléments de calcul	En €
Charges fixes - Frais de personnel (relations avec l'agence) - Coût du publipostage (forfait facturé par l'agence incluant la conception, la location de fichiers et l'envoi)	 125 20 000
Total charges fixes	20 125
Charges variables unitaires (par nouvel abonné) - Impression et routage du mensuel - Traitement des réponses	 60 5
Total charges variables par nouvel abonné	65
Marge sur coût variable par nouvel abonné = Prix de l'abonnement – Charges variables = 100 – 65	35

• Nombre d'abonnements nécessaires pour couvrir le coût de l'opération de mercatique directe

$$\text{SR en quantités} = \frac{\text{Charges fixes}}{\text{MCVU}} = \frac{20\,125}{35} = 575.$$

575 personnes doivent répondre positivement à l'offre d'abonnement, soit un taux de réponses favorables nécessaires de : $\frac{575}{10\,000} \times 100 = 5{,}75\ \%$.

• Seuil de rentabilité en valeur

Le SR en valeur correspond au chiffre d'affaires pour 575 nouveaux abonnés, soit : 575 × 100 = 57 500 €.

Pour ce chiffre d'affaires critique ou point mort, le magazine ne réalisera ni perte ni bénéfice.

• Autre méthode de calcul du SR en utilisant le taux de marge sur coût variable

La marge sur coût variable unitaire est de 35 € rapportée au prix de vente de l'abonnement, soit 100 €, ce qui donne un taux de 35 %.

$$SR = \frac{\text{Charges fixes}}{\text{Taux de marge sur coût variable}} = \frac{20\,125}{0{,}35} = 57\,500\ €.$$

5 LES DOCUMENTS COMMERCIAUX

Afin de sécuriser les relations professionnelles et commerciales, et d'éviter tout litige, la loi rend obligatoire la présence d'informations sur les documents commerciaux utilisés par les entreprises dans leurs relations avec les tiers (clients, fournisseurs…). Leur rédaction exige la plus grande vigilance.

1 Le devis

1. L'utilité du document

Émis par l'entreprise, le devis présente la proposition commerciale faite au client. Son usage n'est pas obligatoire, mais pour prévenir tout risque de litige, il est fortement conseillé. En plus de sa fonction juridique, il constitue un élément essentiel dans la conclusion de la vente.

2. Les mentions obligatoires

Les mentions obligatoires sont les suivantes : la mention « devis », la date de la rédaction, l'identification du prestataire, l'identification du demandeur, la somme à payer, le décompte et la présentation détaillée des prestations et des produits utilisés, la durée de validité de l'offre et l'indication du caractère gratuit ou payant du devis.

3. Les autres mentions

D'autres mentions peuvent être ajoutées, comme les modalités de règlement avec un échéancier précis des paiements, la date limite prévue pour la fin des travaux, une pénalité de retard par jour dépassé.

2 Le bon de commande

Le bon de commande matérialise l'accord avec le client. Il mentionne les conditions générales de vente, les droits et les obligations de l'entreprise et de son client, et peut confirmer ou modifier certaines clauses ou éléments de la proposition commerciale. Le bon de commande peut prendre la forme du devis retourné, daté et signé.

3 Le bon de livraison

Le bon de livraison confirme l'exécution de la commande. En général, il accompagne le bien livré et doit être signé par le client afin d'attester de la bonne livraison et réception du bien.

4 La facture

1. L'utilité du document

La facture est un élément de preuve et un document comptable. Tout achat de produit ou prestation de service pour une activité professionnelle doit faire l'objet d'une facturation. Le vendeur est tenu de délivrer la facture dès la réalisation de la vente ou de la prestation du service. Elle est rédigée en double exemplaire et doit être conservée pendant dix ans.

2. Les mentions obligatoires

La facture comporte obligatoirement certaines mentions :
- un numéro et la date ;
- la désignation du vendeur (numéro SIREN, raison sociale, structure juridique et adresse) ;
- la désignation de l'acheteur (raison sociale, adresse) ;
- le numéro individuel d'identification de TVA du vendeur (le cas échéant, celui du représentant fiscal pour les entreprises établies hors de l'Union européenne) ;
- la date de la vente ;
- la dénomination précise et la quantité des produits ou services vendus, leur prix unitaire, le montant total HT, la répartition selon le taux de TVA applicable et le montant total de la TVA due (le cas échéant, la mention de l'article du Code général des impôts prévoyant une exonération de TVA), toute réduction accordée à la date de la vente ou de la prestation et directement liée à cette opération ;
- en pied de facture, la date à laquelle le règlement doit intervenir, les conditions d'escompte applicables en cas de paiement à une date antérieure à celle résultant de l'application des conditions générales de vente, le taux des pénalités exigibles en cas de non-paiement à la date de règlement inscrite sur la facture.

5 Les conditions générales de vente

Les conditions générales de vente constituent l'un des fondements de la relation commerciale. Elles doivent être transmises à tout acheteur. Dans la pratique, elles sont généralement reproduites sur les documents commerciaux de l'entreprise (devis, bons de commande, factures…). En cas de litige, le vendeur doit être en mesure de prouver qu'elles ont bien été acceptées.

Les conditions générales de vente doivent obligatoirement mentionner :
- les conditions de vente proprement dites (délais et modalités de livraison, acceptation ou refus de l'annulation des commandes…) ;
- le barème des prix unitaires des produits, les éventuelles réductions de prix et les modalités de règlement ;
- les conditions de règlement et les délais de paiement, qui ne doivent désormais pas dépasser 45 jours fin de mois ou 60 jours à compter de la date d'émission de la facture (sauf accord interprofessionnel) ;
- les modalités d'application et le taux d'intérêt des pénalités infligées aux clients en cas de retard de paiement ;
- le montant des escomptes éventuellement proposés aux clients en cas de paiement effectué avant l'échéance.

6 LES POINTS CLÉS DU MARKETING

➔ La communication est l'un des éléments du *mix marketing* (plan de marchéage). Elle intervient dans la dernière phase de la démarche commerciale.

1 La notion de marché

Le marché peut avoir plusieurs acceptions et une délimitation géographique plus ou moins large.
Il peut être défini comme un lieu formel ou virtuel sur lequel s'échangent des biens et des services de natures diverses, entre différents intervenants : les acheteurs et les consommateurs (représentant la demande), les producteurs et les distributeurs (constituant l'offre). Dans un sens plus restrictif, on peut aussi définir le marché comme l'ensemble des consommateurs réels et/ou potentiels d'un produit ou d'un service.

1. La demande

L'entreprise étudie les comportements d'achat, les motivations et les freins à l'achat afin de définir une cible publicitaire, en distinguant, le cas échéant, l'acheteur d'un produit du consommateur final. Il est courant de faire apparaître trois catégories de consommateurs :
- les consommateurs actuels constituent le marché effectif et réel de l'entreprise, les clients qu'elle cherche à fidéliser ;
- les non-consommateurs relatifs sont des clients potentiels qui consomment ou non les produits concurrents ; ils représentent le marché potentiel de l'entreprise, c'est-à-dire l'ensemble des prospects qu'elle souhaite conquérir ;
- les non-consommateurs absolus ne sont pas susceptibles de consommer le produit (pour des raisons religieuses, physiques...).

2. L'offre

L'offre émane des entreprises intervenant sur un marché. Elle est analysée afin d'identifier les concurrents directs (entreprises proposant les mêmes produits ou services) et les concurrents indirects (entreprises proposant des produits ou services permettant la satisfaction d'un même besoin).
Sur un marché concurrentiel, la communication vise notamment à démarquer l'entreprise ou la marque de ses concurrents grâce à un positionnement distinctif et au message diffusé.

3. La segmentation du marché

Le marché est généralement segmenté par l'entreprise, c'est-à-dire découpé en sous-ensembles selon un ou plusieurs critères de segmentation (géographique, sociodémographique...). Lorsque cette fraction de marché est particulièrement étroite, on parle de « niche ».

EXEMPLES

Critères de segmentation possibles pour le marché de la chaussure : la zone géographique (ventes en Europe, aux États-Unis...), le sexe (chaussures pour femmes, pour hommes), l'usage (chaussures de sport, de ville...).

2 La notion de marketing (mercatique)

D'après les auteurs du *Mercator*, le marketing consiste à concevoir l'offre d'un produit ou d'un service en fonction de l'analyse des attentes des consommateurs (« *consumer marketing* ») et en tenant compte des capacités de l'entreprise ainsi que des contraintes de l'environnement sociodémographique, concurrentiel, légal, culturel... dans lequel elle évolue.
En plaçant le client au centre de sa réflexion, l'entreprise a progressivement évolué vers une approche relationnelle, notamment à travers le management de la relation client (le CRM, « *Customer Relationship Management* »).
L'évolution du marketing est communément attribuée à deux phénomènes : d'une part, la multiplication des produits et, d'autre part, un changement du consommateur, plus instable dans ses choix et plus individuel dans son comportement. Ce nouveau consommateur, appelé « consommacteur » (contraction de « consommateur » et d'« acteur »), est également plus averti, parfois plus engagé, responsable et citoyen.

3 Le plan de marchéage (« marketing mix »)

Afin de répondre aux attentes des consommateurs, de la manière la plus profitable possible pour l'entreprise, le marketing vise à définir la combinaison optimale des caractéristiques du produit et de ses attributs. À travers le « mix » des 4 P défini par Ph. Kotler (« *Product, Price, Place, Promotion* »), il s'agit d'allier la satisfaction du client et la performance de l'entreprise.

Produit *(Product)*	- Nom, marque. - Niveau de qualité. - *Design* (stylique). - Conditionnement, *packaging*. - Garantie.
Prix *(Price)*	- Prix, tarifs. - Conditions de vente.
Distribution *(Place)*	- Canaux de distribution. - Zone de distribution. - Points de vente.
Communication *(Promotion)*	Ensemble des moyens de communication : - moyens d'identification (logo, signature...) ; - publicité média ; - promotion des ventes ; - marketing direct...

Ph. Kotler distingue également les 4 C (solution au Consommateur, Coût pour le consommateur, Commodité d'accès et Communication) : les consommateurs ne s'intéressent pas uniquement au prix de vente, mais aussi au coût total que représentent l'obtention, l'utilisation et l'abandon d'un produit ainsi qu'à la disponibilité du produit et des services qui l'accompagnent ; ils souhaitent également que leur avis soit pris en compte. L'analyse des éléments du mix de l'annonceur permettra de déceler ses forces et ses faiblesses par rapport à ses concurrents et vis-à-vis de ses clients actuels et potentiels.

7 LE PRODUIT ET SES ATTRIBUTS

Le produit, notion qui englobe parfois les services, constitue un élément clé de l'offre commerciale. Il est étudié en termes de gamme, de design et d'emballage avant d'être mis sur le marché. Son prix de vente représente un des éléments du marketing mix auquel le consommateur est sensible.

1 La classification des produits

Les produits peuvent être classés selon différents critères.
La classification selon la durée de vie distingue :
- les biens durables (les produits électroménagers, les voitures...) ;
- les biens non durables et les services (les produits alimentaires, une coupe de cheveux, les services bancaires...).

La classification selon les habitudes d'achat distingue :
- les biens banals, qui correspondent aux achats courants et donc répétitifs (les produits alimentaires...) ;
- les biens anomaux, qui correspondent à des achats irréguliers (les meubles...).

La classification selon l'utilisateur distingue :
- les biens de grande consommation, destinés aux particuliers ;
- les biens industriels, destinés aux professionnels et aux entreprises.

2 La notion de vie du produit

La vie d'un produit peut être approchée de différentes manières.

1. Selon le cycle de vie

Le cycle de vie d'un produit est généralement caractérisé par quatre phases : le lancement, la croissance, la maturité et le déclin. À chaque phase correspondent des caractéristiques particulières en termes de chiffre d'affaires et d'investissements. (Tableau ci-dessous)

2. Selon la méthode BCG

La matrice du BCG *(Boston Consulting Group)* fait apparaître quatre grandes catégories de produits en fonction de la tendance du marché et de la part détenue par l'entreprise : les produits vedettes ou étoiles (encore appelés « *blockbusters* »), les vaches à lait, les dilemmes et les poids morts (qu'il faudra peut-être abandonner).

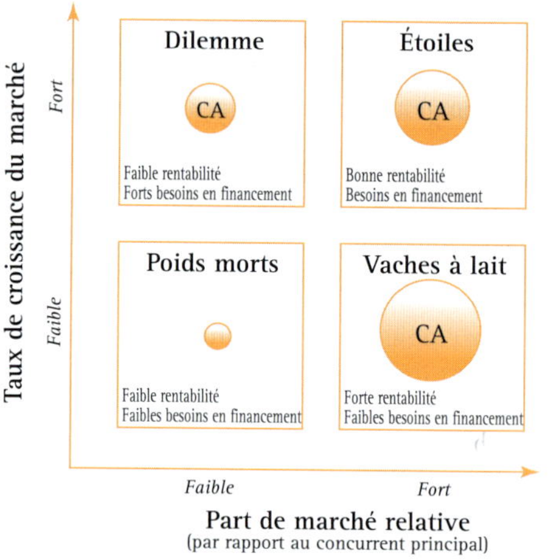

L'objectif de cette méthode est d'identifier les activités stratégiques pour l'entreprise ainsi que les éventuels ajustements à réaliser, notamment en termes d'investissements publicitaires.

3. Selon le modèle Mac Kinsey

Le modèle Mac Kinsey complète la matrice BCG en étudiant l'attrait du marché et la compétence de l'entreprise selon trois niveaux : fort, moyen et faible. La situation du produit sur cette matrice plus complexe permet à l'entreprise d'identifier son potentiel sur le marché et d'en déduire les actions à entreprendre : adapter le produit, investir en publicité...

Phases	Caractéristiques principales	Stratégies au niveau commercial	Stratégies publicitaires
Lancement	- Lent démarrage des ventes - Bénéfices réduits, voire pertes - Concurrence limitée	- Stratégie d'écrémage (politique de prix élevés qui favorisent la marge unitaire au détriment du volume des ventes) - Pénétration du marché (politique de prix bas favorisant le volume des ventes et l'accroissement de la part de marché)	- Publicité intensive - Promotion de lancement
Croissance	- Ventes en progression - Apparition de nouveaux concurrents - Prix stables ou en baisse	- Amélioration du produit - Baisse des prix - Visée de nouveaux segments	Effort publicitaire encore important afin de conforter les parts de marché
Maturité	- Ralentissement de la croissance des ventes - Trois étapes possibles : maturité croissante, stable ou déclinante	- Élargissement de la clientèle, gain sur la concurrence - Augmentation du taux d'utilisation du produit de chaque client (fréquence, usages...) - Modification du produit ou de son mix pour le relancer (design, prix, distribution...)	Actions de communication pour conforter les ventes et éviter d'enclencher la phase de déclin
Déclin	Diminution des ventes ou stagnation à un niveau très bas (modification des goûts, de la mode, apparition de produits de remplacement...)	- Poursuite de la vente du produit et attente du retrait de la concurrence - Retrait du produit du marché	Publicité et promotion pour relancer le produit

3 Gamme et assortiment

1. La gamme

La gamme peut être définie comme l'ensemble des produits fabriqués par une entreprise. On peut également parler d'un ensemble de lignes de produits ou encore d'un portefeuille de produits.
Il est d'usage d'évaluer la largeur (nombre de produits différents) d'une gamme, sa profondeur (nombre de variantes du produit de base) et son étendue ou sa longueur (nombre total des produits qui la composent).

2. L'assortiment

L'assortiment représente l'ensemble des produits proposés par le distributeur à sa clientèle. Sa composition dépend de critères tels que :
- la nature de la clientèle (hommes, femmes, enfants) ;
- la situation géographique du commerce (ville, campagne...) ;
- la catégorie du commerce (magasin spécialisé, grande surface...) ;
- la surface de vente ;
- la rentabilité des produits.

4 Le *packaging*

Selon le *Mercator*, le packaging « est l'ensemble des éléments matériels vendus avec le produit pour permettre ou faciliter sa conservation, sa protection, son transport, son stockage, sa présentation en linéaire, son identification (fonction de communication) et son utilisation par le consommateur ».

1. Le conditionnement

Le conditionnement correspond à l'enveloppe du produit vendu ; c'est un outil de communication qui a pour rôle :
- d'inciter à l'achat (séduction, attractivité, image de la marque...) ;
- d'informer (informations légales et commerciales).

2. L'emballage

L'emballage est le contenant des produits transportés du lieu de fabrication au lieu de vente ; il a une fonction de protection du produit (conservation, transport, manutention et stockage).
Il est parfois difficile de distinguer l'emballage du conditionnement. Dans tous les cas, le packaging est un outil de communication qui a un rôle d'information, de différenciation et une fonction de protection du produit.

5 La stylique *(design)*

Le design permet de concevoir l'apparence du produit et/ou de son packaging en alliant :
- l'aspect esthétique (formes, couleurs...) ;
- l'aspect fonctionnel (praticité, efficacité...) ;
- l'aspect économique (rentabilité, compétitivité, prix...).

Au design produit peuvent s'ajouter le design de la firme (logo et charte graphique), le design d'environnement (architecture des points de vente) et le webdesign (présentation et ergonomie d'un site Internet).

6 Le prix du produit

Le choix du prix est important car il peut avoir des effets sur la perception de la qualité du produit par la clientèle. Par ailleurs, il doit permettre à l'entreprise de générer une marge suffisante pour couvrir ses besoins de fonctionnement et de développement.

1. Les objectifs de l'entreprise

Par sa politique de prix, l'entreprise peut chercher :
- à s'assurer la meilleure rentabilité, le bénéfice maximum ;
- et/ou à stabiliser, voire à conquérir des parts de marché pour maximiser son chiffre d'affaires.

2. Le choix du prix

Différents éléments sont nécessairement pris en compte pour fixer le prix d'un produit :
- les différents coûts (fixes, variables, d'achat, de distribution...) ;
- les prix pratiqués par les concurrents ;
- le comportement des consommateurs (prix psychologique...) ;
- la volonté des pouvoirs publics (réglementation, régulation des hausses de prix...).

Les politiques de prix sont multiples, tant au niveau des fabricants que des distributeurs, et peuvent évoluer dans le temps, notamment en fonction du cycle de vie du produit.

a) Les stratégies des fabricants

Lors du lancement d'un produit innovant, le fabricant peut opter pour une stratégie d'écrémage.
Lorsque des concurrents arrivent sur le marché avec des produits comparables, le fabricant peut adopter une stratégie de pénétration.
Le fabricant peut aussi opter pour une stratégie d'alignement sur les prix de la concurrence.

b) Les pratiques des distributeurs

Les distributeurs utilisent différentes techniques, parmi lesquelles :
- le prix rompu ou « prix magique », à effet psychologique ;

EXEMPLE

9,90 € au lieu de 10 €.

- le prix d'appel. Ce prix particulièrement bas sert à générer du trafic sur le point de vente.

c) La méthode des coûts à l'envers (« *backward costing* »)

La méthode des coûts à l'envers consiste à déterminer d'abord le prix de vente acceptable par le consommateur, à fixer la marge puis à déduire le coût de revient à ne pas dépasser.

d) La stratégie de prix différenciés (« *yield management* »)

La stratégie de prix différenciés consiste à optimiser les recettes en pratiquant des prix différents selon la période (saison basse...) ou le marché (pays, lieux de vente...).

8 LA MARQUE

La marque *(brand)* est un élément important du marketing ; elle permet d'identifier le produit et de rassurer le consommateur. Différentes stratégies de marque peuvent être adoptées par les entreprises.

1 Définition et rôle de la marque

D'après les auteurs du *Mercator*, « la marque est un nom et un ensemble de signes qui certifient l'origine d'un produit, le différencient des produits concurrents et influencent le comportement des acheteurs en suscitant des représentations mentales et un lien émotionnel ».
Le spécialiste des marques Jean-Noël Kapferer la définit comme un nom qui a du pouvoir sur le marché (notion de « capital marque »).
La marque peut se matérialiser par un nom propre, un mot, une expression ou encore un symbole visuel.

EXEMPLES

Un nom propre : DESSANGE PARIS

Un mot : orange

Une expression : TERRES D'AVENTURE «LE VOYAGE A PIED»

Un symbole visuel : CITROËN

La marque a pour rôles essentiels :
- d'identifier et de différencier les produits ;
- de rassurer le consommateur (garantie d'une grande marque) ;
- de véhiculer une image spécifique.

La marque doit être déposée auprès de l'INPI (Institut National de la Propriété Industrielle) afin de garantir à l'entreprise son usage exclusif pendant dix ans, indéfiniment renouvelables.

2 Les types de marques

On peut distinguer cinq types principaux (voir tableau).

Types de marques	Définitions	Exemples
Marque *corporate* (ou marque institutionnelle)	C'est la marque de l'entreprise. Elle correspond à sa dénomination sociale.	Apple, Egis.
Marque produit	Elle permet d'associer un nom et une promesse spécifique à chaque produit, la marque mère pouvant être visible ou non.	Marque mère : Nestlé. Marques produits : Mousline, Nesquik, Nescafé, Ricoré, Herta, Aquarel, Contrex, Valvert...
Marque ombrelle	Elle associe sous un même nom un ensemble hétérogène de produits.	Moulinex (aspirateurs, cafetières, fers à repasser, robots ménagers...) ; Nike (chaussures, vêtements de sport...).
Marque éponyme (ou marque caution)	Son radical sert de base à la création d'une série de noms de marque.	Danone : Danette, Dany, Danacol...
Marque de distributeur (MDD)	Il peut s'agir du nom de l'enseigne ou d'une marque propre à l'enseigne.	Produits « Pâturage de France », marque propre d'Intermarché.

3 Les stratégies de marque

Différentes stratégies de marque peuvent être adoptées par les entreprises :
- la stratégie de marque produit autonome. La marque corporate n'est pas ou peu visible. Dans ce cas, un positionnement spécifique est adopté pour chaque marque produit. Cette stratégie nécessite un investissement en communication pour chaque marque et ne permet pas de bénéficier de l'image et de la notoriété de la marque mère ;

EXEMPLE

La marque corporate Procter et Gamble s'efface au profit des marques produits comme Ariel, Dash, Febreze, Pampers...

- la stratégie de marque produit avec une marque corporate visible qui cautionne le produit et rassure l'acheteur. La marque produit bénéficie de l'image et de la notoriété de la marque mère, ce qui facilite la communication mais rend la spécificité du positionnement de la marque produit plus difficile ;

EXEMPLE

La marque corporate Renault a pour marques filles Clio, Kangoo, Laguna...

- l'extension de marque (*brand stretching*). C'est une manière de conquérir de nouveaux marchés en déclinant la marque sur de nouveaux produits pour bénéficier de la position acquise sur le métier de base ;

EXEMPLE

Virgin, marque corporate, est décliné en Virgin Store (enseigne de magasins) et Virgin Mobile (opérateur alternatif de téléphonie mobile).

- le *co-branding* (ou cogriffage) consiste en un partenariat entre deux marques, ou plus, pour le développement et/ou la commercialisation d'un produit (ou service) ou d'une gamme de produits qu'elles cosignent (comarquage). Cette alliance repose sur la complémentarité des compétences des partenaires ou sur la recherche d'un effet de synergie au niveau publicitaire.

EXEMPLES

Nike et iPod (Apple) ; Nespresso et Krups (machine à café).

9 LA DISTRIBUTION – LE POINT DE VENTE

L'entreprise doit définir une politique de distribution adaptée à ses produits ; cette politique concerne la mise à disposition des produits aux clients, le plus souvent *via* des intermédiaires. Elle consiste à opter pour un circuit de distribution plus ou moins long et à gérer d'une manière optimale l'espace de vente proposé à sa clientèle.

1 La notion de circuit de distribution

Le circuit de distribution est représenté par l'ensemble des intermédiaires impliqués dans le processus de commercialisation d'un produit. Il sera plus ou moins court ou long selon le nombre d'intervenants situés entre le fabricant et le consommateur final (grossistes, semi-grossistes, détaillants).

2 Les différents critères de choix d'un circuit

Le choix d'un circuit s'effectue en fonction :
- de la clientèle visée (nombre, répartition géographique, volume d'achats...) ;
- du ou des produits vendus (durée de vie, volume, valeur...) ;
- des services attendus et rendus par les intermédiaires ainsi que du coût engendré (transport, stockage, contact avec le client...) ;
- des possibilités de l'entreprise (taille, moyens financiers...) ;
- de l'environnement (circuits des concurrents, conjoncture économique...).

3 Les stratégies et modes de distribution

Stratégies possibles	Principes	Exemples de produits concernés
Distribution intensive	Elle assure la présence du produit dans un grand nombre de points de vente.	Produits de grande consommation.
Distribution exclusive	Un secteur géographique est réservé à chaque distributeur.	Produits de luxe (maroquinerie, bijoux).
Distribution sélective	Le fabricant sélectionne certains distributeurs.	Parfums.

Divers modes de distribution sont possibles :
- la vente en libre-service ;
- la vente par des commerciaux (en magasin, en démarchage...) ;
- la Vente À Distance (VAD) : sur Internet, par correspondance (La Redoute...), par télé-achat ou encore par téléphone.

4 Le point de vente

1. L'implantation géographique

Le choix de l'emplacement s'effectue, pour les points de vente importants, après une étude de la zone de chalandise et le calcul du chiffre d'affaires prévisionnel, en tenant compte du pouvoir d'attraction de la zone, de la facilité d'accès et de l'évasion commerciale vers les concurrents.

2. Les types de points de vente

Points de vente	Caractéristiques	Exemples
Supérette	Surface de 120 à 400 m². Dominante : produits alimentaires.	CocciMarket, Vival.
Supermarché	Surface de 400 à 2 500 m². Dominante : produits alimentaires.	Super U, Intermarché.
Hypermarché	Surface supérieure à 2 500 m². Nombreuses références proposées.	Carrefour, Auchan.
Grand magasin	Magasin non spécialisé, peu ou pas d'alimentaire.	Printemps.
Magasin populaire	Magasin non spécialisé avec, en général, un rayon « alimentation ».	Monoprix
Grande surface spécialisée	Assortiment étendu dans une même famille de produits.	Keria (luminaires)
Magasins virtuels	Points de vente présents uniquement sur Internet (« *pure player* »)	Amazon, eBay.

3. La gestion du point de vente et son animation

Le distributeur doit déterminer son assortiment, c'est-à-dire les produits, les références, les tailles, les coloris... proposés à la clientèle. Différents moyens permettent de créer une ambiance sur le lieu de vente et de l'animer (l'éclairage, le choix des couleurs et des matériaux, la musique...).

La mise en place d'opérations de communication vise à attirer l'attention du consommateur sur certains produits : il peut s'agir de promotions, de CLV, de PLV ou d'ALV (communication/publicité/animation sur le lieu de vente).

Le producteur peut participer à ces actions marketing avec le distributeur ; on parle alors de « *trade marketing* ». Il s'appuie pour cela sur sa force de vente, c'est-à-dire les commerciaux chargés des relations avec les distributeurs.

4. Le marchandisage

Le marchandisage (ou *merchandising*) consiste à optimiser l'espace de vente disponible par un aménagement rationnel du magasin et à déterminer la disposition qui permettra de réaliser les plus fortes ventes et les marges les plus importantes. Le mobilier utilisé contribue à cette optimisation (gondoles, têtes de gondole et linéaires). Les techniques de marchandisage visent à faire circuler le consommateur dans le plus grand nombre de rayons et à simplifier le processus d'achat du client en l'incitant à acheter et en favorisant les achats d'impulsion.

EXEMPLE

Les articles à forte marge bénéficiaire sont placés à hauteur des yeux.

L'optimisation de l'espace d'un magasin virtuel se fera par le design et l'ergonomie du site.

FONCTION 1

10 LA STRATÉGIE DE COMMUNICATION

La demande formulée par l'annonceur constitue le point de départ de la réflexion stratégique. Il s'agit d'étudier la situation de l'annonceur dans son environnement et de bien cerner sa demande pour y répondre au mieux.

1 La recherche et l'analyse d'informations

1. La recherche d'informations complémentaires

Le brief (écrit ou oral) de l'annonceur doit comporter suffisamment d'informations pour permettre le choix de préconisations adaptées. Toutefois, si les informations fournies sont insuffisantes, il sera nécessaire de les compléter :
- par des études documentaires ;

EXEMPLES

Articles publiés dans la presse spécialisée, étude des concurrents et de leur communication.

- par des études qualitatives et/ou quantitatives ;

EXEMPLES

Mesure de la notoriété, enquête de satisfaction, étude d'image.

- le cas échéant, par un audit interne.

EXEMPLES

Baromètre social, mesure de l'image interne, analyse du circuit des informations.

2. L'analyse de la situation de l'annonceur

L'analyse de la situation de l'annonceur peut être menée à l'aide de la méthode SWOT, qui consiste à analyser les forces (« *Strength* ») et les faiblesses (« *Weakness* ») de l'entreprise face aux opportunités (« *Opportunities* ») et aux menaces (« *Threats* ») de son environnement.

EXEMPLE

Éléments à analyser dans le cadre d'une communication commerciale

Forces	Faiblesses
L'annonceur, la marque (son histoire, son expertise, son expérience, son image, sa notoriété...)	
Le produit et ses attributs (caractéristiques, évolution, prix...) **La distribution** (le circuit, le réseau, la force de vente...)	
La communication antérieure (les moyens de communication utilisés, les messages diffusés, les résultats obtenus, les budgets...)	
Opportunités	**Menaces**
Le marché (ses caractéristiques, son évolution, les tendances observées...)	
Les concurrents (leur offre, leur communication...)	
Les consommateurs (leurs attentes, leur comportement, les tendances de consommation...)	

La campagne de communication s'appuiera sur les éléments positifs révélés par l'analyse et visera à contourner ou à réduire les éléments négatifs.

Les différents points à analyser dépendent du type de communication et de la nature de l'annonceur (entreprise, association, organisme...).

3. Le diagnostic et le problème de communication

L'analyse de la situation conduit à établir un diagnostic destiné à guider la réflexion stratégique. À ce stade, la problématique de communication doit être prioritairement cernée.

Le problème que la communication peut résoudre découle des éléments négatifs relevés dans l'analyse précédente ; il ne doit pas être confondu avec un problème commercial, plus général.

EXEMPLES

Les problèmes relatifs à la communication peuvent porter notamment sur :
- un déficit de notoriété, une image peu attractive de l'annonceur ;
- un manque de confiance du consommateur lié à la méconnaissance de la marque ou à la nouveauté du produit.

2 La réflexion stratégique

La réflexion stratégique consiste à définir un positionnement, des objectifs, des cibles et à proposer une stratégie créative.

1. Le positionnement

Positionner une entreprise, une marque ou un produit consiste à définir la place qu'elle ou qu'il devra occuper dans l'esprit des consommateurs et des autres cibles possibles (distributeurs, salariés, journalistes...).

Pour être pertinent, le positionnement doit revêtir certaines qualités :
- la crédibilité. Le positionnement repose sur des atouts réels du produit, de la marque... ;
- la spécificité. Le positionnement se distingue des positionnements adoptés par les concurrents ;
- l'attractivité. Le positionnement répond aux attentes des publics visés ;
- la durabilité. Le positionnement s'inscrit dans le temps (il ne peut pas être éphémère).

2. Les objectifs de la communication

Les objectifs de la communication peuvent être regroupés en trois catégories principales : les objectifs cognitifs, affectifs et conatifs.

Leur réalisation contribuera à atteindre les objectifs commerciaux de l'annonceur.

EXEMPLES

- Objectif commercial : augmenter de 10 % les ventes du produit.
- Objectifs de la communication associés : informer sur les caractéristiques novatrices du produit, inciter à l'essayer.

Types d'objectifs	Exemples
Objectifs cognitifs, liés à la notoriété et à l'information	- Faire connaître un nouveau produit, une marque, un point de vente. - Augmenter la notoriété. - Informer sur les caractéristiques d'un produit, sur les missions d'une association.
Objectifs affectifs, liés à l'image (en cohérence avec le positionnement défini)	- Véhiculer l'image d'un produit pratique et accessible. - Renforcer l'image d'une marque respectueuse de l'environnement. - Rajeunir l'image vieillissante du produit, de la marque.
Objectifs conatifs, liés au comportement	- Inciter à goûter un nouveau plat. - Faire essayer un produit. - Créer du trafic sur le point de vente. - Susciter des rédactionnels de la part des journalistes. - Inciter un distributeur à référencer un produit.

3. Les cibles de la communication

Les personnes ou groupes de personnes que la campagne cherche à atteindre constituent les cibles de la communication.

Ces cibles sont caractérisées selon des critères sociodémographiques (âge, sexe, lieu de résidence, niveau de revenus, catégorie socioprofessionnelle...) et comportementaux (centres d'intérêt, groupes d'appartenance, styles de vie...).

On distingue plusieurs cibles :

- le grand public (communication *B to C* : *Business to Consumer*) : consommateurs, utilisateurs, acheteurs ;
- les professionnels (communication *B to B* : *Business to Business*) : acheteurs professionnels, utilisateurs, distributeurs... ;
- la cible interne : ensemble des salariés (force de vente, cadres...) ;
- les cibles relais : journalistes, prescripteurs, conseillers, leaders d'opinion... ;
- les partenaires.

En général, les cibles sont hiérarchisées et regroupées en catégories : cibles principale et secondaire, cibles externe et interne...

On peut aussi distinguer une cible prioritaire appelée « cœur de cible », qui constitue une fraction de la cible principale, à qui la campagne de communication s'adressera tout particulièrement. La répartition des moyens préconisés pour toucher les différentes cibles tiendra compte de ce choix.

4. La stratégie créative

La stratégie créative synthétise les informations utiles à l'équipe créative (directeur artistique, concepteurs-rédacteurs, graphistes) pour concevoir un message en adéquation avec la réflexion stratégique.

Elle prend le plus souvent la forme d'une *copy* stratégie classique, telle que celle créée par l'entreprise Procter et Gamble. Elle s'organise autour d'une promesse argumentée faite au consommateur et repose généralement sur le bénéfice que celui-ci peut en retirer. Elle lui apporte des éléments de support (ou preuves).

EXEMPLES

Des témoignages, une caution scientifique, des résultats d'enquêtes.

Le ton de la campagne décrit l'ambiance de la communication. Il peut être informatif, humoristique, complice... L'équipe créative veillera à tenir compte des éléments imposés par l'annonceur ou dictés par son environnement (contraintes budgétaires, temporelles, créatives : identité visuelle, charte graphique à utiliser...) et/ou des contraintes légales (droit de la communication).

5. Les différentes approches créatives

L'approche créative peut varier selon les agences de communication et prendre différentes formes. Parmi les approches les plus connues :

- le Plan de travail créatif (agence Young & Rubicam) est une variante qui comporte un fait principal (issu de l'analyse préalable), le problème à résoudre par la communication, la promesse et son support, ainsi que les contraintes à respecter ;
- la « star stratégie », élaborée par J. Séguéla (Euro-RSCG), consiste à comparer une marque à une personne dotée d'un physique, d'un caractère et d'un style ;
- la méthode de la disruption, conceptualisée par Jean-Marie Dru (agence TBWA), est basée sur l'analyse des discours tenus par les concurrents présents sur le marché. Un positionnement totalement différent est alors adopté par l'annonceur, en rupture avec la « convention », norme observée sur le marché.

3 Les préconisations des moyens de communication

Le choix des moyens média et/ou hors média qui permettront d'atteindre les cibles visées doit être en adéquation avec les éléments stratégiques étudiés précédemment. Les moyens de communication vont non seulement véhiculer le message, mais également le renforcer. C'est en cela qu'ils constituent un véritable choix stratégique qui sera argumenté afin de convaincre l'annonceur.

Les six grands médias que sont la presse, la télévision, l'affichage, la radio, le cinéma et Internet répondent principalement, en matière publicitaire, à des objectifs de notoriété et d'image, et peuvent être associés à des opérations de mercatique directe ou de promotion.

La tendance actuelle consiste à utiliser plusieurs moyens simultanément, en les combinant. Chacun de ces moyens renvoie la cible vers d'autres moyens. On parle de « communication 360° » ou « *cross media* ».

EXEMPLE

Une campagne d'affichage fait référence à un site Internet qui lui-même invite à un événement.

1. Les moyens média

a) Le plan média

Les achats d'espaces publicitaires représentent plus du tiers des dépenses en communication des annonceurs.

Le média planneur sélectionne les médias et les supports en s'appuyant sur les résultats des études d'audience et les combine en fonction de critères de performance. La tendance actuellement observée est à la convergence des médias liée à l'apparition de nouveaux modes de consommation des médias hors de leur support d'origine (ordinateur, téléphone mobile...).
Les médias et les supports sont sélectionnés selon divers critères : qualités publicitaires, fréquentation par les cibles... Les choix peuvent porter sur un ou plusieurs des six grands médias.

EXEMPLE

Il existe plusieurs supports pour le média télévision : TF1, France 2, M6, Canal+, Direct 8, LCI, Eurosport, Gulli...

Le plan média (ou « média planning ») comprend, pour chacun des médias, la liste des supports, le nombre et le rythme des insertions, le format de l'espace et le budget prévisionnel alloué.

b) La prise en compte de l'évolution des médias

L'univers des médias et des supports est en constante évolution du point de vue technique et de leur mode de consommation : la presse quotidienne doit faire face à une certaine désaffection du lectorat, l'audience TV se fragmente avec l'apparition de nouvelles chaînes, l'audience Internet augmente rapidement et le profil des internautes évolue, la radio et le cinéma se numérisent...
Il est donc primordial d'instaurer une veille active pour couvrir les cibles visées et les atteindre avec une efficacité optimale.

2. Les opérations de communication hors média

Les actions hors média (dites aussi «*below the line*») sont nombreuses et variées. Elles sont souvent source de créativité et un grand nombre d'entre elles favorisent la proximité avec les cibles visées.
L'IREP (Institut de Recherche et d'Études Publicitaires) distingue :
- le marketing direct (mailing, autres éditions publicitaires, marketing téléphonique...) ;
- les opérations de promotion (promotion sur le lieu de vente, échantillon, jeux...) ;
- les salons et les foires ;
- le parrainage ;
- le mécénat ;
- les relations publiques.

Il sera nécessaire de préciser les modalités de la mise en œuvre des actions en utilisant, par exemple, la méthode QQOQCCP : Qui fait Quoi ? Où ? Quand ? Comment ? Combien ? Pourquoi ?

3. Les moyens en interne

Une campagne de communication peut être valorisée et relayée auprès des publics internes à l'entreprise ou faire l'objet d'une campagne interne à part entière. Différents types de supports (écrits, oraux, audiovisuels ou électroniques) sont traditionnellement utilisés.

EXEMPLES

Article dans le magazine ou le journal interne, reportage sur la radio d'entreprise, *newsletter* diffusée par l'intranet, revue de presse, séminaire.

4. Le budget prévisionnel

Le budget prévisionnel peut être présenté en deux étapes : un budget en grande masse et des budgets intermédiaires détaillés par opération.
Il comporte différentes catégories de frais :
- les achats d'espaces publicitaires ;
- les frais de conception, de création ;
- les frais de production (impression...) ;
- les autres frais liés aux opérations hors média, tels que la location de stand ;
- la rémunération de l'agence.

5. Le calendrier

Pour gagner en force, les actions de communication seront concentrées sur une ou plusieurs périodes de l'année.
Le choix de ces périodes va dépendre :
- de facteurs stratégiques ;

EXEMPLES

Date de lancement d'un nouveau produit, effets de saisonnalité, dates d'événements sportifs ou culturels, communication des concurrents.

- de facteurs économiques.

EXEMPLE

Le prix de l'espace publicitaire peut varier selon les périodes de l'année.

Le calendrier sera présenté d'une manière synthétique et les choix seront argumentés à l'annonceur.

EXEMPLE

	Janv.	Fév.	Mars	Avril	Mai	Juin	Juil.	Août	Sept.	Oct.	Nov.	Déc.
Médias												
Affichage 4×3 PACA					×		×	×				
Affichage Abribus Marseille, Aix, Avignon, Nice			×			×				×		
Presse TV hebdomadaire		×		× ×					×	×		
Radio												
Europe 2		×			×	×						
Nostalgie		×	×	×			×	×				
Radio trafic				×			×	× ×			×	
Hors médias												
Affichettes			→	→	→	→	→	→	→	→	→	→
Dépliants				→	→	→	→	→	→	→		
Publipostage écoles et collèges	×								×			
Promotion		×										
Partenariats	→	→	→	→	→	→	→	→	→	→	→	→
Relations presse		×				×						
Cartes de fidélité	→	→	→	→	→	→	→	→	→	→	→	→
Newsletters	×			×			×			×		

11 LES CARACTÉRISTIQUES DU MÉDIA PRESSE

La presse tire ses revenus de la vente des espaces publicitaires, des petites annonces et de la vente au numéro. Elle doit ainsi satisfaire à la fois les attentes des lecteurs et celles des annonceurs.

1 La situation de la presse comme média publicitaire

La presse reste l'un des premiers médias en termes d'investissements publicitaires des annonceurs. Cette situation s'explique, notamment, par la grande richesse de son offre (diversité des types de presse, des thématiques, des zones de couverture, des formats, des périodicités), mais aussi par le fait que les études d'audience permettent une connaissance fiable du nombre et du profil des lecteurs par titre.
Pour rester attractifs, les supports de presse multiplient les nouvelles formules, les nouveaux formats, les suppléments... et complètent leur offre par un site Internet.

2 La presse quotidienne (PQ)

Les résultats de l'étude EPIQ 2010 démontrent la puissance de la presse quotidienne : près de la moitié de la population âgée de 15 ans et plus lit au moins un titre de la PQ chaque jour. Les supports de la presse quotidienne sont aujourd'hui présents sur Internet et de plus en plus sur les téléphones mobiles 3G. Les applications pour iPhone et iPad se développent rapidement.
Chaque semaine, plus de trois Français sur quatre sont en contact avec une marque de la PQ au travers du quotidien lui-même, de son site Internet ou de son supplément magazine.

1. La presse quotidienne nationale (PQN)

Le lectorat de la PQN est plutôt âgé, masculin, concentré sur la région parisienne et de niveau d'instruction supérieure. Cette presse offre donc à l'annonceur une forte sélectivité sociodémographique mais une faible sélectivité géographique (à l'exception de la région parisienne).

2. La presse quotidienne régionale (PQR)

Les nombreux titres de la PQR couvrent tout le territoire français et offrent donc une très bonne sélectivité géographique. Leur lectorat, attaché aux informations locales, est très fidèle.
La quasi-totalité des titres de la PQR proposent un numéro du septième jour (*Dimanche Ouest-France*, *Progrès Dimanche*) vendu avec les suppléments (*Version Femina* et *TV Hebdo*), à un lectorat majoritairement féminin. La PQR ne permet une couverture nationale qu'à travers le couplage national PQR 66 (qui rassemble 61 titres).

3 La presse magazine et la presse professionnelle

La presse magazine se caractérise par une offre très riche qui permet une très bonne segmentation (âge, sexe, centres d'intérêt...). Les taux de circulation (nombre de personnes ayant lu un même exemplaire) et de reprise en mains (nombre de fois qu'un lecteur lit le même exemplaire) sont élevés. Les contacts sont multipliés, la durée d'exposition au message augmente, la répétition et la mémorisation sont favorisées.
La presse professionnelle ou technique est essentiellement utilisée pour de la communication *B to B* (*Business to Business*). Elle couvre les différents secteurs d'activité.

EXEMPLES

Secteurs Marketing et Communication : *Stratégies*, *LSA*, *Linéaires*...

4 La presse gratuite

1. La presse quotidienne gratuite d'information (PQGI) et la presse gratuite d'annonces (PGA)

La gratuité et les modes de distribution constituent leurs atouts. La publicité est essentiellement commerciale et promotionnelle, de portée locale et/ou nationale. Les titres offrent une bonne sélectivité géographique mais une faible sélectivité sociodémographique.
Des suppléments et des hors série assoient la crédibilité de la PQGI et dopent ses recettes publicitaires. Principalement consacrée aux offres commerciales et petites annonces locales et commerciale, la PGA s'est spécialisée dans certains secteurs d'activités (immobilier, automoto), les sorties, les spectacles...

EXEMPLES

PQGI : *20 minutes*, *Metro*, *Réseau Ville Plus*, *Direct Soir*.
PGA : *TopAnnonces* (généraliste), *Logic-immo* (immobilier).

Mis à disposition dans les boîtes aux lettres ou disponibles chez des commerçants, ces titres offrent une bonne sélectivité géographique mais une faible sélectivité sociodémographique. Les supports d'annonces gratuits sur Internet contrent la concurrence des sites d'annonces en ligne.

2. La presse magazine gratuite

La presse magazine gratuite est constituée de la presse des collectivités territoriales, de la presse thématique et de la presse des entreprises (ou magazines de marque). Elle permet un ciblage par centres d'intérêt et constitue un outil de fidélisation.

EXEMPLES

Presse thématique : *Femmes en ville*, *90 minutes* (sport).
Presse des entreprises : *Contact* (FNAC), *Air France Magazine*.

5 La presse hebdomadaire régionale (PHR)

Essentiellement lue en province, la PHR permet de cibler un lectorat majoritairement féminin, jeune et actif.

EXEMPLES

Marseille l'Hebdo, *Hebdo Vendée*.

12 LES CARACTÉRISTIQUES DU MÉDIA TÉLÉVISION

La quasi-totalité des foyers français est équipée d'au moins un téléviseur. En moyenne, 90 % de la population regarde au moins une fois la télévision chaque jour. Ce média de premier plan attire donc l'attention et l'intérêt des publicitaires.

1 Le Paysage Audiovisuel Français (PAF)

Jusqu'en 1983, la télévision était placée sous monopole d'État et l'espace publicitaire limité. Aujourd'hui, en plus des chaînes nationales historiques (TF1, France 2, France 3, France 5/Arte, M6 et Canal+), le PAF s'est enrichi des chaînes gratuites de la Télévision Numérique Terrestre (TNT), de chaînes accessibles par abonnement, par câble, satellite, TNT ou ADSL ainsi que de chaînes locales hertziennes et câblées. Le PAF, fortement concurrentiel, se développe par la multiplication des chaînes privées, payantes ou gratuites, généralistes ou thématiques. Le nombre de foyers concernés, encore limité, augmente régulièrement.

L'évolution du PAF est liée notamment aux nouvelles consommations de la télévision, de plus en plus regardée sur d'autres supports que l'écran traditionnel (phénomène de la convergence des médias).

Les ressources des différentes chaînes proviennent des recettes publicitaires, des abonnements, de la redevance pour les chaînes publiques, de la vente d'émissions, des droits et produits dérivés d'émissions, des appels téléphoniques surtaxés (jeux...).

2 Les utilisations publicitaires

Les secteurs de l'alimentation, de l'hygiène-beauté, de l'automobile et des télécommunications sont les premiers annonceurs. Ce média de masse est particulièrement adapté aux produits grand public et de grande consommation, aux lancements de produits. Il accroît leur notoriété et agit sur l'image des marques.

EXEMPLES

Les campagnes des marques Nespresso, Dior et Coca-Cola.

Le média TV convient également aux campagnes publiques d'intérêt et de défense des grandes causes.

EXEMPLES

Les campagnes gouvernementales et de défense des « grandes causes » telles que « Les antibiotiques, c'est pas automatique » (de la Caisse nationale d'assurance maladie) et « Solidays » (de l'association Solidarité SIDA).

3 Les formats

La télévision offre aux annonceurs publicitaires de multiples possibilités d'utilisation du point de vue des formats.

Le spot	C'est la forme la plus courante. Il est inséré dans un écran publicitaire.
Le parrainage	L'annonceur s'identifie au début et à la fin d'une émission (par exemple, la météo). Situé hors écran publicitaire, le parrainage est une solution pour éviter l'encombrement, mais son utilisation est très réglementée : on ne peut ni montrer le produit ni délivrer un message.
La dotation ou le droit d'asile	Cette forme de parrainage, peu onéreuse, permet de montrer le produit pendant une émission de jeu en l'offrant aux candidats.
Le programme court	Il est créé par la chaîne avec un annonceur (par exemple, le programme Leroy Merlin « Du côté de chez vous »).
Le placement produit	Ce format se retrouve dans les œuvres cinématographiques, les fictions audiovisuelles et les clips vidéo, sauf lorsqu'ils sont destinés aux enfants.

4 L'audience

1. L'évolution de l'audience

En même temps que le taux d'équipement en téléviseurs s'est accru (plus de 95 % des foyers français sont équipés et nombre d'entre eux sont multi-équipés), la durée d'écoute moyenne est passée de 3 h 25 en 2009 à 3 h 32 selon le Médiamat de 2010. Cet accroissement peut être lié à l'augmentation du temps libre, à la programmation de certains événements comme le Mondial de football, au développement des chaînes thématiques et de la TNT, à l'amélioration des équipements...

Même si l'audience reste encore concentrée à environ 70 % sur les chaînes historiques (TF1, les chaînes du groupe France Télévisions, M6 et Canal+), la tendance observée est à la baisse régulière de leur part d'audience et à une fragmentation de cette audience en raison de l'apparition d'autres chaînes, notamment de la TNT.

La concurrence des autres médias ne semble pas gêner le développement de la télévision qui, parce qu'elle poursuit sa mutation technologique (nouveaux récepteurs, nouveaux modes de diffusion, nouvelles chaînes), séduit des téléspectateurs toujours aussi nombreux. Mais les pratiques audiovisuelles changent : les nouveaux téléspectateurs regardent un programme à une heure de leur convenance, sur Internet...

2. La mesure de l'audience

Créé en 1989 par Médiamétrie, le Médiamat est l'enquête qui permet de mesurer l'audience télévisuelle. En avril 2011, le panel de référence est composé de 10 327 individus âgés de 4 ans et plus, vivant dans 4 186 foyers représentatifs des ménages de France métropolitaine et équipés d'un audimètre à bouton-poussoir. Plusieurs indicateurs permettent de mesurer l'audience.

a) La Durée d'Écoute par Individu (DEI)

La DEI est la moyenne du temps passé à l'écoute des programmes diffusés par les chaînes pour l'ensemble des individus composant le panel.

b) Le Taux Moyen d'audience (TM)

Le TM représente le pourcentage moyen par seconde d'individus regardant la télévision.

c) La Part D'Audience (PDA)

La PDA est la part que représente la durée d'écoute d'une chaîne dans la durée d'écoute totale de la télévision.

En 2010, un point d'audience est égal à 583 770 individus de 4 ans et plus ; une audience de 10 % pour une émission correspond donc à 5 837 700 téléspectateurs.

3. La variation de l'audience

La variation de l'audience, selon l'horaire et le jour, permet de repérer des plages plus ou moins intéressantes pour les annonceurs :

6 h-19 h 30	Horaires de journée *(daytime).*
Avant 19 h 30	Accès à l'horaire de grande écoute *(access prime time).*
19 h 30-22 h 30	Horaire de grande écoute *(prime time).*
20 h-20 h 30	Horaire de pointe *(peak time).*
Après 22 h 30	Horaire de nuit *(night time).*

5 L'intérêt publicitaire du média TV

1. La puissance du média

L'équipement des foyers, élevé et de grande qualité, se diversifie (téléphones mobiles, ordinateurs...). La durée d'écoute moyenne par individu de 4 ans et plus augmente. Le média TV permet d'atteindre un très grand nombre d'individus en utilisant un nombre restreint de supports. La majeure partie de l'audience se répartit sur les grandes chaînes historiques.

2. Les importantes possibilités de création

La télévision est un média puissant et complet : parce qu'il diffuse des sons, des textes et des images, il permet de capter l'attention, de toucher le téléspectateur, qui lui reste fidèle même s'il se plaint régulièrement de la programmation.

D'ordres visuel et sonore, la publicité télévisuelle provoque des réactions émotionnelles qui favorisent mémorisation et/ou agrément.

EXEMPLES

Les campagnes de la Sécurité routière utilisant les ressorts du *shockvertising*, la campagne de la marque Chanel pour le parfum N° 5 et ses égéries.

Les produits sont mis en valeur grâce à des démonstrations.

EXEMPLES

Les campagnes pour des produits ménagers (lessives, détergents), des produits cosmétiques ou des soins capillaires.

3. L'apparition valorisante

La télévision est le média idéal pour créer de la notoriété, lancer un produit : il reste fédérateur (mais pour combien de temps encore ?).

Par sa couverture nationale et la diversité de son offre, elle permet de toucher toutes les cibles désirées.

Pour l'annonceur, sa marque, son produit, la présence sur ce média de prestige inspire confiance au public (mention « Vu à la télé »), incite les distributeurs au référencement. Elle donne aux salariés un sentiment de fierté et d'appartenance à l'entreprise.

6 Les limites du média TV

1. La faiblesse de l'attention

La mémorisation des téléspectateurs est faible : l'attention portée à la télévision est généralement médiocre.

Les messages publicitaires doivent être souvent répétés du fait :

- de la forte pression publicitaire, à certains moments de la journée, due à la longueur des écrans publicitaires. Cela participe au phénomène de zapping ;
- de l'utilisation de la TV comme média d'ambiance à certaines heures.

2. Un média peu segmentant et des risques de déperdition

Une partie de l'audience ne faisant pas partie de la cible, la déperdition est élevée. Le média TV permet peu de sélectivité géographique (sauf France 3 et quelques chaînes locales) et sociodémographique. La multiplication des chaînes et la présence sur certaines tranches horaires, à proximité d'autres émissions, aboutit à une fragmentation de l'audience, mais favorise un meilleur ciblage.

3. Des coûts d'accès élevés

Le coût de production d'un spot TV est important et peu d'annonceurs disposent du budget nécessaire. L'achat d'espace, sur une des chaînes principales, à une heure de grande écoute, est accessible à une minorité d'entreprises : les tarifs sont élevés et le nombre de réservations limité (les délais de réservation sont d'ailleurs très longs).

Au prix de l'achat d'espace, s'ajoutent des coûts de production.

EXEMPLE

De 60 000 € à plusieurs millions d'euros pour un film publicitaire.

Toutefois, les réductions consenties sont nombreuses (tarifs dégressifs en fonction du volume, des emplacements).

EXEMPLES

Certaines campagnes spécifiques, collectives, gouvernementales ou humanitaires bénéficient d'abattements.

Les tarifs des chaînes récentes du PAF sont peu élevés, mais leur audience est limitée.

13 LES CARACTÉRISTIQUES DES MÉDIAS AFFICHAGE ET CINÉMA

En matière publicitaire, l'affichage et le cinéma répondent principalement à des objectifs de notoriété et d'image, et peuvent être associés à des opérations de mercatique directe ou de promotion.

1 L'affichage

1. L'utilisation publicitaire

Les annonceurs des secteurs de la distribution, des loisirs, de la culture et des transports sont parmi les premiers investisseurs.

L'affichage est souvent préconisé pour une campagne de lancement, l'annonce d'un événement ou de promotions, une campagne d'image ou de sensibilisation. C'est un média urbain qui touche principalement les actifs.

2. Les différents formats d'affichage

L'offre, de grande qualité, est importante, tant sur le plan des formats que des emplacements et de l'éclairage.

Le grand format	12 m² (8 m² dans les zones urbaines).
Les très grands formats	Bâches sur façades d'immeubles.
Le mobilier urbain	Abribus, MUPI (Mobilier Urbain Point Information), colonnes Morris.
L'affichage transports	Métros, bus, trams, trains, gares, aéroports.
L'affichage sur les lieux de vente et de consommation	Parkings de centres commerciaux, vitrines, caddies, tables de cafés, toilettes de bars-restaurants.
L'affichage mobile	Camions, taxis, voitures, vélos, avions, montgolfières.

3. La mesure de l'audience du média affichage

L'institut Affimétrie (association de sociétés d'affichage) mesure et délivre chaque trimestre au marché publicitaire les performances des réseaux de communication extérieure sur l'ensemble du territoire. Il dispose d'une base de données référençant les déplacements mesurés sur les unités urbaines de plus de 10 000 habitants à partir d'enquêtes sous forme d'interviews auprès d'échantillons représentatifs. L'audience correspond au nombre de personnes ayant effectué au moins un passage devant un panneau au cours de la période d'affichage.

4. Les atouts du média et ses limites

Grâce à la puissance de sa couverture et à son pouvoir de répétition, l'affichage développe la notoriété. À proximité des zones commerciales et des espaces de consommation, il génère du trafic. Il permet également un ciblage géographique pertinent (par villes, quartiers, réseaux...). Cependant, il offre peu de sélectivité sociodémographique et les délais de réservation sont assez longs.

Ce média d'image est très exigeant sur le plan de la création. Les textes doivent se voir de loin; pour être lus et intelligibles, ils doivent être courts et les informations en nombre limité.

5. Les tendances et évolutions

De nouvelles formes d'affichage apparaissent : les panneaux utilisant les nouvelles technologies, les techniques de géolocalisation et l'interactivité. Les afficheurs adaptent leurs produits pour les rendre plus performants, plus attractifs. Parfois jugé agressif et envahissant, l'affichage est soumis à une législation de plus en plus contraignante visant à réduire le nombre de panneaux

2 Le cinéma

Média exceptionnel par ses qualités techniques, le cinéma reste néanmoins marginal du fait de la faiblesse de son audience.

1. L'utilisation publicitaire

Rarement utilisé comme média principal, le cinéma sert souvent de complément à la télévision. Il renforce ainsi la pression publicitaire sur les urbains et permet l'amortissement du coût de production du spot télévisé, dont la version cinématographique peut être plus longue.

Les annonceurs sont peu nombreux : l'achat d'espace et le coût de production du spot sont relativement élevés et sa couverture restreinte (concentrée sur les grandes villes et sur une catégorie spécifique de la population).

Les annonceurs sont des entreprises, à vocation nationale ou locale, appartenant aux secteurs de la culture, des loisirs, des télécoms, de l'automobile, des banques et de l'habillement. Ils peuvent proposer un spot visible une ou plusieurs semaines, opter pour le placement de produit (prêt de matériel, échange de marchandises ou apparition payante) ou l'aide au tournage de films (subventions régionales...).

2. L'audience du média cinéma

Le cinéma touche surtout les Français de 15 à 35 ans des grandes agglomérations. Ces spectateurs, d'un niveau d'études plutôt supérieur, disposent de revenus assez élevés, d'un budget loisirs important et sont consommateurs d'autres médias.

Le taux de pénétration pour un groupe d'individus est le rapport Population cinématographique du groupe/ Population totale du groupe.

3. Les atouts et les limites du média

La richesse sensorielle du grand écran (son et image) et les conditions techniques de haute qualité lui donnent une force d'impact exceptionnelle. La disponibilité du public (spectateurs captifs et détendus) favorise un taux de mémorisation très élevé. En outre, ce média permet un ciblage géographique précis : l'annonceur peut choisir la région, la ville, voire la salle ; en termes sociologiques, le choix du film est déterminant.

La mesure de la fréquentation en nombre d'entrées est précise.

Mais l'audience est faible et l'exposition au message est rarement répétée. Pour ces raisons, le coût au contact de ce média est élevé. À l'achat d'espace s'ajoutent les frais de réalisation et le coût des copies, coûts qui tendent à diminuer avec l'évolution du numérique. Il faut également compter avec une forte saisonnalité : faible en été, la fréquentation reprend en septembre pour culminer en décembre.

14 LES CARACTÉRISTIQUES DU MÉDIA RADIO

➔ La durée d'écoute moyenne par auditeur de la radio, média très prisé en France, est de près de 3 heures par jour. La diffusion de la radio en format numérique est à l'origine de nouveaux modes d'écoute.

1 L'utilisation publicitaire

Le média radio est bien adapté pour différents types de campagnes : les lancements de produits, la création de trafic sur les lieux de vente, sur les événements, l'entretien de la notoriété, le renforcement et/ou la modification des attitudes et comportements par l'utilisation des témoignages.

C'est un bon média de complément des autres médias pour :
- renforcer la pression sur certaines cibles ;
- créer une complémentarité sonore ;
- réaliser une complémentarité saisonnière.

Les distributeurs, les constructeurs automobiles et les opérateurs de téléphonie sont des annonceurs fortement investisseurs en achat d'espace.

2 La mesure de l'audience

La mesure de l'audience, effectuée par Médiamétrie sur la base de l'enquête « 126 000 Radio Médiamétrie » (enquête annuelle à partir de 126 000 entretiens téléphoniques menés auprès de personnes âgées de 13 ans et plus), permet de dénombrer et d'étudier les auditeurs qui ont écouté ou entendu la radio, quel que soit le support de réception (poste de radio, Internet, MP3...) et quelle que soit la localisation de l'écoute (domicile, travail, voiture...).

On distingue quatre indicateurs d'audience :
- l'Audience Moyenne (AM) est le volume des audiences obtenues en moyenne par quart d'heure. Elle est exprimée en pourcentage de la population ou en milliers d'individus ;
- l'Audience Cumulée (AC) est l'ensemble des personnes ayant écouté au moins une fois la station dans la journée. Elle s'exprime aussi en pourcentage de la population ou en milliers d'individus ;
- la Durée d'Écoute par Auditeur (DEA) est la durée moyenne d'écoute d'une station (en heures ou minutes) ;
- la Part D'Audience (PDA) est la part de marché correspondant au volume d'écoute d'une station par rapport au volume d'écoute global du média radio. 1 % d'audience est égal à 514 040 individus ou auditeurs de 13 ans et plus.

3 L'analyse de l'audience

Le public, très large, de la radio est segmenté selon la station écoutée et les horaires d'écoute. Les plus jeunes (les 13-17 ans) sont massivement à l'écoute ; une très grande majorité de CSP+ (plus de 9 sur 10) compose l'auditorat ; les actifs écoutent plus la radio que les inactifs. L'audience est globalement fidèle.

Les auditeurs sont de plus en plus mobiles : l'écoute hors domicile ne cesse de se renforcer pour représenter près de 50 % de l'écoute totale.

Les pointes d'écoute sont en début de journée (le « *prime time* » est compris entre 7 h et 9 h) et en fin d'après-midi.

4 Les nombreux atouts du média radio

La radio a enregistré des baisses d'audience depuis quelques années, mais elle reste un média très puissant car elle possède des spécificités attractives.

1. Une diversité des supports de réception

Les récepteurs sont omniprésents et de nouveaux modes d'écoute se développent : sur Internet (en direct, « *streaming* », ou en différé, « *podcasting* »), sur un écran de télévision, sur un téléphone mobile. La radio est partout, tout le temps. Elle permet la proximité, voire la simultanéité entre réception du message et acte d'achat ou moments de consommation (toilette, repas...), ce qui permet d'éveiller l'attention.

2. Une diffusion large et variée

Les stations sont nombreuses et diverses sur l'ensemble du territoire. Les annonceurs peuvent ainsi toucher une cible précise. Répétés fréquemment sur une journée, sur certaines tranches horaires, les messages génèrent un grand nombre de contacts rapidement.

3. Un média de proximité

Par son mode de communication oral, ce média abolit les distances entre les diffuseurs et les auditeurs. La radio « touche les gens dans leur intimité », selon le sociologue McLuhan, car « elle établit une relation de personne à personne ». Les messages y sont ainsi impliquants. C'est un média interactif (jeux, émissions de libre antenne...), ce qui crée un sentiment d'appartenance communautaire, une proximité avec l'auditeur.

4. Un média souple et créatif

Sa mise en œuvre est rapide. Une campagne peut être programmée ou adaptée dans de brefs délais lorsque l'environnement évolue. Le son est source d'imagination et de créativité : marquage sonore du territoire des marques, signature musicale (*jingles*), variété des discours (argumentation, description, évocation, témoignage...), variété du ton (humour, dramatisation, sérieux...).

5. Une diffusion peu coûteuse

L'espace publicitaire est proposé à des tarifs peu élevés. Les coûts de production et d'achat d'espace peuvent être limités, surtout sur des stations locales.

5 Les limites du média radio

La radio ne permet pas de mise en situation des produits. L'encombrement publicitaire est élevé aux heures de grande écoute sur certains supports.

L'écoute de la radio n'est pas exclusive : elle peut se faire de manière quasi automatique (en conduisant ou en cuisinant, par exemple), c'est pourquoi le degré d'attention et de mémorisation faible de l'auditeur (entendre n'est pas écouter) oblige à une répétition importante.

15 LES CARACTÉRISTIQUES DU MÉDIA INTERNET

➔ Internet poursuit son développement. Sa pénétration auprès du grand public est exponentielle et son poids économique aujourd'hui considérable. C'est un média interactif incontournable qui permet à la fois une communication de masse et une communication personnalisée.

1 Les internautes et les usages d'Internet

1. La croissance rapide du nombre des internautes

D'après Médiamétrie, en 2010, on compte en France 38 millions d'internautes, ce qui représente plus de 7 Français sur 10, soit une progression de 2,5 en dix ans.

2. L'évolution du profil des internautes

Internet s'est démocratisé et touche aujourd'hui l'ensemble de la population. En conséquence, le profil de l'internaute évolue de façon permanente.

Les jeunes et les cadres utilisent toujours autant Internet. Mais les dernières tendances annoncées par Médiamétrie montrent une forte pénétration d'Internet dans toutes les classes d'âge et CSP. On constate notamment une montée en puissance chez les plus de 50 ans, les femmes et la catégorie des ouvriers.

3. Des usages divers

L'utilisation première d'Internet est le courriel.

Les autres utilisations sont les réseaux sociaux, la recherche d'information, l'e-commerce, le *streaming* vidéo et audio ainsi que le recours aux services spécialisés (opérations de banque en ligne...).

4. Le développement des services commerciaux

Les services commerciaux sont nombreux et ne se réduisent pas à la vente :
- la publicité ou les promotions commerciales ;
- les catalogues ou les vitrines électroniques ;
- le commerce électronique : on peut distinguer les transactions entre les entreprises et les particuliers (*B to C : Business to Customer*), les transactions entre entreprises (*B to B : Business to Business*), les transactions entre particuliers (*C to C : Customer to Customer*) ;
- le service relations clients (service après-vente...).

Certaines entreprises sont des *pure players* : elles se sont créées sur la Toile et n'ont pas d'activités en dehors d'Internet.

EXEMPLE

Google.

D'autres sont des entreprises traditionnelles ayant ajouté une activité *on line* à leurs services de vente préexistants.

EXEMPLES

La Redoute, Ikea.

2 Les formes de communication sur Internet

Formes	Caractéristiques
Le site	Site vitrine ou institutionnel, marchand ou commercial, dédié à une opération particulière (jeu, lancement d'un nouveau produit...).
La publicité en ligne *(display)*	Achats d'espaces sous forme de bannières, encarts dans les listes de diffusion, *sponsoring* de rubriques. Formats plus ou moins normalisés définis par l'IAB (Internet Advertising Bureau). Aux formats classiques (image fixe ou animée) se sont ajoutés des formats « *rich media* » associant le son et la vidéo (à consulter sur le site de l'IAB).
L'e-marketing direct	*E-mailings* (listes de diffusion), *newsletters*.
Les liens sponsorisés *(search marketing)*	Lien acheté pour un ou plusieurs mots-clés auprès des moteurs de recherche, qui apparaît au sein des pages de réponse sur une partie identifiée.
L'affiliation	Principe par lequel un site marchand ou commercial propose à un réseau de partenaires affiliés de promouvoir ses produits ou services par le biais de bandeaux ou de liens hypertextes sur leurs propres sites.
Le marketing viral	Technique par laquelle les internautes contribuent à diffuser le message de l'annonceur (*via* des vidéos, des jeux-concours, des blogs, des participations à des forums...) vers leurs contacts personnels. On parle aussi de bouche à oreille électronique (*buzz*).
La communication sur les réseaux sociaux	Constitution de communautés rassemblées en fonction d'intérêts communs (tels que : un produit, une marque, une entreprise, un événement) et fournissant à leurs membres des interfaces d'interaction. Exemples de réseaux sociaux : Facebook, Twitter, Linkedin, Viadeo.

3 L'intérêt publicitaire

1. Un ciblage précis accentué par le développement du ciblage comportemental

Les contenus promotionnels peuvent être personnalisés en fonction des centres d'intérêt de l'internaute et de son comportement sur la Toile grâce, notamment, au système des *cookies*. Les critères utilisés sont notamment les sites visités, les liens cliqués, les articles visualisés et/ou achetés et les recherches. Contrairement à la publicité contextuelle, qui s'affiche en fonction du contenu de la page visualisée, la publicité comportementale s'adapte au profil de l'internaute. Internet peut également toucher un large public sans limite de frontières.

2. La souplesse et la réactivité

Ce média offre une rapidité tant au niveau de la mise en œuvre des campagnes que des ajustements éventuels.

3. L'interactivité

Internet permet aux annonceurs de développer une plus grande proximité avec leurs cibles. De nombreuses campagnes incitent l'internaute à réagir en postant un commentaire, en répondant à des questions, en participant à un jeu, en acceptant d'être redirigé vers un complément d'information par un lien vers le site de l'annonceur.

4. La créativité

Ce média propose de nombreuses innovations en matière de messages publicitaires, que ce soit au niveau du code (sonore, iconique...), de la forme (bannière, pavé-article...) ou du mode d'apparition (lien sponsorisé, *pop-up*...). La créativité est favorisée par la multiplicité des formats et des modes de présence sur le Web ainsi que par l'apport du rich media.

5. Le coût d'accès

Le coût d'accès reste modéré. Le prix d'une campagne peut être indexé sur son succès. Ainsi, le prix d'une e-publicité n'est pas seulement fixé par le format et le site choisis, mais aussi par sa fréquentation. Plus l'annonce aura du succès, mesuré au nombre de clics, et plus elle sera chère : c'est le coût par clic (CPC).

6. La traçabilité

Des outils statistiques permettent de mesurer l'efficacité de la communication. Les résultats d'une campagne sont suivis en temps réel.

EXEMPLES

Nombre de clics sur une annonce publicitaire, nombre de visiteurs d'un site.

L'annonceur peut ainsi opérer les changements nécessaires en cours d'opération et orienter ses futures campagnes.

4 La mesure de l'audience

Plusieurs instituts sont en concurrence pour devenir la référence dans la mesure de l'audience d'Internet. Plus de 8 000 sites proposent des informations sur l'audience et les habitudes des internautes, par cibles (les femmes, les jeunes...).

Deux mesures s'opposent : soit on pratique une mesure « *site centric* », méthode consistant à mesurer la fréquentation d'un site en analysant son trafic ; soit on pratique une mesure « *user centric* », méthode consistant à étudier le comportement d'un panel d'internautes.

EXEMPLES

Médiamétrie, institut français, étudie les internautes grâce à trois instruments :

- le Panel France Médiamétrie/NetRatings : il s'appuie sur un échantillon de 25 000 individus recrutés par téléphone ou sur Internet. Il est représentatif des internautes âgés de 2 ans et plus, résidant en France et disposant d'un accès à Internet à domicile ou sur le lieu de travail (en complément, on estime aussi l'audience sur les autres lieux de connexion, comme les bibliothèques, les cybercafés...) ;
- l'Observatoire des Usages Internet : chaque mois, il s'appuie sur 1 000 individus âgés de 11 ans et plus, interrogés au téléphone sur leurs pratiques d'internautes ;
- l'enquête Médiamétrie/GfK sur l'équipement multimédia : grâce à l'Observatoire des Usages Internet, Médiamétrie met régulièrement à jour l'état du parc multimédia des Français : équipement audiovisuel, téléphonique, micro-informatique et accès à Internet.

5 Les limites du média Internet

L'encombrement publicitaire important réduit l'attention apportée aux messages publicitaires. La publicité apparaît souvent intrusive aux internautes, qui peuvent la bloquer ou la fermer, réduisant ainsi son efficacité.

Dans le cas particulier des sites, il est essentiel, pour une bonne visibilité, de veiller au référencement (position sur les moteurs de recherche) naturel ou payant. Il existe des entreprises spécialisées dans ce domaine.

Ces limites expliquent qu'Internet soit souvent utilisé en média de complément lors d'une campagne publicitaire.

6 Les tendances et évolutions

L'audience et le temps passé en ligne progressent et le nombre de nouveaux annonceurs augmente.

L'Internet sur téléphone mobile connaît un développement important ces dernières années. D'après l'INSEE, 38 % des internautes l'ont utilisé en 2010. Il offre un potentiel intéressant pour les entreprises.

La mesure de l'audience de l'Internet mobile va accélérer le développement de la m-publicité (publicité sur le téléphone mobile) et multiplier les services spécifiques *via* les applications proposées par les entreprises.

L'intranet se développe comme outil de communication interne. Ce réseau privé, réservé aux collaborateurs d'une même entreprise, permet de regrouper des ressources et de les mettre en commun : informations, services, procédures...

L'extranet est un réseau sécurisé grâce auquel l'entreprise autorise l'accès à des informations internes à des partenaires identifiés, en général ses clients ou ses fournisseurs.

16 LES CARACTÉRISTIQUES DE L'ACHAT D'ESPACE ET LA MESURE D'AUDIENCE

Chaque média possède des caractéristiques propres concernant le format, la tarification, l'audience. La mesure de l'audience a un impact direct sur la tarification.

1 Les principaux formats

Média	Format et forme de présence	Base de tarification
Presse	– Annonce presse – Publi-rédactionnel – Opérations spéciales (encart inséré, broché ou détachable, mini-magazine, fenêtre sur couverture...)	– Pour la PQ : le mm/colonne ou la page et ses divisions (demi-page, quart de page...). – Pour les autres supports : la page et ses divisions.
Télévision	– Spot – Parrainage de programmes – Programmes courts – Dotation pour des jeux et divertissements – Télé-achat – Placement de produit dans les téléfilms, séries, clips musicaux.	30 secondes.
Affichage	– Grand format (4×3...) – Mobilier urbain (Abribus...) – Affichage transports (métro, gare, aéroport, autobus...) – Affichage mobile (taxis, voiture...) – Affichage points de vente (vitrines, caddies, parkings...) – Affichage longue conservation (signalétique, panneau)	– Par panneau ou par ensemble de panneaux (réseau). – Pour une durée de 7 jours. – Panneau vendu à l'unité pour une longue durée : 6 mois, 1 an et plus.
Radio	– Spot – Sponsoring d'émissions – Dotation pour les jeux	30 secondes.
Cinéma	– Spot – Programmes courts – Placement de produit – Parrainage de films ou de festivals – Opérations en salles	– À la semaine. – Par salle, pour un ensemble de salles ou pour une sélection de films.
Internet	– Bannière, interstitiel, *pop-up*, flash transparent. – Liens sponsorisés – Affiliation – *Newsletter* – *E-mailing...*	– Achat au forfait. – Coût Pour Mille pages avec publicité vues (CPM-PAP). – Coût Par Clic (CPC). – Contact qualifié (*lead*). – Coût Par Action (CPA) : abonnement à une newsletter, demande d'informations...

2 La mesure de l'audience presse

1. Définition de l'audience presse

L'audience presse est constituée de l'ensemble des personnes qui ont lu, parcouru ou consulté un support de presse, chez elles ou ailleurs, au cours d'une période déterminée.

2. Les principaux indicateurs

Indicateur	Définition
Diffusion	Nombre d'exemplaires d'un numéro distribués par abonnement, vendus ou donnés.
Taux de circulation d'un titre	Nombre moyen de lecteurs par exemplaire (Nombre de lecteurs/Diffusion globale).
Taux de reprise en main	Moyenne du nombre de fois où un titre est repris en main par un même lecteur.
Lecteur Dernière Période (LDP)	Nombre de lecteurs d'un titre pour une période de référence en fonction de la périodicité (la veille pour un quotidien, les huit jours précédents pour un hebdomadaire).
Lecteur au Numéro Moyen (LNM)	Nombre moyen de lecteurs par numéro calculé sur les 5 ou 6 derniers numéros parus. Cet indicateur est surtout utilisé pour la presse quotidienne.
Lecteur primaire ou secondaire	Le lecteur est dit « primaire » si lui-même ou quelqu'un de son foyer a acheté l'exemplaire du dernier numéro lu ou lorsque cet exemplaire provient d'un abonnement souscrit par lui-même ou une autre personne de son foyer. Dans tous les autres cas (prêt, don...), le lecteur est considéré comme un lecteur secondaire.
Comportements de lecture	Lieux de lecture, heures, durée de lecture...
Indicateurs socio-démographiques	Âge, sexe, lieu d'habitation, CSP.

3. Les organismes de référence et les études

L'audience presse est mesurée par :
- l'OJD, organisme de contrôle de la diffusion ;
- AudiPresse, société d'études interprofessionnelle de la presse qui gère notamment les études EPIQ (Étude de la Presse d'Information Quotidienne) et les enquêtes AEPM (Audience et Études de la Presse Magazine) ;
- le syndicat de la presse gratuite qui propose les études Gratuimétrie (études d'audience de la presse gratuite d'annonces).

3 La mesure de l'audience télévision

1. Définition de l'audience télévision

L'audience télévision est constituée de l'ensemble des personnes qui ont regardé la télévision, même si elles ne le désiraient pas, du fait qu'elles se trouvaient dans la pièce pendant que le récepteur fonctionnait.

2. Les principaux indicateurs

Indicateur	Définition
Durée d'Écoute par Individu en minutes (DEI)	Temps moyen passé à regarder les programmes diffusés par les chaînes de télévision par l'ensemble des individus composant la population étudiée.
Part D'Audience (PDA) en pourcentage	Part que représente la durée d'écoute d'une chaîne dans la durée d'écoute totale du média télévision.
Habitudes de consommation du média	En différé, à la demande, sur des supports autres que le téléviseur.
Indicateurs socio-démographiques	Âge, sexe, lieu d'habitation, CSP.

3. Les organismes de référence et les études

Médiamétrie, société assurant la mesure scientifique de l'audience des principaux médias audiovisuels, évalue l'audience de la télévision à travers différentes études dont :

- le panel Médiamat, constitué de foyers équipés d'audimètres enregistrant en permanence toutes les utilisations du ou des téléviseurs ;
- le panel Médiamat Thématik, qui mesure l'audience des chaînes du câble, du satellite et de l'ADSL ;
- l'étude Global TV, qui analyse les nouvelles tendances de la consommation de la TV (en différé, sur des supports autres que le téléviseur...).

4 La mesure de l'audience affichage

1. Définition de l'audience affichage

L'audience affichage est constituée de l'ensemble des personnes ayant effectué au moins un passage devant un panneau ou un réseau de panneaux au cours de la période d'affichage.

2. Les principaux indicateurs

Indicateur	Définition
ODV (Occasions De Voir)	Nombre de contacts publicitaires générés.
GRP (*Gross Rating Point*)	Nombre de contacts occasionnés par un réseau pendant la durée de la campagne sur 100 personnes de la cible considérée.
Taux de couverture	Pourcentage d'individus de la cible ayant été atteints au moins une fois par le réseau pendant la durée de la campagne.
Répétition	Nombre de contacts par individu.
Indicateurs socio-démographiques	Âge, sexe, lieu d'habitation, CSP.

3. Les organismes de référence et les études

L'institut Affimétrie mesure les performances des réseaux de communication extérieure sur l'ensemble du territoire et sur tous les formats.

5 La mesure de l'audience radio

1. Définition de l'audience radio

L'audience radio est constituée de l'ensemble des personnes ayant écouté une station dans les 24 heures précédentes.

2. Les principaux indicateurs

Indicateur	Définition
Audience Moyenne (AM)	Moyenne des audiences des quarts d'heure en pourcentage de la population ou en milliers.
Quart d'heure moyen	Nombre (ou proportion) de personnes présentes en moyenne à l'écoute de la radio ou d'une station, durant un quart d'heure au cours d'une période considérée (tranche horaire, journée...) ; unité de mesure de l'audience radio.
Audience Cumulée (AC)	Ensemble des personnes ayant écouté la station au moins une fois dans la tranche horaire ou la journée (5 h-24 h) en pourcentage de la population ou milliers.
Durée d'Écoute par Auditeur (DEA)	Durée moyenne d'écoute d'une station exprimée en heures ou en minutes.
Part D'Audience (PDA)	Part que représente le volume d'écoute d'une station dans le volume d'écoute global du média radio.
Comportements et habitudes d'écoute des auditeurs	Transfert d'audience d'une station à une autre, accumulation d'audience d'une station...
Indicateurs socio-démographiques	Âge, sexe, lieu d'habitation, CSP.

3. Les organismes de référence et les études

L'audience radio est mesurée par Médiamétrie à partir d'enquêtes téléphoniques telles que :

- l'enquête « 126000 radio » ;
- le panel radio ;
- les études Médialocales.

6 La mesure de l'audience cinéma

1. Définition de l'audience cinéma

L'audience cinéma est constituée de l'ensemble des personnes ayant assisté à la projection d'un film dans une salle de cinéma au cours des 7 jours précédents.

16 LES CARACTÉRISTIQUES DE L'ACHAT D'ESPACE ET LA MESURE D'AUDIENCE (suite)

2. Les principaux indicateurs

Indicateur	Définition
Nombre d'entrées	Nombre de spectateurs par séance, par salle, par film... dans le mois, l'année....
Habitudes de consommation du média	- Le spectateur habitué va au moins une fois par mois au cinéma. - Le spectateur occasionnel va au cinéma moins d'une fois par mois mais au moins une fois dans l'année.
Indicateurs socio-démographiques	Âge, sexe, lieu d'habitation, CSP.

3. Les organismes de référence et les études

L'audience cinéma est mesurée par :
- le CNC (Centre National du Cinéma) ;
- Médiamétrie, avec les études « 75 000 cinéma » et l'Observatoire des publics des films.

7 La mesure de l'audience Internet

1. Définition de l'audience Internet

L'audience Internet est constituée de l'ensemble des personnes s'étant connectées à un site Web au moins une fois au cours du mois écoulé.

2. Les principaux indicateurs

Indicateur	Définition
Visite	Consultation d'un site au cours d'une période donnée (jour, semaine, mois), quel que soit le nombre ou le volume des pages consultées.
Visiteur unique	Individu consultant un même site au cours d'une période définie. Plusieurs visites peuvent être attribuées à un même visiteur lorsque celui-ci est reconnu par un *cookie* ou une procédure d'identification.
Temps passé	Nombre total de minutes passées par un visiteur sur tout ou partie d'un site, un ensemble de sites, sur Internet au global ou sur une application durant une période donnée.
Temps passé par visiteur unique	Nombre moyen de minutes passées par un visiteur sur tout ou partie d'un site, un ensemble de sites, sur Internet au global ou sur une application durant une période donnée.
Nombre de pages vues	Nombre de pages téléchargées suite à une action de l'internaute (clic).
Indicateurs socio-démographiques	Âge, sexe, zone géographique, CSP.

3. Les organismes de référence et les études

L'audience Internet est mesurée par plusieurs organismes dont Médiamétrie, avec notamment le Panel Médiamétrie//NetRatings et l'Observatoire des usages Internet. La certification de ces mesures est assurée par l'OJD.

8 Les régies

Une régie est une société gérant l'espace publicitaire d'un ou de plusieurs supports qu'elle commercialise auprès des annonceurs, des agences de communication et des centrales d'achat d'espace. Elle peut, dans certains cas, être intégrée au support.

EXEMPLES

Régies TV : Lagardère Publicité, TF1 Publicité, France Publicité.
Régies affichage : JCDecaux, Clear Channel.
Régies cinéma : Screenvision et Médiavision.
Régies radio : IP, NRJ Global, Europe Régie.

Les régies peuvent proposer des couplages, offres commerciales groupées de plusieurs supports concernant ou non un même média. Le couplage permet de renforcer l'impact sur une zone géographique ou sur des cibles particulières et de bénéficier d'un tarif préférentiel.

EXEMPLES

Le couplage PQR 66 permet 3 parutions dans 60 titres, pendant 10 jours, avec un seul interlocuteur, un seul tarif, une seule facturation.
L'offre Triple Access est composée d'une page publicitaire en quadrichromie dans tous les titres de la PQR, l'habillage des pages d'entrée de tous les sites de PQR sur un jour et des interstitiels et bannières sur tous les sites mobiles et applications de la PQR durant une semaine
L'offre Women Only de la régie NRJ Global permet de diffuser une publicité avec un seul ordre d'achat sur les stations Chérie FM et MFM Radio.

9 Les sources d'information sur l'achat d'espace

Le prix des espaces publicitaires et les conditions générales de vente peuvent être consultés sur le site des régies.
D'autres sources permettent également d'obtenir des informations sur les offres et les tarifs des espaces publicitaires.

EXEMPLES

Media-poche.com, Offremedia.com

Chaque média est soumis à des réglementations plus ou moins contraignantes (voir *Le droit de la communication*, p. 260-267).

17 LA SÉLECTION DES SUPPORTS ET LA FINALISATION DU PLAN MÉDIA

La sélection des supports intervient après le choix des médias. Il s'agit d'effectuer un classement des supports possibles et de choisir la meilleure combinaison (plan média) à partir de critères quantitatifs et qualitatifs.

1 Les critères quantitatifs

Les critères quantitatifs s'appuient sur les études d'audience ou de diffusion effectuées par des organismes professionnels tels que Médiamétrie ou l'OJD. Ils sont essentiellement liés à la puissance, l'économie et l'affinité.

1. Le critère de puissance

La puissance d'un support est déterminée en fonction de son audience. On distingue :
- l'audience totale : c'est le nombre total de lecteurs, auditeurs, téléspectateurs, spectateurs ou internautes d'un support ;
- l'audience utile : c'est la partie de l'audience d'un support qui appartient à la cible visée.

Pour sélectionner les supports d'un plan média, on peut également utiliser le taux de pénétration : pourcentage de la cible qui fréquente un support.

2. Le critère d'économie

Il s'agit de calculer, pour un support, son coût pour mille contacts (CPM) générés (lecteurs, téléspectateurs...).

$$\text{CPM} = \frac{\text{Coût de l'achat d'espaces}}{\text{Audience totale}} \times 1\,000$$

3. Le critère d'affinité

L'affinité exprime la proximité entre un support et la cible visée.
Le taux d'affinité mesure la part de l'audience utile (individus appartenant à la cible visée) dans l'audience totale d'un support; plus cette part est élevée, plus le support est en affinité avec la cible.

$$\text{Taux d'affinité} = \frac{\text{Audience utile}}{\text{Audience totale}} \times 100$$

4. La sélection par la méthode des échelles

L'utilisation d'échelles permet de comparer et de classer les supports en fonction de ces trois critères :
- l'échelle de puissance hiérarchise les supports selon leur audience utile ;
- l'échelle d'affinité en fonction de leur taux d'affinité ;
- l'échelle d'économie selon leur CPM.

2 Les critères qualitatifs

Différents facteurs non quantifiables interviennent également pour définir l'environnement de la réception des messages : qualité technique du support, contexte rédactionnel et publicitaire (les autres annonceurs, l'encombrement publicitaire...) ou encore mémorisation.
La mémorisation représente le souvenir laissé par la diffusion d'un message sur une cible. Elle se mesure par le taux de mémorisation (défini par Armand Morgenstern). La mémorisation s'accroît en fonction du nombre d'expositions au message. Ce processus est appelé « loi du souvenir (publicitaire) » ou « pénétration mémorielle ».
La mémorisation moyenne varie d'un média à l'autre.

La mémorisation d'un message selon le média

Média	Cinéma	TV	Presse magazine	Radio	Affichage	Internet
Format publicitaire	Spot 30"	Spot 30"	Page quadri	Spot 30"	4×3	Bandeau
Taux de mémorisation	75 %	15 %	10 %	5 %	9,5 %	11 %

www.abc-netmarketing.com

3 La finalisation du plan média

Le plan média indique les supports retenus, le nombre et le rythme des insertions, le format du message, son emplacement, la période et la durée de la campagne.
La sélection des supports permet d'envisager plusieurs plans média ou combinaison de supports. Il faut déterminer celui qui sera le plus pertinent en termes de couverture de cible et de nombre de contacts en respectant la contrainte budgétaire. (Tableau ci-dessous)

Les critères utilisés pour déterminer un plan média

Nombre de contacts	Nombre d'Occasions De Voir (ODV) et d'Occasions D'Entendre (ODE) générés par le plan média
Taux de couverture	Pourcentage de la cible ayant eu au moins un contact (ODV, ODE) avec le plan média $\text{Taux de couverture} = \frac{\text{Audience totale}}{\text{Effectif de la cible}} \times 100 = \text{Audience totale} - \text{Duplication}$
Duplication d'audience	Audience commune à deux supports ou plus appartenant ou non au même média.
Accumulation d'audience	Passages successifs d'un message sur un même support qui permettent de déterminer le nombre total de personnes exposées au moins une fois au message
Répétition moyenne	$\text{Répétition moyenne} = \frac{\text{Nombre moyen de contacts}}{\text{Individu touché par le plan média}} = \frac{\text{Nombre total de contacts}}{\text{Nombre de personnes touchées}}$
GRP *(Gross Rating Point)*	Indice de mesure de la pression publicitaire et de comparaison de plans média $\text{GRP} = \frac{\text{Nombre de contacts}}{\text{Effectif de la cible}} \times 100$ ou GRP = Taux de couverture × Répétition moyenne $\text{Coût/GRP} = \frac{\text{Coût de l'achat d'espaces}}{\text{GRP}}$

18 LE MARKETING DIRECT

L'usage du marketing direct s'est considérablement développé ces dernières années. Les techniques et supports utilisés se diversifient et les marques multiplient les contacts avec des consommateurs de plus en plus ciblés lors de campagnes de communication toujours plus individualisées.

1 Définition du marketing direct

Le marketing direct regroupe un ensemble de techniques de communication et de vente qui consistent à envoyer un message à une cible identifiée pour provoquer une réaction rapide.

2 Les objectifs et les intérêts du marketing direct

Par l'emploi des techniques de marketing direct, l'entreprise cherche à établir une relation directe avec ses publics. Ce contact, suivi et souvent régulier, tend à être le plus personnalisé possible.
Le marketing direct se révèle efficace tant pour des stratégies de conquête de nouveaux clients que pour des opérations de fidélisation. Il se combine souvent avec d'autres actions de communication, par exemple des opérations de promotion. Les coûts peuvent être mesurés avec une certaine précision et les effets sont rapides. Les outils de mesure de l'efficacité des actions du marketing direct sont nombreux et permettent d'en évaluer rapidement le rendement.

3 Les outils du marketing direct

Pour s'adresser directement aux personnes ciblées par les opérations de marketing direct, l'entreprise s'appuie sur des fichiers ou des bases de données (plus complètes, plus élaborées) qui rassemblent des informations descriptives (noms, adresses, numéros de téléphone...) et/ou comportementales (fidélité, habitudes d'achat...). Plus le fichier ou la base est qualifié(e), c'est-à-dire actualisé(e), précis(e), plus l'opération sera efficace.
Fichiers et bases de données peuvent être progressivement construits par l'entreprise. Ils peuvent aussi être achetés, loués auprès de prestataires spécialisés ou échangés avec des partenaires.
L'usage des fichiers informatiques est fortement réglementé et soumis à une déclaration auprès de la CNIL (Commission Nationale de l'Informatique et des Libertés). Il est illégal d'y faire figurer certaines informations.

4 Les supports du marketing direct

1. Le publipostage (ou *mailing*)

Le publipostage consiste en un envoi en nombre de courriers par voie postale. Il comporte en général une enveloppe, une lettre et/ou un document joint (plaquette, dépliant, prospectus...), un coupon-réponse ou bon de commande, une enveloppe retour. Chacun de ces éléments est porteur du message et doit faire l'objet d'une attention particulière.
Il est possible de faire héberger le courrier dans un colis envoyé par une entreprise qui pratique la vente à distance : c'est le principe de « l'asile colis ». Plusieurs annonceurs peuvent aussi se regrouper pour un envoi appelé alors « *bus mailing* ».

2. L'*e-mailing*

Le marketing direct profite largement du développement des nouvelles technologies. Les entreprises intègrent aujourd'hui les adresses électroniques de leurs clients et prospects dans leurs fichiers pour envoyer en nombre des informations (invitations, *newsletters*...) par courriels. Ces campagnes, dites « d'e-mailing », sont souvent plus interactives qu'un publipostage grâce à l'utilisation du son, de vidéos ou d'animations.

3. Le *phoning* (ou télémarketing)

Le phoning consiste à contacter les prospects ou clients soit à leur domicile pour des particuliers, soit dans les entreprises pour une cible de professionnels. Il est possible de recourir à des prestataires spécialisés (centre d'appels...).
Les messages SMS ou MMS se généralisent désormais pour toucher des consommateurs de plus en plus mobiles. Il faut toutefois veiller à la compatibilité des messages avec le parc de téléphones.

4. L'imprimé sans adresse (ISA)

Les imprimés sans adresse sont distribués dans les boîtes aux lettres, dans des espaces publics (rue, parkings...) ou des lieux de vente. Les supports utilisés sont parfois très élaborés, allant jusqu'à constituer de véritables catalogues. Le développement des techniques de géomarketing (analyse du comportement du consommateur en tenant compte de sa localisation géographique) améliore l'efficacité de ces distributions.

5. La publicité directe

Les médias peuvent être employés dans le cadre d'opérations de marketing direct. Dans ce cas, le public ciblé est invité (par annonce presse, spot télévisé...) à appeler un Numéro Vert, à renvoyer un coupon-réponse ou encore à se connecter sur une adresse Internet... C'est un moyen efficace d'enrichir un fichier de prospects.

5 La mesure de l'efficacité des opérations de marketing direct

L'efficacité de telles opérations est mesurée grâce à des indicateurs tels que le taux de remontée ou de transformation (nombre de réponses par rapport au nombre de personnes touchées) ou encore le coût au contact (coût de l'opération par rapport au nombre de personnes ayant répondu) et le coût d'acquisition (coût total de l'opération par rapport au nombre de nouveaux clients obtenus).

19 LA PROMOTION

➔ Les techniques de promotion des ventes consistent à pousser le produit vers le consommateur (stratégie dite « de *push* ») en offrant un avantage particulier limité dans le temps. Elles sont fréquemment utilisées par les producteurs et les distributeurs. Variées et inventives, ces actions tactiques ont prouvé leur efficacité.

1 Les objectifs et les cibles de la promotion

1. La promotion consommateur

La promotion consommateur vise à augmenter le nombre d'acheteurs, la fréquence de leurs achats ou à accroître les quantités achetées. Elle sert aussi à créer du trafic sur un lieu de vente ou encore à fidéliser les consommateurs.

Les effets positifs sur les ventes sont ressentis à court terme. Premières cibles des opérations promotionnelles, les consommateurs sont fortement motivés par l'avantage supplémentaire offert. Ils sont tentés par l'occasion à saisir, puisqu'elle est limitée dans le temps.

Les campagnes de promotion s'adressent aux consommateurs segmentés selon différents critères, dont :
- la récence : nouveaux acheteurs ;
- la fréquence des achats : acheteurs épisodiques ou réguliers ;
- la situation géographique : consommateurs d'un département, d'une ville, de points de vente sélectionnés.

2. La promotion distributeur (*ou trade promotion*)

Un fabricant peut mettre en place des actions promotionnelles à destination des distributeurs. Il cherche ainsi à inciter au référencement ou à la mise en valeur de ses produits. Les distributeurs peuvent alors répercuter la promotion sur les consommateurs. L'augmentation des ventes qui en résultera permettra au fabricant de les fidéliser. La force de vente du fabricant est également dynamisée car elle dispose ainsi d'arguments de vente face aux acheteurs professionnels que sont les distributeurs, parfois difficiles à convaincre.

2 Les techniques de promotion consommateur

1. Les réductions de prix

Elles sont immédiates ou différées.

EXEMPLES

Offres spéciales : prix de lancement, offre d'essai, coupon ou bon de réduction, offre de remboursement.

2. Les ventes avec prime

Le consommateur est incité à essayer le produit, à l'acheter immédiatement ou à renouveler son achat par :
- l'offre d'une plus grande quantité de produit sans hausse de prix ;
- l'offre d'un cadeau attaché au produit, placé dans l'emballage ou envoyé en différé contre des preuves d'achat ;
- un emballage exceptionnel, collector ou réutilisable.

3. Les échantillons, essais, dégustations, démonstrations

Ces avantages sont proposés dans le lieu de vente ou en dehors. Ils peuvent être combinés avec un coupon de réduction. L'échantillon est parfois intégré à l'emballage d'un autre produit.

4. Les jeux et concours

Les dotations (lots) à gagner visent à attirer l'attention du consommateur ; leur nature contribue pour beaucoup à la participation. Jeux et concours peuvent également être combinés.

5. Les autres techniques

Les consommateurs peuvent se voir offrir un service complémentaire ou d'accompagnement, ou un « privilège ».

EXEMPLES

Les ventes et les soldes privées, les crédits gratuits, la formation à l'utilisation d'un produit informatique.

3 Les techniques de promotion distributeur

Dans le cadre d'opérations de *trade promotion*, diverses techniques sont utilisées par les producteurs, telles que :
- une remise sur quantités achetées ;
- la participation aux frais publicitaires ;
- la participation à des promotions organisées par l'enseigne ;
- des primes en nature (mobilier de vente, emballage cadeau...) ;
- une stimulation des vendeurs du réseau de distribution par la mise en place de concours ou de challenges.

4 La communication sur les promotions

La communication liée aux promotions peut être réalisée :
- dans l'espace de vente réel ou virtuel ;

EXEMPLES

Mise en avant de produits en rayon ou hors rayon, animations (radio, présence d'hôtesses...), affichage en magasin, sur les chariots, dans les parkings...

- sur le produit et son emballage, eux aussi supports du message grâce aux couleurs et formats spéciaux ;
- grâce aux médias traditionnels (radio, presse...) ;
- par des imprimés sans adresse (ISA), des prospectus, des catalogues et courriers publipostés (*mailing*).

5 L'efficacité de la promotion

Des mesures d'efficacité directes évaluent l'effet sur les ventes.

EXEMPLES

Le nombre de participants aux jeux et concours, le retour des coupons de réduction, les visites en magasin.

20 LES FOIRES ET LES SALONS

Manifestations commerciales regroupant différents exposants, les foires et salons profitent d'un niveau de fréquentation élevé en France ; selon le cas, leurs publics sont locaux, nationaux et/ou internationaux. Un salon regroupe des exposants appartenant à un même domaine d'activité alors qu'une foire rassemble des exposants appartenant à des domaines d'activité diversifiés.

1 Les objectifs et l'intérêt des foires et salons

Salons et foires sont des sites d'exposition privilégiés pour une entreprise qui veut faire connaître ses produits ou services et ses savoir-faire, faire des démonstrations, inciter à l'essai. Ces lieux, points de contact direct, favorisent la création ou l'entretien des relations avec les visiteurs. Y être présent est aussi un bon moyen d'étudier les offres concurrentes ou complémentaires.

2 Les cibles des foires et salons

Deux cibles sont visées.

1. La cible des particuliers

Ce sont des acheteurs/consommateurs, le grand public. Ils se déplacent souvent en curieux. Ces manifestations sont pour eux l'occasion d'une sortie en famille. Ils en profitent pour se renseigner, saisir une opportunité.

EXEMPLES

La Foire internationale de Marseille, la Foire de Paris, la Foire de Bordeaux, le Salon de l'automobile.

2. La cible des professionnels

Dans les salons, plus spécialisés, les motivations des visiteurs sont liées à leur activité professionnelle. Ce sont des acheteurs, des utilisateurs ou des prescripteurs. Ils y trouvent le moyen de se tenir au courant des tendances et innovations, de nouer des contacts avec les fabricants et revendeurs.

EXEMPLES

Le salon international Médical Expo, destiné aux professionnels de la santé ; le salon Tradexpo, destiné aux professionnels de la distribution ; le Salon international de la lingerie.

3 La préparation et le suivi d'une participation à une manifestation

Pour optimiser l'investissement, la participation à la manifestation doit être préparée et suivie.

1. Choisir la manifestation et préparer sa participation

Des organismes spécialisés, tels que la fédération FSCEF (Foires Salons Congrès et Événements de France), diffusent des informations sur différentes manifestations et leurs caractéristiques. L'entreprise effectue son choix en fonction de divers critères comme les objectifs à atteindre, les publics visés, le niveau de fréquentation ou le budget.

La participation se prépare en plusieurs étapes :
- choix du style, de la taille et de l'emplacement du stand ;
- sélection des produits à présenter ;
- production de la documentation à distribuer (dépliants, plaquettes, échantillons, objets publicitaires, fiches visiteurs...) ;
- brief des équipes d'accueil...

2. Faire connaître sa présence

Pour s'assurer d'un bon taux de fréquentation du stand, l'entreprise doit faire largement connaître sa présence :
- auprès de la cible finale, par le biais d'invitations personnalisées, d'annonces par courrier, d'une annonce sur son propre site Internet ou encore d'achat d'espaces média ;
- auprès des visiteurs présents sur le site, en figurant sur les supports diffusés par les organisateurs (livret d'accueil, plan...), en distribuant des prospectus... ;
- auprès des journalistes de la presse généraliste ou professionnelle.

3. Valoriser sa présence

L'offre doit être mise particulièrement en valeur pour susciter un intérêt dans un contexte très concurrentiel.

EXEMPLES

Mise à disposition de plaquettes, objets publicitaires, exposition de maquettes, diffusion de films publicitaires.

L'aménagement du stand, son décor par des affiches, bannières, kakémonos... et son animation par des équipes commerciales valorisent l'image de l'entreprise. L'installation d'un espace plus isolé permettra des échanges en toute tranquillité.

La participation aux conférences, tables rondes et autres démonstrations prévues par les organisateurs de certains salons peut générer du trafic sur le stand.

4. Assurer le suivi en exploitant les contacts et en dressant un bilan de l'expérience

Après la manifestation, les contacts noués seront consolidés en envoyant la documentation et les devis demandés, en réalisant les visites prévues. Des fichiers visiteurs seront créés ou mis à jour pour des relances ultérieures.

L'analyse des points forts et des points faibles de la présence sur le salon ou la foire, les remarques des visiteurs, la comparaison des résultats aux objectifs permettront de mesurer l'efficacité de la participation sur les plans qualitatif et quantitatif.

21 LA COMMUNICATION PAR L'ÉVÉNEMENT

La communication par l'événement consiste, pour un annonceur, à créer ou à participer à une manifestation et à la médiatiser. La créativité et l'originalité déployées dans ce domaine, ces dernières années, se sont souvent avérées rentables.

1 Les objectifs et les intérêts de la communication par l'événement

Par son côté festif, souvent spectaculaire, l'événement est destiné à produire un effet de rupture, voire de choc, et ainsi à attirer l'attention :

- l'annonceur y gagne en notoriété tout en véhiculant une image en adéquation avec son positionnement et ses valeurs ;

EXEMPLES

Le Nissan Outdoor Games (festival de sports *outdoor*), la Solitaire du Figaro (course de voile), le trophée Éric Bompard (compétition de patinage artistique).

- les contacts directs et privilégiés avec les publics visés favorisent l'interactivité et développent le capital sympathie, y compris avec des cibles internes ;

EXEMPLE

La marque de café Lavazza installe des bars éphémères dans certains hypermarchés.

- l'événement n'est pas nécessairement de grande ampleur ni très coûteux. Les retombées médiatiques participent à atteindre les objectifs et en augmentent l'impact.

EXEMPLE

L'organisation par des associations de journées « portes ouvertes », d'expositions, de démonstrations sportives, pour lesquelles les médias locaux relayent régulièrement l'information.

2 Les cibles de l'événement

Les cibles qui présentent un intérêt stratégique pour l'entreprise sont invitées à l'événement. Son succès sera d'autant plus important que sa thématique est proche de leurs centres d'intérêt. Si l'événement est organisé dans un lieu ouvert au public, il permettra d'atteindre des cibles plus larges. Son impact sera plus fort s'il suscite des retombées médiatiques. Une action événementielle peut être conçue spécifiquement pour les salariés de l'entreprise. De façon générale, ce public est associé à l'événement et y participe activement.

3 Le choix de l'événement

L'annonceur qui conçoit l'événement devra en déterminer la nature, le lieu et l'organisation. Il peut également faire le choix de participer à un événement existant dans ce cas, il devra s'adapter aux contraintes imposées par l'organisateur.

EXEMPLES

Présence sur un salon, parrainage d'un événement sportif avec d'autres annonceurs.

1. La nature de l'événement

Les formes et les thématiques de l'événement peuvent être multiples : festives et culturelles, sportives ou à orientation plus professionnelle.

EXEMPLES

Spectacle, concert, voyage, expédition, match amical, compétition, séminaire, congrès, conférence.

L'événement peut être ponctuel ou reconduit périodiquement, selon une fréquence régulière ou en fonction d'opportunités liées à la vie de l'entreprise.

EXEMPLES

Lancement d'un produit, inauguration, signature d'un partenariat, anniversaire.

2. Le lieu de l'événement

L'événement peut se dérouler dans un lieu privé ou un espace public, à condition d'avoir obtenu les autorisations nécessaires.
Le choix du site ayant une incidence sur l'image véhiculée, l'entreprise aura tout intérêt à s'adresser à une agence spécialisée dans la recherche de lieux adaptés.

EXEMPLES

Pour l'opération « In Bed with Ikea », la marque a transformé l'Olympia en chambre à coucher (Grand Prix Stratégies 2010 de la communication événementielle). Elle a également meublé douze Abribus lors de « La Course aux Abribus ».
La marque HP a exposé les photos des internautes sur le parvis de La Défense pour lancer sa dernière imprimante.

3. L'organisation logistique de l'événement

L'organisation doit être minutieuse et ne laisser place ni au hasard ni à l'erreur. C'est pourquoi certains annonceurs la confient à des agences événementielles ou à des prestataires spécialisés.

4 La valorisation de l'événement

Communiquer sur l'événement est essentiel. L'entreprise doit donc mettre en place un dispositif spécifique de moyens de communication. Elle peut avoir recours à l'achat d'espaces média (annonces presse, spots radio ou TV, affiches, bannières sur Internet, site dédié à l'événement...) et/ou à des moyens de communication hors média (relations presse, *e-mailing*, *mailing*, prospectus...). La mise en synergie de l'ensemble de ces moyens renforcera l'efficacité de la communication.

5 La mesure de l'impact

L'impact de l'événement pourra être mesuré par le nombre et le degré de satisfaction des participants ainsi que l'importance des retombées médiatiques.

22 LE MÉCÉNAT ET LE PARRAINAGE

Générosité et intérêt partagé motivent les annonceurs dans le montage d'un projet de mécénat ou de parrainage avec des partenaires publics ou privés.

1 Définitions

1. Le mécénat

Le mécénat est un soutien matériel apporté par une entreprise, sans contrepartie directe de la part du bénéficiaire, à une œuvre ou à une personne pour l'exercice d'activités présentant un intérêt général (selon l'arrêté du 6 janvier 1989). Ce type d'initiative privée en faveur de domaines d'intérêt général s'étend aux champs de la culture, de la solidarité, de l'environnement, de la recherche et du sport. Sur le plan de la fiscalité, le soutien du mécène est considéré comme un don.

2. Le parrainage (ou *sponsoring*)

Le parrainage est le soutien matériel apporté par une entreprise à une manifestation, à une personne, à un produit ou à une organisation en vue d'en tirer un bénéfice direct. Sur le plan fiscal et comptable, c'est une dépense publicitaire. L'annonceur en espère des retombées commerciales à court terme. Son soutien est largement exploité et mis en avant le plus visiblement possible.

2 Les objectifs et les intérêts du mécénat et du parrainage

Les actions de mécénat comme celles de parrainage sont des preuves de l'intégration de l'entreprise dans son environnement social. L'association avec le partenaire est valorisante et les valeurs véhiculées se font écho, ce qui crédibilise l'image que l'annonceur veut donner.
Ces actions constituent également un moyen de fédérer le personnel autour d'un projet d'entreprise et font l'objet de publications, d'invitations...
Le mécénat permet de faire connaître l'entreprise dans un cadre spécifique, de développer des contacts privilégiés avec des publics plus ciblés, de soutenir des actions de relations publiques. La participation du mécène est affichée avec une certaine discrétion.
Les actions de sponsoring sont, quant à elles, utilisées comme des actions publicitaires dans lesquelles le nom de la marque apparaît de façon très visible. L'effet sur la notoriété est important.

EXEMPLE

Une grande surface locale sponsorise une équipe locale de basket, ce qui lui donne l'occasion de faire des opérations promotionnelles les jours de match : jeux et concours, primes, cadeaux, objets publicitaires.

3 Les cibles du mécénat et du parrainage

Tout type de cible peut être concerné, en externe comme en interne : consommateurs, fournisseurs, distributeurs, leaders d'opinion, journalistes, salariés...
Ce genre d'opération peut atteindre des cibles larges. Cependant, plus la cible est précise, plus le choix du domaine, de la nature et de l'ampleur des actions sera à étudier en fonction de ses centres d'intérêt.

4 Les moyens d'action du mécénat et du parrainage

1. Le mode et la nature du soutien

L'annonceur peut s'associer à une opération existante (comme un concert, une journée d'action environnementale, l'achat d'une œuvre d'art pour un musée) ou monter un projet inédit (par exemple, organiser une compétition sportive ou créer une fondation).
L'idéal est de faire la démonstration de ses points forts et la preuve de sa générosité en apportant :
- un soutien financier par le biais du versement de subventions ;
- un soutien matériel et logistique par la mise à disposition de produits et de services ;
- des compétences, par la mise à disposition de personnel et de savoir-faire.

2. Le choix du domaine d'intervention

a) Le sport

Spectaculaire et médiatique, le sport présente, pour le mécène ou le parrain, des qualités certaines sur le plan de sa notoriété, surtout pour les domaines les plus populaires. Mais ce choix présente des risques dus aux aléas liés à la pratique sportive. Il est plus ou moins coûteux, selon la notoriété du sportif, de l'équipe, de l'événement.

EXEMPLE

La BNP Paribas est l'un des sponsors de Rolland Garros et mécène de la danse contemporaine *via* sa fondation.

b) La culture

Ce domaine, plus discret, prestigieux et prévisible, est à exploiter si l'entreprise cherche à atteindre des objectifs d'image. Le coût peut être modéré, mais la médiatisation sera plus faible.

EXEMPLE

L'acquisition par le musée du Louvre d'un tableau grâce notamment aux dons d'entreprises.

c) L'humanitaire et l'environnement

Valorisant sur le plan social et peu risqués, ces domaines présentent aussi l'avantage d'un coût maîtrisé et éventuellement modéré. Vu l'intérêt grandissant que leur porte le public, l'entreprise peut espérer de bonnes retombées médiatiques. Ce type d'action est très bien perçu en interne comme en externe.

EXEMPLES

De nombreuses entreprises ont fait des dons *via* la Croix-Rouge en faveur de la population haïtienne lors de la catastrophe de 2009.
La Fondation de France reçoit des fonds de la part de nombreuses entreprises.

23 LES RELATIONS PUBLIQUES

Les organisations cherchent à valoriser leur image et à créer un climat de confiance auprès de leurs publics. L'ensemble des activités de communication, hors publicité média, menées dans ce but, constituent les relations publiques. Peu intrusives auprès des publics et souvent peu coûteuses, elles améliorent la qualité des relations.

1 L'objectif

Les relations publiques ont pour principal objectif la valorisation de l'image de l'entreprise, de la marque et des produits au travers du développement d'un sentiment de sympathie et de l'instauration d'une relation de confiance avec des publics externes et internes.

2 L'intérêt

Par le biais d'opérations visant à informer de façon régulière sur les activités, les événements de la vie de l'entreprise ou encore ses résultats, l'image et la notoriété se construisent et s'entretiennent de façon positive.

Dans un contexte de saturation de l'espace publicitaire, les relations publiques constituent une approche des cibles plus discrète et donc mieux acceptée. Ce travail de fond, mené sur le long terme, montre notamment toute sa pertinence en cas de crise.

Par ailleurs, la réalisation d'actions de relations publiques reste accessible à tous les budgets de communication.

3 Les cibles

Les cibles des relations publiques sont extrêmement variées.

1. Le public externe proche

Ce sont les consommateurs, les clients fidèles, les fournisseurs, les distributeurs et les actionnaires.

2. Le public externe plus indirect

Il s'agit des partenaires financiers, des pouvoirs publics et des élus locaux, des associations de consommateurs ou d'autres groupes de pression, des milieux de l'enseignement.

3. Les leaders d'opinion

Ce sont les journalistes, les décideurs économiques et politiques, les personnalités de la sphère culturelle qui peuvent influencer les comportements et les attitudes d'autres personnes.

4. Le public interne

Tout ou partie des salariés d'une entreprise peut constituer une cible lors d'une opération de relations publiques à des fins de mobilisation et de motivation.

4 Les moyens d'action

Les actions envisageables se déclinent à l'infini. Toutefois, elles doivent être en cohérence avec la stratégie de communication globale et adaptées aux cibles visées.

On peut citer :
- l'organisation d'événements liés à la vie de l'entreprise ;
- la valorisation des sites de production ;

EXEMPLES

Journée « portes ouvertes », visite d'entreprise, inauguration, anniversaire, lancement de produit.
Librement ouvert aux visiteurs, le jardin botanique de l'entreprise Yves Rocher, localisé sur son site industriel à La Gacilly, valorise l'activité du groupe.

- l'invitation à des manifestations extérieures sportives ou culturelles, parrainées ou non par l'entreprise ;

EXEMPLES

Plus de 70 000 personnes sont invitées chaque année au tournoi de tennis de Roland Garros, qui tire un tiers de ses revenus des opérations de relations publiques (source : Strategies.fr).
L'Olympique de Marseille propose aux entreprises toute une gamme de formules de relations publiques autour d'invitations au stade avec repas, cocktail, cadeaux... pour leurs cibles de clients ou prospects.

- des conférences et des interventions dans des établissements de formation, lors de congrès, forums et salons destinés, par exemple, aux professionnels, chercheurs, experts, étudiants ;
- des voyages d'études, de séminaires, de conventions d'entreprise ;
- l'envoi de publications d'entreprise, de plaquettes de prestige ;
- la participation et l'invitation à des salons ou foires ;
- l'animation de réseaux sociaux ;
- les relations régulières de courtoisie.

EXEMPLES

Vœux de fin d'année, cadeaux d'affaires, objets publicitaires.

Les outils de la communication directe accompagnent les opérations de relations publiques.

EXEMPLES

Mailing, *e-mailing*, publications diverses.

5 La mesure de l'efficacité

Entretiens, enquêtes, études et analyses des retombées dans les médias et observation du comportement des publics visés permettent de déterminer dans quelle mesure l'opération de relations publiques a modifié l'opinion, l'attitude et le comportement des cibles.

Le succès d'une campagne de relations publiques peut également se mesurer à différents indicateurs : accroissement de la demande d'information, évolution des ventes, voire du cours de l'action.

24 LES RELATIONS PRESSE

Les relations presse sont une forme de relations publiques menées auprès de la cible spécifique des journalistes de tous les médias (et pas uniquement de la presse écrite). Elles se conçoivent aussi pour assurer des relations pérennes et de qualité avec les médias.

1 Les objectifs

L'objectif majeur des relations presse est de transmettre des informations pour obtenir des retombées rédactionnelles positives. Mais il s'agit aussi de développer, sur un plus long terme, des relations de confiance et de sympathie avec les journalistes qui peuvent crédibiliser le discours de l'entreprise et valoriser les activités et l'actualité de la vie de l'entreprise.

2 L'intérêt

Les relations presse assurent un complément et un renforcement, peu onéreux, d'autres opérations de communication.

3 Les cibles

Les cibles sont constituées de l'ensemble des journalistes des différents médias susceptibles de relayer les informations auprès de la cible finale.

Les contacts doivent être, autant que possible, nominatifs. C'est pourquoi il est essentiel de constituer un fichier de presse et de l'actualiser régulièrement. Pour cela, on peut consulter l'ours des supports presse (encadré indiquant les noms des journalistes et les rubriques correspondantes), se renseigner par téléphone auprès des rédactions ou encore acheter un fichier presse auprès d'organisations spécialisées telles que Mediasig, L'Argus des fichiers presse, Datapresse ou les Clubs de presse régionaux.

4 Les moyens d'action

1. Les documents destinés aux journalistes

Le communiqué de presse
Description
Le communiqué de presse apporte une information unique, précise et d'actualité. Sa rédaction doit être accrocheuse mais concise (rarement plus d'une page).
Modalités d'emploi
En cas d'envoi par courriel, une attention particulière sera accordée à l'objet et au format pour que le communiqué soit lu. Pour déterminer une date d'envoi, il faut tenir compte de la périodicité du support ; par exemple, pour annoncer un événement dans la presse quotidienne, un délai de 8 à 10 jours à l'avance suffit. Il convient de faire une relance téléphonique quelques jours après l'envoi afin de s'assurer de la bonne réception du communiqué (si ce n'est pas le cas, procéder à un nouvel envoi) et de l'intérêt suscité par les informations fournies (déplacement du journaliste et couverture de l'événement, rédaction d'un article ou d'une annonce...).

Le dossier de presse
Description
Le dossier de presse est un dossier complet, rédigé pour donner une information plus étoffée. Il peut comporter des données historiques, des faits et chiffres clés, des informations techniques, une présentation des personnalités participant à un événement, une ou plusieurs photos, un échantillon de produit...
Modalités d'emploi
Il peut être envoyé avec un communiqué de presse ; il est aussi remis lors d'une rencontre avec les journalistes ou encore mis à disposition sur un site Internet.

Ces documents sont fréquemment mis à disposition sur des centres de presse virtuels, sites Internet ou rubriques de sites régulièrement alimentés par des informations spécifiquement destinées aux journalistes : historiques, archives de communiqués et dossiers de presse, indicateurs financiers, données techniques...

2. Les contacts directs

La conférence de presse
Manifestation réunissant les journalistes de différents supports, elle se justifie par l'importance d'une occasion et le besoin de dialogue. Les journalistes sont très sollicités ; le choix de la date, de l'heure et du lieu est donc déterminant pour s'assurer de leur participation. Après la conférence, il est souhaitable d'envoyer des communiqués et dossiers aux journalistes invités absents.
Le petit déjeuner et le déjeuner de presse
Destinés à un petit nombre d'interlocuteurs, leur organisation est plus légère et ils sont bien adaptés en cas de besoin d'un échange personnalisé ou d'une rencontre plus informelle.
Le voyage et la visite de presse
Ce sont des occasions de faire preuve de transparence et d'approfondir les relations. Ce sont, notamment pour les journalistes de la presse professionnelle, des sources d'information précieuses.

5 Les retombées médiatiques

Une opération de relations presse efficace doit générer des retombées médiatiques, c'est-à-dire la publication d'articles ou bien des citations par les journalistes. Pour en garder trace, on met en place une veille qui permet de les rassembler et de constituer une revue de presse ou *press-book*. Des organismes spécialisés dans la veille des médias proposent des services de pige ou de veille payants : L'Argus de la presse, Presse Index, ABC Presse, SECODIP...

La revue de presse n'est pas une simple compilation. C'est un outil d'évaluation de l'efficacité des relations presse. Elle permet de mener :

- des analyses quantitatives sur le niveau de présence dans les médias sans achat d'espace, ce qui représente une économie importante ; on parle d'« équivalent de valeur publicitaire » ;
- des analyses qualitatives sur l'appréciation de la nature et la qualité des informations publiées, la crédibilité et la popularité des journalistes et des supports qui en sont à l'origine.

25 L'ANIMATION DU RÉSEAU DES PRESTATAIRES

La mise en œuvre d'un projet de communication suppose la mobilisation de compétences, ressources matérielles et techniques diverses. Pour répondre à ces besoins, annonceurs et agences conseils en communication ont souvent recours à des ressources extérieures, des entreprises spécialisées. L'ensemble de ces prestataires constitue un réseau qui s'entretient et s'enrichit au fil des projets.

1 Le recours aux prestataires

Un prestataire fournit à l'annonceur ou à l'agence un service, une expertise qu'ils ne sont pas en mesure d'apporter eux-mêmes pour des raisons de manque de compétences, de temps ou de moyens matériels. La réflexion sur la nécessité de faire appel à des compétences externes et la sélection des prestataires sont des étapes clés dans la mise en œuvre d'un projet de communication. La responsabilité en incombe au chef de projet ou à l'un de ses assistants, qui sera alors en position d'acheteur.
Très nombreux, les prestataires interviennent dans différents secteurs d'activité.

EXEMPLES

Dans le domaine du print : les graphistes, photographes, imprimeurs, sérigraphes, gestionnaires de fichiers...
Dans le domaine du Web : les infographistes, hébergeurs, spécialistes du référencement, spécialistes de l'*e-mailing*...
Dans le domaine de l'audiovisuel : les sociétés de production...
Pour l'achat d'espaces média : les régies.
Pour l'organisation d'événements : les designers d'espace, fabricants d'objets et supports publicitaires, traiteurs, agences d'hôtesses...

2 Le choix de prestataires et la construction d'un réseau

Le choix des prestataires s'effectue en quatre étapes.

1. La recherche et l'identification des prestataires

La recherche et l'identification des prestataires consistent à mettre en place une veille informationnelle (*sourcing*) ayant pour objectif de repérer les prestataires qui collaboreront au projet de communication. Diverses sources sont consultées : les annuaires professionnels, les sites Internet, la presse spécialisée, les salons professionnels, les recommandations d'autres professionnels du secteur, l'étude des offres spontanées de prestataires.

2. La consultation

En général, l'annonceur met plusieurs prestataires en concurrence. La consultation peut prendre la forme d'une simple demande de devis. Toutefois, la remise d'un cahier des charges s'impose si la demande de prestation est complexe et nécessite d'être détaillée.
La procédure d'appel d'offres est obligatoire dans le cadre des marchés publics.

3. La sélection du prestataire

La détermination de critères techniques, commerciaux et financiers est indispensable pour évaluer les réponses aux consultations et procéder au choix définitif.

EXEMPLES

Le niveau d'expertise du prestataire, son équipement, sa réputation de fiabilité, son expérience, ses délais, ses conditions de vente, ses prix.

Si l'importance des critères financiers est indéniable, d'autres, plus qualitatifs, sont souvent déterminants.

EXEMPLES

La qualité des services et de la relation, le respect des délais de fabrication et/ou de livraison.

Afin de faciliter la sélection, un tableau comparatif des offres est établi.

4. La création et/ou l'actualisation d'un fichier ou d'une base de données des prestataires

Les besoins de prestations de même type étant souvent récurrents, la création d'un fichier pour conserver l'ensemble des coordonnées des prestataires et son actualisation sont indispensables.

3 L'entretien et l'animation du réseau

Entretenir un réseau de prestataires, c'est d'abord veiller à établir avec eux de saines relations commerciales. Des rencontres régulières sont propices à une relation de confiance, gage d'une collaboration fructueuse et pérenne. Elles peuvent prendre diverses formes.

EXEMPLES

La visite des locaux, la participation à des démonstrations, des invitations à des salons.

Bien connaître les compétences de ses prestataires permet d'affiner ses demandes et donne la possibilité d'augmenter son niveau d'exigence.
La consultation de nouveaux fournisseurs est aussi l'occasion de découvrir des innovations et d'enrichir un réseau existant.

26 LA RÉALISATION GRAPHIQUE

➔ Être chef de projet de communication demande d'être capable de dialoguer avec tous les prestataires et de faire ainsi un suivi maîtrisé de la conception à la fabrication du support de communication. Il est important d'identifier l'ensemble cette chaîne dite « graphique ».

1 La division de la chaîne graphique

La chaîne graphique se divise entre deux grands domaines : celui de la conception et celui de la fabrication. Le premier interlocuteur de la chaîne graphique auquel le chargé de communication fait appel est soit un studio de création (directeur artistique associé à un ou plusieurs graphistes), soit un graphiste indépendant (*free lance*).

1. Le domaine de la conception

Le domaine de la conception regroupe les responsables de la communication, les concepteurs-rédacteurs des messages, les illustrateurs, les graphistes... Les préoccupations qui animent ses acteurs sont d'ordre intellectuel et créatif.

2. Le domaine de la fabrication

Le domaine de la fabrication regroupe les imprimeurs, les chefs de fabrication, les reprographes, les façonneurs, les fabricants de papier. C'est le monde de la technique, de l'intendance et de la logistique.

2 Le processus de la réalisation graphique

1. Le rôle incontournable du graphiste

Le graphiste, ou *designer*, est celui qui conçoit, dans le cadre d'une commande, des objets de communication visuelle (logotypes, plaquettes, brochures, affiches, signalétiques, sites Web...). Il maîtrise deux types de logiciels : les logiciels de traitement de texte (Publication Assistée par Ordinateur, PAO) et de traitement de l'image (vectorielle et bitmap).

À partir d'un cahier des charges transmis par le commanditaire, le graphiste choisit et utilise des éléments graphiques (dessin, typo, visuel, couleurs...) pour élaborer un objet de communication qui aura une fonction clairement déterminée.

Le graphiste est donc détenteur d'une compétence certes technique, mais aussi d'un savoir typographique, graphique, d'une culture de l'image, d'une maîtrise des signes et des éléments plastiques (composition, couleurs, dessins...). Il a la charge d'apporter, par ses connaissances et sa culture de l'image, une réponse singulière à un problème particulier.

2. La relation avec le graphiste

Le projet commence à prendre forme grâce au graphiste. La recherche d'un prestataire peut se faire sur une spécificité reconnue, une notoriété avérée, l'étude de devis suite à un appel d'offres.

a) L'appel d'offres

L'appel d'offres assure la mise en concurrence de prestataires potentiels avant la signature d'un contrat. Les entreprises privées contractent librement, selon les règles de droit commun. Les collectivités publiques (État, établissements publics administratifs...) sont soumises aux dispositions du décret n° 2004-15 du 7 janvier 2004 portant Code des marchés publics (CMP).

b) La rémunération

Les honoraires qui rémunèrent la création d'une œuvre sont libres et établis en fonction de l'expérience et de la notoriété du graphiste. Ils prennent également en compte différents éléments variables d'un graphiste à un autre :
- la durée d'élaboration de la création (en heures, en journées...) ;
- les frais techniques liés au projet (création de maquettes, déplacement...) ;
- les frais fixes d'exploitation (loyer, électricité, téléphone, entretien...).

c) Le respect des droits du graphiste

À toute création d'un graphiste est attaché un droit de propriété intellectuelle, donc des droits d'auteur. Dans le cadre d'une commande, ce n'est pas la création qui est vendue, mais son droit à la reproduction dont l'usage est défini et limité dans le temps par contrat.

Le commanditaire doit donc avoir l'accord préalable du graphiste pour reproduire une maquette papier ou numérique.

3. La commande

La commande est un temps et un espace de médiation qui demande à être construit, entre le commanditaire et le graphiste, pour que la conception graphique émerge, donnant forme aux intentions de l'un (l'annonceur) grâce au professionnalisme, à la sensibilité créative de l'autre (le graphiste).

Le chargé de communication, ou responsable de la communication, établit pour le graphiste une commande, dont le processus peut être découpé en cinq grandes étapes.

a) La rédaction du cahier des charges et le choix du graphiste

Réalisé par l'annonceur et son chargé de communication à la suite de leur réflexion stratégique, puis enrichi par les observations du graphiste, le cahier des charges constitue la référence essentielle pour établir et maintenir une base saine de travail.

Ce document a tout d'abord pour fonction d'expliciter de façon rigoureuse au graphiste les objectifs et les contraintes de la commande. Il n'a pas vocation à fournir les solutions plastiques, mais il contient les informations nécessaires à la conception du projet par le graphiste, lui permettant de comprendre la nature et l'étendue du travail demandé, de développer une hypothèse, de proposer une méthode de travail, d'établir un devis et un calendrier.

b) Le devis

Établi par le chargé de communication et le graphiste, le devis est à la base de l'accord entre les deux parties. Il décrit l'objet de la commande, énumère les éléments à réaliser et suit le déroulement logique de création de l'objet de communication pour éviter toute interprétation erronée.

c) Le contrat ou bon de commande

Le bon de commande énumère une liste de contraintes matérielles (texte, taille des caractères, couleurs, logos...) et reprend les termes du devis. Il engage le graphiste à livrer sa création et le commanditaire à le rémunérer. Il peut faire office de contrat de commande s'il comporte un calendrier et que le graphiste et son client l'ont tous deux signé.

d) La conception visuelle

La conception visuelle est réalisée par le graphiste.

e) La facturation

La facturation reprend les grandes lignes du contrat, en faisant référence au numéro du devis et au contrat contenant le détail de la création. Elle prend le plus souvent l'une des formes suivantes :

- soit une note de cession de droits d'auteur (TVA à 5,5 %) si sont facturés ensemble les honoraires de création et la cession des droits de création ;
- soit une note d'honoraires (TVA à 19,6 %), si sont facturés exclusivement les honoraires de création de l'œuvre ;
- soit une note de cession de droits d'auteur (TVA à 5,5 %) si sont facturés exclusivement des droits de reproduction d'une création déjà existante.

3 Les phases du travail du graphiste

Après lecture approfondie du cahier des charges du commanditaire, le travail du graphiste se déroule en cinq phases :

- la phase d'analyse : l'analyse de l'existant (communication de l'annonceur et des communications de la concurrence (codes graphiques et typographiques, univers visuel...) permettent de repérer des univers référentiels ;
- la phase de recherches graphiques : elle débouche sur une série de propositions dégageant des concepts variés et pertinents ;
- la phase de sélection : une présentation argumentée est faite au commanditaire (annonceur) qui retient, en dernier lieu, la proposition qui lui semble la plus convaincante ;
- la phase d'élaboration : il s'agit à ce stade de faire la mise au point du projet retenu ;
- la phase de réalisation ou d'optimisation des fichiers : le graphiste conçoit le document et le fabrique numériquement à l'aide de logiciels de PAO.

4 Les critères de choix d'un projet graphique

Tout projet graphique s'articule autour de deux logiques différentes, l'une quantitative, l'autre qualitative. L'aboutissement de la commande, la réalisation du projet graphique résulte de la médiation entre ces deux logiques.

1. La logique quantitative

La logique quantitative s'énonce en termes économiques, identifiant des valeurs mesurables (coûts, délais). La logique comptable prend parfois le pas sur les enjeux qualitatifs. Le choix de l'option la moins coûteuse, la recherche du consensus, l'oubli du temps nécessaire à la conception illustrent la prééminence d'un raisonnement économique. Malheureusement, le temps dédié à la conception est considéré comme un « temps mort ».

2. La logique qualitative

La logique qualitative s'énonce en termes esthétiques et sémantiques.

a) Pour le commanditaire

L'annonceur doit être capable de s'interroger sur la nature de l'image, le traitement typographique, le choix du papier et d'en mesurer la dimension sémantique.

b) Pour le graphiste

Le graphiste doit être capable de dévoiler sa méthodologie, d'assumer ses choix, de les justifier par un argumentaire reposant toujours sur le cahier des charges qui le contraint. S'il prend en compte les objectifs de la commande, il les utilise aussi comme son propre terrain d'expérimentation. Pour lui, la subversion des codes, des formes, de la demande originelle représente souvent une dynamique créative réelle et efficace.

Le graphiste sait appréhender les enjeux généraux comme les objectifs recherchés de la commande. Il sait argumenter ses choix graphiques, articuler la logique interne qui les justifie.

5 L'aboutissement du projet graphique

Le graphiste transmet les fichiers, après vérification, au prestataire suivant : l'imprimeur. Le projet passe alors au stade de la production. Lors de cette étape, le projet, à ce stade numérisé, est placé sous la responsabilité du représentant de la communication. Cependant, le graphiste peut encore assurer le suivi de la fabrication, moyennant rétribution.

Un tirage papier, ou maquette client, sera soumis à l'annonceur, les vérifications orthographiques, typographiques, couleurs et informationnelles devant être faites avant le tirage définitif.

Le devis de l'imprimeur aura été établi au préalable et un Bon À Tirer (BAT) sera réalisé avant la gravure des plaques. Le BAT est un document de contrôle réalisé chez l'imprimeur, signé (bon pour accord) par l'annonceur avant tirage. Cette signature permet de déresponsabiliser le graphiste ou l'imprimeur en cas de litige.

27 LA PRODUCTION, LE TRANSFERT ET LE SUIVI DES DOCUMENTS

Directeur de la communication, graphiste, illustrateur, photographe et imprimeur ont un point commun : l'utilisation de moyens numériques. Afin d'optimiser les relations entre les différents acteurs de la chaîne graphique, il est nécessaire d'être rigoureux dans l'usage des formats et la taille des fichiers, et de connaître les caractéristiques des logiciels utilisés pour concevoir les documents en vue d'en assurer un transfert sans problème.

1 Le transfert d'un document technique

1. L'opération de transfert

Le transfert consiste à acheminer le document conçu par le créateur (graphiste, photographe, illustrateur...) vers l'imprimeur. Cette phase « prépresse » désigne plusieurs opérations qui s'enchaînent.

a) Chez le créateur du document

La création aboutit à la production d'un document.

EXEMPLES

Logo, montage photos, illustration.

Si le document est numérisé, il peut :
- soit être enregistré sur un support physique adapté (clé USB, disque externe...) pour être envoyé à l'imprimerie ;
- soit être transféré par Internet à l'imprimeur, au chef PAO (publication assistée par ordinateur) ou au chef de fabrication. Cela permet une vérification conjointe avec le prestataire.

b) Chez l'imprimeur

L'atelier de PAO prépare les images et les documents pour l'impression. Il existe plusieurs logiciels de mise en page et de création graphique. À cette étape du transfert, il convient donc de vérifier avec l'imprimeur la comptabilité des versions.

EXEMPLES

Famille de logiciels	Logiciels	Fonction
Logiciels de mise en page	- In Design - QuarkXpress	Ils servent à la mise en forme de documents de communication destinés à être imprimés et pouvant compter plusieurs pages (magazine, newsletter, plaquette...). Ils permettent de créer des mises en page complexes et créatives en intégrant des dessins, des images et du texte dans un même document.
Logiciels de création graphique	Adobe Photoshop	Image bitmap (création et retouche).
	Illustrator	Image vectorielle.

c) Les points de contrôle des fichiers

Le chef de fabrication assure le contrôle de l'imposition et de la trame. Le document de contrôle, dit « épreuve contractuelle » (car elle sert de référence en cas de litige), est réalisé par les systèmes Cromalin ou Matchprint, ou imprimé en HD (suivant l'imprimante dont dispose l'imprimeur), et permettra d'émettre le bon à tirer (BAT).

Les images	- Leur résolution doit être suffisamment élevée pour éviter une mauvaise définition au tirage (ex. : pour une imprimante domestique, prévoir 150 dpi, pour l'offset 300 dpi). - Elles doivent être recadrées avant d'être intégrées ou incorporées dans la mise en page. - Elles doivent être en mode CMJN (Cyan, Magenta, Jaune, Noir) et non en RVB (Rouge, Vert, Bleu). - Les images JPEG utilisées ne doivent pas être trop compressées. - Les images et polices doivent être assemblées ou rassemblées (selon le logiciel). Elles doivent être fournies avec le document.
La typographie et les polices de caractères	Si on transmet le document dans un format natif, fournir toutes les fontes utilisées : celles des légendes, des textes et du logo. (Le PDF inclue les données nécessaires, il est envoyé seul.)
La mise en page	- Ajouter des fonds perdus de 3 à 4 mm (débord). - Supprimer tous les éléments inutilisés en dehors de la mise en page.

2. Les modalités de transfert

Les différents acteurs de la chaîne graphique utilisent encore les services postaux ou les sociétés de coursiers pour transférer les documents techniques.

EXEMPLES

Chronopost, UPS, Sprintex.

Ces moyens de transfert classiques ont un coût et exigent un temps d'exécution qu'il est désormais possible de réduire. Ainsi, Internet est de plus en plus utilisé pour assurer un transfert rapide et peu coûteux de la plupart des documents techniques, au prix cependant de contraintes à résoudre et d'opérations techniques à réaliser, telles que la compression de fichier, le choix d'un format approprié au Web ou encore la conversion d'un document en PDF.

2 La compression d'un fichier

1. Définition

L'opération de compression consiste à réduire la taille physique des données d'un fichier, ce qui est nécessaire pour le Web, mais elle peut également réduire la qualité des images (mauvaise définition en sortie papier). Le choix du support, Internet ou papier, conditionne donc le choix de la taille des images numériques.

2. L'intérêt de la compression

- La compression est essentielle pour expédier sur Internet de gros fichiers (images ou documents mis en page) et pour utiliser efficacement l'espace de stockage des équipements informatiques.
- Les fichiers compressés sont plus rapides à délivrer en ligne, en pièce jointe ou en transfert direct, *via* un serveur FTP (*File Transfer Protocol*) ou un service de sauvegarde sur Internet.

EXEMPLE

WinBackup, SauvegardeOnline.com

- Il est recommandé de compresser les fichiers quand il s'agit d'archiver d'anciennes données car il est inutile d'occuper de la mémoire superflue.

La puissance des graveurs, le haut débit de l'ADSL et de la fibre optique réduisent cependant l'usage de la compression.

3. Les utilitaires courants de compression et leur fonction

Utilitaire	Fonction
Stufflt	Crée et décomprime les archives dans les formats SIT et SITX sous Windows ou Mac. Il peut créer et décomprimer des archives ZIP.
WinZip	Crée et décomprime des archives dans le format ZIP ainsi que d'autres formats couramment employés. Il utilise tous les formats de compression habituels d'Internet.
WinRAR	A la capacité de compresser, beaucoup plus que les autres utilitaires, les fichiers Windows, particulièrement ceux au format EXE. Il possède aussi une compression algorithmique optionnelle, conçue pour les fichiers multimédia.

3 Le choix du meilleur format pour le Web

Si le fichier n'est pas trop lourd, une simple transmission par courrier électronique (pièce jointe au message annonçant l'envoi) ou un serveur FTP suffira.

Quelques bonnes pratiques garantissent la qualité du fichier et la rapidité de son transfert par Internet :

- sauvegarder les photos au format JPEG ;
- exporter comme fichiers GIF ou PNG les caractères, les dessins au trait et les vignettes BMP (bitmap) ;
- utiliser très peu de couleurs ;
- créer des fichiers de pages Web aussi petits que possible. Cela s'applique surtout aux fichiers photos (un lien de la vignette vers l'image pleine résolution sera alors inséré) ;
- opérer un choix de compression d'images de qualité moyenne ou faible pour un fichier PDF pour le télécharger sur le Web ou pour des documents lisibles sur un navigateur ;
- considérer la compression comme l'atout le plus important, à troquer contre la qualité, pour tous les formats images sur le Web.

4 L'usage professionnel du format PDF

1. L'intérêt du format PDF *(Portable Document Format)*

Le PDF est un format de fichier qui permet d'échanger des documents aux contenus complexes entre ordinateurs. Un fichier PDF peut contenir des graphiques, des textes, des images, des graphismes 2D, des vidéos. Il s'ouvre sans avoir à utiliser le logiciel qui est à l'origine de sa création.

Formulaires, documents envoyés en pièce jointe doivent être convertis au format PDF pour être lus sur plusieurs plates-formes.

2. La création du PDF

Au moment du transfert d'un document numérisé vers l'imprimeur, quel que soit le logiciel de mise en page ou de création graphique utilisé, le fichier doit être converti au format PDF. C'est un moyen efficace de contrôle en amont, vérification élémentaire pour assurer que l'impression sera parfaite. Des liens rompus avec des images, des polices utilisées non reconnues par les logiciels de l'imprimeur, des éléments déplacés et non reliés peuvent en effet générer des pertes d'information.

Un fichier PDF peut être créé de deux manières différentes :

- soit en utilisant une assistance dans l'application utilisée pour concevoir le document ;
- soit en utilisant une fonction d'exportation en PDF.

EXEMPLES

Xpress et In Design.

3. La sécurisation d'un fichier PDF

Lors de l'envoi d'un fichier PDF, il faut, par prudence, fixer des paramètres de sécurité qui protègeront le fichier.

Enfin, l'exportation sous un format verrouillé évite les problèmes et autorise la réalisation d'épreuves.

EXEMPLE

Le logiciel Acrobat Professionnel est doté de puissants outils de vérification, de correction, de conversion de couleurs avant impression. Différentes options sont possibles, qui limitent les droits d'accès (un code d'accès peut notamment être attribué).

28 LE CHOIX D'UN IMPRIMEUR

Choisir un imprimeur, c'est déjà opter pour le procédé d'impression le plus adapté au projet à imprimer. Le budget alloué à l'impression détermine le format et la qualité d'impression, la nature du support, les caractéristiques du papier (grammage plus ou moins faible...), la dimension esthétique (bichromie, quadrichromie...).

1 La diversité des documents imprimables

Les entreprises utilisent une grande diversité de documents et objets à des fins de communication interne ou externe.

Catégories de documents	Exemples
Documents marketing et commerciaux	Affiche, poster, carte postale, dépliant, fiche commerciale, *flyer*, invitation, prospectus, tract, documents commerciaux (devis, facture...).
Documents internes selon la charte graphique	Papier à en-tête, carte de visite, enveloppe, chemise, dossier à rabats, plan.
Supports de communication externe	Annuaire d'entreprise, calendrier publicitaire, catalogue produit, journal d'entreprise, magazine, *newsletter*.
Support événementiel, signalétique et vitrophanie	Adhésif vitrine, affiche grand format, bâche, enseigne, panneau, poster, autocollant (*sticker*).
PLV, présentoir et *packaging*	Bannière, présentoir de comptoir, sac d'emballage de luxe, *shopping bag*, stop-rayon.

2 Les critères du choix d'impression

Le procédé d'impression, quel que soit le support, est déterminé par plusieurs critères :
- les exigences esthétiques (qualité de la définition de l'image, intensité des couleurs) ;
- l'importance du tirage, qui peut générer un coût dégressif ;
- la nature du support (plastique, papier, métal...) ;
- les spécificités du format, les caractéristiques du papier, la nature du façonnage (découpe, pliage) ;
- le budget alloué à l'ensemble de la communication.

3 Les différents systèmes d'impression

Dès le début de la création, le procédé de reproduction est intégré dans le traitement numérique du fichier. Aujourd'hui, il existe deux systèmes d'impression de base :
- un système avec plaque ou forme imprimante (offset, héliogravure, sérigraphie, flexographie et typographie) ;
- un système sans plaque (impression numérique laser ou jet d'encre).

1. L'impression avec plaque ou forme imprimante

La majorité de la production imprimée est réalisée par le système avec plaque (formes imprimantes), le plus courant reste l'offset pour un excellent rapport qualité/prix. Différents procédés sont utilisés.

a) L'héliogravure

L'héliogravure a pour ancêtre la taille douce ou taille en creux (eau-forte, pointe sèche, burin). Ce procédé d'impression directe par forme imprimante en creux est assez coûteux. Il permet des tirages de plusieurs centaines de milliers à plusieurs millions d'exemplaires en quadrichromie. Il permet, par sa qualité d'impression, le tirage des ouvrages d'art.

EXEMPLES

Magazines illustrés à gros tirages, catalogues de vente par correspondance (PVC).

L'héliogravure est parfaitement adaptée pour la production de documents publicitaires à très grande diffusion car elle permet d'obtenir de fortes densités colorées, même sur des papiers peu élaborés (bas de gamme).

b) La flexographie

La flexographie a pour ancêtre la xylographie ou taille en relief (bois de fil, bois de bout). C'est un procédé d'impression directe par forme imprimante souple en relief en photopolymères (voir le principe de la typographie ci-dessous).

La flexographie sert à l'impression de cartons d'emballage (packs de lait...) et surtout de pellicules souples (polyéthylène) destinées à l'emballage (sacherie).

c) La sérigraphie

La sérigraphie a pour ancêtre la plus ancienne des techniques d'impression : le pochoir. C'est un procédé d'impression directe par forme imprimante planographique poreuse. Cette technique permet l'impression la plus simple (panneaux de signalisation ou marquage de véhicules) comme la plus fine et précise (circuits imprimés pour l'électronique), en passant par les CD et les T-shirts. La particularité de la sérigraphie réside dans l'épaisseur du film d'encre déposée sur le support. Cet encrage couvrant, comparable à une application de peinture, permet des réalisations spécifiques : impression sur tissu, décalcomanie, décors sur verre ou céramique, impression sur métal, en grand ou petit nombre d'exemplaires (on considère qu'au-delà de cinq exemplaires, la sérigraphie est plus rentable que l'exécution manuelle). Outre les effets d'encre (peinture brillante, fluorescente), on réalise du flocage par tontisse (poussière de laine), poudre de verre ou de métal.

d) L'offset

L'offset a pour ancêtre la lithographie. C'est un procédé d'impression indirecte par forme imprimante planographique.

Tous les imprimés, du feuillet simple au catalogue, dépliant publicitaire, imprimé commercial ou administratif, journal quotidien, affiche, magazine, livre, annuaire... sont imprimés en offset.

e) La typographie

La typographie est la plus ancienne forme d'impression industrielle. Aujourd'hui, l'impression typographique est utilisée pour des tirages peu importants et des travaux spéciaux (découpage, gaufrage, perforation).

2. L'impression sans plaque

De nouveaux procédés d'impression sont apparus à la fin des années 1990.

L'impression numérique est un procédé par lequel les données sont transmises directement de l'ordinateur vers le support papier.

L'usage du photocopieur ou de l'imprimante laser permet la duplication couleur rapide.

Si les coûts de l'impression sans plaque sont intéressants pour de faibles tirages, la qualité est inférieure à celle obtenue par les procédés avec forme imprimante.

4 Offset *versus* impression numérique

La comparaison est surtout utile entre ces deux systèmes d'impression car ils sont les plus fréquemment utilisés. Le choix est déterminé par le temps, la nature du document et le budget alloué au projet.

	Avantages	Inconvénients
Offset	- Coût unitaire faible. - Rendu exceptionnel. - Formats divers, gamme de papiers étendue, façonnages de tout type. - Personnel expérimenté.	Coûts de démarrage importants (gravure des formes, temps de calage machine, temps de séchage). De ce fait, les « petits » tirages sont trop coûteux à cause des frais fixes.
Impression numérique	- Coûts de démarrage faibles. - Rapidité d'exécution. - Coût intéressant pour un faible tirage. - Grand format possible à l'unité (laize de 1,50 m).	- Coût unitaire élevé. - Format limité (A3+), choix de papiers limité (grammage entre 70 g et 350 g), façonnage limité et coûteux mais possible (simple rainage). - Qualité des tirages variable selon le prestataire.

Le seuil critique exact entre les deux procédés dépend du type de format, de la nature du façonnage exigé et de la nature du papier. Pour un tirage supérieur à 500 exemplaires A4, il vaut mieux s'adresser à un imprimeur traditionnel.

Les constructeurs de presses numériques essaient de diminuer leurs coûts :
- en baissant le prix des consommables (encres, papier) ;
- en augmentant la vitesse d'impression.

5 L'établissement du devis par l'imprimeur

Les paramètres à communiquer à l'imprimeur pour établir le pré-devis sont les suivants :
- spécificité formelle de la maquette client (à fournir pour une meilleure estimation) ;
- caractéristiques du papier ;
- nombre de couleurs (monochromie, quadrichromie...) ;
- nature des couleurs (Benday : mélange optique, ou Pantone : mélange physique) ;
- tirage (nombre d'exemplaires + le 1 000 supplémentaire) ;
- traitement de surface : choix esthétique ou fonctionnel (vernis sélectif...) ;
- système de pliage (dépliant: accordéon, roulé, portefeuille) ou méthode de reliure (carré-collé, brochage...) ;
- nature de la découpe si nécessaire ;
- réalisation d'un BAT (Bon À Tirer, document de contrôle) : Cromalin ou Matchprint ;
- type et délai de livraison exigés.

Il est important d'établir un rétroplanning en amont du contact avec l'imprimeur pour tenir compte du temps incompressible de reproduction (calage des machines, séchage des encres...).

Le devis de l'imprimeur est toujours proposé hors taxes.

6 L'impression en ligne

Pour des productions courantes, l'imprimerie traditionnelle est de plus en plus concurrencée par le secteur de l'impression numérique en ligne. Celle-ci dispose d'une importante offre d'impressions et en facilite l'accès grâce à sa mise en ligne. Les tarifs sont extrêmement concurrentiels, les délais de production rapides.

Le client a la possibilité d'effectuer une simulation de pré-devis qui lui permet de connaître le coût prévisionnel de sa commande.

EXEMPLE

Le site Véoprint propose les options suivantes pour l'impression en ligne de flyers. Il offre au client la possibilité d'effectuer un pré-devis.

Formats flyers (les plus courants)	A7 (7,4 × 10,5 cm) A6 (10,5 × 14,8 cm) A5 (14,8 × 21 cm) A4 (21 × 29,7 cm) Format DL (10 × 21 cm) Flyers carrés 10,5 × 10,5 cm ou 12 × 12 cm
Papiers	Couché mat supérieur Couché brillant supérieur
Grammage papier	Souple : 135 g/m² (le plus économique) Semi-rigide : 170 g/m² Rigide : 250 et 350 g/m²

29 LE CHOIX DU PAPIER

➔ Le papier est un poste important qui représente plus de 20 % de la somme globale des frais de reproduction. Le graphiste et l'imprimeur seront de bons conseils dans l'approche des coûts.

1 Les caractéristiques du support papier

Ce matériau, par son toucher, sa texture, ses effets de surface, son odeur, ses bruits, crée un contact privilégié avec le lecteur.

EXEMPLES

Tout un chacun a eu une expérience personnelle avec l'odeur d'un livre, le toucher soyeux d'une belle page ou le crissement d'un papier d'emballage de bonbon.

Aujourd'hui, le papier et le carton sont très présents dans notre quotidien, dans des usages très variés. Les papiers à usage graphique et les papiers d'emballage représentent environ 90 % de la consommation.

Loin d'avoir fait disparaître le papier, les nouvelles techniques de la communication ont, au contraire, contribué à accroître son utilisation. Dans un monde de l'éphémère et du fugitif, le papier assure la pérennité de l'image et du message. Outil complémentaire des technologies de l'information et de la communication, il reste le support incontournable de la communication d'entreprise. L'informatique génère un besoin croissant d'impression, et donc de papier.

2 Le choix du papier

1. La bonne attitude à avoir

Le choix du papier nécessite une réflexion très en amont du projet de communication. Pour cela, il faut questionner le graphiste et l'imprimeur sur les possibilités et les conséquences de ce choix.

EXEMPLES

Quel sera le procédé d'impression ? Quels seront la durée de vie du support et son usage ? Quelles sont les exigences esthétiques en relation avec l'image de l'annonceur ? Quel est le montant du budget alloué ? Quelle doit être la lisibilité du texte ? Quel sera l'impact environnemental ?

2. Les critères de choix

a) L'aspect du papier

Bas de gamme, commun, créatif, chic, subtil, commercial, haut de gamme..., ces critères esthétiques sont plus ou moins subjectifs, avec cependant des connotations évidentes sur certaines qualités de papier, mais qu'il est important d'intégrer.

EXEMPLES

Le papier kraft connote la nature ou le naturel, l'univers écologique, le bas de gamme.
Le papier couché surbrillant évoque le haut de gamme, le luxe, le clinquant, le superficiel, l'artifice et l'artificiel.
Le papier bible, utilisé pour la *Pléiade* et certaines encyclopédies, donne une dimension de sérieux, d'intellectuel, de qualité.

b) La durée de vie du support

La stabilité du papier liée à la nature de la pâte est impérative pour des documents pérennes. Le papier journal vieillit vite, il jaunit, il est donc essentiellement utilisé pour des documents éphémères.

c) La lisibilité et la qualité des images et du texte

Il est préférable d'imprimer un document où les images priment en recherchant un contraste maximal, donc sur du papier blanc. Elles ressortent mieux sur le papier couché brillant blanc lumineux. Pour des documents où le texte prime, il est conseillé d'utiliser un papier cassé ou légèrement jaune pour baisser le contraste trop fort, un choix qui ne fatigue pas l'œil. Le papier sera de préférence mat ou même non couché. Si texte et images sont d'importance égale, un couché mat sera privilégié.

d) Les méthodes d'impression

Selon les systèmes d'impression ou de reprographie, certains papiers sont recommandés :
- un papier résistant à l'arrachage pour l'offset ;
- un papier très lisse en héliogravure ;
- un papier non couché pour la reprographie ;
- un papier épais et à grain pour la sérigraphie.

e) Les finitions du produit imprimé

Les papiers épais ou rigides doivent toujours être rainés. Le rainage (aplatissement des fibres) peut également faciliter le pliage si le pli n'est pas dans le sens de la fibre.

f) La diffusion du profil imprimé

Le poids du papier déterminera les frais d'envoi postal des documents.

g) L'impact environnemental pour l'acheteur

On prétend que 30 % de l'impact négatif total sur l'environnement d'un produit imprimé est imputable directement au papier utilisé. Aussi est-il judicieux de choisir un papier ayant un impact négatif minimal. Pour valoriser ce choix, et par souci pédagogique, il peut être intéressant de le signaler sur le produit.

3 La terminologie du papier

La connaissance de certains termes est indispensable pour bien comprendre l'univers du support papier et communiquer avec les professionnels de l'imprimerie.

1. Le sens des fibres

Lors de la fabrication du papier, la plupart des fibres s'orientent d'elles-mêmes dans le sens longitudinal de la bande du papier. Il est plus difficile de plier du papier dans ce sens.

2. Le format

Les formats de papier sont stipulés par l'organisme allemand de normalisation Deutsches Institut für Normung (DIN). La norme allemande sert ainsi de base à la norme internationale.

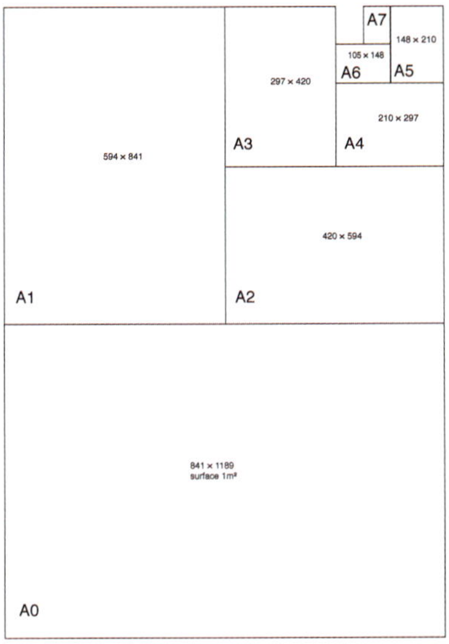

3. Le grammage

On appelle « grammage » d'un papier son poids exprimé en grammes par mètre carré (g/m^2). Une feuille est dite « de 80 g » lorsque le format A0, soit 1 m^2 de ce papier, pèse 80 g. Il y a 16 feuilles A4 dans le format A0, ainsi une feuille A4 pèse 5 g.

4. La main

La main du papier exprime son volume. On dit qu'un papier a de la main lorsqu'il donne au toucher une sensation d'épaisseur et de résistance. Un papier avec une main élevée est léger, épais et poreux alors qu'un papier avec une main faible est fin, lourd et compact.

EXEMPLE

Le papier buvard.

5. La blancheur

La blancheur d'un papier est obtenue par élimination ou modification de la couleur des composants d'une pâte écrue, c'est-à-dire par destruction de la lignine résiduelle puis décoloration à l'aide de produits chimiques (oxygène, peroxydes...).

6. L'épair

L'épair caractérise la formation de la feuille et la répartition des fibres. On parle d'épair « fondu » ou « uni » lorsque cette répartition est homogène. À l'inverse, lorsqu'elle n'est pas régulière, on parle d'un épair « nuageux ». L'épair s'apprécie par transparence.

7. Le grain

Le grain est l'état de surface d'un papier. Il est donné par la toile sur laquelle la pâte est étendue, ainsi que par le calandrage qui lisse et écrase le papier.

8. L'imprimabilité

L'imprimabilité est l'ensemble des caractéristiques du papier qui permet une impression de qualité supérieure :

- les pores du papier doivent permettre l'absorption correcte de l'encre, sans maculage (salissure de l'encre sur la feuille suivante). Mais l'impression ne doit pas être trop profonde ni visible sur l'autre face ;
- la surface du papier ne doit pas restreindre le contact entre la forme d'impression et le papier ;
- dans la machine à imprimer, le papier doit présenter une résistance à l'arrachage en surface adaptée pour empêcher des fragments de papier de se détacher, ce qui laisserait des points blancs dans l'imprimé, visibles notamment dans les aplats monochromes ;
- le rendu de l'impression dépend des qualités optiques du papier : la porosité et la blancheur.

4 Les types de papiers

1. Les papiers couchés

Les papiers dits « couchés » sont le support par excellence de la communication publicitaire (catalogues, *mailings*, *flyers*) et institutionnelle (rapports annuels, plaquettes), de l'édition de luxe et d'art, etc.

Le papier couché est enduit d'une couche de matières minérales (talc ou kaolin), ce qui améliore sa blancheur, son opacité, sa brillance, son imperméabilité, et lui confère une excellente imprimabilité. La couche peut être déposée sur les deux faces. Un papier couché ordinaire présente un aspect mat. Satiné ou calandré, il présente l'aspect brillant nécessaire à certaines impressions en quadrichromie.

Les papiers couchés sont adaptés à tous types d'impression. Deux fois plus coûteux que le papier journal ordinaire, ils présentent d'autres inconvénients : poids, fragilité, lenteur du séchage des encres.

2. Le papier offset

Avec ou sans bois, le papier offset n'est pas couché mais collé : des produits sont ajoutés dans la pâte ou sur la surface du papier pour augmenter sa résistance à la pénétration de l'encre. Il peut être apprêté, sa surface est alors lissée par calandrage ou frictionnage. Il est également surfacé (enduit), ce qui permet de contrôler et de limiter la pénétration de liquides dans sa structure et prévient l'arrachage au cours de l'impression offset.

a) Le papier affiche

Le papier affiche est un papier frictionné. Seule une face est lisse, d'aspect brillant, et « amoureuse » de l'encre (elle accepte bien l'encre). L'autre face, rugueuse, permet le collage.

b) Le papier journal

Le papier journal est fabriqué sur des machines à haut rendement et composé à 80 % de pâte mécanique et 20 % de pâte chimique. Il présente une grande opacité, une bonne absorption de l'encre, un séchage rapide, mais n'offre qu'une blancheur médiocre, une qualité d'impression grossière et il jaunit.

30 LA FINITION ET LE FAÇONNAGE

➔ Les techniques de finition et de façonnage, empruntées surtout au suivi du procédé offset, sont les dernières phases de la reproduction. Cette ultime étape de fabrication d'un support de communication est déterminée par des préoccupations d'ordre fonctionnel et/ou esthétique.

1 La finition

1. Le vernissage

Le document peut nécessiter une protection pour prolonger son usage ou répondre à des exigences esthétiques en accord avec l'image à transmettre. Il existe divers types de vernissages.

a) Le vernissage machine

Le vernissage machine est le moins coûteux, il s'imprime en fin de presse.

b) Le vernissage UV

Le vernissage UV consiste à poser, en fin de presse, un vernis, dépôt épais séché rapidement aux ultra-violets. Ce vernis brillant peut être sélectif (déposé dans certaines zones). Son coût est élevé.

c) Le vernissage sérigraphique

Le vernissage sérigraphique est un procédé qui permet d'appliquer des vernis denses et très épais sur des papiers à forte texture, granuleux ou poreux. L'inconvénient majeur de cette technique réside dans la difficulté du réglage du dosage en vernis.

2. Le pelliculage

Le pelliculage consiste à appliquer une feuille de polypropylène à l'aide d'une colle liquide sur la surface imprimée. L'ensemble est ensuite laminé par un cylindre chauffé. Le pelliculage ne peut pas faire l'objet d'une découpe, il doit être appliqué sur tout le support. Il peut être brillant, mat ou satiné. C'est une finition onéreuse.

2 Le façonnage

Cette phase de travail peut être réalisée chez l'imprimeur s'il détient ce poste au sein de son entreprise ou chez un prestataire extérieur.

1. Le pliage

Le système de pliage détermine un type de distribution des informations et introduit une lecture différente lors de la prise en mains du dépliant. Le choix du pliage est posé en amont, lors de la conception du support. Le papier est plié par une machine (simple rainage ou double rainage). Il existe différents types de pli :

- le pli roulé est une succession de plis creux, toujours orientés du même côté, les volets s'insérant les uns dans les autres ;
- le pli accordéon est une inversion du pli une fois sur deux (éviter le 60 cm de long déployé !) ;
- le pli portefeuille consiste en deux plis symétriques et un pli central (cette technique est très coûteuse et pose un problème de calage) ;
- le pli croisé, le pli orthogonal...

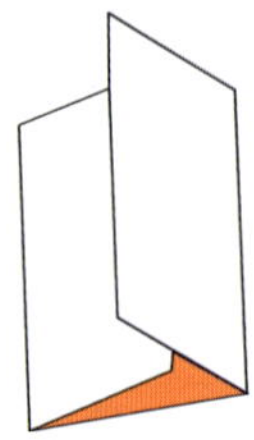

Pli roulé

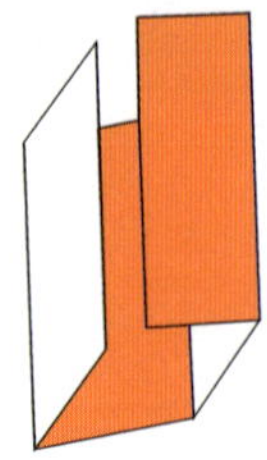

Pli croisé

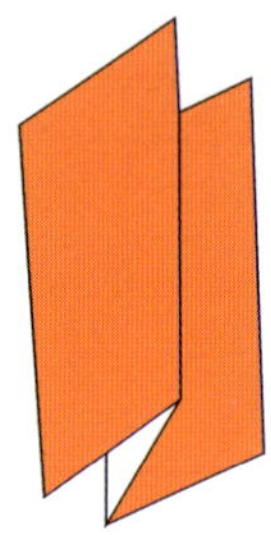

Pli accordéon

Pli croisé

Les coûts varient selon le pli : le pli roulé est le plus économique, donc le plus courant (ce qui banalise le document).

2. L'assemblage

La nature du document peut exiger que des éléments soient reliés de manière à former un livret, un cahier ou une brochure.

Plusieurs systèmes de reliure existent :

- la piqûre à cheval ou à plat est faite au moyen de fils ou d'agrafes ;
- le dos carré collé consiste à coller les cahiers au dos de l'ouvrage ;
- la reliure spirale est un système simple qui permet, après perforation des feuilles, de fabriquer un carnet... ;
- la reliure couture est le système le plus ancien. Les feuilles sont cousues ensemble par l'arrière. Cette technique permet d'obtenir une reliure de qualité et élégante.

3. La découpe

Le document peut exiger une découpe au sein de certaines pages.

Une lame à la forme requise doit être fabriquée pour permettre l'obtention, par emboutissage, de la découpe voulue.

4. Le rognage

Le rognage donne un bord lisse à une brochure ou un magazine.

Le support est rogné (découpé) sur les trois côtés non reliés. La rognure est la partie du document imprimé qui dépasse les dimensions du support fini.

Les documents imprimés et façonnés peuvent être livrés par l'imprimeur, ce qui représente un coût, ou retirés par le commanditaire.

exercices

exercice 1 La mesure de l'audience d'une publicité dans la presse

Une enseigne nationale de vêtements et articles de sport s'est fixée comme population cible 8 % du marché des sportifs, pratiquant ou non, estimé à 10 millions de personnes en France.

L'agence de communication chargée de sa nouvelle campagne publicitaire propose, dans son plan de communication, une insertion publicitaire pleine page quadrichromie dans un numéro d'un magazine hebdomadaire.

Vous disposez des éléments d'information suivants :

- coût d'une publicité pleine page : 15800 € ;
- tirage hebdomadaire (nombre total d'exemplaires imprimés) : 200000 ;
- bouillon (nombre d'invendus) : 10000 ;
- taux de circulation (différent du nombre d'acheteurs, un magazine pouvant être lu par plusieurs personnes) : 2,5 ;
- répétition moyenne : 1,503 ;
- d'après un sondage, 42 % des lecteurs de l'hebdomadaire retenu sont des sportifs ;
- on estime à 85 % de l'audience totale les lecteurs fidèles du magazine.

ENTRAÎNEZ-VOUS

1. Calculez la diffusion totale.

2. Calculez l'audience totale et l'audience utile.

3. Calculez la population cible et le pourcentage de couverture de cette population cible.

4. Calculez le PCB.

5. Calculez le coût pour mille contacts utiles (CPMU).

6. Calculez le nombre de lecteurs fidèles ayant mémorisé le message après 3 parutions.

Noms	Formules
Couverture brute ou audience totale	Somme des contacts délivrés par un plan de support
Audience totale	Diffusion × Circulation
Audience utile	Fraction de l'audience totale appartenant à la cible
Pourcentage de couverture (classement décroissant des supports retenus en fonction de l'audience utile)	$\frac{\text{Audience nette utile}}{\text{Population cible}} \times 100$
Coût pour mille contacts utiles (CPMU)	$\frac{\text{Coût de l'espace publicitaire}}{\text{Audience utile du support}} \times 100$
Les coefficients de Morgensztern La loi du souvenir ou pénétration mémorielle Pourcentage des personnes ayant mémorisé un message au bout de n exposition (Σ)	β radio = 5 % β annonce quadrichromie = 10 % β spot télévision de 20 secondes = 15 % β cinéma = 70 % $\Sigma = 1 - (1 - \beta)^n \times 100$

CORRIGÉ p. 254

exercice 2 L'étude comparative des audiences de deux supports publicitaires

L'entreprise Pubplus souhaite faire de la publicité pour des vêtements masculins destinés aux hommes de 20 à 45 ans. La population est constituée de 25 millions d'hommes, dont 42 % entre 20 et 45 ans. Le plan média prévoit, entre autres, une insertion d'une page quadrichromie dans deux magazines masculins A et B.
Vous disposez des renseignements suivants :

Caractéristiques	Magazine A	Magazine B
Audience totale	3015025	2160000
Lectorat masculin	92 %	93 %
Âge des lecteurs masculins	65 % ont entre 20 et 45 ans.	60 % ont entre 20 et 45 ans.

Remarque : 1000000 de lecteurs lisent les deux magazines. Ce sont des hommes à 98 % et ils ont moins de 20 ans ou plus de 45 ans à 38 %.

ENTRAÎNEZ-VOUS

1. Calculez l'audience utile des supports A et B.
2. Calculez la duplication d'audience utile.
3. Calculez la couverture ou l'audience nette utile.
4. Calculez le pourcentage de couverture.
5. Calculez le nombre global de contacts utiles.
6. Calculez le PCB ou GRP.
7. Calculez la répétition moyenne.

CORRIGÉ p. 254

exercice 3 Le marketing direct

CCC (Concept Cabane Canopée) est une PME dynamique. Consciente des enjeux liés au développement durable, elle vient d'inventer un concept de cabanes écologiques en bois non traité (douche équipée de réducteur de débit, chauffe-eau solaire, isolation, toit végétal). Ce produit nature et haut de gamme a séduit des propriétaires de terrain de camping. En effet, le marché du camping 3 et 4 étoiles a fortement progressé et attire désormais un nombre croissant de cadres.

Récemment, une émission à la radio et un reportage TV sur le réaménagement du camping de la ville de Paris, en bord de Seine, près du bois de Boulogne, a fait connaître CCC. Souhaitant récupérer les bénéfices de cette promotion inattendue, CCC a lancé une campagne de prospection téléphonique auprès des membres de la Fédération des professionnels de l'hôtellerie de plein air en vue de prendre des rendez-vous pour les commerciaux de l'entreprise.

Annexe – Les résultats de la campagne de téléprospection

Pour mener la téléprospection, un fichier prospects de 157 campings et hôtels de plein air situés dans le quart sud-est de la France a été constitué. 22 contacts étaient erronés. 15 clients ont accepté un rendez-vous.
Un client a passé une commande ferme de 3 unités pour un montant total de 158524 €.

ENTRAÎNEZ-VOUS

Analysez les résultats de cette opération de prospection.

CORRIGÉ p. 254

exercice 4 La communication par l'événement

Un moment de détente est un nouveau concept de restauration rapide, inventé par Laurent Xavier, qui propose des menus équilibrés à base de produits issus de la culture biologique à emporter ou à consommer sur place. Ce chef cuisinier, de retour de New York, où il a acquis de la notoriété, a pour ambition de répondre aux attentes des consommateurs qui souhaitent se restaurer sainement à tout moment de la journée dans une bonne ambiance.
Pour fêter l'ouverture du cinquième restaurant parisien de sa chaîne, il souhaite créer un événement en invitant les journalistes des rubriques gastronomiques à une journée « Portes ouvertes », qui se tiendra 184 rue xxx à Paris, le mardi 15 mai.
Lors de cette journée, les participants seront conviés à un point presse, à 10 h, au cours duquel seront présentés le concept et la stratégie de développement. Il sera suivi d'une dégustation.
M. Xavier confie l'organisation de l'événement à une agence de communication.

ENTRAÎNEZ-VOUS

1. Établissez la liste des tâches à réaliser pour organiser cet événement.

2. Élaborez le communiqué de presse destiné aux journalistes conviés à la journée « Portes ouvertes ».

CORRIGÉ p. 254

exercice 5 Une opération test de promotion sur le lieu de vente (PLV)

Vous travaillez dans le service communication d'une grande entreprise du secteur agroalimentaire, Lactil. Vous collaborez au lancement d'un nouveau produit avec le directeur commercial. Ce dernier vient d'obtenir la possibilité d'organiser une opération test de PLV durant deux jours consécutifs, à la Chandeleur, dans huit hypermarchés du Sud-Est de la France pour promouvoir du lait aromatisé. Deux commerciaux mettront en place les stands de cuisson de crêpes (appareil électrique de cuisson, ingrédients, tabliers, serviettes, assiettes, couverts jetables...). Puis ils superviseront le bon déroulement de l'opération dans les huit hypermarchés durant les deux jours. Deux hôtesses commerciales animeront chaque stand 8 heures par jour, en proposant des crêpes réalisées sur place.
Vous disposez des informations suivantes : le lait est conditionné par bouteilles de 1 L, puis par palettes de 45 packs de 6 bouteilles. Le coût de revient d'une bouteille de lait conditionné livré est de 0,44 €. Durant l'opération, le prix de vente HT d'un litre est facturé à l'hypermarché 0,65 € au lieu de 0,71 €, ristourne qui finance l'offre promotionnelle de 6 bouteilles pour le prix de 5 proposée aux clients du magasin durant les deux jours. Il se vend en moyenne 40 packs de lait par heure. L'hypermarché applique une marge arrière de 10 % du CA.

Annexe – Informations sur l'opération de PLV

Les ventes augmentent de 50 % en moyenne lors des opérations promotionnelles.
Les commerciaux perçoivent une commission de 0,04 € par bouteille vendue, les hôtesses 0,02 €.
Le salaire fixe horaire des hôtesses est de 6 €, charges sociales comprises. La part fixe des salaires des commerciaux est de 100 € par jour, charges sociales comprises.
La location du matériel et du stand de présentation coûte 75 € par jour et par magasin.
Les ingrédients utilisés pour la dégustation coûtent 30 € par jour.

ENTRAÎNEZ-VOUS

Calculez le montant du chiffre d'affaires total à réaliser pour rentabiliser cette opération de PLV.

CORRIGÉ p. 255

corrigés

exercice 1 page 251

1. Diffusion totale : 200 000 – 10 000 = 190 000 exemplaires.

2. Audience totale : 190 000 × 2,5 = 475 000 lecteurs.
Audience utile : 475 000 × 42 % = 199 500 lecteurs sportifs.

3. Population cible : 10 000 000 × 8 % = 800 000 sportifs.
Pourcentage de couverture : (199 500 / 800 000) × 100 ≈ 25 %.

4. Nombre de contacts : 199 500 × 1,503 ≈ 300 000 contacts, d'où :
PCB ou GRP : (300 000 / 800 000) × 100 = 37,5.
Ou PCB ou GRP : 25 × 1,503 = 37,5.

5. Coût pour mille contacts utiles (CPMU) :
(15 800 / 199 500) × 1 000 = 79,2 €.

6. Nombre de lecteurs fidèles ayant mémorisé le message après 3 parutions :
$1 - (1 - 0,10)^3 \times 100 = 27,1\,\%$.
Soit : 475 000 × 0,85 × 0,271 = 109 416 lecteurs.

exercice 2 page 252

1. Audience utile du support A :
3 015 025 × 0,92 × 0,65 = 1 802 984 hommes de 20 à 45 ans.
Audience utile du support B :
2 160 000 × 0,93 × 0,60 = 1 205 280 hommes de 20 à 45 ans.

2. Duplication d'audience utile :
1 000 000 × 0,98 × 0,62 = 607 600 hommes de 20 à 45 ans.

3. Couverture : 1 802 984 + 1 205 280 – 607 600 = 2 400 664 hommes de 20 à 45 ans.

4. Pourcentage d'hommes appartenant à la cible : 0,42.
Nombre d'hommes appartenant à la cible :
25 000 000 × 0,42 = 10 500 000.
Pourcentage de couverture :
(2 400 664 / 10 500 000) × 100 = 22,86 %.

5. Nombre global de contacts utiles :
2 400 664 + 607 600 = 3 008 264.

6. PCB ou GRP :
(3 008 264 / 10 500 000) × 100 = 28,65 %.

7. Répétition moyenne :
(3 008 264 / 2 400 664) = 1,253.

exercice 3 page 252

L'analyse des résultats de l'opération de prospection donne les résultats suivants :

Indicateurs	Calculs	Résultats
Validité du fichier	[(157 – 22) / 157] × 100	86 %
Taux de rendement brut	(15 / 157) × 100	9,6 %
Taux de rendement net	(15 / 135) × 100	11,1 %

Commentaires

Le fichier prospects utilisé est de bonne qualité : 86 % des coordonnées sont valides.
Environ 1 appel sur 10 a abouti à un rendez-vous : ce chiffre correspond à la moyenne rencontrée lors d'une campagne de téléprospection.
Un seul client a passé commande. Une relance et l'envoi de brochures pourront être effectués ultérieurement auprès des 14 prospects.

exercice 4 page 253

1. Liste des tâches à réaliser pour organiser l'événement

N°	Tâches	Dates	
		Prévues	Réelles
1	Créer la BDD des invités (fichier VIP, presse)	J–6 semaines	
2	Élaborer le carton d'invitation et retenir un imprimeur	J–6 semaines	
3	Envoyer les invitations	J–5 semaines	
4	Rédiger le communiqué de presse pour informer les journalistes	J–5 semaines	
5	Établir la proposition de buffet	J–5 semaines	
6	Établir le cahier des charges pour les différents prestataires (décorateurs de l'espace, reporter photographe, fleuriste...)	J–4 semaines	
7	Recenser le nombre d'invités pour planifier le buffet	J–1 semaine	
8	Établir la fiche de route de l'équipe (personnel affecté au vestiaire, vigile, serveurs...)	J–2 jours	
9	Relancer les journalistes par téléphone	J–1 jour	
10	Accueillir les invités	Jour J	
11	Évaluer les retombées	J+4 semaines	

2. Communiqué de presse destiné aux journalistes

Communiqué de presse de la société « Un moment de détente » ← Nom de la société et date de publication

Paris, le JJ/MM/AAAA

Publication immédiate ← Diffusion

UN MOMENT DE DÉTENTE rajeunit l'univers de la restauration rapide ! ← Titre

Nouveau concept de restauration rapide à base de produits bio, **Un moment de détente** ouvre ses portes à la presse le mardi 15 mai 201N. ← Chapeau (accroche)

Corps du communiqué :

Un moment de détente vient d'installer son cinquième restaurant au cœur de Paris.
Le mardi 15 mai 201N à 10 h, un point presse est organisé au restaurant du 184 rue xxxx à Paris. Xavier Laurent, créateur de la chaîne UN MOMENT DE DÉTENTE, expliquera sa stratégie de développement et le positionnement de ses restaurants sur le marché de la restauration rapide. Cette présentation sera suivie d'un buffet dégustation.
Dans un cadre moderne et convivial, UN MOMENT DE DÉTENTE offre une réelle alternative à la restauration rapide à base de viande, sandwich ou pizza, en proposant des menus équilibrés à consommer sur place ou à emporter.
À propos de la chaîne UN MOMENT DE DÉTENTE : créateur de la société, Xavier Laurent bénéficie d'une expérience de plus de 20 ans dans ce secteur, dont 15 à NEW YORK. Son savoir-faire, ses idées novatrices, tant sur le plan commercial que financier, lui ont permis de produire un concept particulièrement étudié et abouti, en totale adéquation avec les attentes des consommateurs.

Contact presse : Xavier Laurent au 09 55 55 55 55
xavier.laurent@unmomentdedetente.fr ← Fin du communiqué

exercice 5 page 253

$$\text{Seuil de rentabilité (SR)} = \frac{\text{Charges fixes (CF)}}{\text{Taux de marge sur coût variable (MCV)}}$$

$$\text{Avec Taux marge sur coût variable} = \frac{\text{Marge sur coût variable}}{\text{Chiffre d'affaires}}$$

Prix de vente HT de 1 L de lait à l'hypermarché	0,650	100 %
Calcul du coût de l'opération		
Charges variables (Elles varient en fonction du niveau des ventes.)		
Commissions des commerciaux	0,040	
Commissions des hôtesses	0,020	
Coût de revient du lait	0,440	
Marge arrière appliquée par l'hypermarché (0,650 × 10 %)	0,065	
Total des charges variables	**0,565**	**86,9231 %**
Taux de marge sur coût variable		13,0769 %
Charges fixes (Elles ne varient pas, quel que soit le niveau des ventes.)		
Salaires des hôtesses (6 € × 2 hôtesses × 8 hypermarchés × 8 h × 2 jours)	1 536,00	
Salaires fixes des commerciaux (100 € × 2 jours × 2 commerciaux)	400,00	
Location du matériel (50 € × 8 hypermarchés × 2 jours)	800,00	
Ingrédients (30 € × 8 hypermarchés × 2 jours)	480,00	
Total des charges fixes	**3 216,00**	
Seuil de rentabilité (SR) de l'opération (3 216 / 0,130769)	24 592,98	
SR en nombre de bouteilles de 1 L	37 835 bouteilles	
Nombre de packs à vendre pour atteindre le SR (37 835 / 6 bouteilles)	6 306 packs	
Nombre de packs à vendre par hypermarché et par jour pour atteindre le SR 6 306 / (8 hypermarchés × 2 jours)	394 packs	
Nombre de packs à vendre en une heure (394 / 8 h)	49 packs	

LE DROIT DE LA COMMUNICATION

1 LES ORGANISATIONS PROFESSIONNELLES

Le domaine de la communication est caractérisé par une diversité de métiers et d'intervenants représentés par différentes organisations professionnelles. Leurs missions sont de représenter, d'aider et de défendre les intérêts des entreprises membres.

1 Les associations professionnelles d'annonceurs

- **L'UDA (Union des Annonceurs)**, www.uda.fr. Elle défend les intérêts et les positions des annonceurs auprès de leurs interlocuteurs professionnels en France et en Europe. Elle aide les adhérents à optimiser leurs investissements en communication et à promouvoir une communication responsable en élaborant et en mettant en œuvre des pratiques loyales et éthiques.
- **Le Club des Annonceurs**, www.leclubdesannonceurs.com. Il rassemble les professionnels du marketing et de la communication, qui exercent une responsabilité dans la communication de leur entreprise. Son objectif est d'appréhender les mutations et les problématiques du marché de la communication et de partager expériences et connaissances.
- **Les comités interprofessionnels.** Très nombreux en France, ils représentent des filières d'activités qu'ils contribuent à valoriser notamment *via* des opérations de communication. On peut citer : le CIDIL (Centre Interprofessionnel de Documentation et d'Information Laitière) ou le CEDUS (Centre d'Études et de Documentation du Sucre).

2 Les associations des professionnels du secteur de la communication

- **L'AACC (Association des Agences-Conseils en communication)**, www.aacc.fr. Ce syndicat professionnel a pour objectif la défense et la promotion des divers métiers de la communication. Il représente près de 200 agences-conseils. Pour y adhérer, les agences doivent remplir des critères de sélection et accepter de respecter l'ensemble des règles de déontologie professionnelles. L'adhésion à l'AACC est un label de qualité reconnu par l'ensemble du marché.
- **L'ANAE (Association des Agences de Communication Événementielle)**, www.anae.org. Ses missions sont de fédérer les professionnels sous un label de qualité et de référence, de les représenter auprès des instances publiques et professionnelles, d'être un observatoire permanent, de développer la formation professionnelle et de proposer aux annonceurs des outils pour optimiser leurs relations avec les agences.
- **L'AFCI (Association Française de Communication Interne)**, www.afci.asso.fr. Par l'organisation d'échanges et de rencontres, elle participe à promouvoir la communication dans les entreprises.
- **Le SNCD (Syndicat National de la Communication Directe)**, www.sncd.org. Il représente les professionnels du marketing direct multicanal et de la relation client. Ses objectifs sont la valorisation de l'image professionnelle et la promotion du rôle des entreprises membres. Il définit des usages et des règles de déontologie visant à favoriser le développement du marché et veille à leur respect.
- **L'Adetem - Association nationale des professionnels du marketing**, www.adetem.org. Ses objectifs sont d'organiser des échanges entre décideurs dans le cadre de clubs d'échanges professionnels et de séminaires, d'assurer une veille active, d'informer sur les pratiques et les innovations marketing et d'être la référence de la profession en matière de méthodes et d'éthique.
- **La FEVAD (Fédération du E-commerce et de la Vente à Distance)**, www.fevad.com. Elle a pour but de fédérer et représenter l'ensemble des acteurs du e-commerce et de la vente à distance, d'accompagner les entreprises et de promouvoir le développement du secteur.
- **L'UFMD (Union Française du Marketing Direct)**, www.ufmd.org. C'est une fédération d'associations professionnelles, regroupant notamment l'AACC, la FEVAD, le SNCD, l'UDA, l'ARPP (Autorité de Régulation Professionnelle de la Publicité), représentative des différents intervenants du secteur.
- **Les organisations professionnelles en région.** Leur objectif est de valoriser l'image de la profession et de défendre les intérêts de ses membres. On peut citer l'UCC Med (Union des Conseils en Communication Méditerranée, www.ucc-med.com), qui représente les Agences-Conseils Provence-Alpes-Côte d'Azur et Languedoc-Roussillon.
- **L'UDECAM (Union des Entreprises de Conseil et d'Achat Média)**, www.udecam.fr. Elle représente les agences médias auprès de l'ensemble des acteurs du marché, des pouvoirs publics, des relais d'opinion et des organes d'information professionnels.
- **Les autres organismes professionnels** : le SRI (Syndicat des Régies Internet), le SNPTV (Syndicat National de la Publicité Télévisée), la FNCF (Fédération Nationale des Cinémas Français), le CNRA (Conseil National des Radios Associatives)...

3 La représentation des professionnels des études

- **ESOMAR** (European Society for Opinion and Marketing Research), association internationale pour les études d'opinion et de marketing. Sa mission est de promouvoir l'utilisation des études comme outil d'aide à la décision. Tous les adhérents s'engagent à respecter le code des pratiques loyales CCI/ESOMAR en matière d'études de marché et d'opinion.
- **Le SYNTEC Études Marketing & Opinion**, syndicat représentatif des professionnels des études en France. Il a pour objet la représentation, la promotion et la défense des intérêts collectifs professionnels. Il a notamment élaboré la charte des pratiques éthiques dans les études sur Internet.

2 LES ORGANISMES D'AUTODISCIPLINE, DE CONTRÔLE ET DE DÉFENSE

De nombreux organismes professionnels veillent, aux niveaux national et international, au respect des textes juridiques et des règles déontologiques afin de préserver l'intérêt général du public et un principe d'éthique en matière de communication. Certains d'entre eux ont un rôle de conseil, et d'autres une mission de contrôle.

1 Les organismes d'autodiscipline

- **L'ARPP (Autorité de Régulation Professionnelle de la Publicité).** Depuis 2008, l'ARPP a remplacé le BVP (Bureau de Vérification de la Publicité). Gérée par des représentants des annonceurs, des agences et des médias, elle élabore et diffuse un ensemble de règles déontologiques. Elle peut intervenir :
  • avant la diffusion de la publicité : elle visionne et contrôle obligatoirement toutes les publicités télévisées et émet un avis (« favorable », « à modifier », ou « à ne pas diffuser ») ; pour les autres médias, elle conseille les adhérents sur la conformité de leur publicité avec les règles professionnelles ;
  • après la diffusion de la publicité : en cas de manquement constaté, elle intervient auprès des annonceurs pour qu'ils modifient leur message ou auprès des supports pour qu'ils cessent la diffusion.
  Depuis 2008, trois instances sont associées à l'ARPP :
  • le CEP (Conseil d'Éthique Publicitaire) : organe de réflexion et d'anticipation, il analyse et prévoit les évolutions de la société afin de proposer l'adaptation des règles éthiques en matière de publicité ;
  • le CPP (Conseil Paritaire de la Publicité) : organe de concertation, il participe à l'élaboration des règles déontologiques ;
  • le JDP (Jury de Déontologie Publicitaire) : organe de décision, il traite les plaintes concernant des campagnes publicitaires susceptibles de contrevenir aux règles professionnelles relatives aux contenus des messages publicitaires. Le public peut le saisir directement sur une publicité qu'il juge choquante.
- **L'EASA** (European Advertising Standards Alliance ; en français : l'AEEP, Alliance Européenne pour l'Éthique en Publicité). L'EASA rassemble les organismes d'autodiscipline publicitaire de différents pays, dont l'ARPP pour la France. Son objectif est de promouvoir l'autodiscipline en Europe.
- **L'ICC** (International Chamber of Commerce ; en français, Chambre de Commerce Internationale). L'ICC a publié un Code de pratiques loyales en matière de publicité, applicable au niveau international, dont s'est inspirée l'ARPP.
- **L'Autorité de la concurrence** : administrativement indépendante, cette autorité est spécialisée dans le contrôle des pratiques anticoncurrentielles, l'expertise du fonctionnement des marchés et le contrôle des opérations de concentration. Son objectif est de veiller au libre jeu de la concurrence et d'apporter son concours au fonctionnement concurrentiel des marchés aux échelons européen et international.

2 Les organismes de contrôle

- **Le CSA (Conseil Supérieur de l'Audiovisuel).** Cette autorité administrative indépendante contrôle le respect des lois et de la réglementation en vigueur dans l'audiovisuel. Elle dispose d'un pouvoir de sanction.
- **L'OJD - Association pour le contrôle de la diffusion des médias.** Elle certifie la diffusion des supports de la presse payante, de la presse gratuite d'annonces et d'informations, des supports spécialisés, de la fréquentation des sites Internet. Ses résultats font référence, notamment pour l'élaboration des tarifs publicitaires.
- **Le CESP (Centre d'Étude des Supports de Publicité).** Cet organisme interprofessionnel contrôle et labellise les études et les recherches relatives aux mesures de l'audience des médias.
- **La CNIL (Commission Nationale de l'Informatique et des Libertés).** Cette institution indépendante veille au respect des règles relatives aux fichiers électroniques dans le but de protéger l'identité humaine, la vie privée et les libertés dans le monde numérique. La déclaration de tout fichier nominatif à la CNIL est obligatoire.

3 Les organisations de défense de l'intérêt général

1. La défense des consommateurs

Il existe de nombreuses associations de défense des consommateurs reconnues comme représentatives par les pouvoirs publics : Familles de France, CLCV (Consommation, Logement et Cadre de Vie)... Deux d'entre elles sont plus connues :

- **l'INC (Institut National de la Consommation)** : cet établissement public est chargé d'informer les consommateurs et leurs associations. Il communique ses études et tests comparatifs au public *via* un site Internet, l'émission télévisée « Consomag » et le magazine mensuel *60 millions de consommateurs* ;
- **l'UFC - Que Choisir (UFC : Union Fédérale des Consommateurs).** Cette association loi 1901 a pour mission la défense des intérêts des consommateurs. Dans ce but, elle réalise des comparaisons de produits, publie la revue *Que Choisir* et intervient en justice.

2. La défense de l'environnement

Des organismes actifs de défense de l'environnement dénoncent et luttent contre l'impact de la publicité sur l'environnement.

L'OIP (Observatoire Indépendant de la Publicité), créé en 2009 par l'Alliance pour la Planète (regroupement français d'ONG, associations et collectifs liés à l'écologie, et associations représentant la société civile), assure une réelle prise en compte de l'environnement en contrôlant l'impact de la publicité sur l'environnement et l'utilisation abusive de l'argument écologique. L'OIP peut être saisi au sujet d'une publicité considérée comme non respectueuse des codes de la consommation et de l'environnement.

3 LES PROTECTIONS ET INTERDICTIONS GÉNÉRALES

Un ensemble de règles juridiques encadre la communication publicitaire, visant transparence et loyauté entre les différents intervenants. Ces règles permettent de protéger les consommateurs, les concurrents et les prestataires ; elles sont complétées par les recommandations de l'ARPP.

1 Les mentions nécessaires

1. L'identification de l'annonceur

Les annonceurs inscrits au Registre du Commerce et des Sociétés (RCS), au Répertoire des Métiers (RM) ou au Registre Spécial des Entrepreneurs Individuels à Responsabilité Limitée (RSEIRL) doivent indiquer sur leurs documents commerciaux, sur leurs correspondances et sur leur site Internet leur numéro RCS, RM ou RSEIRL.

EXEMPLE

RCS Nice 324 564 867 : entreprise enregistrée au Registre du commerce de Nice avec le numéro national d'identification Siren (système informatique pour le répertoire des entreprises) 324 564 867.

Si le siège d'une société commerciale est situé à l'étranger, le pays d'immatriculation doit être précisé.

2. L'identification du message publicitaire

Les publi-rédactionnels (annonce publicitaire rédigée comme un article de journaliste) doivent comporter une mention permettant au lecteur de bien les différencier des articles de presse, par exemple : « publicité », « communiqué », « publi-communiqué »...

De même, les écrans publicitaires diffusés à la télévision et à la radio doivent être précédés d'une annonce explicite de coupure publicitaire ; au cinéma, ils sont diffusés en salle semi-obscure.

3. L'identification de l'imprimeur

Tous les documents publicitaires imprimés doivent comporter le nom et l'adresse de l'imprimeur, excepté les imprimés administratifs ou ceux dont la diffusion est restreinte ou privée.

2 L'encadrement des relations annonceur/agence/prestataire

1. Le contrat

Les relations entre l'agence et l'annonceur sont précisées dans un contrat indiquant la nature de la mission confiée, les prestations à fournir par l'agence conseil, le calendrier prévisionnel ainsi que la rémunération et ses modalités. L'annonceur s'engage à communiquer les documents et informations nécessaires et à s'acquitter du paiement de la prestation. De son côté, l'agence s'engage à ne pas divulguer les informations confidentielles, à respecter les délais impartis et à céder les droits de propriété intellectuelle à l'annonceur.

Les agences peuvent être rémunérées par des honoraires (forfaitaires ou au temps passé) ou par une commission. Dans certains cas, un intéressement aux résultats peut venir consolider le partenariat agence/annonceur.

2. Le contrat de mandat

Concernant les achats d'espaces publicitaires et de prestations de publicité (édition, distribution de publicités...) pour le compte de l'annonceur, la loi Sapin du 29 janvier 1993 a instauré un principe de transparence des prix : les conditions tarifaires doivent être publiques et la facture d'achat (qui précise les éventuelles réductions tarifaires) doit être remise à l'annonceur, même si le règlement se fait par l'agence. De plus, ces opérations ne peuvent être commandées par un intermédiaire que si ce dernier est muni d'un contrat de mandat précisant sa rémunération.

3. Les spécificités des marchés publics

Les achats réalisés par les structures publiques sont soumis au Code des marchés publics, qui impose le respect des principes de liberté d'accès à la commande publique, d'égalité de traitement des candidats et de transparence des procédures. Ces principes visent à assurer l'efficacité de la commande publique et la bonne utilisation des deniers publics.

La procédure et la publicité légale dépendent du montant des marchés (appel d'offres, publication dans un journal d'annonces légales...).

Les documents utilisés dans le cadre d'un marché public sont normalisés et la procédure de sélection doit être respectée.

3 Les recommandations de l'ARPP

Ces recommandations ont été développées pour faire face à l'explosion des supports publicitaires, à la montée du consumérisme et au renforcement de la législation en matière de publicité trompeuse ; elles complètent et renforcent les obligations légales qui encadrent le discours publicitaire.

Elles s'appuient sur trois grands principes :

- la publicité doit être loyale : elle ne doit pas dénigrer, ni être agressive envers les concurrents ;
- elle doit être véridique : elle ne doit pas tromper ni induire en erreur le consommateur ;
- elle doit être saine : elle ne doit pas choquer, heurter ou nuire (ne pas inciter à des comportements nocifs, ne pas utiliser abusivement d'arguments écologiques...).

4 La protection des concurrents

1. Les limites de la publicité comparative

Est considérée comme comparative la publicité qui permet l'identification, même implicite, d'un concurrent (ou de biens ou services offerts par un concurrent).

Pour être licite, une publicité comparative doit porter sur :

- des biens ou services similaires répondant aux mêmes besoins ou ayant le même objectif ;

– des caractéristiques essentielles, représentatives, pertinentes et vérifiables (dont le prix).

Elle ne doit pas être trompeuse ni engendrer de confusion entre l'annonceur et le concurrent. Enfin, elle ne doit pas discréditer ni dénigrer des marques.

L'annonceur doit être en mesure d'apporter la preuve de l'exactitude matérielle des termes de la publicité comparative.

Dans de nombreux pays, la réglementation est beaucoup moins contraignante et l'usage de la publicité comparative plus fréquent qu'en France.

EXEMPLES

Un publireportage sur un dessert comportant l'accroche : « 100 % naturel, qui peut en dire autant ? » est licite, car les termes ne permettent pas l'identification d'un quelconque concurrent ni d'un quelconque secteur d'activité.

La comparaison de deux chariots remplis de produits, l'un provenant de chez Leader Price et l'autre de E. Leclerc, avec la mention « Stop ! Inutile de chercher des prix plus bas. Valeur du caddie Leader Price : 68,89 €, valeur du caddie E. Leclerc : 52,79 € » a été déclarée illicite, car la reproduction des deux tickets ne faisait pas apparaître clairement les qualités ni les quantités des produits présentés.

2. L'interdiction de dénigrer la concurrence

La publicité dénigrante, qu'elle porte sur les prix du concurrent, la qualité de ses produits ou services, ou encore sur sa réputation, constitue un manquement au cadre réglementaire de la publicité comparative et une forme de concurrence déloyale.

Pour que le délit soit qualifié, le concurrent doit être clairement identifié (sans forcément être nommément désigné) et dévalorisé dans le but de détourner sa clientèle.

3. L'interdiction de publicité parasitaire

La publicité parasitaire est une forme de concurrence déloyale ; elle consiste en l'imitation de la communication publicitaire (mise en page, texte, slogan, présentation visuelle, musique, effet sonore…) d'un tiers dans le but d'en tirer profit. Est ainsi interdite toute imitation qui risquerait d'entraîner une erreur ou une confusion, que les acteurs soient ou non concurrents.

EXEMPLE

Le slogan « La Côte d'Azur, l'autre pays des tulipes » a été jugé parasitaire de celui des fromagers néerlandais « La Hollande, l'autre pays du fromage ».

5 La protection des consommateurs

1. L'obligation d'utiliser la langue française

a) Principe et champ d'application

La loi Toubon du 4 août 1994 prévoit l'emploi obligatoire de la langue française dans la désignation, l'offre, la présentation des biens, produits ou services ainsi que dans les inscriptions ou annonces destinées à l'information du public. Sont essentiellement concernés :

– les documents destinés à informer l'utilisateur ou le consommateur (étiquetage, prospectus, catalogue, bon de commande, certificat de garantie, mode d'emploi, programme de spectacle, menu, titre de transport, contrat d'adhésion…) ;
– la publicité écrite, parlée ou audiovisuelle concernant les biens, produits ou services commercialisés (sauf publicités incluses dans des programmes ou parties de programme dont la finalité est l'apprentissage d'une langue étrangère ou qui sont conçus pour être intégralement diffusés en langue étrangère) ;
– les inscriptions ou annonces non commerciales destinées à l'information du public : inscriptions ou annonces sur la voie publique ou dans un lieu ouvert au public (gares, aéroports, abribus…) et dans les véhicules de transport en commun ;
– les inscriptions sur les produits, sur leur contenant ou sur leur emballage ; des termes ou expressions peuvent être admis sans traduction (termes ou expressions entrés dans le langage courant ou résultant de l'application de conventions internationales : « *made in* », « *copyright* »…). Des listes de termes dont l'usage est recommandé sont établies par des commissions de terminologie et régulièrement publiées au *Journal officiel* ;
– dans les manifestations, colloques ou congrès dont l'organisateur est français : les documents de présentation du programme distribués aux participants avant et pendant la réunion doivent être disponibles en version française (sauf les manifestations, colloques ou congrès ne concernant que des étrangers, et les manifestations de promotion du commerce extérieur français).

b) Les exceptions

Ces dispositions ne s'étendent pas aux dénominations sociales, aux enseignes, aux noms commerciaux, aux marques de fabrique, de commerce ou de service ; des marques, constituées d'un ou plusieurs termes étrangers, peuvent donc être déposées, enregistrées et utilisées en France sans traduction.

De même, la loi Toubon ne s'applique pas aux produits typiques ni aux spécialités d'appellation étrangère.

EXEMPLES

Les termes chorizo, cookie, couscous, gin, hot-dog, jeans, paella, pizza, sandwich…, peuvent être employés sans traduction.

2. L'interdiction de publicité mensongère

Toute publicité comportant, sous quelque forme que ce soit, des allégations, indications ou présentations fausses ou de nature à induire en erreur les consommateurs est interdite. L'infraction de publicité trompeuse peut être constituée alors même que l'annonceur n'a pas eu l'intention de tromper le consommateur (tromperie par négligence). En effet, dans le but d'élargir la répression, le législateur a supprimé l'exigence de mauvaise foi pour sanctionner, dès lors que la publicité comporte un ou plusieurs éléments mensongers susceptibles de tromper le consommateur moyen.

4 LES RÉGLEMENTATIONS PARTICULIÈRES

La publicité de certains produits ou secteurs d'activité ainsi que certaines formes de vente et certains médias sont soumis à des réglementations spécifiques.

1 La publicité pour certains produits ou secteurs

Certains textes visent à protéger les consommateurs susceptibles d'être influencés par les messages publicitaires concernant des produits pouvant générer des risques de santé publique (alcoolisme, dépendance, obésité...) et de surendettement. D'autres ont pour rôle de modifier les comportements et de protéger l'environnement.

1. Les boissons alcooliques

La loi Évin (loi du 10 janvier 1991 modifiée en octobre 2004) autorise d'une manière restrictive la publicité pour les boissons alcooliques : elle limite le message publicitaire à certaines mentions énumérées dans le Code de la santé publique : degré d'alcool, origine, dénomination, composition et mode d'élaboration du produit, nom et adresse du fabricant, modalités de vente, mode de consommation...

La publicité peut faire référence au terroir de production et aux distinctions obtenues ou encore comporter des informations objectives liées à la couleur, aux qualités olfactives et gustatives du produit. Toute publicité doit être assortie du message à caractère sanitaire : «L'abus d'alcool est dangereux pour la santé».

Cette publicité est essentiellement autorisée :
- dans la presse écrite (sauf celle destinée à la jeunesse) ;
- à la radio, dans certaines tranches horaires définies par décret ;
- sur Internet (sauf sur les sites destinés à la jeunesse ou sur les sites sportifs) ;
- par voie d'affichage ;
- par envoi de circulaires ou de brochures commerciales ;
- sur les véhicules de livraison (seulement désignation du produit, nom et adresse du fabricant, agents et dépositaires) ;
- dans les fêtes et foires traditionnelles.

Sont interdits : la distribution d'objets publicitaires à destination des jeunes, les formes de publicité intrusives en ligne (*spam*, *pop-up*...), les opérations de parrainage et la publicité au cinéma et à la télévision.

2. Le tabac

Le deuxième volet de la loi Évin concerne «les produits destinés à être fumés, prisés, mâchés ou sucés qui comportent du tabac», ainsi que «les produits destinés à être fumés, même s'ils ne contiennent pas de tabac».

Outre la composition du produit (teneur en goudron, en nicotine...), le conditionnement doit mentionner un message sanitaire de mise en garde : «Fumer tue», «Fumer nuit gravement à la santé», accompagné d'une image choc (application d'une directive européenne d'avril 2011).

Dans le cadre de la lutte contre le tabagisme, la loi interdit toute forme de publicité en faveur des produits du tabac, y compris les opérations de parrainage, les distributions gratuites et la publicité sur des produits ou objets rappelant le tabac.

EXEMPLE

Le groupe Hachette Filipacchi Presse Automobile a été condamné pour avoir publié des photos d'un pilote portant une combinaison aux couleurs de la marque de cigarettes sponsor de son écurie.

Cette interdiction ne s'applique pas aux publications et communications en ligne destinées exclusivement aux professionnels du tabac, ni aux débits de tabac, où il est possible de disposer des affichettes (à condition qu'elles ne soient pas visibles de l'extérieur).

Notons que les compétitions de sport mécanique qui se déroulent dans des pays où la publicité pour le tabac est autorisée peuvent être retransmises par les chaînes de télévision françaises.

3. Les produits alimentaires

La réglementation concerne l'ensemble des produits alimentaires, à l'exception de certaines boissons sans adjonction de sucre, de sel ou d'édulcorant de synthèse, et des aliments non manufacturés (fruits et légumes frais...).

EXEMPLES

Ne sont pas concernées les boissons comme le thé, le café, les tisanes, la chicorée, les jus de fruit (sans adjonction de sucre ni d'édulcorant) ou le lait (même pasteurisé).

La loi oblige l'annonceur à insérer un message à caractère sanitaire et éducatif, présenté de manière claire.

EXEMPLES

«Pour votre santé, limitez les aliments gras, salés, sucrés», «Pour bien grandir, mangez au moins cinq fruits et légumes par jour». Ce message peut être complété par l'adresse : www.mangerbouger.fr.

Certains produits destinés aux enfants de moins de 3 ans font l'objet de restrictions publicitaires plus sévères.

La réglementation concerne tous les messages publicitaires et promotionnels (portant sur les produits manufacturés et les boissons avec adjonction de sucre, de sel ou d'édulcorant) utilisant les grands vecteurs de publicité ou des moyens hors média destinés à un large public (brochure de supermarchés, prospectus dans les boîtes aux lettres...) ; certains moyens comme la communication sur le lieu de vente ou les opérations de parrainage ne sont pas concernés.

4. Autres produits ou secteurs

a) Le crédit

Le Code de la consommation indique les mentions obligatoires à faire figurer dans l'offre de crédit gratuit, de crédit immobilier ou de crédit à la consommation : identification de l'organisme prêteur, durée de l'opération, indication du taux effectif global annuel, délai de réflexion de 10 jours. Dans le cas particulier du crédit gratuit supérieur à 3 mois, la publicité est interdite hors du lieu de vente.

b) Le secteur automobile

La réglementation concerne les véhicules neufs d'un poids total autorisé en charge ne dépassant pas 3,5 tonnes. Elle stipule que les publicités comportant l'indication du prix doivent mentionner la dénomination du véhicule et la somme totale qui sera effectivement payée par le consommateur.

Par ailleurs, l'ensemble de la documentation promotionnelle (c'est-à-dire l'ensemble des imprimés utilisés pour la commercialisation, la publicité et la promotion des véhicules auprès du grand public : manuels techniques, brochures, publicité dans les journaux, magazines et revues spécialisées, affiches...) doit contenir les informations relatives à la consommation de carburant et aux émissions de dioxyde de carbone (CO_2). De même, sur le point de vente, une étiquette (format standardisé) doit être apposée de manière visible sur chaque modèle neuf ou près de celui-ci comportant le message : « La consommation de carburant et les émissions de CO_2 d'un véhicule sont fonction non seulement de son rendement énergétique, mais également du comportement au volant et d'autres facteurs non techniques. Le CO_2 est le principal gaz à effet de serre responsable du réchauffement planétaire. »

c) L'énergie

Le Code de l'environnement stipule que toute publicité concernant « la vente d'électricité, de chaleur ou de froid, de combustibles solides, liquides ou gazeux et de carburants ainsi que les services afférents à l'utilisation de ces énergies » doit comporter un message incitant aux économies d'énergie et faisant la promotion d'une utilisation rationnelle de l'énergie.

EXEMPLE

« L'énergie est notre avenir, économisons-la. »

d) Les médicaments

Le Code de la santé publique interdit la publicité auprès du public pour les médicaments remboursables par la Sécurité sociale et/ou pour les médicaments inscrits sur une liste de substances vénéneuses.

En revanche, elle est autorisée pour les médicaments ne nécessitant pas de prescription médicale (automédication), mais elle doit faire l'objet d'une autorisation préalable (« visa GP ») délivrée par l'AFSSAPS (Agence Française de Sécurité Sanitaire et des Produits de Santé). La publicité doit comporter un message de prudence et doit renvoyer au médecin en cas de persistance des symptômes.

La publicité destinée aux professionnels de santé (médecins, pharmaciens, dentistes, sages-femmes...) est autorisée pour les médicaments ayant reçu une autorisation de mise sur le marché, et elle fait l'objet d'un contrôle ultérieur par l'AFSSAPS. Toutefois, dans le cadre de la promotion de médicaments auprès des personnes habilitées à les prescrire ou à les délivrer, « il est interdit d'octroyer, d'offrir ou de promettre à ces personnes une prime, un avantage pécuniaire ou un avantage en nature, y compris dans le cadre de jeux-concours, sauf de valeur négligeable et ayant trait à l'exercice de la médecine et/ou de la pharmacie ».

De nombreuses autres contraintes sont à respecter, notamment dans la formulation des messages publicitaires et au niveau des mentions obligatoires ; elles figurent sur le site de l'AFSSAPS.

EXEMPLES

Les arguments publicitaires de type « Prescrit depuis.... » ne sont pas acceptables. À l'inverse, des mentions sont obligatoires : « Ne pas utiliser chez la femme enceinte »...

e) Les jeux d'argent et de hasard en ligne

Depuis l'ouverture à la concurrence du marché de ces jeux, le CSA (Conseil Supérieur de l'Audiovisuel) a fixé les conditions de diffusion des communications commerciales à la télévision et à la radio afin de protéger les mineurs et de lutter contre l'addiction. Ainsi, la publicité :

- est interdite dans et autour des programmes s'adressant aux mineurs, quelle que soit sa forme ;
- ne doit pas inciter à une pratique excessive du jeu ;
- doit comporter un message de mise en garde contre l'addiction et faire référence au système d'information et d'assistance mis à la disposition des joueurs par l'INPES (Institut National de la Prévention et d'Éducation pour la Santé).

f) La communication politique

Afin de préserver la sincérité des scrutins et l'égalité des candidats, le Code électoral prévoit des règles organisant les élections elles-mêmes mais également la période préélectorale. Certaines mesures ont ainsi pour but de limiter la communication politique, d'interdire tout procédé déloyal de communication et d'encadrer le financement des campagnes électorales. Toutefois, le développement des nouveaux moyens de communication (sites, forums...) peut poser des difficultés d'applicabilité des règles, d'interprétation jurisprudentielle et de contrôle.

EXEMPLES

La veille et le jour du scrutin (jusqu'à la fermeture des bureaux de vote), la publication, la diffusion et le commentaire de sondage sont interdits.

Les affiches à but ou à caractère électoral comprenant une combinaison des trois couleurs bleu, blanc et rouge sont interdites (connotation de message officiel).

Le CSA exerce un contrôle sur le temps de parole utilisé par chaque parti politique.

2 La réglementation de certaines formes de vente

1. Les soldes et la vente au déballage

a) Les soldes

Les soldes sont des ventes accompagnées ou précédées d'une publicité et visant à écouler les marchandises en stock par une réduction du prix. Les produits annoncés

4 LES RÉGLEMENTATIONS PARTICULIÈRES (suite)

comme soldés doivent avoir été proposés à la vente et payés aux fournisseurs depuis au moins un mois avant la date de début de la période de soldes.
La loi de modernisation de l'économie du 4 août 2008 fixe deux périodes de soldes régulières : 5 semaines en hiver (à partir du deuxième mercredi de janvier, sauf si ce dernier tombe après le 12, auquel cas les soldes débutent le premier mercredi) et 5 semaines en été (à partir du dernier mercredi de juin), avec des dérogations possibles pour certaines zones touristiques ou frontalières. Chaque commerçant peut proposer en outre 2 semaines de soldes libres par an (consécutives ou non), ainsi que des opérations de déstockage toute l'année ; les périodes de soldes libres doivent néanmoins s'achever un mois avant le début des soldes fixes.
La communication relative aux soldes doit mentionner les dates de début et de fin d'opération, ainsi que la nature des marchandises concernées.

EXEMPLE

Une affiche apposée sur la vitrine d'un magasin annonçant des réductions de – 70 % qui concerneraient seulement un petit nombre de produits peut être considérée comme une publicité mensongère.

Les étiquettes doivent comporter l'ancien prix barré, le prix soldé, et le taux de démarque pratiqué ou un marquage spécifique (point rouge par exemple).
Les limitations de garantie sur les soldes étant illégales, un article acheté en solde bénéficie des mêmes garanties pour les défauts de fabrication non apparents. La DGCCRF (Direction Générale de la Concurrence, de la Consommation et de la Répression des Fraudes) peut intervenir si nécessaire.

b) La vente au déballage

C'est une vente de marchandises (neuves ou d'occasion) occasionnelle ou régulière, proposée par des professionnels ou des non-professionnels, sur des emplacements destinés ou non à la vente (parking, salles communales...) ou bien à partir de véhicules spécialement aménagés (camions magasins).

EXEMPLES

Brocante, vide-grenier, journée commerciale, vente sous un chapiteau...

Depuis janvier 2009, la vente au déballage est soumise à déclaration préalable auprès du maire de la commune où l'opération est prévue. Les manifestations commerciales proposées dans un parc d'exposition ou lors d'un salon professionnel ne sont pas concernées par cette réglementation. Le programme annuel de ces manifestations doit être déposé en préfecture.

2. La vente à distance (VAD)

La loi Châtel concerne la vente par correspondance, par téléphone et par Internet ; elle a pour but de protéger le consommateur.
Certaines mentions doivent apparaître clairement sur la commande (coordonnées du fournisseur, frais de livraison...). Le fournisseur doit exécuter la commande dans les délais annoncés et le client bénéficie d'un droit de rétractation de 7 jours (après la commande ou après la réception des marchandises), avec toutefois des exceptions pour les ventes de denrées périssables, les services d'hébergement ou de transport.

3 La réglementation relative à certains médias ou supports

1. La télévision

Est interdite la publicité concernant :
- les boissons comprenant plus de 1,2° d'alcool ;
- l'édition littéraire (sauf pour les chaînes distribuées exclusivement sur le câble ou diffusées par satellite) ;
- le cinéma ;
- les opérations commerciales occasionnelles (ex. : la Semaine du blanc de Carrefour), la Foire aux vins d'Auchan). Des exceptions existent pour les DOM-TOM.

La publicité clandestine ou les techniques subliminales sont évidemment interdites. De même, il n'est pas possible de faire appel dans les publicités (visuellement ou oralement) à des présentateurs réguliers de journaux télévisés ou de magazines d'actualité.
Dans le cadre d'une émission de téléachat, la marque ou le nom du distributeur ou du fabricant ne peuvent pas être montrés ni mentionnés à l'antenne.
Chaque chaîne doit respecter la durée et le nombre d'interruptions publicitaires fixé, sachant que le législateur différencie les chaînes privées (coupure possible dans les films, les émissions...) et publiques, qui ne peuvent plus diffuser de publicités entre 20 h et 6 h. Durant cette tranche horaire, le groupe France Télévision est toutefois autorisé à diffuser de la publicité générique (promotion d'une catégorie de produits, d'appellations d'origine, de labels, d'attrait touristique d'un département, d'une région ou d'un pays), des messages d'intérêt général et des parrainages (sauf pour les journaux télévisés et les émissions d'information).

2. Les radios publiques

Le groupe Radio France (France Inter, France Info, France Bleu, France Culture, France Musique, FIP, le Mouv', France Vivace) n'a pas le droit de diffuser de publicités pour des annonceurs privés. Seul le parrainage d'émissions est possible.
Les stations peuvent diffuser des messages de publicité collective, d'intérêt général, des campagnes pour des entreprises publiques ou parapubliques, pour des administrations, des associations...

EXEMPLES

Sont autorisés notamment les annonceurs suivants : Chambre des métiers, comité ou office de tourisme, foire ou salon, mutuelle, coopérative, association professionnelle, collectivité territoriale.

L'objet, le contenu et les modalités de programmation de ces messages publicitaires sont soumis au contrôle du CSA.

3. L'affichage

Le Code de l'environnement limite les lieux d'affichage ; ainsi, il interdit d'afficher :
- sur les monuments historiques, les sites classés, les parcs nationaux, les réserves naturelles et les arbres ;
- en dehors des agglomérations, excepté dans les zones de publicité autorisées (à proximité d'établissements commerciaux, industriels et de centres artisanaux...).

À ces restrictions générales s'ajoutent les réglementations locales qui définissent les zones de publicité à l'intérieur de l'agglomération (emplacement, surface, hauteur...).

Les enseignes (lumineuses ou non) doivent faire l'objet d'une autorisation préalable avant d'être apposées (contraintes au niveau du format, de l'endroit...).

Depuis janvier 2009, les communes peuvent percevoir une taxe locale sur la publicité extérieure (affiches, enseignes...).

4. Autres moyens

a) Sites internet

Lorsque le site est hébergé en France, il doit comporter certaines mentions pouvant figurer dans une ou plusieurs rubriques ou dans un « cyberours ». La loi distingue les sites professionnels, les sites personnels et les sites marchands.

Pour les sites professionnels, les personnes physiques doivent préciser leur nom, prénom, adresse, adresse électronique et numéro de téléphone ; les personnes morales (SA, SARL...) indiqueront la raison sociale, la structure juridique, le numéro et la ville d'enregistrement, le montant du capital, l'adresse du siège social, l'adresse électronique et le numéro de téléphone. Personnes physiques et morales indiqueront :
- le nom de l'hébergeur ou de l'éditeur d'un blog (nom du directeur de la publication et éventuellement des responsables de la rédaction si le site a un contenu éditorial important) ;
- le cas échéant le numéro de TVA ;
- pour les activités soumises à autorisation (par exemple : casino virtuel), le nom et l'adresse de l'autorité ayant délivré l'autorisation.

Pour les sites personnels, la loi permet de ne mentionner que le nom et l'adresse de l'hébergeur afin de préserver l'anonymat de l'éditeur du site. Toutefois, sur demande de l'autorité judiciaire, l'hébergeur doit pouvoir fournir les informations complémentaires.

Pour les sites marchands (e-commerce, vente de produits ou services en ligne), outre les mentions d'identification obligatoires citées, il existe des contraintes en matière de description du produit ou service (photo, texte...), des prix et conditions de vente (durée de l'offre, frais de livraison...) et mention obligatoire du délai de rétractation de 7 jours.

Dans tous les cas, l'indication selon laquelle le client dispose d'un droit d'accès, de rectification et de suppression des données à caractère personnel le concernant est obligatoire.

b) La prospection par des moyens électroniques

En application de la LCEN (Loi sur la Confiance dans l'Économie Numérique) et du Code des postes et télécommunications, la prospection par courrier électronique, fax, SMS ou MMS nécessite d'avoir obtenu le consentement préalable (*opt-in*) du destinataire personne physique, sauf s'il est déjà client. Pour la prospection des professionnels (personnes morales principalement), l'assentiment préalable n'est pas exigé mais la désinscription du fichier doit être possible à tout moment (*opt-out*).

Si malgré la loi on reçoit un courriel non désiré (spam), on peut le signaler sur le site www.signal-spam.fr ; s'il s'agit d'un SMS, on peut répondre STOP à l'expéditeur ou le transmettre au 33700.

c) La prospection par courrier

La prospection par courrier est libre, sauf si le destinataire a manifesté son opposition à recevoir de tels envois (en s'inscrivant par exemple sur la liste Robinson, tenue par l'Union Française du Marketing Direct). Dans tous les cas, il faudra s'assurer que le fichier détenu et utilisé informatiquement respecte les contraintes et obligations fixées par la CNIL.

EXEMPLE

Il est interdit de collecter ou de traiter des données personnelles sensibles comme les origines raciales ou ethniques, les opinions politiques, philosophiques ou religieuses, l'appartenance syndicale, les informations relatives à la santé ou à la vie sexuelle.

5. Le placement de produit

Le CSA définit le placement de produit comme une forme de communication commerciale audiovisuelle consistant à inclure un produit, un service ou une marque, ou à y faire référence, en l'insérant dans un programme, moyennant paiement ou autre contrepartie.

Le placement de produit est autorisé dans les œuvres cinématographiques, les fictions audiovisuelles et les vidéomusiques, sauf lorsqu'elles sont destinées aux enfants. Le contenu et la programmation du support ne doivent pas être influencés par le placement et un pictogramme doit informer les spectateurs.

Certains produits ne peuvent pas faire l'objet d'un placement : boisson contenant plus de 1,2° d'alcool, tabac, médicament, arme à feu.

4 La réglementation relative à certaines professions

Afin d'éviter de porter atteinte à leur mission d'intérêt général, certaines professions libérales (notaires, avocats, experts comptables, médecins, pharmaciens...) sont soumises à un cadre juridique qui limite la possibilité de publicité commerciale ; toutefois, les organismes professionnels qui les représentent (chambre professionnelle, ordre...) peuvent diffuser des publicités collectives.

5 LA PROTECTION DES ÉLÉMENTS IMMATÉRIELS

Certains éléments immatériels comme la marque, le nom de domaine et les créations sont protégés par des droits, mais des démarches particulières sont nécessaires pour pouvoir bénéficier effectivement de cette protection.

1 La protection de la marque

La marque peut prendre des formes variées : un mot, un nom, un slogan, des chiffres, des lettres, un dessin, un logo... Un signe sonore (son, phrase musicale) peut être également protégé, à condition qu'il soit représenté graphiquement, sur une portée musicale par exemple.

EXEMPLES

Marque nom : Guy Degrenne.
Slogan : « Parce que vous le valez bien. » (L'Oréal)
Des chiffres : 308 (Peugeot).

L'INPI (Institut National de la Propriété Intellectuelle) protège la marque sur le territoire français pendant 10 ans (indéfiniment renouvelables). L'OHMI (Office de l'Harmonisation dans le Marché Intérieur) agit de même pour l'ensemble des pays de l'Union européenne, et l'OMPI (Organisation Mondiale de la Propriété Intellectuelle) au niveau mondial.
Les droits pour la France s'acquièrent en principe par le dépôt auprès de l'INPI ; il est nécessaire de s'assurer de la disponibilité d'une marque avant de la déposer pour éviter d'être attaqué en contrefaçon ou en concurrence déloyale.

EXEMPLE

Marque déposée et enregistrée sous le numéro 3144705 à l'INPI de Paris en 2002 dans la Classe 41 (Éducation, formation, divertissement, activités sportives et culturelles...), par l'association « Performance d'Acteur – Joyeuses Performances » pour des activités culturelles et éducatives, l'organisation et la production d'un festival annuel à Cannes, la programmation de spectacles de théâtre, d'humour, des actions de sensibilisation vers un public scolaire et des animations de quartiers.

Le coût du dépôt d'une marque dépend du nombre de classes de produits et des pays sélectionnées.

EXEMPLE

Classe de produits 35 : « Publicité ; gestion des affaires commerciales ; administration commerciale ; travaux de bureau. Diffusion de matériel publicitaire (tracts, prospectus, imprimés, échantillons). Services d'abonnement à des journaux (pour des tiers). Conseils en organisation et direction des affaires. Comptabilité. Reproduction de documents. Bureaux de placement. Gestion de fichiers informatiques. Organisation d'expositions à buts commerciaux ou de publicité. Publicité en ligne sur un réseau informatique. Location de temps publicitaire sur tout moyen de communication ; publication de textes publicitaires ; location d'espaces publicitaires ; diffusion d'annonces publicitaires ; relations publiques. »

2 La propriété du nom de domaine

Le nom de domaine prend la forme « www.nomdedomainechoisi.fr » (ou .com, .org, .net...) et se distingue juridiquement de la marque, de la dénomination sociale et du nom commercial. Il profite au premier déposant (règle du « premier arrivé, premier servi »), avec toutefois obligation de ne pas utiliser de terme interdit (terme injurieux, raciste...) ou réservés (nom d'une commune...) ; avant tout enregistrement, il est donc nécessaire de s'assurer que le nom envisagé est disponible (*cf.* site de l'AFNIC, Association Française pour le Nommage Internet en Coopération).
Des organismes spécialisés dans la gestion du nom de domaine permettent de le réserver. Ces organismes, appelés NIC (*Network Information Center*) ou registres, se répartissent les zones géographiques (.fr, .uk, .ca, .us...) et les extensions génériques (.com, .org...).

EXEMPLE

L'AFNIC est le NIC français qui gère les extensions « .fr » (France), ainsi que « .re » (île de La Réunion).

Pour obtenir un nom de domaine dans une zone, il faut généralement s'adresser à un prestataire Internet travaillant avec le NIC.

EXEMPLES

On peut faire appel aux prestataires OVH ou AMEN.

Ces prestataires sont nombreux et proposent, outre la réservation du nom de domaine, des services complémentaires comme l'hébergement de site, des boîtes mail, une aide au référencement...

3 La protection des auteurs et de la création

1. La notion de propriété intellectuelle

Le droit de la propriété intellectuelle distingue la propriété littéraire et artistique d'une part et la propriété industrielle d'autre part.
Une idée ou un concept ne peut pas être protégé en tant que tel ; il faut que l'idée ou le concept soit matérialisé. Pour cela, il faudra déposer :
- un brevet pour une innovation technique ;
- un dessin ou un modèle pour une idée de nature esthétique ;
- une marque pour tout signe permettant d'identifier le produit ou service : nom du produit, dénomination sociale, nom commercial, enseigne. Par exception, la protection du nom d'une association s'acquiert par l'usage, pour l'activité déclarée auprès de la préfecture. Par ailleurs, il existe des règles spécifiques liées au nom de domaine sur Internet ;
- un droit d'auteur pour une œuvre artistique ou littéraire.

2. La protection de la création

a) Les œuvres protégées

Le droit d'auteur est défini par le Code de la propriété intellectuelle, qui protège « les œuvres de l'esprit, quels qu'en soit le genre, la forme d'expression, le mérite ou la destination » et laisse le soin à la jurisprudence de préciser ces notions complexes.

EXEMPLE

Le Code de la propriété intellectuelle cite notamment les œuvres littéraires, musicales, graphiques et plastiques, chorégraphiques, audiovisuelles, publicitaires, photographiques, d'arts appliqués, d'architecture, ou les logiciels.

La violation du droit d'auteur constitue un délit de contrefaçon.

b) Les modalités de la protection

Le droit d'auteur s'acquiert sans formalité, du fait même de la création de l'œuvre. On parle de droits voisins pour les artistes-interprètes, producteurs de vidéogrammes et de phonogrammes, ainsi que pour les entreprises de communication audiovisuelle, avec une protection acquise dès la première interprétation ou utilisation.

Si on le souhaite, l'INPI propose une « enveloppe Soleau » permettant de dater de façon certaine la création et l'œuvre et d'identifier son auteur (*cf.* site de l'INPI). Celui-ci peut également envoyer l'œuvre, à lui-même ou à un tiers, sous pli fermé avec accusé de réception, le cachet de la poste faisant foi et l'enveloppe devant rester fermée.

c) Les composantes du droit d'auteur

Le droit d'auteur recouvre :

- un droit moral, attaché à la personne : il est inaliénable, imprescriptible et perpétuel. Il comporte le droit de divulgation (choix de faire connaître ou non l'œuvre au public), le droit au nom (exigence de publication sous le nom choisi par l'auteur), le droit au respect de l'œuvre (interdiction de modifier l'œuvre sans son consentement) et le droit de repentir (droit de changer d'avis) et de retrait (droit de retirer l'œuvre du marché) ;
- un droit patrimonial : il permet à l'auteur d'exploiter son œuvre sous quelque forme que ce soit et d'en tirer un profit pécuniaire. Il comporte un droit de reproduction (impression, photographie, photocopie...) et de représentation (récitation publique, projection, télédiffusion...) ; ce droit patrimonial lui appartient pendant toute sa vie et persiste au profit des héritiers pendant les 70 années qui suivent son décès. Au-delà, l'œuvre tombe dans le domaine public et son utilisation est libre, sous réserve de respecter les droits moraux de l'auteur.

d) Les conditions de la protection

Pour être protégée, l'œuvre doit être :

- concrétisée, matérialisée dans une forme perceptible par les sens : le droit d'auteur ne protège pas les idées, concepts ou méthodes à la base de la création ; en revanche, il protège une œuvre inachevée ou en cours (diffusée ou non) ;
- originale : c'est-à-dire exprimer la personnalité de l'auteur (sans forcément être nouvelle).

e) Les exceptions

Dans certains cas, la loi permet l'utilisation de l'œuvre divulguée sans autorisation de l'auteur, en particulier :

- lors d'une représentation privée et gratuite dans le cercle de famille (les membres d'une association, d'une entreprise ou d'une collectivité ne sont pas considérés comme formant un cercle de famille) ;
- si les reproductions sont utilisées pour des besoins personnels et réservées à un usage privé ;
- pour la représentation ou la reproduction de certains extraits, sous réserve d'indiquer clairement le nom de l'auteur et la source.

f) Droit d'auteur et création publicitaire

Le sort du droit d'auteur sur les créations publicitaires peut soulever des difficultés, car la jurisprudence en la matière est pour le moins incertaine. Certaines décisions ont considéré qu'en l'absence de dispositions contractuelles sur ce point, les droits d'auteur sur les créations publicitaires étaient, en vertu des usages, automatiquement cédés par l'agence à l'annonceur pour le compte duquel elles avaient été réalisées. D'autres décisions ont considéré que lorsque leur cession n'avait pas été expressément prévue, les droits d'auteur sur les créations publicitaires restaient la propriété de l'agence et qu'en conséquence l'annonceur ne pouvait, sans l'accord de cette dernière, continuer à les exploiter après la rupture des relations.

Afin d'éviter les aléas résultant de cette incertitude jurisprudentielle, il est nécessaire d'apporter le plus grand soin à la rédaction des clauses relatives aux droits de propriété intellectuelle dans les contrats destinés à régir les relations entre annonceurs et agences de publicité.

g) Les organismes de collecte des droits d'auteur

Leur mission consiste essentiellement à collecter les droits et à les redistribuer aux auteurs (en France et dans le monde) afin de pérenniser la création. Ces organismes sont nombreux.

EXEMPLES

La SACEM (Société des Auteurs, Compositeurs et Éditeurs de Musique), l'ADAMI (Administration des Droits des Artistes et Musiciens Interprètes), la SPPF (Société civile des Producteurs de Phonogrammes en France), la Sesam, qui est une société pour le droit d'auteur dans l'univers multimédia, ou Copie France, une société pour la rémunération de la copie privée sonore audiovisuelle.

Station de radio, chaîne de télévision, salle de cinéma, organisateur d'événements, supermarché, discothèque ou annonceur : tous doivent procéder à une déclaration préalable auprès de ces organismes. Le montant de la redevance à payer pour l'utilisation publique des œuvres (musicales, multimédia, cinématographiques...) dépend de divers critères : lieu, nombre d'auditeurs, de spectateurs ou de personnes prévues, nature et durée de l'événement, prix d'entrée...

LE DROIT DE LA COMMUNICATION HORS MÉDIA

Certaines opérations de communication hors média doivent respecter une législation particulière, venant s'ajouter au droit de la publicité et de l'image. Il s'agit principalement d'opérations de promotion des ventes, de distribution d'imprimés et d'organisation d'événements.

1 La promotion des ventes

Ce type d'opération regroupe des actions très variées soumises à de nombreuses contraintes réglementaires.

1. Les interdictions générales

L'annonceur initiateur de la promotion ne peut pas :
- revendre à perte ;
- procéder à des envois forcés (non sollicités par le consommateur) ;
- procéder à des ventes par lots.

Des exceptions sont parfois possibles.

EXEMPLES

Exceptions : revente à perte lors de la liquidation judiciaire d'un commerce, vente d'un forfait touristique indissociable (avion, hébergement, restauration).

2. Les réglementations spécifiques aux méthodes de promotion

Ces règlementations relèvent du Code de la consommation ; dans le cadre de l'harmonisation européenne, certains articles ont été modifiés par la loi du 17 mai 2011 portant sur la simplification et l'amélioration de la qualité du droit. Les pratiques commerciales déloyales sont interdites ; une pratique peut être considérée comme déloyale si elle est susceptible de modifier le comportement du consommateur moyen (c'est-à-dire « normalement informé et raisonnablement attentif et avisé »).

a) La promotion par la réduction du prix

Qu'il s'agisse d'un prix barré (obligation de faire apparaître un double affichage), d'un prix d'appel (faible marge pour attirer le consommateur), d'un prix coûtant, d'un bon de réduction, d'un coupon d'achat ou encore d'une offre de remboursement, le seuil de revente à perte ne doit pas être atteint.

Il est obligatoire d'indiquer le prix de référence, le montant de la réduction et la durée de la promotion (dates de début et de fin), éventuellement la quantité détenue en stock.

b) Ventes avec primes, échantillons et cadeaux

La loi distingue primes, échantillons et cadeaux, qu'elle régit différemment. Au niveau commercial, le terme « cadeau », davantage vendeur, est fréquemment utilisé. Les primes, immédiates ou à terme, ciblant les consommateurs et liées à une vente de produits ou services sont interdites (excepté les primes de produits identiques) si cette pratique revêt un caractère déloyal vis-à-vis du consommateur (risque de confusion, indications fausses…).

EXEMPLE

Il est possible de proposer 70 ml au prix de 50 ml (soit 20 ml de produit supplémentaire gratuit).

L'interdiction ne s'applique pas aux menus objets ou services de faible valeur, ni aux échantillons.
Ces objets doivent comporter de manière indélébile le nom, la marque ou le logo de l'annonceur ; les échantillons doivent porter la mention « échantillon gratuit, ne peut être vendu ».

EXEMPLE

Gervais offre à ses clients des objets de faible valeur : un livret d'histoire Playmobil et 2 stickers. L'opération a été proposée par Système U à un prix promotionnel : 50 % de remise avec double affichage de prix sur le prospectus.

Ne sont pas considérés comme primes et sont donc également autorisés : le conditionnement habituel, les prestations de SAV, les facilités de stationnement offertes aux clients et les prestations de services habituellement gratuites.
Le cadeau, à la différence de la prime, n'est pas lié à une vente et il est autorisé (avec toutefois les restrictions liées à certains produits comme le tabac et à certaines professions réglementées comme celle de médecin).

c) Jeux, concours et loteries

Là encore, la réglementation traite distinctement le jeu, le concours et les loteries, alors que les annonceurs utilisent souvent l'expression « jeu-concours ». La loi française précise que :
- le jeu gratuit est autorisé à condition de ne pas être lié à une participation financière (pas d'obligation d'achat d'un produit ou service, remboursement des frais d'envoi sur demande pour la participation au jeu, possibilité de participer sur feuille libre…) ; il peut faire intervenir le hasard (tirage au sort par un huissier de justice, révélation immédiate par carte à gratter…) ;
- le concours est autorisé, même s'il est payant (lié à l'achat d'un produit ou service, droit d'entrée…), mais le hasard ne doit pas intervenir (gagnants désignés par un jury) : le concours fait appel à la sagacité et/ou à la culture des candidats ;
- les loteries sont interdites (avec des exceptions possibles pour des actions de bienfaisance, les lotos traditionnels…).

Toutefois, un arrêt de la Cour de justice des Communautés européennes de janvier 2010 a considéré que les concours, jeux ou loteries promotionnels avec obligation d'achat n'ont pas à être interdits par une réglementation nationale. La Cour a précisé que ces pratiques

commerciales pourraient cependant être interdites au cas par cas si elles sont « susceptibles d'amener le consommateur moyen à prendre une décision commerciale qu'il n'aurait pas prise autrement ».
Depuis mai 2011, le Code de la consommation précise donc : « Lorsque la participation à l'opération est conditionnée à l'achat, la pratique n'est illicite que dans la mesure où elle revêt un caractère déloyal. »
Auparavant, les entreprises contournaient les interdictions en permettant au consommateur de participer sans achat.
Les documents présentant l'opération publicitaire « ne doivent pas être de nature à susciter la confusion avec un document administratif ou bancaire libellé au nom du destinataire ou avec une publication de la presse d'information ». Ils doivent préciser la dotation d'une manière détaillée (lots, nombre, valeurs...) et comporter la mention « Le règlement de l'opération est adressé à titre gratuit à toute personne qui en fait la demande », en précisant le nom et l'adresse de l'huissier dépositaire du règlement. Sur Internet, il s'agira de permettre l'accès en ligne au règlement et de faire figurer dans le formulaire de participation une case à cocher « J'ai lu et j'accepte le règlement ».

EXEMPLE

Carrefour a exploité cette nouvelle possibilité offerte par la jurisprudence européenne en matière de promotion (possibilité d'organiser des loteries commerciales payantes sans canal de participation gratuit).
L'opération promotionnelle de Carrefour a fait l'objet de nombreuses retombées médiatiques ; l'équipe de France de football faisait l'actualité et était considérée comme n'ayant aucune chance d'arriver en finale de la coupe du monde 2010. Carrefour est un partenaire historique de l'équipe de France, mais l'opération paraissait peu risquée.

(Source www.cles-promo.com)

2 La distribution d'imprimés

Les imprimés à destination du public doivent comporter, outre l'identification de l'imprimeur et de l'annonceur, la mention « Ne pas jeter sur la voie publique ». Cette mention peut être remplacée par un pictogramme.

EXEMPLES

Si l'entreprise imprime elle-même ses documents publicitaires, elle devra indiquer la mention « IPNS » (imprimé par nos soins).

3 L'organisation d'événements

Les événements peuvent prendre diverses formes (conférence, concert, flash mob...) et se dérouler sur le domaine public ou dans un lieu privé. Selon le cas, l'organisateur demandera une autorisation (utilisation temporaire d'un lieu public...), fera une déclaration préalable de la manifestation, informera la police ou la gendarmerie, préviendra les pompiers, la Croix-Rouge...
Dans tous les cas, l'organisateur est responsable : il doit respecter la réglementation en vigueur (droit d'auteur, règles de sécurité...) et doit avoir souscrit un contrat d'assurance couvrant les risques éventuels (dommages matériels et corporels, intempéries, annulation...).

1. Les événements dans l'espace public

Tout rassemblement de personnes dans l'espace public peut avoir des conséquences sur la sécurité des personnes et des biens ainsi que sur la salubrité et la tranquillité publique ; les organisateurs (entreprise, association ou particulier) désirant organiser une manifestation (commerciale, sportive, culturelle...) sur la voie publique doivent donc se soumettre à des contraintes administratives et techniques.
L'organisation d'un événement sur la voie publique doit faire l'objet d'une demande d'autorisation préalable auprès de l'autorité compétente (maire, préfet ou ministre de l'Intérieur selon la manifestation), dans un délai de 1 à 3 mois avant la date prévue (selon la nature de la manifestation et son ampleur).
Des formulaires peuvent être téléchargés sur Internet (service public.fr, sites des municipalités ; voir les modèles de lettre pour les associations sur le site juriseditions.fr, rubrique « L'essentiel »).
L'autorisation d'occupation temporaire du domaine public est accordée pour un lieu et une durée déterminés ; elle peut donner lieu au paiement de droits. Une commission de sécurité publique peut être consultée au préalable et des contrôles peuvent être effectués pendant le déroulement de la manifestation.

2. Les événements dans des lieux privés

Les manifestations ouvertes au public, même organisées dans un lieu privé, peuvent être soumises à déclaration ou à autorisation préalable du fait du caractère commercial ou du risque qu'elles présentent.
Une manifestation est considérée comme commerciale si elle donne lieu à une transaction commerciale, qu'elle soit ferme ou sous forme de promesse.

EXEMPLES

Les foires et les salons sont en principe des manifestations commerciales pour lesquelles l'organisateur doit effectuer une déclaration préalable auprès de la préfecture, puis indiquer le nombre de visiteurs enregistrés (à l'aide de la billetterie, de portiques...).
Les forums et les congrès peuvent également être considérés comme des manifestations commerciales si le nombre de stands est important.

7 LE DROIT À L'IMAGE

Le droit à l'image est une notion juridique complexe car elle assure à la fois la protection de l'image et celle de la dignité de la personne. De ce fait, l'utilisation des images dans le domaine de la communication engage la responsabilité des différents prestataires de services.

1 L'image d'une personne

Toute personne a un droit exclusif sur son image et sur l'utilisation qui en est faite.

1. L'autorisation de diffusion

Toute publication de l'image d'une personne suppose une autorisation préalable de sa part (ou de son représentant légal pour les mineurs et les incapables majeurs). Les éléments figurant sur le formulaire d'autorisation ou de renonciation au droit à l'image ont une grande importance : si l'accord a été donné pour une publication particulière à une date indiquée, cela n'autorise pas une réutilisation de l'image ; en effet, comme pour le droit à la vie privée, le consentement à la divulgation de cliché ne signifie pas renonciation au droit de s'opposer à toute autre utilisation ou divulgation ultérieure.

EXEMPLE

Formulaire de renonciation au droit à l'image pour les photos et vidéos prises au cours d'un événement

Formulaire de renonciation au droit à l'image

Je soussigné(e) *(nom et prénom)* ....

Adresse *(n°, rue, ville)* ....

Donne l'autorisation au comité organisateur ...... et à ses représentants de publier ou diffuser des photographies et vidéos prises de moi lors de la cérémonie de clôture le .... à ....

Ces images peuvent être exploitées sous quelque forme que ce soit.

Je m'engage à ne pas tenir responsables le comité organisateur, le photographe, le réalisateur ainsi que ses représentants et toute personne agissant avec sa permission, pour ce qui relève de la possibilité d'un changement de cadrage, de couleur et de densité qui pourrait survenir lors de la diffusion.

Je déclare avoir 18 ans ou plus et être compétent(e) à signer ce formulaire en mon propre nom.

Je déclare avoir lu et compris toutes les implications de cette renonciation.

Fait à ...., le ...., pour valoir ce que de droit.

Le cas échéant, il conviendra donc de préciser l'objet de l'autorisation, en distinguant la prise de vue, les différents supports de diffusion prévus et le contexte d'utilisation de l'image.

EXEMPLE

Si une autorisation de publication est accordée pour la photographie d'un enfant dans le journal de l'école, elle ne vaut pas pour sa diffusion sur un site Internet (même s'il s'agit du site de l'établissement scolaire).

En cas de litige, la charge de la preuve revient à la personne qui se prévaut de l'autorisation (le plus souvent, l'auteur de la publication).

2. Les exceptions

Au nom du droit à l'information, la portée du droit à l'image est parfois amoindrie. Ainsi, l'autorisation n'est pas requise :

– lorsque la personne n'est pas identifiable sur l'image ;

EXEMPLE

Vue de trois quarts ou floutage des visages.

– pour les personnes publiques dans le cadre de leur activité (personnalité politique, sportif, artiste...) ; la photo publiée doit toutefois être en relation avec le sujet de l'article, l'événement, l'actualité...

EXEMPLE

Utilisation illicite : la compagnie aérienne Ryanair a été condamnée pour avoir diffusé dans *Le Parisien* une photographie du président français Nicolas Sarkozy accompagné de son épouse Carla Bruni-Sarkozy, avec ce message : « Avec Ryanair, toute ma famille peut venir assister à mon mariage ! »

– lorsque la photographie illustre un sujet d'actualité : le droit à l'image ne peut pas faire échec à la diffusion d'un cliché nécessaire aux besoins de l'information ; il s'agit du principe de la liberté de la presse, qui implique le libre choix des illustrations, sous réserve du respect de la dignité de la personne humaine.

2 L'image d'un bien

Toute personne dispose d'un droit d'usage, de jouissance et de disposition sur ses biens. Le droit à l'image fait partie du droit de jouissance du bien, mais reste limité par la jurisprudence apparue dans les années 2000. Ainsi, contrairement au droit lié à la personne, le droit de propriété d'un bien ne constitue pas un droit exclusif sur l'image du bien ; le propriétaire peut toutefois s'opposer à l'utilisation de l'image par un tiers si cela lui cause un trouble anormal. Le propriétaire devra alors apporter la preuve que l'usage de l'image de son bien par une autre personne lui cause un préjudice résultant du trouble occasionné.

EXEMPLE

La diffusion de l'image d'une maison a attiré des touristes, ce qui a occasionné la destruction des pelouses.

Par ailleurs, la reproduction d'un bien peut être interdite si elle porte atteinte à l'intimité de la vie privée ou à la dignité de son propriétaire ; en effet, l'individu a un droit à la tranquillité et à la protection de sa dignité et de son honneur, qui l'autorise à un certain contrôle de la diffusion d'une représentation de son bien, afin d'éviter une éventuelle atteinte à l'un de ces droits ; ce n'est donc pas le bien en tant que tel qui est protégé mais un droit de la personnalité de l'individu qui serait atteint par la diffusion d'une représentation d'un de ses biens.

exercice 1 Le droit à l'image

La directrice du parc d'attractions La Touraine souhaite utiliser pour sa prochaine campagne publicitaire une photographie de l'intérieur du site qui mettrait en scène un jeune couple et leurs deux enfants, dont un en poussette, pour montrer l'accessibilité du parc. Elle pense également que le site Internet pourrait être rendu plus dynamique s'il présentait quelques brefs témoignages vidéo de clients particulièrement satisfaits de leur visite dans le parc.

ENTRAÎNEZ-VOUS

Quelles sont les précautions à prendre obligatoirement pour utiliser ce type de photographie et de reportage vidéo à des fins de communication ?

CORRIGÉ p. 272

exercice 2 La protection des données personnelles

En visitant un site Internet spécialisé dans la vente de vêtements, chaussures et accessoires de mode dégriffés, Mme Zarifian se voit proposer une carte de fidélité virtuelle. Pour l'obtenir, elle doit remplir un formulaire électronique lui demandant de nombreux renseignements : nom, adresse, date de naissance, numéro de téléphone, adresse électronique, profession, composition du foyer et dates d'anniversaire des enfants.

ENTRAÎNEZ-VOUS

Un cybercommerçant a-t-il le droit de collecter des informations personnelles et peut-il les utiliser ? Si oui, à quelles conditions ?

CORRIGÉ p. 272

exercice 3 La réglementation des soldes

Une grande surface spécialisée en décoration intérieure (meubles, luminaires, linge de table, bibelots…) annonce dans toutes ses publicités un déstockage massif et des promotions permanentes sur un stock non renouvelable. Plusieurs panneaux d'affichage ont été retenus pour annoncer les soldes d'hiver, qui commenceront le mercredi 12 janvier N à 8 heures et s'achèveront le mardi 15 février N. Le 12 janvier, un grand panneau placé à l'entrée signale que le magasin se dégage de toute responsabilité concernant les éventuels défauts de fabrication des produits soldés. Début février, le gérant du magasin constate que de nombreux articles sont invendus ; ayant besoin de trésorerie, il décide de vendre une sélection de meubles à un prix inférieur au prix d'achat, soit 50 % de réduction.

Pour les prochains soldes d'été, le gérant compte bien profiter des deux semaines complémentaires accordées par la loi de modernisation de l'économie (LME) de 2008, en commençant les soldes deux semaines avant la date fixée.

ENTRAÎNEZ-VOUS

Analysez les pratiques commerciales du gérant en matière de soldes.

CORRIGÉ p. 272

exercice 1 page 271

En France, sur le plan juridique, l'image d'une personne est considérée comme une donnée à caractère personnel à laquelle sont rattachés un droit à l'image et un droit au respect de la vie privée.
Ce principe général entraîne d'avoir une autorisation préalable à l'utilisation. Pour pouvoir utiliser de telles images, la directrice du parc doit obtenir l'autorisation expresse et précise (finalité de l'autorisation ou usage des images, durée d'utilisation des supports) des personnes figurant sur les photos et vidéos.
D'une façon générale, une infraction dans ce domaine expose les personnes physiques responsables à 1 an d'emprisonnement et 45 000 € d'amende (Code pénal, art. 226-1). Cependant, si les images sont réalisées au vu et au su des intéressés sans qu'ils s'y opposent alors qu'ils étaient en mesure de le faire, ils sont réputés consentants.
Concernant les vidéos sur le site Internet, un régime particulier s'applique : le fait que les images (données à caractère personnel) fassent l'objet d'un traitement numérique permet aux personnes de faire jouer un droit d'opposition.

exercice 2 page 271

La nature des informations recueillies doit être en rapport avec la relation commerciale établie avec le client internaute. Ainsi, pour pouvoir assurer la livraison, le cybercommerçant doit disposer de données personnelles indispensables comme le nom, l'adresse ou le numéro de téléphone. S'il a l'intention d'utiliser les informations recueillies à des fins de prospection ou de proposition commerciale, il a la possibilité de les conserver et d'établir un fichier.
Cette pratique est donc légale, mais à plusieurs conditions :
- le client doit être informé de l'utilisation qui sera faite de ses coordonnées, sur son droit d'accès et de rectification des données, et sur son droit à obtenir l'effacement de ses données personnelles du fichier sans avoir à se justifier ;
- le commerçant doit déclarer le fichier à la CNIL ;
- si le commerçant loue ou échange les informations collectées avec d'autres partenaires commerciaux, il doit recueillir l'autorisation préalable du client.

Le commerçant ne peut céder l'adresse électronique d'un client que s'il a obtenu un *opt-in* (case cochée du type « J'accepte que mon adresse électronique soit communiquée... »).

exercice 3 page 271

Le gérant du magasin méconnaît visiblement la réglementation relative aux soldes et risque de commettre plusieurs infractions :
- les promotions commerciales par définition ne peuvent pas être permanentes. Des promotions organisées quelques jours avant les soldes, ne doivent pas correspondre à la liquidation d'un stock non renouvelable ;
- le panneau dans l'entrée constitue une infraction, car tout article soldé bénéficie des mêmes garanties que tout autre article en matière de défauts de fabrication non apparents. En cas de vice caché, le vendeur a l'obligation de remplacer l'article ou de le rembourser ;
- la loi de modernisation de l'économie (LME) de 2008 a effectivement instauré deux semaines complémentaires de soldes par année, que le commerçant choisit librement. Le gérant peut retenir deux semaines consécutives ou deux périodes d'une semaine chacune. Cependant, il doit obligatoirement déclarer ces soldes complémentaires auprès de la préfecture au moins un mois avant la date prévue pour le début de la vente. Ces soldes dits « flottants » doivent se terminer impérativement un mois au moins avant le début des soldes nationales d'été.

En revanche, le gérant du magasin est libre de proposer une réduction de prix très importante (50 % de réduction) car l'interdiction de revente à perte ne s'applique pas aux soldes.

FONCTION 2
CONSEIL ET RELATION ANNONCEUR

1 LA PRÉPARATION DE LA PROSPECTION

➔ La prospection est l'action menée par une entreprise pour développer sa clientèle. Les agences de communication et les régies publicitaires utilisent des techniques de prospection commerciale spécifiques.

1 Les enjeux de la prospection

Pour une entreprise, la recherche de nouveaux clients (ou prospection) vise différents objectifs :
- accroître son chiffre d'affaires et sa rentabilité ;
- acquérir ou renforcer sa notoriété et améliorer son image ;
- augmenter son portefeuille clients pour assurer sa pérennité.

EXEMPLE

Parce qu'elle compte parmi ses clients de prestigieux annonceurs comme Louis Vuitton ou Coca-Cola, l'agence conseil OgilvyOne bénéficie d'une image solide auprès de ses prospects.

Cependant, avant d'entamer une prospection, l'entreprise doit d'abord fidéliser ses clients actuels. Le coût de fidélisation d'un client est en effet cinq fois moins élevé que le coût d'acquisition d'un nouveau client.

2 Les étapes de la prospection

Pour réussir une campagne de prospection, il faut la planifier, la chiffrer, l'intégrer dans un plan d'actions commerciales cohérent, le plus précis et le plus détaillé possible.

1. Déterminer la durée et le coût de l'opération

Une opération de prospection peut avoir une durée limitée dans le temps. Un budget maximal est en principe fixé. Pour déterminer la durée et le coût de l'opération, il faut quantifier le nombre de clients à acquérir et le chiffre d'affaires que ces clients généreront. Ainsi, l'agence pourra calculer le coût d'acquisition d'un client ou le prix payé pour obtenir ce client.

EXEMPLE

Une agence conseil en communication organise durant trois mois une campagne de prospection *via* Google AdWords, qui affiche des bannières publicitaires selon les mots-clés de recherche saisis par l'internaute. L'agence choisit des mots-clés susceptibles de renvoyer des annonceurs potentiels vers une bannière de son site. Elle paye cette campagne au nombre de visiteurs ayant cliqué sur le site, soit 6 € par clic. À la fin des trois mois, le nombre de clics s'élève à 50 000. L'opération a donc coûté 50 000 × 6 = 300 000 €. Si, parmi ces 50 000 visiteurs, 50 deviennent des clients, alors le coût d'acquisition d'un client est de 300 000 / 50 = 6 000 €. L'agence devra donc réaliser une marge au moins égale à 6 000 € pour chaque client acquis.

2. Fixer les objectifs

Une opération de prospection a pour but de convertir un prospect en client, c'est-à-dire déboucher sur un contrat : vente d'espace publicitaire, contrat d'agence conseil, vente de moyens de communication (site Internet, plaquette…). L'agence peut se fixer comme objectif de conquérir exclusivement des prospects susceptibles de lui apporter un certain chiffre d'affaires, ou bien des prospects prestigieux susceptibles d'améliorer son image.
Pour augmenter le nombre de nouveaux clients, l'agence essaiera de capter les clients de la concurrence et les prospects qui ne sont pas encore sensibilisés à ses services ou qui ne la connaissent pas.

3. Choisir la cible

Une fois l'objectif fixé, l'agence doit sélectionner sa cible de prospects et détermine les moyens nécessaires pour l'atteindre.

a) Le ciblage par segmentation

La sélection de cibles pertinentes s'effectue au moyen de requêtes, à partir du fichier prospects ou à partir d'une base de données louée ou achetée. Le but est de définir des cibles homogènes en fonction d'une offre de services ou bien en fonction de l'actualité.

EXEMPLE

Une station de radio locale disposant d'un package publicitaire « fête des mères » ciblera dans sa zone de couverture les fleuristes, les parfumeries, les bijouteries, les restaurants…

Lorsque le segment visé comporte un nombre important de prospects, des techniques de scorage (c'est-à-dire d'évaluation) et de notation permettent de sélectionner ceux qui présentent le plus grand intérêt en termes de potentialité et d'efficacité.

b) Les critères de segmentation

La sélection d'un prospect s'opère selon des critères de segmentation préalablement définis : type d'organisation (entreprise, collectivité…), taille (chiffre d'affaires, effectif…), localisation, secteur d'activité, pratiques habituelles de communication.

EXEMPLES

Le prospect fait ou ne fait pas de publicité.
Le prospect dispose ou non d'un site vitrine Internet.

3 La constitution d'une base de données de prospects

Les éléments d'identification des prospects alimentent normalement une base de données informatisée, sous tableur ou SGBDR ou logiciel GRC. Le fichier ainsi constitué permet de conserver une base des contacts la plus riche possible : coordonnées (nom de la personne à contacter ou raison sociale de l'entreprise, adresses, numéros téléphone…) mais aussi origine du contact (résultat d'une prospection active ou passive, recommandation, contact à l'occasion d'une foire ou d'un salon…) et données sur l'activité du prospect.
Ce type de fichier peut également être loué ou acheté auprès de sociétés spécialisées comme Idéactif ou Maileva.

2 LES OUTILS ET TECHNIQUES D'AIDE À LA PROSPECTION

Les outils d'aide à la prospection sont liés aux techniques de prospection retenues.

1 Les outils utiles à la prospection

1. La fiche prospect (ou fiche client)

Cet outil de base récapitule les informations utiles sur le prospect :
- informations de base : adresse, téléphone, profession ;
- informations de qualification : nom de l'interlocuteur, fonction, moyens de communications actuels, dernières campagnes publicitaires effectuées.

Ces informations alimentent ensuite le SI de l'entreprise.
Une fiche prospect peut être renseignée à partir de diverses sources.

EXEMPLES

Pages Jaunes, annuaire spécialisé (Kompass), site Internet d'entreprise, contact lors d'un salon.

2. Les outils de communication

Le guide d'entretien téléphonique, l'argumentaire de vente et la fiche descriptive des prestations (récapitulant les caractéristiques techniques et commerciales des services) apportent une aide au commercial pour présenter au prospect les produits, services et prestations, le convaincre et répondre à ses objections.

3. Les outils d'organisation

L'agenda électronique interfacé à la base de données clients permet de planifier les campagnes de prospection dans le temps.
Le tableau des appels téléphoniques sert au suivi quantitatif et statistique des appels et permet de programmer les relances.
Le compte rendu régulier d'activité (reporting) des commerciaux prospecteurs synthétise les résultats obtenus.

2 Les techniques de prospection commerciale

De nombreuses techniques de prospection existent :

Techniques de prospection	Principe	Intérêt pour les agences conseils en communication
Le phoning	Contacter les clients par téléphone.	Technique assez inefficace car ressentie comme agressive et impersonnelle.
Le mailing ou publipostage	Envoi d'un courrier, généralement accompagné d'un document d'information.	Coût peu élevé mais efficacité assez faible (taux de retour de 1 à 3 %).
L'e-mailing	Envoi massif d'un e-mail aux clients.	Coût très faible, mais problème de la prolifération de ces messages électroniques (spams), donc moindre efficacité et problème de crédibilité.
Le bus mailing	Envoi dans un même courrier d'offres émanant de plusieurs entreprises (imprimeur, agence de communication, créatif publicitaire, graphiste...) à une catégorie d'annonceurs.	Offre complète qui attire l'attention de l'annonceur. La difficulté est de ne pas proposer des entreprises qui se concurrencent, ce qui est souvent le cas car les agences ou les imprimeurs peuvent aussi proposer des objets publicitaires.
La plaquette	Document présentant l'entreprise et ses services.	Apporte une information et démontre les compétences en création de support : qualité graphique, d'impression...
Le faxing	Envoi massif de fax (méthode peu coûteuse).	Efficacité assez faible, mais la technique permet de contacter des organismes peu accessibles autrement (comme les administrations).

D'autres outils, plus utilisés, apportent de meilleurs résultats :

Techniques de prospection	Principe	Intérêt pour les agences conseils en communication
Les salons professionnels	Lieu d'exposition et de présentation des solutions de communication destiné aux professionnels.	Outil de prospection efficace. Il existe des salons spécifiques (métiers de la communication, PLV...).
Le concours	Proposé par des annonceurs ou des organismes pour sélectionner des agences de communication.	Technique qui peut déboucher sur un contrat pour l'agence sélectionnée.
Les réseaux sociaux	Consiste à créer un profil sur un réseau pour créer des contacts avec des prospects.	Favorise la proximité.
La prospection directe	Consiste à prendre un rendez-vous pour rencontrer directement les annonceurs prospects.	Coûteuse et chronophage, mais très efficace. C'est la techique la plus utilisée par les agences.
Le site Internet	Référencement de site vitrine, bannières sur d'autres sites.	Efficace pour générer des contacts.

3 LE PLAN DE PROSPECTION ET SON SUIVI

➔ **Une prospection réussie repose sur un plan méthodiquement élaboré et respecté.**

1 Le plan de prospection

1. Principe

Le plan de prospection est l'organisation de l'ensemble des moyens de communication et des moyens opérationnels à mettre en place pour prospecter. La prospection, qui vise à accroître le nombre de clients par la conquête de nouveaux prospects, peut être confiée à des agences spécialisées notamment en marketing direct.

EXEMPLE

Lors de la campagne de prospection pour la nouvelle C5 en 2011, Citroën a utilisé le service ID Timbres de La Poste. Sur les courriers adressés aux prospects figuraient des timbres aux couleurs de l'entreprise et de son produit.

2. Les principales étapes du plan de prospection

Un plan de prospection s'organise en cinq étapes :

EXEMPLE

Prospection de collectivités locales : les mairies.

Objectifs	• Déterminer l'objectif général. • Ex. : vente de conseil en communication à une municipalité.
Cibles	• Déterminer la population d'annonceurs que l'agence souhaite atteindre. • Ex. : les mairies des 30 plus grandes villes de France.
Moyens	• Planifier les moyens qui permettront d'atteindre les cibles visées. • Ex. : prendre un rendez-vous avec les responsables des municipalités (maires, adjoints au maire).
Coût	• Il doit être inférieur au gain espéré. • Ex.: évaluer le budget de communication d'une mairie pour déterminer le budget de l'opération de prospection.
Calendrier	• Étape cruciale : il faut choisir les dates de début et de fin de la campagne de prospection. • Ex. : pour les mairies, on évitera la fin d'année qui est une période de finalisation des budgets et de préparation des fêtes de fin d'année : on choisira plutôt une période creuse du calendrier municipal.

3. La présentation du plan

Le plan de prospection se présente sous la forme d'un document synthétique qui recense toutes les actions de prospection prévues par l'agence. Il rappelle les objectifs de la campagne, présente une planification des actions, une estimation de leurs coûts, et des tableaux de bord permettant de mesurer leur efficacité.

2 L'adaptation des moyens de prospection aux cibles visées

Le plan de prospection doit prévoir des moyens adaptés aux spécificités des différentes cibles visées.

1. Les entreprises, les groupements d'entreprises

Pour une TPE artisanale dépourvue de site Internet, on éliminera les moyens de prospection utilisant le support Internet.

Pour prospecter les coopératives viticoles, les salons et foires sont un moyen efficace.

EXEMPLE

Le Salon international du vin et des spiritueux Vinexpo à Bordeaux.

2. Les collectivités territoriales

Les conseils régionaux, conseils généraux, communes ou collectivités à statut particulier (syndicat intercommunal) deviennent aujourd'hui des annonceurs qui adoptent de véritables stratégies de communication avec des budgets spécifiques.

Pour prospecter ce type d'annonceurs non marchands, on retiendra plutôt les moyens de prospection suivants :

– la consultation des appels d'offres (www.boamp.fr) ;

EXEMPLE

Une collectivité territoriale décrit ainsi un besoin faisant l'objet d'un appel d'offres : conception graphique, impression, façonnage et brochage des supports de communication institutionnelle.

– la visite des salons de l'administration publique ;

EXEMPLE

Le salon des maires et des collectivités locales qui se tient à Paris (porte de Versailles).

– la participation à des concours ;

EXEMPLE

Le conseil général de la Loire a lancé un concours pour sélectionner l'agence qui s'occuperait de sa communication.

– l'utilisation de réseaux sociaux ;

EXEMPLE

La mairie du 5e arrondissement de Paris possède un profil Facebook.

– la prospection physique (prise directe de rendez-vous avec le décideur) ;

– le référencement Internet.

EXEMPLE

Achat de mots sur Google Adwords.

3. Les entreprises publiques

La démarche est assez similaire.

EXEMPLE

Pour la SNCF, on envisagera par exemple le Salon des transports publics de 2012 à Paris (30 000 m² d'exposition).

Les moyens de prospection utilisés sont assez semblables :
- participation à des concours ;
- prospection physique ;
- référencement Internet.

3 Le suivi de la prospection

1. La chaîne et l'entonnoir de prospection

Après le premier contact, le suspect devient prospect et entre alors dans une chaîne de prospection. À chaque étape de cette chaîne, le nombre de personnes diminue : c'est l'entonnoir de prospection.

EXEMPLE

1	Publipostage de sensibilisation	500 prospects
2	Appel téléphonique pour rendez-vous	500 prospects
3	Visite d'évaluation des besoins	50 prospects
4	Visite de négociation du devis	20 prospects
5	Commande	5 acheteurs

2. L'évaluation de la prospection

Le rendement du moyen utilisé pour prospecter se calcule à l'aide de ratios qui permettent de mesurer l'efficacité de la prospection ou coût d'acquisition d'un client.

Il convient cependant de distinguer le rendement du coût total qui prend en compte l'ensemble des éléments d'une campagne de prospection.

EXEMPLES

Coûts des moyens humains, matériels, des investissements informatiques, de déplacement, de location d'un stand sur un salon ou une foire-exposition.

a) Le rendement de la prospection physique

On peut calculer les ratios d'efficacité à partir des rapports de visite effectués par les commerciaux chez les prospects.

Ratios	Calcul
Taux de prospection	$\frac{\text{Nombre de visites de prospection}}{\text{Nombre total de visites}} \times 100$
Efficacité de la prospection	$\frac{\text{Nombre de prospects contactés}}{\text{Nombre total de prospects*}} \times 100$
Efficacité du prospecteur	$\frac{\text{Nombre de prospects intéressés}}{\text{Nombre de prospects contactés}} \times 100$
Taux de réussite de la prospection	$\frac{\text{Nombre de nouveaux clients}}{\text{Nombre de visites de prospection}} \times 100$

* Selon le fichier.

b) Le rendement d'une prospection par publipostage

Ratios	Calcul
Taux de retour	$\frac{\text{Nombre de réponses}}{\text{Nombre de courriers envoyés}} \times 100$
Taux de rendement brut	$\frac{\text{Nombre de commandes}}{\text{Nombre de courriers envoyés}} \times 100$
Taux de rendement net	$\frac{\text{Nombre de commandes}}{\text{Nombre de réponses}} \times 100$
Montant moyen des commandes	$\frac{\text{Chiffre d'affaires réalisé}}{\text{Nombre de commandes reçues}}$

c) Le rendement d'une prospection par téléphone

Ratios	Calcul
Validité du fichier	$\frac{\text{Nombre d'appels aboutis}}{\text{Nombre d'appels effectués}} \times 100$
Taux de rendement brut	$\frac{\text{Nombre de commandes}}{\text{Nombre d'appels émis}} \times 100$
Taux de rendement net	$\frac{\text{Nombre de commandes}}{\text{Nombre d'appels aboutis}} \times 100$
Montant moyen des commandes	$\frac{\text{Chiffre d'affaires réalisé}}{\text{Nombre de commandes obtenues}}$

d) Le rendement d'une prospection par e-mailing

Ratios	Calcul
Taux de validité du fichier	$\frac{\text{Nombre de retours pour adresses invalides}}{\text{Nombre d'e-mails envoyés}} \times 100$
Taux d'ouverture	$\frac{\text{Nombre d'e-mails ouverts}}{\text{Nombre d'e-mails envoyés}} \times 100$
Taux de rendement	$\frac{\text{Nombre de réponses obtenues}}{\text{Nombre d'e-mails envoyés}} \times 100$ $\frac{\text{Nb de visites générées sur le site}}{\text{Nombre d'e-mails envoyés}} \times 100$ $\frac{\text{Nombre de commandes obtenues}}{\text{Nombre d'e-mails envoyés}} \times 100$
Rentabilité de l'opération de prospection	$\frac{\text{Chiffre d'affaires réalisé – Coût de l'opération}}{\text{Marge commerciale – Coût de l'opération}}$

4 LA GESTION DU PORTEFEUILLE DES ANNONCEURS

➔ La qualité de la relation qu'une agence de communication entretient avec ses clients, les annonceurs, repose sur la bonne connaissance qu'elle a d'eux. Cette relation conditionne la pérennité, la crédibilité et le chiffre d'affaires de l'agence. Celle-ci doit donc entretenir et évaluer la relation pour gérer au mieux son portefeuille d'annonceurs.

1 La connaissance de l'annonceur

La gestion du portefeuille consiste à se donner les moyens de cibler les annonceurs avec lesquels on veut entrer en relation professionnelle ou maintenir un contrat d'affaires. Elle repose sur une excellente connaissance de l'annonceur : coordonnées, organigramme (avec mails nominatifs), chiffre d'affaires, effectif, adhésion à un organisme professionnel, récompenses obtenues, clients (budgets actifs et passés) et secteur d'activité des budgets gérés.

Connaître le nom du décideur est indispensable pour la prise de contact.

2 La typologie des annonceurs

Pour évaluer sa relation avec ses clients, l'agence doit être en mesure de les qualifier selon la classification suivante :

Types d'annonceurs	Caractéristiques	Exemples
Annonceur passif	C'est un annonceur qui a déjà utilisé les services de l'agence mais pas récemment (la récence dépendra du média et du secteur).	Une régie télé ou un constructeur automobile qui a réalisé une campagne il y a plus d'un an est considéré comme passif (en moyenne, la réservation d'écran pour la campagne d'un grand constructeur se fait sur un an).
Annonceur actif	C'est un annonceur qui a réalisé un achat récent.	Vivendi, Les 3 suisses, Meetic, Orange, eBay, NRJ, Castorama, Pixmania, PMU, ING et Facebook sont les 10 annonceurs les plus actifs sur Internet. (Source : Comscore)
Annonceur fidèle	C'est un annonceur qui a effectué des achats répétés auprès de l'agence. Cette définition n'implique pas l'exclusivité de la relation commerciale : un même annonceur peut être fidèle à plusieurs agences.	Le constructeur automobile Renault a signé plusieurs contrats publicitaires avec Publicis, qui a réalisé les spots TV de la Super5, de la Clio, de la Twingo, de la Megane...

3 Le potentiel de l'annonceur

Dans le domaine de la communication, l'offre commerciale dépend du potentiel du client et du contexte propre à son activité.

Pour une agence, l'annonceur représente une source de chiffre d'affaires possible, mais aussi une source potentielle de notoriété.

Il peut détenir une capacité de développement qu'il faut savoir anticiper.

EXEMPLE

L'agence McCann, qui détenait le budget Coca-Cola (280 millions d'euros) et une grosse partie du budget Nestlé (1,3 milliard d'euros), les a perdus en 2003 et 2004 au profit de Publicis.

En revanche, elle avait identifié les capacités de développement de Nespresso (la marque appartient aussi au groupe Nestlé). Le choix de l'acteur George Clooney pour la campagne publicitaire a procuré un score de reconnaissance de 66 % (contre 31 % en moyenne pour une campagne standard – source IPSOS) ; depuis leur succès en 2006, les spots télévisés Nespresso ont été récompensés en 2009 et reconduits en 2010.

La clientèle des agences de communication suit la loi de Pareto : 20 % des clients génèrent 80 % des recettes, et 80 % des clients génèrent 20 % des recettes.

Certains clients sont donc plus importants que d'autres ; ces « grands clients », appelés aussi « grands comptes » ou « grands annonceurs », sont convoités par les agences car ils sont sources de revenus et de notoriété.

Dépenses publicitaires des plus gros annonceurs en 2010
(source UDA 2011)

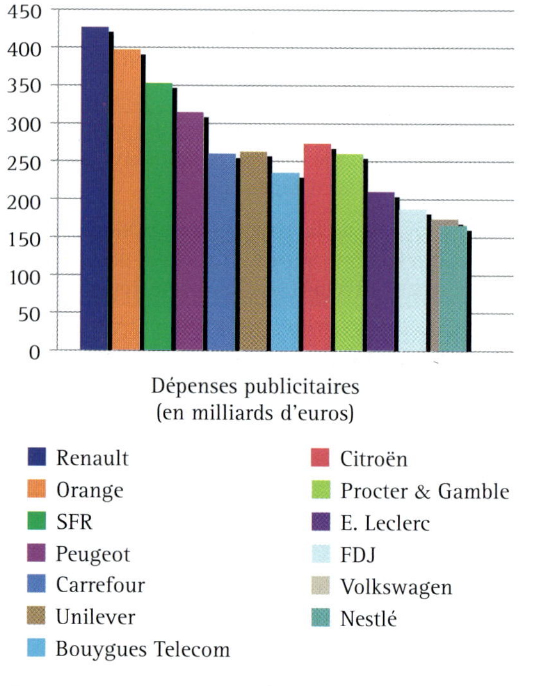

4 L'entretien de la relation avec l'annonceur

La gestion du portefeuille des annonceurs consiste dans un premier temps à maintenir les relations existantes en fidélisant les annonceurs, notamment ceux qui génèrent le plus de chiffres d'affaires ou le plus de marge. Une opération de fidélisation se déroule en quatre phases :

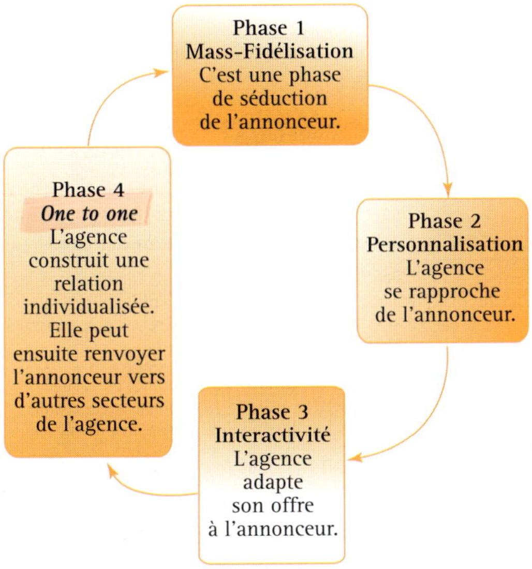

5 La prise en compte des spécificités de l'annonceur

Après avoir caractérisé l'annonceur, l'agence doit traduire sa demande et s'adapter à ses spécificités, parfois en ayant recours aux services de régies spécialisées.

1. La contrainte budgétaire

C'est le montant du budget de l'annonceur qui détermine les moyens mobilisables pour sa communication. Généralement, les annonceurs présentent leur budget sous forme de tableau séparant les dépenses média (*above the line*) et les dépenses hors média (*below the line*).

Les dépenses média sont privilégiées lorsque le budget est important ; inversement, les dépenses hors média sont privilégiées si le budget disponible est plus faible. En période de crise, les annonceurs reportent leurs dépenses « *above the line* » vers celles « *below the line* », moins coûteuses.

Les agences de communication doivent intégrer ces contraintes dans la construction de leur offre commerciale.

Dans cette logique, il ne faut pas considérer la [...] budgétaire comme le seul élément de limita[...] campagne publicitaire. Au contraire, il faut l'[...]der comme un élément déterminant de la stratégie : le prix du « ticket d'entrée » limitant l'accès à certains médias, il convient en effet de trouver des médias qui permettront d'atteindre les mêmes cibles avec, si possible, la même efficacité.

EXEMPLE

Du fait de son taux de couverture (97,3 % des ménages équipés), le média télévision assure une très large diffusion. Aujourd'hui, pourtant, les campagnes télévisées sont parfois délaissées au profit d'Internet, dont l'usage se généralise, toutes CSP confondues.

La possibilité d'acheter des fichiers aux réseaux sociaux, permettant un ciblage très fin des internautes que l'on souhaite exposer à des messages publicitaires, accroît l'intérêt des annonceurs pour Internet.

2. Le respect des obligations légales

Le domaine d'activité de l'annonceur est parfois soumis à une législation spécifique contraignante.

L'Autorité de Régulation Professionnelle de la Publicité (ARPP), bien que n'ayant pas un pouvoir de censure, émet des avis qui seront généralement suivis par les annonceurs, soucieux d'éviter tout risque de refus de diffusion de leur publicité de la part des médias et des supports.

3. Les contraintes particulières

a) Les délais

Imposés par l'annonceur et par les fournisseurs intervenant dans la chaîne de production de la campagne, les délais sont souvent déterminés par diverses contraintes techniques.

EXEMPLES

Délai d'impression, délai de vérification des bons à tirer (BAT), délai de vérification Cromalin (système d'épreuves couleur de vérification).

b) Les demandes particulières des annonceurs

Elles font l'objet de surcoût et sont précisées dans le cahier des charges ou dans le contrat de vente.

EXEMPLES

Il peut s'agir d'obtenir des insertions publicitaires particulières non prévues par un support de presse.

Certains annonceurs demandent aux agences de leur proposer des actions de communication qui respectent l'environnement. Ainsi l'ADEME, en partenariat avec Havas Media et PWC Ecobilan, propose depuis 2008 l'outil Eco-publicité™, qui permet d'analyser l'impact d'une campagne de communication sur l'environnement.

Le commercial qui amorce une relation avec un client doit savoir initier le contact et installer un climat de confiance.

1 La prise de contact

1. La règle des 4 × 20

Dans une situation de face-à-face avec un client, la règle des 4 × 20 est souvent proposée. Elle exprime l'idée suivante : le vendeur doit privilégier les 20 premières secondes de la présentation, les 20 premiers mots et les 20 premiers gestes. Le respect de l'espace du prospect en maintenant une distance minimale d'au moins 20 cm est également préconisé.

2. Les enjeux de la prise de contact

La prise de contact est une étape cruciale. En effet, elle détermine la suite de la relation que le commercial de l'agence va établir avec son client. Il n'aura pas d'autre occasion pour faire bonne impression. Les 20 premières secondes sont donc déterminantes.

3. Les étapes de la prise de contact

La prise de contact respecte, en principe, quatre étapes :

Salutation et présentation
- Se présenter à titre personnel.
- Présenter sa fonction.
- Présenter ses collaborateur si l'on est accompagné d'un graphiste ou d'une autre personne.

Accroche
- Rappeler le dernier contact le cas échéant.
- Rappeler l'objet du rendez-vous (ex. : devis pour une campagne radio).

Présentation de l'agence
- Démontrer les éléments valorisants de l'agent conseil.
- Rappeler son historique (ex. : campagne d'affichage célèbre).
- Rappeler sa spécificité : agence conseil spécialisée dans campagnes éthiques ou écologiques.

Présentation des objectifs de l'entretien
- Proposer un plan de présentation.
- Expliquer l'objectif final (ex. : convaincre l'annonceur d'utiliser une campagne de *buzz* marketing).
- Proposer les choix qui vont s'offrir à l'annonceur (ex. : choix entre publicité par l'objet ou *flyers*).

Pendant la prise de contact, le commercial doit présenter son entreprise. L'utilisation d'un *book* conçu à cet effet se révèle généralement très efficace.

2 L'instauration d'un climat de confiance

1. Les objectifs

Un climat de confiance doit être installé pour permettre au commercial de découvrir, voire contribuer à l'expression des besoins du client. Les motivations qu'il perçoit serviront dans la suite de la relation à orienter les arguments susceptibles d'y répondre

2. La méthode

L'instauration d'un climat de confiance repose sur quelques principes :

Principes	Exemple
Faire preuve d'empathie	Proposer à l'annonceur une campagne adaptée à ses besoins. → « Avant de vous proposer notre offre, j'aimerais que vous me parliez un peu plus de votre entreprise. »
S'intéresser à l'annonceur	Apprendre à connaître le métier de l'annonceur et ses spécificités, surtout s'il est technique et complexe. → « Pouvez-vous m'expliquer votre travail au quotidien ? Pouvons-nous visiter vos locaux ? »
Faire naître l'intérêt	S'appuyer sur quelques éléments que l'on connaît de l'annonceur, rappeler une relation passée comme une rencontre sur un salon, un entretien téléphonique.
Écouter	Prendre des notes pour pouvoir mémoriser et utiliser les précisions apportées par l'annonceur. → « Vous avez dit que vous aviez un objectif de croissance : à combien l'estimez-vous ? »
Être sincère	Il ne faut pas tomber dans la complaisance. → « Je préfère être sincère, je crains que ce choix ait peu de retombées commerciales. »

3. La permission d'aller plus loin

Après chaque étape de la prise de rendez-vous, il faut s'assurer que l'interlocuteur souhaite bien poursuivre l'entretien. Cette démarche, qui est une forme d'écoute, ne doit pas se limiter à une simple formule de politesse qui ne tiendrait pas compte de la réponse. Rien n'est plus antipathique et inefficace qu'un commercial qui récite un argumentaire préparé à l'avance sans observer les réactions de son client, sans s'adapter.

L'agence conseil a tout intérêt à demander la permission de l'annonceur avant de lui dévoiler ses propositions. La proposition ainsi formulée devient moins intrusive. Elle suscite l'acceptation de l'annonceur mais aussi le désir ; cette demande ne se limite pas à une simple formule de politesse mais au contraire à une forme de *teasing* : cette technique consiste à retarder l'information pour piquer la curiosité de la cible. Ici, la permission crée une forme de *teasing* qui stimule la curiosité de l'annonceur et favorise la présentation.

6 L'ARGUMENTATION ET LA PRÉSENTATION DU PRIX

La présentation de l'offre commerciale nécessite une argumentation convaincante avant d'aborder la question du prix.

1 L'argumentation

Elle repose sur la prise en compte et la valorisation des besoins du client. Pour convaincre, et éviter de faire perdre son temps à son interlocuteur, le commercial aura intérêt à retenir peu d'arguments, ceux qui sont le plus percutants car adaptés à la situation et au profil du client, c'est-à-dire ceux qui intéressent vraiment le client. Pour être la plus claire possible, l'argumentation suit généralement les étapes suivantes :

Étapes	Commentaire
Caractéristiques	La recommandation doit détailler les spécificités des moyens de communication proposés et insister sur leur adaptation aux objectifs visés. Exemple : pour une campagne de spots télévisés, préciser les chaînes préconisées, les créneaux horaires, la durée des spots ; comparer les créneaux sélectionnés à la cible choisie, comparer cette préconisation à d'autres supports média, et justifier ces propositions.
Avantages	La présentation des avantages de l'offre pour le client (efficacité, prix, faisabilité, notoriété) vise à le conquérir. C'est un élément primordial, notamment en agence conseil. En effet, l'évolution de la concurrence et de la législation conduit aujourd'hui les annonceurs à demander des rabais importants. Exemple : Une annonce dans le magazine Vogue reste un moyen qui permet à l'annonceur d'atteindre une cible particulière, mais, surtout, de se conférer une image haut de gamme.
Preuves	Il s'agit de démontrer la véracité des avantages. Exemple : pour une campagne de spots télévisés, indiquer les taux d'audience moyens des créneaux sélectionnés, en montrant des statistiques, des témoignages d'autres cibles ou d'autres annonceurs, des enquêtes...
Contrôle	Le commercial s'assure que l'annonceur a compris les arguments en utilisant des techniques de questionnement pour le vérifier. Exemples : la demande d'approbation : « Cela vous convient-il ? » ou le test : « Est-ce bien clair pour vous ? »

2 La présentation du prix

Quand l'argumentation qui sous-tend la présentation de l'offre a convaincu le client, le prix peut être présenté.

1. Le contexte

Pour les agences conseils, c'est une étape délicate car le contexte est devenu extrêmenent concurrentiel. En effet, depuis la loi Sapin de 1992 qui impose la transparence sur les prix pratiqués par les agences, les prix sont tirés à la baisse et on constate une réduction des marges des agences.

EXEMPLES

Le niveau moyen de rémunération des agences conseils est passé de 10,2 % de l'achat d'espace net en 2000 à 9 % en 2006 (source : étude Union des Annonceurs – UDA, « Chiffres clés des annonceurs », 2010).

2. Le comportement du vendeur

Pour être persuasif, le vendeur doit lui-même avoir la conviction que le prix est la juste contrepartie de services réels rendus au client.
Ce dernier attend une démonstration qui lui prouve que l'offre commerciale lui apporte un bénéfice réel. Il peut avoir besoin d'être rassuré sur ce point-là.

3. La perception du prix par l'acheteur

Pour optimiser la présentation du prix, il faut analyser sa perception par l'annonceur. Celle-ci se construit sur la base de plusieurs influences :

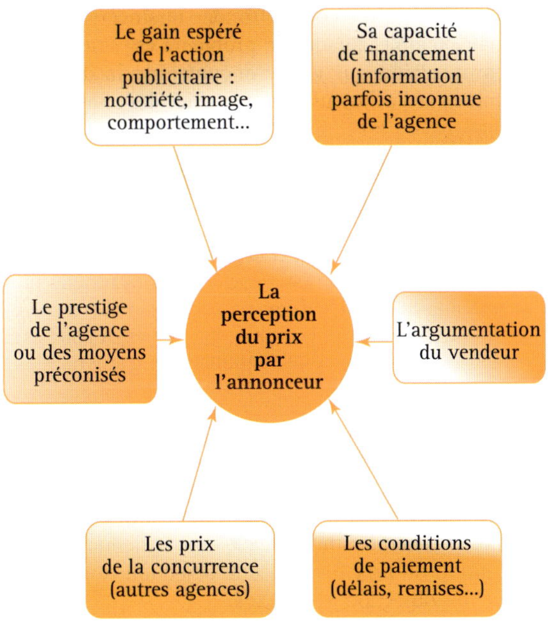

Cette prise en compte permet de bien comprendre le client et de personnaliser les arguments..

7 LA RÉPONSE AUX OBJECTIONS

Si elle est bien maîtrisée, la négociation permet de maximiser la marge commerciale de l'agence. Cela suppose de savoir décoder les objections pour bien y répondre.

1 Les principales objections

On distingue traditionnellement deux catégories d'objections : les objections fondées et les objections non fondées.
Le degré de sincérité de l'acheteur qui émet une objection permet d'affiner encore la typologie.

Typologie	Fondée	Non fondée
Sincère	Objection justifiée	Objection non justifiée
Non sincère	Objection «prétexte»	Objection «fausse barbe»

1. Les objections fondées

L'objection fondée repose sur un problème rencontré dans la stratégie commerciale ; c'est un désavantage que l'acheteur doit supporter.

EXEMPLE

Une stratégie de communication mobilise des moyens financiers importants.

Les objections fondées peuvent être sincères, ou non.

a) L'objection justifiée

Si l'acheteur estime que cet inconvénient de l'offre commerciale est important, on dit que l'objection est sincère, ou encore que c'est une objection justifiée qui doit être considérée comme fondée et sincère. C'est le cas par exemple, lorsque le problème est soulevé par une proposition qui va à l'encontre de la demande formulée par l'acheteur dans le cahier des charges.

EXEMPLE

Un annonceur auquel on propose de diffuser des spots télévisés peut objecter que le prix de ce moyen est élevé : cette objection est fondée, elle est donc difficile à nier. Dans ce cas, il faut souligner la pertinence de la remarque, puis démontrer qu'elle est associée à des avantages plus importants (ici, la télévision est un support de communication certes onéreux, mais elle permet d'améliorer rapidement la notoriété de l'annonceur et d'atteindre une large cible).

b) L'objection prétexte

Toutes les objections fondées ne sont pas forcément sincères : l'acheteur qui sait que l'objection fondée n'a pas de conséquences pour lui et qui l'utilise pourtant comme argument – ou prétexte – pour demander une diminution du prix formule une objection fondée non sincère ou objection «prétexte».

2. Les objections non fondées

En cas d'objection non fondée, il faut tout d'abord repérer si cette objection ne provient pas d'un défaut d'information du prospect ; dans ce cas, l'objection est non justifiée mais sincère. Si l'objection est fondée sur la mauvaise foi, on parle d'objection «fausse barbe».
On ne traitera pas de la même manière une objection non fondée sincère et une objection «fausse barbe». Dans le premier cas, on adoptera une démarche pédagogique et informative ; dans le second cas, on expliquera sans chercher à convaincre.

2 Le traitement des objections

Différentes méthodes peuvent être utilisées pour traiter les objections.

1. Les principales techniques d'adaptation face aux objections

Le vendeur doit adopter la technique spécifique à chaque type d'objection. Ces techniques sont indicatives ; elles ne doivent en aucun cas être appliquées comme des règles immuables. En toutes circonstances, le vendeur doit faire preuve de souplesse et de spontanéité.

Principales objections	Techniques d'adaptation	Exemple
Objection justifiée	Acceptation et valorisation	«Les délais sont trop longs.» Réponse (R) : «Effectivement, car nous avons beaucoup de demandes. C'est pourquoi nous vous conseillons d'accepter notre offre dès aujourd'hui.»
Objection non justifiée	Stratégie d'information	«Ce support à une audience très faible.» R : «Consultez cette étude réalisée par l'organisme de référence ; elle vous confirme la part d'audience de ce support.»
Objection «prétexte»	Stratégie de minimisation	«Vous êtes plus cher que la concurrence.» R : «Nos prix sont calculés au plus juste.»
Objection «fausse barbe»	Stratégie d'ignorance	«Vos visuels sont trop petits.» Ne pas répondre : laisser le client s'exprimer.

2. Le traitement des objections courantes en matière de prix

Voici un traitement possible des principales objections :

Principales objections	Réponses possibles
«Le prix de la création et du conseil représentent une part trop importante du coût par rapport à l'achat d'espace.»	R : «La partie création et conseil, c'est justement ce qui apporte une plus-value à la campagne de communication.»
«La campagne coûte trop cher.»	R : «Il faut évaluer ce coût par rapport à son efficacité et par rapport aux objectifs.»
«La concurrence est moins chère.»	R1 : «Nous n'offrons pas le même service : nous privilégions la qualité et l'efficacité de la stratégie de communication...» R2 : «Que vous propose la concurrence ?»
«Je n'ai pas confiance en l'efficacité de cette proposition.»	R : «Voici les retombées chiffrées d'une campagne publicitaire qui a utilisé des moyens de communication similaires...»

8 LES STRATÉGIES DE NÉGOCIATION

L'annonceur peut utiliser différentes stratégies de négociation qui éclairent la nature de ses objections. Il appartient donc au vendeur de connaître ces stratégies pour mieux répondre aux objections.

1 Les types de négociation

Négocier, ce n'est pas chercher à convaincre l'autre et le considérer *a priori* comme un adversaire, mais parvenir à un accord, parfois grâce à des concessions. On distingue généralement la négociation raisonnée et la négociation conflictuelle.

Critères	Négociation raisonnée	Négociation conflictuelle
Style de l'échange	Coopératif	Compétitif
Objectif	Gagnant/Gagnant	Gagnant/Perdant
Motivations	Gain commun	Gain individuel
Intérêts	Convergents	Divergents, voire opposés
Relation	Long terme	Court terme
Solutions	Compromis (pluralité de solutions)	Une seule alternative possible (c'est à prendre ou à laisser)
Attitude	Courtoisie, respect, écoute active, empathie.	Domination, pression, intimidation, culpabilisation, déstabilisation, manipulation de la partie adverse.

2 La négociation « par étage »

L'acheteur qui souhaite négocier une proposition commerciale par parties adoptera cette méthode qui consiste à éliminer de la proposition les éléments qu'il trouve les moins pertinents.
Pour s'épargner ce type de négociation, certaines régies proposent des tarifs complets.

EXEMPLE

Les régies radio proposent des packs qui offrent des spots à des heures de grande écoute mais aussi à des heures où l'audimat est plus faible. Par cette méthode, elles obligent les acheteurs à abandonner la négociation par étage.

Cette technique permet à l'acheteur de négocier une remise pour chaque partie ou élément du contrat, puis globalement.

EXEMPLES

Le prix unitaire du tractage de *flyers* pour un point de distribution sera facile à négocier. Ensuite, on pourra encore réduire le prix si plusieurs points de distribution sont demandés.

La somme des avantages que peut procurer la négociation par étage est donc importante. Chaque acteur de la communication, acheteur ou vendeur, peut l'utiliser.

Acteurs	Vendeur		Acheteur	
	Avantages	Inconvénients	Avantages	Inconvénients
Régie	Permet de répondre aux souhaits de l'acheteur.	Ne permet pas de vendre des espaces peu demandés.	-	-
Agence	Permet d'obtenir un contrat ou de vendre au moins certaines prestations.	Diminution de la marge.	- Réduit le prix. - Permet d'offrir un service mieux adapté aux clients.	Ne correspond pas toujours à des propositions intéressantes des régies.
Annonceur	-	-	Permet de réduire le prix.	Revient à négliger la cohérence de la stratégie globale réalisée par l'agence.

3 La méthode du « leurre »

Cette méthode consiste à ne pas révéler ses préférences au vendeur. Pour cela, il faut faire mine de s'intéresser à d'autres propositions que celle que l'on a choisie. Le but est de négocier le prix de la prestation désirée sans signifier son intérêt ou son besoin. Le leurre ne porte pas forcément sur une autre prestation : il peut porter sur des qualités annexes.

EXEMPLES

Un annonceur a un besoin urgent de stylos publicitaires pour une date très proche. S'il révèle cette information à l'entreprise, elle saura qu'il n'a pas le temps de mettre la proposition en concurrence et qu'il est prêt à payer le prix fort. La méthode du leurre consiste ici à focaliser la négociation sur le prix ou sur la qualité, en insistant sur les délais seulement dans un second temps.

Le risque de cette méthode est de fausser la compréhension de la demande réelle.

4 La méthode du prix trop élevé

Cette méthode consiste à prétexter un prix trop élevé (acheteur) ou à prétexter une marge trop faible (vendeur). Souvent, la principale objection est : « Ça dépasse notre budget. » Elle se révèle efficace car elle permet d'analyser ce que l'agence de communication peut alors proposer. Cependant, elle comporte aussi des risques :
- elle néglige l'impact sur le vendeur, qui peut se sentir vexé et interrompre la négociation ;
- elle doit être associée à une contre-offre raisonnable ; sinon, cela reviendrait à demander au vendeur (régie ou agence) de travailler à perte et/ou à contester la valeur du service proposé (ce qui signifierait : « Je pense que vous avez une marge trop importante et que vous surévaluez le devis »).

9 LA FINALISATION D'UNE NÉGOCIATION

Une argumentation bien conduite et efficace doit en principe aboutir à la conclusion positive de la négociation. C'est l'objectif ultime du commercial : sans accord, il n'y a pas de contrat.

1 Les points-clés de la finalisation

1. Le principe

La finalisation de la négociation officialise l'acceptation de la proposition commerciale. À la fin de cette étape, l'annonceur est engagé et ne peut plus se libérer, sauf à verser une indemnisation.

2. Quand finaliser la vente ?

Le vendeur doit être capable de repérer le bon moment pour finaliser la négociation.

a) L'écoute du prospect, la découverte du « feu vert »

Le prospect (l'annonceur) peut déclencher la conclusion, soit de manière explicite, soit de manière implicite.

EXEMPLE

Un annonceur semble conquis par la présentation, mais il ne verbalise pas son désir de signer le contrat. Le représentant de l'agence perçoit une attitude non verbale positive : un sourire ou des hochements de tête… C'est un « feu vert » implicite. Le négociateur devra interpréter l'attitude du prospect et l'inviter à conclure la vente.

b) Le ballon d'essai

À ce stade, un ballon d'essai peut être utilisé pour confirmer une motivation que l'on croit avoir décelée chez le client.

EXEMPLE

« Notre proposition correspond bien à votre demande. Elle entre bien dans votre budget ? »

c) La conclusion anticipée

Diverses occasions d'inviter l'annonceur à finaliser la négociation de manière anticipée peuvent se présenter au cours de la négociation sur le prix et au cours la négociation sur les délais.

EXEMPLE

Si l'annonceur sollicite une réduction ou un engagement sur les délais, l'agence peut demander un engagement immédiat en contrepartie.

2 Les principales techniques de finalisation

La conclusion dépend du signal perçu, mais l'objectif reste de conclure.

Dans le cas où le vendeur perçoit un signal favorable de la part de la cible, il doit conclure la négociation. S'il ne perçoit aucun signal négatif, il devra tout de même conclure.

Toutefois, si le signal émis par la cible est négatif, il ne faut pas essayer de finaliser la vente, mais plutôt proposer un autre rendez-vous ou continuer à argumenter.

Signaux	Technique	Commentaires
Clairs et positifs	La conclusion implicite	Le vendeur agit comme si l'accord était verbalisé : il propose une date de lancement pour l'opération et fixe un rendez-vous pour choisir les supports de communication, voire même propose de s'engager avec des partenaires.
	L'alternative	Le vendeur demande à l'annonceur de choisir parmi plusieurs solutions. Ex. : « Choisissez-vous les stylos publicitaires ou les clés USB marquées à votre logo ? »
	Le choix des délais	Le vendeur explique l'importance d'une finalisation rapide pour bénéficier des meilleurs délais.
Imperceptibles	La décision urgente	Le vendeur associe la proposition à une offre limitée dans le temps. Ex. : « Le prix du spot télévisé a augmenté, mais si nous concluons aujourd'hui, je peux encore vous offrir le tarif de la période précédente. »
	L'escalier	Le vendeur demande à l'annonceur d'approuver plusieurs éléments de la campagne. Ex. : « Les visuels correspondent-ils à votre souhait ? Le prix vous convient-il ?… »

3 Les principales étapes de la finalisation

La finalisation suit plusieurs étapes :

- le rappel des obligations et droits du client : ils correspondent aux conditions de règlement, aux délais de paiement, à la limitation de ses droits pour l'utilisation des visuels dans le temps et l'espace ;

EXEMPLE

Dans les campagnes contre le sida l'utilisation des visuels de l'artiste Ben était limitée à certains supports d'affichage et limitée dans le temps.

- la prise de congé : saluer le client tout en le remerciant et en l'invitant à une prochaine rencontre.

10 LES SUPPORTS D'AIDE À LA VENTE

De bons supports contribuent à la réussite d'une négociation de vente. Ils doivent donc être préparés avec attention. On distingue deux types de supports : les supports de présentation de l'offre et les supports techniques.

1 Les supports de présentation de l'offre

1. Les cartons plume

Ce sont des supports rigides et très légers qui permettent de présenter les documents d'un projet, par exemple un *storyboard*. Ils existent en plusieurs formats : A4 et A3 en 3 et 5 mm d'épaisseur, ou 50 × 65 cm, 70 × 100 cm, 100 × 140 cm en 3, 5 et 10 mm.

2. La présentation assistée par ordinateur (PAO)

La présentation numérique s'organise en diapositives (ou *slides*) animées qui permettent un défilement des images et du texte. Cet outil devient incontournable : sans remplacer systématiquement le carton plume, il en est souvent complémentaire.

EXEMPLE

Présentation sur logiciel PowerPoint.

3. Le book

Ce support est utilisé par les agences aussi bien pour présenter visuellement la création que pour mettre en évidence leur stratégie, leur inventivité, leurs résultats et, surtout, valoriser leurs références clients qui sont synonymes de qualité. Cet outil, à l'origine exclusivement papier, se décline aujourd'hui en version numérique *via* les sites Internet des agences.

EXEMPLE

Sur la page de garde de son site, l'agence Publicis mentionne les noms de ses principaux clients (Diesel, Renault, Toyota, Levis, Procter & Gamble...) associés aux clips publicitaires que l'agence a réalisés.

Pour une agence conseil, un book doit comporter la présentation des annonceurs avec lesquels elle a travaillé. Pour chaque annonceur, on peut indiquer :
- une problématique de communication (sauf si elle est confidentielle) ;
- les moyens préconisés pour répondre à cette problématique et les visuels proposés.

EXEMPLE

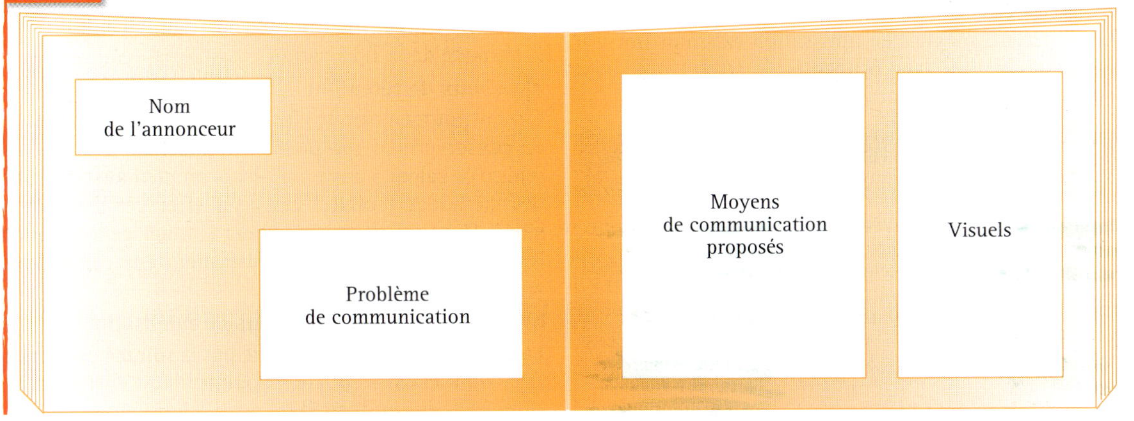

2 Les supports techniques

Ce sont tous les documents qui viennent en appui des arguments des commerciaux de l'agence lorsqu'ils prospectent, négocient ou concluent une vente.

1. La plaquette de présentation

C'est le support de présentation de l'entreprise. Contrairement au book, la plaquette n'a pas vocation à présenter uniquement les créations de l'entreprise : plus généraliste, elle décrit aussi les services proposés. Il n'existe aucun formalisme particulier mais elle contiendra systématiquement divers éléments : fonctions, expérience, contacts, adresse...

Comme le book ou la présentation PowerPoint, la plaquette peut présenter des statistiques, qui constituent des éléments de preuve des arguments.

2. La carte de visite

C'est le support de présentation d'un collaborateur de l'entreprise. Souvent négligée, la carte de visite est pourtant une trace laissée chez l'annonceur, qui pourra facilement l'utiliser pour prendre contact. C'est aussi un signe distinctif qui véhicule l'image de l'entreprise.

3. Les documents commerciaux

Ils sont présentés en page 214.

1 LES OUTILS DE LA FIDÉLISATION

Les clients d'une agence conseil en communication représentent son chiffre d'affaires futur ; ils doivent donc être privilégiés par rapport aux prospects.

1 Les principes de la fidélisation

1. Le but de la fidélisation

Il est moins coûteux de fidéliser les clients existants que de prospecter pour en acquérir de nouveaux. De plus, un client connu permet à l'agence d'améliorer sa propre notoriété et son image vis-à-vis des clients potentiels. Chaque client représente donc une source de progression du chiffre d'affaires présent et futur. La difficulté pour une agence est donc de conserver les bons clients.

EXEMPLE

L'agence conseil Duke a perdu en 2009 deux de ses plus gros clients : SNCF.com et McDonald's. Son nouveau directeur a donc décidé d'« accompagner dans la durée » les annonceurs. Pour cela, il a lancé un positionnement de l'agence sur la *brand utility*, ce qui revient à imaginer des marques ayant pour but d'améliorer le bien-être de leurs usagers. Ce positionnement lui a permis de consolider ses relations avec ses principaux clients : Levi's Europe et Nike France.

2. Les techniques de fidélisation

Les différents moyens de fidélisation existants doivent être appréhendés avec beaucoup de soin, car ce sont aussi des outils de communication.

Moyens de fidélisation	Principe	Effets attendus
L'enquête de satisfaction	Permet d'évaluer la satisfaction de l'annonceur à travers des questions écrites ou téléphoniques.	Signale au client que l'on tient compte de ses remarques pour améliorer les prestations.
L'objet publicitaire	Propose un message publicitaire apposé sur un objet.	Permet de rappeler le nom de l'agence et ses coordonnées.
La plaquette d'entreprise	Permet de présenter les dernières campagnes réalisées ou les dernières avancées technologiques.	– Informe tout en offrant un exemple convaincant de la qualité de création sur ce support. – Permet de présenter les nouveautés de l'agence.
L'utilisation de réseaux sociaux	Création d'un profil sur un réseau à partir duquel les clients sont contactés.	Permet à l'agence d'améliorer la proximité en offrant un exemple concret de son savoir-faire technologique.

Il existe d'autres moyens de fidélisation : les vœux annuels, les newsletters, les rencontres professionnelles, les clubs de clients...

De manière générale, une fidélisation en *B to B* (*Business to Business*) doit respecter quelques principes :
- satisfaire le client : c'est le meilleur moyen de le fidéliser ;
- privilégier le contact : cela permet de gagner en proximité ;
- offrir des services utiles : statistiques sur l'évolution des cibles de l'annonceur, informations sur son secteur d'activité, ses concurrents.

2 L'évaluation de la fidélisation

1. La valeur du client

Établir la valeur du client revient à mesurer la rentabilité du client sur une période donnée. En communication, le terme « rentabilité » doit être pris au sens large : il ne s'agit pas uniquement de profit mais aussi de retombées positives. En effet, le client peut jouer un rôle de prescripteur et contribuer ainsi à améliorer l'image de l'agence.

EXEMPLE

L'agence Duke compte parmi ses clients Guerlain Monde, qui lui apporte autant de prestige et d'image que de bénéfices.

2. L'efficacité de la fidélisation

Deux éléments sont à prendre en compte pour évaluer l'efficacité de la fidélisation.

a) Le taux de rétention

C'est le pourcentage de clients que l'agence est capable de conserver sur une période donnée. En général, on réalise ce calcul a posteriori, mais on peut aussi utiliser des méthodes probabilistes pour effectuer des prévisions. L'agence peut rapidement évaluer ce taux pour les grands annonceurs, qui prévoient des campagnes annuelles.

b) L'estimation des opérations de fidélisation

La valeur d'un client se mesure par la somme des bénéfices qu'il est susceptible d'apporter sur l'ensemble de la période durant laquelle il reste fidèle.

EXEMPLE

Une agence travaille avec un annonceur qui lui rapporte 100 000 € de chiffre d'affaires. Elle réalise une marge de 10 % sur ce client. Elle estime la durée moyenne de fidélité d'un client à 2 ans. On peut calculer la valeur du client : 100 000 × 10 % × 2 ans = 20 000 €.
En principe, l'agence ne devrait donc pas dépenser plus de 20 000 euros sur 2 ans pour conserver ce client, que ce soit en avantages commerciaux consentis, en cadeaux ou autres avantages en nature.

Ce raisonnement du calcul de l'efficacité de la fidélisation ne tient pas compte de l'accroissement de l'image de marque que peut apporter un grand annonceur à une agence conseil en communication. Toutefois, cela demeure un indicateur pour évaluer les opérations de fidélisation de la clientèle.

12 LA PRÉSENTATION DE L'OFFRE COMMERCIALE

➔ Synthétique et percutante, la présentation de l'offre commerciale intervient après plusieurs rencontres avec l'annonceur, qui ont permis à l'agence d'élaborer son offre en fonction du *brief*.

1 Les étapes de la présentation

En communication, le déroulement de la présentation de l'offre commerciale obéit à un certain formalisme : bilan (avec rappel éventuel du brief), diagnostic, problème de communication, positionnement, objectifs, cibles, stratégie, moyens préconisés, budget et calendrier. Cette présentation est généralement réalisée à l'aide d'un logiciel de type PowerPoint.

1. Le rappel du brief et la présentation du bilan

Parfois, il est nécessaire de rappeler les principales idées du brief qui avait été remis par l'annonceur lors de la première rencontre, notamment lorsque celui-ci, peu habitué à travailler avec des agences de communication, avait formulé une demande imprécise. Dans ce cas, la présentation commence par le brief.

Le bilan, qui retrace l'ensemble des principales données commerciales, peut être résumé par une matrice SWOT (*Strengths*, *Weaknesses*, *Opportunities*, *Threats* : forces, faiblesses, opportunités, menaces) pour gagner en efficacité.

EXEMPLE

En 2009, dans le cadre d'un projet de communication concernant le théâtre Silvain à Marseille, la mairie du premier secteur (1er et 7e arrondissements) a fourni le brief suivant :

« Le service Animation de la mairie organise la saison du théâtre Silvain. Théâtre de plein air, sorte d'arènes dans le quartier du Roucas Blanc, ce lieu de spectacle accueille toutes sortes de manifestations (concerts de musique classique, projections cinématographiques...). Ce site protégé est à l'abri des nuisances sonores et du mistral, tout en étant au bord de mer. Il est situé dans le vallon du Silence, non loin du vallon des Auffes, lieu touristique. Rénové en 2008, ce théâtre à ciel ouvert peut accueillir aujourd'hui 2 800 personnes. Les représentations sont gratuites pour le public.

Le théâtre est resté fermé au public longtemps ; il souffre aujourd'hui d'un manque de notoriété. Sa force est de s'insérer dans le quartier d'Endoume, entre la mer et la colline. Cependant, la proximité d'habitations peut générer des troubles de voisinage, certains riverains se plaignant du bruit et des problèmes de stationnement les soirs de représentation. »

L'agence a présenté le bilan ainsi :

« L'annonceur souhaite accroître la fréquentation du théâtre et créer une programmation originale tout en respectant les riverains. Pour cela, les responsables de la mairie se demandent comment présenter la programmation et, surtout, quelles peuvent être les idées qui respecteraient les lieux tout en exploitant ce site naturel. »

Pour cette présentation, il aurait été inapproprié de faire un rappel du brief : la synthèse de la situation était connue de l'annonceur, et cette longue analyse aurait alourdi la présentation.

2. La présentation du diagnostic

Le diagnostic présente la synthèse du bilan et met en évidence les principales opportunités et les risques. Le but est de faire émerger les enjeux de la campagne de communication. L'exposé doit être synthétique.

EXEMPLE

Le théâtre Silvain, arène romaine transformée en théâtre antique par l'acteur Silvain en 1923, est le seul théâtre en plein air de la ville. Il se situe dans un cadre méditerranéen exceptionnel. Paradoxalement, à cause de sa localisation, sa notoriété n'est pas très étendue : le théâtre, enclavé dans un quartier peu passant, a dû fermer pendant plusieurs années suite aux plaintes des riverains, gênés par les nuisances les soirs de spectacle.	*Mise en évidence des principaux éléments du brief.*
La communication antérieure du théâtre n'a pas permis d'accroître sa notoriété, car il s'agissait d'une communication « sauvage », sans impact sur les cibles.	*Mise en évidence du problème de stratégie de communication antérieure.*
Aujourd'hui, le théâtre a rouvert. Il propose des concerts acoustiques, des spectacles, mais aussi des représentations cinématographiques.	*Une force du théâtre à exploiter dans la nouvelle recommandation.*
Pour les saisons à venir, le théâtre souhaite innover avec son concept « en toute intimité », en proposant des représentations visant à instaurer une proximité avec le spectateur. Le but est d'utiliser la configuration des lieux pour mettre en place des représentations qui se veulent intimistes. En effet, l'acoustique de ce théâtre permet des concerts sans amplificateur de musique ni sono.	*Autre force et début de positionnement.*
Le rôle de la communication sera de construire l'image du théâtre Silvain autour de son nouveau concept.	*Un des objectifs.*

12 LA PRÉSENTATION DE L'OFFRE COMMERCIALE (suite)

3. La présentation de la problématique

Identifier le problème que doit résoudre la stratégie de communication est l'étape logique qui précède toute préconisation. À ce stade, il faut être capable d'adopter une formulation claire qui mette en avant la complexité de la tâche, voire les difficultés spécifiques à la situation. Cela permettra de valoriser la solution qui sera proposée.

EXEMPLE

Comment accroître la notoriété du théâtre et lui conférer une ambiance intimiste alors qu'il a été fermé durant plusieurs années et que la proximité avec le voisinage suscite des craintes de la part des riverains ?

4. La présentation du positionnement

Il s'agit de présenter à l'annonceur ce que devrait être l'image de sa marque ou de son produit. On aborde ici l'étape la plus délicate, car l'annonceur risque de refuser la proposition si le positionnement ne le satisfait pas. Pour l'agence, la tentation peut être grande de s'adapter aux attentes de l'annonceur, qui ont été identifiées au cours des entretiens préalables. Pour autant, si « le client est roi », il ne faut pas oublier que l'objectif final est d'atteindre la cible. La construction du positionnement doit donc répondre à une double contrainte : respecter les souhaits du client tout en respectant la cohérence de la stratégie. Dès lors, la justification de ses choix par quatre axes – crédibilité, spécificité, attractivité, durabilité – s'impose.

EXEMPLE

Le théâtre Silvain propose des représentations en plein air en toute intimité, dans un cadre exceptionnel proche de la nature. La justification de la pertinence du positionnement est la suivante :

Axes	Exemples
Crédibilité	Le théâtre possède des qualités acoustiques et esthétiques indiscutables.
Attractivité	Le théâtre est situé en plein air, au cœur d'un quartier pittoresque, ce qui correspond aux attentes des cibles.
Durabilité	Le théâtre repose sur des valeurs intemporelles : la nature, la proximité, le goût pour la musique.
Distinction	Le théâtre Silvain est le seul théâtre antique de Marseille et il se situe dans un quartier typique.

5. La présentation des objectifs

La définition des objectifs est un point primordial de la stratégie de communication et sa présentation est une étape cruciale : sans objectifs, pas de stratégie.

La pertinence de la stratégie va dépendre de la cohérence entre objectifs, cibles et moyens. Pour mettre en valeur cette relation, il convient d'exprimer les objectifs commerciaux, les objectifs cognitifs (« faire connaître », notoriété, information), les objectifs affectifs (« faire aimer », image de la marque ou du produit) et les objectifs conatifs (« faire agir », modifier le comportement de la cible).

EXEMPLE

Types d'objectifs	Détails
Objectifs commerciaux	Ici il n'y avait pas d'objectifs commerciaux, mais il est possible d'imaginer qu'une autre mairie décide d'augmenter le chiffre d'affaires à travers la vente de tickets.
Objectifs cognitifs (notoriété/ information)	- Informer sur l'emplacement du théâtre, sur les moyens d'accès. - Informer sur le nouveau concept « En toute intimité ». - Informer sur la dimension historique du théâtre (théâtre antique). - Informer sur la gratuité des spectacles. - Informer les riverains sur les moyens mis en place pour éviter tout désagrément.
Objectifs affectifs (image)	- Donner une image d'un endroit paisible, écologique, bucolique... - Donner une image d'évasion. - Donner une image de proximité et d'intimité avec les spectateurs. - Implanter le théâtre et sa culture dans le paysage culturel marseillais.
Objectifs conatifs (comportement)	- Inciter les cibles à se déplacer jusqu'au théâtre (avec des moyens écologiques). - Inciter les cibles à emprunter le parcours signalétique. - Susciter le bouche à oreille. - Susciter du trafic sur le site Internet du théâtre. - Susciter des partenariats (presse, média). - Susciter la demande d'information.

6. La présentation des cibles

Il convient de distinguer différents types de cibles.

EXEMPLE

Type de cible	Descriptif
Cible principale	- Habitants de Marseille. - Le théâtre Silvain dépend de la ville de Marseille et se situe dans le 7e arrondissement ; l'annonceur souhaite attirer la population de Marseille.
Cœur de cible	- Habitants de Marseille du premier secteur (1er et 7e arrondissements). - Le cœur de cible est limité aux habitants des 1er et 7e arrondissements car le théâtre dépend de ce secteur ; ce choix de cible est avant tout un choix politique.
Autres cibles	- Touristes de passage à Marseille ou aux alentours : il faut que le théâtre Silvain devienne un lieu incontournable pour les touristes. - Élus locaux (à préciser dans la présentation). - Journalistes (médias et presse quotidienne, locale et régionale) : il s'agit de suciter des retombées valorisantes sur l'événement. - Partenaires potentiels et actuels : président du Conservatoire...

7. La présentation de la stratégie créative

À cette étape de la présentation de l'offre commerciale, l'agence conseil dévoile sa promesse, qui constitue l'argument pour convaincre la cible principale. Son but est de la pousser à réagir conformément aux objectifs. Quelques pièges sont à éviter, comme l'originalité ou la provocation, qui risqueraient de compromettre l'objectif. Pour s'assurer que la promesse est compréhensible, il faut adopter une règle simple : la promesse doit présenter un avantage, un « bénéfice personnel » pour la cible.

EXEMPLE

Promesse
« Venez découvrir un lieu magique au cœur de Marseille. »

Ton
Sérieux, dynamique et intimiste (quasi-chuchotement).

Justification
« Nous avons choisi de promettre au public un lieu où toutes leurs émotions et leurs sens seront en éveil, grâce au cadre et à la programmation originale. »

Contraintes
- Temporelle : la communication doit être opérationnelle avant l'ouverture estivale du théâtre.
- Budgétaire : environ 15 000 € de budget.
- Graphique : reprise du logo de la mairie du premier secteur.

Remarque : les contraintes sont généralement présentées dans le brief. Toutefois, dans ce cas particulier, les contraintes n'existaient au moment du brief. Le budget a été négocié en fonction des recommandations.

8. La présentation des moyens de communication

La présentation rappelle ensuite l'importance de la cohérence entre les moyens, les objectifs et les cibles. La proposition commerciale respecte généralement les règles suivantes :
- les moyens mis en œuvre doivent permettre d'atteindre les cibles ;
- il doit exister des moyens spécifiques pour atteindre le cœur de cible ;
- chaque cible doit pouvoir être atteinte par un moyen ;
- les moyens doivent être adaptés (ne pas préconiser un moyen ayant une couverture de diffusion trop large par rapport à la cible, surtout si le budget ne le permet pas) ;
- les moyens doivent permettre d'atteindre les objectifs.

EXEMPLE

Les moyens préconisés ci-après ne reflètent pas l'ensemble des recommandations réalisées à cette occasion. Le but est de proposer une structure de présentation. Il faut aussi noter que le tableau ne présente pas la distinction habituelle média / hors média, qui n'est pas une obligation : il est parfois plus pertinent d'offrir une proposition qui démontre la cohérence plutôt que coller absolument à cette présentation classique.

Présentation des moyens

Moyens	Cibles	Objectifs
Affichage : sucettes, espace métro, 4 × 3 (espace gratuit attribué par la mairie)	Cible principale	Informer, faire aimer (en fonction du message).
Événement d'inauguration de saison avec un musicien vedette	Cœur de cible (invitation envoyée par courrier – fichiers de la mairie)	Faire venir.
Dossier de presse à envoyer aux journalistes et institutionnels	Autres cibles	Informer.
Création d'un site Internet	Cible principale	Informer, faire aimer (mise en ligne de vidéos des concerts donnés au théâtre).
Conférence de presse	Autres cibles	Informer, susciter des retombées presse.

9. La présentation du budget

La présentation du budget conclut la présentation de l'offre. Elle doit respecter la contrainte indiquée par l'annonceur et doit correspondre au gain espéré. Pour cette raison, elle est souvent associée à un calendrier. Ici, il convient de distinguer les moyens média (achat d'espace) des moyens hors média (sans achat d'espace). Cette distinction s'explique par une volonté de clarté et de classification des dépenses.
Une représentation graphique (diagramme à secteurs) est recommandée.

EXEMPLE

Budget pour le théâtre Silvain

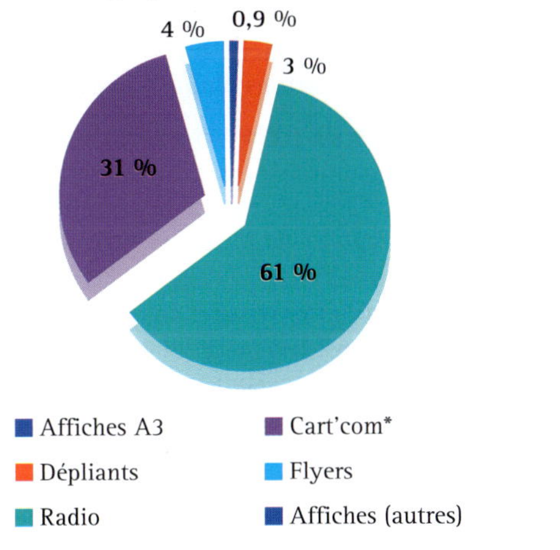

* Cart'com est une entreprise spécialisée dans distribution de cartes postales décoratives distribuées gratuitement dans les lieux correspondant aux cibles.

10. La présentation du calendrier

Le calendrier permet de visualiser les étapes de la campagne. En ce sens, c'est un élément non négligeable qu'il est préférable de présenter sous forme graphique, par exemple en tableau.

EXEMPLE

Moyens	Janv.	Févr.	Mars	Avril	Mai	Juin	Juil.	Août	Sept.
Mailing	■								
Dossier de partenariat	■								
Dossier de presse			■						
Conférence de presse				■					
Événements riverains									
Dépliants	■	■	■	■	■	■	■	■	■
Affiches A3		■	■	■	■	■	■	■	■
Achat d'espace affiches									
Radio									
Cart'com									
Facebook	■	■	■	■	■	■	■	■	■
Site internet	■	■	■	■	■	■	■	■	■
Ouverture de saison					■				
Flyers				■					

2 La valorisation de la proposition

1. La règle des 4 × 20

Cette règle s'applique également à la présentation de l'offre de communication. Toutefois, on insiste sur le rôle essentiel joué par les visuels : la proposition commerciale gagne en efficacité si elle est soutenue par un diaporama ou des cartons plume de qualité.

2. La méthode de présentation des visuels

Chaque agence possède sa propre méthodologie de présentation. Cependant, la démarche s'organise généralement autour de plusieurs types de visuels ou préconisations.

a) Répondre aux attentes de l'annonceur

Le premier axe consiste à proposer des visuels qui répondent aux attentes et aux souhaits de l'annonceur. L'idée est de satisfaire son besoin d'estime et ainsi maximiser les chances d'obtenir la campagne de communication. Pour autant, la proposition obéit toujours à cette double contrainte : être en accord avec la stratégie de communication et atteindre les cibles.

EXEMPLES

Pour le théâtre Silvain, la proposition suivante répond à la double demande de l'annonceur, qui souhaitait insister sur la réouverture du théâtre et sur la qualité du site :

Les deux exemples qui suivent développent la dimension particulière du site et intègrent l'histoire des représentations en faisant référence à des concerts donnés par des enfants, ou bien aux projections nocturnes. Ces propositions répondent aussi aux attentes de l'annonceur :

b) Construire une proposition visant à atteindre les cibles

Le deuxième axe à développer pendant une présentation consiste à préconiser la recherche de l'efficacité de la communication pour atteindre les cibles. Toutefois, dans certains cas, l'annonceur préfèrera une proposition qui respecte davantage son image ou ses habitudes, ou encore sa conception de ce qui est « tendance ». Ces recommandations sont donc nécessaires, mais elles ne seront pas forcément retenues.

EXEMPLES

Les deux propositions qui suivent respectent la demande de l'annonceur mais privilégient davantage l'efficacité de la communication (donc l'atteinte des cibles), sans pour autant insister sur les souhaits particuliers du décideur. Malgré leur pertinence, aucune de ces propositions n'a été retenue. Pourtant, elles insistaient sur les valeurs attractives du site et sur sa dimension théâtrale.

Voici la maquette qui a finalement été choisie par le directeur de communication de la mairie. Elle cumule les avantages des deux propositions précédentes. L'affiche met en valeur l'esthétique du site mais aussi la diversité des représentations : musique classique, musique acoustique, musique pour enfants, projections cinématographiques.

13 L'ACHAT D'ESPACES PUBLICITAIRES

Dans le domaine de la communication, la nature des achats est très variée : espaces publicitaires, services d'un free-lance, d'une société de production vidéo, d'un imprimeur... Les achats d'espaces dans les médias représentent un investissement important pour les annonceurs. La négociation, essentielle pour obtenir des réductions tarifaires, nécessite une bonne connaissance des offres proposées par les supports ou les régies.

1 Les annonceurs et l'achat d'espace

1. L'achat d'espace média *via* une agence

Depuis la loi Sapin du 29 janvier 1993, l'annonceur qui souhaite qu'un intermédiaire (agence media ou conseil) achète pour son compte des espaces publicitaires auprès de régies, doit lui signer au préalable un contrat de mandat. Le mandataire ne peut recevoir de la part des régies ni rémunération ni avantage quelconque. Les avantages tarifaires profitent à l'annonceur et doivent figurer sur la facture qui lui sera adressée.

2. L'achat d'espace média directement auprès d'une régie

Généralement, l'annonceur n'achète pas directement de l'espace auprès des régies. Cependant, les grands annonceurs sollicitent parfois les régies en direct pour négocier des réductions de tarif. De même, certains annonceurs se regroupent pour bénéficier de remises.

EXEMPLE

En 2009, Renault et Nissan se sont regroupés pour leur achat d'espace annuel. Ils ont confié leur budget à une agence, après un appel d'offres. Cette alliance a permis d'augmenter leur puissance de négociation et d'obtenir de meilleurs tarifs.

2 Les caractéristiques de l'achat d'espace selon les médias

1. L'achat d'espace dans la presse

a) L'unité utilisée

En presse quotidienne, les espaces publicitaires sont commercialisés à la page et ses divisions (demi-page, quart de page, huitième de page...) ou au millimètre colonne (espace de 1 mm de hauteur sur 1 colonne en largeur).
En presse périodique, l'achat d'espace se fait à la page et ses divisions.

b) Le fonctionnement

La réservation d'espace publicitaire en presse magazine s'organise à partir du « chemin de fer » (ordonnancement des pages du magazine). Les espaces publicitaires n'ont pas le même prix suivant leurs emplacements dans le support.

EXEMPLE

Une annonce en quatrième de couverture (dernière page du magazine) coûtera plus cher qu'une annonce en avant-dernière page.

Les agences réservent les espaces nécessaires au message pour le compte de leurs clients. Depuis quelques années, ces réservations d'espace peuvent se faire directement en ligne, sur Internet.

EXEMPLE

En 2011, une pleine page quadri coûtait 13 800 € HT dans le quotidien *Le Monde* et 16 500 € dans le magazine *Closer.*

2. L'achat d'espace à la télévision

a) L'unité utilisée

Chaque chaîne de télévision propose des écrans publicitaires, c'est-à-dire un temps d'antenne ou un créneau horaire réservé à un enchaînement de messages publicitaires.
L'unité de référence est le spot. Il peut durer de 3 secondes (publicité Cachou Lajaunie en 1983) à plusieurs minutes (publicité Nike 2010). Le format standard est de 30 secondes.

b) Le fonctionnement

Le plan média prévu par l'annonceur détermine la programmation de la diffusion des spots en précisant les écrans retenus. Le responsable du plan peut s'aider de logiciels de médiaplanning qui lui permettent d'estimer les audiences. La réservation d'espace s'effectue plusieurs mois à l'avance, au rythme des plannings des régies publicitaires des chaînes.
L'acheteur chargé du budget télévision négocie le placement des spots (avant ou pendant les émissions TV correspondant à sa cible) avec les chargés de planning au sein des régies.

EXEMPLE

Spots télévisés diffusés pendant le tournoi de tennis de Roland-Garros, événement sportif fortement médiatisé.

La régie France Télévision Publicité (FTP) commercialise aux enchères un certain nombre de spots sur les chaînes publiques (France 2, France 3, France 4 et France 5). C'est le principe du CINEP (Contrats d'INvestissement en Espace Publicitaire).
Le contrat d'emplacement préférentiel (CEP) est un autre type de contrat par lequel FTP commercialise un emplacement particulier sur un écran déterminé pour la diffusion d'un message publicitaire.
Si les conditions générales de vente sont annoncées pour chaque année, les tarifs peuvent cependant augmenter à l'occasion d'événements particuliers qui génèrent un accroissement de l'audience (Coupe du monde de football, Jeux olympiques...).
Selon l'importance des budgets engagés, l'acheteur vérifie régulièrement l'audience des créneaux achetés et demande des remises ou des compensations en cas de part d'audience très inférieure aux prévisions de la régie.

EXEMPLE

Le tarif pour un spot de 30 secondes sur TF1 en semaine à 20 h 30 (prime time) est de 59 000 € HT ; à 1 h du matin (night time), il est de 4 800 € HT

3. L'achat d'espace pour l'affichage

a) L'unité utilisée

L'unité est un format d'affichage. La plus utilisée est l'affiche 4 × 3 m, mais d'autres formats d'affichage sont disponibles, par exemple 1,20 × 1,60 m ou encore 3,20 × 2,40 m.

En matière d'affichage, l'espace publicitaire est acheté le plus souvent en réseau et plus rarement au panneau. Certaines régies se sont spécialisées en mobilier urbain ou en affichage sur les moyens de transport, qui proposent des formats différents.

b) Le fonctionnement

Les tarifs sont négociés entre l'agent commercial de la régie d'affichage et l'annonceur ou l'agence conseil, en fonction de leur emplacement (qui influence directement le taux de couverture) et de la durée d'affichage (généralement exprimée en semaines), auxquels s'ajoutent le coût de location d'espace, le coût de création et d'impression, et les taxes.

EXEMPLE

Le tarif 2011 de CBS Outdoor pour un réseau grand format national de 2 487 faces est de 1 424 796 € pour 7 jours ; pour un réseau grand format sur Paris périphérique de 84 faces, il est de 210 000 € HT pour 7 jours. Au prix de l'espace d'affichage s'ajoute le coût de l'impression des affiches.

4. L'achat d'espace radio

a) L'unité utilisée

L'unité de référence est le spot, exprimé en secondes. Il existe ainsi différents formats : 5 secondes, 10 secondes, 15 secondes...

b) Le fonctionnement

Les régies peuvent proposer des couplages. Les délais de réservation sont réduits, jusqu'à 1 ou 2 jours avant la diffusion. Les radios à faible audience proposent des tarifs très accessibles.

EXEMPLE

La régie Lagardère publicité commercialise les espaces publicitaires sur plusieurs médias et supports (presse, radio, télévision...). Dans ses conditions générales de vente 2011, on peut voir que la diffusion d'un spot de 30 secondes entre 7 h 30 et 8 h (en semaine et selon la période) coûte près de 13 000 € sur la station Europe 1 et environ 3 000 € sur Virgin radio. À ce coût, l'annonceur doit ajouter les frais de réalisation du spot.

5. L'achat d'espace cinéma

a) L'unité utilisée

L'unité de référence est le spot.

b) Le fonctionnement

Deux régies principales commercialisent l'espace publicitaire au cinéma : Mediavion et Screenvision. Elles offrent des services pointus : choix du mode de diffusion (classique ou 3D), ciblage selon la programmation des salles mais aussi selon le profil des spectateurs.

Au niveau de la négociation, les marges de manœuvre sont réduites car il y a peu de concurrence entre les régies, et les contrats avec les exploitants de salles ne sont négociés que tous les 3 ans.

Les tarifs varient selon le nombre de salles et la période.

6. L'achat d'espace Internet

a) L'unité utilisée

La publicité sur Internet est polymorphe : bannière, super-bannière, bouton et *skyscraper* (bannière verticale), vidéos.

L'unité d'achat peut être le nombre de clics ou de pages visitées.

b) Le fonctionnement

De nombreuses régies interviennent sur le net : AlloCiné, Au féminin, Dailymotion, Google Adwords... Actuellement, on assiste à un fort développement de la consommation d'Internet sur les mobiles et donc de l'adaptation des formats publicitaires (*via* les applications mobiles proposées).

14 LA NÉGOCIATION DES ESPACES PUBLICITAIRES ET DES AUTRES ACHATS

L'achat d'espace publicitaire ou de toute autre solution de communication (événement, site Web, objet publicitaire, opération de relations publiques...) implique de connaître les principaux acteurs de ces marchés. La négociation porte essentiellement sur le prix.

1 L'acheteur professionnel

1. Son rôle

L'acheteur professionnel doit chercher et sélectionner les fournisseurs afin de négocier au mieux les conditions d'achat : ce rôle est essentiel. Dans la phase de recherche et de sélection, il doit élaborer un cahier des charges et, le cas échéant, réaliser un appel d'offres. Il doit à la fois maîtriser les techniques de négociation d'achat et bien connaître les besoins et les produits (audience, tirage, grille des programmes...). Il devra enfin contrôler et évaluer les prestations des fournisseurs.

2. Ses qualités

Ce métier exige diverses qualités :
- sens du contact pour se constituer un carnet d'adresses, entretenir un réseau relationnel et négocier, et donc capacité à s'adapter à des milieux et à des interlocuteurs différents ;
- résistance au stress pour agir dans l'urgence ;
- intérêt pour les chiffres, car les calculs et les statistiques sont indispensables dans l'exercice de la profession.

2 La négociation du prix avec les régies

Les principales régies (télévision, affichage, presse) offrent *a priori* une faible possibilité de négociation. Toutefois, le prix peut être abaissé selon l'importance des achats effectués ou selon la durée d'engagement.

1. La négociation avec les régies TV

La télévision applique une méthode de prix fixes ou d'achat aux enchères qui ne permet pas de négocier le prix. Pourtant, une pratique de ristournes est officialisée dans les conditions générales de vente (CGV) de TF1 ; pour fidéliser ses annonceurs du secteur alimentaire, qui représentent 30 % des recettes publicitaires de la chaîne, TF1 offre une prime aux annonceurs qui maintiennent leurs investissements publicitaires.

Il est possible de renégocier le prix à la baisse même après signature du contrat, en cas de non-réalisation d'une obligation contractuelle des régies. Ainsi, France Télévision Publicité (FTP) associe ses écrans publicitaires à une part d'audience. Si celle-ci n'est pas respectée, la renégociation peut aboutir à des rabais ou des compensations par des insertions gratuites dans des écrans publicitaires.

EXEMPLE

En cas d'annulation de programmation d'un événement sportif durant lequel l'annonceur devait voir ses spots diffusés, la chaîne pourra proposer une diffusion gratuite des spots pendant une semaine.

2. La négociation avec les régies d'affichage

Les régies d'affichage ont des tarifs prédéfinis. Toutefois, dans la pratique, la négociation reste ouverte. Certains acteurs du marché bénéficient de conditions spécifiques. Ainsi, la pratique de contrat entre collectivité et afficheur de mobilier urbain dans le cadre de l'obtention d'une concession constitue un cas particulier. Elle est très développée.

EXEMPLE

En décembre 2010, la société JCDecaux a remporté l'appel d'offres de la communauté urbaine Marseille Provence Métropole (MPM) pour la pose et l'entretien des abribus. Le nouveau contrat réévalue à la hausse le prix des publicités affichées dans les abribus et demande au délégataire de verser à MPM une partie des bénéfices publicitaires.

3. La négociation avec les régies presse

Bien que la concurrence d'Internet et l'évolution des pratiques des consommateurs aient fortement diminué sa puissance, la presse est, avec la télévision, l'un des supports qui concentrent le plus d'investissements publicitaires. Si on assiste à des assouplissements dans la négociation des achats de presse, il reste difficile de parler de la presse en général, car certaines « familles de presse » sont davantage demandées que d'autres par les annonceurs. La presse magazine résiste bien à cette concurrence accrue ; la presse quotidienne et les gratuits offrent en revanche de larges possibilités de négociation.

EXEMPLE

Selon l'OJD (Office de Justification de la Diffusion), la diffusion des quotidiens et des magazines a perdu 8 % sur 10 ans.

3 La négociation d'autres types d'achat avec d'autres intermédiaires

La diversification des acteurs diminue leur capacité de négociation. En dehors des régies, l'acheteur d'une agence peut s'adresser directement aux supports, ou bien à des agences sous-traitantes, à des sociétés d'études et de veille, à des sociétés de création ou de conception graphique, de PAO, à des informaticiens programmeurs, des imprimeurs, photographes, designers, routeurs ou sociétés de marketing téléphonique... La multiplication des acteurs favorise l'intensité concurrentielle et le développement des opportunités de négociation, à condition d'en maîtriser les techniques.

4 Les étapes de la négociation

Sachant que le prix de l'espace publicitaire constitue une part importante du budget de communication, la négociation devient un élément déterminant de la stratégie, d'où son intérêt.

1. La préparation de la négociation

Toute négociation nécessite de clarifier en amont quelques questions :

- Quels sont les enjeux? Il s'agit d'apprécier l'importance du contrat, en termes de notoriété ou de chiffre d'affaires.

EXEMPLE

L'agence Publicis Conseil a remporté les budgets BNP Paribas, AXA, Yoplait, Manpower et PMU. Elle travaille depuis plusieurs années avec Renault, Nestlé et L'Oréal.

- Quelle est la rentabilité? La question est de distinguer le chiffre d'affaires et la rentabilité de l'opération; il faut donc être capable de prévoir une marge minimale à conserver.
- Quel est l'objectif? Faut-il fidéliser le client, et si oui, à quel prix, ou bien faut-il viser une action isolée *(one shot)*?
- Quelle est l'offre? Il faut déterminer ce que l'on peut offrir en termes de services et de compensations.
- Quelle est la situation du vendeur? Il s'agit d'identifier la situation du vendeur : est-il en position de faiblesse ou en position de force?

2. Le choix d'une stratégie de négociation

Le vendeur doit choisir sa stratégie selon la marge de manœuvre dont il dispose (rapport de force en présence) et selon son analyse des comportements de l'acheteur. Deux stratégies sont possibles :

- la coopération : les négociateurs ont la volonté de se comprendre, par une écoute réciproque, un respect mutuel des contraintes ou des choix de l'interlocuteur, la recherche de solutions et la volonté de s'adapter aux besoins de l'autre;
- la compétition : elle découle d'un échange déséquilibré. Elle se caractérise par une volonté de non-coopération, par l'absence de prise en compte des intérêts de l'interlocuteur et d'adaptabilité.

3. La conduite de la négociation

Étapes	Principe
Le contact	Les premières impressions conditionnent la première phase d'une négociation, dont l'objectif est de créer le contact et de vérifier que l'interlocuteur a bien compris l'offre.
Connaître	Il faut donner des explications sur les solutions média proposées, vérifier qu'elles sont adaptées aux objectifs de communication de l'acheteur.
Comprendre	Dans cette phase, le vendeur doit apporter des justifications et être capable de chiffrer les retombées en termes d'audience. Par exemple, une régie radio doit être capable de justifier sa proposition d'un pack comprenant des spots diffusés uniquement entre 7 h 30 et 9 h 30.
Convaincre	Il faut obtenir des remises, des prestations supplémentaires (l'emplacement idéal pour un panneau d'affichage, l'horaire de diffusion le plus pertinent à la radio et/ou à la télé, la meilleure place dans un magazine en fonction de la durée de la campagne, du calendrier et du budget...). Parmi les méthodes existantes, trois techniques sont plus fréquemment utilisées : la «vente par étage», le «prix plancher» et le «leurre».
Conclure	C'est la phase la plus critique. Elle reformule les termes de l'accord.

5 Le cas particulier des appels d'offres

1. Les types d'appels d'offres

a) Les appels d'offres de marchés publics

Les travaux, prestations de services ou achats de fournitures effectués par l'État ou par les collectivités territoriales font l'objet d'une publicité sous forme d'appel d'offres public, qui peut relever d'un prestataire intervenant dans le domaine de la communication.
Les règles des appels d'offres garantissent l'égalité de traitement des prestataires et la transparence des procédures d'attribution.

EXEMPLE

Le conseil général du Gard a lancé un appel d'offres pour réaliser des travaux d'impression : impression de divers supports de communication à partir de documents en impression numérique ou sérigraphique (dépliants, affiches...), assemblage, agrafage, pliage, réalisation de pochettes cartonnées.

Les marchés d'un montant inférieur à 4000 € HT peuvent être passés sans publicité ni mise en concurrence. Les marchés d'un montant égal ou supérieur à 4000 € HT sont obligatoirement précédés d'une publicité.

b) Les appels d'offres de marchés privés

Les appels d'offres privés émanent d'entreprises privées qui peuvent éventuellement retenir ce type de procédure pour rechercher des fournisseurs.
Les prestataires peuvent candidater en respectant la procédure définie par le donneur d'ordre.
Pour les petites structures, l'appel d'offres est réduit à une simple consultation par mail ou par téléphone (demande de devis).

2. L'analyse du dossier de candidature

Généralement, pour les appels d'offres de marchés publics, l'organisme adjudicateur étudie les candidatures et opère une première sélection en tenant compte du type d'achat, du prix, des délais et des qualités esthétiques des offres présentées. Le prestataire dont la proposition répond le mieux aux critères pondérés exposés dans l'appel d'offres est sélectionné; le contrat est conclu.

EXEMPLE

Pour un appel d'offres «Conception et création de supports de communication : affiches, *"flyers"*, brochures, plaquettes et dépliants d'informations municipales», les critères d'attribution sont indiquées de la façon suivante : «L'offre économiquement la plus avantageuse sera appréciée en fonction des critères énoncés ci-dessous :
- valeur technique : 60%;
- effectifs et qualité de l'équipe mise à disposition pour l'exécution des prestations : 30%;
- prise en compte de la dimension environnementale : 10%.»

FONCTION 2

exercices

exercice 1 La publicité sur le lieu de vente (PLV)

Suite à l'opération test de PLV menée par Lactil dans les 8 hypermarchés (*cf.* p. 253), la direction générale souhaite conclure un partenariat avec l'enseigne visant à étendre l'opération à l'ensemble des magasins au niveau national.

ENTRAÎNEZ-VOUS

1. Quel serait, d'après vous, l'argument principal susceptible de convaincre l'interlocuteur de Lactil ? Développez cet argument.

2. Précisez quels seraient les bénéfices retirés de ce partenariat sur le plan de la communication pour Lactil.

CORRIGÉ p. 297

exercice 2 La prospection par Internet

L'agence conseil en communication Immonet propose à sa clientèle un ensemble de services :
– campagnes de communication ;
– création d'identité visuelle ;
– création graphique et édition ;
– sites et solutions Internet sur mesure ;
– Webmarketing et référencement ;
– publicité ;
– images et animations 3D.

Son studio graphique se positionne comme spécialiste des productions en 3D pour les sites Internet des entreprises du secteur de l'immobilier (perspective, vidéo, visite d'appartements).

ENTRAÎNEZ-VOUS

1. Quelles techniques de prospection le responsable commercial de l'agence peut-il mettre en œuvre pour accroître son portefeuille client ?

2. Comment le site Internet de l'agence Immonet pourrait-il contribuer à la prospection ?

CORRIGÉ p. 297

exercice 3 La plaquette commerciale

CCC (Concept Cabane Canopée), une PME dynamique (*cf.* p. 252), souhaite aider ses commerciaux dans leur argumentation en leur fournissant un support technique sous forme de plaquette commerciale.

ENTRAÎNEZ-VOUS

Vous êtes chargé(e) d'élaborer le cahier des charges (contenu de la plaquette et mise en forme).

CORRIGÉ p. 297

corrigés

exercice 1 page 296

1. C'est l'argument financier qui sera le plus susceptible de convaincre l'interlocuteur de Lactil.
Les ventes en période normale sont évaluées en moyenne à 40 packs par heure. Elles augmentent de 50 % en période promotionnelle, soit 40 packs × 1,5 = 60 packs vendus à l'heure.
L'opération est rentable pour les deux partenaires à partir de 49 packs.
L'augmentation des ventes représente donc 20 packs par heure × 8 heures × 2 jours × x hypermarchés du groupe de distribution.

2. Pour Lactil, les bénéfices sur le plan de la communication seraient les suivants :
- renforcement de sa présence par rapport à ses concurrents ;
- entretien d'une relation de proximité et partenariat avec les chefs de rayon ;
- meilleure notoriété ;
- rencontre avec les consommateurs ;
- profiter de l'opération pour faire connaître d'autres produits de sa gamme à la clientèle.

exercice 2 page 296

1. Le responsable commercial peut utiliser plusieurs techniques :
- Le téléphone reste un bon outil de prospection en *B to B* pour une opération de télémarketing, qui peut être externalisée. L'efficacité d'une prospection téléphonique repose sur l'exactitude des coordonnées des vrais décideurs. En amont un publipostage préalable peut préparer le terrain, car il permet de s'appuyer sur un document qui se trouve déjà entre les mains du prospect.
- La présence d'Immonet dans les salons professionnels est indispensable pour obtenir des contacts, à relancer ensuite par téléphone.
- Intégrer un réseau ou adhérer à une association permettrait également de créer de nouveaux contacts.

2. Immonet doit dynamiser son site Internet comme vitrine de son activité et de son engagement dans l'économie durable. Un acheteur potentiel qui lit un article dans la presse ou voit un reportage à la télévision aura le réflexe de se diriger sur le site de l'entreprise avant tout contact. D'un usage de premier niveau (présentation statique, formulaire de demande de documentation, etc.), la présentation du site doit passer à un niveau plus évolué avec mise en ligne de vidéos attractives, proposition de services interactifs comme prédevis, suivi de commandes, SAV, conseil en ligne...
Une campagne d'e-mailing est à considérer avec précaution. En effet, si elle est très peu coûteuse et peut générer des demandes de devis ou de prises de rendez-vous, elle présente l'inconvénient d'un taux de retour extrêmement faible et peut déconsidérer l'image d'Immonet (mail intrusif ressenti comme du spam).
Le marché des appels d'offres doit faire l'objet d'une veille. L'abonnement à un service de compilation des appels d'offres permettrait aux commerciaux de gagner un temps considérable et de rester en alerte face à de futures opportunités de marché.

exercice 3 page 296

La plaquette commerciale, véritable carte de visite de l'entreprise, doit susciter l'intérêt du prospect. Le cahier des charges doit détailler les attentes de CCC.

Contenu de la plaquette

Les informations que l'entreprise souhaite diffuser à travers ce document sont les suivantes :

Rubriques	Préconisations
Présentation de l'entreprise	Elle doit être brève : historique, activités principales, attachement au développement durable, récompenses, labels, normes ISO, etc. Le logo est indispensable sur la page de garde.
Références clients	Quelques références de clients connus démontrent le capital confiance dont bénéficie l'entreprise.
Chiffres clés	Ils peuvent concerner l'évolution du chiffre d'affaires, les effectifs, etc. Ils servent à démontrer la réussite de l'entreprise.
Descriptif des produits phares	Il s'agit de retenir les produits vedettes de l'entreprise, c'est-à-dire ceux qui connaissent un succès commercial et entretiennent sa notoriété.
Photos, illustrations	Les photos et les illustrations proposées doivent être attractives, récentes, réalisées par un photographe professionnel. Elles doivent montrer une image valorisante de l'entreprise et du nouveau concept de cabanes écologiques.

Mise en forme de la plaquette

La plaquette doit comporter des titres et des sous-titres permettant une lecture transversale. Le texte doit être synthétique et clair, car le client en prendra probablement connaissance très rapidement ; les éléments essentiels doivent donc être rapidement identifiés par le lecteur. L'insertion de paragraphes courts permet une lecture plus approfondie. Le langage utilisé doit être simple et accessible à tous. Les photos et illustrations seront accompagnées d'un bref commentaire.
Le choix des couleurs et de la typographie reflète l'image de l'entreprise et celle de sa charte graphique.

FONCTION 3
VEILLE OPÉRATIONNELLE

1 LE SYSTÈME D'INFORMATION DE L'ORGANISATION

Les agences de communication comme les annonceurs créent de la valeur en traitant l'information. Leur système doit leur permettre de disposer d'une information sécurisée et de qualité.

1 La notion de système d'information

1. Définition

Le système d'information (SI) est un ensemble de moyens humains, matériels et informatiques, interreliés, qui recueille l'information, la traite, la stocke et la diffuse en vue d'aider la prise de décision, la coordination et le contrôle des activités. Le SI transforme des données brutes (entrées) en informations utiles (sorties).

2. Le rôle du système d'information

Le SI assure la collecte, la transformation, la conservation et la diffusion des informations. Il aide à analyser les problèmes de gestion et les sujets complexes, au niveau stratégique ou opérationnel.

EXEMPLE

Un fabricant industriel de vérandas propose sur son site l'envoi d'un catalogue assorti d'un formulaire en ligne. Son système d'information lui permet de :
- collecter des informations sur les clients potentiels ;
- définir des cibles géographiquement intéressantes ;
- constituer une base de données marketing (BDDM) ;
- communiquer l'information aux agences commerciales qui assurent le suivi (visite chez le client, devis...).

Le traitement de l'information effectué par le SI est indispensable pour accroître la compétitivité et la réactivité de l'entreprise au sein d'un environnement concurrentiel.

EXEMPLE

Un organisme bancaire fait de la publicité sur ses offres de prêt, qui devrait générer une augmentation de l'activité. La performance du système d'information a été modifiée en amont en vue d'améliorer la performance de l'activité de prêt à la clientèle. Ainsi, un dispositif a été mis en place dans le processus de décision en matière de crédit aux entreprises, qui a permis d'automatiser la gestion des débiteurs privés.

2 Les composantes du système d'information

1. Les moyens humains

Tout SI repose sur l'intervention de personnes qui participent à sa conception et à sa gestion.

EXEMPLES

Analyste, concepteur, programmeur de systèmes, programmeur d'application, administrateur de bases de données ou encore simples utilisateurs contribuent à l'entrée d'informations dans le SI, à son traitement et à son exploitation.

2. Les moyens matériels

Le réseau informatique est l'ensemble des équipements (ordinateurs, imprimantes, scanners...) connectés entre eux par des lignes physiques. L'infrastructure réseau comprend tous les éléments matériels qui assurent la fonction de mise en réseau des différents ordinateurs (câbles, faisceaux hertziens ou infrarouge, carte réseau, commutateur, concentrateur, routeur, répéteur, modem).

3 Les fonctions du système d'information

1. La collecte de l'information

La collecte s'opère à partir des sources internes à l'entreprise et des sources externes spécifiques à la communication : essentiellement les études d'audience des médias et les mesures d'efficacité (média et hors média).

2. Le traitement de l'information

Le traitement consiste à classer et hiérarchiser les informations, et à valoriser les éléments utiles à la prise de décision. Dans le cadre d'un projet de communication, cette exploitation permet à l'entreprise :
- d'établir la planification, l'exécution, la surveillance et l'évaluation des projets, notamment en utilisant des logiciels adaptés ;
- de s'adapter au plus près aux besoins et aux comportements des différentes cibles de communication.

3. La conservation de l'information

Une fois collectées et traitées, les informations doivent être conservées au moyen d'un système d'archivage manuel (armoires, classeurs) et/ou informatique. Le responsable du SI peut utiliser une plate-forme d'archivage électronique pour stocker les archives définitives, ce qui renforce la sécurité des données en cas de sinistre (vol, incendie...) dans les locaux de l'entreprise.

4. La diffusion et l'accès à l'information

La sécurité d'un SI passe prioritairement par la gestion et le contrôle des identités et des accès. C'est pourquoi le responsable du SI doit pouvoir répondre aux questions suivantes :

Questions	Moyens
Qui est la personne ?	Identification (login)
Comment s'en assurer ?	Authentification (mot de passe)
Quelles données ou transactions du SI la personne a-t-elle le droit de consulter ou de modifier ? Qui a utilisé quelle fonction, a visité quelle page Web, à quel moment ?	Attribution de droits d'accès (administrateur, auteur ou simple consultant)
Les contenus sont-ils bien protégés ?	Cryptage des informations stratégiques, confidentielles et personnelles

2 L'EFFICACITÉ ET LA SÉCURITÉ DU SYSTÈME D'INFORMATION

➔ La norme ISO 27001 de 2005 décrit les exigences pour la mise en place d'un Système de Management de la Sécurité de l'Information (SMSI). Elle concerne tous les types d'organisations : entreprise commerciale, administration, ONG...

1 L'efficacité du SI

Afin de pouvoir établir un tableau de bord permettant d'apprécier la qualité des procédures relatives à l'utilisation du SI, il convient dans un premier temps d'identifier les différents indicateurs de qualité des procédures.

Composantes du SI	Exemples d'indicateurs
Matériels *hardware*	Inventaire du matériel et des logiciels applicatifs ; nombre de postes par service.
Applications *software*	Applications les plus utilisées ; disponibilité ; suivi ; qualité (anomalies, pannes).
Infrastructure	Suivi de la charge des réseaux ; temps de réponse ; bande passante (disponibilité, charge) ; temps de rétablissement ; veille technologique.

2 Les dysfonctionnements du SI

La plupart des dysfonctionnements du système d'information proviennent de risques inhérents à sa gestion.

1. La notion de menace

Une menace représente le type d'action susceptible de nuire à l'intégrité du SI.

EXEMPLES

Les accidents majeurs (incendie, dégât des eaux) ; les phénomènes climatiques ou sismiques (crue...) ; les défaillances de la climatisation et les pertes d'alimentation énergétique ; l'espionnage industriel à distance ; le vol de supports, documents ou matériel ; une altération du logiciel ; l'utilisation de copies frauduleuses.

2. La vulnérabilité

La vulnérabilité représente le niveau de faille ou d'exposition d'un système d'information face à la menace.

EXEMPLES

Un antivirus non à jour ; la fatigue et/ou la négligence des collaborateurs ; la divulgation d'identifiants donnant des droits d'accès à des personnes non autorisées.

3. Les contre-mesures

Ce sont les parades ou actions mises en œuvre en prévention de la menace : des solutions techniques telles que les onduleurs (qui permettent de prolonger l'alimentation électrique des matériels qui utilisent le courant alternatif, lors d'une micro-coupure par exemple), des contrôles administratifs (règles, procédures...) ou bien des moyens de surveillance et de contrôle (identifiant, mot de passe, certificat...).

3 La sécurité du SI

Le Système de Management de la Sécurité de l'Information (SMSI) est destiné à choisir les mesures de sécurité capables d'assurer la protection des biens sensibles d'une entreprise sur un périmètre défini.

1. La sauvegarde des données

a) La notion de sauvegarde

La sauvegarde (*backup* en anglais) est l'action de copier et de sécuriser les données contenues dans un système informatique. Elle peut s'effectuer sur des sites distants. Elle assure une fonction d'archivage, c'est-à-dire de conservation des données dans un état correspondant à une date donnée.

b) Les différents types de sauvegarde

Type de sauvegarde	Définition
Sauvegarde totale	L'objectif de la sauvegarde complète (en anglais *full backup*) est de réaliser une copie à l'identique des données à sauvegarder sur un support différent. Elle permet d'obtenir une image fidèle des données à un instant t. Si le volume des données à sauvegarder est important, cela peut entraîner des lenteurs d'accès aux données ; c'est pourquoi elle est effectuée très souvent le week-end.
Sauvegarde incrémentale ou incrémentielle	Cette méthode (en anglais *incremental backup*) consiste à sauvegarder uniquement les fichiers qui ont été créés ou modifiés depuis la dernière sauvegarde, quel que soit son type (complète, différentielle ou incrémentielle).
Sauvegarde différentielle	Tous les fichiers modifiés depuis la dernière sauvegarde différentielle sont sauvegardés.
Sauvegarde système	Une image système ou « image GHOST » (*General Hardware Orientated System Transfer*) est une sauvegarde de l'intégralité du contenu d'une ou plusieurs partitions de disque dur, sans distinction de contenu. On peut assimiler une image système à une photocopie conforme de la partition d'un disque dur à un instant donné.

c) Les critères du choix des moyens de sauvegarde

Le choix du moyen de sauvegarde prend en compte les données à sauvegarder, la fréquence et le mode de sauvegarde (sous forme de disques ou de bandes).

EXEMPLE

Des sauvegardes régulières sont à organiser :
- sauvegarde totale hebdomadaire ;
- sauvegarde incrémentale quotidienne ;
- sauvegarde système mensuelle.

En outre, la sauvegarde totale du dernier jour de l'année est conservée en tant que sauvegarde annuelle.
Il est recommandé de conserver les sauvegardes dans un endroit à l'abri du feu et des inondations, par exemple dans un coffre ignifugé. Enfin, il faut impérativement prévoir une copie sur un site distant.

2 L'EFFICACITÉ ET LA SÉCURITÉ DU SYSTÈME D'INFORMATION (suite)

2. La sécurité des données du SI

a) La méthode EBIOS

La méthode EBIOS (Expression des Besoins et Identification des Objectifs de Sécurité) est une méthode établie par la Direction Centrale de la Sécurité des Systèmes d'Information (DCSSI) pour identifier les besoins de sécurité d'un système d'information. Elle comporte quatre volets complémentaires :
- une étude du contexte ;
- une expression des besoins ;
- une étude des risques ;
- une identification des objectifs de sécurité.

b) Identification, authentification et autorisation

La plupart des systèmes de sécurité informatique reposent sur :
- l'identification : chaque usager doit être connu du système d'accès aux informations, ce qui suppose un nom d'utilisateur, c'est-à-dire un identifiant (*user name*) indispensable pour se connecter au système. Les usagers sont répertoriés dans un fichier « utilisateurs » (*user file*) ;
- l'authentification : elle sert à vérifier l'identité d'un utilisateur. La configuration des comptes utilisateurs donne alors les autorisations d'accès à un service donné. Deux moyens permettent l'authentification d'une personne : le mot de passe, connu du seul utilisateur, et le certificat électronique, qui peut être délivré par une autorité de certification ;
- l'autorisation : elle donne à l'utilisateur le droit d'accéder à diverses ressources et d'effectuer une ou plusieurs opérations précises en fonction de son statut.

c) Protection contre les virus, pourriels et logiciels espions

La protection contre les virus est aujourd'hui une démarche courante qui doit s'adapter à la diffusion croissante de nouvelles menaces :
- le virus est un programme dont l'objectif est de se propager à d'autres ordinateurs pour empêcher partiellement ou totalement leur bon fonctionnement. Sa propagation s'effectue généralement par les différents moyens d'échange numériques tel qu'Internet et, surtout, par l'intermédiaire des pièces jointes des messages électroniques ;
- le logiciel espion (mouchard, espiogiciel ou *spyware*) est un programme qui s'installe sur un ordinateur à l'insu de l'utilisateur ; il recueille des informations relatives à l'utilisateur et les envoie à l'entreprise qui diffuse le mouchard. Celle-ci est alors en mesure de « profiler » des internautes à leur insu ;
- le hameçonnage (*phishing*) consiste à obtenir frauduleusement des renseignements personnels dans le but de perpétrer une usurpation d'identité. Les auteurs indélicats misent sur la probabilité de pouvoir tromper les internautes qui auraient l'imprudence de communiquer des renseignements personnels (numéro de carte bancaire ou de compte bancaire). On peut devenir victime de hameçonnage en répondant à un faux courriel ou en fournissant sur un site Web contrefait les informations demandées ;
- le pourriel (spam) est un envoi massif de courriers électroniques à des destinataires ne l'ayant pas sollicité.

Menace	Protection
Virus	Un logiciel antivirus : il se compose de programmes chargés d'identifier, contrecarrer et éliminer les virus et autres logiciels malveillants. Ces programmes emploient deux techniques : la première consiste à examiner les dossiers pour rechercher les virus connus ; la seconde identifie le comportement soupçonneux de n'importe quel programme machine qui pourrait indiquer une infection. L'analyse peut inclure des saisies de données, la surveillance de port ainsi que d'autres méthodes.
Logiciels espions	Un anti-*spyware* : il s'agit d'un logiciel qui recherche et élimine les logiciels espions. Il scanne les disques pour analyser leur contenu et déceler, grâce à des signatures informatiques, les *spywares* connus afin de les désinstaller. L'intérêt d'un anti-*spyware* est double : il permet à la fois d'éviter la présence d'un espiogiciel sur les disques durs d'un ordinateur et de l'éliminer dans le cas où il parviendrait à s'installer (par exemple si sa signature n'était pas reconnue par l'anti-*spyware*).
Hameçonnage	Les programmes anti-*phishing* : ils protègent contre les e-mails et les sites Web malveillants qui fouillent dans les informations personnelles des collaborateurs. Ce type de programme permet de protéger les comptes bancaires des salariés détenteurs de cartes de crédit d'entreprise ; ainsi, les informations concernant les cartes de crédit restent totalement confidentielles, de même que les renseignements concernant les comptes en ligne.
Pourriels	Un anti-spam, il s'agit d'un logiciel visant à protéger une boîte mail contre les spams. Une analyse et une filtration des objets, des contenus et de l'adresse de l'expéditeur permettra de déterminer si le message reçu présente ou non un intérêt pour le destinataire. La plupart des anti-spams ne détruisent pas immédiatement les pourriels mais se contentent de les stocker dans un dossier séparé (par exemple « courriers indésirables ») au sein de l'environnement Outlook de Microsoft. L'intérêt ici est ne pas surcharger la boîte mail de messages non désirés.

d) Pare-feu et serveur mandataire

Un pare-feu est un équipement réseau qui contrôle le trafic réseau. Il utilise les informations d'un paquet IP (*Internet Protocol*, qui permet un service d'adressage unique pour l'ensemble des terminaux connectés) : adresse source, adresse de destination..., et celles du niveau protocolaire supérieur comme TCP ou UDP (ports source et destination) pour garantir le respect d'une politique de sécurité.
Un serveur mandataire (*proxy server* en anglais) est à l'origine une machine faisant fonction d'intermédiaire entre les ordinateurs d'un réseau d'entreprise et Internet. Il est dit « mandataire » car la configuration du réseau oblige généralement à passer par son intermédiaire.

EXEMPLE

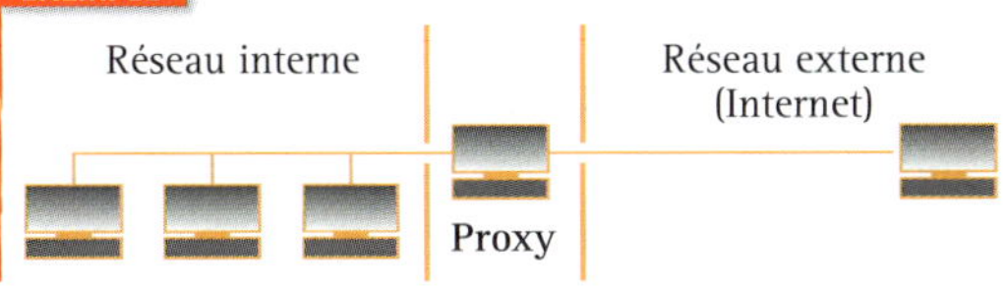

e) Le nettoyage de disque

Au fil des utilisations, un disque dur s'encombre obligatoirement, ce qui ralentit considérablement la vitesse d'exécution de certaines commandes de l'ordinateur. Il est alors nécessaire de supprimer les fichiers superflus en exécutant un « nettoyage de disque ».

EXEMPLE

L'utilitaire de nettoyage de Windows (Accessoires / Outils système / Nettoyage de disque) permet d'effectuer un tri. Il offre aussi la possibilité d'effacer des points de restauration système (qui permettent, le cas échéant, de revenir à une configuration telle qu'elle se trouve au jour où le point a été créé) pour gagner de la place.

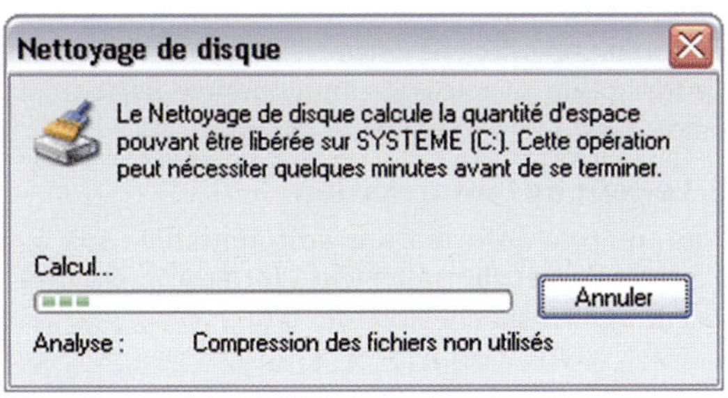

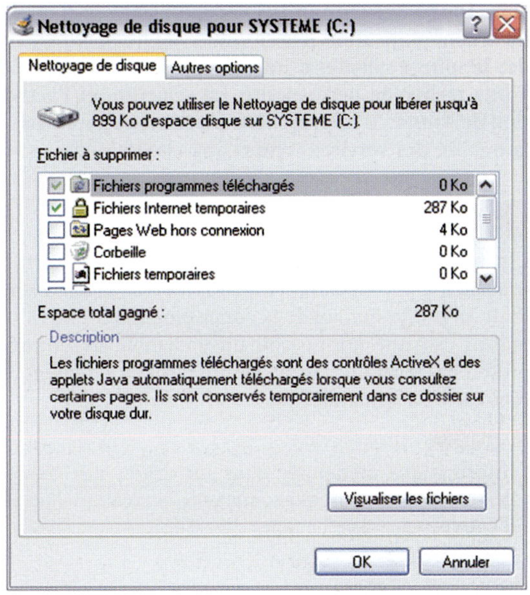

EXEMPLE

Pour les utilisateurs de PC sous Windows, le disque dur comporte divers types de fichiers :

- les fichiers système, qui ont une extension en « .exe », « .dll », « .bin » ou « .com », et les fichiers d'aide (« .hpl » et « .chm »), qu'il ne faut en aucun cas modifier ou supprimer ;
- les fichiers texte : « .txt », « .wri », « .doc » ; les fichiers image : « .bmp », « .tiff », « .jpg », « .gif », « .png » ; les fichiers personnels de type tableur (« .xls) et les pages Web : « .html » et *cookies*, qui sont les fichiers parmi lesquels s'effectue le nettoyage.

f) La récupération de données effacées

La perte de données, consécutive à la détérioration du disque dur (usure, choc électrique, mauvaise manipulation...), est encore fréquente.
Diverses solutions logicielles permettent de retrouver des données effacées ou perdues lorsque la recherche manuelle d'un fichier s'est avérée infructueuse.
Les logiciels de récupération de fichiers ne pourront en aucun cas recréer une partition abîmée : ils permettent simplement d'accéder à une partition « saine » afin de pouvoir récupérer les données.
La création régulière d'une image système (GHOST) est une parade qui permet de gagner du temps dans la récupération des données.

LA NOTION D'INFORMATION

…tes les entreprises exerçant dans le domaine …mmunication (annonceurs, agences, régies) ont …oins explicites d'informations qui donnent lieu à une recherche permanente. La sélection et l'activation de sources d'informations pertinentes garantissent la qualité des services rendus aux clients.

1 Définition

L'information est l'action d'informer, de s'informer, de transmettre la connaissance d'un fait ou de la rechercher. Pour un professionnel de la communication, une information est une donnée ou un ensemble de données présentées sous une forme significative à un client, en réponse à sa demande.

EXEMPLE

Informations contenues dans un cahier des charges destinées à un client qui commande la création d'un site d'entreprise.

2 L'importance et les enjeux de l'information

L'information constitue la matière première, à la fois des services marketing et des services techniques (conception/création) d'une agence conseil en communication. Elle prépare et contribue à la prise de décision.

EXEMPLE

Avant d'arrêter un plan de communication, il faut connaître le montant du budget disponible ainsi que l'audience des différents supports.

La maîtrise de l'information en matière de communication est incontournable pour suivre les évolutions du marché de la publicité.

EXEMPLE

Pour un annonceur, la pige publicitaire consiste à relever les campagnes publicitaires menées par les concurrents sur l'ensemble des supports. Elle permet ainsi d'évaluer le montant des budgets consacrés à chaque campagne par les autres annonceurs du secteur.

3 Les caractéristiques de l'information

Une information s'appréhende au travers de multiples caractéristiques.

1. La qualité de l'information

Cinq critères permettent d'évaluer la qualité d'une information.

a) La pertinence

L'information est pertinente, donc utile, si elle permet de mieux comprendre une situation, de se forger une opinion, de prendre une décision.

EXEMPLE

La connaissance de l'historique des campagnes d'un annonceur est indispensable si l'on souhaite assurer une continuité ou, au contraire, une rupture dans la perspective d'une campagne à venir.

b) La fiabilité

On attend d'une information qu'elle soit exacte, valide, qu'elle décrive bien la réalité et qu'elle provienne d'une source de confiance.

EXEMPLE

Les statistiques sur les habitudes de consommation du CREDOC (Centre de Recherche pour l'Étude et l'Observation des Conditions de vie) sont reconnues par l'ensemble de la profession.

c) La récence

L'information doit être récente et à jour.

d) L'exhaustivité

Une information complète permet d'aborder les principaux aspects de la recherche et apporte plusieurs éclairages favorisant une décision rationnelle.

e) La disponibilité sur le plan juridique

L'information doit respecter le droit d'auteur, les règles de confidentialité...

2. Les formes d'information

L'information peut prendre diverses formes : écrite, visuelle, sonore, audiovisuelle.

3. La profusion ou la rareté de l'information

L'information relative à un sujet donné peut être abondante (donc peu coûteuse) ou rare (donc chère, par exemple si elle stratégique et donc confidentielle).

4. Le statut de l'information

L'information officielle émane d'une autorité reconnue ; l'information officieuse, communiquée par complaisance, n'est pas d'une qualité garantie.

5. Le coût de l'information

Pour qu'une information soit rentable, son coût d'acquisition et de traitement doit être inférieur à la valeur ajoutée qu'elle apporte.

4 La nature de l'information

La nature de l'information se détermine à partir de son origine ou de sa source.

1. L'information primaire

L'information primaire est une information originale, « de première main », telle que créée par son concepteur.

EXEMPLES

Les informations obtenues par enquête, par sondage ou encore au moyen d'études qualitatives telles que les prétests et post-tests publicitaires.

2. L'information secondaire

L'information secondaire est élaborée à partir de l'analyse d'une information primaire qui est transformée, et qui dès lors n'apparaît plus sous sa forme originale.

EXEMPLE

Les informations recueillies au cours d'une enquête sur les habitudes de consommation donnent lieu à un rapport de recommandations, lequel pourra être consulté ultérieurement afin de mieux orienter une campagne de communication à venir.

a) Les informations secondaires internes

La première source provient du flux d'informations créé par l'entreprise elle-même ; elles sont donc peu coûteuses. L'analyse du chiffre d'affaires décomposé par produit, secteur de vente, type de clientèle, produit à elle seule une information de première importance.

EXEMPLES

Les états comptables, les bases de données clients/fournisseurs, les cahiers des charges, les activités par client, les bilans de campagne, les registres de conception, les média-plannings, les réclamations des clients...

b) Les informations secondaires externes

Ce sont les informations publiées par les associations, les institutions gouvernementales ou les sociétés privées.

EXEMPLES

Les recommandations de l'AACC (Association des Agences Conseils en Communication), les rapports du CSA (Conseil Supérieur de l'Audiovisuel), un communiqué de presse de Publicis.

5 Les principales sources d'information spécifiques au secteur de la communication

1. Les organismes professionnels

Ils constituent de précieuses sources d'information.

EXEMPLES

Les syndicats professionnels de défense et de représentation des agences (publicité, marketing des services, communication interactive, communication corporate...) ; les associations de professionnels proposant des lieux d'échange réservés aux directeurs de communication de grandes entreprises ; les associations Internet ayant pour vocation de structurer le marché de la communication sur Internet ; les éditeurs publiant des études de référence sur la structure et l'évolution du marché publicitaire français.

2. La presse professionnelle spécialisée

Plusieurs supports spécialisés existent :
- l'hebdomadaire *CB News* traite tous les aspects de la communication ; une variante trimestrielle, *CB News RP*, est davantage axée sur les relations avec la presse et les médias ;
- le magazine *Stratégies* traite de l'actualité de la communication ;
- *Hors-Média* est le magazine des stratégies et des achats de la communication imprimée ;
- *tarifMédia* se définit comme la première source d'information sur les tarifs des médias ;
- *Média-Poche* (Havas Édition) propose des données macro-économiques, une analyse des investissements publicitaires, de l'audience des supports et de leurs profils ;
- *L'Événementiel* est un mensuel consacré aux événements corporate et grand public ;
- le trimestriel *Com'Ent* présente l'actualité de la presse d'entreprise.

3. Les sites Internet

Plusieurs sites sont spécifiques au domaine de la communication :
- www.bepub.com/fr (annuaires professionnels de la communication et de la création publicitaire) : Bepub est la plus grosse base de données de prestataires en création et communication librement consultable en ligne ;
- www.culturepub.fr (site de l'émission TV sur M6) : on y retrouve le panorama de la création publicitaire mondiale ;
- www.effie.fr (site consacré à l'efficacité de la communication) : des informations sur le « prix Effie de la communication » y sont présentées ;
- www.journaldunet.com : le site présente des chiffres-clés, des conseils, des dossiers sur la création publicitaire, des enquêtes en ligne, des mesures d'audience.

4. Les ressources bibliographiques

La communication d'entreprise donne lieu à de nombreuses publications. Certains ouvrages, du fait de leur caractère très opérationnel, servent de référence aux professionnels et sont régulièrement réédités.

EXEMPLES

Publicitor : Communication 360° off et on line, J. Lendrevie, A. de Baynast, C. Emprin (Dunod) : c'est la référence de la publicité et des nouvelles formes de communication ; richement illustré, il bénéficie des témoignages de nombreux professionnels,

Communicator. Toute la communication d'entreprise, M.-H. Westphalen, Th. Libaert (Dunod) : cet ouvrage est une référence pour comprendre tous les aspects de la communication interne et externe ; il se veut à la fois un outil pédagogique et un guide opérationnel.

Pentacom : Communication corporate, interne..., Ph. Malaval, J.-M. Décaudin, Ch. Bénaroya (Pearson Éducation) : traite des cinq grands types de communication pratiqués par les entreprises, des cinq cibles que sont les institutions, les salariés, les actionnaires, les consommateurs et les clients professionnels, des cinq types d'annonceurs (entreprises des secteurs grand public, professionnels, collectivités locales, services publics, ONG).

Le Plan de communication. Définir et organiser votre stratégie de communication, Th. Libaert (Dunod) : conçu comme un guide pratique, cet ouvrage expose de manière pragmatique et opérationnelle la construction et l'exploitation du plan de communication.

4 LA VEILLE INFORMATIONNELLE

Toute agence de communication est amenée à faire de la veille informationnelle pour son propre compte ou pour en revendre le résultat à ses clients. La veille informationnelle permet d'anticiper l'évolution de l'environnement. Elle contribue ainsi au maintien du niveau de performance de l'agence elle-même et de celui de ses clients.

1 Le concept de veille informationnelle

La posture de veille informationnelle consiste à être placé en état d'alerte permanent en vue d'assurer une surveillance active de la parution d'informations pertinentes sur un sujet. Ceci suppose l'existence en interne d'un système d'information organisé ; on parle alors de « veille formelle » (car organisée). Une veille à caractère informel consiste à récupérer des informations provenant, le plus souvent, du terrain, sans qu'un cadre de collecte soit préalablement structuré.

EXEMPLE

Témoignages spontanés de clients exprimant leur satisfaction.

2 Les différents champs de veille

Les entreprises du secteur de la communication sont en recherche permanente d'informations :
- pour leur propre compte ;

EXEMPLES

Études d'audience des différents médias.
Mesure de l'efficacité de la communication média et hors média.

- pour le compte de leurs clients.

EXEMPLE

De nombreuses entreprises du secteur alimentaire s'engagent à faire figurer progressivement sur les emballages de leurs produits vendus en France une information sur leur contenu nutritionnel plus complète et harmonisée.

Cette recherche permanente les maintient en état de veille informationnelle.

1. La veille stratégique

La veille stratégique consiste à surveiller l'environnement global de l'entreprise en vue d'anticiper les menaces, de mesurer les risques mais aussi de saisir les opportunités. Elle est assurée par les dirigeants.

2. Les veilles sectorielles

a) La veille commerciale et marketing

La veille commerciale et marketing consiste à surveiller essentiellement :
- les marchés sur lesquels l'entreprise est positionnée et les produits concurrents ;
- l'évolution des comportements des consommateurs.

Elle prépare souvent le lancement de nouveaux produits et détecte de nouveaux marchés.

EXEMPLE

L'intérêt de se lancer dans l'e-commerce au regard de la croissance rapide des achats en ligne.

b) La veille d'image

La veille d'image permet de suivre le taux de notoriété d'une marque, d'une enseigne ou d'un produit à travers l'impact d'une campagne de communication, le niveau de satisfaction des clients...

c) La veille concurrentielle

La veille concurrentielle consiste à surveiller les politiques de produit, de prix, de distribution et de communication des concurrents.

d) La veille technologique

La veille technologique porte sur les innovations du secteur, les nouvelles techniques. Les sources d'information sont multiples.

EXEMPLES

Les dépôts de brevets, les évolutions des normes, des technologies et des processus de fabrication, les articles scientifiques.

3. La veille juridique

La veille juridique est une activité de surveillance et d'anticipation de la réglementation. Elle peut influencer les activités et/ou la stratégie de l'entreprise.

EXEMPLE

De nouveaux avantages fiscaux dans le domaine des économies d'énergie.

3 La mise en œuvre de la veille informationnelle

Pour éviter que l'activité de veille ne devienne exagérément chronophage, une méthodologie s'impose. Elle suppose une organisation rigoureuse :
- délimiter les besoins d'information, les commanditaires ainsi que les destinataires et la finalité de l'information ;
- fixer le temps et le budget alloués à la collecte, l'analyse, la synthèse et la communication des informations ;
- cerner les thèmes de surveillance en accord avec les besoins précédemment évoqués ;
- délimiter le type d'information recherché : chiffres clés, avis d'experts, informations à caractère historique... ;
- identifier les sources d'information en distinguant celles qui sont libres de droits et légalement disponibles de celles qui sont payantes.

5 LES OUTILS DE VEILLE ET DE STOCKAGE DE L'INFORMATION

Toute agence conseil en communication est amenée à faire de la veille pour anticiper l'évolution de son environnement. L'usage avancé des moteurs de recherche et des techniques de référencement, ainsi que le recours aux agrégateurs de flux nécessite une approche méthodique.

1 La mise en œuvre de la veille informationnelle

Pour être efficace, une activité de veille suppose une organisation personnelle rigoureuse et une méthodologie :
- délimiter les besoins en informations, les commanditaires ainsi que les destinataires, et la finalité de l'information ;
- fixer le temps et le budget alloués à la collecte, à l'analyse, à la synthèse et à la communication des informations ;
- cerner les thèmes de surveillance en accord avec les besoins précédemment définis ;
- délimiter le type d'information recherchée : chiffres-clés, avis d'experts, études spécifiques... ;
- identifier les sources d'information : celles qui sont libres de droits et légalement disponibles et celles qui sont payantes.

2 La technologie au service de la veille informationnelle

1. Au niveau de la collecte des informations

La remontée d'informations vers l'entreprise au moyen des outils liés à Internet tend à se substituer de plus en plus aux outils traditionnels de collecte (formulaires et questionnaires papier, revues de presse manuelles). Elle utilise de nouveaux moyens.

a) Le système d'alerte à l'aide de mots-clés

Certains sites offrent des fonctions de filtrage, à charge pour le veilleur de fournir les mots-clés correspondant aux champs de veille désirés.

EXEMPLE

Google Alertes est un service de veille informationnelle proposé gratuitement par le moteur de recherche Google.

La qualité du retour d'information est étroitement liée à la pertinence des mots-clés retenus.

b) Les flux RSS

Sur le Web, la plupart des sites d'information proposent un service gratuit de « syndication », disponible sur simple abonnement. L'utilisateur clique simplement sur un fil RSS (*Really Simple Syndication* – logo RSS) en indiquant l'adresse e-mail à laquelle il souhaite recevoir l'information. Il reçoit ensuite toute l'information et en assure lui-même la sélection. La qualité du retour repose sur la pertinence des mots-clés qui jouent le rôle de filtre.

EXEMPLES

Abonnement aux lettres d'information (*newsletters*) proposées par de nombreux sites, abonnement aux groupes de discussion (*newsgroups*).

2. Au niveau du stockage des informations

Il existe deux types de stockage des informations : le stockage à accès rapide (mémoire de travail) et le stockage de masse (disques).

a) Le stockage à accès rapide

Pour faciliter le traitement des informations en interne, les ordinateurs disposent de mémoires de plus en plus rapides :
- la mémoire vive, ou RAM (*Random Access Memory*), est active lorsque l'ordinateur est allumé et s'efface quand l'ordinateur est éteint ;
- la mémoire morte, ou ROM (*Read-Only Memory*), est gravée et ne s'efface jamais ; elle contient notamment les informations nécessaires au démarrage de l'ordinateur ;
- la mémoire morte réinscriptible, qui a évolué en mémoire flash, et qui a donné naissance aux clés USB.

b) Le stockage de masse

Pour préserver la disponibilité et la sécurité des données, les sauvegardes volumineuses sont réalisées sur des supports de stockage de masse :
- la cartouche magnétique, support de sauvegarde à accès séquentiel en lecture et en écriture, est utilisée pour de grandes quantités de données (jusqu'à 40 Go non compressés) ; cette technologie fiable est très utilisée ;
- le CD et le DVD réinscriptibles nécessitent un graveur ; moins fiables que les bandes magnétiques, ils permettent des sauvegardes partielles des disques ;
- le disque amovible peut être enlevé de l'unité centrale ;
- la clé USB, ou « mémoire flash », diffère de la technologie des disques classiques ; sa fiabilité est encore relative ;
- le disque externe utilise la même technologie que les clés USB, mais ses capacités sont bien supérieures ;
- les serveurs de sauvegarde en réseau sont coûteux mais extrêmement souples et fiables. Ils sont de deux types : le serveur NAS (*Network Attached Storage*), un serveur de stockage qui peut être facilement rattaché au réseau de l'entreprise, qui fournit un espace de stockage résistant aux pannes et qui permet de mutualiser des ressources de stockage ; et le serveur SAN (*Storage Area Network*), réseau de stockage à part entière, dit « propriétaire » car il possède son propre système d'exploitation ; son coût est élevé mais son architecture est très complète (réseau très haut débit, équipements d'interconnexion dédiés : *switch*..., éléments de stockage en réseau : disques durs...).

3. Le choix du support de stockage

Un support de stockage adapté est choisi selon deux critères :
- le volume de données qu'il peut stocker ;
- son niveau de fiabilité.

Du fait de leur constitution physique, tous les supports de stockage ont une durée de vie limitée, entraînant un risque de perte d'informations. Il faut donc les vérifier constamment.

6 L'ÉTUDE DOCUMENTAIRE

L'étude documentaire est destinée à informer, conseiller ou convaincre le commanditaire de l'étude. Elle consiste à sélectionner et analyser des informations secondaires afin de pouvoir présenter une synthèse répondant à ses questions.

1 Les études spécifiques à la communication

Dans le domaine de la communication, on s'intéresse plus particulièrement aux études sectorielles de marché et aux études d'audience.

1. Les études sectorielles de marché

Elles présentent un panorama sur l'essentiel des données économiques et statistiques d'un marché donné. Elles permettent de mieux appréhender un secteur d'activité, ses enjeux, sa dimension, son évolution et ses acteurs (consommateurs, producteurs, distributeurs, prescripteurs).

EXEMPLE

L'agence creatests.com a mené une étude sur l'énergie photovoltaïque pour mesurer la connaissance et l'intérêt pour ce type d'énergie en France. Un questionnaire a été diffusé *via* Internet auprès de 325 particuliers âgés de 25 à 60 ans et propriétaires d'une maison.

Les études sectorielles de marché sont réalisées par :
- des sociétés d'études spécialisées ;

EXEMPLES

Société d'études marketing spécialisée dans le recueil et le traitement de l'information dans le secteur de l'après-vente ; cabinet d'études psychosociologiques spécialisé dans les modes de vie et la consommation.

- par des organismes officiels (les études sont alors diffusées ou vendues telles quelles aux entreprises).

EXEMPLES

INSEE, CREDOC, ministère de l'Économie et des Finances, chambres de commerce.

2. Les études d'audience

Une étude d'audience mesure l'efficacité des moyens de communication, c'est-à-dire leur audience et leur impact. Elle est réalisée à travers un panel d'audience, auquel les entreprises peuvent s'abonner. Cette estimation sert notamment à évaluer le prix de l'espace publicitaire.
Une étude d'audience fournit également les informations utiles à la réalisation du média-planning.

EXEMPLE

Pour un hebdomadaire de presse, le principal objectif d'une étude d'audience sera de fournir une estimation du nombre de lecteurs, d'établir leur profil socio-démographique, leurs habitudes de lecture, les probabilités de contact avec le titre...

La fiabilité et la qualité de l'étude d'audience reposent sur la rigueur de ces mesures.

Médias	Exemples de panels d'audience
Télévision	Le panel « Médiamat », de Médiamétrie.
Internet	Le panel « Médiamétrie/NetRatings », dont l'échantillon regroupe plus de 24000 panélistes. Il mesure chaque mois l'audience des 7000 principaux sites Internet et compte deux sous-échantillons : « Domicile » et « Travail ».
Presse	EPIQ (Étude de la Presse d'Information Quotidienne), AEPM (Audiences Études sur la Presse Magazine) d'AudiPresse.
Radio	« 126000 Radio » de Médiamétrie.
Cinéma	« CinéPro » de Médiamétrie.
Communication extérieure	« Grand format », « Mobilier urbain », « Vitrines » ou « Bus » d'Affimétrie.

2 La sélection et l'analyse des informations secondaires

Une entreprise de communication n'a pas besoin d'investir dans l'élaboration d'informations primaires si les réponses existent déjà sous la forme d'informations secondaires. Aussi, le premier réflexe de tout chargé d'étude doit être de vérifier l'existence de réponses préexistantes avant d'initier une nouvelle étude. Cette étape donnera une première vision du marché et permettra de faire un premier point sur la viabilité du projet de communication, en tenant compte de l'environnement, de l'offre déjà proposée et de la concurrence sur le secteur. Les sources d'informations sont multiples.

1. Les informations secondaires internes

Nature	Exemples de contenu
Comptable	Facturation client, dette client, conditions de paiement, historique des remises accordées, incidents de paiement, analyse des coûts de production (comptabilité analytique), marge par dossier client (analyse financière).
Marketing stratégique	Stratégie du groupe, objectifs marketing de l'année en cours, évolution des parts de marché, rapport d'étude sur un secteur d'activité potentiel, cibles à atteindre, positionnement des concurrents...
Marketing opérationnel	Tableaux de bord du chef des ventes : objectifs quantitatifs, objectifs de nouveaux clients, productivité horaire des dossiers clients, CA et marge dégagés par chaque collaborateur.
Technique	Mode opératoire des différents matériels de conception d'un projet de communication, planification des tâches, disponibilité des salles de conférence.
Social	Organigramme du groupe, fiches de poste, politique RSE (Responsabilité Sociale de l'Entreprise).
Juridique	Activité licite/illicite, pratiques anticoncurrentielles, règles environnementales, conseil sur un dossier.

2. Les informations secondaires externes spécifiques à la communication

Si Internet reste le moyen le plus commode pour accéder à l'information, les banques de données, les bibliothèques et centres de documentation, les syndicats professionnels, et les revues professionnelles offrent également des informations dont le niveau de fiabilité est mesurable.

EXEMPLE

Consultation des études de marché réalisées pour d'autres sociétés, mise en ligne gratuit ou avec paiement partiel sur certains sites Web.

Lorsque les sources gratuites sont inexistantes, il est recommandé d'acheter les rapports d'études récentes réalisés par des sociétés spécialisées. Cela permet d'optimiser à la fois le temps et le budget alloués, ce qui peut se révéler plus rentable qu'une recherche d'informations primaires.

3 La synthèse des résultats et leur présentation

1. Le style à adopter

La profondeur et la richesse de l'analyse et de la synthèse doivent se retrouver dans le style, le vocabulaire et la forme employés par le chargé d'étude. Tout commanditaire d'une étude documentaire s'attend à :
- la clarté (facilité de compréhension, intelligibilité) ;
- la concision (brièveté, précision et sobriété).

2. La place de la synthèse dans l'étude

L'étude documentaire comporte les éléments suivants.

a) La page titre

Elle comprend généralement :
- le logo de l'organisme chargé de l'étude ;
- un titre significatif (« Dossier X »), et parfois un sous-titre ;
- le nom de l'émetteur et le nom du commanditaire destinataire de l'étude ;
- la date de réalisation initiale, et éventuellement les dates de révision et de mise à jour.

b) Le sommaire (ou table des matières)

Il indique :
- le plan du dossier (parties, sous-parties...) ;
- la pagination correspondante ;
- les différentes annexes.

c) La synthèse

C'est la partie centrale, la pièce maîtresse de l'étude documentaire, indissociable des annexes, qui :
- décrit le contexte de l'objet étudié ;
- identifie le problème posé ;
- explore les diverses solutions possibles en les hiérarchisant ;
- propose éventuellement une (ou des) recommandation(s) jugée(s) optimale(s) en fonction des contraintes connues. L'argumentation qui conduit aux recommandations repose sur des éléments vérifiables relevés dans les documents annexés au dossier.

d) Les annexes

Ils peuvent être d'origine interne ou externe à l'organisme du chargé d'étude. Leur source doit être systématiquement indiquée. Ils peuvent être reproduits intégralement ou réduits à des extraits significatifs. Ils sont titrés, numérotés (« Annexe X ») et paginés.

EXEMPLES

Pour une étude d'audience : plan de sondage, mode d'interview, taux de réponse, protocole d'enquête, libellé des questions.

3. La lecture de l'étude

Une étude documentaire numérisée comportera des liens. Quel que soit son support, le rapport d'étude sera soigneusement structuré :

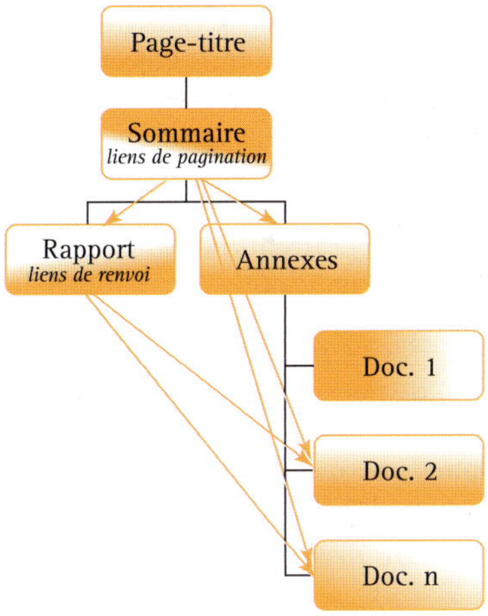

a) Les liens de pagination

Ils partent du sommaire et pointent vers les différentes pages du dossier. Ils supposent une pagination complète du dossier.

b) Les liens de renvoi

L'auteur du document de synthèse, à l'appui de l'argumentation qu'il développe, est amené à exploiter (citer) des éléments contenus dans les annexes. Cette exploitation est généralement réalisée à l'aide d'un lien de renvoi sur des données jugées significatives.

LES ÉTUDES PRÉ- ET POST-TEST DE CAMPAGNE

...pécifiques à la communication, les études pré- ...t post-test de campagne visent à trouver un axe de communication et à mesurer son efficacité avant et après la campagne.

1 L'objet des études pré- et post-test de campagne

Ces études ont pour objet de vérifier le bien-fondé des choix effectués à plusieurs niveaux :

- prétest, avant d'engager des moyens souvent coûteux ;
- post-test, pour mesurer l'impact d'une campagne et sa rentabilité.

EXEMPLES

Les motivations et freins éventuels de la cible à l'égard du produit, de la marque ou de l'entreprise sont-ils bien évalués ? L'axe de communication retenu aura-t-il un réel pouvoir de conviction et d'action sur la cible ? Est-il susceptible de faire évoluer les attitudes que l'on souhaite modifier ?

2 L'étude prétest de campagne

1. Les objectifs du prétest

Le prétest publicitaire vise trois objectifs :

- évaluer la qualité de la création et de la réalisation d'un nouveau message ou d'une nouvelle campagne ;
- contrôler qu'aucun point de la campagne ne peut être préjudiciable à la marque, et ce à partir de trois critères : l'impact (l'attention portée au message, sa mémorisation, l'association à la marque), le diagnostic (la compréhension du message, l'agrément de l'axe publicitaire et la crédibilité de la promesse) et la persuasion (l'effet sur l'image de la marque et l'incitation à l'achat) ;
- sélectionner une ou plusieurs propositions de création de campagne.

2. Les types de prétests

Il existe divers types de prétests publicitaires :

- le « test de porte-annonces » (*Folder Test*) consiste à insérer une annonce dans un faux support de presse, puis à interroger un échantillon pour mesurer l'impact du message ;
- le « tirage équifractionné » (*Split Run Test*) consiste à faire deux tirages de même longueur d'un magazine ou d'un journal, chacun contenant une annonce différente pour un même produit, ce qui permettra de comparer l'efficacité des deux versions ;
- le « tachytoscope » est un appareil qui diffuse de courtes projections (la vitesse de projection étant progressivement réduite) d'un emballage ou d'un message publicitaire (annonce, affiche), afin d'en mesurer la perception parmi le public soumis au test.

3 L'étude post-test de campagne

1. L'intérêt du post-test

Ce type d'étude intervient après le lancement ou à l'issue d'une campagne publicitaire (message radio, TV, affichage, presse...). Le post-test sert à mesurer le retour sur investissement à partir d'indicateurs.

2. L'objectif du post-test

L'objectif est de contrôler *a posteriori* l'efficacité d'une campagne de communication au moyen de scores d'impact. J.-M. Lehu, consultant en marketing, universitaire et auteur, en distingue plusieurs.

a) Le score brut

Il mesure l'impact du message : a-t-on lu/vu la campagne ?

b) Le score prouvé

Il s'appuie sur la mémorisation : que disait-on, que montrait-on ? Quels éléments précis du message auquel on a été exposé a-t-on retenu ?

Le bêta de mémorisation (loi du souvenir de Morgensztern) mesure le pourcentage d'une audience ayant mémorisé un message. C'est un outil précieux de calcul du retour sur investissement pour les annonceurs.

EXEMPLE

Les bêta des médias sont les suivants : affichage, 5 % ; radio, 5 % ; presse, 10 % ; télévision, 18 % ; cinéma, 75 % ; Internet, 11 %.

c) Le score d'agrément

Il apprécie la perception des individus à propos du message publicitaire auquel ils ont été exposés et dont ils se souviennent : qu'en pense-t-on ? La campagne a-t-elle plu ?

Les opinions peuvent se traduire par un score positif, négatif, ou indifférent.

d) Le score d'incitation

Il mesure l'efficacité en matière d'achat ou de rachat.

EXEMPLE

Le post-test « *Day After Recall* » permet de mesurer l'impact d'un spot TV dans les 24 heures qui suivent sa diffusion. Il est élaboré à partir d'un outil normé de post-test, AdReact®, qui repose sur :

- l'impact sur l'image de marque considéré comme un indicateur clé ;
- des profils de réaction publicitaires, selon dix dimensions universelles classées en deux catégories :
  - les réactions positives : pertinence, crédibilité / réalisme, empathie / chaleur, créativité / originalité, divertissement / humour, vitalité ;
  - les réactions négatives : usure, ennui, irritation, confusion.

8 L'ÉTUDE PONCTUELLE : MÉTHODOLOGIE

Une étude ponctuelle *ad hoc* (réalisée pour le compte d'un seul demandeur) nécessite le recours aux informations primaires, ce qui implique un coût. Elle ne doit donc être envisagée qu'après avoir vérifié l'inexistence d'informations secondaires sur le thème de recherche. Si ces informations secondaires s'avèrent obsolètes, incomplètes et/ou peu fiables, la réalisation d'une étude devient la seule façon d'apporter une réponse au besoin d'information.

1 La mise en œuvre d'une démarche d'étude

Traditionnellement, la démarche d'étude comporte sept étapes successives.

1. La demande d'étude ou *briefing*

Fruit d'un ou plusieurs entretiens entre le commanditaire de l'étude et le chargé d'étude, elle doit permettre de poser le contexte et de préciser la situation de communication à analyser.

EXEMPLE

Rechercher et analyser les informations sur la perception de l'axe publicitaire d'une campagne de communication auprès de la cible d'un annonceur client d'une agence conseil en communication.

2. L'objectif de l'étude

EXEMPLE

Mesurer l'écart qui peut exister entre les différentes variables du marchéage telles qu'elles ont été définies par le responsable communication et telles qu'elles auront été perçues par l'ensemble du marché.

3. Les informations à recueillir

EXEMPLE

On recherche : la notoriété spontanée, assistée, ou encore les attributs rattachés à une marque, à une enseigne ou à une entreprise.

4. La méthodologie

Selon les informations recherchées, le chargé d'étude retient la ou les techniques d'étude adéquates : approche quantitative, approche qualitative, ou les deux lorsqu'elles sont complémentaires.

EXEMPLE

Dans un premier temps, une étude qualitative, menée au moyen d'un entretien de groupe *(focus group)*, détermine les attributs (solidité, prestige, praticité...) rattachés à une marque. Ensuite, une étude quantitative, réalisée au moyen d'une enquête par sondage, déterminera quel est le premier de ces attributs.

5. Les modalités de réalisation

Il s'agit à ce stade de définir la réalisation pratique de la collecte d'informations et la façon de traiter et d'analyser les données.

EXEMPLE

Le lancement d'un nouveau magazine ciblant les étudiants est envisagé. La population de base est constituée des étudiants français de premier cycle universitaire ; un échantillon de 1 004 étudiants a été sélectionné par la méthode des quotas. L'administration du questionnaire se fera en face à face à la sortie des universités (établissements tirés au sort). Un questionnaire test est créé à partir du logiciel de traitement d'enquête Sphinx, puis le questionnaire est testé auprès de 10 % de l'échantillon. Il est ensuite adapté, jusqu'à finalisation. Enfin, à l'aide du logiciel Sphinx, on procède à la saisie des résultats, au dépouillement et à l'analyse.

6. Le budget et le délai de l'étude

Généralement, toute recherche de précision accrue des résultats se traduit par une augmentation des coûts et des délais.

EXEMPLE

Pour l'étude qualitative, le budget indicatif est de 28 000 € sur une période de 2 mois ; pour l'enquête par sondage, le budget serait de 24 000 € sur une période de 3 mois.

7. La présentation et la diffusion des résultats

Le chargé d'étude rédigera un rapport qu'il diffusera selon les consignes prédéfinies par le commanditaire. Le rapport d'étude est un document écrit remis au client quelques jours avant la présentation orale des résultats. Cette présentation est généralement réalisée à l'aide d'un logiciel de PréAO tel que PowerPoint.

EXEMPLE

Sommaire type d'un rapport d'enquête : Partie 1. Présentation générale de l'étude ; Partie 2. Synthèse et recommandations ; Partie 3. Résultats détaillés ; Partie 4. Annexes.

2 La déontologie des études

Les professionnels des études de marché doivent se conformer à la législation nationale et internationale en vigueur et ne rien faire qui puisse nuire à la réputation du métier des études de marché. Les principales règles déontologiques à respecter en matière d'études sont formalisées notamment dans des chartes.

EXEMPLE

Selon la charte de l'ICC-ESOMAR, les professionnels doivent :
- être particulièrement prudents lorsqu'ils interviennent auprès d'enfants et de populations jeunes ;
- s'assurer que les personnes interrogées coopèrent de manière volontaire ;
- respecter les droits des personnes interrogées en tant qu'individus ; ainsi, ces dernières ne doivent subir aucun préjudice ni dommage découlant directement de leur participation à l'étude de marché ;
- ne jamais permettre d'utiliser des données personnelles obtenues dans le cadre d'une étude à des fins autres que celles de l'étude.

9 L'APPROCHE QUALITATIVE

Les études qualitatives sont utilisées pour décrire l'univers psychologique et social de l'interviewé concernant un produit, une marque ou encore une campagne de communication. Elles reposent sur des entretiens individuels ou de groupe.

1 Les caractéristiques des études qualitatives

1. L'objectif

Les études qualitatives sont destinées à recueillir des données sociales ou psychologiques qui ne sont pas extrapolables en termes statistiques au reste de la population. Pour être menées à bien, elles nécessitent la collaboration de psychologues ou de psychosociologues.

EXEMPLE

Une étude qualitative visant à savoir comment les lecteurs d'un support de presse écrite ont perçu la publicité d'un annonceur, comment le slogan a été compris, comment le ton et l'axe publicitaire ont été perçus.

2. L'échantillon

Les études qualitatives portent sur un échantillon relativement restreint (5 à 30 personnes au maximum). Cet échantillon n'a pas besoin d'être représentatif au sens statistique du terme, mais doit cependant être issu de la population de base.
Le temps consacré à un entretien est assez long. De ce fait, bien que l'échantillon soit restreint, l'étude qualitative est coûteuse.

EXEMPLE

Dans le cadre d'un prétest publicitaire, le chargé d'étude vérifie si les intentions des créatifs sont bien perçues et comprises par la cible de communication. Il pourra pour cela recourir à deux entretiens de groupe de 12 personnes suivis de huit entretiens individuels.

L'objectif du prétest qualitatif est de comprendre la valeur de communication d'une idée créative par rapport aux objectifs de communication et de déceler les freins éventuels afin d'optimiser le message.

2 Les types d'entretiens

Les entretiens individuels et de groupe peuvent être complémentaires.

1. Les entretiens individuels

L'entretien individuel réunit un interviewé et un interviewer, le plus souvent en présence d'un psychologue, l'objectif étant de « sonder » l'inconscient de la personne. L'analyse se veut plus réaliste car plus proche du comportement authentique et naturel de l'individu. L'entretien prend la forme d'une discussion guidée par l'interviewer. Son rôle est de laisser s'exprimer l'interviewé le plus librement possible, en demeurant en retrait, en pratiquant une écoute active, en respectant les silences, parfois en les utilisant pour recentrer l'interview sur l'objet de l'étude.
On distingue quatre types d'entretiens individuels :

a) L'entretien libre ou non directif ou en profondeur

Un thème très large sans cadre de référence est proposé au sondé.

EXEMPLE

« Parlez-moi de votre voiture ? »

L'objectif dans ce cas est de laisser le sondé s'exprimer le plus longtemps possible (40 à 45 minutes). La méthode est coûteuse ; l'exploitation du discours est minutieuse.

b) L'entretien semi-directif ou associatif

Le sondé est invité à associer des thèmes ou des images à des mots pris dans une liste ou suggérés par l'interviewer.

c) L'entretien par protocole

Il consiste à interroger tout d'abord l'interviewé sur un produit ou une marque, puis à se rendre dans le point de vente habituel de celui-ci, accompagné de l'enquêteur, pour évaluer ses comportements. L'enquêteur analyse la démarche du sondé *in situ* (en situation). Cette approche permet de comparer la cohérence entre les attitudes et les comportements.

d) L'entretien « papier-crayon »

Les questions sont ouvertes mais standardisées et posées dans un ordre déterminé. L'enquêteur retranscrit les réponses du sondé sur le guide d'entretien, en y ajoutant un commentaire sur la façon dont il a lui-même perçu l'entretien. Le coût est inférieur à celui d'une étude fondamentale en profondeur, car il n'est pas besoin de recourir à un psychologue.

2. Les entretiens de groupe

a) Le *focus group*

Le *focus group*, ou groupe de discussion, est la technique la mieux adaptée aux séances de créativité (*brainstorming*), car elle permet d'aborder dans un temps relativement limité un nombre important de thèmes de recherche.
Lors d'une réunion de 12 à 15 personnes, l'animateur demande aux participants de discuter librement sur un thème déterminé. Discrètement présent dans la salle, il guide le débat, le recadre. Il fait participer toutes les personnes, sans toutefois les influencer. Un psychologue, présent dans la salle ou derrière une glace sans tain, observe les manifestations non verbales des participants. L'entretien est généralement filmé, en accord avec les participants, pour permettre une analyse ultérieure approfondie.

b) Le *focus group on-line*

Le principe consiste à réunir 5 à 10 internautes en ligne simultanément, qui communiquent directement par *chat* pendant 1 heure à 1 heure 30, sous la modération du chargé d'étude. La méthode présente plusieurs avantages : un coût réduit et l'anonymat des participants, ce qui accroît la spontanéité des interventions.

EXEMPLES

Tests portant sur des axes de communication, des slogans, des visuels.

c) Les groupes d'experts

Ce procédé consiste à réunir 8 à 12 participants «experts» dans le domaine d'étude concerné. Il s'applique essentiellement au lancement de nouveaux produits ou aux études d'image. Les experts peuvent être recrutés à l'intérieur ou à l'extérieur de l'entreprise.

3 Les principes à respecter lors d'un entretien

Diverses conditions doivent être réunies pour réussir un entretien :
- créer une ambiance détendue, dans un cadre agréable et non stressant, pour installer une relation favorable d'échange, d'égal à égal (et non de «patient» à psychologue);
- utiliser des questions ouvertes, reprendre en écho un mot de l'interviewé pour que celui-ci développe une idée sans pour autant être influencé dans sa réponse ;
- utiliser des questions tests pour vérifier la véracité des propos (en questionnant sur une incohérence ou en feignant de se tromper ou de mal comprendre une réponse).

4 Les techniques utilisées

1. Les techniques projectives

Sachant qu'il est toujours plus facile de parler des autres que de soi, l'interviewer fait en sorte que les interviewés projettent leurs propres sentiments au travers de tests dans lesquels ils ne se sentent pas impliqués. On recense quatre types de tests projectifs.

a) Les tests d'association de mots

On demande au participant d'associer une marque à un dessin ou à un mot. Deux cas de figure peuvent être envisagés :
- soit l'interviewé dispose d'une liste de mots ; on parle alors de «test d'association contrôlé» ;
- soit il n'en dispose pas ; il s'agit alors d'un «test d'association libre».

b) Les tests de transposition

On demande aux interviewés d'identifier un produit ou une marque à une vedette, un animal, une couleur...

EXEMPLE

La technique du portrait chinois : «Si votre voiture était un animal, ce serait...» Les résultats seront très utiles aux créatifs d'une agence conseil en communication, par exemple pour définir l'axe publicitaire d'une campagne pour une marque de voiture.

c) Les tests de perception thématique (TAT : Tests d'Aperception de Thèmes)

L'enquêté visualise des images ou des photos représentant une situation donnée et doit les commenter. Ces visuels montrent le plus souvent soit une situation conflictuelle, soit le vécu d'un personnage.

d) Les jeux de rôle

On demande à l'individu de se mettre à la place d'une personne dans une situation donnée, souvent devant un public qui participe à l'action. Le jeu de rôle permet d'enregistrer les réactions du participant.

e) Les tests de frustration de Rosenzweig

L'interviewé écrit la réplique manquante d'un personnage de bande dessinée à un autre personnage dont le discours est visible. Les protagonistes de la BD sont placés dans des situations déterminées, souvent de frustration. L'utilité de ces tests est d'associer au mieux le marchéage (mix) d'une marque ou de la repositionner par le biais de la communication.

2. Les techniques d'observation du comportement

Il s'agit de comprendre les attitudes et comportements des consommateurs à l'aide de techniques variées.

a) Les caméras dissimulées dans les points de vente

Elles permettent d'observer puis d'analyser le comportement du consommateur et de calculer ensuite le taux de prise en main d'un produit par exemple.

b) Le film action

Le sondé se remémore une situation donnée et la commente à l'enquêteur.

EXEMPLE

«Racontez-moi, sans rien oublier – ni les gestes ni les sentiments –, la façon dont vous préparez le petit déjeuner.»

c) L'interview *in situ*

À la différence du film action, cette technique consiste à pratiquer l'enquête en situation.

EXEMPLE

On vous demande de préparer le petit déjeuner dans votre cuisine en présence de l'enquêteur.

d) Les magasins-laboratoires *(labory test markets)*

Ce sont des linéaires de point de vente reconstitués avec quelques gondoles garnies de produits. Après avoir visionné différents spots publicitaires, des clients font leurs courses avec l'argent mis à leur disposition. Leurs achats sont ensuite analysés.

5 L'analyse des informations recueillies

Les entretiens sont retranscrits à l'aide d'un logiciel spécialisé qui permettra aussi de calculer la fréquence d'apparition de certains mots et d'établir une corrélation entre la prononciation d'une marque et le qualificatif qui l'accompagne. Aujourd'hui, le développement d'Internet et du Web 2.0 permet d'analyser le contenu des blogs ou des forums, pour suivre par exemple le buzz sur une campagne de communication, une marque, un produit ou un service.

EXEMPLE

Les réseaux sociaux comme Facebook, Twitter, Linkedin ou Viadeo proposent à leurs membres des outils interactifs. Ceux-ci génèrent de l'information entre connaissances professionnelles ou personnelles. Leur succès d'audience en fait une source d'informations qualitatives.

10 LE TRAITEMENT DES QUESTIONNAIRES D'ENQUÊTE

L'enquête par questionnaire est fréquemment utilisée dans le domaine de la communication. La fiabilité des informations recueillies repose sur la qualité de l'exploitation des réponses.

1 Les étapes de l'étude

Une étude reposant sur un questionnaire d'enquête se décompose en quatre étapes complémentaires :
- dépouillement des données collectées au moyen du questionnaire ;
- traitement statistique ;
- interprétation/analyse des résultats ;
- production d'un rapport d'étude, qui propose souvent une présentation visuelle des données (sous forme de tableaux ou de graphiques) pour en faciliter la lecture.

2 Les modalités du dépouillement

Il s'agit de traiter les données recueillies dans un tableau récapitulatif de dépouillement. Pour chaque question, on dénombre les réponses obtenues.
Le dépouillement peut être manuel. Il s'effectue alors par pointage et report, pour chaque question, dans un tableau à double entrée, sous tableur pour plus de sécurité.
Des logiciels spécialisés (comme Le Sphinx ou Ethnos) permettent de rédiger le questionnaire, de le diffuser sur Internet, et de le dépouiller. La production de graphiques susceptibles d'enrichir visuellement le rapport final est également possible.

3 Les traitements statistiques

Deux types de tris sont généralement appliqués sur les données brutes d'une enquête par questionnaire : tri à plat et tri croisé.

1. Le tri à plat

Cette opération consiste à calculer les pourcentages correspondant aux diverses catégories de réponses obtenues.

EXEMPLE

En triant son fichier clients, un centre de remise en forme constate que 68 % des abonnements annuels sont souscrits par des hommes.

Lors de ce type d'opération, il faut être attentif au total par rapport auquel ces calculs sont effectués :
- certaines QCM reçoivent une réponse unique pour plusieurs possibilités : dans ce cas, la base de calcul est le nombre de questionnaires collectés ;
- au contraire, d'autres QCM peuvent recevoir plusieurs réponses pour plusieurs possibilités : la base de calcul est alors le nombre de citations, forcément plus élevé que le nombre de questionnaires collectés.

2. Le tri croisé

C'est une extension à plusieurs variables du tri à plat. Le tri croisé rapproche des résultats obtenus sur deux questions ou plus d'un questionnaire. Il s'agit de répartir les réponses obtenues à une question en fonction de celles obtenues à une autre question et de calculer les pourcentages correspondants. Les tris croisés permettent de délimiter des sous-populations en fonction des différences de comportement.

EXEMPLE

Dans une enquête sur l'audience des radios, il sera judicieux d'effectuer un tri croisé entre la durée, le lieu d'écoute, et le sexe de l'auditeur. Ainsi, selon le panel Médiamétrie (Panel Radio 2010-2011), l'écoute à domicile est plus régulière que l'écoute en dehors du domicile : 13,5 jours d'écoute par auditeur en moyenne sur 21 jours, contre 10,6 jours en moyenne pour l'écoute en voiture.

4 L'interprétation des résultats

L'interprétation des résultats consiste à dégager les tendances lourdes de l'enquête et à en tirer des enseignements pour l'action ou la décision à prendre.

1. Au niveau statistique

Les logiciels de gestion d'enquête restituent un nombre considérable d'indicateurs : moyennes, médianes, écarts-types... Ces résultats calculés ne doivent jamais être interprétés isolément. En revanche, si plusieurs indicateurs semblent converger, on est en principe en présence d'une tendance, qu'il faut étayer par une hypothèse.

EXEMPLE

La baisse du temps passé devant la télévision par les adolescents est-elle en corrélation avec une fréquentation plus assidue des réseaux sociaux ?

2. Au niveau psychologique

Les réponses obtenues doivent parfois être corrigées en fonction de la formulation de la question elle-même, en prenant en compte des paramètres psychologiques.

EXEMPLE

Dans une enquête sur la consommation de desserts glacés, les enquêtés pourraient avoir tendance à sous-estimer le niveau et la fréquence de leur consommation par sentiment de culpabilité.

Par sa formulation, une question peut induire un type de réponse. Les réponses ainsi obtenues sont biaisées.

EXEMPLE

À la question « Posséder une voiture vous semble-t-il indispensable ? » ou « L'aménagement d'un parking souterrain en centre-ville est-il urgent ? », l'interviewé sera incité à répondre « oui ».

11 L'APPROCHE QUANTITATIVE

Les études quantitatives cherchent à obtenir des informations chiffrées ayant du sens sur le plan statistique. Cette approche repose en grande partie sur les sondages, dont la fiabilité doit être assurée. On distingue deux types de méthodes quantitatives : les méthodes probabilistes et les méthodes non probabilistes.

1 Notions de base relatives aux études quantitatives

1. Le recensement

Le recensement est une enquête dite exhaustive, car elle porte sur la totalité de la population considérée.

2 L'échantillon

Dans le cadre d'une étude, la population de base (ou population mère) est celle sur laquelle porte l'étude. Comme il est matériellement difficile de s'intéresser à l'ensemble des individus qui la composent, seul un échantillon (sous-ensemble de la population de base interrogée) est sondé. La représentativité de cet échantillon repose sur sa taille, qui dépend elle-même du budget et du temps alloués. Elle conditionne la fiabilité des résultats du sondage.

3. Le sondage

Le sondage consiste à collecter des informations auprès d'un échantillon de la population de base. C'est l'outil principal des études quantitatives.
Les résultats obtenus par sondage sont extrapolés au reste de la population étudiée.

EXEMPLE

Dans le cadre d'un post-test publicitaire, un annonceur qui souhaite savoir si son message a été mémorisé au bout d'une ou plusieurs auditions fera appel à un sondage.

Un sondage est dit exhaustif lorsqu'au moins 1 personne sur 7 de la population de base est sélectionnée (avec un échantillon total supérieur à 30 personnes.

2 Les méthodes probabilistes

1. Le type d'échantillon utilisé

Les méthodes probabilistes reposent sur un échantillon dit représentatif ; cela signifie que tous les individus de la population de base ont la même chance d'être désignés ; chaque individu a donc une probabilité connue et différente de 0 d'être désigné. Cependant, le recours à une méthode probabiliste suppose d'être en possession de la liste exhaustive de la population de base.
L'avantage des méthodes probabilistes est de mesurer avec précision la marge d'erreur des résultats (liés à la taille de l'échantillon).

EXEMPLE

Soit n la taille de l'échantillon,
alors $n = t^2 (p \times q) / e^2$,
avec n : taille de l'échantillon ; t (niveau de confiance) = 1,96 (au seuil de confiance de 95 %) ; observée dans l'échantillon (si p n'est pas suppose égal à 0,50 : cas le plus défavorab
e : la marge d'erreur, alors $e = \pm\, t\sqrt{\frac{4}{n}}$

On notera que pour réduire de moitié la marge d'erreur, il faut quadrupler la taille de l'échantillon.

2. Les différents types de sondage

a) Le sondage aléatoire simple

C'est un simple tirage au sort d'un échantillon dans la base de sondage. Cette méthode offre une bonne représentativité de la population de base, mais c'est une technique longue est coûteuse.

b) Le sondage aléatoire systématique

C'est le tirage au sort dans la base de sondage d'individus régulièrement espacés (1 individu tous les 10, par exemple). Cette méthode est simple, mais moins représentative de la population de base. De plus, il existe un risque de biais, surtout si la base de sondage est réduite.

c) Le sondage stratifié

On procède au tirage au sort, simple ou aléatoire, d'individus dans des groupes homogènes appelés « strates », définis à partir de la base de sondage.

EXEMPLE

Si la population de base est constituée des étudiants d'un lycée, les classes seront les strates ; on tirera donc au sort n étudiants dans chaque classe.

L'avantage de ce système réside dans le fait que des individus de chaque strate feront partie de l'échantillon. L'inconvénient est qu'il est parfois difficile de constituer les strates.

d) Le sondage en grappes

Il repose sur un tirage au sort (aléatoire simple) de « grappes » dans lesquelles tous les individus sont interrogés.

EXEMPLE

On tire au sort n classes et on interroge tous les étudiants de chaque classe.

Cette méthode plus simple et moins coûteuse est cependant moins fiable que les précédentes.

3 Les méthodes non probabilistes

Appelées aussi « méthodes empiriques », elles se caractérisent par le fait que la sélection de l'échantillon n'est pas aléatoire mais raisonnée, c'est-à-dire déterminée à l'avance, en fonction de plusieurs critères.

1. La méthode des quotas

La méthode des quotas est aujourd'hui la méthode d'échantillonnage la plus fréquemment utilisée. Le choix de l'échantillon est effectué selon la composition finale de la base de sondage.

EXEMPLE

Si la population mère comprend 60 % de femmes et 40 % d'hommes et que le sexe est considéré comme un critère de segmentation pertinent, alors l'échantillon sélectionné devra respecter la proportion 60/40.

L'échantillon retenu sera alors le reflet proportionnel de la base de sondage. Cette méthode est moins coûteuse, plus rapide et moins précise que les précédentes. Il y a obligation de fournir une « grille de quotas » aux enquêteurs, afin qu'ils puissent respecter les quotas.

2. La méthode de Politz (ou méthode des itinéraires)

Cette méthode hybride consiste à déterminer les itinéraires des enquêteurs par tirage au sort.

EXEMPLE

Si la population de base est constituée des habitants d'un arrondissement d'une commune, on tire au sort des rues de l'arrondissement, puis des numéros de cette rue, puis éventuellement des étages.

Cette méthode se rapproche des conditions du sondage aléatoire, mais les résultats sont moins précis. Elle nécessite un contrôle strict des enquêteurs et des itinéraires.

4 Les panels

1. Définition

Le panel est un échantillon permanent composé d'un groupe d'individus ou d'entreprises représentatifs de l'univers étudié. Ceux-ci communiquent régulièrement des données relatives à leur comportement à la société d'étude ayant mis en place le panel. Ce suivi périodique permet de déceler des tendances et des évolutions.

2. Les différents panels

a) Les panels de distributeurs

Ils permettent de suivre l'évolution des volumes, des prix de vente et des parts de marché des différentes marques à partir d'un échantillon de points de vente.

EXEMPLES

Le panel « ScanTrack » de Nielsen : des scanners implantés sur 3 000 points de vente recueillent des informations permanentes sur les secteurs de l'alimentaire, du bricolage et de la photo...

« Infoscan » d'Iri-Secodip : panel spécialisé dans le domaine alimentaire sur 200 supermarchés et 140 hypermarchés.

Le panel de détaillants de GFK est quant à lui spécialisé en biens durables.

b) Les panels de consommateurs

Ils consistent à recueillir des informations régulières sur les achats d'un échantillon de ménages.

EXEMPLES

« Consoscan » de Secodip : alimentaire, textile (8 000 foyers équipés). « Homescan » de Nielsen : relatif aux achats des produits de grande consommation et denrées périssables (8 000 foyers équipés). « Métascope » de TNS Sofres : biens d'équipement (étude réalisée par voie postale auprès de 20 000 ménages).

c) Les *access panels*

Ils sont utilisés dans les études ponctuelles dites *ad hoc* (étude ou commande répondant à la demande particulière d'un commanditaire) portant sur les goûts, les pratiques et les préférences d'un panel constitué de foyers représentatifs de la population nationale.

EXEMPLES

Panel BVA chez Calyx ; panel Prométhée chez Secodip.

5 Les enquêtes omnibus, multisujets et multiclients

Elles sont administrées pour le compte de plusieurs entreprises. Chaque entreprise participante « achète » une ou plusieurs questions à poser, sur un échantillon d'individus prédéterminé. Le principe de l'omnibus permet d'amortir les coûts de réalisation de l'enquête sur plusieurs commanditaires. L'enquête multiclients peut être ponctuelle ou peut être réalisée périodiquement sur un panel.

6 Le questionnaire

Principal outil des études quantitatives, le questionnaire contient une liste de questions ordonnées destinées aux individus qui composent l'échantillon ciblé par l'enquête. Une enquête comprend généralement cinq étapes :
- lister les informations recherchées ;
- établir un questionnaire ;
- tester le questionnaire sur 10 % de l'échantillon en conditions réelles d'administration ;
- administrer le questionnaire ;
- dépouiller et analyser les résultats.

Des logiciels de traitement d'enquêtes comme Sphinx ou Ethnos permettent de créer le questionnaire, de saisir les réponses, de dépouiller et d'analyser les résultats.

1. La conception du questionnaire

Le questionnaire doit permettre d'obtenir des informations claires et précises. Il faut penser en premier lieu à la nature des informations à collecter : que veut-on savoir ?

a) Le plan du questionnaire

Traditionnellement, le questionnaire respecte le plan suivant :
- l'introduction : petit texte contenant une phrase d'accroche qui présente le questionnaire ;
- le corps du questionnaire : regroupe les questions en thèmes clairs avec des intitulés explicites ;

– l'identification du sondé : lors du dépouillement, les informations sur le sondé permettent d'affiner les résultats en définissant des strates de répondants.

EXEMPLES

Sexe, PCS, âge et revenus, présentés en tranches.

b) La structuration des questions

Il est souhaitable d'employer la méthode de l'entonnoir, qui consiste à commencer le questionnaire par des questions d'ordre général avant d'aborder des questions plus précises.

2. La formulation des questions

Répondre à un questionnaire demande un effort ; il faut donc trouver le moyen de ne pas lasser le sondé. Pour cela, on respecte le principe :

$$\text{une question} = \frac{\text{une seule information}}{\text{recherchée}} = \frac{\text{une seule}}{\text{idée}}.$$

Le libellé des questions, le vocabulaire employé, le nombre de questions dépendront des informations recherchées, du statut des personnes et du mode d'administration. L'emploi d'adverbes vagues (souvent, parfois, généralement, régulièrement...) est à proscrire.

3. Les différents types de questions

Types de questions	Exemples
Question fermée à réponse unique	Disposez-vous d'un auto-radio dans votre véhicule ?
Question fermée à réponse multiple	Parmi la liste suivante de radios, laquelle ou lesquelles écoutez-vous ?
Question à classement (fermée ordonnée)	Parmi la liste suivante de radios, classez dans l'ordre les 3 radios que vous écoutez le plus.
Question à échelle : – échelle de Likert (indique le degré d'accord de la personne interrogée avec une idée) – échelle d'Osgood (la personne interrogée indique une caractéristique à partir de deux adjectifs opposés)	– Selon vous, la publicité sur les livres à la radio est indispensable : 1. Tout à fait d'accord 2. D'accord. 3. Indifférent. 4. Pas d'accord. 5. Pas d'accord du tout. – Comment trouvez-vous la qualité du traitement de l'information à la radio ? – 2 – 1 0 + 1 + 2 *Mauvaise* *Bonne*
Question ouverte à réponse textuelle	Décrivez la radio idéale.
Question ouverte à réponse chiffrée	Quelle est la fréquence FM de votre radio préférée ?

4. Les différents modes d'administration du questionnaire

a) En face à face dans la rue

Ce mode d'administration est surtout utilisé par les entreprises de distribution et en politique.

Avantage	Inconvénients
Peu coûteux	Difficulté pour construire un échantillon représentatif. Nombreux parasites possibles : le mauvais temps, le bruit, le manque de disponibilité des personnes...

b) En face à face à domicile

Utilisé lorsque l'administration du questionnaire dure plus de 30 minutes, il suppose une prise de rendez-vous préalable par téléphone.

Avantages	Inconvénients
Incontournable pour les études sur le comportement. Tous les types de questions peuvent être utilisés ; un visuel ou un échantillon peut être présenté au répondant.	Le délai d'administration, le coût, le risque de fraude. Contrainte géographique forte, le face-à-face à domicile est mieux adapté à une zone géographique réduite et représente un coût élevé.

Une variante consiste pour l'enquêteur à être assisté du système informatique CAPI *(Computer Assisted Personal Interviewing)* : les réponses sont directement saisies sur l'ordinateur, ce qui accélérera d'autant le dépouillement et l'analyse des résultats.

c) Par téléphone

L'enquête par téléphone s'applique lorsque l'échantillon est dispersé géographiquement. Il est adapté aux enquêtes en *B to B*.

Avantages	Inconvénients
– Rapidité – Coût moins élevé qu'un face-à-face – Contrôle des enquêteurs plus facile	– Le questionnaire doit être bref (administration inférieure à 10 minutes). – Impossibilité d'utiliser une aide visuelle et de déterminer l'identité réelle de l'interlocuteur.

L'enquêteur peut s'aider du système CATI *(Computer Assisted Telephone Interviewing)*, qui permet d'automatiser les appels, de programmer les rappels en cas d'absence, de respecter le contrôle des quotas et de saisir directement les réponses.

d) Par correspondance

Cette méthode est utilisée lorsque l'échantillon est très dispersé géographiquement.

Avantages	Inconvénients
– Méthode la moins coûteuse – Permet d'aborder des sujets plus personnels	– Taux de retour très faible (souvent inférieur à 10 %). – Retours parfois inexploitables (incomplets) et longs à obtenir. (Joindre une lettre T pour les enquêtes par voie postale ou proposer un cadeau améliorent le taux de retour.)

e) Par Internet

Le CAWI *(Computer-Assisted Web Interviewing* ou *Computer-Aided Web Interview)* permet à des personnes qui y ont été invitées (soit par mail, soit par des bannières ou *pop-up* affichés sur des sites Web) de répondre seules à un questionnaire en ligne (questionnaire autoadministré).

Avantage	Inconvénient
Permet d'atteindre une cible d'individus très particulière *via* des forums spécialisés	La représentativité de la population de base est faussée par le taux de réponse en surnombre émanant de personnes ayant davantage de temps à consacrer au questionnaire (retraités, étudiants, chômeurs...).

12 PARAMÈTRES DE POSITION ET DE DISPERSION

Les paramètres de position et de dispersion facilitent l'analyse des données quantitatives, et donc la prise de décision du responsable de communication.

1 Les paramètres de position

1. La moyenne arithmétique simple

C'est le rapport de la somme d'une distribution d'un caractère statistique quantitatif discret par le nombre de valeurs dans la distribution. La formule de calcul d'une moyenne arithmétique simple est la suivante :

$$\bar{x} = \frac{x_1 + x_2 + \dots + x_n}{n} = \frac{1}{n}\sum_{i=1}^{n} x_i$$

EXEMPLE

	Prix du spot publicitaire (x_i)
Spot 1	2 500
Spot 2	3 500
Spot 3	4 500
Spot 4	5 500
Total	**16 000**

Moyenne = 16 000 / 4 = 4 000 €. Le prix moyen de l'achat d'espace pour un spot est de 4 000 € sur ce support.

2. La moyenne arithmétique pondérée

On appelle moyenne pondérée une moyenne dans laquelle chaque valeur possède un coefficient.
La formule de calcul est la suivante :

$$\bar{x} = \frac{1}{n}\sum_{i=1}^{k} n_i x_i$$

a) Les variables discrètes

Une variable discrète prend un nombre fini de valeurs, par exemple le nombre de concurrents sur un marché.

EXEMPLE

Nombre de spots publicitaires (x_i)	1	2	3	4	5	6	Total
Effectif (nombre d'annonceurs n_i)	6	7	5	5	3	1	27
$n_i \times x_i$	6	14	15	20	15	6	76

Moyenne pondérée : 76 / 27 = 2,81.
Les annonceurs réservent en moyenne 2,81 spots publicitaires sur ce support.

b) Les variables continues

Une variable continue peut prendre un grand nombre de valeurs (par exemple la part de marché).
La formule est identique, mais les x_i (les valeurs de la variable prise en compte) sont constitués par les centres de classe.

EXEMPLE

Prix du spot publicitaire (n_i)	2 500	3 500	4 500	5 500	Total
Effectif (nombre d'annonceurs n_i)	4	8	6	3	21
$n_i \times x_i$	10 000	28 000	27 000	16 500	81 500

Moyenne pondérée : 81 500 / 21 = 3 880,95 €.
Les annonceurs achètent en moyenne pour 3 880,95 € d'espaces publicitaires sur ce support.

3. Le mode

Le mode d'une série x_i est la valeur de la variable qui a l'effectif ou la fréquence la plus élevée. L'effectif est le nombre de fois qu'apparaît une valeur. La fréquence est le quotient de l'effectif de cette valeur par l'effectif total.

EXEMPLE

Dans l'exemple ci-dessus, l'effectif le plus élevé est 8 qui correspond à la valeur 3 500 €. 3 500 € est donc le mode.

Pour les séries continues :
- si les classes sont de même amplitude (largeur), on prend la classe qui a l'effectif le plus important ;
- s'il s'agit de classes d'amplitudes différentes, on prend pour classe modale celle qui a l'effectif corrigé le plus important.

4. La médiane

a) La médiane d'une série discrète

La médiane, notée Me, est la valeur qui sépare une série (classée par ordre croissant ou décroissant) en deux groupes d'effectifs égaux : 50 % de l'effectif a une valeur inférieure à la médiane, 50 % de l'effectif a une valeur supérieure à la médiane.

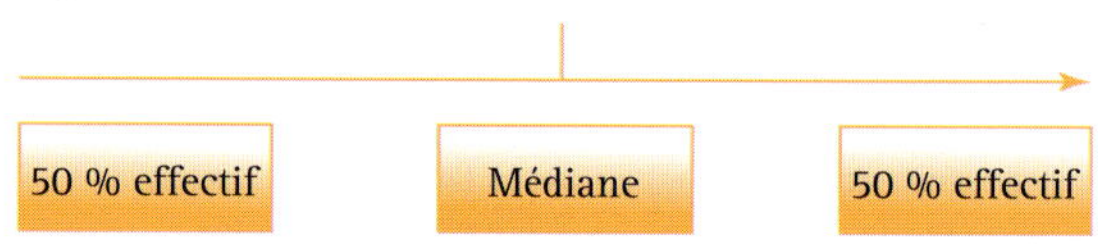

Lorsque l'effectif total est impair, la médiane est la valeur x_i de la variable située au rang (N+1) / 2.

EXEMPLE

Nombre de spots publicitaires (x_i)	1	2	3	4	5	6	Total
Effectif (nombre d'annonceurs n_i)	6	7	5	5	3	1	27
Effectifs cumulés croissants	6	13	18	23	26	27	

Dans le tableau, l'effectif est impair ; la médiane est égale à : (N+1) / 2 = (27 + 1) / 2 = 14. Donc, la médiane correspond à 3 spots publicitaires.

Lorsque l'effectif total est pair, on détermine un intervalle médian formé des valeurs de la variable qui occupent respectivement les rangs N / 2 (N / 2 + 1).

EXEMPLE

Nombre de spots publicitaires (x_i)	1	2	3	4	5	6	Total
Effectif (nombre d'annonceurs n_i)	6	8	5	5	3	1	28
Effectifs cumulés croissants	6	14	19	24	27	28	

Dans ce tableau, il n'y a pas de valeur partageant la série statistique en deux groupes de même effectif (l'effectif total est pair). Dans ce cas, l'intervalle médian est [2;3]. On prend pour médiane le centre de cet intervalle : 2,5.

Les valeurs qui occupent respectivement les rangs N / 2 et (N / 2) + 1, c'est-à-dire 14 et 15, ont pour un effectif cumulé 14,2 spots publicitaires et 15,3 spots.

En fait, la médiane a peu d'intérêt pour les variables discrètes du fait de son mode de calcul.

b) La médiane d'une série continue

Si la variable est continue (regroupement par intervalle des résultats), le calcul de la médiane se fait autrement :

EXEMPLE

Prix du spot (x_i)	[2000:3000[	[3000:4000[	[4000:5000[	[5000:6000[	Total
Effectif (nb d'annonceurs n_i)	4	8	6	3	21
Effectifs cumulés croissants	4	12	18	21	

L'effectif étant impair, il faut chercher la classe où l'effectif cumulé dépasse (21+1)/2 = 11 ; c'est la classe [3 000:4 000[.

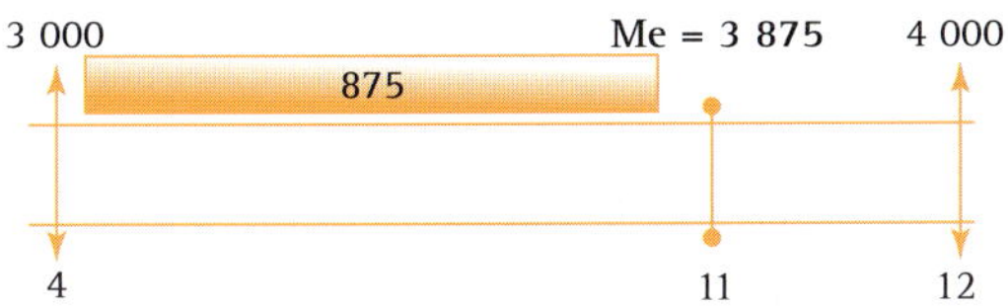

Par interpolation linéaire : (Me – 3000) / (11 – 4) = (4000 – 3000) / (12 – 4) ↔ Me – 3 000 = 7 × (1 000 / 8) ↔ Me = 3000 + (7 000 / 8) ↔ Me = 3000 + 875 ↔ Me = 3 875 €.

2 Les paramètres de dispersion

Les paramètres de dispersion indiquent comment la série se distribue autour des valeurs centrales.

1. L'étendue

L'étendue (notée E) est la différence entre les valeurs extrêmes de la série.

EXEMPLE

Série discrète :

Nombre de spots publicitaires (x_i)	1	2	3	4	5	6	Total
Effectif (nb d'annonceurs n_i)	6	8	5	5	3	1	28

E = 5 car 6 est la plus grande valeur de la variable et 1 la plus petite ; il y a donc 5 spots d'écart entre le plus petit et le plus grand nombre de spots.

EXEMPLE

Série continue :

Prix du spot (x_i)	[2000:3000[	[3000:4000[	[4000:5000[	[5000:6000[	Total
Effectif (nb d'annonceurs n_i)	4	8	6	3	21

E = 4000 € car 6000 est la plus grande valeur de la variable et 2000, la plus petite ; il y a donc 5 spots d'écart entre le plus petit et le plus grand nombre de spots.

2. La variance

La variance représente la moyenne des carrés des écarts à la moyenne :

$$\text{Variance} = (\Sigma n_i x_i^2/N) - (\text{Moy } x)^2$$

Elle permet de caractériser la dispersion des valeurs par rapport à la moyenne.

EXEMPLE

Prix du spot (x_i)	2 500	3 500	4 500	5 500
Effectif (nb d'annonceurs n_i)	4	8	6	3
N	21			
x_i^2	6 250 000	12 250 000	20 250 000	30 250 000
$n_i\ x_i$	10 000	28 000	27 000	16 500
$\Sigma\ n_i\ x_i$	81 500			
$n_i\ x_i^2$	25 000 000	98 000 000	121 500 000	90 750 000
$\Sigma\ n_i\ x_i^2$	335 250 000			
Moy x_i	3 880,952381			
Moy x_i^2	15 061 791,38			

Variance = $(\Sigma n_i x_i^2/N) - (\text{Moy } x)^2$ ↔ V = (335 250 000 / 21) – 15 061 791,38 ↔ V = 902 494,3311.

3. L'écart type

L'écart type est un indicateur précis de la distribution de la série autour de la moyenne.

$$\text{Écart type} = \sqrt{\frac{\sum_{i=0}^{n}(x_i - \bar{x})^2}{n}} \quad \text{avec } \bar{x} = \text{Moyenne} = \frac{\sum_{i=0}^{n} x_i}{n}$$

EXEMPLE

Dans l'exemple ci-dessus, l'écart type = $\sqrt{902\,494{,}3311}$ ↔ écart type = 949,99 €. On peut en déduire que la majorité des annonceurs investit entre 2930,95 € (Moyenne – Écart type) et 4830,95 € (Moyenne + Écart type) en réservation de spots publicitaires.

13 LA PRISE EN COMPTE DES VARIATIONS SAISONNIÈRES

Les agences conseil en communication utilisent des techniques de calcul pour mesurer, contrôler, analyser et prévoir les variations saisonnières de leur propre activité ou de celle de leurs clients.

1 Les variations saisonnières

Les variations saisonnières représentent les fluctuations des ventes d'un produit et des services qui l'accompagnent (campagnes de communication), qui se reproduisent chaque année aux mêmes périodes. Elles peuvent être dues à des variations climatiques ou bien au calendrier.

EXEMPLE

Les vacances scolaires entraînent une hausse d'activité des entreprises dans le secteur du tourisme : stations de ski l'hiver, stations balnéaires l'été.

Les variations saisonnières sont plus ou moins marquées selon la nature des produits.
Leur étude repose sur le calcul de coefficients saisonniers.

2 La méthode de calcul des coefficients saisonniers

Les coefficients saisonniers peuvent être calculés mensuellement ou trimestriellement à partir de données statistiques portant sur plusieurs années écoulées. L'objectif est de pouvoir estimer avec précision les ventes mensuelles ou trimestrielles à venir à partir du chiffre d'affaires prévisionnel annuel d'une entreprise, en prenant en compte la saisonnalité des ventes sur l'année.

EXEMPLE

Les ventes en *B to B* de maillots de bain connaissent de fortes hausses durant le printemps.

1. Les calculs

On peut calculer les coefficients saisonniers par la méthode de la moyenne des moyennes :

$$\text{Coefficient saisonnier} = \frac{\text{Moyenne de la période}}{\text{Moyenne des moyennes des périodes}}$$

EXEMPLE

Dans l'agence Pôle Sud, créée il y a 5 ans, le chiffre d'affaires est le suivant :
Calcul de la moyenne des moyennes des trimestres :
(279 200 + 288 700 + 284 960 + 298 960) / 4 = 287 955.
Calcul des coefficients saisonniers :
Trimestre 1 = 279 200 / 287 955 = 0,970.

Trimestres	Trimestre 1	Trimestre 2	Trimestre 3	Trimestre 4
N - 4	277 000	283 500	283 100	296 100
N - 3	276 200	285 500	284 300	298 200
N - 2	277 500	287 500	284 300	299 500
N - 1	281 000	292 000	284 300	299 500
N	284 300	295 000	284 300	301 500
Totaux trimestriels	1 396 000	1 443 500	1 424 800	1 494 800
Moyenne trimestres	279 200	288 700	284 960	298 960
Coefficient saisonnier*	0,970	1,003	0,990	1,038

* Pour obtenir des résultats fiables, les coefficients saisonniers ne doivent pas être arrondis : on présente les 3 décimales.

2. L'interprétation des calculs

Les coefficients supérieurs à 1 représentent les trimestres à forte activité (trimestres 2 et 4).
Les coefficients inférieurs à 1 représentent les trimestres à plus faible activité (trimestres 1 et 3).

3 L'évaluation de la prévision par périodes

Afin d'obtenir un chiffre d'affaires plus affiné, on peut appliquer les coefficients saisonniers.
Pour obtenir les coefficients saisonniers en pourcentage, il faut les diviser par 4 et les multiplier par 100.

EXEMPLE

Trimestre 1 : 0,970 / 4 = 0,2425 soit 24,25 %.
Trimestre 2 : 1,003 / 4 = 0,2507 soit 25,07 %.
Trimestre 3 : 0,990 / 4 = 0,2475 soit 24,75 %.
Trimestre 4 : 1,038 / 4 = 0,2595 soit 25,95 %.

Les coefficients saisonniers sont ensuite appliqués au CA annuel prévisionnel.

EXEMPLE

Pour l'agence Pôle Sud, le CA prévisionnel de N+1 sera de 1 173 900 €, à répartir sur 4 trimestres.

Calcul du CA prévisionnel trimestriel :
Trimestre 1 : 1 173 900 × 24,2 % = 284 552,17
Trimestre 2 : 1 173 900 × 25,1 % = 294 234,28
Trimestre 3 : 1 173 900 × 25,7 %= 290 422,59
Trimestre 4 : 1 173 900 × 26,0 % = 304 690,90.

14 LA MISE À JOUR D'UNE BASE D'INFORMATION

La recherche optimisée d'informations dans des bases repose sur la qualité de leur mise à jour, donc sur une gestion efficace du cycle de vie des informations. Cette gestion implique un classement et une indexation rigoureux des informations et la notification des mises à jour aux utilisateurs.

1 Le classement des informations

1. La notion de classement

Le classement structuré, qui relève d'une logique humaine, consiste à créer un emplacement dans lequel chaque document, physique ou numérique, trouve sa place.

EXEMPLE

Une agence conseil en communication pratique un classement par portefeuille clients et/ou par média (ou centrale d'achat d'espace), par support de communication, par type de communication (publicité, *corporate*, promotion...).

2. L'efficacité du classement

Pour que le classement des informations soit efficace, quatre conditions sont nécessaires.

a) L'accessibilité

Les emplacements peuvent être organisés de façon chronologique, alphabétique, numérique, alphanumérique ou géographique. Ils peuvent être subdivisés en sous-emplacements, également organisés entre eux logiquement.
La méthode de nommage et d'accès aux documents est décrite dans un plan de classement diffusé à l'ensemble des utilisateurs potentiels.
Les fichiers numériques seront structurés en arborescence, chaque répertoire pouvant lui-même comporter des sous-répertoires.
Cependant, le classement en arborescence est de type figé, ce qui présente de nombreux inconvénients : chacun ayant sa propre logique, donc un classement différent, les copies d'un même document peuvent se trouver à plusieurs emplacements à la fois, ce qui provoque des pertes de temps dans la recherche.
Des logiciels de classification génèrent des plans de classement et autorisent des traitements sur des fonds documentaires.

EXEMPLES

LexiQuest ou Categorize.

b) L'actualisation

Le classement doit être immédiat, dès la création du document. Il ne doit pas exister de dossier « Classement en attente ».

c) L'épuration

Le classement concerne uniquement les documents actifs ; il ne contient pas de document « copie », « brouillon », « énième version d'un même document »...

d) La fiabilité

Aucun document ne doit manquer. Dans un classement physique, un « fantôme », c'est-à-dire une feuille de papier mentionnant le nom du document ou du dossier, le nom de l'emprunteur et la date d'emprunt, remplacera tout document ou dossier prêté.

2 L'indexation

Indexer un texte consiste à repérer et à associer des mots-clés (descripteurs) à chaque document et à créer un lien entre ces termes et le texte original, afin de faciliter une recherche ultérieure.
Contrairement au classement, l'indexation informatique permet une mise à jour automatique au fur et à mesure que des pages ou des documents sont rajoutés.
On distingue deux types d'indexation : l'indexation de métadonnées et l'indexation en mode plein texte.

1. L'indexation des métadonnées

Une métadonnée est littéralement une donnée sur une donnée. Les métadonnées permettent de décrire des documents ; ce sont en quelque sorte les étiquettes qu'on leur attribue.

EXEMPLES

Date, auteur, mot-clé, niveau, critère, type de ressource.

Chaque utilisateur peut attribuer à un même document autant d'étiquettes qu'il le souhaite, ce qui distingue indexation et classement structuré, où chaque document ne peut être rangé que dans un seul emplacement.
L'indexation des métadonnées autorise plusieurs chemins possibles pour retrouver un document, celui-ci pouvant se retrouver à plusieurs emplacements et sous-emplacements.

EXEMPLE

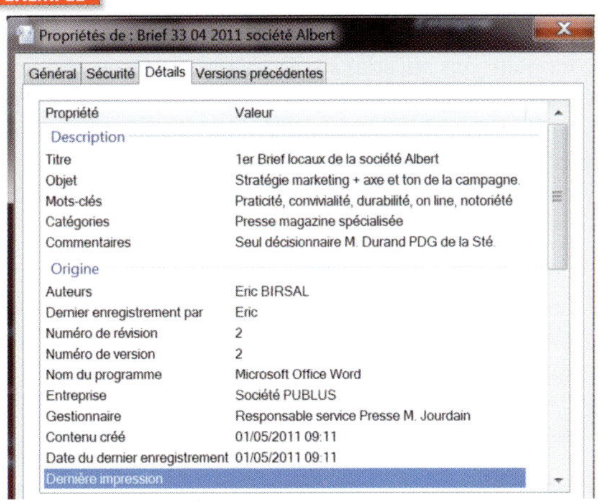

2. L'indexation en mode plein texte *(full-text)*

Tous les mots ou expressions présents dans tous les documents d'un ou plusieurs disques durs ou bien sur les sites Internet deviennent des mots-clés par lesquels il est possible de retrouver les documents. L'explorateur de Windows ou les moteurs de recherche Internet fonctionnent sur le principe de l'indexation.

14 LA MISE À JOUR D'UNE BASE D'INFORMATION (suite)

Cependant, la recherche par saisie d'un ou plusieurs mots-clés renvoie une multitude de résultats qui ne sont pas toujours pertinents. Le recours aux opérateurs booléens («et», «ou», «sauf»), qui combinent des mots-clés, permet des résultats plus précis et plus rapides.

3 La gestion du cycle de vie des informations

L'enjeu consiste à gérer chaque étape de la vie des données en privilégiant les plus récentes et en stockant les plus anciennes sur des supports moins sollicités et moins coûteux.

Dans un premier temps, il faut compresser les données afin de déplacer sur des supports d'archivage celles qui ne sont pas utilisées au quotidien et identifier celles qui doivent être détruites.

Cette hiérarchisation/migration des données s'effectue encore souvent de façon manuelle. Depuis quelques années, des solutions informatiques permettent d'automatiser ces tâches, ce qui évite les duplications inutiles d'informations.

EXEMPLE

Les logiciels *Information Lifecycle Management* (ILM) proposent un mode de gestion automatisé des données, depuis leur création jusqu'à leur destruction. Les solutions ILM automatisent les déplacements de données et l'archivage des fichiers entre les différents supports d'information.

4 Les bases de connaissances (*Knowledge Base*)

Une base de connaissances est une base de données compilant des questions et leurs réponses spécifiques à un domaine spécialisé donné. Ces connaissances spécifiques sont en fait des données relatives à des situations précédemment vécues par des collaborateurs.

Des méthodes et des logiciels permettent de créer des bases de connaissances.

1. Le wiki d'entreprise

Le principe du wiki repose sur la technologie d'un site Web dynamique, dont le contenu peut être modifié par tout un chacun. C'est un outil simple d'utilisation et puissant du fait de sa capacité à mobiliser et mutualiser les apports d'un nombre important d'individus.

EXEMPLE

Le wiki le plus connu est l'encyclopédie en ligne Wikipédia.

Les informations publiées sur un wiki d'entreprise sont généralement contrôlées par un modérateur. Tous les collaborateurs de l'entreprise partagent des informations techniques ; les managers peuvent également y publier les procédures internes. Les principaux avantages du wiki résident dans son faible coût et sa relative facilité de prise en main.

Le défi est plutôt ici d'ordre culturel : il s'agit d'inciter les collaborateurs de l'entreprise à prendre du temps pour partager régulièrement leurs connaissances en ligne.

2. Le système de gestion de contenu

Un Système de Gestion de Contenu (SGC), ou *Content Management System* en anglais (CMS), est un logiciel qui permet de concevoir et de mettre à jour un site Web de façon dynamique.

Il propose diverses fonctionnalités :
- l'organisation des contenus ;
- le travail collaboratif sur un même document ;
- la gestion des contributions et la constitution d'une chaîne de publication (*workflow*) ;
- la gestion du cycle de vie d'un document ;
- la séparation du fond et de la forme et la gestion des versions ;
- la constitution d'un support des métadonnées ;
- la localisation, l'indexation et la recherche.

3. Les cartes conceptuelles et les cartes heuristiques

a) Les cartes conceptuelles

Elles permettent de représenter en réseau (réticularité) et d'organiser de manière graphique l'univers d'un concept tel qu'il est perçu par un ou plusieurs individus. Elles obéissent à des règles de représentation formelles et strictes, mais facilitent la compréhension par d'autres personnes.

EXEMPLE

Lors d'une séance de créativité *(brainstorming)* pour la recherche d'un axe publicitaire, une carte conceptuelle permet de générer des idées (remue-méninges), de prendre des notes (notamment dans une discussion de groupe), de communiquer des idées complexes et de favoriser l'apprentissage en intégrant de nouveaux savoirs avec d'anciens savoirs, ou encore d'évaluer la compréhension des participants.

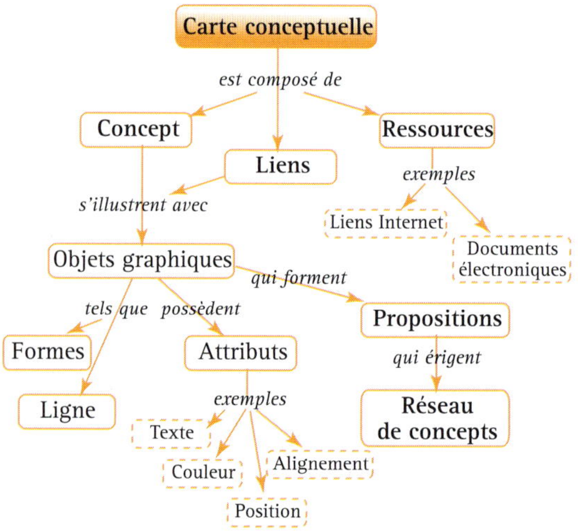

© Académie de Nantes, 2007. P. Duplessis *et alii*.

b) Les cartes heuristiques

Elles représentent en arbre (arborescence), à partir d'une idée centrale, le reflet personnel de la pensée et les relations de tout ordre entre les idées. La lecture, relativement aisée, se fait du centre vers l'extérieur.
Les règles de formalisation sont plus souples et la mémorisation plus facile que pour une carte conceptuelle.

EXEMPLE

Carte conceptuelle de « Document »

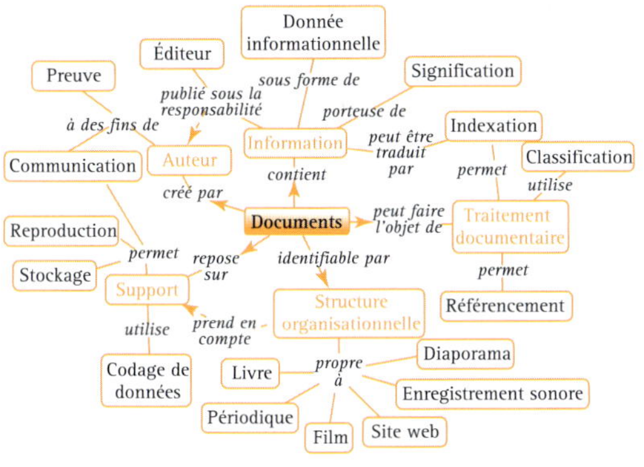

Académie de Nantes. *Op. cit.*

4. Le système expert

L'intelligence artificielle est une méthode de conception de programme, les «systèmes experts» ou «Systèmes Interactifs d'Aide à la Décision» (SIAD), en anglais *Knowledge Based Expert Systems* (KBES), automatisant une partie d'un processus de décision. Le logiciel d'intelligence artificielle s'appuie sur la connaissance d'un domaine bien précis, préalablement communiquée par un expert. Pour obtenir des déductions et des conclusions, le programme automatise le raisonnement. Ainsi, à partir d'une liste de déclarations, le système expert va modéliser un ensemble de connaissances et cherchera toutes les déductions possibles pour aboutir à une conclusion.

EXEMPLES

Le système expert *Advertising Budgeting* (ADBUDG), développé par Little en 1970, est un modèle qui mesure l'impact d'un investissement publicitaire au niveau des ventes.
Dans le domaine de la communication, le système expert *Copy*, développé par Burke *et al.* en 1990, est utilisé pour créer une publicité pour un produit. Il permet de développer une stratégie publicitaire, de définir une stratégie d'annonce (*strategy copy*) et de sélectionner une approche communicationnelle appropriée dans la publicité.

5. La notification des mises à jour

La notification aux différents utilisateurs du SI consiste à informer un collaborateur ou un ensemble de collaborateurs de la mise à jour d'une base d'information. Lorsque la mise à jour concerne un projet de communication, il convient de préprogrammer les différents destinataires en fonction de leur implication dans tel ou tel projet. Selon les entreprises, l'importance de la mise à jour varie et sa notification prend un aspect plus ou moins formel.

EXEMPLES

Une notification aux utilisateurs du SI les informera :
- des modalités d'organisation d'un stage de formation, d'une réunion ;
- de la publication du nouveau numéro d'une *newsletter* ;
- d'un envoi SMS ou MMS.

L'envoi de mises à jour peut s'effectuer *via* un tableau de bord de notifications automatiques, qui permet de vérifier que le destinataire a bien accusé réception de la notification.
Enfin, selon la nature et l'importance de la mise à jour, la notification pourra être préprogrammée pour avoir lieu en temps réel : notification quotidienne, hebdomadaire, mensuelle ou périodique.

exercice 1 Le budget d'une enquête par sondage

L'entreprise Enquêta vous confie la réalisation d'une enquête par sondage dotée d'un budget global de 16000 €. Vous disposez des informations suivantes :
- le coût de la conception du questionnaire s'élève à 1300 € ;
- les frais fixes sont de 2800 € ;
- les frais variables sont de 2,40 € par questionnaire ;
- la rémunération des enquêteurs est fixée à 7,80 € par questionnaire.

ENTRAÎNEZ-VOUS

1. Calculez le nombre de questionnaires que vous pourrez administrer compte tenu du budget disponible.

2. Calculez la marge d'erreur maximale acceptée (seuil de confiance de 95 %).

3. Calculez la taille de l'échantillon et le budget si vous souhaitez réduire de moitié la marge d'erreur calculée précédemment. Commentez vos résultats.

CORRIGÉ p. 325

exercice 2 La réalisation d'un questionnaire d'enquête

Le directeur d'une grande surface spécialisée dans le bricolage constate l'intérêt croissant des femmes pour ce secteur, ce qui a eu un impact direct sur le développement régulier du chiffre d'affaires. Le rayon Décoration, implanté au centre du magasin, a certainement contribué à féminiser progressivement la clientèle. Soucieux de maintenir cette tendance, le directeur a commandé une enquête pour recueillir des informations sur le degré de satisfaction de la clientèle concernant le rayon Décoration. À la question à choix multiple « Quels sont les points à améliorer dans le rayon décoration ? », les réponses ci-dessous ont été obtenues.

CSP	Nombre	Gamme des produits	Prix pratiqués	Disponibilité des vendeurs	Agencement du rayon
Cadres	93	35	12	40	6
Techniciens	454	125	238	71	20
Employés	305	242	30	19	14
Ouvriers	661	90	278	261	32

ENTRAÎNEZ-VOUS

1. Quelle méthode d'enquête auriez-vous préconisée ?

2. Indiquez les points principaux que doit aborder le questionnaire pour recueillir des informations utiles à l'amélioration du rayon.

3. Effectuez le tri à plat des réponses collectées et le tri croisé en fonction du type de réponse.

CORRIGÉ p. 325

exercice **1** page **324**

1. Nombre de questionnaires à administrer

Budget = Σ frais fixes + Σ frais variables

16 000 = (1 300 + 2 800) + (2,40x + 7,8x)

$\Rightarrow$ 10,2x = 16 000 – (1 300 + 2 800)

$\Rightarrow x = \frac{11\,900}{10{,}2} = 1\,166$ questionnaires.

2. Marge d'erreur maximale

$e = \pm\, t\sqrt{\frac{pq}{n}}$

$\Rightarrow \pm\, 1{,}96\sqrt{\frac{0{,}5 \times 0{,}5}{1\,166}}$

e = ± 0,0287, soit 2,87 %.

3. Calcul pour réduire de moitié la marge d'erreur

$e = \frac{2{,}87}{2} = 1{,}435\,\%$

$n = \frac{t^2(p \times q)}{e^2}$

$= \frac{1{,}96^2 \times (0{,}5 \times 0{,}5)}{0{,}01435^2} = 4\,664$ questionnaires.

Budget = (1 300 + 2 800) + (4 664 × 10,2)
= 51 672,80 €.

Commentaire : pour réduire de moitié la marge d'erreur, il faut toujours quadrupler la taille de l'échantillon, ce qui paraît tout à fait inutile en l'occurrence, d'autant plus qu'il faudrait multiplier par 3,23 le budget initial (51 672,8 / 16 000).

exercice **2** page **324**

1. Méthode préconisée

Le nombre élevé de questionnaires exploitables recueillis (1 513) laisse penser que les questionnaires ont probablement été laissés à la disposition des clients à l'accueil, dans le rayon Décoration, et aux caisses, la collecte se faisant dans une urne, à la sortie du magasin, les clients ayant renseigné seuls le questionnaire.

Pour assurer une meilleure fiabilité des réponses, cette enquête aurait pu être réalisée en face à face dans le rayon Décoration durant six jours ouvrables. Un échantillon d'environ 250 personnes (par exemple 150 femmes et 100 hommes) aurait suffi pour obtenir des résultats représentatifs. Il aurait fallu répartir les 250 interviews à réaliser par demi-journée, proportionnellement à la fréquentation habituelle du magasin.

2. Principaux points du questionnaire

Les questions doivent fournir des informations utiles sur :
- la facilité à trouver les articles recherchés ;
- le rapport qualité/prix des produits du rayon ;
- l'attractivité du rayon (achalandage, présentation des articles...) ;
- la tenue du rayon (propreté, rangement, cohérence de l'organisation) ;
- le suivi des articles ;
- les vendeurs (amabilité, disponibilité, présence, compétences...) ;
- le positionnement de l'enseigne comme spécialiste du bricolage.

3. Tri à plat et tri croisé à partir des 1 513 questionnaires exploitables

	Tri à plat	
	Valeurs absolues	Valeurs relatives
A Gamme des produits	492	32,52
B Prix pratiqués	558	36,88
C Disponibilité des vendeurs	391	25,84
D Agencement du rayon	72	4,76
Total	**1 513**	**100,00**

	Nb	Tri croisé							
		Valeurs absolues				Valeurs relatives			
		Cadres	Tech.	Empl.	Ouvr.	Cadres	Tech.	Empl.	Ouvr.
A	492	35	125	242	90	37,63	27,53	79,34	13,62
B	558	12	238	30	278	12,90	52,42	9,84	42,06
C	391	40	71	19	261	43,01	15,64	6,23	39,49
D	72	6	20	14	32	6,45	4,41	4,59	4,84
Total	1 513	93	454	305	661	100	100	100	100

CULTURES TECHNOLOGIQUES DE LA COMMUNICATION

1 LES SYSTÈMES D'EXPLOITATION

Les métiers du domaine de la communication nécessitent des connaissances dans le domaine technologique, du fait du recours croissant aux outils informatiques.

1 Approche du système d'exploitation

1. Définition

Le système d'exploitation (SE) est constitué de l'ensemble des programmes standardisés (logiciels d'exploitation) qui servent d'interface entre le matériel informatique et les logiciels d'application.

2. Les fonctions du système d'exploitation

Le système d'exploitation assure :
- l'exploitation des périphériques matériels (cartes graphiques/son, scanner, dispositifs USB, imprimante...), dont il coordonne l'utilisation du fait de son rôle d'intermédiaire entre les utilisateurs et les logiciels d'application ;
- la surveillance des tâches exécutées par les programmes et leur planification. L'utilisateur peut ainsi ouvrir et fermer des documents, lancer une impression sans avoir à se préoccuper de conflits éventuels entre les différents ordres qu'il donne à la machine.

2 Les principaux systèmes d'exploitation

Deux familles de systèmes d'exploitation occupent une position dominante sur le marché :
- Microsoft Windows (en particulier la version Windows 7). La famille des systèmes d'exploitation Microsoft a le quasi-monopole et domine notamment le marché des SE préinstallés sur les ordinateurs portables ;
- Unix (dont Mac OS X et Linux). Cette famille assure une part importante du marché des serveurs.

3 Comparaison des logiciels d'exploitation

1. Distinction en fonction de la nature du code source

Le code source est l'ensemble des instructions qui composent un programme pour l'ordinateur. Elles sont écrites par des experts dans un langage de programmation informatique. Les systèmes d'exploitation n'exploitent pas directement le code source mais lancent des exécutables.

Le code source des logiciels du SE dits « propriétaires » est privé : pour les non-spécialistes, il est techniquement très difficile de modifier un tel logiciel ou de savoir ce qu'il fait sans en avoir le code source. Le code source des logiciels du SE dits « libres » est public.

EXEMPLE

Linux est libre, son utilisation gratuite (diffusion, copie, modification technique) est légalement autorisée. L'apport de services associés au logiciel (développement d'applications spécifiques, installation, garantie...) peut cependant faire l'objet d'une rémunération.

2. Les critères de comparaison

La comparaison des logiciels d'exploitation libres et des logiciels d'exploitation propriétaires fait ressortir des avantages et des inconvénients propres à chacun d'entre eux.

Critères	Logiciels d'exploitation libres	Logiciels d'exploitation propriétaires
Prix	Le coût est très faible pour un ensemble complet comprenant les outils d'administration d'un réseau et de nombreuses applications (outils bureautiques, outils de gestion de bases de données...).	Les applications commerciales équivalentes sont beaucoup plus coûteuses. Elles demandent un investissement régulier pour acquérir les versions successives.
Performance	Multitâche, le SE est capable de faire tourner simultanément plusieurs logiciels de façon indépendante. Le plantage d'une application ne gêne pas la poursuite de l'exécution des autres. Le SE est un système multi-utilisateur.	Le SE est conçu avant tout comme un système monoposte. Les nouveaux programmes prennent du temps pour se stabiliser (*bugs*).
Installation du système	L'installation est délicate. Le SE a des difficultés à gérer certains périphériques.	Le SE est capable de reconnaître directement la quasi-totalité des périphériques.
Installation des programmes	Si de nombreux programmes sont disponibles gratuitement sur Internet, leur installation sur un disque dur est souvent problématique du fait du manque d'uniformisation des procédures d'installation.	Les procédures d'installation sont rodées, l'opérateur se laisse guider par des instructions faciles à comprendre.
Sécurité	Le principal programme utilisé comme serveur Internet est l'application Linux libre Apache, moins vulnérable car moins attaquée.	La grande diffusion de ces logiciels en fait la cible privilégiée des auteurs de virus. Ils sont, de ce fait, plus vulnérables.
Offre de programmes « grand public »	L'offre est plus réduite et les programmes sont moins sophistiqués, mais le retard diminue : enrichissement des interfaces graphiques, suites bureautiques, systèmes de gestion de bases de données, programmes graphiques...	Il existe de très nombreuses applications professionnelles.

2 LA MAINTENANCE ET LE PARAMÉTRAGE

➔ Le fonctionnement de l'entreprise repose sur l'utilisation quotidienne des ressources informatiques, notamment les bases de données implantées sur les serveurs, et l'usage qui en est fait par les postes clients. De ce fait, la sécurisation des équipements passe par la maintenance du réseau et des postes ainsi que leur paramétrage.

1 La maintenance du réseau

La maintenance assure la sécurité d'un réseau en s'efforçant de garantir :
- la non-interruption du fonctionnement des équipements informatiques pour assurer la continuité de la vie de l'entreprise ;
- le fonctionnement optimal de l'ensemble des machines du réseau ;
- l'accès sélectif des utilisateurs aux machines, uniquement en fonction des droits qui leur ont été attribués.

2 La sécurisation du serveur

Il s'agit de sécuriser les données en anticipant les pannes possibles.

1. La sécurisation des alimentations électriques

Microcoupures de courant, coupure électrique, sous-tension, surtension due à la foudre peuvent provoquer l'arrêt ou le redémarrage soudain des stations réseaux. Cela a pour conséquence la perte des travaux en cours non sauvegardés et peut détériorer le matériel informatique.
L'onduleur permet de protéger les équipements, notamment informatiques, comme le serveur, contre les pannes électriques. Le matériel à protéger est branché sur l'onduleur, lui-même branché sur le secteur. Ainsi, en cas de problème, l'onduleur bascule l'alimentation électrique sur une batterie de secours pendant quelques minutes.

2. La récupération des données

La récupération des données est assurée grâce à un système de tolérance de pannes : le système RAID *(Redundant Array of Inexpensive Disks)*. Cette technologie vise à prévenir des pannes de disques en autorisant l'écriture des données sur plusieurs disques simultanément. Il existe sept niveaux de RAID (de 0 à 6).

EXEMPLES

RAID 1 : les données sont écrites en permanence sur le disque principal et simultanément sur un disque « miroir », sans que l'utilisateur s'en aperçoive. Cette technologie peu coûteuse est simple à mettre en place.

RAID 5 : ce niveau fonctionne avec au minimum trois disques identiques, car il y a non seulement recopie des données mais aussi reconstitution/récupération de n'importe quel disque en cas de panne. Cette technologie complexe a un coût élevé.

3. La protection du serveur contre les risques liés à Internet

a) Le logiciel proxy

Les échanges d'information avec l'extérieur se font par l'adresse IP *(Internet Protocol)* du logiciel proxy, distincte de celle du serveur. Les adresses IP du serveur et des postes de travail sont ainsi protégées des intrusions.

b) Le pare-feu *(firewall)*

Un pare-feu est un système permettant de protéger un ordinateur ou un réseau d'ordinateurs des intrusions provenant d'un réseau tiers (notamment, Internet). Il contrôle la provenance et la destination des flux de données, et peut les bloquer.
Un pare-feu peut prendre la forme d'une boîte connectée au réseau de l'entreprise, d'un logiciel embarqué dans l'équipement du réseau ou d'une simple application.

c) La DMZ

Le réseau local privé de l'entreprise est séparé de son réseau public (par exemple, son site Web qui lui sert de vitrine) par une zone isolée, la DMZ *(DeMilitarized Zone)*. Cette zone, équipée de serveurs différents, évite de compromettre la sécurité.

3 La maintenance et la sécurisation des postes

1. Les antivirus

Les postes de travail doivent être équipés d'un logiciel antivirus pour éviter les intrusions venant d'Internet ou de supports extérieurs (clé USB, disque externe...). Les logiciels antivirus sont conçus pour identifier, neutraliser et éliminer les logiciels malveillants (virus, chevaux de Troie, logiciels espions...).

2. La défragmentation

L'utilisateur d'un ordinateur écrit et supprime couramment des données qui provoquent une fragmentation des fichiers sur différents emplacements du disque dur et un ralentissement progressif de l'exécution des ordres transmis à la machine. La défragmentation remédie à ce problème : elle réorganise le contenu du disque dur en replaçant ensemble les morceaux de fichiers séparés. Cette opération augmente ainsi la performance du PC. Des utilitaires et logiciels peuvent assurer cette défragmentation.

4 L'installation de nouveaux périphériques

La maintenance suppose aussi de connecter de nouveaux périphériques (scanner, souris sans fil...) à un poste informatique. Ces connexions nécessitent l'installation d'un pilote, généralement fourni par les constructeurs sur support (CD-Rom, DVD) ou en téléchargement sécurisé sur leurs sites Web. De nombreux systèmes d'exploitation sont capables de détecter ces ajouts (procédure *plug and play*).

3 LA GESTION DES FICHIERS

➔ La gestion rationnelle des fichiers informatiques est incontournable du fait des relations professionnelles de partage et d'échange entretenues entre les différents acteurs du domaine de la communication.

1 La stratégie de nommage

La stratégie de nommage a pour objectif de rationaliser la syntaxe des noms de fichiers et de dossiers dans le respect des contraintes techniques liées au système d'exploitation et à l'URL lorsque les fichiers sont appelés à transiter par Internet.
Le nommage des fichiers et des dossiers facilite leur identification, leur localisation, leur traitement, leur utilisation et leur tri. Il assure donc un gain de productivité aux utilisateurs.

2 La syntaxe des noms de fichiers et de dossiers

La reconnaissance d'un fichier ou d'un dossier par la machine s'opère sur la base d'une distinction entre le radical (nom significatif du contenu du fichier) et son extension, qui donne le format du fichier.
Un suffixe ou un préfixe peut compléter le radical pour faciliter des regroupements par catégories de documents ou en préciser certains éléments (version, date). Un caractère de séparation et/ou une variation au niveau de la casse améliorent la lisibilité du nom donné au fichier.

EXEMPLE

Nom du fichier : CdChKron_2011-09-15.doc
Radical : CdChKron
Extension : .doc
Le nom du fichier signifie : « Cahier des charges du client Kron daté du 15 septembre 2011 » ; il s'agit d'un fichier texte.

Le nommage d'un fichier doit faciliter les opérations de tri.

EXEMPLE

Le tri par dates d'un ensemble de fichiers à partir de leurs noms sera possible si le nommage respecte un ordre comme année, mois et jour (AAAA-MM-JJ).
Les symboles \ / : * ? > < ne sont pas autorisés dans le nommage des fichiers.

3 Les principaux formats de fichiers

L'extension d'un fichier correspond au logiciel avec lequel il a été conçu. Il faut donc savoir utiliser les grandes familles d'applications logicielles et les principaux formats qui y sont associés pour exploiter les fichiers de façon optimale.

1. Les formats « texte » des fichiers bureautiques

Les suites les plus utilisées en entreprise ont adopté les formats suivants.

Famille d'applications	Extension	Logiciels	Nature
Microsoft Pack Office	.doc, .docx	Word	Traitement de texte
	.xls, .xlsx	Excel	Tableur
	.mdb, .mdbx	Access	Gestion de bases de données
	.pub, .pubx	Publisher	Publication Assistée par Ordinateur (PAO)
	.ppt, .pptx	Power-Point	Présentation Assistée par Ordinateur (PréAO)
Open Office	.odt	Writer	Traitement de texte
	.ods	Calc	Tableur
	.odg	Draw	Dessin et PAO
	.odb	Base	Création et gestion de bases de données
	.odp	Impress	PréAO
Autres	.wpd	WordPerfect	Suite bureautique
	.wps	Works	Suite bureautique
	.txt	Bloc-notes	Texte non formaté
	.rtf	Word, Writer	Format reconnu par la plupart des traitements de texte
	.pdf	Acrobat	Encodeur de documents

En règle générale, il faut disposer du logiciel d'origine pour ouvrir le fichier correspondant. Cependant, certains logiciels permettent d'ouvrir les formats de fichiers émanant de logiciels de même nature. Dans ce cas, selon le degré de compatibilité entre les logiciels, la mise en forme du document sera plus ou moins conservée.

EXEMPLE

WordPerfect peut ouvrir des fichiers dont l'extension est .doc.

Pour disposer d'un fichier lisible quelle que soit la configuration informatique, il faut utiliser un format de fichier « pivot », c'est-à-dire un format reconnu par plusieurs logiciels.

EXEMPLE

L'enregistrement d'un document au format RTF *(Rich Text Format)* ou PDF *(Portable Document Format)* le rend compatible avec la plupart des logiciels de traitement de texte.

2. Les formats de fichiers images

Ces formats sont étudiés dans la fiche *Les images numériques*, p. 332.

3. Les autres formats courants de fichiers

L'utilisation de formats audio et vidéo répond aux mêmes contraintes que les fichiers « texte » et graphiques (compatibilité des formats, taille et qualité des fichiers) :
- formats audio : mp3, mid, wav, wma ;
- formats vidéo : mpeg, mov, avi, ra, flv ;
- formats compression : zip, rar
- formats Internet (diffusion de documents) : html, php, xml.

De plus en plus de logiciels permettent de convertir les différents formats de ces types de documents.

4 La gestion des formats de documents

1. Les particularités de la gestion des différents formats liées à l'activité des entreprises du secteur de la communication

Dans le domaine de la communication, les intervenants ont à manipuler et transmettre un grand nombre de fichiers. Ils doivent donc gérer :
- la compatibilité et la convertibilité de fichiers de formats variés (vidéo, audio et graphiques, le plus souvent) ;
- la transmissibilité électronique de fichiers volumineux.

2. L'attribution du format

Lorsqu'un document fait son entrée dans le système d'information de l'entreprise (acquisition), l'attribution du format du fichier correspondant s'effectue en fonction des traitements prévisibles relatifs à ce document.

	Document destiné au classement « vivant »	Document destiné au classement « définitif »
Type de traitements	- Consultation fréquente - Modifications - Versions successives - Fusion - Transmission	- Consultation occasionnelle - Reproduction - Conservation - Archivage
Formats préconisés	Formats « texte ». Ce sont des fichiers contenant du texte sans mise en page (txt) ou plus élaboré (doc).	Formats graphiques. Ce sont des fichiers d'images, de photos, des fichiers provenant d'un scanner.

3. La conversion entre les différents formats

a) La conversion entre les formats « texte »

La conversion entre les formats « texte » permet aux utilisateurs de passer d'un traitement de texte à un autre lorsque l'équipement logiciel n'est pas homogène.

b) La conversion entre les formats graphiques

La conversion des fichiers graphiques est singulièrement compliquée par l'existence de nombreux formats. Le recours à un outil logiciel spécialisé peut s'avérer indispensable.

EXEMPLE

L'application Universal Document Converter, de l'éditeur fCoder Group, offre des fonctionnalités professionnelles.

c) La conversion d'un format « texte » en format graphique

Pour la mise en archive d'un document, il est possible (sous Word, par exemple) de générer directement un fichier au format graphique JPG à partir d'un document au format DOC.

MODE OPÉRATOIRE

Dans le menu *Fichier/Imprimer*, choisir comme imprimante *Microsoft Office Document Image Writer*, cliquer sur le bouton *Propriétés*, onglet *Paramètres avancés* et cocher l'option *TIFF – Télécopie monochrome*.

d) La conversion d'un format graphique en format « texte »

La conversion d'un format graphique en format « texte » implique de procéder à une reconnaissance optique de caractères (ROC, ou OCR pour *Optical Character Recognition*) à partir d'un support papier. Il faut donc imprimer au préalable le document à convertir. Cette procédure reste exceptionnelle car elle correspond, pour le document considéré, à une restauration d'archive.

5 La numérisation des documents

Au cours de l'activité de l'entreprise, le système d'information s'enrichit constamment de nouveaux documents. Cet apport peut être réalisé par la numérisation des versions papier des documents à l'aide d'un scanneur. On distingue deux modes de numérisation.

1. Le mode « image »

Dans le mode « image », le scanneur produit une simple image ou photocopie numérique du document. Le fichier obtenu est au format graphique. Les formats graphiques les plus courants (tiff, gif, bmp et jpeg) sont adaptés à la conservation et à la reproduction des documents.
La modification de documents enregistrés sous un format graphique nécessite le recours à un logiciel professionnel de retouche d'images, comme Photoshop d'Adobe.

2. Le mode « texte »

Le poste de travail informatique doit être équipé d'un logiciel de reconnaissance optique de caractères (ROC). Ce type de logiciel, couplé au scanneur, permet de générer, à partir d'un document papier (texte imprimé ou même texte manuscrit), un fichier au format « texte » susceptible de subir des traitements à l'aide des logiciels de traitement de texte courants. La ROC dispense donc les opérateurs de tâches de saisie longues et fastidieuses.

6 La récupération des fichiers effacés

Un logiciel ou un matériel défectueux, une erreur de manipulation peuvent entraîner en moins d'une seconde la perte d'un fichier, donc de plusieurs heures de travail. À condition d'agir vite, des logiciels permettent de récupérer totalement ou partiellement les données supprimées. En effet, quel que soit le système d'exploitation en place sur un poste de travail, il ne supprime pas physiquement les fichiers ; il se contente de les marquer comme « effacés ». Le fichier reste intact un court instant, jusqu'à ce que le système d'exploitation décide d'en réécrire un par dessus.

EXEMPLE

Le logiciel PC Inspector File Recovery 4.0 de Convar (gratuit, interface multilingue dont français, 5,8 Mo) retrouve les fichiers (avi, bmp, doc, dbf, xls, jpg, mp3, pdf, rtf, zip, etc.) et tente de les reconstituer.

4 LES IMAGES NUMÉRIQUES

➔ Mener efficacement à terme un projet ou des actions de communication accompagnées de supports, en « *print* » ou sur le Web, impose la maîtrise du numérique. En effet, Internet est le mode de transfert le plus couramment utilisé par les acteurs de la chaîne graphique. Dès lors, une image, qu'elle soit imprimée ou diffusée sur Internet, devient obligatoirement un fichier numérique dans sa dernière phase d'élaboration.

1 Les caractéristiques des images numériques

1. Les différentes images sources

On distingue plusieurs catégories d'images intégrées dans les supports de communication.

a) La photographie numérique

Une photographie numérique est formée de minuscules carrés appelés « pixels » (abréviation de l'anglais « *Picture Element* »). La qualité de l'image dépend du nombre de pixels et de la finesse des nuances de la palette de couleurs. Plus la qualité de l'image est élevée, plus le nombre d'informations qui la définissent est important, et plus la taille du fichier augmente. Chaque format présentant ses spécificités, c'est la destination des photos qui doit déterminer leur compression.

b) L'illustration

Une illustration peut avoir été conçue avec des outils artisanaux (pinceaux, plumes, crayons, collage réel...). Pour être intégrée dans la mise en page ou devenir le visuel d'une affiche, elle doit être scannée. Elle sera alors reconvertie en données numériques et deviendra un fichier au format bitmap (bmp).

Une illustration peut aussi avoir été réalisée directement sur ordinateur, avec une souris ou un stylet de tablette graphique. Le fichier image sera vectoriel ou au format BMP, suivant le logiciel utilisé (Illustrator ou Photoshop).

2. Les images bitmap et vectorielles

a) Les images bitmap

Les images bitmap sont pixellisées, c'est-à-dire constituées de pixels. Elles ne peuvent subir de transformations qu'au prix d'une perte d'information, appelée « distorsion ». La pixellisation est l'apparition de pixels dans une image suite à une transformation, notamment son agrandissement.

Le format BMP, reconnu par presque tous les programmes de retouche d'images, ne convient pas pour les pages Web.

b) Les images vectorielles

Les images vectorielles sont constituées d'entités géométriques telles qu'un cercle, un rectangle ou un segment. La constitution d'une image vectorielle autorise facilement des transformations telles que le zoom sur un détail, l'étirement ou l'agrandissement.

Les images vectorielles sont des fichiers peu volumineux. Ainsi, un logo sera traité en vectoriel pour pouvoir s'adapter à toutes les utilisations exigées par sa fonction, notamment lors d'un agrandissement.

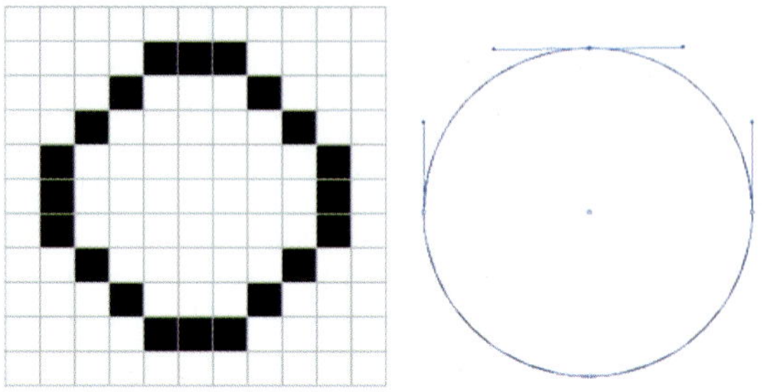

3. Les modes colorimétriques

a) Le mode RVB (RGB en anglais)

Le rouge, le vert et le bleu sont les couleurs utilisées lors de la prise photographique et de la numérisation d'une image. Il s'agit également de celles qu'exploite un écran d'ordinateur. C'est le mode utilisé lors des vidéoprojections dans un contexte multimédia.

RGB

b) Le mode CMJN (CMYK en anglais)

Lorsqu'on souhaite imprimer une image photographique scannée, il est nécessaire de basculer, en quadrichromie, dans le mode CMJN (cyan, magenta, jaune, noir).

CMYK

Remarque : l'écran d'ordinateur transmet l'image en mode RVB alors que l'imprimante exploite le mode CMJN (4 encres). Cette différence de mode explique qu'il y ait des différences importantes entre une image affichée (couleur lumière) et la même image imprimée.

Les fichiers images en mode RVB sont 25 % plus petits et donc quatre fois plus rapides à manipuler et plus faciles à stocker que les fichiers en mode CMJN.

4. La résolution d'image

La résolution d'une image numérique décrit la densité de ses informations, mesurée en ppi (*pixels per inch* ou pixels par pouce, soit 2,54 cm). Ainsi, une image constituée de 300 pixels et qui mesure un pouce a une résolution de 300 ppi.

La résolution sera choisie en fonction de l'usage que l'on souhaite faire de l'image et de la diffusion du support dans lequel celle-ci sera intégrée. Les images destinées à être uniquement visualisées à l'écran seront de 72 ppi au format réel alors que celles destinées à l'impression nécessitent une résolution plus élevée (couramment, 300 ppi au format réel).

Les paramètres de définition sont déterminés lors de la prise photographique ou lors du scan. On peut ensuite modifier la résolution en comprimant les données.

Plus la résolution est grande, plus le nombre de pixels par pouce est important, plus il sera possible de reproduire de détails.

2 Les caractéristiques d'un fichier image

Les fichiers images sont au cœur des activités de communication.

1. La taille du fichier

La taille d'un fichier image (ou poids de l'image) s'exprime en général en mégaoctets (Mo) ou en kilo-octets (ko) ; ainsi, 1 Mo = 1 000 ko. Elle est directement fonction :
- de la définition ou résolution de l'image ;
- de sa taille (largeur × hauteur) ;
- de son mode colorimétrique (RVB ou CMJN).

La question du poids de l'image est essentielle dans les opérations de transfert par mail, pour la mise en ligne ou l'impression.

2. Le format du fichier

Contrairement aux formats bureautiques, les formats de fichiers images sont reconnus par la plupart des logiciels de retouche d'images. La gestion de ces fichiers ne portera donc pas sur leur compatibilité mais sur le choix de leur format en fonction de l'usage qui en sera fait :
- pour effectuer un travail de retouche d'images, de PAO ou imprimer des images en qualité « photo », le critère de choix du format sera la qualité (résolution) de l'image ;
- pour envoyer une image par courriel, la publier sur Internet ou l'insérer dans un diaporama, le choix sera déterminé par le volume du fichier (poids en ko).

Le choix du format est donc un compromis entre le niveau de qualité de l'image et son poids, qui peut alors varier de 1 à 10 Mo pour la même image.

Le format est indiqué par un suffixe, situé à la fin du nom du fichier. Renommer un fichier modifie son radical mais pas son format.

EXEMPLE

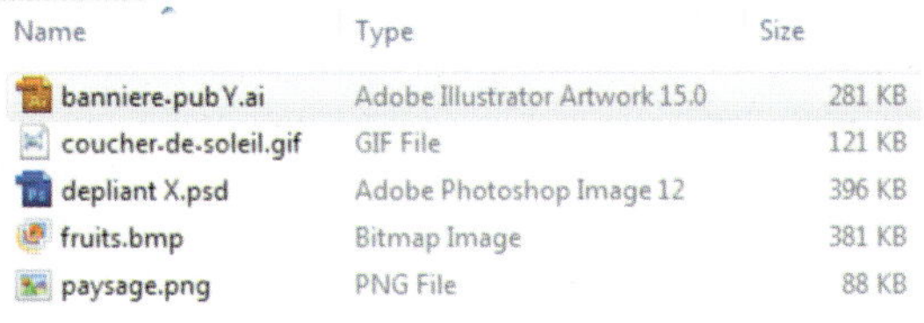

Les principaux formats de fichiers images

Suffixe	Spécificités	Utilisation
.pdf *(Portable Document Format)*	Format de document (image ou mise en page)	Quasi-standard pour l'échange numérique de données, spécialement en prépresse.
.ai (Adobe Illustrator)	Données graphiques vectorielles	Production imprimée et non imprimée.
.eps *(Encapsulated PostScript)*	Données graphiques, données d'image	S'importe dans des logiciels de mise en page. Ne convient pas pour la production non imprimée.
.jpg, .jpeg *(Joint Photographic Experts Group)*	Fichier orienté pixel	Fichier peu volumineux grâce à un mode de compression efficace. C'est le format standard utilisé pour les images destinées aux pages Web (conseillé pour les photos) et aux envois par courriel. Ce format est reconnu par la quasi-totalité des programmes de retouche d'images.
.psd *(Photoshop Document)*	Fichier orienté pixel	À importer dans un logiciel de mise en page. Ne convient pas pour la production imprimée.
.tif, .tiff *(Tagged Image File Format)*	- Données volumineuses - Format de compression d'image sans déperdition de qualité	- Échange pour des données d'images en pixels. Ne convient pour la production non imprimée. - Choix à privilégier en PAO mais à éviter sur Internet car aucun navigateur ne le lit directement.
.raw (qui signifie « brut »)	Données brutes pour images numériques	Meilleure qualité d'image que le JPEG.

3. Le type de fichier

Quand on importe ou qu'on exporte un fichier image dans un logiciel de mise en page, il convient de choisir le type de fichier approprié en tenant compte du contenu de la tâche, de son ampleur et de sa destination : affichage écran ou impression, en mode RVB ou CMJN.

EXEMPLES

Le format PDF est le plus utilisé pour le transfert de graphiques entre applications.

Les images bitmap destinées aux travaux d'impression sont encore, le plus souvent, chargées et importées sur les fichiers TIFF, mais le format JPEG à compression minimale est aussi fréquemment employé.

5 LES INSTRUMENTS WEB D'INTEROPÉRABILITÉ

Les technologies du Web ont considérablement fait évoluer les façons de travailler des différents acteurs intervenant dans des projets de communication communs : possibilités d'échanges, de travail collaboratif... On parle d'« interopérabilité », c'est-à-dire de possibilité d'interactions entre les opérateurs.

1 La messagerie électronique professionnelle

1. Principes de fonctionnement

La messagerie (ou courrier) électronique est un service qui permet la saisie, la consultation différée et la transmission, sur des ordinateurs connectés au réseau, de messages électroniques ou documents informatisés. Un courriel peut être constitué par un texte, du son, des images (photos, vidéo).

EXEMPLE

Les professionnels de la communication doivent désormais prendre en compte le fait que les membres de réseaux sociaux (comme Facebook et Twitter) reçoivent dans leur messagerie des notifications de ces réseaux et utilisent la fonction « Partager avec votre réseau », pouvant ainsi créer du bouche à oreille sur un événement *(buzz)*.

2. Les logiciels de messagerie

Une messagerie fonctionne grâce à un logiciel de messagerie ou « client de messagerie ». Un professionnel utilisera de préférence un logiciel dédié ou qui offre des fonctionnalités avancées (gestion de carnet d'adresses, agendas...).

EXEMPLES

Outlook Express, Thunderbird, Windows Mail.

Les logiciels de messagerie sont installés et paramétrés sur l'ordinateur. Ils peuvent être utilisés hors connexion.

3. L'usage courant de la messagerie électronique

a) La rédaction de messages

La rédaction d'un courriel obéit à ses propres règles, proches du courrier traditionnel. Cependant, la facilité d'usage et la rapidité du média conduisent à des dérives. D'où la naissance de la nétiquette, préconisations de règles à respecter propres à un usage éthique du réseau, que ce soit dans le cadre d'une communication interpersonnelle, de un à un, ou d'une communication de un à plusieurs par liste de diffusion.

EXEMPLES

Concevoir des messages concis, les signer, ne pas envoyer de courriers indésirables, ne pas modifier un courrier reçu quand on le retransmet.

b) La réception et le classement des messages

La boîte de réception du logiciel de messagerie affiche généralement en gras les messages reçus et pas encore consultés. Le critère d'ordre d'affichage peut être l'objet, la date ou l'émetteur.

Un classement en dossiers non modifiables (par exemple, « Boîte de réception », « Boîte d'envoi », « Corbeille », « Brouillons »...) est proposé. La plupart des logiciels filtrent puis assurent un rangement automatique des messages dans ces dossiers. Il est ensuite possible de créer des dossiers et sous-dossiers pour organiser son propre classement.

c) La réponse aux messages

Il y a trois possibilités de réponse aux messages :

- répondre à l'auteur à l'aide du bouton « Répondre » *(Reply)*. L'objet du message est alors maintenu et précédé de la mention « Re: » ;
- répondre à l'auteur et à tous les destinataires du message reçu à l'aide du bouton « Répondre à tous » *(Reply all)*. L'objet du message est également précédé de la mention « Re: » ;
- transférer le message à une tierce personne ou à une liste de personnes à l'aide du bouton « Transférer » *(Forward)*. L'objet du message est précédé de la mention « Tr: » *(Fw:)*.

d) La gestion du carnet d'adresses

Le carnet d'adresses géré par la base de données du logiciel de messagerie peut être enrichi manuellement ou automatiquement. Pour une gestion automatique, à réception d'un message, on active une commande (par exemple, « Ajouter aux contacts » dans Outlook). Pour envoyer un même message en un seul clic à différents destinataires, il est possible de constituer des groupes de contacts.

4. L'usage professionnel de la messagerie

La facilité d'expédition de messages électroniques à contenu publicitaire à un nombre étendu de clients potentiels a donné lieu à des abus. Pour tenter de mettre fin aux intrusions non autorisées dans les boîtes de messagerie, le législateur a dû intervenir. Ainsi, le récent cadre juridique de la LCEN (Loi pour la Confiance dans l'Économie Numérique) renforce la loi n° 78-17 du 6 janvier 1978 qui autorise la prospection directe par courrier électronique à plusieurs conditions :

- les coordonnées du destinataire de la proposition commerciale doivent avoir été fournies directement par lui, à l'occasion d'une vente de produits ou d'une prestation de services ;
- la prospection par courriel concerne ces mêmes produits ou services ;
- le destinataire doit être clairement informé de la possibilité de s'opposer à l'utilisation de ses coordonnées dès réception d'un envoi ;
- il y a obligation d'indiquer l'identité de l'expéditeur du courriel ;
- il est interdit de mentionner l'objet d'un message sans rapport avec la proposition commerciale.

5. Les risques liés à l'utilisation de la messagerie électronique

a) Les virus

Le courriel et les pièces jointes facilitent la propagation de virus pouvant bloquer ou détruire des données, voire même prendre le contrôle de l'ordinateur. Les logiciels antivirus, indispensables, limitent ce type de risques.

b) Le pourriel *(spam)*

Le nombre important de courriers indésirables, de nature souvent publicitaire, envahissant la boîte de réception risque de la saturer. Le *spam* constitue une réelle nuisance mais le paramétrage du gestionnaire de messagerie permet d'y remédier.

EXEMPLE

Dans Outlook Express 6 : ouvrir le menu *Outils/Règles de message/Liste des expéditeurs bloqués.*

c) Les canulars *(hoax)*

Les canulars véhiculent des rumeurs souvent fausses dont la lecture fait perdre du temps. Le site www.hoaxkiller.fr permet de les identifier et d'en limiter la transmission. Dans un cadre professionnel, leur diffusion est à proscrire car elle fait courir le risque d'une perte de crédibilité.

2 Les outils au service de l'interopérabilité

Ces outils peuvent être classés en deux grandes catégories.

1. Les outils de communication

Les outils de communication permettent de se mettre en relation instantanée avec un ou plusieurs interlocuteurs grâce à Internet.

EXEMPLES

Forum, foire aux questions (FAQ), messagerie, discussion instantanée/visioconférence, annuaire, liste de diffusion.

2. Les outils de partage

Les outils de partage facilitent le partage d'informations, donc le travail collaboratif.

EXEMPLES

Agenda partagé collectif, partage de documents, publication d'articles par un CMS (*Content Management System*, ou système de gestion de contenu) intégré.

3 Les plates-formes collaboratives

De nombreuses applications permettent de mettre en œuvre des plates-formes collaboratives, support privilégié de l'interopérabilité.

EXEMPLES

Ovidentia, Dokeos, Claroline, Google Groupes (bêta).

1. La notion de travail collaboratif

Le travail collaboratif est un véritable travail en commun dans la mesure où tout le monde y participe pour aboutir à une réalisation commune. Il repose sur l'échange permanent d'informations entre des personnes qui interagissent au fur et à mesure de l'avancement du travail. La responsabilité de son aboutissement est collective.

EXEMPLE

Une agence de Web design qui prend en charge le projet de création du site d'une entreprise mobilise un chef de projet chargé de la coordination entre plusieurs collaborateurs : le graphiste, le développeur, le référenceur, l'intégrateur et le flasheur.

2. La notion d'espace de travail collaboratif

Un espace de travail collaboratif permet aux membres de l'espace (ou utilisateurs) de partager des outils et des contenus entre eux. Ce partage peut se faire de façon différenciée selon les utilisateurs ou les groupes d'utilisateurs, en fonction des droits qui leur sont attribués. Un espace général peut être consacré aux informations concernant l'ensemble des utilisateurs et des espaces spécifiques aux contenus ne concernant qu'une partie des utilisateurs.

3. Le principe de la gestion des droits

La création de droits différents individualise les possibilités d'usage. Ainsi, certains utilisateurs auront accès aux mêmes ressources que d'autres, mais avec des droits différents.

EXEMPLE

Un utilisateur peut avoir le droit de consulter une ressource déposée par un autre, mais pas de la modifier ou d'en créer une lui-même.

4. Les catégories de droits et leur attribution

On distingue quelques catégories générales de droits : les droits de consulter une ressource, de créer une ressource, de rendre cette ressource accessible à tous les utilisateurs de l'espace, de gérer les ressources (modifier, déplacer, supprimer...), d'administrer l'espace (ajouter des utilisateurs, en supprimer...).
L'attribution des droits est simplifiée par la possibilité de définir des groupes. Ainsi, l'administrateur attribue des droits aux groupes puis il affecte les utilisateurs aux groupes qui les concernent. Lorsqu'un utilisateur est intégré dans un groupe, il hérite des droits du groupe. Ainsi, lorsqu'on veut modifier les droits d'un ensemble d'utilisateurs, il suffit de modifier les droits du groupe.

5. Les catégories d'utilisateurs

On peut définir plusieurs catégories d'utilisateurs.

EXEMPLES

- L'administrateur dispose de tous les droits.
- Le gestionnaire dispose de droits de gestion sur certains outils.
- Le modérateur dispose du droit de validation des ressources publiées (la modération peut avoir lieu *a priori* ; une ressource n'est publiée qu'après validation ou *a posteriori*).

6 LE TRAVAIL EN RÉSEAU

➔ Le travail en réseau permet aux utilisateurs de partager des ressources informatiques matérielles et logicielles, de transmettre et d'échanger des données entre des systèmes plus ou moins distants.

1 La notion de réseau informatique

Dans le domaine de l'informatique, le terme « réseau » *(network)* est employé dès lors que plusieurs ordinateurs sont reliés entre eux de manière physique afin qu'ils puissent communiquer et partager des ressources. Un réseau informatique permet aux utilisateurs l'échange de données entre systèmes éloignés.

1. Les différents réseaux privés

a) Le réseau local ou *Local Area Network* (LAN)

Un réseau local est un réseau intra-entreprise qui peut compter plusieurs centaines d'ordinateurs et de périphériques dans un espace géographique limité de quelques mètres à quelques kilomètres.

b) Le réseau étendu ou *Wide Area Network* (WAN)

Un réseau étendu organise l'interconnexion de réseaux locaux distants géographiquement. Le plus connu des réseaux étendus est Internet.

2. L'architecture d'un réseau local

On parle de « réseau poste à poste » quand le réseau local n'est pas organisé autour d'un seul ordinateur, appelé « serveur dédié ». Ce type d'architecture est en usage quand le nombre de postes informatiques dans l'entreprise est limité (jusqu'à une dizaine). Au-delà, le réseau local est le plus souvent organisé autour du serveur dédié, constitué de plusieurs éléments.

2 Les composants matériels du réseau et leur rôle

1. Les différents matériels

a) La carte réseau

Pour se brancher au câble réseau (ligne spécialement prévue pour faire transiter des informations numériques), les ordinateurs, serveurs et imprimantes doivent être équipés d'une carte réseau, qui représente l'interface physique entre l'ordinateur et le câble.

La carte réseau prépare les données émises par le poste informatique pour le câble. Inversement, elle traduit les données venant du câble pour qu'elles soient lisibles par le poste informatique.

Chaque carte dispose d'une adresse unique, appelée « adresse MAC » *(Media Access Control)*, affectée par le constructeur de la carte. Cette adresse permet à une machine d'être reconnue par les autres machines du réseau.

b) Le serveur

Dans un réseau, toute machine capable de mettre ses ressources à la disposition des autres est appelée « serveur ». Un serveur organise, gère et exécute des services pour le réseau, tels que :

- les services d'application, qui ont pour rôle de faire fonctionner des programmes ou applications de façon à les rendre utilisables par l'ensemble des personnes connectées au réseau ;
- les services de fichiers, qui permettent de stocker des données sur un serveur de fichiers de manière organisée, sécurisée et d'accès rapide ;
- les services de messagerie, qui permettent aux utilisateurs d'échanger des messages électroniques ;
- les services d'impression, qui permettent aux utilisateurs de partager une même imprimante ;
- les services de bases de données, qui permettent aux utilisateurs d'utiliser et de gérer de grandes quantités d'informations.

On attend du serveur :

- qu'il assure l'intégrité et la disponibilité des données ;
- que son niveau de performance soit adapté aux besoins des utilisateurs ;
- qu'il supporte la grande variété d'applications métiers en usage dans le domaine de la communication.

c) Les stations réseaux

Les stations réseaux désignent tous les équipements dotés d'une interface leur permettant d'être connectés au réseau.

EXEMPLES

Un ordinateur, une imprimante.

Une imprimante, qu'elle soit locale ou réseau, peut être partagée. La différence réside dans le fait qu'une imprimante réseau est dotée d'une interface réseau.

2. L'interconnexion des matériels

Pour que les matériels réseaux communiquent entre eux, ils doivent utiliser le même protocole de communication. Le protocole standard sur Internet et, plus largement, dans les réseaux locaux est TCP/IP *(Transmission Control Protocol/Internet Protocol)*. Il comprend un ensemble de protocoles : HTTP *(HyperText Transfer Protocol)*, SMTP *(Simple Mail Transfer Protocol)*, TCP, IP... À chaque protocole correspondent des règles et un rôle particulier.

EXEMPLE

Le protocole IP traite de l'adressage logique des matériels sur le réseau. Cette adresse est unique sur le réseau.

3 Les intérêts du travail en réseau

1. Les intérêts techniques

a) Le partage et l'accès aux ressources

De nombreux périphériques peuvent être partagés : imprimantes, scanners... Des programmes sont mis à la disposition de l'ensemble des utilisateurs en réalisant une seule installation sur le serveur (installation de la version « réseau »). Ces partages entraînent ainsi une réduction des coûts. Le réseau permet aussi d'accéder à des données à distance et de réaliser des traitements comme si on travaillait sur cet ordinateur éloigné.

b) L'amélioration de la fiabilité de l'organisation

L'interconnexion des ordinateurs facilite la poursuite du travail en cas de problème sur un poste informatique.

2. Les intérêts en termes de communication

a) L'échange de données

Chaque poste informatique étant connecté au réseau, la transmission des documents numériques entre acteurs au sein de l'entreprise est automatisée. Par ailleurs, la base de données commune garantit l'unicité de l'information.

b) La communication au sein de l'entreprise

Le personnel de l'entreprise peut communiquer facilement par l'intermédiaire d'une messagerie électronique ou par vidéoconférence.

4 Les droits d'accès au réseau

Le réseau étant utilisé par plusieurs personnes, chacune se voit attribuer un compte utilisateur qui lui permet d'accéder, selon ses droits d'accès, aux fichiers, ressources et informations au moyen d'un identifiant *(login)* et d'un mot de passe.

Un groupe d'utilisateurs est constitué des personnes qui partagent les mêmes fichiers, répertoires, accès aux différents modules d'une application multi-utilisateur. À chaque groupe correspondent des permissions, des droits.

EXEMPLE

Les groupes d'utilisateurs d'une agence de communication

Groupes / Utilisateurs	Programmeurs	Infographistes	Commerciaux
Ahmed et Dimitri	×		
Sacha et Rudolph		×	
Julie et Pascal		×	×

Un groupe d'utilisateurs peut appartenir à un autre groupe ayant lui-même d'autres droits et privilèges.

5 Les outils utiles au travail en réseau

Le travail en réseau suppose des interactions constantes entre les intervenants, qu'ils travaillent en mode synchrone ou asynchrone.

1. Les suites bureautiques

Les différents modules (traitement de texte, tableur...) offrent des possibilités simples de partage des documents et de protection.

EXEMPLE

Un texteur permet de suivre les modifications apportées à un document par ses coproducteurs. Ceux-ci proposent ou acceptent des corrections, ajoutent des commentaires, comparent et fusionnent des documents.

2. Les suites bureautiques collaboratives en ligne

Elles offrent des applications pour partager des documents et travailler simultanément, à distance, avec parfois la possibilité d'échanger *via* une messagerie instantanée. Les modifications sont visibles en temps réel.

EXEMPLES

Google Documents, Thinkfree Office.

3. Les wikis

Un wiki est un système de gestion de contenu de pages Web librement modifiables par les personnes autorisées. Il permet la production collaborative de documents. Il présente l'avantage de rassembler les connaissances sur un support commun à tous, avec une mise à jour régulière. Un système de gestion des droits d'accès autorise l'accès aux pages et filtre les opérations que l'intervenant peut faire. Un moteur de recherche permet de trouver aisément l'information.

4. Les bases documentaires gérées par la GED

La gestion électronique des documents (GED) participe aux processus du travail collaboratif en réseau. En effet, elle permet la mise en place d'un *workflow* qui routera des documents dématérialisés vers des utilisateurs pour relecture, modification et/ou validation.

5. Les listes de diffusion et de discussion

La simple diffusion/réception de messages au moyen de la messagerie facilite le travail en réseau.

6. Les annuaires électroniques professionnels

Les annuaires électroniques professionnels reposent sur des bases de données actualisées qui permettent de rechercher et de trier les informations. Leur mise à jour est rapide et peu coûteuse. La sécurité de la consultation est garantie par un système d'authentification. Des règles d'accès définissent parfois les parties de l'annuaire auxquelles l'utilisateur peut accéder.

EXEMPLE

Bepub est un annuaire Internet destiné aux professionnels des agences de communication et des annonceurs. Il recense les professionnels dans de nombreux métiers du domaine de la communication : graphistes, imprimeurs, agences conseils en communication, photographes, sociétés de production audiovisuelles...

7. Le blog professionnel

Un blog d'entreprise est un moyen de communication peu coûteux et simple d'utilisation qui permet d'informer, de dialoguer, d'entretenir un contact privilégié avec les interlocuteurs interne et/ou externe. La possibilité de faire des commentaires sur le contenu mis en ligne permet l'interactivité. Pour qu'un blog conserve son intérêt, il faut qu'une équipe actualise son contenu, réponde aux commentaires, intègre les remarques et les critiques. Une charte d'utilisation peut être établie pour éviter les dérives et les problèmes de confidentialité.

Un blog d'entreprise peut être accessible sur Internet (blog externe), sur l'intranet (blog interne) ou encore sur l'extranet si l'entreprise ouvre cet outil à des clients, des fournisseurs...

7 L'INFORMATIQUE RELATIONNELLE ET COMMERCIALE

➔ Des logiciels professionnels, ou progiciels, permettent d'aider les agences conseils en communication dans leur relation avec les clients et dans la gestion de leurs projets.

1 Les progiciels de Gestion de la Relation Clients (GRC)

1. Définition de la GRC

La Gestion de la Relation Clients (GRC) est constituée de l'ensemble des actions qui permettent à une entreprise de conquérir ou de fidéliser sa clientèle.
Elle doit permettre aux responsables d'entreprise de mieux connaître leurs clients pour adapter et personnaliser leurs services.

2. Les progiciels de GRC

a) Les fonctions d'un progiciel de GRC

Un progiciel de GRC (ou CRM, *Customer Relation Management*) est souvent composé de plusieurs modules susceptibles de prendre en charge tous les aspects relationnels avec les clients.

EXEMPLES

Gestion de la base de données prospects/clients.
Pour une opération de téléprospection, gestion des appels :
- historique des appels, des interventions et des résultats des appels ;
- statistiques sur les appels et interventions ;
- système d'alertes par mail (messagerie...) ;
- contrôle des temps d'intervention.

Suivi de la totalité des processus : devis, commande, livraison, facturation, comptabilité.
Édition de statistiques (ventes, marges...).

De nombreuses entreprises commercialisent des progiciels de GRC adaptés aux besoins particuliers des entreprises intervenant dans le domaine de la communication. Elles proposent des adaptations de leurs applications standard aux spécificités du client. Leur usage tend à se développer.

EXEMPLE

En 2011, le groupe ETO a créé une filiale spécialisée dans l'édition de logiciels de CRM. Il a développé la suite logicielle « CRM 360° », qui propose une gestion des prospects et des clients par tous les moyens de communication existants.

b) Les avantages et les inconvénients des progiciels de GRC

Les progiciels de GRC présentent des avantages indiscutables mais aussi des inconvénients quand ils sont insuffisamment paramétrés pour s'adapter aux spécificités de l'entreprise.
Ils peuvent alors présenter un défaut de personnalisation de la relation client.

Avantages	Inconvénients
Ils permettent un suivi des clients et de les relancer quand leur dernier achat d'espace ou leur dernière campagne publicitaire date d'un certain temps.	La relance automatisée risque d'être assimilée à un *spam*.
Ils permettent d'identifier les meilleurs clients et donc de mener des actions ciblées pour les fidéliser.	Peu d'inconvénients : les risques liés à la fidélisation sont faibles.
Ils permettent de lancer des campagnes de prospection automatisées.	Les campagnes de prospection risquent d'apparaître trop impersonnelles.
Ils permettent de diminuer les coûts de prospection de l'entreprise en limitant le nombre de ses actions et en les rendant plus efficaces.	Coût d'achat du logiciel.

2 Le développement de l'e-CRM et du social CRM

1. L'évolution de la GRC

Le développement d'Internet puis celui des réseaux sociaux ont fait naître de nouveaux progiciels qui intègrent la GRC *via* Internet (l'e-CRM) et reposent sur l'utilisation de réseaux sociaux comme MySpace, Facebook ou Twitter. On parle de « social CRM », qui permet une personnalisation (*customisation*) plus poussée de la prospection et de la relation client.

EXEMPLE

L'agence de marketing digital interactif Nurun a lancé en 2011 l'application Transform[R] qui propose le suivi des comportements sociaux.

En permettant de développer de nouvelles méthodes de prospection, le social CRM élargit considérablement les possibilités de ciblage et en accroît la précision. Ainsi, dans un outil qui repose sur la géolocalisation, par exemple, le consommateur indique au réseau social le magasin où il se trouve et les marques qu'il achète ; c'est l'action de « *checker* ». En contrepartie de ce « *check-in* », il bénéficie de promotions, de bons gratuits... De même, l'internaute peut mentionner l'adresse de sa résidence pour préciser les services à domicile dont il a besoin.

EXEMPLE

Facebook Places est un outil de géolocalisation. Procter & Gamble a ouvert sur sa page Facebook un *e-store* qui utilise cet outil pour sa marque Pampers : il est ainsi possible de se faire livrer des couches à domicile ; la livraison est effectuée par Amazon, partenaire de l'opération.

2. Les règles du social CRM

Quelques règles sont à respecter pour construire un social CRM efficace :
- identifier ses objectifs ;
- animer sa communauté ;
- associer sa communauté à d'autres moyens de contact ;

- proposer d'autres moyens pour contacter l'entreprise que le réseau social. Il faut renvoyer à une adresse d'un site Internet, à un lieu avec une date d'exposition... ;
- identifier les prospects ou les clients susceptibles de devenir les ambassadeurs de la marque, c'est-à-dire ceux qui vont en parler favorablement ;
- donner des outils de coopération aux ambassadeurs ;

EXEMPLE

Offrir des systèmes de parrainage avec des cadeaux de bienvenue à tout nouvel adhérent et, bien sûr, à tout ambassadeur.

- accroître l'écoute du client. Il faut être attentif à ses commentaires. Un blog doit être lu par l'entreprise qui le crée ; il faut remercier les clients satisfaits et répondre de manière positive aux clients insatisfaits. Il ne faut surtout pas être agressif à l'égard de ces derniers ou se contenter de supprimer leurs commentaires ;
- ne pas abandonner la gestion des fans (personnes inscrites sur une page) à un sous-traitant qui vérifiera uniquement la bonne tenue des forums et le respect des règles. L'entreprise doit aussi entretenir son réseau de fans au moyen d'actions commerciales : *newsletters*, offres promotionnelles... ;
- créer et utiliser des indicateurs de performance ;

EXEMPLE

Il est possible de comptabiliser ceux qui s'inscrivent comme amis d'une marque et ceux qui se désinscrivent. Ce dernier acte est le signe d'une baisse importante de l'image de l'entreprise.

Le service de GraphOmeter permet d'identifier les per sonnes les plus actives sur une page. Il offre la possibilité de lire les commentaires laissés par les fans, de compter leur connexions, les personnes qu'ils ont invitées à voir la page ou encore leurs amis. Ces différents critères sont aussi comparables dans le temps, ce qui permet de mesurer l'évolution des comportements des fans.

- ne jamais être intrusif ;
- respecter les valeurs des réseaux sociaux : écoute, respect d'autrui, transparence.

3. Les risques liés aux réseaux sociaux

Faute de respecter le client internaute potentiel et l'éthique, l'entreprise s'expose à perdre sa crédibilité et à dégrader son image de marque. Ce risque est aggravé par le fait que l'entreprise n'a pas le contrôle des commentaires.

EXEMPLE

L'entreprise Kiabi a été expulsée du réseau Facebook en décembre 2010 au motif qu'elle avait enfreint les règles de bonne conduite de Facebook. Ainsi, elle a perdu les données de 130 000 contacts. Depuis 2011, elle a rouvert une page et respecte les règles promotionnelles du réseau social.

3 Les progiciels de gestion de projet

Un progiciel de gestion de projet permet de planifier les différentes tâches d'une entité. Il ne se limite pas à un simple ordonnancement des tâches : il offre la possibilité de gérer les tâches quotidiennes et l'ensemble des activités planifiables de l'entreprise.

EXEMPLE

Pour une agence conseil en communication, un progiciel de gestion de projet permet de gérer les contacts, les relations avec les clients, les projets, les événements, les campagnes publicitaires, les dates de lancement des moyens de communication, les budgets, les ressources humaines, la facturation et les bons de commande.

Certains progiciels de gestion de projet sont spécifiques aux métiers de la communication.

EXEMPLE

ProjEvent est un progiciel dédié aux agences de communication avec une spécialité pour les agences événementielles. Dans l'écran ci-dessous, on constate qu'il est possible d'identifier les acteurs du projet, de savoir si l'action est en cours ou en préparation. De plus, les différents onglets permettent de visualiser les tâches à venir et leur progression dans le temps.

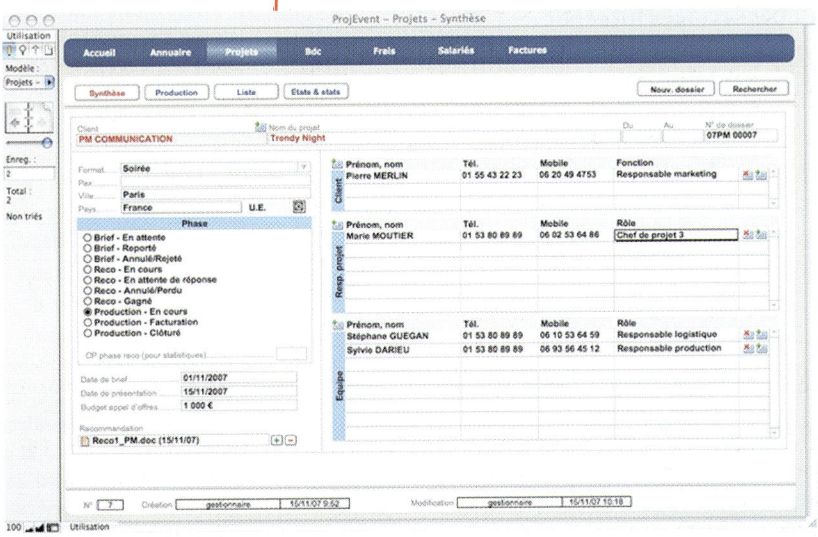

8 L'ARTICULATION INTERNET, INTRANET ET EXTRANET

La facilité d'utilisation d'applications liées aux technologies d'Internet a donné naissance à l'intranet, réseau privé de l'entreprise. Les entreprises peuvent également ouvrir une partie de leur système d'information à leurs partenaires (clients, fournisseurs...) au moyen d'un extranet.

1 Internet

Internet est constitué de l'ensemble des réseaux de télécommunication locaux, nationaux et internationaux interconnectés. Il fonctionne grâce à un protocole commun *(IP, Internet Protocol)*, qui permet l'acheminement de messages scindés en paquets indépendants.

1. L'adressage IP

Dès lors qu'elle se connecte à Internet, chaque machine est identifiée par une adresse réseau, dite « adresse IP », de 32 bits codant le réseau et la machine. Une adresse IP est unique. L'attribution des adresses est du ressort de l'IANA (Internet Assigned Numbers Authority), qui a délégué à des organismes dits « *Internet Registries* » (registres Internet) la gestion des blocs d'adresses Internet.

2. L'adressage par nom de domaine

Un domaine est un ensemble d'adresses faisant l'objet d'une gestion commune. Le nom de domaine d'un site Internet permet de localiser les pages Web et d'y accéder. Une entreprise qui crée son site Internet doit protéger son nom de domaine en l'enregistrant auprès de l'AFNIC (Association Française pour le Nommage Internet en coopération). C'est un droit protégé sans limite de temps.

EXEMPLE

Le nom de domaine www.bepub.com/fr donne accès à des annuaires professionnels de la communication et de la création publicitaire.

3. Les services Internet

a) Les services de base

- La messagerie (courrier électronique ou e-mail) sert à recevoir et à envoyer des messages. Chaque utilisateur est identifié par une adresse.

EXEMPLE

jules.dupont@fournisseur.fr

- La connexion à distance est rendue possible par le service Telnet.
- Sur les forums de discussions, les utilisateurs peuvent consulter des informations ou s'exprimer sur différents sujets.

b) Les services d'information

- Le FTP *(File Transfer Protocol)* permet d'effectuer des transferts de fichiers entre deux machines.
- Le WAIS *(Wide Area Information Service)* permet la recherche en texte intégral dans les bases de données textuelles.
- La Toile mondiale *(World Wide Web)* est le réseau d'informations multimédia qui relie une multiplicité d'autres réseaux. Elle crée des liens entre des pages d'informations réparties sur des machines ou des serveurs Web différents. Ces pages sont publiées sur le Web en langage HTML *(Hyper Text Markup Language)*.
- La consultation du Web au moyen d'un logiciel de navigation *(browser)* permet à l'utilisateur de rechercher et de consulter des documents en exploitant les liens hypertextuels qu'ils comportent.

EXEMPLES

Internet Explorer, Firefox.

- Le dialogue interactif IRC *(Internet Relay Chat)* permet de dialoguer en direct.
- Les services IP multicast permettent les échanges audio et la vidéoconférence.

4. Le raccordement à Internet

Pour se connecter à Internet, il faut passer par un opérateur ou fournisseur d'accès (FAI ou *Internet Provider*), comme Orange, Free ou SFR.

Le raccord au réseau de l'opérateur passe par les réseaux étendus, comme RTC, Transfix, Numéris ou Transpac.

a) Les équipements de raccordement

Le site client doit posséder un modem et communiquer suivant le protocole de communication qui définit les règles d'échanges entre les postes : TCP/IP (*Transmission Control Protocol/Internet Protocol*). Le modem-routeur ADSL permet non seulement de partager la connexion simultanée à Internet de plusieurs postes, mais aussi de faire passer plusieurs types de flux d'information sur un même support.

EXEMPLES

Des voix, des images, des données.

b) L'utilisation d'un serveur relais (proxy)

Certains fournisseurs d'accès utilisent un serveur proxy. Il s'agit d'une machine chargée de stocker localement (sur son propre disque dur) les données afin de ne pas avoir à les rechercher sur le réseau.

2 Intranet

L'intranet est un réseau privé d'entreprise qui utilise les fonctions d'Internet. Il est fermé au public qui ne dispose pas d'un identifiant et d'un mot de passe pour s'y connecter. Les applications intranet permettent donc de mener des activités collaboratives en bénéficiant de la facilité d'utilisation des technologies d'Internet.

3 Extranet

L'intranet devient extranet dès qu'un droit d'accès est attribué à des partenaires extérieurs, comme des clients ou des fournisseurs. On parle alors d'un intranet étendu, dont la finalité est d'améliorer les relations externes. Les données proposées aux partenaires externes sont diffusées par un serveur Web et accessibles après authentification sécurisée, depuis n'importe quel poste informatique connecté à Internet.

exercice

L'implantation d'un logiciel de GRC

L'agence de communication Pôle Sud, créée en 1998, est dirigée par son fondateur Charles Fitou. Elle compte aujourd'hui 14 salariés répartis dans quatre services :
- service Création : 6 personnes ;
- service Production : 4 personnes ;
- service commercial : 2 personnes ;
- service administratif : 2 personnes.

Une grande cohésion relie les membres de l'équipe. Grâce au dynamisme de ses deux commerciaux, l'agence connaît un fort développement de son portefeuille clients (institutionnels et entreprises privées du secteur tourisme/loisirs).

Souhaitant que l'agence évolue de sa structure artisanale actuelle vers une structure plus réactive et plus opérationnelle, Charles Fitou songe à transformer ses pratiques managériales. Jusqu'à présent, il assurait le suivi des activités de son équipe par le biais de deux réunions hebdomadaires, mais cette organisation ne lui convient plus : les membres de l'équipe étant souvent débordés, les réunions peuvent être annulées au dernier moment. De plus, d'importantes déperditions d'informations nuisent parfois au suivi de la clientèle. Par ailleurs, il souhaite mieux contrôler l'activité de l'agence en termes de frais de fonctionnement et de réalisations.

Vous avancez des arguments sur un logiciel de gestion de la relation client (GRC) qui intéressent beaucoup Charles Fitou, bien que l'implantation d'un tel logiciel implique une réorganisation profonde du travail de l'équipe commerciale. Charles Fitou a besoin d'éléments pertinents et fiables pour prendre sa décision.

ENTRAÎNEZ-VOUS

Rédigez une note structurée à l'attention de Charles Fitou présentant l'intérêt de recourir à un logiciel de GRC.

CORRIGÉ p. 342

exercice page 341

I. Justification du recours à un logiciel de GRC

Le coût

Le prix d'un logiciel de GRC pour PME est abordable.

La mise en œuvre

Lors de son implantation, il est souhaitable que le logiciel soit paramétré en fonction des besoins spécifiques de l'agence. Ainsi, des écrans configurés selon l'activité de chacun permettront d'obtenir une interface simplifiée sans options inutiles. L'interfaçage avec un logiciel de gestion demande également l'intervention extérieure d'un spécialiste.

Ces paramétrages indispensables vont augmenter le coût mais permettront une utilisation optimale rapide. Le paramétrage des écrans et des menus déroulants pourra ensuite être configuré par un non-spécialiste. Une interface simple et adaptée aux non-spécialistes facilitera l'appropriation par chacun des membres de l'équipe, sans nécessité de formation : l'utilisation des applications GRC est en effet intuitive.

Les avantages

- La mise à jour des fiches clients permettra de structurer un fichier fiable comportant toutes les informations indispensables : coordonnées (adresse, téléphone, e-mail...), secteur d'activité, origine du contact, état de la prospection (premier contact, intéressé, en négociation), tâche à effectuer (relance, rappel, rendez-vous...), documents commerciaux (devis, bon de commande...), historique de la relation avec le client, affaires en cours et opportunités, nom du commercial affecté au dossier...
- Le logiciel permet la gestion des tâches au quotidien (agenda, rendez-vous...).
- Un logiciel de GRC centralise les données : la gestion de tous les contacts s'effectue ainsi à partir d'un fichier clients unique, actualisé et structuré. Cette rationalisation de l'activité facilite le suivi de l'activité des commerciaux, du chiffre d'affaires, de la réalisation des objectifs...
- Les e-mails, courriers et publipostages établis avec un traitement de texte sont automatiquement archivés. Le gain de productivité découle de l'automatisation des tâches : par exemple, la programmation des relances téléphoniques suite à une opération de publipostage.

II. Points de vigilance

Les modules imposent de respecter des procédures d'utilisation, notamment la saisie des données, qui peuvent inspirer un sentiment d'encadrement rigide. En effet, certains dysfonctionnements (comme les erreurs de saisie, par exemple) sont immédiatement visibles, ce qui peut susciter des réactions de rejet de la part des collaborateurs. La cohésion de l'équipe doit être maintenue.

PRÉSENTATION DE L'ÉPREUVE E4

Comment se présente l'épreuve E4 « Relations commerciales » au BTS ?

1 Forme, durée et coefficient

L'épreuve E4 est orale. Elle dure 40 minutes (pas de temps de préparation préalable à l'entretien). Elle est affectée d'un coefficient 4.

2 Les modalités d'évaluation

En fonction du type d'établissement que vous fréquentez, l'épreuve E4 est évaluée :
- en contrôle en cours de formation (CCF), si vous poursuivez une formation dans un établissement habilité ; l'évaluation aura alors lieu dans votre établissement, au cours de la deuxième année de formation, généralement avant fin mars ;
- en contrôle ponctuel dans tous les autres cas, en fin de formation.

3 Les objectifs de l'épreuve

L'épreuve permet d'apprécier vos capacités à :
- analyser et maîtriser des situations de relations commerciales dans leurs différentes dimensions ;
- adopter un comportement relationnel adapté à un contexte donné ;
- communiquer efficacement en situation professionnelle ;
- traiter, au plan relationnel, les imprévus qui caractérisent de nombreuses situations de travail rencontrées dans le secteur de la communication.

4 Les compétences évaluées et les critères de l'évaluation

L'épreuve E4 vise à évaluer les compétences concernant la fonction 2 « Conseil et relation annonceur ». Elle contrôle l'acquisition des compétences suivantes :

Compétences	Critères de l'évaluation
C2.1 – Conseiller et vendre	
Préparer les outils de vente.	La pertinence, la fiabilité et la cohérence des outils.
Préparer la prospection. Suivre la prospection.	La cohérence et la pertinence du plan de prospection. L'efficacité de la prospection.
Installer une relation commerciale.	La réussite du contact.
Proposer des solutions de communication.	La pertinence de la proposition commerciale.
Préparer la négociation.	La rigueur de la préparation.
Présenter et valoriser la proposition commerciale.	La qualité et l'efficacité de la présentation à l'annonceur.
Ajuster et finaliser la proposition.	Le degré de concrétisation et la qualité de l'accord obtenu.
Gérer le dossier annonceur.	La fiabilité dans le suivi.
C2.2 – Instaurer et entretenir des relations durables avec les prestataires	
Formaliser le cahier des charges par type de prestataires. Choisir des prestataires.	La pertinence de la sélection des prestataires.
Négocier l'achat de prestations.	La qualité de l'accord négocié.

L'épreuve vous demande de mobiliser les connaissances associées à ces compétences.

5 Le support de l'épreuve : le livret professionnel

L'épreuve prend appui sur un dossier comprenant obligatoirement votre livret professionnel. Le dossier est mis à la disposition du jury, avant l'interrogation, à la date indiquée sur la convocation. Le livret professionnel est indispensable au déroulement de l'épreuve. Il répertorie notamment les différentes situations de travail et les compétences que vous avez mobilisées durant votre formation. Vous mettrez ce livret à la disposition des interrogateurs dans sa forme numérique ou sous forme papier. Dans ce dernier cas, seule la partie du livret professionnel relative à l'épreuve sera imprimée.

6 Le déroulement de l'épreuve

a) Forme ponctuelle

L'épreuve se déroule en deux parties, face à une commission d'évaluation.

	Partie 1	Partie 2
Durée	10 minutes maximum	30 minutes maximum
Nature de l'épreuve	Cette phase de l'épreuve est un entretien qui vise à évaluer votre professionnalité dans les situations types d'achat et de vente.	Cette phase prend appui sur les situations professionnelles, réelles ou simulées, que vous avez rencontrées dans le domaine des relations commerciales (U4) et répertoriées dans le livret ainsi que sur les supports que vous présentez au moment de l'épreuve.
Descriptif	1. Vous présentez seul(e), sans être interrompu(e) par le jury, l'ensemble de votre parcours professionnel dans le domaine des relations commerciales. 2. La commission engage ensuite un dialogue vous conduisant à faire un bilan de vos acquis au cours des deux années de formation.	1. La commission vous demande d'abord d'expliciter certaines situations figurant dans votre livret. 2. La commission vous questionne sur plusieurs situations qui appartiennent à la classe « Vente de solutions de communication » et à la classe « Achats de prestations ». Pour chacune d'entre elles, elle vous propose oralement une modification significative des paramètres, sans toutefois modifier exagérément la situation d'origine et en lui conservant un caractère réaliste. Vous êtes ainsi placé(e) en position de montrer comment vous gérez, dans ces nouveaux contextes proposés, la variabilité des situations. Aucune simulation ne vous est demandée.
Bases de l'évaluation	La commission fonde son évaluation sur votre efficacité relationnelle, la pertinence et la réflexivité dont vous faites preuve pour : – obtenir les résultats attendus grâce à vos compétences relationnelles ; – choisir les moyens les plus adaptés pour atteindre les objectifs fixés ; – porter un regard critique sur votre parcours.	Les deux modalités d'interrogation décrites ci-dessus permettent à la commission de fonder son évaluation des compétences sur : – votre niveau de conceptualisation ; – votre capacité à réutiliser ces compétences dans un autre contexte.

b) Contrôle en cours de formation

L'épreuve prend appui sur votre livret professionnel.

L'épreuve comporte deux situations d'évaluation qui peuvent être dissociées dans le temps.

	Situation d'évaluation A (notée sur 12 points)	Situation d'évaluation B (notée sur 8 points)
Durée		20 minutes maximum
Objet de l'évaluation	Cette situation d'évaluation est centrée sur les situations professionnelles « Relations commerciales » figurant dans votre livret professionnel. Ces situations professionnelles ont fait l'objet d'un travail en formation et ont été validées en tant que telles avant de pouvoir constituer un support de l'évaluation.	Cette situation est centrée sur votre parcours professionnel et porte sur l'intégralité des situations professionnelles « Relations commerciales » figurant dans votre livret professionnel.
Temps de l'évaluation	Cette évaluation se déroule dans le cadre normal de la formation.	Cette évaluation se déroule obligatoirement après la situation A et, compte tenu de sa définition, se situe à la fin du parcours de formation.
Nature de l'épreuve	La commission évalue les compétences répertoriées dans votre livret professionnel, à partir d'un ou de plusieurs entretiens avec vous lui permettant de vérifier, pour chaque situation professionnelle « Relations commerciales », votre degré de maîtrise des compétences relatives au domaine des relations commerciales d'achat et de vente.	La commission d'interrogation conduit un entretien destiné à apprécier votre capacité à considérer l'ensemble de votre parcours professionnel en ce qui concerne les situations d'achat et de vente.
Bases de l'évaluation	La commission fonde son évaluation sur les mêmes paramètres que ceux utilisés pour l'épreuve ponctuelle.	La commission fonde son évaluation sur l'efficacité relationnelle, la pertinence et la réflexivité dont vous faites preuve à travers vos capacités à : – vous engager dans les relations commerciales ; – obtenir les résultats attendus grâce à vos compétences relationnelles ; – choisir les moyens relationnels les plus adaptés pour atteindre les objectifs fixés ; – porter un regard critique sur votre parcours.
Mise à disposition des dossiers	Les professeurs qui participent à l'acquisition des compétences de l'unité U4 établissent le calendrier des interrogations et fixent la date de remise des dossiers propres à une ou plusieurs situations d'évaluation. Le dossier support de l'épreuve est identique à celui de la forme ponctuelle.	

Conseils pour réussir l'épreuve

1 Si vous vous présentez à l'épreuve sous la forme ponctuelle

a) La forme

Il s'agit, durant cette épreuve, de démontrer votre efficacité relationnelle quelles que soient les situations traversées. Mais, évidemment, la présentation de votre parcours, votre capacité de réponse, tout comme votre capacité à convaincre durant l'entretien participeront aussi à cette démonstration d'acquisition de la professionnalité.

Il est essentiel de disposer d'un livret professionnel bien structuré, sous une forme papier, de manière à pouvoir sélectionner aisément les situations professionnelles qui ont permis la mobilisation des compétences relatives à l'épreuve E4.

Il est utile de disposer de vos supports (fichier de contacts, fiches de contacts, argumentaires, devis, contrats...) qui aident à la démonstration de votre maîtrise des compétences exigées.

Attention, cette épreuve n'est pas une épreuve pratique, il ne vous est pas demandé de montrer, face à la commission d'interrogation, ce que vous êtes capable de faire.

b) Le fond

Pour la partie 1 de l'épreuve, entraînez-vous à présenter votre parcours professionnel en 3 minutes maximum et en valorisant les situations clés (situations réelles ou simulées, vécues en stage ou en

ateliers, situations observées). Il s'agit bien de prouver la maîtrise de vos compétences : il faut donc montrer qu'elles ont été effectivement mobilisées et ont éventuellement permis d'atteindre des objectifs. Dans le cas contraire, vous devez être capable de montrer pourquoi les moyens mis en œuvre n'ont pas permis d'atteindre les objectifs escomptés en précisant, le cas échéant, ce que vous auriez pu faire pour y parvenir.
Lors du bilan avec le jury, il vous faut prendre du recul sur votre parcours de formation, relativement à l'unité U4, en montrer les forces et les faiblesses, et être capable d'envisager de remédier aux faiblesses repérées.

Dans la partie 2 de l'épreuve, le jury va apprécier la maîtrise de vos compétences au travers de votre capacité à réinvestir ce que vous savez déjà faire dans une situation que la commission fait légèrement évoluer (nouveau type d'annonceur, nouvel objectif, nouveau mode de prospection, nouvelles conditions commerciales, nouvel environnement...). Vous devez maîtriser parfaitement l'ensemble des situations car le jury va procéder par sondage pour vérifier le degré d'acquisition des compétences mobilisées. Il ne procédera pas à une analyse exhaustive de votre travail, mais effectuera un zoom sur quelques situations traversées.

2 Si vous vous présentez à l'épreuve en contrôle en cours de formation

Parce qu'il s'agit d'une évaluation en cours de formation, vous devez tenir à jour votre livret professionnel et le soumettre périodiquement à la validation de vos enseignants. Ils pourront ainsi piloter au mieux votre formation et vous orienter vers des situations de travail qui vous permettront d'aborder des compétences nouvelles, de façon à couvrir largement le champ des compétences attendues.
En CCF, seule la situation d'évaluation B donne lieu à un entretien oral et un seul. Vous devez donc vous entraîner, tout particulièrement, à analyser votre parcours au travers des différentes situations de travail rencontrées durant votre formation. Vous devez montrer votre capacité à vous engager dans la relation commerciale (cet entretien est également un terrain propice à la démonstration). Vous devez être capable de montrer la mise en œuvre des outils relationnels adéquats pour atteindre des objectifs et analyser les écarts par rapport aux objectifs.
Vous devez également porter un regard critique sur votre propre parcours de formation, c'est-à-dire être capable d'en apprécier les forces et de montrer en quoi tel point de votre parcours a pu contribuer au renforcement de la professionnalité recherchée. De même, vous devez pouvoir apprécier les points faibles de votre parcours individuel, les expliciter et, éventuellement, apporter quelques solutions, à court et moyen terme, pour en atténuer les faiblesses.

PRÉSENTATION DE L'ÉPREUVE E5

Comment se présente l'épreuve E5 « Activités de communication » au BTS ?

1 Forme, durée et coefficient

L'épreuve E5 est écrite. D'une durée de 4 heures, elle est affectée du coefficient 4.

2 Les modalités d'évaluation

Cette épreuve se déroule uniquement sous forme ponctuelle, pour tous les candidats.

3 La description du sujet

Le sujet proposé compte généralement 12 à 15 pages maximum et comporte plusieurs parties qui peuvent être indépendantes. Il se présente sous la forme d'un ou de plusieurs cas concrets présentant une situation réelle relative :
- à la mise en œuvre et au suivi d'un projet de communication ;
- au conseil et à la relation annonceur (vente de solutions et achat de prestations) ;
- à la veille opérationnelle ;
- aux aspects juridiques de la communication.

4 Les objectifs de l'épreuve

Les situations de travail évaluées en épreuve E5 correspondent en général à des situations complexes qu'un jeune titulaire du BTS Communication risque de rencontrer à terme après un minimum d'expérience. Elles correspondent aussi à des situations de travail qui ne sont évaluées ni en épreuve E4 ni en épreuve E6. Cette épreuve E5 apprécie, dans des contextes de travail variés tels que le service communication d'un annonceur, d'une agence ou d'un fournisseur de prestations de communication, comment vous pouvez :
- maîtriser des situations complexes par les enjeux qu'elles portent, les outils d'analyse qu'elles requièrent, la diversité des paramètres qui les caractérisent ;
- accéder à des situations caractérisées par un niveau de responsabilité décisionnelle et d'autonomie que l'on peut attendre d'un professionnel possédant une expérience substantielle.

Plus précisément, l'épreuve vérifie vos aptitudes à :
- comprendre un contexte de communication et/ou de commercialisation de prestations de communication (vente ou achat) ;
- mobiliser des méthodes et des outils d'analyse qualitatifs et quantitatifs ;
- rechercher et proposer des solutions ;
- mettre en œuvre et assurer le suivi opérationnel d'un projet de communication ;
- développer et entretenir un réseau de clients et/ou de prestataires ;
- prendre en compte des notions de droit de la communication.

5 Les compétences évaluées et les critères d'évaluation

L'épreuve E5 « Activités de communication » contrôle l'acquisition des compétences suivantes :

Compétences génériques ⇨	Compétences associées : ce que vous devez savoir faire ⇨	Critères d'évaluation
Mettre en œuvre un projet de communication.	Mobiliser et allouer les ressources pour mettre en œuvre le projet.	L'optimisation des ressources mobilisées.
Instaurer et entretenir des relations techniques avec les prestataires.	Gérer une relation technique.	Une évaluation technique fiable de la prestation.
Concevoir et réaliser les moyens de communication.	Organiser des opérations de communication.	Des propositions d'opérations de communication pertinentes, organisées et efficaces qui optimisent les ressources mobilisées.
Conseiller et vendre.	Analyser le portefeuille annonceurs.	La précision du diagnostic de la situation de l'annonceur.
	Segmenter le portefeuille.	Le réalisme des objectifs, l'efficacité de la segmentation.
	Caractériser l'annonceur et son contexte.	La fiabilité du diagnostic.
	Évaluer et entretenir la relation annonceur.	Une évaluation de la satisfaction annonceur de qualité. Un suivi de la relation annonceur efficace.
	Concevoir et mettre en place des actions spécifiques de fidélisation.	Des actions de fidélisation crédibles et pertinentes.
Instaurer et entretenir des relations durables avec les prestataires.	Gérer un réseau de prestataires.	L'étendue et la fiabilité du réseau de prestataires.
Organiser une veille informationnelle.	Organiser la collecte et le stockage d'informations.	Le respect des contraintes juridiques et budgétaires.
	Mettre à disposition des informations.	L'efficience, la fiabilité et la sélectivité des procédures d'accès aux informations.
	Identifier des domaines de veille.	La cohérence des domaines de veille par rapport aux besoins des utilisateurs.
Produire de l'information en réponse à un besoin spécifique.	Évaluer le besoin d'information.	La qualité de l'étude documentaire.
	Exploiter le produit de la veille.	
	Mettre en œuvre une méthodologie de recherche d'informations.	La rigueur dans la démarche méthodologique de la recherche d'informations.
	Exploiter une étude.	L'exploitation pertinente d'une étude.
	Diffuser des informations.	L'efficacité et la sélectivité de la diffusion des informations.
Contribuer à la qualité d'un système d'information.	Évaluer et améliorer un système d'information.	Des propositions d'amélioration d'un système d'information adaptées, réalistes.

Conseils pour réussir l'épreuve

Un entraînement à ce type d'épreuve, en temps réel, est vivement conseillé.

La forme	Le fond
Cette épreuve écrite teste vos qualités rédactionnelles (orthographe, clarté). Les questions sont très précises, un effort de lecture tout particulier est donc à fournir afin de bien cerner la ou les attentes. Les dossiers ou activités proposés sont généralement indépendants. Vous pouvez donc les traiter dans l'ordre que vous voulez. Tactiquement, vous pouvez d'abord répondre aux questions que vous maîtrisez le mieux pour consacrer le temps restant aux questions qui vous demandent davantage d'efforts de réflexion. Vos réponses sont à justifier. Il n'y a pas d'introduction et/ou de conclusion à formuler. Il suffit de répondre aux questions posées, dossier par dossier.	Il faut bien lire la ou les situations de travail proposées et repérer les fonctions socles de votre formation auxquelles elles renvoient : – F1 Projet de communication et Production (pages 206 à 208) ; – F2 Conseil et Relation annonceur (pages 274 à 295) ; – F3 Veille informationnelle (pages 299 à 326). Il faut ensuite analyser les questions posées. Elles contiennent, pour la plupart, des notions dont vous devez connaître le sens (voir les intitulés des fiches). Le sujet proposé prend également en compte les connaissances liées au droit de la communication. Il ne faut donc pas négliger cette partie de cours spécifique (pages 257 à 272).

Exemples de questions

Voici quelques exemples de questions susceptibles d'être posées au sein de l'épreuve :

Objectifs	Questions
Appréhender un contexte de communication et/ou de commercialisation de prestations de communication.	– Établir un bilan-diagnostic d'une situation. – Analyser un portefeuille annonceurs. – Proposer une segmentation et identifier la ou les cibles. – Définir les objectifs.
Mobiliser des méthodes et des outils d'analyse quantitatifs et qualitatifs.	– Apprécier une/des méthodes et/ou outils pour cerner le marché. – Proposer une méthode/un outil pour justifier le choix du/des moyens ou supports. – Proposer et justifier une méthodologie d'étude ponctuelle pour analyser une situation donnée.
Rechercher et proposer des solutions.	– Effectuer un choix parmi des solutions proposées, évaluer le coût et planifier. – Cerner les contraintes juridiques liées aux solutions proposées. – Proposer des critères d'évaluation de l'efficacité des moyens.
Mettre en œuvre et assurer le suivi opérationnel d'un projet de communication.	– Présenter les éléments d'un cahier des charges du projet : organisationnel, technique. – Identifier des outils de gestion opérationnelle du projet. – Identifier, choisir une technique de production, justifier le choix.
Développer et entretenir un réseau de prestataires.	– Proposer un/des outils d'entretien de la relation client et/ou de fidélisation. – Proposer un/des outils d'évaluation des prestataires.
Prendre en compte la réglementation relative au droit de la communication.	– Identifier les précautions d'ordre réglementaire à prendre dans la réalisation de telle ou telle tâche. – Apprécier la faisabilité réglementaire de telle ou telle solution.

PRÉSENTATION DE L'ÉPREUVE E6

Comment se présente l'épreuve E6 « Projet et pratiques de la communication » au BTS ?

1 Forme, durée et coefficient

L'épreuve E6 est une épreuve orale. Sa durée est de 40 minutes (pas de temps de préparation préalable à l'entretien). Elle est affectée d'un coefficient 4.

2 Les modalités d'évaluation

En fonction du type d'établissement que vous fréquentez, l'épreuve E6 est évaluée :
- en contrôle en cours de formation (CCF), si vous poursuivez une formation dans un établissement habilité ; l'évaluation aura alors lieu dans votre établissement, au cours de la deuxième année de formation, généralement avant fin mars ;
- en contrôle ponctuel dans tous les autres cas, en fin de formation.

3 Les objectifs de l'épreuve

L'épreuve permet d'apprécier vos capacités à :
- choisir des solutions techniques adaptées ;
- organiser votre travail et celui des différents intervenants internes et externes ;
- contrôler rigoureusement l'exécution des différentes phases d'un projet ;
- maîtriser les outils technologiques nécessaires à ces activités ;
- mobiliser les techniques de production appropriées.

4 Le support de l'épreuve : le livret professionnel

L'épreuve E6 prend appui sur un dossier comprenant obligatoirement votre livret professionnel, la fiche « Projet »[1] ainsi que les attestations de stage ou les certificats de travail.
Le dossier est mis à la disposition du jury, avant l'interrogation, à la date indiquée sur la convocation.
Le livret professionnel est indispensable au déroulement de l'épreuve. Il répertorie notamment les différentes situations de travail et les compétences que vous avez mobilisées durant votre formation.
Vous devez mettre ce livret à la disposition des interrogateurs soit dans sa forme numérique, soit sous forme papier. Dans ce cas, il vous faut sélectionner les situations professionnelles ayant permis la mobilisation des compétences dont l'évaluation relève de l'épreuve E6 et avoir imprimé la partie du livret professionnel relative à cette épreuve.
Attention, cette épreuve E6 se déroule en trois temps :
- interrogation concernant votre projet de communication ;
- interrogation concernant vos productions (supports et opérations de communication) ;
- interrogation concernant votre parcours professionnel.

Il est donc préférable d'organiser votre passeport professionnel en deux parties :
- une première partie comportant les situations et répertoriant les compétences relatives au « Projet de communication ». Elle constituera le support de la première phase d'interrogation ;
- une seconde partie centrée sur les « Productions de supports et d'opérations de communication ». Elle constituera le support de la seconde phase d'interrogation.

L'évaluation porte sur deux objets distincts :
- le projet de communication que vous avez mené en milieu professionnel, soit à l'occasion d'un ou de plusieurs stages, soit lors de votre exercice professionnel et/ou à l'occasion des travaux en atelier ;

[1] Exemple de fiche « Projet » en page 355.

- les productions ponctuelles que vous avez réalisées soit en milieu professionnel, soit en ateliers de production. Par « production », on entend la mobilisation des compétences C14. Ces travaux peuvent couvrir :
  - la production de messages visuels : reportage photographique, identité visuelle, charte graphique, signalétique, etc.
  - la production de messages destinés à l'imprimerie : carte de visite, affiche, *flyer*, journal interne, magazine consommateurs, catalogue, etc.
  - la production de messages audiovisuels : PréAO, film d'entreprise, animation sonore, spot radio, etc.
  - la production de messages multimédia : mise à jour ou création d'un site Internet ou intranet, d'un blog, d'une *newsletter*, etc.
  - la production de messages de communication directe : *mailing*, *e-mailing*, marketing téléphonique, etc.
  - la production de messages écrits : communiqué de presse, dossier de presse, article de presse interne, dossier de partenariat, etc.

5 Les compétences évaluées et les critères de l'évaluation

L'épreuve E6 vise à évaluer des compétences qui concernent la fonction 1 « Mise en œuvre et suivi de projets de communication » et la fonction 3 « Veille opérationnelle ».
Elle contrôle l'acquisition des compétences suivantes :

	Compétences rattachées à la conduite d'un projet de communication	Critères d'évaluation
Compétences rattachées à la fonction 1	**C11 Préparer un projet de communication** S'approprier la demande de l'annonceur. Identifier les solutions à mettre en œuvre dans le projet. Préparer le cahier des charges du projet.	La précision, l'exhaustivité et la pertinence dans l'analyse de la demande. La pertinence des solutions proposées. La valeur technique du cahier des charges.
	C12 Mettre en œuvre un projet de communication Assurer la coordination des actions, leur suivi et leur contrôle. Réguler le projet.	L'optimisation des ressources mobilisées. Le respect de la programmation des actions et du budget. L'efficacité dans le repérage et le traitement des dysfonctionnements.
	Compétences rattachées à la gestion des relations techniques avec des prestataires	**Critères d'évaluation**
	C13 Instaurer et entretenir des relations techniques avec les prestataires Préparer et acheminer les documents techniques.	La rigueur dans la production et la gestion des documents techniques.
	Compétences rattachées à la production de supports et d'opérations de communication	**Critères d'évaluation**
	C14 Concevoir et réaliser les moyens de communication Participer à l'élaboration du message. Élaborer les documents porteurs du message. Assurer le suivi de la production.	La pertinence et la cohérence des choix rédactionnels et iconographiques. La rigueur technique dans la production des documents. La conformité de la production.
Compétences rattachées à la fonction 3	**C31 Organiser une veille informationnelle** Rechercher et sélectionner des sources.	La pertinence des sources sélectionnées.
	C33 Contribuer à l'enrichissement de la base documentaire Sélectionner des informations. Actualiser une base d'informations.	La pertinence et la fiabilité des informations sélectionnées. L'efficacité de la mise à jour.
	C34 Contribuer à la qualité du système d'information Participer à la sécurité d'un système d'information.	Le respect des procédures d'archivage et de sécurisation des données.

NB : l'épreuve vous demande de mobiliser les connaissances associées à ces compétences.

6 Le projet de communication

Le projet de communication est ici un objet de formation et d'évaluation spécifique. Vous devez donc avoir rencontré une situation de projet de communication et avoir pris part à la conduite d'un ou de plusieurs projets.

Cette notion de projet implique la participation à des tâches diverses, de complexité variée, rattachées à une même fin. Les compétences mises en œuvre dans ces situations « Projet » relèvent de l'identification des solutions à mettre en œuvre, de la préparation du cahier des charges du projet, de la coordination des actions, de leur suivi et de leur contrôle, de la mise en œuvre d'actions de régulation...

Le projet se distingue donc assez aisément de la production ponctuelle de supports simples (conception et réalisation d'un flyer pour une soirée, par exemple) qui n'ont pas à s'inscrire dans une logique de projet.

La conception d'un annuaire d'anciens élèves pourrait, par exemple, s'inscrire dans une démarche de projet dans la mesure où les tâches peuvent s'avérer nombreuses, diverses et de complexité variée (planning, constitution de fichiers, mise en œuvre de maquettes, cahier des charges, contact et choix de prestataires, vente d'espaces publicitaires...).

7 Le déroulement de l'épreuve

a) Forme ponctuelle (40 minutes au maximum)

L'épreuve se déroule en trois phases, face à une commission d'évaluation.

Phase 1 : centrée sur le projet Durée : 20 minutes au maximum	Vous êtes interrogé(e) sur le projet à partir des informations figurant dans la fiche « Projet » et des situations « Projet » référencées dans votre livret professionnel. Dans un premier temps, le questionnement de la commission vous permet d'expliciter votre projet. Dans un second temps, la commission d'interrogation fait varier, par le questionnement, différents paramètres du projet pour apprécier le degré d'acquisition des compétences revendiquées dans le livret professionnel.
Phase 2 : centrée sur la production Durée : 10 minutes au maximum	Cette phase prend appui sur les situations professionnelles que vous avez rencontrées dans le domaine de la production et répertoriées dans le livret ainsi que sur les supports présentés au moment de l'épreuve. Votre entretien avec la commission doit permettre de vérifier par sondage votre degré de maîtrise des compétences de production revendiqué dans votre livret.
Phase 3 : centrée sur le parcours professionnel Durée : 10 minutes au maximum	La commission d'interrogation conduit un entretien destiné à apprécier votre capacité à évaluer l'ensemble de votre parcours professionnel. Elle apprécie votre capacité à porter un regard réflexif sur l'étendue des compétences acquises. Elle apprécie également la pertinence et l'efficacité professionnelles caractérisant votre parcours de formation.

b) Contrôle en cours de formation

L'épreuve comporte deux situations d'évaluation orale conduites à partir de votre livret professionnel.

	Situation d'évaluation A (notée sur 12 points)	Situation d'évaluation B (notée sur 8 points)
Durée		20 minutes maximum
Objet de l'évaluation	Cette situation d'évaluation est centrée sur les situations professionnelles « Projet » et « Production » figurant dans votre livret professionnel. Ces situations professionnelles ont fait l'objet d'un travail en formation et ont été validées en tant que telles avant de pouvoir constituer un support de l'évaluation.	Cette situation d'évaluation est centrée sur votre parcours professionnel et porte sur l'intégralité des situations professionnelles « Projet » et « Production » figurant dans votre livret professionnel.
Évaluation	Cette évaluation se déroule dans le cadre normal de la formation.	Cette évaluation se déroule obligatoirement après la situation A et, compte tenu de sa définition, se situe à la fin du parcours de formation.
	La commission évalue les compétences répertoriées dans votre livret professionnel, à partir d'un ou de plusieurs entretiens avec vous lui permettant de vérifier, pour chaque situation professionnelle « Projet » et « Production », votre degré de maîtrise des compétences relatives aux domaines de la conduite de projet et de la production.	La commission d'interrogation conduit un entretien destiné à apprécier votre capacité à considérer l'ensemble de votre parcours professionnel en ce qui concerne les situations de conduite de projet et de production.
	Les critères d'évaluation sont identiques à ceux utilisés pour l'épreuve ponctuelle et sont décrits dans le point 5.	Elle fonde son évaluation sur votre capacité à porter un regard réflexif sur l'étendue des compétences acquises. Elle apprécie également la pertinence et l'efficacité professionnelles caractérisant votre parcours professionnel.
Mise à disposition des dossiers	Les professeurs qui participent à l'acquisition des compétences de l'unité U6 établissent le calendrier des interrogations et fixent la date de remise des dossiers propres à une ou plusieurs situations d'évaluation. Le dossier support de l'épreuve est identique à celui de la forme ponctuelle. Les phases du déroulement de l'épreuve (situations A + B) sont identiques à celles de l'évaluation en forme ponctuelle, mais ici, ces phases peuvent être dissociées dans le temps.	

Conseils pour réussir l'épreuve

1 Si vous vous présentez à l'épreuve sous la forme ponctuelle

Il est essentiel que votre livret professionnel soit bien structuré, sous une forme papier, de manière à pouvoir sélectionner aisément les situations professionnelles qui ont permis la mobilisation des compétences relatives à l'épreuve E6 et notamment de bien distinguer la partie « Projet de communication » du reste.

Il est utile de disposer de vos supports (productions diverses : maquettes, supports produits, devis, BAT, études utilisées ou mises en œuvre...) qui peuvent aider à démontrer votre engagement dans la formation pour acquérir les compétences exigées.

Attention, cette épreuve n'est pas une épreuve pratique, il ne vous est pas demandé de montrer, face à la commission d'interrogation, ce que vous êtes capable de faire.

a) Phase 1

Dans la phase 1 de l'épreuve, la commission va, tout d'abord, vous questionner sur votre projet. Il s'agira de montrer votre capacité à l'expliciter clairement.

La commission va ensuite faire varier quelques paramètres de la situation que vous avez vécue pour que vous puissiez démontrer les compétences que vous avez déjà mobilisées dans cette situation « Projet » et que vous revendiquez. Par exemple, une tâche supplémentaire sera introduite dans le projet et on vous demandera d'apprécier les incidences de ce nouveau paramètre dans le cahier des charges, sur la coordination et sur le contrôle du projet. On pourra aussi introduire un changement de date de la manifestation prévue et vous demander d'en apprécier les incidences sur le projet. On pourra encore vous demander de proposer des solutions alternatives suite à une réduction budgétaire ou à un changement de cible. Votre rôle sera alors de démontrer que les compétences que vous avez mobilisées dans le projet sont bien maîtrisées et que vous êtes capable de les mobiliser à nouveau sur des situations professionnelles modifiées mais très proches de celles que vous avez proposées.

b) Phase 2

Dans la phase 2 de l'épreuve, la commission va apprécier votre maîtrise des compétences mobilisées dans de nouvelles situations (autres que le projet), celles de «Production». Elle va alors apprécier votre capacité à réinvestir ce que vous savez déjà faire dans une situation qu'elle fait légèrement évoluer (nouvelle cible, nouveau contexte concurrentiel, nouvel objectif, nouveau budget, nouveau procédé d'impression...). Entraînez-vous à changer quelques paramètres et à en imaginer les incidences. Vous pensez savoir rédiger un message, un *mailing*, par exemple, parce que vous l'avez fait pour tel ou tel annonceur, mais seriez-vous toujours capable de rédiger ce mailing si la commission d'interrogation changeait, par exemple, le contexte ? Il ne s'agit plus de proposer une offre promotionnelle, mais d'informer les clients que les produits achetés présentent une malfaçon... Qu'est-ce qui va changer dans la rédaction du message? Qu'allez-vous modifier? Qu'allez-vous conserver? N'oubliez pas que, lors de cette phase 2, le jury va sonder les situations présentées dans votre livret E6 ; inutile de dire que vous devez *toutes* les maîtriser parfaitement. Cependant, toutes ne seront pas abordées par le jury (sondage aléatoire). Vous pourriez donc avoir à travailler sur une situation qui vous plaît moins qu'une autre. Il faut vous y préparer.

c) Phase 3

Dans la phase 3 de l'épreuve, il vous faut prendre du recul sur votre parcours de formation, relativement à l'unité U6, en montrer les forces et les faiblesses, et être capable d'envisager de remédier aux faiblesses repérées. Toutes les compétences du livret E6 ont-elles été abordées? Pourquoi? Quelles faiblesses subsistent?

Par ailleurs, vous devez montrer la pertinence et l'efficacité professionnelles dont vous avez fait preuve tout au long de votre parcours de formation : avez-vous atteint les objectifs fixés? Votre projet professionnel personnel s'est-il éclairé au travers de vos travaux en formation? Sur quels points vos stages ont-ils été pertinents?...

2 Si vous vous présentez à l'épreuve en contrôle en cours de formation

Parce qu'il s'agit d'une évaluation en cours de formation, vous devez tenir à jour votre livret professionnel et le soumettre périodiquement à la validation et à l'évaluation de vos enseignants. Ils pourront ainsi piloter au mieux votre formation et vous orienter vers des situations de travail qui vous permettront d'aborder des compétences différentes et nouvelles, de façon à couvrir largement le champ des compétences attendues.

En CCF, seule la situation B donne lieu à un entretien oral et à un seul. Vous devez donc vous entraîner, tout particulièrement, à analyser votre parcours au travers des différentes situations de travail rencontrées durant votre formation. Vous devez montrer votre capacité à vous engager dans les situations «Projet» et «Production».

Vous devez alors porter un regard réflexif (prendre du recul) sur votre propre parcours de formation. Vous devez donc être capable d'en apprécier les forces et de montrer en quoi tel point de votre parcours a pu contribuer au renforcement de la professionnalité recherchée. De même, vous devez pouvoir apprécier les points faibles de votre parcours individuel, les expliciter et, éventuellement, apporter quelques solutions, à court et moyen terme, pour en atténuer les faiblesses.

Par ailleurs, vous devez montrer la pertinence et l'efficacité professionnelles dont vous avez fait preuve tout au long de votre parcours de formation : avez-vous atteint les objectifs fixés? Votre projet professionnel personnel s'est-il éclairé au travers de vos travaux en formation? Sur quels points vos stages ont-ils été pertinents?...

La fiche « Projet »

BTS COMMUNICATION Fiche « Projet de communication »	
E6 - PROJET ET PRATIQUES DE LA COMMUNICATION	Session 201X
ÉTUDIANT(E) Nom : Prénom : Établissement de formation (nom et adresse) :	
PARTENAIRE Nom de l'organisation : Service : Activité : Adresse :	
DESCRIPTION DU PROJET ET CONTEXTE DE RÉALISATION	
Dates du projet : Durée du projet : ...... semaines	

ACTEURS IMPLIQUÉS DANS LA RÉALISATION DU PROJET			
Nom	Fonction	Nature de la relation	Objets de la relation

OBJECTIFS GÉNÉRAUX DU PROJET

LISTE DES ANNEXES (à apporter le jour de l'épreuve)	
Numéro	Titre

Un exemple rempli est en ligne sur le site compagnon Nathan.

ANGLAIS

Cadre européen commun de référence pour les langues, niveau B2

1 COMPRENDRE UN DOCUMENT

Vous devez être capable de comprendre rapidement un article : pour cela, développez des stratégies de lecture rapide à utiliser systématiquement.

1 Identifier le document

- Regardez d'abord les éléments susceptibles de vous aider : sources du document, date de publication, type de publication, ainsi que les illustrations s'il y en a, ou graphique.
- Repérez le nombre de paragraphes. Un article bien écrit respecte la règle « une idée par paragraphe, un paragraphe par idée ».
- Ne vous concentrez pas sur les mots que vous ignorez : identifiez avant tout les mots-clés de chaque paragraphe, qui peuvent être dans le titre.

Structures à connaître : *This article is about / concerns / deals with / raises the issue of...*

2 Analyser le document

Un article de presse est construit de la manière suivante :

a) le titre/*headline* (et un éventuel **sous-titre/*subhead***)

b) le premier paragraphe qui peut avoir deux fonctions différentes :

- l'introduction du sujet ; dans ce cas, il comporte l'essentiel des informations dans ce qu'on appelle une *topic sentence* (*topic* : sujet abordé) ; cette phrase résume ce qui va être développé ou commenté dans le reste de l'article ;
- un exemple qui illustre le sujet abordé dans l'article.

c) le reste de l'article qui apporte des précisions et complète l'information.

3 Questionner le document

Il faut lire en posant des questions pour que le document révèle les informations qu'il contient.

- **De quoi** parle-t-il ?
- **Quand** et **où** cela s'est-il passé ? **Depuis** quand ? **Jusqu'à** quand ?
- **Qui** est concerné ?
- **Pourquoi** et **comment** cette situation / ce problème s'est développé(e) / a évolué ?

Repérez les phrases de l'article qui répondent aux questions en *Wh-* : *Who? What? Where? When? Why?* avec un surligneur de couleur différente pour chacune de ces questions.

EXEMPLE

Starbucks[1] turns to TV to perk up sales

Starbucks[2] will today launch its first national advertising campaign[3] on American[4] television[3] as the country's caffeine addicts[2] desert a chain which in some American cities seems to have an outlet on every corner[5].

The Seattle-based company last night revealed that the number of coffees and pastries sold in its home market over the last three months fell for the first time[6] since it started giving out sales data three years ago.

Wall Street analysts have been voicing reservations about the company's rapid expansion, suggesting that the market has become saturated[6] and Starbucks has overreached itself as it aims for 40,000 stores worldwide. The company admitted yesterday that it will open a hundred fewer stores next year than it had originally projected.

Starbucks has been hit by a combination of rising raw material costs, which has forced it to raise prices, and a drop in consumer confidence[6], which has made its expensive coffee a little less alluring. The company increased prices over the summer but pricing pressures are continuing – milk prices, for instance, have increased more than 60% since the start of the year.

Starbucks also faces increasing competition[6] from fast food companies such as McDonald's who are moving into the hot beverages market as their core "burgers 'n' fries" offerings come under increasing attack from pressure groups who accuse them of being unhealthy. In a conference call with analysts on Tuesday, McDonald's US president Don Thompson said the company plans to improve its drinks line-up. "Beverages promise to bring a whole new set of customers to McDonald's," he said.

Adapted from *The Guardian*, November 16, 2007[7]

1. Nom de l'entreprise concernée.
2. On peut répondre à *Who? (Starbucks, coffee chain).*
3. On peut répondre à *What? (first advertising campaign on US TV).*
4. On peut répondre à *Where? (the USA).*
5. Premier paragraphe : *topic sentence.*
6. On peut répondre en partie à *Why?.*
7. Source : publication, date.

4 Analyse du contenu

	Idée	Mots clés
1	Exposition du problème	- first national advertising campaign on American television - caffeine addicts are deserting - an outlet on every corner
2	Résultats en baisse	- Seattle-based - number of coffees and pastries sold fell for the first time
3	Saturation du marché	- reservations about the company's rapid expansion - market saturated
4	Questions de prix	- rising raw material costs > raise prices / expensive coffee - drop in consumer confidence
5	Concurrence	increasing competition from fast food companies

5 Amorce de restitution

This article, which was published in *The Guardian* in November 2007, reports on Starbucks' disappointing results which have pushed the coffee chain to launch its first national advertising TV campaign in the US. As a matter of fact, the company results have declined due to various factors. First of all, the company may have opened too many outlets, thus entailing market saturation...

2 PRÉSENTER UN DOCUMENT À L'ORAL

Généralement, un oral se déroule en deux temps : d'abord, la présentation d'un document préparé, puis un entretien avec l'examinateur.

1 Pendant la préparation

1. Prenez des repères

Vous pouvez numéroter les paragraphes d'un article, noter du lexique à ne pas oublier, surligner d'une ou plusieurs couleurs les mots-clés (nom de l'entreprise, stratégie, pays, etc.).

2. Préparez les moments-clés

Rédigez un passage de votre introduction ou de votre conclusion, qui sont des moments importants.
Réfléchissez avec soin aux articulations (transitions, annonce du plan, etc.).

2 L'introduction

1. Identifiez le document

a) Origine : *This article was published in..., This document dated / comes from...*
Le nom de l'auteur n'a pas d'intérêt, sauf s'il est impliqué (chef d'entreprise, DRH, etc.) ou célèbre (personnalité politique, économique, acteur, etc.).
b) Date : le contexte donne du sens, par exemple s'il s'agit d'une date spéciale. Pour indiquer le mois, utilisez la préposition ***in*** : *This article was published **in May 2008**.*
Pour le jour, utilisez ***on*** : *This article was published on **22 May 2008**.*
Attention : on dit à haute voix *on the twenty-second of May* même si on voit *May 22* (ou *22 May*) à l'écrit.

2. Exprimez l'idée générale

The article deals with / reports on / studies...
This article tackles a controversial / topical issue, that of...

3 Le plan

Proposez un plan logique après l'introduction : les raisons avant les conséquences, le passé avant l'avenir, etc.
In the first part / Firstly / To begin with...
In the second part / Then...
Utilisez des mots de liaison. N'hésitez pas à marquer une légère pause entre les parties.

4 Le développement

Reformulez avec des synonymes. Par exemple, pour parler d'une entreprise, vous pouvez varier : *firm, company, business, start-up, store, outlet, venture* ; pour une augmentation : *grow, increase, rise, soar, skyrocket...*

5 La conclusion et l'ouverture

Concluez : *In a word / To conclude...*
Rappelez les idées clés de votre exposé, puis lancez des pistes afin d'ouvrir le débat dans le sens que vous estimez opportun.

6 Savoir communiquer

- Attention à l'intonation : montante lors d'une énumération, descendante en fin de phrase, montante pour les questions en oui/non, etc.
- Levez les yeux : vos notes sont un tremplin pour l'expression, pas un texte que vous lisez.
- Si on vous demande de lire un passage, votre lecture doit montrer que vous comprenez ce que vous lisez. Respectez les accents de mot et de phrase.
- Si vous citez le document, précisez où se trouve la citation.
- Si vous ne comprenez pas une question du jury, demandez-lui poliment de répéter : *I'm afraid I didn't understand, could you repeat, please?*
- Montrez-vous souriant(e), naturel(le), et terminez en prenant poliment congé.

EXEMPLE

Wal-Mart[1] gives online[2] shoppers Thanksgiving[3] deals[4]

Wal-Mart Stores[1] on Monday unveiled Thanksgiving* holiday sales plans that focus heavily on its website[2] to publicize its discount prices[4].

The world's largest retailer[1] has said it would post online-only deals on the website on Thanksgiving[3], which can be purchased the same day.

On Monday, it revealed some of those deals. For example, it will offer a Zune 30 gigabyte MP3 video player for \$98.87, which it says is about 25% off[4], and a Garmin Nuvi 650 Portable global positioning system for \$298.87, a savings of more than 30%[4].

Wal-Mart also said Monday that it will post special "secret" deals[4] on its website on Thanksgiving Day that can then be purchased in stores on Friday[3], which kicks off the holiday shopping season. Those "secret" deals are not published in its advertising circulars.

The online push[4] comes as Wal-Mart works to incorporate its website more closely with its stores[5], and boost lagging sales in the United States[5].

This year, it rolled out a "Site-to-Store" program[4], which allows customers to order products on the website and have them shipped to a local Wal-Mart store for free. When the merchandise is picked up, Wal-Mart said customers wind up spending more money in the store[5]. In an interview earlier this month, Walmart.com CEO Raul Vazquez said that while overall U.S. online holiday sales this year are expected to rise about 20%, the site's sales should jump 40% to 60%.

Adapted from *USA Today*, November 20, 2007

* Thanksgiving: *an annual one-day holiday celebrated on the fourth Thursday of November.*

1. *Who?*
2. *Where?*
3. *When?*
4. *What?*
5. *Why?*

3 RÉSUMER UN ARTICLE

Un résumé peut être demandé à partir d'articles écrits en anglais (résumé à rédiger en anglais ou en français) ou en français (résumé à rédiger en anglais). Attention à ne pas vous tromper de langue !

1 Définition du résumé

C'est la réduction objective d'un document, en général au tiers de sa longueur.

1. Restez neutre

Ne prenez aucun recul. Limitez les exemples à ceux qui sont indispensables à la compréhension.

2. Respectez l'ordre

Suivez l'ordre des paragraphes. N'ajoutez ni introduction ni conclusion. Ne citez pas les sources du document, mais soyez vigilant : la date peut donner du sens à l'article.

2 Le contenu de l'article

1. Numérotez les paragraphes

Cette numérotation vous aidera à respecter l'ordre en vue de votre résumé.

2. Identifiez le thème de l'article

Lisez l'article une fois pour trouver son thème général.

3. Travaillez sur le titre (le sous-titre et le premier paragraphe)

a) Repérez les mots clés du titre. Si vous ne le comprenez pas, passez au sous-titre, s'il y en a un, ou au début de l'article (*topic sentence*).

b) Posez-vous les questions en *Wh-*.

4. Recherchez les idées principales

Établissez une liste paragraphe par paragraphe. Pensez que vous êtes limité dans le nombre de mots : il faudra éliminer tout ce qui n'est pas essentiel.

3 La recherche de lexique

1. Vous devez résumer en anglais (à partir d'un article en anglais ou en français)

Cherchez des synonymes ou des équivalents pour les mots et expressions clés de l'article, afin de ne pas paraphraser l'article (ne pas le répéter à l'identique) quand vous rédigerez.

2. Vous devez résumer en français (à partir d'un article en anglais)

Concentrez-vous sur les mots à utiliser, le vocabulaire spécifique que vous devez connaître. Attention au nombre de mots demandés : ne traduisez pas l'article mot à mot ! Vous devez trouver des équivalents plus brefs.

4 La rédaction

- N'oubliez pas les mots de liaison qui doivent articuler ce que vous écrivez.
- Pensez à indiquer le nombre de mots utilisés en fin de travail.

5 La relecture

1. Soyez fidèle à l'article

a) Demandez-vous si votre résumé est fidèle à l'article proposé : si quelqu'un le lit, aura-t-il une idée exacte du contenu de l'article ?

b) Vérifiez que vous avez évité la paraphrase et que vous n'avez pas recopié de phrases de l'article.

2. Utilisez une langue de qualité

a) Si vous deviez rédiger en anglais, consacrez une relecture aux erreurs fréquentes : formes verbales (prétérit, *present perfect*, *s* à la 3e personne du singulier du présent simple, etc.), comparatifs et superlatifs, etc.

b) Si vous deviez rédiger en français, vérifiez l'orthographe, ainsi que les temps et les accords des verbes.

EXEMPLE

China takes action on toy safety

China has made "considerable progress" in improving the safety of the toys it exports, a European Commission report has found.

Millions of Chinese-made toys were recalled this year, amid concerns about lead levels and loose magnets. Chinese authorities fully investigated 184 cases of dangerous products over the last three months, compared with 84 cases in two previous reports.

In 43% of cases, "corrective measures" were taken, in some cases stopping the export of the unsafe products. In Guangdong province alone – where most Chinese toys are made – more than 750 toy manufacturers have had their export certificates suspended or revoked. A further 690 firms have been ordered to improve their factories and product quality.

Many toys have been recalled because of dangerous magnets, which are increasingly strong and detach more easily from toys than in the past. New warnings are needed on toys, said the Commission, which will draft "appropriate warnings about the dangers of magnets in toys". The Commission also promised to agree to a "safety pact" – between manufacturers, retailers and importers – in 2008 to rebuild consumer confidence.

The toy recall earlier this year rattled confidence in the "Made in China" brand. Roughly 80% of the toys sold in Europe come from China and analysts feared that China's economy has grown so rapidly over the past two decades that addressing safety would take a long time. But while progress still needs to be made, the news may help to reassure European consumers and importers that China takes product safety seriously.

"China has made important efforts to improve the quality of its exported toys," Foreign Ministry spokesman Liu Jianchao said on Thursday. "I believe Chinese products, including toys, will continue to be liked by consumers around the world. I wish children around the world a safe and happy Christmas and I hope Chinese-made toys can bring them joy."

Adapted from *BBC News*, November 22, 2007

Les idées principales sont en tramé dans le texte. Elles servent de base pour le résumé.

4 RENDRE COMPTE D'UN ARTICLE

Comme pour le résumé, un compte rendu peut être demandé à partir d'articles écrits en anglais (résumé à rédiger en anglais ou en français) ou en français (résumé à rédiger en anglais).

1 Définition du compte rendu

Un compte rendu est la restitution construite d'un document, en général au tiers. Contrairement au résumé, il doit être structuré en parties organisées.

On attend également les sources du document dans l'introduction et un rapide commentaire personnel dans la conclusion.

2 Le contenu de l'article

(Voir fiche 3)

- Quand vous avez identifié l'idée principale de l'article, formulez-la par écrit, dans la langue demandée pour le compte rendu.
- Après avoir repéré des informations paragraphe par paragraphe, regroupez-les en fonction d'un plan logique en vous basant sur les idées essentielles (réponses aux questions en *Wh-*). Pensez à la logique : traitez d'abord les causes puis les conséquences ; le passé puis l'avenir et les projets ; les perspectives puis leurs limites.

3 La rédaction

Si vous devez rédiger un compte rendu en anglais, cherchez des synonymes pour les mots et expressions clés de l'article, afin de ne pas paraphraser l'article.

Attention au nombre de mots demandés : vous devez trouver des équivalents plus brefs sans oublier les mots de liaison qui articulent les idées. Pensez à indiquer le nombre de mots utilisés en fin de travail.

4 La relecture

(Voir fiche 3)

EXEMPLE

BP to sell off US convenience stores

BP is selling its last batch of forecourt convenience stores in the US as part of its new strategy to streamline operations.

The energy giant plans to sell more than 700 sites, employing 9,500 staff, to franchisees and jobbers – companies that purchase large quantities of fuel from a refiner for distribution to petrol stations. Currently, 95 per cent of BP's 13,000 US retail sites are operated by independent businesspeople.

The sales mark an early move by BP's new chief executive Tony Hayward to simplify the company in an attempt to return it to profitability. The move, which will be completed over the next two years, will not affect the sale of BP and the BP-owned Arco branded fuel, which will continue to be marketed by franchisees under 20-year agreements with the company. The operation will be supported by field staff and a small head office in La Palma, California. BP's Chicago-based US Convenience Retail office will be wound up and, as announced last month, the company will bring its entire convenience store operation under one brand – am/pm. The brand, which came to BP as part of its acquisition of Arco in 2000, is widely recognised in the western United States.

Fiona MacLeod, the president of BP US Convenience Retail, said: "The brand has a 30-year track record... and has seen very positive results east of the Rockies based on the value that franchisees bring to the business."

In a statement, the company revealed that the changes will eliminate 9,500 store and 350 business support posts. The move will also affect about 100 employees from BP's Pipelines and Logistics Unit. "We know that these changes will be very difficult for our employees, and we are putting measures in place to assist affected business support staff, including job placement assistance," said Ms MacLeod said. "It's been our experience that the majority of convenience store employees are retained by the new owners."

In *The Independent*, November 17, 2007

5 Proposition de plan à partir des idées principales (en tramé dans l'article)

1. Facts

- BP is selling more than 700 sites, employing 9,500 staff.
- Currently: 95% of BP's 13,000 US retail sites are operated by independent businesspeople.

2. Reasons

- New strategy to streamline operations – simplify the company – return it to profitability
- The company will bring its entire convenience store operation under one brand – am/pm. The brand, which came to BP as part of its acquisition of Arco in 2000, is widely recognised in the western United States. "The brand has a 30-year track record... and has seen very positive results..."

3. Consequences

- The changes will eliminate 9,500 store and 350 business support posts.
- Will be very difficult for employees – measures to assist including job placement assistance. "The majority of convenience store employees are retained by the new owners."

5 TRADUIRE

➔ **Votre traduction doit montrer votre compréhension du texte anglais ainsi que votre maîtrise du français.**

1 Préparation

- Lire le document en entier pour situer le passage à traduire dans un contexte et éviter de gros contresens.
- Veiller au ton (informatif, polémique, etc.) et au niveau de langue (familier, formel, etc.)
- Repérer le passage à traduire.
- Identifier mots de liaison, formes verbales et ponctuation.

2 Résoudre les problèmes

1. Les mots inconnus

Le contexte permet souvent d'en approcher le sens. Analysez la fonction du mot (verbe, nom, etc. ?). Repérez à qui/quoi les pronoms (*it*, *he*, etc.) font référence.

2. Les mots composés

Traduisez en commençant par le dernier mot puis remontez vers la gauche.

> *the greatest house price* ***boom*** *(of all time)* : la plus grande **augmentation** de prix de l'immobilier (de tous les temps)

3. Le dictionnaire

N'en abusez pas (vous perdriez un temps précieux). Quand vous l'ouvrez, vérifiez tous les sens du mot sans vous arrêter au premier.

3 Connaître les procédés de traduction

1. La traduction mot à mot

C'est la plus simple et la plus fidèle au texte de départ. Utilisez-la chaque fois que vous le pouvez.

> *Two things will determine how long east Europeans stay.* Deux choses vont déterminer combien de temps les Européens de l'Est vont rester.

2. L'emprunt

a) Certains mots sont entrés dans la langue française : senior, week-end... (parfois orthographiés différemment : *weekend* s'écrit sans trait d'union en anglais).

b) N'abusez pas des emprunts à l'anglais.

> *boom* : augmentation

c) Vérifiez la signification des abréviations : il peut exister un équivalent en français.

> *EBRD (European Bank for Reconstruction and Development)* : BERD (Banque...)

3. La transposition

On change la catégorie grammaticale du mot que l'on traduit. Ainsi, un adjectif ou un verbe peuvent devenir un nom, etc.

> *The economy of Poland is growing at about 6.5% this year* : La Pologne a une croissance économique d'environ 6 % cette année.

Le nom *economy* est traduit par un adjectif ; le verbe *grow* est traduit par un nom.

4. L'étoffement

Il faut développer la traduction pour traduire toutes les informations : c'est souvent le cas des prépositions.

> *the political row* ***over*** *the levels of immigration* ***into*** *Britain, particularly* ***from*** *Eastern Europe* : les querelles politiques au sujet des immigrants qui pénètrent en Grande-Bretagne, notamment en provenance de l'Europe de l'Est.

5 L'équivalence

On l'utilise pour des expressions idiomatiques ou les proverbes. Par exemple, on ne peut pas toujours traduire *home* par « maison ».

> *the jobs available here and the jobs available back* ***home*** : les emplois disponibles ici et les emplois disponibles **chez eux**.

4 La rédaction

À ne pas faire :
- Expliquer ce que vous traduisez.
- Proposer plusieurs traductions (vous devez choisir).
- Laisser des blancs.

Relisez-vous : vérifiez que votre traduction a un sens, et la qualité de votre français (orthographe, grammaire).

EXEMPLE

Imagine: a shortage of Polish plumbers

Just as the political row over the levels of immigration into Britain, particularly from Eastern Europe, reaches new highs, economic indications are starting to suggest the panic may be overdone.

It just might be that in 10 years' time people will be grumbling that they can't get a Polish plumber any more and are having to pay an unreliable British workman a lot more to do the same job.

That might sound daft, given government figures showing more than a million immigrants have arrived in the past decade. Two things will determine how long east Europeans stay: the jobs available here and the jobs available back home.

Britain, as we know, has just been through the greatest house price boom of all time. This has created lots of jobs on the big construction sites and house renovation.

But the commercial property bubble has already burst. This could soon mean a fall in the number of jobs in areas where many eastern European workers have gone in recent years. But just as important is what's happening in the economies of Eastern Europe.

Late last week the European Bank for Reconstruction and Development (EBRD) released its annual "Transition Report". The region, the report predicted, will enjoy record economic growth this year of 7% and only slightly less in 2008. The economy of Poland, easily the biggest country by population in Eastern Europe with 38 million people, is growing at about 6.5% this year, more than double the pace of the UK.

Adapted from *The Guardian*, November 12, 2007

Les points de traduction développés dans la page sont en tramé dans le texte.

6 RÉPONDRE À DES QUESTIONS

Vous pouvez avoir à rédiger des réponses à des questions. Le support de départ peut être en français ou en anglais, mais les questions (et les réponses que vous devez apporter) sont toujours en anglais.
Le nombre de mots à utiliser est indiqué, généralement avec une marge de +/- 10 %.

1 La nature des questions

- Certaines questions portent sur le(s) document(s) étudié(s) : relisez-le(s) après vous être imprégné des questions et surlignez ce qui vous semble pertinent en utilisant une couleur pour chaque question.
- D'autres sont plus générales : puisez dans votre expérience et vos connaissances (cours et lexique spécialisé).

2 La qualité des réponses

1. Un plan simple

Il vous permet de mettre différents arguments en avant : les divers aspects d'une stratégie, les raisons d'un problème, les solutions, etc.

2. Le lexique

Pour les questions qui portent sur le(s) document(s) étudié(s) :
- s'ils sont en anglais : recherchez des synonymes pour éviter la paraphrase ;
- s'ils sont en français : traduisez les mots et expressions clés.

3. La richesse de l'expression

Commencez par des phrases simples puis ajoutez un adjectif, un adverbe, une subordonnée, etc.

3 La relecture

- Pour les questions sur le(s) document(s) étudié(s), vérifiez que vous n'avez pas utilisé de passages qui seraient hors sujet ou paraphrasés.
- Prêtez attention aux erreurs fréquentes : formes verbales, quantificateurs, comparaisons, etc.
- Indiquez le nombre de mots utilisés.

EXEMPLE

Retailers perk up websites

Online retailers have been working overtime to improve their websites in time for the holiday shopping season. While most of the upgrades should make shopping go more smoothly, the ease of shopping online can make the Internet particularly problematic for those with a tendency to spend too much.

Websites' efforts

1. Discourage shopping cart abandonment

When people park their shopping carts without checking out, the site may have lost a sale simply because someone ran out of shopping time. Or the cart could have been abandoned because the shopper had second thoughts about spending the money. Kurt Peters, editor in chief of *Internet Retailer*, says frustration over back buttons that don't take you back to where you were before the shopping cart can cause some people to give up.

Sites have now made it possible to see your shopping cart without leaving the product page. Electronics website Etronics.com has launched a feature that pops up a "live chat" window after a consumer hesitates for more than a minute during checkout. An online operator asks if there's anything you need help with.

2. Streamline checkout processes

Online retailers want "to make checkout as easy as possible," says Peters.

RugSale.com, which reduced the number of pages consumers needed to view before paying, cut the cart-abandonment rate from 65% to 45% and increased the average purchase by 21%. Other sites are following Amazon.com's lead and offering versions of one-click buying, which can be a boon to time-pressed shoppers.

3. Put reviews and price comparisons on the product page

Putting reviews on the same page as the product reduces the risk consumers will click once more and leave the site.

4. Remind consumers about earlier searches

Some retailers will e-mail consumers to remind them of searches they've made. It's a tactic some retailers worry may be too "Big Brotherish." Other sites will remind you of earlier searches when you log back in.

Adapted from *USA TODAY*, November 18, 2007

4 Exemples de questions

1. Why is November a key time for online retailers to improve their sites? (50 words +/– 10%)

2. What steps are they taking to make consumers spend more money? (80 words +/– 10%)

1. November is the beginning of the holiday season, when most shoppers look for Christmas gifts. Many people are time-pressed, and shopping on the Internet enables them not to waste time and to purchase what they want at any time on any day. Therefore it is best for retailers to upgrade their sites before this crucial spending period. *(57 words)*

2. With internet shopping developing, retailers have gained know-how about how to lure consumers into spending more. Some have made it possible for shoppers to access their cart while browsing the products in order to reduce the time spent before they check out. Others offer comparisons on the product page to make information readily available and to make people remain on the site. Others have reduced the number of pages to go through before payment while some even have pop-up operators who interfere when shoppers hesitate! *(85 words)*

7 LES GRAPHIQUES, DIAGRAMMES OU TABLEAUX

➔ Vous pouvez avoir à commenter un graphique, inclus à un article ou non. Suivez un plan qui va de la description à l'interprétation. Utiliser le lexique adapté est indispensable.

1 Décrire

Identifiez le document : définissez sa source, son objet, la date et le contexte géographique ou social.
> *This chart covers the period from... to...*
it measures...
it traces the growth of...

Words

pie chart: camembert
line-chart, flow chart: courbe
graph/chart: graphique
bar chart: histogramme
organisation chart: organigramme
per capita: par personne
percentage: pourcentage
statistics: statistiques
table: tableau

2 Donner du sens

Les chiffres ou pourcentages donnés aboutissent à des constatations sur une tendance (*trend*, *tendency*) et des évolutions.

Words

rise, increase, go up, climb: augmenter
reach a peak, peak, climax: atteindre un sommet
skyrocket: monter en flèche
soar, jump: s'envoler
to pick up: se redresser
to top: dépasser
an increase, a rise, a climb, a jump, a boom, a growth: une augmentation

fall, decrease, go down: diminuer
drop: chuter
decline: décliner
plummet, plunge: dégringoler
nosedive, collapse: s'effondrer
reach a trough/a bottom low: atteindre un creux
a decrease, a decline, a fall, a drop: une diminution

stagnate, remain stable: stagner
level out/off: atteindre un palier, se stabiliser
fluctuate: varier, fluctuer
be level with: être au même niveau que

1. Attention aux prépositions avec ces verbes

augmenter/diminuer de : *rise/fall by*
augmenter/diminuer de ... à ... : *rise/fall from ... to ...*
augmenter/diminuer jusqu'à : *rise/fall to*
se monter à : *stand at*
une augmentation/chute de : *rise/fall of*
fluctuer entre ... et ... : *fluctuate between ... and ...*

2. Nuancez les tendances avec des adjectifs ou des adverbes (en ajoutant *-ly* à l'adjectif)

brutal : *sharp*
en flèche : *steep*
important : *considerable, substantial*
léger : *slight, marginal*
petit à petit : *gradual*
régulier : *regular, steady (steadily)*
soudain : *sudden*
spectaculaire : *dramatic*

beaucoup : *a lot, a great deal*
environ : *approximately, roughly*

3. Utilisez des chiffres (voir Utilitaires, p. 379), des comparatifs et des superlatifs

the highest/lowest figures
more/less... than...
were higher in... than in...

4. Vous pouvez être amené à classer

rank first, come last, an all-time high/low, etc.
Les verbes utilisés sont en général au prétérit (passé daté et révolu), sauf si on décrit une tendance qui se poursuit au moment où l'on parle (dans ce cas là, on utilise le *present perfect*).
Attention aux prépositions
sales rose by...
sales rose to...
(cf. ci-dessus)

3 Interpréter

Mettez les données en perspective : les courbes et statistiques décrivent un phénomène mais n'en donnent pas l'analyse. C'est à vous de les interpréter et de nuancer.
It seems to indicate...
Judging from...
It would/could mean that...
Pour établir le lien entre les données et votre interprétation, utilisez des mots de liaison exprimant cause et conséquence ainsi que des formes passives.
> *The trend can be explained/accounted for/by...*

8 COMPANIES

➔ They can be called companies, firms or corporations, ventures or businesses.

1 The different types of companies

Multinational firms as well as small-and-medium-sized firms (SMFs) can belong to any category. The most common are:
- Public Limited Companies (PLC), quoted on the Stock Exchange
- Private Limited Companies (Ltd), not quoted

Two other types (less common):
- partnerships (run by more than one person)
- and Single Proprietorships (owned by one person).

2 Organization

Firms are organized in departments: Management, Finance and accounting, Human Resources, Marketing and Sales, Production, Customer Service, Research and Development, Information Technology, Purchasing. They appear in an organization chart.
In France, companies may have a workers' council. It implements perks and social and cultural benefits for the company's employees and their families.

3 Success

- Offering a good product or service: see "marketing mix", p. 371, **Marketing**.
- Managing efficiently: managers should be creative, innovative, know the sector. Communication skills are also required to obtain good work from staff.
- Caring about employees: wages, perks, benefits, vocational training and career opportunities.
- Communicating with customers: satisfaction, quality standards.

4 Corporate citizens

Today, companies care about their image and want to appear as corporate citizens. They have to show responsible attitudes towards the environment, working conditions, sustainable development, etc. They invest in pollution reduction programmes, energy saving measures, recycling projects, involvement in NGOs/ charities, cultural and sports programs.
Companies are watched as far as community relations, employee relations, diversity and customer relations are concerned.

5 Company problems

1. Internal problems

- Poor management
- Financial problems: high overheads
- Distrust from shareholders
- Social unrest (strikes)
- Faulty products damage a company's image in the long term.
- An ill-adapted marketing strategy. As far as foreign markets are concerned, a company should pay attention to cultural differences (colour codes, brand/product names, etc.).

2. External problems

Competition and saturated markets force companies to remain competitive in today's global economy context. See p. 378, **Globalisation**. For example, American car manufacturers – General Motors Corporation, Ford Motor Company and DaimlerChrysler – have to compete with Toyota which has become the world's number one.
Deregulation (opening a whole sector to competition, for instance air travel) can also create problems. See p. 376, **Transport**.

6 Strategies

- Restructuring means cutting down on the workforce: companies can encourage early retirement, stop hiring, or make some employees redundant.
- Relocating or outsourcing production in cheap labour cost countries. See p. 368, **Work**, and p. 378, **Globalisation**.
- Update

Companies can retrain their staff, to increase the Research and Development (R&D) department, and update their equipment.
- Launch new products
- Adopt new forms of business

Merging, developing a franchising system, tapping new markets can help companies develop in new directions.

The words of companies

accounting: comptabilité
benefit: avantage
bottom line: résultat financier
company: entreprise
competition: concurrence
corporate: d'entreprise
factory: usine
global: international, mondial
headquarters: siège social
industry: industrie, secteur
invest: investir
manager: directeur
manufacture: fabriquer
operate: gérer, exploiter
partnership: partenariat
profit: bénéfice
profitability: rentabilité
skill: compétence, savoir-faire
stock exchange: bourse
strike (on): grève (en)

9 WORK

→ **Since the 1980s, unemployment rates have varied but jobs are not as stable as before.**

1 A brief history of work since WWII

1. Before

Employment and Welfare State policies over the Thirty Glorious Years (after 1945) improved workers' conditions with the help of trade unions. It was the job-for-life era: people did not change jobs. Benefits were guaranteed from "the cradle to the grave": paid holidays, sick/maternity leave, retirement/unemployment benefits, free health care, subsidized day-care/school lunches/housing and transports, retraining schemes.

2. Now

Profitability and cost are the key elements. Firms relocate in cheap-labour force countries (Asian sweatshops) or easy work regulations (Britain, Ireland). Call centres and customer services use outsourcing – employing people in foreign countries.
Mergers threaten jobs as they usually mean restructuring and streamlining. Shareholders expect profitable returns on investment.

2 The decline of trade unions

- There aren't as many workers as before: fewer manufacturing jobs, automation and relocation in cheap-labour force countries.
- Teleworking and temping make it harder for employees to organize.

3 What governments can do

- Allow companies to hire on fixed term contracts.
- Cut the amount of necessary red tape to create firms.
- Invest in training and longer studies: unskilled jobs are now automated or relocated abroad.
- Pass laws reducing the work week.
- Ban overtime and make it harder for companies to make employees redundant.
- Reduce benefits to cut costs.
- Increase benefits to boost consumption.

4 Temping and flexibility

- **Flexibility:** applying the just-in-time principle to employees who are hired when needed, and not otherwise.
- **Temping:** companies hire temporary workers for any period of time, under very short noticc. Thc number of temps has increased dramatically.

But this is incompatible with corporate culture: surveys show companies using too many temps were more liable to become less profitable.

5 Teleworking and telecommuting

Thanks to new technology, more employees, called telecommuters or teleworkers, can work from their homes.

- **Pros:** saving time and money (transport, day care for young parents, etc.).
- **Cons:** isolation; difficulty in making a difference between private and working life; risk of longer hours; no team work.

6 Hot desking/virtual offices

Companies rent office space but their employees do not have a permanent office. Temporary work stations are equipped with computers and phone lines; the employees' files are ready to be used when they come.

- **Pro:** cut costs (expensive real estate in large cities).
- **Con:** loss of staff's comfort.

The words of work

apply (for): poser sa candidature
automation: automatisation
career: carrière
colleague: collègue
day off: jour de congé
dole (on the): être au chômage
employee: employé
employer: employeur
employment/job: emploi
extra hours: heures supplémentaires
fixed-term contract: contrat à durée déterminée
freelance: travailleur indépendant
full time: temps complet
hire: embaucher
income: revenu
jobless person: chômeur
joblessness: chômage
lay off/make someone redundant: licencier
nine-to-five job: emploi de bureau
odd job: petit boulot
part time: temps partiel
redundancy: licenciement économique
restructuring: restructuration
retirement: retraite (condition)
salary: salaire
self-employed: à son compte
skill: compétence, savoir-faire
team work: travail d'équipe
temping: intérim, emploi précaire
trainee: stagiaire
unemployment rate: taux de chômage
union: syndicat
workforce: main d'œuvre
workplace: lieu de travail
work placement: stage en entreprise

10 CONSUMERS

Mass consumption started in the US after WWII and in Europe in the 1960s.

1 The rise of consumerism

Since the 1960s, the average household's purchasing power has increased a lot. Women work more. New needs/products have appeared.

- People who bought one car now often buy two.
- Everyone owns household equipment (white goods/ kitchen appliances and brown goods (TV, hi-fi, etc.).
- Disposable products such as diapers, razors, pens, etc. cater to the needs of affluent, time-pressed consumers.
- Frozen and pre-cooked foods have become essential thanks to microwave ovens.

However, consumer organizations are trying to protect consumers and groups are in favour of "No Buying Day" – when consumers are encouraged not to buy anything.

2 Careful consumers

Consuming habits have changed over the past decade for various reasons.

- Less money: slumps, globalization, job flexibility and the end of the "job for life" (see page 368, **Work**).
- More information: consumers want the best quality-price ratio. They are more aware of issues such as sustainable development and fair trade.
- Consumer over-indebtedness: plastic money, numerous ATMs (automatic teller machines/cash dispensers), and loans targeting low-income households push people to spend too much.
- New technologies: people shop from home at all hours and compare prices. See p. 370, **Distribution**.

3 Targeting the grey market

- More seniors (increase in life expectancy).
- More affluent (retirement benefits).

Insurance, health, travel, leisure and sports companies now target seniors. Manufacturers try to offer easy-to-use equipment. Stores reinforce home deliveries and after sales services.

4 Targeting children and teenagers

They account for a huge market both as consumers (pocket money, gifts) and purchase influencers (cars, computers, homes).

Products:

- Snacks, sweets, soft drinks, junk food. Premixed drinks (sweet-tasting soda and alcohol) are sold in ready-to-drink packs. They are considered partly responsible for the dramatic increase in teenage binge drinking.
- CDs, DVDs, video games, clothes, mobile phones, MP3 readers, etc.

Companies offer the often under-equipped state schools equipment, or ready-made educational programs, if the children watch ads several minutes every day. Kellogg's (cereal) was among the first to penetrate schools.

5 Targeting single people

Single people include divorcees, single parents, widowers and bachelors.

A profitable market: they often work full time and enjoy more free time than married couples. They are the number one consumers of convenience and take-away food, outings (cinema, theatre, etc.) and travelling.

The words of consumers

affluent: riche, aisé
consume: consommer
consumer: consommateur
consumer advocacy: défense des consommateurs
consumer organization: organisation de consommateurs
consumer product: produit/bien de consommation
consumer protection: protection des consommateurs
consuming habit: habitude de consommation
consumption: consommation
controversial: sujet à controverse
convenience food: plats tout préparés
cost: coût
credit/debit card: carte de crédit
customer: client
diet: régime
fair trade: commerce équitable
frozen foods: surgelés
hard discounter: magasin discount
health: santé
high street: rue commerçante
household: foyer
indebted: endetté
insurance: assurance
kitchen appliances: appareils ménagers
leisure: loisir
microwave oven: four à micro-ondes
mass consumption: consommation de masse
middle-income: à revenu moyen
price: prix
purchase: achat, acheter
purchasing power: pouvoir d'achat
quality standard: norme de qualité
ready-made: tout prêt
sample: échantillon
shopping centre: centre commercial
slimming product: produit minceur
slump: crise économique
spend: dépenser
sustainable development: développement durable
take-away food: nourriture à emporter
target: cibler
terms of payment: conditions de paiement
well off: riche, à l'aise financièrement

11 DISTRIBUTION

Distributors act as middlemen between manufacturers and retailers: manufactured products are stored in warehouses, and then sold to retailers or directly to customers through various channels of distribution.

1 "Brick and mortar" retailers

- **Specialist shops** sell one range of products: kitchen appliances, books, etc.
  They can belong to a franchise chain (Zara, Gap, etc.): a franchisee buys the right to operate a business and gives back a percentage of his turnover (royalties) to the franchisor. In exchange, the franchisee gets training, advertising, a brand name and reputation.
- **Licensed dealers** have the exclusive rights to sell some products, for instance cars.
- **Corner shops/convenience stores** are small shops located near homes (butcher's baker's, etc.) More expensive than supermarkets, they offer longer opening hours, shopping at walking distance and home deliveries – a help for senior citizens.
- **Department stores** opened in the 19th century (Harrods in London, Galeries Lafayette in Paris, Macy's in the USA). The first to offer different categories of products in one store, they went through a crisis in the 1980s but have managed to succeed again by targeting affluent customers with upscale ranges.

2 Superstores

A modern version of department stores, they appeared in the 1950s. Located in the suburbs, they offer long opening hours, free car parks that encourage one-stop shopping and cheap prices with a good quality-price ratio. Products targeting children (sweets, chocolate bars, etc.) are generally on display at the checkouts.

- **"Big-box stores"** (giant superstores) are located in suburban/rural areas. They look like huge rectangular boxes without windows. They can sell several ranges of products (Wal-Mart and Target), or specialize in a specific range of goods: furniture at Home Depot, or DIY (Do-It-Yourself) stores.
- **Malls/shopping centres** have become places of "retailtainment", where many people shop and have fun. Examples in Europe: Val d'Europe near Paris, Bluewater in Kent, England, Kaufhof in Berlin.
- **Factory outlets** sell end-of-range products at attractive prices.
- **Hard discounters** sell FMCGs at the lowest possible price without advertising or decoration and minimal staff. Famous names: Leader Price, Aldi, etc. See page 401, **Consumers**.

3 Vending machines

Vending machines are located in places attended by a lot of customers, travellers or passers-by (companies, stations, airports, etc.). They need no personnel, have no opening hours and offer on-the-spot delivery. Coke has 2.8 million machines worldwide.

4 Home shopping

- **Mail order**
  Mail order was first developed in the USA because of the distances between people and shops.
- **Online distribution** is replacing mail order. Many "click and mortar" retailers have developed a website to complete their distribution. Heavy, bulky goods – difficult to transport from supermarket to home – are favourite with fresh fruit and vegetables with a long shelf life, such as bananas.
  Some retailers are online only, such as Amazon. However, expensive delivery charges can deter customers. See page 373, **New technologies**.
- **TV/mobile shopping**
  Some products can be bought through mobile phones via a free number.
- **Door-to-door sales**
  Forbidden in many places, door-to-door selling is used for services such as insurance with an appointment.
- **Home parties**
  Products are displayed and sold in someone's house for friends and neighbours in a friendly atmosphere.

The words of distribution

convenience shop/store: magasin de proximité
home shopping: achats depuis le domicile
cash: argent liquide
channel of distribution: canal de distribution
deliver: livrer
direct selling: vente directe
display (on): à l'étalage
door-to-door: porte à porte
factory outlet: magasin d'usine
franchise: franchise
franchising: système de franchise
generics: produits génériques
hard discounter: magasin discount
licensed dealer: revendeur agréé
home party: vente à domicile
mail order: vente par correspondance
order: commande, commander
outlet/ point of sales: point de vente
place an order: passer une commande
quality price ratio: rapport qualité-prix
sales representative: représentant commercial
sell (sold, sold): vendre
shelf (pl.: shelves): rayonnage
shop/store: magasin, boutique
store (V): avoir en stock
supply: fournir
vending machine: distributeur automatique
wholesaler: grossiste

12 MARKETING

1 Market research

Companies use market research:
- to identify producers, distributors, leaders and competitors.
- to understand demand/customers' habits.

They use desk study (statistics, etc.) or field study (direct contact, face-to-face or phone interviews).

2 Market segments

Groups of consumers who share the same needs and desires can be identified according to age-group, gender, income, etc.

3 The five Ps of the marketing mix

1. Product

- Fast-moving consumer goods (FMCGs): food, drinks, detergents, toiletries, etc. They do not remain long in shops.
- Durable goods/products: electrical/brown goods (TVs, computers), and white goods (refrigerators, dishwashers); clothes, CDs, phones, etc.
- Disposables are thrown away after use: nappies, paper tissues, pens, razors, cameras, etc.
- Services: insurance, financial products, travel, etc.

A product has a life, called its life cycle, with five stages: Introduction – Growth – Maturity – Saturation – Decline.

2. Price

Price must cover manufacturing costs and include a profit margin. It fluctuates with competition and demand, and works as an incentive for consumers.

Pricing strategies:
- Penetration pricing: entering the market with a low price to cover a larger market.
- Skimming pricing: entering the market with a high price (new product, no competitors).
- Critical point: offering a product for £9.99 instead of £10.
- Premium pricing: high price to add status to the product.
- Discounting: offering a lower price if customers buy in bulk or pay cash.

Seasonal sales take place in winter and in summer. Price cuts help companies get rid of stocks.

3. Place (see page 370, **Distribution**)

4. Promotion (see page 372, **Advertising**)

5. Packaging

Packaging contains a product. It indicates the ingredients on food products, and carries information (safety warnings, quality labels, instructions for use, etc.).

Packaging serves as a promotion tool and can boost sales. Companies targeting children make great packaging effort with most food products (snacks, sweets, cookies, drinks, etc.).

Yet, packaging also generates garbage and most packaging is recyclable today.

Packaging has a price, the price of packaging being taken into account in the retail price.

4 Marketing techniques

1. Customer loyalty

Companies must build customer loyalty as it is cheaper to keep old customers than to find new ones.

Today's customers are more money-conscious. They are less faithful to one brand or store. Loyalty cards allow customers to collect points and get free gifts, discounts, free air miles or vouchers. Customers appreciate loyalty schemes which also help companies build important data on consuming habits.

2. Customizing

Products and services are adapted to individual needs.

3. Direct marketing

Customers can be approached directly through direct personalized mail (or e-mails), phone-calls or reply coupons in leaflets or magazines.

4. Point of sale (POS) promotion

To encourage impulse buying, goods are displayed at eye-level or at strategic places (check-outs, or end displays) where customers are easily tempted.

Point of sale promotion informs customers through billboards or video screens. Music can be broadcast to create a pleasant atmosphere and encourage customers to spend more time in the store. Recently, some stores have also added perfume.

The words of marketing

carry out market research: faire une étude de marché
competitor: concurrent
customer file: fichier client
discount price: prix réduit
disposable products/disposables: produits jetables
durable goods: bien de consommation durables
fast-moving consumer goods (FMCGs): bien de consommation à rotation rapide
field study: étude sur le terrain
impulse buying: achat sur impulsion
launching: lancement
loyalty card: carte de fidélité
market leader: leader du/sur le marché
market segment: segment de marché
market share: part de marché
niche: créneau
odd pricing: prix psychologique
packaging: conditionnement, emballage
point of sale (POS): lieu de vente
sales: soldes, ventes
study (V): étudier
supply and demand: l'offre et la demande

13 ADVERTISING

➔ **Advertising helps companies promote their products or brands.**

1 The goals of an advertising campaign

- Informing consumers/convincing them to buy.
- Creating brand awareness and improving the companies' image.

2 Traditional advertising media

- Radio, TV and newspapers
- Posters and billboards (streets, buses, etc.)
- Advertising leaflets (sent or handed outside cinemas, etc.)
- Coupons and vouchers (food products, etc.)
- Endorsement by sportspeople and stars

Pros

- Massive audience
- Encouraging competition (which should reduce prices)
- Subsidizing TV channels, radio stations and newspapers
- Jobs

Cons

- High cost, especially peak TV/radio hours/prime time
- Difficulty of estimating the response rate
- Saturation: people see hundreds of advertisements.

3 New media

- Funny places, such as eggs, or sickness bags in airplanes
- Internet advertising with advertising banners on websites (making the free access of millions of internet users possible). See page 373, **New Technologies**. Some websites also use pop-up ads.
- Junk mail or spams, which have generated a lot of anti-spam software.
- Mobile phones: providers encourage their clients to send short text messages or to dial a special number in order to win gifts sponsored by companies. See page 373, **New Technologies**.

4 Indirect advertising

- **Packaging**

It should be user-friendly (sealable bags, etc.) and attractive, especially for products targeting children, for instance cereal. See page 371, **Marketing**.

- **Sponsoring**

It makes the companies' logos visible at sports events (the Super Bowl, the Olympics or the World Football Cup).

- **Targeting purchase influencers**

Ads target children who then act as purchase influencers with their parents or other adults. See page 369, **Consumers**.

- **Product placement**

Showing a branded product in a movie, TV show or video games reinforces brand awareness.

5 The rules of visual advertising

- An advertisement must be eye-catching.
- The bodycopy mustn't be too long, and it must be easy to read.
- The logo and the slogan must be visible.
- The catchphrase must be short, and preferably funny or teasing.

Some advertisers use more sophisticated, and sometimes controversial, communication techniques.

6 Regulations in advertising

- **Laws**

Various laws regulate advertising. In France advertising for tobacco has been banned since 1991 (Loi Evin). Ads for alcohol are banned on TV and the radio; they must obey strict rules on billboards and in the press, such as including a warning against the dangers of alcohol.

- **Advertising watchdogs**

The BVA in France, the ASA (Advertising Standards Authority) in Britain, The Federal Trade Commission Act (FTCA) in the US can decide whether an ad is ethically correct. Sexist/racist ads, or ads which are offensive towards religions or cultures, are often withdrawn.

Consumer pressure groups try to ban advertising targeting children in various countries (in Sweden and Greece, they are banned).

7 Awareness campaigns

Their goal is not to sell but to raise people's awareness on various issues:

- hunger, AIDS, war victims, poverty, refugees and natural disasters;
- drunk driving, smoking, unsafe sex, etc.

These campaigns often resort to shock tactics to attract the public's attention.

The words of advertising

ad/advert/advertisement: pub/publicité
advertise: faire (de) la publicité
advertising campaign: campagne de publicité
advertising space: espace publicitaire
advertising: la publicité
appeal to: faire appel à, séduire / *attract:* attirer
audience: public
billboard: panneau d'affichage
brand: marque / *catchphrase:* accroche
commercial: spot publicitaire (radio ou télévision)
design: (V) concevoir ; conception
eye-catching: qui attire l'œil, accrocheur
fad: engouement, mode
leaflet: prospectus, dépliant
prime time: heures de grande écoute
promote: promouvoir / *sponsor:* sponsoriser
slogan: slogan

14 NEW TECHNOLOGIES

➔ Technology, especially the Internet, has transformed our everyday lives over the past two decades.

1 Everyday life

Our lives have been transformed with new technologies; for instance microwave ovens, PCs, e-mail, online shopping, remote controls, CCTV cameras...
Mobile phones have taken hold of people's lifestyles and are getting more and more sophisticated devices.

2 The boom of the internet

The idea of the Internet/the World Wide Web ("www") became well-known in the 1990s.

1999 80m Americans/200m connected people worldwide; 5m websites.
2001 One in 6 people in North America and Europe use the Internet.
2005 Over 80% of US companies sell online; 850m web pages.
2006 26.9m French people have Internet access.
2007 20% of the world population use the Internet (250% increase between 2000 and 2007).

3 Faster and easier to access

Internet access was limited by slow connections through phone lines. Broadband connections (ADSL) have allowed a much faster access and heavier files with images, music, games and videos. Fibre-optic wires allow even faster connections.
Wi-Fi provides wireless access to the Internet. Users can travel and remain connected and access points have been developed in cars and on trains.

4 Viruses, worms, Trojan horses and spam

Problems plague the Internet: worms (self-replicating computer programmes) and Trojan horses damage whole networks, and spam saturates email boxes.
Despite security programmes and anti-spam detectors, it is very difficult, if not impossible, to ensure 100% web safety.
"Phishing" (cracking credit card numbers) has become a serious issue.

5 Auction sites

The most famous online marketplace, eBay, has grown at a 31% rate each year since 2004. Millions of items are listed, bought and sold daily on auction through the Internet.
Anyone can sell anything as long as it is not illegal. Payment is considered safe thanks to PayPal, specialized in secure online payment worldwide.

6 Blogging, the expansion of a new fad

The word "blog" is a contraction of "Web log". Blogs use software such as WordPress or LiveJournal and can be hosted by dedicated blog hosting services.
Fifty million blogs worldwide were registered in July 2006, a figure which has been multiplied by one hundred in 3 years. Among them 20% were French. Politicians, parties and CEOs are increasingly using blogs as a free tool to be in direct contact with voters or consumers.

7 Online role playing games

Online video games with sophisticated software compete with video game consoles which are not designed to operate online yet.
People play, invest, work, have fun, learn, etc., with MORPGs (multiplayer online role playing games) such as *Second Life* (SL) or *World of Warcraft* (WOW).
Companies are also using the games as demo platforms to test their products or services virtually before releasing them on the real market, which is cheaper than advertising campaigns. NGOS (Non Governmental Organizations) do the same to raise funds.

8 Online music

In 2006, Google, the Internet search engine giant, bought YouTube for $1.65 billion. In the music industry Apple's iPod and musical firms such as EMI – which found a way to make money from digital music – changed the way people buy music. Nowadays, most companies (mobile providers, Tesco, Starbucks, etc.) offer online music services.

The words of new technologies

account: compte
broadband: ADSL
browse: surfer
click: cliquer
computer-aided: assisté par ordinateur
copy and paste: copier-coller
digital: numérique
download: (N) téléchargement ; (V) télécharger
email box: (boîte de) messagerie
file: fichier
hack: pirater
instant message: SMS
mobile/cell phone: téléphone portable
network: réseau
online: en ligne
password: mot de passe
search engine: moteur de recherche
service provider: fournisseur d'accès
software: logiciel
website: site internet
World Wide Web ("www"): toile

15 THE ENVIRONMENT AND SUSTAINABLE DEVELOPMENT

➔ The environment has become a crucial issue in today's world, as human activity is generating pollution and has devastating effects, such as its impact on climate change.

1 Threatening figures

India's greenhouse-gas emissions could rise by 70% in 2025. The country's energy consumption rose by 208% from 1980 to 2001 although half the population still lacked access to electricity.
The increase in China's emissions from 2000 to 2030 will equal the increase from the whole industrialized world.

2 Global warming

Global warming is the increase in the average temperature of the air and oceans over the past 50 years. As polar ice is melting, sea levels rise, creating floods and droughts, hurricanes, heat waves and other "natural" disasters.
The Kyoto Protocol was ratified in 2005 by 144 nations. It sets mandatory targets for signatory nations; however, the world's two largest polluters, the USA and China, refused to sign the protocol. Al Gore raised the alarm about global warming in a 2006 documentary entitled *An Inconvenient Truth* and 218 mayors in 39 states launched the US Mayor's Climate Protection Agreement to meet Kyoto's original target (cutting greenhousegas emissions to 7% below the 1990 levels).

3 Water: a scarce resource

A major issue today is the looming shortage of water.
- Seventy per cent of all water supplies go to irrigation and cattle raising.
- Whole regions lack the minimum amount of water set by the United Nations (UN) (50 litres a day per person for drinking, cooking and sanitation).
- In developing countries, growing numbers of people have no access to clean water. It is often dirty and causes diseases.
- In industrialized countries millions of cubic metres of water are wasted on sanitation, private swimming pools, gardening and washing cars.

4 More consequences of human activity

- Deforestation
- Radioactivity (nuclear waste)
- Overpopulation: the earth population has grown from 1.65bn to 6.06bn people between 1900 and 2000 (UN figures).
- Urban sprawl: people crowd in cities where they live in appalling conditions.
- Intensive farming (overuse of pesticides and fertilizers, damaged soil and the risks of GMOs)
- Industrialization: massive air and sea pollution
- Extinct or endangered plant and animal species

5 Sustainable solutions

1. Water

- Drought-resistant plants
- Desalinisation and new technologies to clean water
- Drip or micro irrigation

2. The ozone layer

In 1978 scientists realized that there was a widening hole in the ozone layer above the poles, caused by the chlorofluorocarbons (CFCs) used in sprays and in refrigerating liquids in fridges and freezers. Drastic measures were taken, banning all forms of CFCs. The measures were efficient: in 2003 scientists observed that ozone depletion had stopped growing and was even declining.

3. Laws

In France, a 2006 law compels household appliances manufacturers to recycle old models whenever they sell a new one. A proportional eco-tax is included in the price of the product.

4. Changing attitudes

Wind farms have been built and France hopes to catch up with its northern neighbours in terms of wind energy.
In Britain, food and garden waste is recycled to make compost. Pesticides, chemicals and the burning of waste which produces a huge amount of CO_2 are avoided.

6 Sustainable business

1. Corporate ethics

Many companies now communicate about sustainable development, especially in the car and oil industries (the most involved in CO_2 emissions).

2. Micro-credit

Micro-credit was launched in developing countries to encourage the poor to support themselves. Very small entrepreneurs obtain very small loans. Thus they can buy their own tools and equipment, cutting out the middlemen and transforming their lives through self-employment.

The words of the environment

biodiversity: biodiversité
chemicals: produits chimiques
drought: sécheresse
dump: (N) décharge ; (V) jeter
energy policy: politique énergétique
global warming: réchauffement de la planète
greenhouse effect: effet de serre
nuclear waste: déchets nucléaires
ozone layer: couche d'ozone
renewable: renouvelable
save: économiser / *shortage:* pénurie
solar panel/ power: panneau/énergie solaire
species: espèce
sustainable development: développement durable
waste: (V) gâcher ; (N) déchets

16 GLOBALISATION

➔ Globalisation refers to the growing economic interdependence of countries worldwide. It increased with the boom of technology.

1 Definitions

- Globalisation concerns industry, finance, information and culture.
- The globalisation of trade, or free trade, means reducing transport costs and capital controls, and reducing/ eliminating tariffs.
- Free trade areas (FTAs) are areas where there are no tariffs or barriers on trade, for example the North American Free Trade Agreement (NAFTA) between Canada, the USA and Mexico.
- Quotas may limit the quantity of goods allowed into a country over a given period of time.

2 Multinationals or MNCs (Multi National Corporations)

A multinational is a company managing production in at least two countries. Some of the most famous MNCs are BP, Shell, HSBC, HP, Microsoft, Procter & Gamble, IBM, Wal-Mart, Walt Disney, Monsanto, etc.: 50 have a budget exceeding that of many countries.
Countries attract multinationals with incentives (tax breaks, lax environmental and labour standards).
MNCs have to control counterfeiting, which has expanded despite efforts to crack down on it.

3 A controversial issue

Supporters of globalisation believe that it increases the living standards in developing countries while making developed ones even more prosperous. Detractors consider it is a war machine imposing corporate imperialism and cultural assimilation, destroying the environment and stealing resources from developing countries. The World Trade Organization and the World Social Fund represent each side.

- **The World Trade Organization (WTO)**

The Geneva-based WTO establishes the rules for global trading and resolves disputes between its 149 member states (before 1995, it was the GATT – General Agreement on Tariffs and Trade). Its main aim is to erase or lower trade barriers. It works with the International Monetary Fund and with the World Bank.
The IMF checks the global financing system and gives financial aid when needed. The World Bank provides finance and advice to develop.
The WTO operates on consensus between the member states. This is more democratic but a very long process.

- **The World Social Forum (WSF)**

The World Social Forum, which first met in 2001 in Porto Alegre in Brazil, is the anti-globalisation counterpart of the WTO. It meets in January at the same time as the WTO, but not in the same place. The WSF thinks that globalisation is not inevitable and launched the slogan "Another World is Possible".

4 Disputes and controversies

- The USA markets and exports GM (genetically modified) crops. Many European countries believe that they could be unsafe and refuse US exports of GM soy beans and corn.
- The AoA (Agreement on Agriculture) allows Europe and the USA to spend $380 billion a year on agricultural subsidies to protect small farmers. However, most subsidies go to a minority of big farmers who flood the global market with cheap agricultural products.

5 Fair trade: a sustainable alternative?

Fair trade sales have increased by 20% every year since 2000. In 2005, they amounted to 660 million. Its guidelines are simple.

- Small producers from developing countries must be paid a fair price for their products.
- Companies must not resort to child labour and unfair practices.
- Consumers pay more for products which follow superior quality standards (hand-picked coffee beans, fertilizer-free rice, etc.).
- Better environmental practices and responsible methods of production are encouraged.

The words of globalisation

agreement: accord
ban: interdiction
controversy: polémique
counterfeiting: contrefaçon
crackdown (on): mesures de répression (contre)
customs: douane
dispute: conflit
exchange: échange
export (N): exportation / *export (V):* exporter
free circulation: libre circulation
free trade area (FTA): zone de libre-échange
Genetically Modified Organism (GMO): organisme génétiquement modifié (OGM)
global: mondial
import (N): importation / *import (V):* importer
interdependence: interdépendance
living standards: niveau de vie
market share: part de marché
negotiation: négociation
poverty: pauvreté
relocation: délocalisation
standard: norme
tariff: droits de douane, barrière douanière
trade: échanges (commerciaux)
unfair: inéquitable
worldwide: dans le monde entier

17 RÉDIGER UN CV (POUR UNE DEMANDE DE STAGE)

CURRICULUM VITAE

Karine CHAN
19, rue Bottero
06000 Nice
Tel : (00 33) (0)7 93 12 54 89
Mobile phone: (00 33) (0)7 23 58 96 47
email: kchan@club-internet.fr
Date of birth: 25 June 19....
Age: 19
Sex: female
Nationality: French
Marital status: single

Il est fréquent de préciser si on est une femme ou un homme (*female/male*) mais ce n'est plus obligatoire (lutte contre la discrimination à l'embauche).

Education

Donnez les informations dans l'ordre rétrochronologique, de la date la plus récente à la plus ancienne.

200_ to now: Attending the first year of a two-year post-A-level course in (*name of the speciality*) at (*name and address of the school*). My BTS exam is scheduled for June 200_.
200_ 200_: Graduated from secondary school in June 200_ with the French Baccalaureate specialised in Accountancy. (A-Level equivalent)

Work experience

Vos expériences professionnelles, même limitées, montrent que le monde du travail ne vous est pas totalement étranger.

August 200_: Summer job as a shop assistant in ZARA (Nice) – customer advice at the point of sale and cashier
July 200_: Summer job at a call centre (200 phone calls a day)
Other jobs: Baby sitting, school children tutoring

Languages

Mentionnez vos compétences en matière de langue(s) vivante(s), très importantes aujourd'hui.

French
English: working knowledge, written and oral
Chinese: mother tongue

Computer literacy

Good working knowledge of computers
Regular use of Word, Excel and Power Point

Interests and hobbies

Vos intérêts aident l'employeur à mieux cerner votre personnalité.

- Volunteer work for the Restaurants du Cœur in Nice (3 nights a week from November to March)
- Going to the cinema, concerts and theatre
- Travelling

Additional information

- Clean driving licence
- First aid certificate

References

References vous permet de fournir les coordonnées de personnes susceptibles de vous recommander.

Upon request

Lexique utile

a) Votre diplôme

- Le baccalauréat : *A-levels* (GB), *High School Graduation* (US).
- Les filières : *maths/physics/biology* (S) ; *Arts/literature/languages* (L) ; *Economics, History, Languages* (ES) ; *accountancy, marketing, management* (STG).

b) Votre section

- Les BTS n'existent pas au Royaume-Uni ni aux États-Unis. Dire *a two-year post-A-level course*.
- Les différents BTS tertiaires : Assistant de Direction : *Personal Assistant (PA)* – Assurance : *Insurance* – Commerce International : *International Trade* – Comptabilité gestion des entreprises : *Accountancy and Management* – Communication des Entreprises : *Communication and Advertising* – Management des Unités Commerciales : *Marketing and Management* – Négociation Relations Client : *Sales and Marketing* – Assistant PME PMI : *Small and Medium Size Firms* – Profession immobilière : *Real Estate* – Tourisme : *Tourism.*

c) Le stage

stage : *work placement, internship, training period*
stagiaire : *trainee, intern (US)*
formation en alternance : *sandwich course*

18 RÉDIGER LA LETTRE D'ACCOMPAGNEMENT

➔ L'objectif de cette lettre, qui accompagne votre CV, est d'obtenir un stage dans une entreprise anglophone. (Attention, si vous écrivez aux États-Unis, CV se dit *résumé*). Elle doit être correctement rédigée et mise en page : relisez-vous attentivement.

La méthode

• Présentez votre lettre comme dans le modèle : votre adresse, la date, l'adresse de l'entreprise, puis le corps de la lettre.

• Entrez directement dans le vif du sujet. Il faut expliquer vos besoins qui sont motivés par :
– les études que vous poursuivez (le stage doit correspondre au référentiel de votre BTS),
– la durée du stage (selon votre section),
– le caractère obligatoire de ce stage,
– son caractère non rémunéré (*unpaid*), ce qui peut faciliter la décision positive de l'entreprise.

• Donnez les dates de votre stage, dites comment vous avez connu l'entreprise et pourquoi la ville où elle est située vous plaît particulièrement.

• Vous pouvez faire brièvement allusion à vos qualités personnelles de motivation, autonomie, facilité d'adaptation, etc., à l'aide d'adjectifs (*autonomous, dynamic*, etc.).

• La formule finale, convenue, vous permet de remercier par avance l'entreprise de prendre le temps de se pencher sur votre demande.

• Signez à la main, puis ajoutez votre nom complet sous votre signature.

Karine Chan
19, rue Bottero
06000 Nice
France

Human Resources Manager
Kraft Foods
54 Charlton Street
Manchester
M3 7DB
Grande Bretagne

4 January 200-

Dear Mrs Baxter,

I am currently doing a two-year post-A-level course in Sales and Management in Nice, France. A 13-week unpaid work placement is a compulsory part of the course and I would be most grateful if you would consider my application for a placement in your company.

As part of the fi nal exam, I have to give a detailed oral report on the tasks and activities I carry out during the work placement. I also have to provide a well-documented written report, of which you would receive a copy.

Your firm has been highly recommended to me by a former student who had the opportunity to do his work placement with you. Also, Manchester has the reputation of being a dynamic business centre, and I would consider it a great opportunity to work there.

I'm sure I would learn a lot from this experience. What's more my strong motivation and ability to learn quickly mean Icould easily adapt to your company.

Due to the demands of my course, the placement would have to take place from March 5th to June 4th.

Please find enclosed a copy of my CV. Thank you for considering my application and I look forward to hearing from you.

Yours sincerely,

Karine Chan

Karine Chan

19 ÉCRIRE UNE LETTRE COMMERCIALE

➔ Il existe plusieurs types de lettres : commande, relance, réclamation, etc.

1 Présentation

Autrefois, les règles de mise en page et la ponctuation étaient très strictes. Aujourd'hui, avec l'informatique, on a tendance à utiliser un type simplifié : ne sont indiqués que les signes de ponctuation indispensables (*open punctuation*).

La lettre peut être justifiée à droite et à gauche avec des retraits à chaque paragraphe, mais on se contente souvent de la justifier à gauche, comme dans l'exemple ci-dessous.

Référence et objet
Vous pouvez avoir à indiquer une référence à un courrier précédent. Elle vient tout en haut de la lettre, au-dessus de la date. L'objet d'une lettre indique en un mot ou deux son contenu, et permet au destinataire de connaître le contenu d'un coup d'œil. Ici, l'objet serait par exemple *Glossgold samples*. Cet objet est indiqué le plus souvent après la salutation de début de lettre.

Glosshair Cosmetics
3 Stacey Avenue
London, N18 3PS

NOM DE L'ENTREPRISE QUI ENVOIE LE COURRIER

16 August 2007 DATE

Ms Pamela Hornton DESTINATAIRE
Sales manager
Hitone Hairdressers
151 Fulwood Road
Nether Green
Sheffield S10 3QA

Dear Ms Hornton SALUTATION

Les salutations de début et de fin se correspondent.
- Si vous connaissez le nom du destinataire
Début : *Dear Mr/Mrs/Ms X...*
Fin : *Yours sincerely, Best regards*
- Si vous ne le connaissez pas
Début : *Dear Sir/Madam...*
Fin : *Yours faithfully*

Following our phone conversation yesterday, I'm happy to send you a few samples of our new shampoo.
Glossgold has just been launched on the market and we are confident it will meet the success it deserves. It has been created by our team of in-house researchers who have all attended medical school and it therefore offers all the necessary guarantees to meet your customers' expectations. Not only does it make hair soft and shiny, but it also makes it stronger and more pollution-resistant. We feel this should make for a strong sales argument. Moreover, ten different original fragrances are available, which makes it attractive to men, women and young people alike.
Please find enclosed with the samples our list of prices and terms of sales. Bulk orders are always sent with samples to hand out to your faithful customers.
We do hope that you will find Glossgold meets your expectations and that we will have the opportunity of working together.
Should you require more information, do not hesitate to contact me.

Looking forward to doing business with you,

Yours sincerely,

Adrian Laird

Adrian Laird NOM
Marketing manager FONCTION DANS L'ENTREPRISE

Enc.: 30 samples, list of prices and terms of sales

La signature
Une lettre comporte une signature manuscrite, suivi du nom typographié et de la fonction du signataire dans l'entreprise.

Pièces jointes
On fait figurer en bas d'une lettre la liste des pièces jointes au courrier, précédée de la mention *Enc.* ou *Encs.* (= *enclosed*).

18 ÉCRIRE UNE LETTRE COMMERCIALE (suite)

2 Expressions utiles

1. Looking forward to meeting you next week.
2. I would appreciate an answer at your earliest convenience.
3. I look forward to hearing from you.
4. In reply to your inquiry, please fi nd enclosed...
5. Please accept our apologies for the delay.
6. With reference to your letter, I regret that Imust...
7. I am pleased to confirm that your order...
8. I hope we will work together in the very near future.
9. Thanking you in advance for your understanding in this matter...
10. Further to your request, we wish to draw it to your attention that...
11. Thanking you in advance for your kind cooperation, ...
12. Could you let me have our answer as soon as possible?

3 Les messages électroniques

- **Le destinataire** figure sur la ligne *To*.
- On peut envoyer des **copies visibles** avec la ligne *Cc* (*Carbon copy*), ou des copies dont certains destinataires resteront invisibles avec la ligne *Bcc* (*Blind carbon copy*).
- **L'objet** (ligne *Subject*) doit être indiqué avec précision et clarté (ce qui permet au destinataire de savoir pourquoi on lui écrit, puis de retrouver les courriers facilement).
- **Les formules de politesse** sont abrégées (mais présentes !). On conclut souvent par *Best regards*, ou simplement *Regards*.
- Comme dans les SMS, **les abréviations** peuvent être utilisées dans les courriels.

20 PARLER DE SON EXPÉRIENCE PROFESSIONNELLE

→ Vous devez être en mesure de rendre compte de vos stages (ou autres expériences) en milieu professionnel. Pour cela vous devrez suivre un ordre logique et utiliser un vocabulaire adéquat.

Ce que vous devez exposer

En introduction : à quelles périodes de vos études vous avez effectué ces stages, leur durée.

1. L'entreprise dans laquelle vous avez travaillé. Ajoutez bien sûr des informations sur son activité, sa taille, son emplacement. Expliquez comment vous avez trouvé ce stage.

2. Les tâches qui vous ont été confiées. Décrivez ce que vous deviez faire, et ce que vous avez accompli, ainsi que les problèmes éventuels auxquels vous avez été confrontés et les satisfactions que vous en avez retirées.

En conclusion : évaluez cette expérience sur le terrain en relation avec votre formation.

EXEMPLE

During my two-year course, I followed a 14-week work placement in a mobile phone company called Vodaphone. I found this placement by myself, by sending an application letter and a CV. Among all the applications I sent to 20 companies, Vodaphone was the fi rst to give me a positive answer/reply. The company's headquarters are located in the suburbs of Lyons and I had a half hour commute to and from work. The working hours were the usual 9 to 5 ones.

I shared an office with the sales manager who was my supervisor. He/she showed me how to use and update a customer file, how to write invoices, bills of order, etc. I was able to create my own phoning guidebook under his/her supervision. I learned how to answer customers' complaints and I attended some of his/her customers' appointments.

After the first week, I was able to work on my own: I took initiatives and prospected new clients; I was in charge of customers' follow-ups, I wrote letters, sent e-mails and did some phoning. I was able to carry out all these tasks thanks to the computer skills I had acquired during my course.

My supervisor manages a team of four sales reps; I realised how important it was to have good interpersonal skills in order to motivate a team. At the end, I was able to instruct a new trainee; it allowed me to put into practice the skills I had learned.

I believe this work placement was a success as it allowed me fi rst to realise I had chosen the right studies, and secondly to better understand how the working world operated. I now feel ready to be part of it.

21 L'ENTRETIEN D'EMBAUCHE À L'EXAMEN

1 Quelques principes

Les offres d'emplois auxquelles vous pouvez être amenés à postuler concernent des secteurs et des métiers précis : commercial, chef des ventes, ou acquéreur de franchise.

Vous devez montrer la qualité de votre anglais : la meilleure façon de le faire dans ce contexte n'est pas de répéter textuellement ce qu'il y a dans l'annonce (on recherche toujours des personnes dynamiques, compétentes, ayant l'esprit d'initiative).

Vous devez faire la preuve que vous êtes le candidat idéal pour le poste proposé grâce à une expérience professionnelle fictive que vous décrirez.

L'entretien d'embauche est différent des autres sujets dans la mesure où vous allez être amené à questionner l'employeur/examinateur sur :

- **l'entreprise** : cible (*target*), notoriété (*fame*), taille (*size*), positionnement (*place on the market*), etc ;
- **ce que cette entreprise vous offre** en échange de vos compétences : salaire de base (*basic salary*), prime (*bonus*), avantages en nature (*perks*), avantages sociaux (*benefits*), formation (*training*) ;
- **ses exigences :** horaires (*working hours*), lieu (*place*), objectifs de vente (*sales targets*), etc.

2 Méthode

> *Ashfield Care, the number one medical care company, is looking for a part time sales representative for the UK.*
>
> ***Excellent salary, a company car, social benefits***
>
> Because Ashfield care has been expanding quickly, our company needs a part time sales rep to manage a new team nationwide.
>
> ***Requirements***
>
> - A-level is the minimum qualification required;
> - Previous medical sales experience will be considered a bonus;
> - Highly motivated person with outstanding interpersonal skills: excellent communicator showing confidence, enthusiasm and ability to influence others;
> - OTE + bonus + perks+ benefits;
> - Excellent salary and a genuine career opportunity;
> - A career compatible with your lifestyle: 5 mornings per week;
> - Responsibility for the sale of a whole range of products.
>
> ***Don't miss a fantastic career opportunity!***
>
> Send your CV with cover letter to Ashfield Care,
> 15a Outram Street, Sutton in Ashfield,
> Nottinghamshire NG17 4BA

Vous devez analyser l'annonce proposée pour répondre aux questions élémentaires sur l'entreprise, ce qu'elle souhaite et ce qu'elle offre.

L'emploi proposé : un emploi à temps partiel pour un visiteur médical (*part time medical sales representative*) qui devra couvrir la totalité du territoire national (*nationwide*) avec une équipe nouvelle (*new team*).

Dans le corrigé proposé, vous travaillez déjà dans une entreprise où vous avez a fait vos preuves mais vous désirez changer de secteur, avoir d'autres possibilités de carrière, et travailler à temps partiel.

a) L'entreprise

Relevez toutes les indications concernant le secteur, le positionnement de l'entreprise, sa cible, etc.

- **Son nom :** Ashfield Care, bien positionné au Royaume-Uni (*the UK's premier contract sales organisation*).
- **Son développement** : se développe + vite que la concurrence (*developing faster*).
- **Sa cible** : les médecins généralistes (*GP*) et les infirmières libérales.

b) Ce que l'entreprise attend des candidats

- **Diplômes universitaires** : le bac suffit (*A level qualifications*).
- **Expérience professionnelle** : une expérience de la vente dans le médical ou le para médical est préférable (*previous medical sales experience*).
- **Qualités** : confiance (*confidence*), communication (*excellent communicator*), enthousiasme (*enthusiasm*), capacité à influencer les autres (*the ability to influence others*).

c) Ce que l'entreprise offre

- Une activité en accord avec votre mode de vie (*lifestyle*).
- Une opportunité de carrière fantastique (*a fantastic opportunity*).
- Cinq demi-journées de travail par semaine (*working five mornings per week*).
- La responsabilité des ventes de nouveau produit (*responsible for the sale of ... products*).
- Un très bon salaire, une voiture de fonction, des avantages sociaux.

EXEMPLE DE DÉROULEMENT

Attention ! Le dialogue qui suit est un exemple possible. Ne vous focalisez pas sur cet exemple, au risque de vous figer et de tomber dans une récitation par cœur : il doit vous servir à réfléchir et à vous entraîner sur d'autres annonces. Les mots appartenant au lexique spécialisé sont en gras.

You: Good morning/afternoon, sir/madam. I am X and I am interested in your **job offer.**/Pleased to meet you.
Examiner: Good morning, pleased to meet you. Please sit down.
You: Thank you. How shall I start?
Examiner: Can you tell me about yourself?
You: Well, first I have a **degree in sales and management**, and I have been working as a **sales rep** for Glaxo[1] for 2 years now.
Examiner: Why are you interested in our offer, then? Aren't you satisfied at Glaxo? It is a very famous pharmaceutical firm!
You: Yes, I know, but I feel that at Glaxo my **career** is blocked. There are too many employees, too many sales reps and showing your qualities is very difficult. I understand your company is smaller but in **full expansion**, and I'm interested in participating in your success. Moreover, I wish to **work part time** because I have children to raise/I have other activities, mainly sportive. I coach a football team in my neighbourhood, and with a **full time job** it's almost impossible.
Examiner: Ok, but what tells me that you are **the right person for the job**?
You: I can give you all the **sales figures** I've **reached** for the past 2 years which show that I've been quite **successful.**
Examiner: All right. Do you know about our **target customers**?
You: Of course! My **customer file** is made up of GPs, nurses and hospital wards[2]. I have more than one hundred **customers** right now.
Examiner: So, I imagine you must be quite a **good communicator**?
You: My manager says I have got **excellent interpersonal skills.**
Examiner: Would you like to ask us some questions about the job, the firm or anything you may find important?
You: What will my **job consist of**? Will I be **part of a team** or work by myself in a **limited sector**?
Examiner: Both options are possible. First you'll be part of a team to get familiar with our **knowhow**.
You: All right...Well, I saw in your job offer that you proposed an attractive salary. If you don't mind, I would like to know **what kind of salary I can expect.**
Examiner: You'll get 12,000 **pounds** a year as a **basic salary**, plus a **percentage** on each sale.
Our **bonus scheme** is very attractive: it can double your salary, and it is easy to enter if you are an experienced sales rep as you seem to be.
You: What **perks** do you offer?
Examiner: You'll have a **company car**, a laptop computer and a mobile phone.
You: As for the **benefits**, what do they consist of?
Examiner: You get **health insurance**, **paid holidays** and a **retirement scheme.**
You: That sounds fine. Do you think I've got a chance of **joining** your company?/Do you think I've got a chance of becoming part of your team?
Examiner: Well, I can't give you a final answer now as we have two more applicants to see. If you're **hired**, how long will it take before you can start with us?
You: One month, at most, time for me to **give my notice** to Glaxo.
Examiner: All right, then, we'll send you an answer **within** the next 3 or 4 days.
You: Thank you very much, good-bye.
Examiner: Good-bye.

1. Glaxo est une grosse entreprise pharmaceutique ; si aucun nom ne vous vient à l'esprit, inventez-en un.
2. *hospital ward* : service hospitalier.

Dans le même esprit, 90 % des candidats sont amenés à parler de leur stage en entreprise.

I've done three five-week work placements.
J'ai effectué 3 stages de 5 semaines.
One of my work placements was carried out in a computer firm.
Un de mes stages a été effectué dans une entreprise d'informatique.
I learned how to put into practise the theoretical knowledge I got at school.
J'ai appris comment mettre en pratique le savoir théorique appris à l'école.
I was able to establish a customer file, to visit/meet customers.
J'ai pu établir un fichier client, faire des visites clients, rencontrer les clients.
I did a lot of phoning/door-to-door canvassing.
J'ai fait beaucoup de phoning, de prospection porte à porte.
I enjoyed the contact with customers even if it wasn't always easy.
J'ai apprécié le contact avec les clients, même si parfois ce n'était pas facile.
I was in charge of customer follow up.
J'étais chargé du suivi client.
I had a really good supervisor.
J'ai eu un excellent formateur/responsable de stage.
I enjoyed the atmosphere in the company.
J'ai apprécié l'atmosphère de l'entreprise.
The employees were very helpful.
Les employés/salariés étaient très serviables, prêts à m'aider.

22 APPRENDRE DES EXPRESSIONS UTILES

1 Pour s'exprimer à l'oral

Expressing your opinion

My view is that... To my mind...
As far as I'm concerned...
Personally, ... In my opinion, ...
If you ask me, I'd rather say that...
I have a hunch that...

Expressing agreement (partial or complete)

Couldn't agree more!
Absolutely, by all means, indeed!
That's right!/Right you are! I agree with you!
I'm not sure about... Up to a certain point/extent...
I suppose you're right but...

Expressing disagreement

I suppose that's true, but I still think that...
I don't share this point of view.
I highly/strongly disagree on that point.

Expressing certainty

I know for a fact that...
You can't deny that...
In actual fact... It goes without saying that...
I'm sure/certain/positive that...
It's obvious/clear that...
Undoubtedly, ... There is no doubt that...
What is quite certain is that...

Expressing concession

In spite of + *N* No matter how...,
However + *adj*... Unless...

Expressing contrast

But... Unlike..., we...
On the one hand, ... On the other hand, ...
We must weigh up the pros and the cons.
Compared to/with...
Actually, ...

Expressing disapproval

I don't agree with...
I don't think much of...
I think it's wrong of them to...

Expressing mixed feelings

I quite like... I suppose... is all right, but...
This may be true up to a certain point, but...

Summing up your ideas

To conclude, ... It may be concluded that...
All in all, ...
To put it in a nutshell, ... Last but not least, ...

In case... you hesitate

Use *gap fillers*: You know – I mean – Well – Um – Let me think – The word fails me
I'm not a hundred percent certain, but...
From what I know, I can say that...

In case... you haven't understood

I'm sorry, I don't understand.
I'm afraid there has been a misunderstanding.
Could you repeat/speak more slowly, please?

2 Pour s'exprimer à l'écrit

Expressing agreement

I could not agree more with...
I totally approve of... I'm all in favour of
(*partial agreement*) To a certain extent...

Expressing certainty

There is no doubt that...
I would have said (that)/I would say (that)...
Doubtless/Undoubtedly, ... I am convinced that...

Expressing condition

Provided/providing that... As long as...
On (the) condition that...

Expressing mixed feelings

I have mixed feelings about...
I am not quite sure about...
I don't really approve of...

Expressing strong disapproval

I totally disapprove of...
I don't really approve of...
I wouldn't (exactly) say (that)...
I can't see why... I resent (+ V-*ING*)
It is unfortunate that...

Expressing cause

Due to... Owing to...
On account of... Because of...
Thanks to... Considering/Given that...

Expressing opinion

I think/believe... I find it + *adj.*
I can't help + V-*ING*
What I find most striking/interesting is the fact/that...
I'm (not) interested in/ I'm (not) concerned about...
It makes me think of/It reminds me of...
Personally/in my opinion/to my mind, ...
As far as I am concerned, ... My point is...
What comes to my mind is...
I agree/disagree with... I would say that...

Expressing concession

Despite the fact that... However + *adj.* this may be...
Adj. as it may seem,
Even though.../Though.../Although...
Admittedly, ... Whatever we/they/people may say, ...

Expressing contrast

On the one hand..., on the other hand...
While... Whereas...
By comparison with... Contrary/conversely to...

23 LES VERBES IRRÉGULIERS

arise	arose	arisen	*se lever*
awake	awoke	awoken	*(se) réveiller*
be	was	been	*être*
bear	bore	borne	*porter*
beat	beat	beaten	*battre*
become	became	become	*devenir*
begin	began	begun	*commencer*
bend	bent	bent	*courber*
bet	bet	bet	*parier*
bind	bound	bound	*lier*
bite	bit	bitten	*mordre*
bleed	bled	bled	*saigner*
blow	blew	blown	*souffler*
break	broke	broken	*casser*
bring	brought	brought	*apporter*
build	built	built	*construire*
burn	burnt	burnt	*brûler*
burst	burst	burst	*éclater*
buy	bought	bought	*acheter*
catch	caught	caught	*attraper*
choose	chose	chosen	*choisir*
come	came	come	*venir*
cost	cost	cost	*coûter*
creep	crept	crept	*ramper*
cut	cut	cut	*couper*
deal	dealt	dealt	*distribuer*
do	did	done	*faire*
draw	drew	drawn	*dessiner, tirer*
dream	dreamed/ dreamt	dreamed/ dreamt	*rêver*
drink	drank	drunk	*boire*
drive	drove	driven	*conduire*
eat	ate	eaten	*manger*
fall	fell	fallen	*tomber*
feed	fed	fed	*nourrir*
feel	felt	felt	*(res)sentir*
fight	fought	fought	*combattre*
find	found	found	*trouver*
fly	flew	flown	*voler*
forbid	forbade	forbidden	*interdire*
forget	forgot	forgotten	*oublier*
forgive	forgave	forgiven	*pardonner*
freeze	froze	frozen	*geler*
get	got	got/gotten (US)	*obtenir*
give	gave	given	*donner*
go	went	gone	*aller*
grind	ground	ground	*moudre*
grow	grew	grown	*pousser*
hang	hung	hung	*pendre*
have	had	had	*avoir*
hear	heard	heard	*entendre*
hide	hid	hidden	*cacher*
hit	hit	hit	*frapper*
hold	held	held	*tenir*
hurt	hurt	hurt	*blesser*
keep	kept	kept	*garder*
know	knew	known	*savoir*
lay	laid	laid	*poser*

lead	led	led	*mener*
lean	leant	leant	*incliner*
leap	leapt	leapt	*sauter*
learn	learned/ learnt	learned/ learnt	*apprendre*
leave	left	left	*quitter*
lend	lent	lent	*prêter*
let	let	let	*laisser*
lie	lay	lain	*être allongé*
lose	lost	lost	*perdre*
make	made	made	*faire*
mean	meant	meant	*vouloir dire*
meet	met	met	*rencontrer*
mistake	mistook	mistaken	*se tromper*
pay	paid	paid	*payer*
put	put	put	*mettre*
read	read	read	*lire*
ride	rode	ridden	*être à vélo*
ring	rang	rung	*sonner*
rise	rose	risen	*se lever*
run	ran	run	*courir*
say	said	said	*dire*
see	saw	seen	*voir*
seek	sought	sought	*chercher*
sell	sold	sold	*vendre*
send	sent	sent	*envoyer*
set	set	set	*placer*
shake	shook	shaken	*secouer*
shine	shone	shone	*briller*
shoot	shot	shot	*tirer (fusil)*
show	showed	shown	*montrer*
shrink	shrank	shrunk	*rétrécir*
shut	shut	shut	*fermer*
sing	sang	sung	*chanter*
sink	sank	sunk	*couler*
sit	sat	sat	*être assis*
sleep	slept	slept	*dormir*
slide	slid	slid	*glisser*
smell	smelt	smelt	*sentir*
speak	spoke	spoken	*parler*
spell	spelt	spelt	*épeler*
spend	spent	spent	*dépenser*
spoil	spoilt	spoilt	*gâcher*
stand	stood	stood	*être debout*
steal	stole	stolen	*dérober*
stick	stuck	stuck	*coller*
swear	swore	sworn	*jurer*
swim	swam	swum	*nager*
take	took	taken	*prendre*
teach	taught	taught	*enseigner*
tear	tore	torn	*déchirer*
tell	told	told	*dire*
think	thought	thought	*penser*
throw	threw	thrown	*lancer*
understand	understood	understood	*comprendre*
wear	wore	worn	*porter un vêtement*
weep	wept	wept	*pleurer*
win	won	won	*gagner*
write	wrote	written	*écrire*

Remerciements

Nous remercions Mlles Coralie Accary, Marie Bessodes, Coralie Despinoy, Laure Ferrarini et Melissa Mambert qui ont bien voulu nous autoriser à reproduire leurs travaux (p. 290-291).

Nous remercions toutes les entreprises qui ont bien voulu nous autoriser à reproduire leurs visuels.

Crédits photographiques

P. 149 g : BIS/Ph. J. Bottet, Coll. Archives Larbor-DR ; d : Coll. Kharbine-Tapabor. P. 157 h : BIS / Ph. Hubert Josse © Archives Larbor (Musée d'Orsay). P. 159 : BIS / Ph. Hubert Josse © Archives Larbor (Musée du Louvre). P. 165 b et 177 dh : Lavazza / Armando Testa.

« Le papier de cet ouvrage est composé de fibres naturelles, renouvelables, recyclables et fabriquées à partir de bois provenant de forêts gérées de manière responsable et durable »

N° de projet : 10176937 - JPM - Dépôt légal : Août 2011
Imprimé en France par I.M.E. - 25110 Baume-les-Dames